ESTUDOS DE DIREITO DO TRABALHO EM HOMENAGEM AO PROF. MANUEL ALONSO OLEA

ESTUDOS DE DIREITO DO TRABALHO EM HOMENAGEM AO PROF. MANUEL ALONSO OLEA

Coordenação de
António Monteiro Fernandes

ALMEDINA

TÍTULO:	ESTUDOS DE DIREITO DO TRABALHO EM HOMENAGEM AO PROF. MANUEL ALONSO OLEA
COORDENAÇÃO:	ANTÓNIO MONTEIRO FERNANDES
EDITOR:	LIVRARIA ALMEDINA – COIMBRA www.almedina.net
LIVRARIAS:	LIVRARIA ALMEDINA ARCO DE ALMEDINA, 15 TELEF. 239851900 FAX 239851901 3004-509 COIMBRA – PORTUGAL livraria@almedina.net LIVRARIA ALMEDINA ARRÁBIDA SHOPPING, LOJA 158 PRACETA HENRIQUE MOREIRA AFURADA 4400-475 V. N. GAIA – PORTUGAL arrabida@almedina.net LIVRARIA ALMEDINA – PORTO R. DE CEUTA, 79 TELEF. 222059773 FAX 222039497 4050-191 PORTO – PORTUGAL porto@almedina.net EDIÇÕES GLOBO, LDA. R. S. FILIPE NERY, 37-A (AO RATO) TELEF. 213857619 FAX 213844661 1250-225 LISBOA – PORTUGAL globo@almedina.net LIVRARIA ALMEDINA ATRIUM SALDANHA LOJAS 71 A 74 PRAÇA DUQUE DE SALDANHA, 1 TELEF. 213712690 1050-094 LISBOA atrium@almedina.net LIVRARIA ALMEDINA – BRAGA CAMPUS DE GUALTAR, UNIVERSIDADE DO MINHO, 4700-320 BRAGA TELEF. 253678822 braga@almedina.net
EXECUÇÃO GRÁFICA:	G.C. – GRÁFICA DE COIMBRA, LDA. PALHEIRA – ASSAFARGE 3001-453 COIMBRA E-mail: producao@graficadecoimbra.pt MARÇO, 2004
DEPÓSITO LEGAL:	208676/04

Toda a reprodução desta obra, por fotocópia ou outro qualquer processo, sem prévia autorização escrita do Editor, é ilícita e passível de procedimento judicial contra o infractor.

MANUEL ALONSO OLEA

Curriculum Vitae (abreviado)

Licenciado e Doutor em Direito pela Faculdade de Direito da Universidade de Madrid, da qual foi professor Auxiliar, Adjunto e Encarregado de Curso.

Catedrático numerário de Universidade, tendo sido titular, desde 1958, das cátedras de Direito do Trabalho e de Segurança Social das Faculdades de Direito das Universidades de Sevilha e Múrcia e, desde o 1965 até 1989, da Faculdade de Direito da Universidade Complutense.

Desde 1989, Catedrático Professor Emérito da Universidade Complutense.

Bolseiro pós-graduado na Universidade de Columbia, Nova York (1950-1951).

Associado de Investigação da Universidade da Califórnia, Berkeley (1961-1962).

Professor do Colégio Universitário de Estudos Financeiros (CUNEF) (1975-1996).

Professor Extraordinário da Universidade San Pablo, CEU (desde 1996).

Professor Extraordinário de Honra da Escola Social de Madrid (1979), de que foi Professor (1966-1979).

Medalha de Ouro e Colegiado de Honra do Colégio de Graduados Sociais e Diplomados em Relações Laborais de Las Palmas (1995).

*

* *

Doutor *honoris causa* pela Universidade de Göttingen, Alemanha.
Doutor *honoris causa* pela Universidade de San Martín, Lima, Peru.
Doutor *honoris causa* pela Universidade Carlos III, Madrid.
Doutor *honoris causa* pela Universidade de Santiago de Compostela.

Doutor *honoris causa* pela Universidade de Léon.

Doutor *honoris causa* pela Universidade Central, Este, República Dominicana.

Sócio *ad honorem* da Academia Nazionale di Scienze, Lettere e Arti, Módena, Itália.

Professor *ad honorem* das Universidades de Trujillo (Peru), El Salvador (Buenos Aires), Bogotá (Colômbia) e Lima (Peru).

Sócio honorário da Associação Hispano-Alemã de Juristas.

*

* *

Secretário Geral (1977-1979), Presidente (1980-1982) e Presidente de honra (desde 1984) da Academia Iberoamericana de Direito do trabalho e da Segurança Social, de que foi Académico fundador.

Membro fundador, Vice-presidente e Presidente da Associação Espanhola de Direito do Trabalho, e actualmente Presidente de honra.

Colaborador e Membro do Instituto de Estudos Políticos.

Académico de Número da Real Academia de Ciencias Morales y Políticas (eleito em 1972 e recebido em 1973) de que foi Secretário Geral.

Académico de Número da Real Academia de Jurisprudencia y Legislación (eleito em 1979 e recebido em 1982), de que foi Bibliotecário; actualmente Vogal Associado da sua Junta de Governo, Director dos seus *Anales*.

Do Colegio Libre de Eméritos.

Do Ilustre Colegio de Abogados de Madrid (desde 1948, celebrando as suas bodas de ouro como colegiado em 1998).

Membro de Número da Real Sociedad Económica Matritense de Amigos del País.

Membro desde 1966 a 1995 do Comité Executivo da Associação Internacional de Direito do Trabalho e da Segurança Social, da qual foi Vice--presidente para a Europa Ocidental (1985-1988), Presidente do seu XII Congresso Mundial (Madrid 1988) e actualmente Presidente de Honra. Em numerosas ocasiões, Relator, Moderador ou Presidente das Comissões de Trabalho dos seus Congressos Mundiais, a todos os quais assistiu, assim como a vários Regionais: europeu, asiático e americano (Estocolmo, Varsóvia, Munich, Viena, Selva di Fasano, Szeged, Atenas, Washington, Seúl; Tel-Aviv, Wiesbaden, Paris, Veneza, Tokio, Bruxelas e Santiago do Chile).

*

* *

Letrado Mayor do Consejo de Estado, Corpo em que ingressou por concurso em 1947.

Letrado do Instituto Nacional de Previsión, hoje Cuerpo de Letrados de la Seguridad Social, em que ingressou por concurso em 1950.

Presidente do Tribunal Central de Trabajo desde 1967 até 1981.

Vogal Permanente da Comisión General de Codificación.

Membro da Junta Electoral Central, sucessivamente eleito e reeleito desde 1979 até 1992.

*

* *

O professor Alonso Olea assistiu como delegado, relator, moderador ou presidente de mesa a numerosos Congressos, Encontros, Seminários, Simpósios e Mesas redondas sobre Direito do Trabalho e Segurança Social na Europa, Ásia e América. Também proferiu conferências em muito numerosas Universidades europeias e americanas e virtualmente em todas as Faculdades de Direito de Espanha.

Participou como perito em numerosas reuniões da Assembleia Geral das Nações Unidas (de cuja Comissão de Desenvolvimento Social foi membro durante três períodos) e, na mesma qualidade, em muito numerosas sessões da Conferência da Organização Internacional do Trabalho.

Ao longo da sua vida académica, o professor Alonso Olea dirigiu trinta e sete teses de doutoramento nas Universidades de Madrid, Salamanca e Sevilla; dezasseis destes doutorados são actualmente Catedráticos e Professores Titulares de Universidade.

Praticamente durante toda a sua docência na Universidade de Madrid, como numerário e como emérito, professou um curso doutoral sobre temas da disciplina. Desde o curso de 1989-1990 até ao de 1995-1996, con invulgar número de matriculados, o Curso Doutoral versou sobre Direito material e processual do Trabalho e da Segurança Social na Jurisprudência Constitucional. Cursos que continuou desde 1996 na Universidade San Pablo.

Além disso, presidiu a numerosos júris de doutoramento, em diversas Universidades, especialmente nas suas Faculdades de Direito; assim como a júris para lugares de Professores adjuntos, Professores titulares, Professores agregados e Catedráticos.

8   *Estudos de Direito do Trabalho em Homenagem ao Prof. Manuel Alonso Olea*

Fez parte ou presidiu, em numerosas ocasiões, a juris de concurso para o ingresso nos Corpos de Inspectores Nacionais de Trabalho, Secretários de Magistratura do Trabalho, Letrados da Segurança Social e Magistrados especialistas das jurisdições social e do contencioso administrativo.

Aos seus cursos anuais de Doutoramento já citados, assistiram numerosos Licenciados Iberoamericanos; de oito destes Licenciados orientou as respectivas teses doutorais.

Foi o organizador dos I (Madrid) e III (Sevilla) Congressos Iberoamericanos de Direito do Trabalho, e assistiu, em várias qualidades, a praticamente todos os posteriores (México, São Paulo, Bogotá, Caracas, Lima, Santo Domingo, Montevideo, Tegucigalpa, Santa Cruz de la Sierra), incluido o último (XIII, abril de 1998), celebrado em Panamá, onde foi conferencista magistral e convidado especial. O seu nome está também intimamente ligado à instituição e manutenção das Jornadas Luso-Hispano-Brasileiras de Direito do Trabalho e da Segurança Social (Lisboa, Coimbra e Porto; Brasilia, Fortaleza e Florianópolis; Salamanca, Santiago de Compostela e Madrid) sempre com três relatores professores espanhóis, para muitos dos quais esta foi a oportunidade para "conhecer as Américas" pela primeira vez nas suas carreiras.

O professor Alonso Olea é autor de mais de vinte livros sobre Direito do Trabalho e da Segurança Social, muitos dos quais tiveram múltiplas edições revistas. Assim, o seu *Derecho del Trabajo* (actualmente na sua décimo sétima edição, 1999). As suas *Instituciones de Seguridad Social* (actualmente na decimo sexta edição, 1998). O seu *Derecho Procesal del Trabajo* (actualmente na décima edição, 1999) ou a sua *Introducción al Derecho del Trabajo* (actualmente na quinta edição, 1995), obras gerais das respectivas disciplinas. A esses há que acrescentar livros como *Pactos colectivos y contratos de grupo* (Madrid, 1955); *El despido. Un estudio de la extinción del contrato de trabajo* (Madrid, 1958); ou *La materia contenciosa laboral* (1.ª edição, 1959; 2.ª edição, 1967; ambas em Sevilla), livros considerados monografias clássicas na nossa disciplina.

Muitos dos seus livros conheceram edições fora de Espanha; assim, a edição mexicana do seu livro *Alienación, historia de una palabra* (México, UNAM, 1988; a edição espanhola - parte da qual foi o seu discurso de ingresso na Real Academia de Ciencias Morales y Políticas – é de Madrid, 1973); as edições portuguesa (Coimbra, 1968) e brasileiras (Porto Alegre, 1969; Sao Paulo, 1988 e Curitiba, 1997) da sua *Introducción al Derecho del Trabajo*, ou a edição alemã *De la servidumbre al contrato de trabajo* (Heidelberg, 1981; as edições espanholas são de 1979 e 1987), ou a directa inglesa da primeira edição do seu *Sistema español de Derecho del Trabajo y Relaciones Industriales*, já na sua quarta edição; ou as edições colombiana, peruana, portuguesa, alemã e inglesa do seu ensaio *Entre don Quijote y Sancho, ¿relación laboral?*, também com três edições espanholas, com variantes (Madrid, 1992; Segovia, 1993; León, 1996).

Característica da obra do professor Alonso Olea foi incorporar, à medida que avançavam as edições, colaboradores das novas gerações de laboralistas espanhóis, todos eles Professores Doutores, sem os quais a sua continuidade teria sido impossível: M.ª Emilia Casas Baamonde, desde a 10.ª edição, 1987, de *Derecho del Trabajo*; César Miñambres Puig desde a 5.ª edição, 1981, de *Derecho Procesal del Trabajo*; José Luis Tortuero Plaza desde a 11.ª edição, 1988, de *Instituciones de Seguridad Social*; Germán Barreiro González desde a 2.ª edição, 1987, de *Estatuto de los Trabajadores, texto, jurisprudencia y comentario*, que em 1995 viu a sua quarta edição; Fermín Rodríguez-Sañudo, desde a 2.ª edição, 1983, do *System of Labour Law and Industrial Relations in Spain*, (em 1996, 4.ª edição); Alfredo Montoya Melgar para a *Jurisprudencia Constitucional sobre Trabajo y Seguridad Social*, desde o seu tomo XI, 1993.

Desde o início do funcionamento do Tribunal Constitucional espanhol em 1981, comentou todas as suas sentenças em matéria laboral e de Segurança Social, até finais de 1992 (seiscentas e oitenta e oito sentenças) em dez volumes, com o título *Jurisprudencia Constitucional sobre Trabajo y Seguridad Social*, em cujos últimos números colaboraram numerosos professores espanhóis e cuja continuação, a partir de 1993 (tomo XI, até ao XVI, de 1998) assegurou juntamente com o Prof. Alfredo Montoya Melgar.

Publicou também o professor Alonso Olea mais de quatrocentos ensaios e estudos; dos quais mais de cinquenta em livros e revistas estrangeiras; e foi traduzido em francês, português, alemão, italiano e inglês.

Leitor infatigável, publicou em várias revistas mais de seiscentas recensões, críticas e comentários de livros.

A Bibliografía do Professor Manuel Alonso Olea foi publicada por ACARL (Estudio preliminar de R. Pradas; Presentación de J. y M. Serrano), Madrid, 1996, 115 páginas. Procedeu-se à sua actualização a 31 de Dezembro de 1999, ainda não publicada.

Pelos Catedráticos e Professores Espanhóis de Direito do Trabalho, foram oferecidos ao Professor Alonso Olea os *Estudios sobre Cuestiones Actuales de Derecho del Trabajo* (Madrid, 1990) e *Cuestiones Actuales sobre el Despido Disciplinario* (Santiago de Compostela, 1997). Pelos

Letrados da Seguridad Social, *Cuestiones sobre los Pactos de Toledo* (Madrid, 1997).

A Obra Científica do Professor Alonso Olea foi estudada pelos Professores Montoya, Galiana, Sempere, García Abellán, Duréndez e Ríos Salmerón, no livro com esse título, Murcia, 1983.

O Prof. Martín Valverde dedicou um belo estudo à *Lectura y Reelectura de la "Introducción al Derecho del Trabajo" del Profesor Alonso Olea*, na "Revista Española de Derecho del Trabajo" núm. 77, 1996.

Foi director dos primeiros Cuadernos, depois Revista de Política Social, desde 1953 a 1985; desde a sua fundação em 1980, é director da Revista Española de Derecho del Trabajo; e desde a sua fundação, em 1950, é membro do Conselho de Redacção da Revista de Administración Pública; precisamente no número 1 desta Revista, 1950, apareceu o primeiro estudo científico de Alonso Olea, um trabalho pioneiro sobre *La revocación de los actos administrativos en materia de personal*.

Em todas estas Revistas colaborou com frequência e continuidade.

*
* *

Nascido em Melilla em 1924, foi casado com D. María de los Angeles García Ochando, artista cujas exposições de pintura e escultura tiveram grande êxito em España e fora dela.

Possui numerosas condecorações espanholas e estrangeiras:

Entre as espanholas: Gran Cruz de Alfonso X El Sabio, Gran Cruz de Isabel la Católica, Gran Cruz de Cisneros; Gran Cruz del Mérito Civil e Gran Cruz del Mérito Militar (distintivo branco).

Medalha de Ouro ao Mérito do Trabalho.

Prémio a "Uma Vida dedicada ao Direito" pela Asociación de Antiguos Alumnos de la Facultad de Derecho de la Universidad Complutense.

Prémio do Foro Pelayo, para Juristas de Reconhecido Prestígio.

Entre as estrangeiras: Grãs-Cruzes das Ordens do Mérito do Trabalho e do Mérito Judiciário do Trabalho do Brasil.

Faleceu em Madrid, em 2003.

ABERTURA

A edição de um conjunto de estudos jurídicos em homenagem à memória de um Professor de outra nacionalidade não é, seguramente, um facto banal. Constitui, por assim dizer, uma homenagem "reforçada", sobretudo quando – como é o caso – ela reúne num mesmo gesto de reconhecimento um vasto grupo de docentes universitários, representando a quase totalidade das Escolas de Direito nacionais.

A verdade é que a relação que se manteve, ao longo de muitos anos, entre o Prof. Manuel Alonso Olea e os estudiosos de Direito do Trabalho portugueses sempre esteve longe da vulgaridade. Por motivos que é difícil precisar, e sempre numa atitude carregada de afectividade, o Prof. Alonso Olea acompanhou e apoiou, em diferentes vestes, as trajectórias científicas e até as carreiras académicas de grande parte desses juristas que hoje constituem a "escola portuguesa" de Direito do Trabalho. Fê-lo sempre com a simplicidade, o respeito e o calor que são apanágio dos Mestres de superior qualidade – características que hoje recordam, por palavras próprias, com verdadeira emoção, muitos dos que colaboram neste volume.

Produto da pronta e diligente – melhor diria: entusiástica – resposta de mais de vinte docentes universitários ao apelo que, há alguns meses, lhes foi lançado, este volume de estudos não é senão um repositório de textos sobre temas de actualidade nacional, em harmonia com os interesses dominantes de cada um dos autores, sem qualquer cuidado sistematizador nem qualquer tentativa de ordenação lógica. A sequência dos estudos é, por isso, a da ordem alfabética dos nomes daqueles que pretenderam estar presentes nesta homenagem singular.

Quase todos os textos reunidos neste volume se reportam ao novo Código do Trabalho; e mesmo os poucos que, produtos de uma especial diligência e de uma maior prontidão, foram pensados no domínio de vigência da lei anterior mantêm actualidade em tudo o que neles é essencial. De qualquer modo, a circunstância de a agregação de esforços aqui documentada ter coincidido com o período de transição legislativa ofereceu a todos os autores dificuldades óbvias, que ultrapassaram segundo critérios distintos. Esse é, aliás, um dos peculiares motivos de interesse que o presente volume de estudos encerra.

Creio poder dizer que nenhum dos autores aqui presentes colaborou por se sentir a isso "obrigado"; nem este livro "tinha" que ser feito. O que pulsa nestas páginas é uma coisa simples, primária e pertencente à intimidade dos autores: a necessidade de traduzir, na linguagem que melhor se domina, o sentimento deixado pelo contacto com uma Obra e uma Pessoa de excepção. Um sentimento profundo e complexo, em que já hoje é impossível destrinçar a admiração, a gratidão e a saudade.

Lisboa, 15 de Fevereiro de 2004

ANTÓNIO MONTEIRO FERNANDES

CEDÊNCIA TEMPORÁRIA DE PRATICANTES DESPORTIVOS[1]

ALBINO MENDES BAPTISTA

"En definitiva, se trata de una institución que se adapta perfectamente a las peculiaridades específicas de la realidad del deporte profesional, beneficiando a todas las partes implicadas en la relación laboral."
J. SAGARDOY BENGOECHEA e J. GUERRERO OSTALAZA, *El Contrato de Trabajo del Deportista Profesional*, Madrid, 1991, p. 83.

SUMÁRIO: 1. Conceito. Delimitação de figuras afins; 2. Confronto com o regime laboral comum. Princípio da proibição/princípio da admissibilidade; 3. Forma; 4. Relevância do acordo das partes; 5. Validade da cláusula de cedência temporária; 6. Duração; 7. Direitos e obrigações das partes. 7.1. Acordo de cedência e direitos e obrigações contratuais. 7.2. Parte da retribuição calculada em função dos resultados. 7.3. Compensação económica pela cedência. 7.4. Poderes do empregador. Em especial: o poder disciplinar. 7.5. Rescisão do contrato com fundamento em retribuições em atraso. 7.6. Sub-Cedência. 7.7. Proibição de participação em competições desportivas; 8. Dever de ocupação efectiva e direito à cedência; 9. Conclusão.

---

[1] Agradeço ao Professor ANTÓNIO MONTEIRO FERNANDES o convite que me dirigiu para me associar à Homenagem da Comunidade Juslaboral Portuguesa ao Professor MANUEL ALONSO OLEA. E faço-o com todo o gosto, uma vez que ALONSO OLEA foi uma das raras personalidades que, pela qualidade dos estudos que produziu e pelo elevado exemplo de académico que constituiu (G. BARREIRO GONZÁLEZ alude a "uma enorme e permanente generosidade" – "In Memoriam Manuel Alonso Olea", *Revista Española de Derecho del Trabajo*, n.º 116, 2003, p. 159), se tornou um Mestre de dimensão não só ibérica mas também mundial.

14   *Estudos de Direito do Trabalho em Homenagem ao Prof. Manuel Alonso Olea*

1. Conceito. Delimitação de figuras afins

A cedência temporária de praticantes desportivos consiste na disponibilização por tempo determinado, a título oneroso ou gratuito, dos serviços do praticante desportivo (cedido) para a prática da mesma actividade, da entidade empregadora (clube cedente) para outra entidade (clube cessionário), a cujo poder de direcção o trabalhador fica sujeito, sem prejuízo da manutenção do vínculo contratual inicial[2].

Tal definição, que se ensaia, implica que o vínculo laboral com o clube ou entidade desportiva cedente fica (apenas) suspenso.

A cedência temporária constitui, como se sabe, realidade diversa da cessão da posição contratual prevista no art.º 424.º do Código Civil[3-4].

---

[2] A cedência temporária de praticante desportivo é designada na gíria por "empréstimo", qualificação que só podemos rejeitar. Como não aceitamos a designação de "venda" para qualificar um dos possíveis modos de desvinculação contratual. Efectivamente, tais qualificações desconsideram a pessoa do praticante desportivo, que um jurista não pode aceitar, pois em toda a extensão do Direito agem pessoas e não sujeitos e muito menos "coisas".

Ao que acresce que o praticante desportivo é talvez uma das *categorias* de trabalhadores que mais limitações sofre aos seus direitos de personalidade, por força da relevância laboral acrescida das condutas da sua vida privada. Deve, aliás, acrescentar-se que muitas dessas limitações constituem violações, por vezes grosseiras, de direitos fundamentais. Neste contexto, é lamentável a invocação daqueles que pretendem justificar essas violações com a alegação de que estamos perante trabalhadores que auferem elevadas retribuições... Com inteira razão, J. LEAL AMADO alude a "inadmissível militarização" da relação laboral desportiva, acrescentando que "uma prisão dourada, sendo dourada, não deixa de ser uma prisão" (*Contrato de Trabalho Desportivo Anotado*, Coimbra, 1995, p. 49).

[3] Doravante CC.

[4] Sobre a cessão da posição contratual, vd. C. MOTA PINTO, *Cessão da Posição Contratual*, Reimpressão, Coimbra, 1982. Para este autor, no que concordamos, não há impedimento à aplicação da figura no domínio dos contratos *intuitu personae* (p. 157). Como exemplo refere a cessão de jogadores profissionais de futebol (p. 157, n. 1).

Afirmando expressamente que nada impede que o âmbito de aplicação da cessão da posição contratual se estenda ao contrato de trabalho, vd., ainda, e entre outros, B. LOBO XAVIER e P. FURTADO MARTINS, "Cessão de posição contratual laboral. Relevância dos grupos económicos. Regras de contagem da antiguidade", *Revista de Direito e de Estudos Sociais*, Outubro-Dezembro – 1994, p. 390. Com dúvidas no que respeita à admissibilidade da cessão da posição contratual de empregador, vd. JÚLIO GOMES, "O conflito entre a jurisprudência nacional e a jurisprudência do Tribunal de Justiça das Comunidades Europeias em matéria de transmissão do estabelecimento no Direito do Trabalho: o art.º 37.º da LCT e a directiva de 14 de Fevereiro de 1977, 77/187/CEE", *Revista de Direito e de Estudos Sociais*, Janeiro-Dezembro – 1996, pp. 179 e ss.

Cedência temporária de praticantes desportivos 15

É que enquanto na cedência temporária, o clube cedente mantém a sua posição no contrato, na cessão da posição contratual a figura do cedente desaparece com a concretização do negócio, assumindo nesse momento o cessionário a posição de empregador. Numa outra asserção, dir-se-á que a cessão da posição contratual é, por contraposição à cedência temporária, uma cessão definitiva. Estruturante de ambas as figuras é a concordância do cedido (art.º 424.º, n.º 1, do CC, e art.º 19.º, n.º 1, da Lei do Contrato de Trabalho Desportivo – Lei n.º 28/98 de 26 de Junho[5]).

*

Nada impede, todavia, que a cessão da posição contratual nos surja numa veste complexa, integrada num acordo revogatório. Na verdade, as partes podem acordar na revogação do contrato e ao mesmo tempo na cessão definitiva do praticante desportivo a clube terceiro.

Pode até dizer-se que, em muitos casos, esta possibilidade de cedência a clube terceiro, facilita o acordo revogatório, com naturais vantagens para o praticante desportivo, na medida em que o clube "cedente" pode ter um interesse acrescido no distrate ao permitir-lhe receber do clube "cessionário" uma compensação, pecuniária ou de outra ordem (por exemplo, *permuta* de jogadores).

Ao contrário do que sucede entre nós, a lei espanhola prevê a revogação do contrato de trabalho tendo por objecto "a cessão definitiva do desportista a outro clube ou entidade desportiva"[6]. Ou seja, a cessação do contrato de trabalho opera por via de uma cessão *sui generis*, em que encontramos acoplados um negócio extintivo e um negócio constitutivo.

J. LEAL AMADO fala a este propósito em união ou coligação de contratos[7-8]. Temos também neste caso um negócio trilateral, mas que, em regra, não se confunde com a cessão da posição contratual, já que não se trata de um fenómeno de (mera) transmissão da posição contratual, uma vez que, em princípio, são negociadas novas condições contratuais com o clube "cessionário", desde logo em termos de duração do (novo) contrato e da respectiva retribuição.

---

[5] Doravante LCTD.

[6] Art.º 13.º, alínea *a)*, do Real Decreto (RD) n.º 1006/85.

[7] J. LEAL AMADO, *Vinculação versus Liberdade (O Processo de Constituição e Extinção da Relação Laboral do Praticante Desportivo)*, Coimbra, 2002, pp. 283-284.

[8] Sobre a união de contratos, vd., entre outros, P. ROMANO MARTINEZ, *Direito do Trabalho*, Coimbra, 2002, pp. 614-615, e A. MENEZES CORDEIRO, *Manual de Direito do Trabalho*, Coimbra, 1991, pp. 601-602.

16   *Estudos de Direito do Trabalho em Homenagem ao Prof. Manuel Alonso Olea*

A situação não se confunde igualmente com a cedência temporária, desde logo porque se trata de uma cedência definitiva.

Pelo exposto, a chamada "venda de jogadores" não constitui, na generalidade das situações, uma cessão da posição contratual[9].

Como se sabe, na cessão da posição contratual opera uma mera modificação subjectiva[10], pelo que o conteúdo do contrato se mantém inalterado[11]. Assim, alterado o conteúdo da prestação de trabalho, a situação não é de cessão da posição contratual, mas de constituição de uma nova relação obrigacional.

Não excluímos, todavia, a hipótese de, mantendo-se a duração do contrato bem como as restantes condições negociais, se gerarem situações de genuína cessão da posição contratual.

2. Confronto com o regime laboral comum. Princípio da proibição/ /princípio da admissibilidade

Como se sabe, **no regime laboral comum o princípio é o da proibição da cedência temporária,** por força do disposto no n.° 1 do art.° 26.° do Decreto-Lei n.° 358/89, de 17 de Outubro[12-13], segundo o qual é proibida a cedência de trabalhadores do quadro de pessoal próprio para utili-

---

[9] Assim, J. LEAL AMADO, *Vinculação versus Liberdade (O Processo de Constituição e Extinção da Relação Laboral do Praticante Desportivo)*, cit., pp. 286-287. Em sentido diferente, A. MENEZES CORDEIRO, *Manual de Direito do Trabalho*, cit., p. 605.

[10] Na expressiva terminologia de C. MOTA PINTO dá-se o "sub-ingresso negocial dum terceiro na posição de parte contratual do cedente" (*Cessão da Posição Contratual*, cit., p. 72).

[11] C. MOTA PINTO, *Cessão da Posição Contratual*, cit., pp. 449 e ss.

[12] Doravante LTT.

[13] Sobre a cedência ocasional de trabalhadores, vd., entre outros, P. ROMANO MARTINEZ, *Direito do Trabalho*, cit., pp. 688 e ss., e "Cedência Ocasional de Trabalhadores – Quadro Jurídico", *Revista da Ordem dos Advogados*, 1999, III, pp. 859 e ss.; MARIA REGINA REDINHA, *A Relação Laboral Fragmentada. Estudo sobre o Trabalho Temporário*, Coimbra, 1995, pp. 152 e ss., e "Da cedência ocasional de trabalhadores", *Questões Laborais*, n.° 1, 1994, pp. 16 e ss.; CATARINA CARVALHO, *Da Mobilidade dos Trabalhadores no Âmbito dos Grupos de Empresas Nacionais*, Porto, 2001, pp. 258 e ss.; CÉLIA AFONSO REIS, *Cedência de Trabalhadores*, Coimbra, 2000; JOÃO ZENHA MARTINS, *Cedência de Trabalhadores e Grupos de Empresas*, Coimbra, 2002; e DIAS COIMBRA, "Grupo societário em relação de domínio total e cedência ocasional de trabalhadores", *Revista de Direito e de Estudos Sociais*, Janeiro-Dezembro – 1990, pp. 128 e ss.

zação de terceiros que sobre esses trabalhadores exerçam os poderes de autoridade e direcção próprios da entidade empregadora[14-15].

Por sua vez, o n.º 1 do art.º 27.º da LTT estipula que a cedência ocasional de trabalhadores não regulada em instrumentos de regulamentação colectiva de trabalho só é lícita se se verificarem **cumulativamente** as seguintes condições:

a) O trabalhador cedido estiver vinculado por contrato de trabalho sem termo;

b) A cedência se verificar no quadro da colaboração entre empresas jurídica ou financeiramente associadas ou economicamente interdependentes[16];

c) Existência de acordo do trabalhador a ceder[17].

Assim, no regime laboral comum a cedência temporária de trabalhador obedece a condições muito restritivas, uma das quais é a exigência de o trabalhador cedido estar vinculado por contrato de trabalho sem termo, o que no contrato de trabalho desportivo não faz qualquer sentido atendendo a que neste (sub) tipo contratual só é admissível o contrato a termo (art.º 8.º, n.º 1, da LCTD), **e, portanto, não se justificam nesta sede as preocupações em matéria de estabilidade do vínculo laboral que se verificam no regime geral.**

Por outro lado, como nos diz MARIA REGINA REDINHA, a cedência ocasional "tem um carácter necessariamente não lucrativo sob pena da

---

[14] A análise do regime jurídico da cedência ocasional de trabalhadores não será feita aqui, pois isso extravasaria o tema que nos propusemos tratar. Sobre tal matéria remete-se para a bibliografia referida na nota anterior.

[15] Nos termos do n.º 2 do art.º 26.º da LTT, essa proibição não abrange:

a) Acções de formação, treino e aperfeiçoamento profissional e de aprendizagem;

b) Exercício de funções profissionais em instalações de terceiros, sem subordinação jurídica a esses terceiros em execução de um contrato de prestação de serviços, em qualquer das suas modalidades;

c) Exercício de funções de enquadramento ou técnicas, de elevado grau, em empresas entre si associadas ou pertencentes a um mesmo agrupamento de empresas, por parte dos quadros e técnicos de qualquer destas ou da sociedade de controlo;

d) Cedência ocasional de trabalhadores regulada em instrumento de regulamentação colectiva de trabalho ou, na falta destes, nos termos dos artigos seguintes.

[16] Esta condição não é exigida se a empresa cedente for empresa de trabalho temporário (art.º 27.º, n.º 2, da LTT).

[17] O documento só torna a cedência legítima se contiver declaração de concordância do trabalhador (art.º 28.º, n.º 2, da LTT).

empresa cedente se converter numa ETT não autorizada."[18], o que no contrato de trabalho desportivo também não faz qualquer sentido atendendo a que a cedência temporária pode ter aqui, e muitas vezes tem, carácter lucrativo.

Bastaram duas notas para ficar esboçada a ideia de que a relação laboral desportiva constitui realidade bem diversa do contrato de trabalho comum, o que naturalmente obriga a uma ponderação autónoma dos problemas e das soluções.

*

Em clara oposição ao regime laboral comum, **no contrato de trabalho desportivo o princípio é o da admissibilidade da cedência temporária**[19], e a solução só poderia ser esta sob pena de se legislar ao arrepio da vida prática onde a figura está fortemente enraizada.

Na verdade, **a relação laboral desportiva é dominada pela mobilidade.**

Por outro lado, sublinhe-se, as preocupações de estabilidade no emprego são aqui, no essencial, desajustadas, já que estamos face a um contrato que é por natureza a termo e a uma profissão que, atendendo às fortes exigências no que concerne à forma física, é de curta duração.

Assim, nos termos do n.º 1 do art.º 19.º da LCTD, na vigência do contrato de trabalho desportivo é permitida, havendo acordo das partes, a cedência do praticante desportivo a outra entidade desportiva.

Efectivamente, este instituto tem larga difusão na relação de trabalho desportivo e pode dizer-se que justificadamente, pois serve interesses dignos da maior tutela jurídica.

É que a cedência temporária de praticante desportivo pode satisfazer, e em regra satisfaz, interesses muito relevantes das três partes

---

[18] MARIA REGINA REDINHA, *A Relação Laboral Fragmentada. Estudo sobre o Trabalho Temporário*, cit., p. 153, n. 364. No mesmo sentido, CATARINA CARVALHO, *Da Mobilidade dos Trabalhadores no Âmbito dos Grupos de Empresas Nacionais*, cit., p. 275, e JOÃO ZENHA MARTINS, *Cedência de Trabalhadores e Grupos de Empresas*, cit., p. 79.

Sustentado uma opinião não coincidente, vd. CÉLIA AFONSO REIS, *Cedência de Trabalhadores*, cit., p. 79, e DIAS COIMBRA, "Grupo societário em relação de domínio total e cedência ocasional de trabalhadores", *cit.*, p. 135.

[19] A este propósito J. LEAL AMADO faz a alusão a "sinal verde para a cedência do praticante desportivo" ("O DL 305/95, a relação laboral desportiva e a relação laboral comum", *Questões Laborais*, n.º 6, 1995, p. 191).

Cedência temporária de praticantes desportivos 19

envolvidas neste negócio[20], que se assume neste ponto, com particular visibilidade, como autêntico negócio trilateral.

*

Vejamos, de forma esquemática.

1.° Interesses do clube cedente:

– redução de custos com o plantel, pois a cedência significa em muitos casos a desoneração, total ou parcial, dos salários dos praticantes cedidos;

– gestão do plantel de acordo com as opções de diferentes treinadores (é sabido que um praticante desportivo, por vezes, é vital na estrutura da equipa para determinado treinador passando depois a solução de recurso ou mesmo a dispensável para outro treinador);

– *rodagem* do praticante desportivo para que amadureça desportivamente e ganhe ritmo competitivo, situação frequentemente ligada a processos de formação[21].

2.° Interesses do clube cessionário:

– obtenção dos serviços de praticantes desportivos a que de outro modo não teria acesso, nomeadamente por razões de ordem económica;

– equilíbrio da equipa com recurso a jogadores de maior valia ou para o preenchimento de necessidades do plantel;

– resposta positiva a determinadas *exigências* técnicas de certos treinadores.

3.° Interesses do praticante desportivo cedido

– participação activa nas competições desportivas, pois de outro ver--se-ia prejudicado por um período de inactividade, com custos elevados

---

[20] Sobre a matéria, vd., entre nós, J. LEAL AMADO, *Vinculação versus Liberdade (O Processo de Constituição e Extinção da Relação Laboral do Praticante Desportivo)*, cit., p. 289, e FERNANDO XAREPE SILVEIRO, "O "Empréstimo" Internacional de Futebolistas Profissionais", em *Estudos de Direito Desportivo*, Coimbra, 2002, pp. 82-83.

Na doutrina espanhola, vd., FRANCISCO RUBIO SÁNCHEZ, *El Contrato de Trabajo de los Deportistas Profesionales*, Madrid, 2002, pp. 272-272; RICARDO FREGA NAVIA, *Contrato de Trabajo Deportivo*, Buenos Aires, 1999, p. 166; J. SAGARDOY BENGOECHEA e J. GUERRERO OSTALAZA, *El Contrato de Trabajo del Deportista Profesional*, Madrid, 1991, p. 83; e MARIA JOSÉ RODRIGUEZ RAMOS, *Cesión de Deportistas Profesionales y Otras Manifestaciones Licitas de Prestamismo Laboral*, Granada, 1997, pp. 48 e ss.

[21] A este propósito escreve J. CABRERA BAZÁN: "Normalmente, a finalidade seguida é que o desportista cumpra durante o tempo de cessão um período de formação ou aperfeiçoamento" ("La Relacion Especial de los Deportistas Profesionales", *Comentários a las Leys Laborales* (dir. de E. BORRAJO DA CRUZ), t.II, vol. I, Madrid, 1987, p. 154).

20 *Estudos de Direito do Trabalho em Homenagem ao Prof. Manuel Alonso Olea*

para uma carreira que, como se sabe, é de curta duração[22-23], e carece de "exposição pública" para demonstrar as suas qualidades técnicas;

– obtenção de ritmo competitivo e amadurecimento desportivo, enquadrado num processo de formação ou integrado num "compasso de espera" na carreira.

*

Face a estes interesses tão alargados, e extensivos a todos os envolvidos, é natural que a ordem jurídica olhe para este instituto com simpatia e assuma relativamente ao mesmo uma postura muito mais aberta do que sucede em sede de relação laboral comum.

De facto, a cedência temporária de praticantes desportivos tem vantagens muito significativas, relativamente às quais a postura do legislador não poderia ser outra, sob pena de revelar perniciosa incompreensão do fenómeno desportivo.

Destaque-se, em especial, os interesses relacionados com a protecção da carreira profissional do praticante desportivo, particularmente notória em ordenamentos, como o espanhol, que, em certas circunstâncias, consagram um direito à cedência, ainda que contra a vontade do clube empregador[24]. J. Sagardoy Bengoechea e J. Guerrero Ostalaza afirmam mesmo que a cedência temporária beneficia sobretudo o desportista[25].

---

[22] Com menção à curta duração da carreira do futebolista profissional para o efeito de sustentar as vantagens da justiça arbitral, vd. Albino Mendes Baptista, "Arbitragem Desportiva – Tribunal competente para o conhecimento da acção de anulação de decisão arbitral", *Revista do Ministério Público*, n.° 87, 2001, pp. 125 e ss.

[23] Julga-se que a norma que fixa em oito épocas o limite máximo de duração do contrato – art.° 8.°, n.° 1, da LCTD, deveria ser revista, reduzindo-se esse limite para, por exemplo, 5 épocas, justamente atendendo à, em geral, curta duração da carreira do praticante desportivo. Curiosamente, o art.° 4.°, n.° 2, do Regulamento relativo ao Estatuto de Transferência de Jogadores da FIFA, de 15 de Julho de 2001, fixa em 5 anos a duração máxima do contrato.

Também em Itália o período máximo de duração do contrato é 5 anos, ainda que o mesmo possa ser prorrogado – art.° 5.° da Lei 91/1981, de 23 de Março. Finalmente, no direito belga estabelece-se o prazo máximo de duração do contrato em 5 anos – art.° 4.° da Lei de 24 de Fevereiro de 1978.

Estranhamente, a lei espanhola não define qualquer período de duração máxima do contrato – art.° 6.° do RD 1006/85 (que admite, no entanto, a prorrogação do prazo). E, por exemplo, o Convénio Colectivo para os futebolistas também nada adiante quanto a tal matéria.

[24] Art.° 11.°, n.° 2, do RD 1006/85. Assim, Ricardo Frega Navia, *Contrato de Trabajo Deportivo*, cit., p. 167; J. Sagardoy Bengoechea e J. Guerrero Ostalaza, *El Contrato de Trabajo del Deportista Profesional*, cit., p. 83; e Maria José Rodriguez

3. Forma

O contrato de cedência pressupõe o acordo das partes envolvidas, devendo ser observada a forma escrita (art.º 19.º, n.º 2, da LCTD).

Igual alusão à obrigatoriedade de redução a escrito do acordo de cedência **com a assinatura de todos os intervenientes** consta do n.º 3 do art. 9.º do CCT para os futebolistas.

Por força do disposto no n.º 1 do art.º 20.º da LCTD, ao contrato de cedência do praticante desportivo aplica-se o disposto nos art.ᵒˢ 5.º e 6.º, com as devidas adaptações.

Assim, sem prejuízo do disposto em outras normas legais, na regulamentação desportiva ou em instrumento de regulamentação colectiva de trabalho, o contrato de cedência é lavrado em duplicado, ficando cada uma das partes com um exemplar (art.º 5.º, n.º 1, da LCTD).

O contrato de cedência temporária **só é válido** se for celebrado por escrito e **assinado por todas as partes** (art.º 5.º, n.º 2, da LCTD)[26]. Não pode, por isso, subsistir qualquer dúvida de que a redução a escrito é um **pressuposto de validade do acordo de cedência**.

Já os elementos que têm de constar do acordo de cedência não são os mesmos que têm de constar do contrato de trabalho desportivo (art.º 5.º, n.º 2, da LCTD). Bastará incluir naquele a identificação das partes, a data de início de produção de efeitos do contrato, o termo de vigência do contrato e a data de celebração. E naturalmente a **declaração de concordância do trabalhador** (art.º 20.º, n.º 2, da LCTD).

Por outro lado, a participação do praticante desportivo em competições promovidas por uma federação dotada de utilidade pública desportiva depende de prévio registo do contrato de cedência na respectiva federação (art.º 6.º, n.º 1, da LCTD), cuja iniciativa cabe ao empregador, sendo aplicável à situação o n.º 5 do art.º 6.º da LCTD, segundo o qual, salvo prova

---

RAMOS, *Cesión de Deportistas Profesionales y Outras Manifestaciones Licitas de Prestamismo Laboral*, cit., p. 50.

Este é um ponto ao qual inevitavelmente teremos de voltar.

[25] J. SAGARDOY BENGOECHEA e J. GUERRERO OSTALAZA, *El Contrato de Trabajo del Deportista Profesional*, cit., p. 83.

[26] O n.º 1 do art.º 30.º da LTT determina que a inexistência ou irregularidade de documento que titule a cedência ocasional, confere ao trabalhador cedido o direito de optar pela integração no efectivo do pessoal da empresa cessionária, no regime de contrato de trabalho sem termo, **solução que naturalmente no contrato de trabalho desportivo não faz qualquer sentido.**

22 *Estudos de Direito do Trabalho em Homenagem ao Prof. Manuel Alonso Olea*

em contrário, a falta de registo do acordo presume-se de culpa exclusiva da entidade empregadora desportiva.

4. Relevância do acordo das partes

Pressuposto fundamental do contrato de cedência é, naturalmente, o acordo das partes[27] (art.° 19.°, n.° 2, da LCTD).

A cedência temporária de praticante desportivo consubstancia-se, como se sabe, num negócio jurídico trilateral, que pressupõe necessariamente a concordância dos três intervenientes, designadamente do praticante desportivo. São inequívocas quanto a este ponto as normas ínsitas no n.° 2 do art.° 20.° da LCTD, segundo a qual do contrato de cedência deve constar **declaração de concordância do trabalhador**, e no n.° 2 do art.° 5.° da LCTD aplicável *ex vis* do n.° 1 do art.° 20.° da mesma lei, que exige a **assinatura de todos os contraentes**.

De igual modo, o n.° 1 do art.° 9.° do Contrato Colectivo de Trabalho celebrado entre a Liga Portuguesa de Futebol Profissional e o Sindicato de Jogadores Profissionais de Futebol[28-29], estabelece que, sem prejuízo de eventuais limitações ou condições previstas nos regulamentos desportivos, durante a vigência de um contrato, o clube ou sociedade desportiva poderá ceder temporariamente a outro os serviços de um jogador profissional, **mediante a aceitação expressa deste**[30].

O consentimento do praticante desportivo deve, assim, ser expresso, não bastando a aceitação tácita.

Nada impede que a concordância do praticante desportivo surja depois de cedente e cessionário chegarem a acordo. O que acontece neste caso é que este acordo origina um "negócio *in itinere*, cujo aperfeiçoamento – não apenas a sua eficácia – é subordinado ao consenso do outro contraente"[31].

---

[27] Não podendo o seu objecto ser diverso da actividade desportiva que o praticante se obrigou a prestar nos termos do contrato de trabalho desportivo.

[28] *Boletim do Trabalho e Emprego*, 1.ª série, n.° 33, de 8/9/1999, pp. 2778 e ss..

[29] Doravante CCT para os futebolistas.

[30] Alude-se apenas ao CCT para os futebolistas, porque o futebol constitui, entre nós, a única modalidade desportiva onde existe convenção colectiva de trabalho.

[31] C. MOTA PINTO, *Cessão da Posição Contratual*, cit., p. 193, n. 2.

*

A exigência de que do contrato de cedência conste declaração de concordância do trabalhador, é enigmática, se tivermos em conta que o contrato é assinado pelo praticante desportivo. Na verdade, se este assina o acordo a sua anuência à cedência está (naturalmente) perfeita. **Seria estranho que o praticante desportivo assinasse o acordo de cedência e não concordasse com a cedência.**

Julga-se, por isso, que o legislador quis um reforço do consentimento do praticante desportivo através da menção expressa no contrato à sua concordância. Por se tratar sobretudo de um reforço de protecção somos de opinião de que não se trata de uma formalidade *ad substantiam*.

Aceita-se que no regime laboral comum, a declaração de concordância do trabalhador constitua uma formalidade *ad substantiam*[32], por força do disposto no n.° 1 do art.° 30.° da LTT.

Tenha-se presente, todavia, que na economia do art.° 28.° da LTT, a declaração de concordância do trabalhador aparece como elemento exterior ao "documento **assinado pelo cedente e pelo cessionário**" (n.° 1 desse preceito legal). Por isso, no n.° 2 do mesmo artigo, *acrescenta-se*, ao jeito de determinação autónoma, que o documento só torna a cedência legítima se contiver declaração de concordância do trabalhador[33].

*

O princípio da admissibilidade da cedência que caracteriza o contrato de trabalho desportivo e os interesses nele envolvidos implicam uma abordagem bem diferente daquela que se faz em sede de regime geral.

No contrato de trabalho desportivo, **a intervenção** de todos no acordo de cedência é (mais) notória, como resulta do art.° 19.°, n.° 2, da LCTD, e, de modo particular, do n.° 3 do art. 9.° do CCT para os futebolistas, segundo o qual é obrigatória **a assinatura de todos os intervenientes** no acordo de cedência.

---

[32] Assim, Maria Regina Redinha, *A Relação Laboral Fragmentada. Estudo sobre o Trabalho Temporário*, cit., p. 161, e Catarina Carvalho, *Da Mobilidade dos Trabalhadores no Âmbito dos Grupos de Empresas Nacionais*, cit., p. 298.

[33] O conteúdo do art.° 28.° (Contrato de cedência ocasional) da LTT é o seguinte:

1. A cedência ocasional de um trabalhador é titulada por documento assinado pelo cedente e pelo cessionário, identificando o trabalhador cedido temporariamente, a função a executar, a data de início da cedência e a duração desta, certa ou incerta.

2. O documento só torna a cedência legítima se contiver declaração de concordância do trabalhador.

24 *Estudos de Direito do Trabalho em Homenagem ao Prof. Manuel Alonso Olea*

De forma a dar execução ao comando legal que manda o intérprete presumir que o legislador soube exprimir o seu pensamento em termos adequados (art.º 9.º, n.º 3, do CC), ainda que esta presunção sofra, por vezes, profundos golpes, julga-se que, como afirmamos *supra*, o legislador *quis* um reforço do consentimento do praticante desportivo.

Por outro lado, parece-nos que a expressão "concordância" aponta para uma ideia de "adesão" que não corresponde à realidade da cedência, onde o praticante desportivo tem, frequentemente, intervenção activa na definição dos termos do acordo.

*

Pelos motivos expostos, julgamos não assistir razão a Fernando Xarepe Silveiro na parte em que este autor afirma que "quando a lei se refere a **acordo das partes**, deixa de fora o desportista (uma vez que ele não é parte no contrato de cedência)", só assim encontrando "efeito útil" no n.º 2 do art.º 20.º da LCTD[34].

Reconhece-se que não faz sentido que uma das partes num contrato tenha de expressar no mesmo a sua concordância, pois esta basta-se com a sua presença como parte. Aceita-se consequentemente que a exigência legal, ainda que com o sentido que lhe demos, seja perturbadora. Agora, em circunstância alguma julgamos aceitável a afirmação de que o praticante desportivo não é parte no contrato de cedência. A necessidade da sua assinatura no mesmo não nos suscita qualquer dúvida a tal respeito. Na verdade, sem a vontade do praticante desportivo não há cedência, pelo que a exigência de que a declaração de concordância conste do acordo é instrumental relativamente à vontade que o mesmo expressa de vinculação aos respectivos termos e conteúdo.

E se na nossa opinião a declaração de concordância do trabalhador não é uma formalidade *ad substantiam*, já a falta de assinatura do praticante desportivo gera a nulidade do contrato de cedência.

Efectivamente, a falta de assinatura do praticante desportivo equivale juridicamente à falta de intervenção de uma das partes no acordo, o que priva este de um seu elemento constitutivo[35]. Como diria C. Mota Pinto, ainda que a propósito da cessão da posição contratual, que, como se viu,

---

[34] Fernando Xarepe Silveiro, *"O "Empréstimo" Internacional de Futebolistas Profissionais"*, *cit.*, p. 84.

[35] É como elemento constitutivo do contrato de cessão que C. Mota Pinto vê a declaração do cedido (*Cessão da Posição Contratual*, cit., p. 193, n. 2).

Cedência temporária de praticantes desportivos 25

assume também as vestes de um contrato trilateral, "os interesses, cuja auto-ordenação é visada pela declaração do cedido, estão no centro da função económico-social da figura e não são algo de exterior"[36].

*

O consentimento do praticante desportivo tem de ser livre, consciente e esclarecido. Pelo que em tal matéria são aplicáveis as regras gerais sobre faltas e vícios de vontade (art. os 240.º e ss. do CC). Assim, a consequência, por exemplo, da procedência da coacção ou do dolo é o fim da cedência e, consequentemente, o retorno do praticante desportivo ao clube de origem.

5. Validade da cláusula de cedência temporária inserida no contrato de trabalho

J. LEAL AMADO sustenta a nulidade da cláusula contratual que conceda à entidade empregadora o direito de ceder o praticante desportivo, sem que este se possa opor, pois não lhe pode ser negado o direito de recusar uma cedência que não seja do seu agrado[37].

Embora concordando, por via de princípio, propendemos todavia para a não generalização da nulidade destas cláusulas[38]. É que nem todas as situações necessariamente são de consentimento "indiscriminado" e "genérico". Por exemplo, julgamos não ser de excluir a possibilidade de cedência configurada para a hipótese de o clube descer de divisão, situação em que o clube pode ter manifesto interesse em continuar a contar com o praticante desportivo mas não está em condições de suportar os custos da manutenção do contrato face à nova realidade.

Por outro lado, tal cláusula pode servir os interesses do praticante desportivo que não pretenda jogar num escalão inferior.

---

[36] C. MOTA PINTO, *Cessão da Posição Contratual*, cit., p. 193, n. 2.

[37] J. LEAL AMADO, *Contrato de Trabalho Desportivo Anotado,* cit., p. 62. A mesma opinião é defendida por FERNANDO XAREPE SILVEIRO, para quem "tal cláusula inserida no contrato de trabalho será nula, por colocar o trabalhador totalmente à mercê do empregador" ("O "Empréstimo" Internacional de Futebolistas Profissionais", *cit.*, p. 86).

[38] Em sede geral, P. ROMANO MARTINEZ sustenta que "o acordo do trabalhador pode ser dado muito antes da cedência, designadamente no contrato de trabalho" ("Cedência Ocasional de Trabalhadores – Quadro Jurídico", *cit.*, p. 865).

26 *Estudos de Direito do Trabalho em Homenagem ao Prof. Manuel Alonso Olea*

É certo que o clube se pode salvaguardar inserindo no contrato uma cláusula que lhe permita nessa situação diminuir a retribuição, como lhe consente expressamente o n.° 2 do art.° 15.° da LCTD, segundo o qual é válida a cláusula constante de contrato de trabalho desportivo que determine o aumento ou a diminuição da retribuição **em caso de subida ou descida de escalão competitivo** em que esteja integrada a entidade empregadora desportiva[39].

Pensa-se que esta norma corresponde a uma exigência imposta pelas especificidades da actividade laboral desportiva. É evidente que se, por exemplo, o clube desce de divisão a retribuição do praticante deve poder diminuir, atentas as implicações no plano das receitas televisivas, publicitárias, de espectadores, etc. Nas palavras de J. LEAL AMADO, trata-se "no fundo, de criar um mecanismo de adaptação do contrato à possível alteração das circunstâncias vigentes ao tempo da sua celebração".[40]

Sendo certo que em muitos casos os pressupostos da alteração superveniente das circunstâncias nem sequer estarão preenchidos, a norma visa em primeira linha proteger os clubes ou sociedades desportivas que, por virtude da descida de divisão, precisam de fazer face a uma quebra notória de receitas[41].

Pode, aliás, até ser mais vantajoso para o praticante desportivo uma eventual cedência, **dentro de pressupostos pré-definidos e formalmente aceites** (de outro modo a nulidade da cláusula é inevitável), a uma diminuição da retribuição com a obrigação de participar em provas desportivas secundárias.

Mais: a cláusula de cedência temporária pode até ser acompanhada de vantagens patrimoniais imediatas que compensem a respectiva aceitação.

6. Duração

Como já sublinhamos, do contrato de cedência deverá constar o início e a duração da cedência (art.° 5.°, n.° 2, da LCTD, aplicável por força do art.° 20.°, n.° 1, do mesmo diploma).

---

[39] Vd. também o art.° 35.° do CCT para os futebolistas.

[40] J. LEAL AMADO, *Contrato de Trabalho Desportivo Anotado*, cit., pp. 52-53.

[41] Posição que sustentamos no nosso estudo, "Princípio do tratamento mais favorável na relação laboral desportiva", a publicar na *Revista Brasileira de Direito Desportivo*, n.° 3, 2003.

Embora, não se estabeleça expressamente, ao contrário do que sucede em Espanha[42], que a duração da cedência não pode exceder o tempo de vigência do contrato de trabalho, não nos parece haver dúvidas de que este constitui um limite temporal daquela.

Em todo o caso, o CCT para os futebolistas é mais preciso ao determinar que o período de cedência temporária não pode exceder o termo do prazo do contrato em vigor (art.° 9.°, n.° 1)[43].

Esta cedência só poderá, porém, ser efectivada dentro de cada época, nos prazos previstos na regulamentação desportiva aplicável, desde que comunicada à Federação Portuguesa de Futebol (FPF) e à Liga Profissional de Futebol Profissional (LPFP) – art.° 9.°, n.° 2, do CCT para os futebolistas.

*

No que diz respeito à sua duração, o contrato de cedência temporária pode apresentar-se sob diferentes figurinos.

Tomemos como ponto de referência um contrato por três épocas desportivas.

O contrato de cedência pode fazer-se logo nas duas primeiras épocas, situação em que não se pode falar em retorno do praticante desportivo ao clube cedente, pois nos dois primeiros anos de contrato aquele não chegou a integrar o plantel deste, só sendo o contrato de trabalho desportivo *executado* na 3.ª época desportiva.

A licitude desta primeira modalidade de cedência não deve ser afastada liminarmente, pois pode permitir aos clubes assegurar a contratação de praticantes em período de formação cujos custos, totais ou parciais, não se quer assumir de imediato. Não se exclui, todavia, a hipótese de recurso abusivo a esta modalidade, como sugere Francisco Rubio Sánchez[44].

Pode também acontecer que a cedência se dê na 2.ª época desportiva, situação em que o praticante presta os seus serviços no clube que o contratou na 1.ª época desportiva com retorno na 3.ª época desportiva. Esta é, sem dúvida, a sua modalidade *típica*.

---

[42] Art.° 11.°, n.° 3, do RD 1006/85.

[43] Devendo constar do acordo o prazo de cedência (art.° 9.°, n.° 3, do CCT para os futebolistas).

[44] Francisco Rubio Sánchez, *El Contrato de Trabajo de los Deportistas Profesionales*, cit., pp. 273-274.

28 Estudos de Direito do Trabalho em Homenagem ao Prof. Manuel Alonso Olea

Há ainda uma terceira hipótese. O praticante desportivo é cedido na 3.ª época desportiva, situação em que (também) não há retorno ao clube cedente.

Por referência ao ordenamento jurídico espanhol, J. Cabrera Bazán sustenta que a cedência tem de ser necessariamente de duração inferior ao do contrato originário, "para que se possa dar a possibilidade de reversão do desportista ao clube cedente", pois se a cessão durasse tanto como aquele, "a extinção produzir-se-ia automaticamente tanto de um como do outro"[45].

Julga-se, todavia, que não assiste razão a este autor.

J. Leal Amado fala a este propósito em "modalidade algo anómala de cedência, marcada, é certo, pela nota da transitoriedade, mas não já pela da reversibilidade: o termo da cedência coincide com o termo do contrato de trabalho, falecendo aqui, *prima facie,* qualquer expectativa de retorno do praticante ao clube cedente."[46]

Poder-se-ia sustentar que o que aqui operou foi a extinção do contrato de trabalho desportivo por revogação, ou por cessão definitiva, uma vez que não há retorno do praticante desportivo ao clube cedente, que sairia da cena no momento da outorga do contrato de cedência pelo tempo restante de duração do contrato de trabalho desportivo.

Julga-se, em todo o caso, que se trata de uma leitura que não deve ser feita. Em 1.º lugar, porque isso iria contra a vontade das partes que não quiseram pôr fim ao contrato de trabalho. E depois, porque pode estar em jogo uma eventual "compensação de promoção ou valorização"[47] que o clube cedente julga ter direito e de que não quer prescindir[48].

---

[45] J. Cabrera Bazán, "La Relacion Especial de los Deportistas Profesionales", *cit.*, p. 155.

O mesmo autor vê mesmo na reversão do desportista ao clube cedente uma característica específica da cessão temporária que a distingue da definitiva (p. 154).

[46] J. Leal Amado, *Contrato de Trabalho Desportivo Anotado,* cit., pp. 62-63.

[47] Relativamente à "compensação por formação ou valorização", vd. o acórdão da Comissão Arbitral Paritária (CAP), de 21 de Outubro de 2002 – Proc. n.º 51-CAP/02 (Caso Fehér), bem como o nosso estudo, já citado, "Princípio do tratamento mais favorável na relação laboral desportiva".

A CAP encontra-se prevista no art.º 54.º do CCT para os futebolistas.

Sobre a Comissão Arbitral Paritária, vd. os nossos estudos:

– "Arbitragem Desportiva – Tribunal competente para o conhecimento da acção de anulação de decisão arbitral", já citado;

– "G-18, Tribunal Desportivo e Comissão Arbitral Paritária", *Jornal "Expresso"*, edição de 07.04.2001.;

A propósito desta modalidade da cedência que se prolonga até final do contrato originário, e por referência ao ordenamento jurídico espanhol, RICARDO FREGA NAVIA defende que estamos perante uma verdadeira e própria cedência, posição que fundamenta nos seguintes termos:

"A primeira (questão) é que o contrato de cessão pode extinguir-se, por exemplo, por liquidação do clube cessionário (art.° 13.° do RD 1006/85), situação em que o trabalhador regressará aos quadros do clube cedente, em atenção a que o seu contrato estava suspenso (...). Se se houvesse considerada extinta a relação (...), esta possibilidade não existiria.

A segunda questão é que se o trabalhador acordou uma cessão temporária, sabe que há dois empresários que respondem solidariamente pelos seus créditos laborais, algo que não ocorreria no caso de considerar-se extinta a relação laboral originária."[49]

Posição contrária sustenta FRANCISCO RUBIO SÁNCHEZ para quem a cedência temporária de excessiva duração que se prolongue até ao final do contrato inicial pode considerar-se abusiva, no pressuposto de que o clube cedente só muito excepcionalmente contará com os serviços do praticante desportivo[50].

Pelas razões que deixamos expostas discordamos desta opinião.

Não há razões para falar em situação abusiva, quando se deixa funcionar a liberdade contratual em termos não ofensivos da boa fé, em que o praticante desportivo até tem, como se viu, uma protecção reforçada, e em que pode estar em jogo uma justa compensação por formação.

7. Direitos e obrigações das partes

7.1. *Acordo de cedência e direitos e obrigações contratuais*

A entidade empregadora a quem o praticante passa a prestar a sua actividade desportiva, nos termos do contrato de cedência, fica investida

---

– "Novo Modelo de Arbitragem (Seis propostas de alteração do Estatuto e do Funcionamento da Comissão Arbitral Paritária)", *Jornal "Expresso"*, edição de 17.08.2002; e

– "Acção de Anulação de Decisão Arbitral e Extinção do Poder Jurisdicional", *Desporto e Direito – Revista Jurídico do Desporto*, n.° 1, 2003 (no prelo).

[48] Assim, também, J. LEAL AMADO, *Contrato de Trabalho Desportivo Anotado*, cit., p. 63.

[49] RICARDO FREGA NAVIA, *Contrato de Trabajo Deportivo*, cit., p. 169.

[50] FRANCISCO RUBIO SÁNCHEZ, *El Contrato de Trabajo de los Deportistas Profesionales*, cit., p. 277.

30 Estudos de Direito do Trabalho em Homenagem ao Prof. Manuel Alonso Olea

na posição jurídica da entidade empregadora anterior, nos termos do contrato e da convenção colectiva aplicável (art.° 20.°, n.° 4, da LCTD).

Impõe-se, desde já, uma correcção terminológica, pois, ao contrário do que resulta do texto legal, não só o cessionário não fica investido na posição da entidade empregadora, como mantendo-se o vínculo laboral com o cedente, este conserva na sua titularidade desde logo o poder extintivo da relação de trabalho[51]. O que acontece é que o contrato de trabalho se suspende. Nestes termos, na cedência temporária há apenas uma, e só uma, entidade empregadora.

Em todo o caso, a incorrecção terminológica vem demonstrar que o instituto em estudo não teve (ainda) um adequado tratamento legislativo, subsistindo inúmeras dúvidas em matéria de direitos e obrigações dos envolvidos neste complexo negócio triangular.

Por isso, neste campo, como noutros, há que saudar os avanços que a contratação colectiva conseguiu, não obstante se pudesse ter ido mais longe.

Assim, nos termos dos n.os 4 e 5 do art.° 9.° do CCT para os futebolistas, no acordo de cedência **devem ser especificadas as condições da cedência**, nomeadamente os direitos e deveres emergentes da relação de trabalho assumidos pelos contraentes, **presumindo-se, na falta de especificação, sub-rogados pelo cessionário todos os direitos e obrigações do cedente**[52]. Isto significa dizer que à responsabilidade solidária de cedente e cessionário que caracteriza o sistema espanhol[53], e que é manifestamente mais protector para o praticante desportivo, pois permite-lhe accionar quer o cedente quer o cessionário, o nosso CCT para os futebolistas estabeleceu, sob forma presuntiva, a responsabilidade do cessionário por todos os direitos e obrigações do cedente. Naturalmente que tal presunção é *juris tantum* – art.° 350.°, n.° 2, do CC.

Nada impede que cedente e cessionário acordem na responsabilidade solidária pelo cumprimento das obrigações salariais para com o praticante desportivo.

---

[51] Assim, também, J. LEAL AMADO, *Vinculação versus Liberdade (O Processo de Constituição e Extinção da Relação Laboral do Praticante Desportivo)*, cit., p. 292, n. 494, e FERNANDO XAREPE SILVEIRO, "O "Empréstimo" Internacional de Futebolistas Profissionais", *cit.*, pp. 84-85.

[52] Vd., a propósito, o acórdão da Comissão Arbitral Paritária, de 12 de Julho de 2000 (Proc. n.° 09-CAP/2000).

[53] Assim, expressamente, o art.° 11.°, n.° 3, do RD 1006/85.

Cedência temporária de praticantes desportivos 31

*

A sub-rogação pelo cessionário de todos os direitos e obrigações do cedente significa que as cláusulas do contrato originário mantêm a plenitude da sua eficácia. Nestes termos, se, por exemplo, o contrato de trabalho fixar retribuições diferentes para cada ano de vigência do contrato, o cessionário, naturalmente se a cedência for superior a um ano, está vinculado a pagar ao praticante desportivo as diferentes retribuições fixadas no contrato originário.

Por outro lado, também nada obsta a que no contrato de cedência sejam estabelecidas condições remuneratórias diversas das acordadas no contrato de trabalho desportivo, desde que, como impõe o n.º 3 do art.º 20.º da LCTD[54], não envolvam diminuição da retribuição nele prevista.

Nada obsta, por isso, a que o praticante desportivo obtenha no clube cessionário uma melhoria salarial, embora se aceite que a hipótese não será muito frequente, já que em regra as cedências temporárias operam para clubes de menor dimensão.

Terminada a cedência com a reincorporação no clube cedente, este não é obrigado a manter a melhoria conseguida ou obtida ao serviço do cessionário[55]. O acréscimo remuneratório constitui uma obrigação que nasce com o contrato de cedência, não resultante, por isso, do contrato de trabalho. Não se pode, neste contexto, falar em sub-rogação de algo que nasce no próprio momento da cedência.

7.2. *Parte da retribuição calculada em função dos resultados*

Quanto à parte variável da retribuição calculada em função dos resultados, na nossa óptica o mais natural é a cedência envolver a renúncia a essa componente retributiva[56] (naturalmente nos casos em que se deva concluir que tal prestação faz parte do conceito de retribuição). E não se pode considerar haver violação da norma que impede a diminuição da re-

---

[54] Do mesmo modo, o n.º 4 do art.º 9.º do CCT para os futebolistas estabelece que no contrato de cedência podem ser estabelecidas condições remuneratórias diversas das acordadas no contrato de trabalho desportivo, desde que não envolvam diminuição da retribuição nele prevista.

[55] Sobre a matéria, vd. FRANCISCO RUBIO SÁNCHEZ, *El Contrato de Trabajo de los Deportistas Profesionales*, cit., pp. 277-278.

[56] No mesmo sentido, vd. FERNANDO XAREPE SILVEIRO, "O "Empréstimo" Internacional de Futebolistas Profissionais", *cit.*, pp. 86 e 87.

tribuição pelo contrato de cedência. O que se pretende com o n.° 3 do art.° 20.° da LCTD é que o praticante desportivo não se veja na contingência de, para terminar uma situação de inactividade, ser forçado a aceitar uma retribuição inferior.

Agora já seria absurdo que alguém que deu o seu consentimento à cedência, que teve interesse na mesma, viesse reclamar prémios em função de resultados desportivos para os quais não deu qualquer contributo. Tal comportamento seria manifestamente contrário ao princípio da boa fé, que deve nortear toda a vida do contrato, e traduzir-se-ia na violação do princípio da justa retribuição.

Poder-se-ia até dar o caso de o clube cessionário ter também instituído prémios em função dos resultados, situação em que o praticante desportivo obteria uma dupla retribuição em função de resultados desportivos, o que seria completamente absurdo.

Por outro lado, o clube cedente poderia ter feito depender a atribuição de prémios em função dos resultados da efectiva participação na competição, como titular ou suplente, ou apenas como titular, situação em que reclamar a este título fosse o que fosse não faria qualquer sentido.

Neste contexto, só numa análise muito literal e numa leitura muito formalista do direito é que se poderia sustentar o direito do praticante desportivo à parte variável da retribuição calculada em função dos resultados.

Julgamos que tal direito só existirá se houver determinação expressa no acordo de cedência nesse sentido. O que, em todo o caso, se apresentará pelo menos algo enigmático face à situação de flagrante favor em que o praticante desportivo é colocado face aos elementos do plantel que trabalharam e contribuíram para o resultado desportivo, e que muito legitimamente se poderão questionar a que propósito alguém que não deu qualquer contributo para aquele resultado, pode vir a beneficiar de algo que surgiu por exclusivo labor de outros.

Assim, quando o praticante desportivo dá a sua anuência ao acordo de cedência, deve avaliar a eventual perda dessa parcela retributiva e ponderar se ainda assim tem vantagem na cedência. Ou então fazer depender o seu acordo de uma verba destinada a compensar uma expectativa de ganho que se pode frustrar por virtude da cedência.

7.3. Compensação económica pela cedência

Nada impede que o praticante desportivo tenha direito ao pagamento de determinada importância pela cedência.

De resto, o n.° 6 do art.° 9.° do CCT para os futebolistas contém uma cláusula que nos parece inteiramente ajustada. Diz-se nessa cláusula que sempre que da cedência resulte o pagamento de qualquer compensação ao clube ou sociedade desportiva cedente, ou seja se a cedência for onerosa[57], **o jogador cedido terá direito a receber**, se outro acordo mais favorável não for estipulado entre as partes, **7% daquela quantia**[58].

Acrescente-se que o direito do cedido a uma compensação económica, ao contrário do que sucede em Espanha[59], não está entre nós estabelecido legalmente, embora no nosso entendimento essa participação seja inteiramente justificada. Aplaude-se, por isso, a solução convencional, mais consentânea com a especial natureza desta relação de trabalho, onde se justifica a consagração de normas próprias ainda que não tenham paralelo em qualquer outra relação laboral.

Não diz, todavia, o CCT para os futebolistas, quem abona essa quantia. Em todo o caso, na falta de estipulação contratual, faz sentido, segundo julgamos, que seja o cessionário a suportar essa compensação, uma vez que é a entidade que assume as vestes de interessada nos serviços do praticante desportivo e pelos quais se predispõe a pagar um preço[60].

---

[57] Sobre as modalidades da cedência, remete-se para MARIA JOSÉ RODRIGUEZ RAMOS, *Cesión de Deportistas Profesionales y Outras Manifestaciones Licitas de Prestamismo Laboral*, cit., pp. 89-90.

[58] A lei espanhola vai mais longe (art.° 11.°, n.° 4, do RD 1006/85), estabelecendo a favor do praticante desportivo, em caso de cedência onerosa, o direito de receber, no mínimo, 15% do montante estipulado, a ser pago, segundo o respectivo Convénio Colectivo para os Futebolistas, pelo cessionário no momento da aceitação da cessão pelo futebolista (art.° 16.°). Este convénio vai ainda mais longe do que a lei, já que prevê benefícios económicos para o praticante desportivo nos casos de cedência gratuita (o texto deste Convénio Colectivo pode ser consultado na *Revista Jurídica del Deporte*, Año 2001 – 2, número 6, pp. 213 e ss.).

Também na cedência recíproca a lei espanhola fixa uma contrapartida económica para o praticante desportivo, dizendo neste caso que a mesma deve ser satisfeita pelo clube cedente.

[59] Vd. nota anterior.

[60] A questão não é, todavia, líquida. Sobre a matéria, no direito espanhol, vd. FRANCISCO RUBIO SÁNCHEZ, *El Contrato de Trabajo de los Deportistas Profesionales*, cit., pp. 280-281, e RICARDO FREGA NAVIA, *Contrato de Trabajo Deportivo*, cit., p. 173.

34 Estudos de Direito do Trabalho em Homenagem ao Prof. Manuel Alonso Olea

Resta acrescentar que a quantia a que o praticante desportivo tenha direito por força da cedência tem natureza compensatória e não retributiva[61].

7.4. Poderes do Empregador. Em especial: o Poder Disciplinar

Nos termos do art.° 3.° da LCTD, às relações emergentes do contrato de trabalho desportivo aplicam-se, subsidiariamente, as regras aplicáveis ao contrato de trabalho.

Mas, como já tivemos oportunidade de defender[62], ainda que não o diga expressamente, essa aplicação subsidiária implica que as normas jurídico- laborais não sejam incompatíveis com a natureza especial do contrato de trabalho desportivo[63].

Impõe-se, por isso, apurar se ao acordo de cedência temporária de praticante desportivo é aplicável subsidiariamente o regime da cedência ocasional de trabalhadores regulada nos art.os 26.° e ss. da LTT.

Como se sabe, por força do art.° 29.° da LTT, que tem a imprópria epigrafe de "regimes supletivos"[64-65], os regimes de enquadramento no efectivo do pessoal do *utilizador*[66], de prestação de trabalho e de retribuição são os definidos nos art.os 13.°, 20.° e 21.° do mesmo diploma, com as necessárias adaptações.

Nestes termos, durante a execução do contrato de cedência, o trabalhador fica sujeito ao regime de trabalho aplicável à entidade cessionária

---

[61] Assim, por exemplo, J. SAGARDOY BENGOECHEA e J. GUERRERO OSTALAZA, *El Contrato de Trabajo del Deportista Profesional*, cit., pp. 88-89.

[62] ALBINO MENDES BAPTISTA, "Pressupostos da Desvinculação Desportiva do Jogador", *Revista da Faculdade de Direito da Universidade Lusíada – Lisboa*, n.° 1, 2003, p. 17.

[63] Como, aliás, a lei espanhola afirma expressamente (art.° 21.° do RD 1006/85). Vd. J. LEAL AMADO, *Contrato de Trabalho Desportivo Anotado*, cit., p. 22, que aplaude a solução adoptada pelo legislador espanhol.

[64] Assim, P. ROMANO MARTINEZ, "Cedência Ocasional de Trabalhadores – Quadro Jurídico", *cit.*, p. 867.

[65] Como diz acertadamente CATARINA CARVALHO, "o legislador optou pela decisão mais fácil, limitando-se a remeter para o regime do trabalho temporário" (*Da Mobilidade dos Trabalhadores no Âmbito dos Grupos de Empresas Nacionais*, cit., p. 309). Critica ainda a opção legislativa por uma "mera remissão", CÉLIA AFONSO REIS, *Cedência de Trabalhadores*, cit., p. 15, n. 5.

[66] Itálico nosso.

no que respeita ao modo, lugar, duração de trabalho e suspensão da prestação de trabalho, higiene, segurança e medicina no trabalho e acesso aos seus equipamentos sociais (art.º 20.º, n.os 1 e 2, da LTT).

Por sua vez, por força do n.º 6 do art.º 20.º da LTT, o exercício do poder disciplinar cabe, durante a execução do contrato, à empresa de trabalho temporário[67].

Sobre esta matéria são inúmeras as dúvidas. Dúvidas que se colocam em sede geral, mas que assumem particulares contornos na relação laboral desportiva.

Que com o acordo de cedência o trabalhador fica sujeito ao poder de direcção do cessionário não parece haver dúvidas. Assim caberá a este modular a concreta execução da prestação. Competir-lhe-á igualmente o poder regulamentar.

Que a faculdade extintiva da relação de trabalho (o despedimento ou a cessação do contrato por mútuo acordo) se conserva na titularidade (exclusiva) do cedente também parece não oferecer dúvidas[68], sob pena de se desvirtuar por completo a natureza da cedência.

De igual modo, a responsabilidade pela reparação dos danos emergentes de acidente de trabalho cabe ao cedente, uma vez que é o verdadeiro (e único) empregador.

Finalmente, o tempo de cedência deve ser computado para efeitos de antiguidade do contrato de trabalho desportivo celebrado com o cedente.

Já no que diz respeito à aplicação de sanções disciplinares (conservatórias), a matéria é mais complexa.

*

Suponhamos que o praticante desportivo comete uma infracção ligeira ou mesmo grave mas que não é de molde a tornar a relação de trabalho insustentável.

O direito de punir deveria em tais situações estar na titularidade do clube cessionário, reservando-se a *sanção* expulsiva para o clube cedente. **E isto porque a entidade cessionária é que está próxima da ofensa co-**

---

[67] Criticando a solução legal, vd., entre outros, CÉLIA AFONSO REIS, *Cedência de Trabalhadores*, cit., p. 16, n. 7.

[68] Assim, no sistema espanhol, J. SAGARDOY BENGOECHEA e J. GUERRERO OSTALAZA, *El Contrato de Trabajo del Deportista Profesional*, cit., p. 87. No mesmo sentido, RICARDO FREGA NAVIA, *Contrato de Trabajo Deportivo*, cit., p. 170, para quem não obstante se inclui na sub-rogação o poder disciplinar, ainda que com exclusão da faculdade de extinção contratual.

metida, que a conhece devidamente e que está, por isso, em condições de apurar os factos e proceder correctamente à respectiva valoração[69].

De resto, a infracção pode ter sido a um Regulamento Interno ou a outras regras internas do clube cessionário, porventura até bastante diferentes das do clube cedente, pelo que este pode não estar em condições ou estar em condições deficientes de relevar a conduta do praticante desportivo.

Julga-se que, em muitos casos, só a entidade cessionária estará habilitada a valorar correctamente a conduta do praticante desportivo e só ela terá, muitas vezes, interesse directo na punição.

Já para o despedimento a análise terá de ser diferente, porquanto o vínculo trilateral não pode ser rompido pelo cessionário, uma vez que o cedente não saiu de cena e conserva a qualidade de entidade patronal. Aqui o cedente, como verdadeiro e único empregador, que aceitou transferir parte dos seus poderes para o cessionário, tem interesse directo na manutenção/rompimento contratual. Nesta situação a um maior distanciamento da prática infraccional sobreleva a qualidade de empregador na sua dimensão de poder extintivo da relação de trabalho. É que se o empregador acordou na cedência temporária é porque tem interesse em manter o contrato de trabalho. De outro modo acertaria a cedência definitiva do praticante desportivo, naturalmente no pressuposto de que os outros intervenientes no negócio nisso tivessem interesse.

*

Chegados aqui, estamos em condições de voltar ao disposto no art.º 3.º da LCTD.

Pois bem, na nossa óptica, a aplicação subsidiária do n.º 6 do art.º 20.º da LTT parece incompatível com a natureza especial do contrato de trabalho desportivo.

António José Moreira sustenta, a propósito do trabalho temporário, a possibilidade de o utilizador aplicar sanções correctivas de natureza não pecuniária – repreensão e repreensão registada – ao trabalhador temporá-

---

[69] Remete-se para as considerações feitas, a propósito da cedência ocasional de trabalhadores, por Paula Camanho, Miguel Cunha, Sofia Pais e Paulo Vilarinho, "Trabalho Temporário", *Revista de Direito e de Estudos Sociais*, Janeiro-Setembro – 1992, pp. 246-248.

rio[70], o que se nos afigura discutível face ao regime vigente, muito embora tal tese tenha o mérito de chamar a atenção para a inconformidade prática da solução actual[71].

No que ao contrato de trabalho desportivo diz respeito, faz ainda menos sentido que a aplicação de sanções correctivas seja feita pelo clube cedente.

É que neste (sub) tipo contratual a presença do cedente durante o período de vigência do acordo de cedência quase se apaga, o que se explica pelos interesses que aqui estão envolvidos, pela consequente admissibilidade genérica do instituto, pelo facto de o contrato de trabalho desportivo ser necessariamente a termo, não estando em jogo problemas de precariedade contratual, o que tudo junto equivale a dizer que a rarefacção do vinculo laboral a que aludem alguns autores[72] **é aqui muito mais intensa do que em sede geral.**

Por outro lado, tendo em conta que na actividade desportiva tudo acontece a ritmo acelerado, o exercício da acção disciplinar tem de ser (mais) expedito, pelo que se impõe a adequada tutela do clube cessionário, permitindo-lhe a actuação disciplinar, sem prejuízo da relevância que o cedente atribua a essa punição, pois o juízo de valoração da conduta do praticante desportivo pode não ser o mesmo por parte de cedente e cessionário.

Finalmente, **enquanto que no regime geral a cedência ocasional se insere numa lógica de colaboração entre empresas, no contrato de trabalho desportivo o pano de fundo da cedência temporária é um quadro de competição entre clubes.**

Suponhamos que o praticante desportivo profere declarações à imprensa que objectivamente afectam o bom nome do cessionário. Suponhamos ainda que isso sucede num momento crucial da competição em que

---

[70] António José Moreira, *Trabalho Temporário. Regime Jurídico Anotado*, 2.ª ed., Coimbra, 2001, p. 64.

[71] Como escrevem Paula Camanho, Miguel Cunha, Sofia Pais e Paulo Vilarinho: "Apesar de não haver soluções perfeitas, talvez tivesse sido preferível conceder à empresa utilizadora o poder de aplicar determinadas sanções menos severas, guardando para a ETT a aplicação das mais graves, incluindo nestas obviamente a sanção do despedimento, uma vez que o contrato de trabalho existe entre o trabalhador temporário e a ETT." ("Trabalho Temporário", *cit.*, p. 248). No mesmo sentido, João Zenha Martins, *Cedência de Trabalhadores e Grupos de Empresas*, cit., pp. 170-172.

[72] Maria Regina Redinha, "Da cedência ocasional de trabalhadores", *cit.*, p. 21, e J. Leal Amado, *Contrato de Trabalho Desportivo Anotado*, cit., p. 64.

clube cedente e clube cessionário disputam a presença numa prova europeia ou a manutenção na respectiva Liga, e que aquelas declarações se traduzem objectivamente num elogio à organização interna do cedente. A pergunta inevitável é esta: o clube cedente vai punir o quê?

*

Depois há outro problema. Suponha-se que o praticante desportivo agride o treinador (do clube cessionário). Na nossa opinião, tem de ser conferida ao cessionário a faculdade de recorrer à sua suspensão preventiva. A necessidade de uma actuação imediata não pode ser neutralizada pela obrigação de comunicar a ocorrência ao cedente e de esperar pela resposta deste.

A suspensão preventiva a ocorrer apenas por determinação do cedente poderia implicar que este ficasse responsável pelo pagamento da respectiva retribuição enquanto aquela situação se mantivesse, o que potenciaria a recusa de decretar essa medida. Ao que acresceria que, afinal, a agressão do treinador tinha sido em *terreno alheio...*

Julga-se que é de aceitar que o n.º 2 do art.º 14.º da LTT [73] "deixa ficar a porta aberta ao exercício do poder disciplinar por parte do utilizador quando se reporta à **suspensão preventiva em processo disciplinar**"[74].

Como se sabe, nos termos do n.º 2 do art.º 31.º da LCT e do n.º 1 do art.º 11.º da LCCT[75], a manutenção da retribuição é um pressuposto de licitude da suspensão preventiva do trabalhador.

Em tal matéria ter-se-á de verificar quem tomou a iniciativa da suspensão preventiva e a quem cabe a obrigação de pagamento da retribuição.

Importa ter presente que a retribuição pode ser paga pelo cedente, pelo cessionário ou por ambos, conforme o que for contratualmente estipulado, o que contribui para que a matéria no contrato de trabalho desportivo assuma contornos (ainda) mais delicados.

---

[73] O n.º 2 do art.º 14.º da LTT determina: *"Igual obrigação* (de colocar à disposição do utilizador outro trabalhador) *existe para a empresa de trabalho temporário se, durante os primeiros quinze dias de permanência do trabalhador no utilizador, este comunicar àquela que recusa o trabalhador ou sempre que em processo disciplinar se verifique a suspensão preventiva do trabalhador temporário."*

[74] ANTÓNIO JOSÉ MOREIRA, *Trabalho Temporário. Regime Jurídico Anotado*, cit., p. 47.

[75] Regime Jurídico da Cessação do Contrato de Trabalho, aprovado pelo Decreto-Lei n.º 64-A/89, de 27 de Fevereiro.

Suponhamos que a retribuição é paga pelo cedente. Valem aqui as palavras, com as necessárias adaptações, de PAULA CAMANHO, MIGUEL CUNHA, SOFIA PAIS e PAULO VILARINHO, para quem parece injusto que a ETT tenha de arcar com o encargo de pagar a retribuição ao trabalhador suspenso preventivamente, "quando a decisão é da empresa utilizadora, especialmente nas situações em que na decisão final se chega à conclusão que a empresa utilizadora não tinha o direito de suspender preventivamente o trabalhador."[76]

Pode ocorrer uma outra situação, que é o cedente suspender preventivamente o trabalhador quando cabe ao cessionário o pagamento da retribuição, o que representa para este um encargo que se pode revelar desadequado, nos casos em que a matéria infraccional lhe é completamente alheia.

Ainda mais complexa será abordagem nos casos em que a retribuição é satisfeita conjuntamente por cedente e cessionário.

A matéria carece, sem dúvida, de ponderação.

*

Entendemos que o cessionário pode romper o acordo de cedência, particularmente nas situações em que assumiu o pagamento da retribuição, caso o clube cedente persista numa atitude de não punição da conduta do praticante desportivo.

O Direito tem de encontrar mecanismos que obstem a que o cessionário fique nas mãos do cedente em caso de infracções muito graves tidas pelo praticante desportivo ao seu serviço. Se a infracção é muito grave e se o poder extintivo se mantém na esfera do cedente, então temos de aceitar que, se aquela integra o conceito de justa causa, o cessionário, em caso de inacção do cedente, pode, no limite, romper licitamente o contrato de cedência. Dificilmente o cessionário se constituirá na obrigação de indemnização face ao cedente, por ausência de culpa da sua parte. Em tal cenário, o praticante desportivo regressa ao clube cedente, mas com as condições contratuais vigentes à data da cedência, no pressuposto de que foi responsável pelo rompimento desta. O que não prejudica o eventual exercício da acção disciplinar por parte do cedente.

Tudo boas razões para admitir a aplicação de sanções correctivas por parte do cessionário. Para o cedente, atendendo aos interesses em presença

---

[76] PAULA CAMANHO, MIGUEL CUNHA, SOFIA PAIS e PAULO VILARINHO, "Trabalho Temporário", *cit.*, p. 248.

40   *Estudos de Direito do Trabalho em Homenagem ao Prof. Manuel Alonso Olea*

e às particularidades desportivas (quadro de competição entre clubes), isso não constitui um sacrifício inexigível.

Sugeria-se, em todo o caso, que a matéria merecesse a atenção do legislador em termos de adequação das normas legais à especificidade do fenómeno desportivo.

*

Deve também reconhecer-se ao clube cessionário, em caso de incumprimento contratual do acordo de cedência por parte do praticante desportivo cedido, a faculdade de recorrer à figura da excepção de não cumprimento do contrato (art.os 428.º e ss. do CC), de forma a eximir-se ao cumprimento da parte a que se obrigou por força desse acordo[77].

*

Na pendência da cedência, e sabido que o vínculo laboral com o cedente (apenas) se suspende, o praticante desportivo conserva todos os deveres que não pressuponham a efectiva prestação de trabalho. Por exemplo, e desde logo, o dever de lealdade, cuja violação confere ao cedente o direito de exercer a acção disciplinar com vista ao despedimento com justa causa. O cessionário nada pode fazer para obstar a tal desenlace.

A posição do cessionário tem algumas fragilidades, pois vive na dependência do contrato originário, cujas vicissitudes se reflectem no acordo de cedência. Pode a este propósito falar-se de particularidades em matéria de risco contratual, que actuam em desfavor do cessionário.

Cessado o contrato de trabalho nada obsta naturalmente a que se estabeleça uma relação de trabalho com o cessionário, mas já não sob as vestes de um contrato de cedência.

*

Situação diferente é a de saber se o praticante desportivo é obrigado a acatar a ordem de regresso ao clube cedente antes do fim do acordo de cedência. CÉLIA AFONSO REIS, em sede geral, sustenta que sim, sem prejuízo de em tal situação se colocar o problema do ressarcimento do cessionário[78].

---

[77] Assim, também, FERNANDO XAREPE SILVEIRO, "O "Empréstimo" Internacional de Futebolistas Profissionais", *cit.*, p. 88, n. 41, para quem o mesmo direito assiste ao cedido, em caso de incumprimento da parte do cessionário.

[78] CÉLIA AFONSO REIS, *Cedência de Trabalhadores*, cit., p. 17, n. 8. A mesma po-

Contrariamente, somos de opinião que o praticante desportivo não está obrigado a cumprir a ordem da entidade patronal, pois está também vinculado ao acordo de cedência, **sendo que os relevantes interesses que normalmente estão na base da aceitação da cedência merecem tutela jurídica**[79]. Trata-se de mais uma situação em que as normas gerais, a deporem naquele sentido, se revelariam desadequadas...

Se o cedido, apesar disso, regressar ao clube cedente, o clube cessionário poderá ser ressarcido pelos danos causados em virtude da violação do contrato de cedência, por aplicação dos mecanismos gerais de responsabilidade contratual – art.º 798.º do CC.

7.5. *Rescisão do contrato com fundamento em salários em atraso*

Como se sabe, muitas vezes a cedência é acompanhada pela assumpção da responsabilidade retributiva de forma repartida, igual ou diferentemente, entre cedente e cessionário.

Pergunta-se: o praticante desportivo cedido pode rescindir o contrato, porque o cedente não pagou a parte da retribuição que assumiu? Em caso afirmativo, que procedimento deve adoptar?

O praticante desportivo pode naturalmente, tendo fundamento para o efeito, rescindir o contrato de trabalho, direito que deve exercer contra o clube cedente, sua entidade patronal[80].

Mas deve também notificar o clube cessionário que tem interesse directo no cumprimento da prestação retributiva e com quem o praticante desportivo assumiu (também) determinadas obrigações contratuais. Julgamos que tal dever de notificação decorre do princípio da boa fé no cumprimento dos contratos[81].

---

sição é subscrita por João Zenha Martins, *Cedência de Trabalhadores e Grupos de Empresas*, cit., pp. 151-152.

[79] Vd., a propósito, o ponto 2 deste estudo.

[80] Com interesse para a matéria, sublinhe-se que o n.º 2 do art.º 43.º do CCT para os futebolistas contém uma previsão de grande relevância nesta matéria. Assim, no caso de atraso do pagamento da retribuição na forma devida, por mais de 30 dias, independentemente de culpa, o fundamento só é procedente se o jogador comunicar a sua intenção de rescindir o contrato, por carta registada com aviso de recepção e o clube ou sociedade desportiva não proceder, dentro do prazo 3 dias úteis. Sobre a matéria, remete-se para Albino Mendes Baptista, "Pressupostos da Desvinculação Desportiva do Jogador", *cit.*, pp. 15 e ss..

[81] Sobre a boa fé, vd. a importante e nuclear obra de A. Menezes Cordeiro, *Da Boa Fé no Direito Civil*, 2.ª Reimpressão, Coimbra, 2001, especialmente pp. 853 e ss..

42 *Estudos de Direito do Trabalho em Homenagem ao Prof. Manuel Alonso Olea*

Como preceitua o n.º 1 do art.º 767.º do CC, a prestação pode ser feita tanto pelo devedor como por terceiro, interessado ou não no cumprimento da obrigação. É sabido que o credor, em regra, não se opõe ao cumprimento por terceiro[82].

No caso da cedência temporária de praticante desportivo, o clube cessionário que assegura o pagamento de parte da retribuição, é que é um terceiro relativamente ao pagamento da parte restante da retribuição, tem interesse em cumprir a parte do devedor (o clube cedente) em falta, porque tem vantagem directa na satisfação do crédito, uma vez que desse modo pode obstar à rescisão do contrato com fundamento em falta de pagamento pontual da retribuição – art.º 26.º, n.º 1, alínea *d)*, da LCTD.

Cumprindo a obrigação do devedor, o clube cessionário fica sub-rogado nos direitos do credor (praticante desportivo), nos termos do n.º 1 do art.º 592.º do CC, pois está directamente interessado na satisfação do crédito.

É certo que o n.º 2 do art.º 767.º do CC determina que o credor não pode, todavia, ser constrangido a receber de terceiro a prestação, quando se tenha acordado expressamente em que esta deve ser feita pelo devedor.

Julga-se que fazer constar do contrato de cedência a assumpção parcial da retribuição por parte do clube cedente não significa por si só, nem significa em princípio, que haja acordo expresso em que a retribuição deva ser por si satisfeita. Como escrevem F. Pires de Lima e J. Antunes Varela: "Não basta qualquer referência acidental, no título constitutivo da obrigação ou em qualquer acto posterior, ao cumprimento *por parte do devedor*, para que se considere excluída a possibilidade de cumprimento por terceiro; é necessário que haja a intenção clara de que a prestação seja efectuada pelo próprio obrigado ou de que a prestação não seja realizada por terceiro."[83]

Em regra, na nossa óptica, nos contratos de cedência temporária de praticante desportivo não se verifica a intenção clara "de que a prestação seja efectuada pelo próprio obrigado ou de que a prestação não seja realizada por terceiro."

Defendemos já que do princípio da boa fé no cumprimento dos contratos decorre o dever de o praticante desportivo cedido notificar o clube

---

[82] Vd., no entanto, o n.º 2 do art.º 767.º e o n.º 2 do art.º 768.º, ambos do CC.

[83] F. Pires de Lima e J. Antunes Varela, em colaboração com M. Henrique Mesquita, *Código Civil Anotado*, vol. II., 4.ª ed., Coimbra, 1997, p. 13.

cessionário da falta de pagamento pontual (de parte) da retribuição que cabe ao clube cedente.

A questão não deve ser reduzida a uma mera actuação dos mecanismos indemnizatórios por iniciativa do clube cessionário contra o clube cedente, pelo incumprimento da parte da retribuição que lhe cabia por força do contrato de cedência.

A posição do clube cessionário não seria devidamente tutelada sem aquela notificação, já que pode querer assumir a parte da retribuição em falta, que depois reclamará do cedente, tendo em conta que os serviços daquele praticante desportivo podem ser vitais na estrutura da equipa ou emblemáticos para o clube.

Na verdade, do contrato de cedência resulta um esquema complexo de direitos e obrigações para os três envolvidos, particularmente nos casos em que a retribuição é suportada por cedente e cessionário, situação que, tenha-se presente, recebeu o acordo expresso do praticante desportivo.

O dever de boa fé tem de assumir, também aqui, uma estrutura tripartida.

*

Vejamos agora a situação inversa, que é a falta de cumprimento da parte da retribuição assumida pelo clube cessionário.

Nesta situação o praticante desportivo cedido não pode igualmente actuar de imediato a ruptura do acordo de cedência, devendo notificar previamente o clube cedente dessa ocorrência, pois a matéria interessa-lhe directamente.

É certo que o praticante desportivo não pode ser obrigado a permanecer no clube cessionário a não ser que sejam definidas novas regras, por ele aceites, com observância dos respectivos requisitos de forma, quanto à assumpção da responsabilidade retributiva. Caso contrário, o praticante desportivo pode romper licitamente o acordo de cedência, retornando ao clube cedente.

Também aqui a questão não deve ser reduzida a uma mera actuação dos mecanismos indemnizatórios agora do clube cedente face ao clube cessionário. Por isso, não basta invocar que o clube cedente ao acordar na cedência assumiu riscos, um dos quais é o contrato de cedência não ser cumprido pelo cessionário.

O dever de boa fé impõe inelutavelmente a obrigação de informação ao cedente da falta de pagamento pontual da retribuição por parte do clube cessionário, de forma a não o colocar perante uma reacção surpresa, que se poderia revelar desproporcionada.

44 *Estudos de Direito do Trabalho em Homenagem ao Prof. Manuel Alonso Olea*

Convém salientar que é necessário que a falta de pagamento pontual da retribuição assuma uma certa expressão, de molde a não ofender o princípio da boa fé. Um atraso de reduzido montante geraria a ilicitude da ruptura contratual.

Tenha-se presente que a partir do momento em que o praticante desportivo retorna ao clube de origem este reassume a responsabilidade pelo pagamento da totalidade da retribuição. Por outro lado, esse retorno intempestivo pode implicar graves perturbações ao nível da gestão do plantel.

Sendo certo que a cedência envolve uma complexa teia em matéria de risco contratual, com a assumpção de riscos (também) por parte do cedente, julga-se que este pode ter interesse em se acautelar fazendo constar do acordo de cedência uma cláusula contratual que obrigue o clube cessionário a remeter-lhe regularmente o recibo da retribuição do praticante desportivo cedido, ou, então, inserindo uma cláusula penal para o caso de incumprimento do cessionário para com o atleta (por exemplo, o dobro dos salários pendentes até à data da cessação da cedência), prevenindo a hipótese de não estar em condições de assumir a totalidade da retribuição do praticante desportivo.

*

A situação será naturalmente diferente se as partes estabelecerem no acordo de cedência um mecanismo de responsabilidade solidária. Nesta hipótese, o cedente responde perante o praticante desportivo pelo incumprimento do cessionário, sem prejuízo não só do correspondente direito de regresso, mas também do retorno do praticante desportivo à sua entidade empregadora[84].

Diferentemente, se a situação é de sub-rogação pelo cessionário de todos os direitos e obrigações do cedente, este não pode ser responsabilizado pelo incumprimento daquele. O que naturalmente não impede o clube cedente de accionar, junto dos tribunais comuns, o clube cessionário para obter o ressarcimento dos danos causados.

*

Importa não ignorar que pode haver um eventual conluio entre praticante desportivo e cessionário na criação de uma situação de incumprimento que legitime aquele a rescindir o contrato com o cedente, seguido

---

[84] MARIAJOSÉ RODRIGUEZ RAMOS, *Cesión de Deportistas Profesionales y Outras Manifestaciones Licitas de Prestamismo Laboral*, cit., p. 112.

da outorga de um contrato de trabalho desportivo com o cessionário, que passaria então a entidade empregadora. Tal situação deverá ser tratada como abusiva, nos termos e para os efeitos do art.º 334.º do CC.

Como afirma A. VAZ SERRA, há abuso de direito "quando o direito, legítimo (razoável) em princípio, é exercido, em determinado caso, de maneira a constituir clamorosa ofensa do sentimento jurídico socialmente dominante; e a consequência é a de o titular do direito ser tratado como se não tivesse tal direito".[85]

Neste contexto, a rescisão do contrato gera a responsabilidade dos concluiados face à entidade desportiva cedente.

7.6. *"Sub-cedência" do praticante desportivo*

O cessionário não pode ceder o praticante desportivo a terceiro, já que isso seria postergar o interesse do cedente e a sua intervenção como parte no contrato de cedência. A pessoa do cessionário é, em regra, um elemento importante, por vezes até decisivo, para a anuência do cedente. Nestes termos, sem a autorização do cedente, e naturalmente a concordância do praticante desportivo, a "sub-cedência" por parte do clube cessionário a outro clube ou sociedade desportiva é ilícita[86].

7.7. *Proibição de participação em competições desportivas*

Há razões ponderosas de ordem desportiva para que a participação do praticante desportivo cedido nas provas desportivas disputadas entre o clube cedente e o clube cessionário tenha limitações.

Efectivamente, a participação nessas provas pode alimentar a suspeita de que não houve da parte do praticante desportivo a devida entrega à competição.

Em todo o caso, a liberdade contratual deve desempenhar aqui um papel de primeiro plano, não se descortinando razões de ordem pública

---

[85] A. VAZ SERRA, "Abuso de Direito (em matéria de responsabilidade civil)", *Boletim do Ministério da Justiça*, n.º 85, 1959, p. 253.

[86] No mesmo sentido, J. LEAL AMADO, *Contrato de Trabalho Desportivo Anotado*, cit., pp. 65-66.

46   *Estudos de Direito do Trabalho em Homenagem ao Prof. Manuel Alonso Olea*

que tornem ilícita a cláusula contratual que proíba a participação do praticante desportivo nas provas desportivas disputadas entre cedente e cessionário.

Do mesmo modo, nos casos em que do contrato de cedência não conste nenhuma cláusula de interdição, importa ter uma particular abertura e sensibilidade relativamente à intervenção de razões de ordem técnica para a exclusão do praticante desportivo dessas provas.

*

Vale a pena, a este propósito, atentar nas seguintes palavras de J. Leal Amado:

"Dir-se-ia, pois, que a salvaguarda de valores eminentes, de ordem estritamente desportiva – a transparência e a credibilidade das competições, a igualdade entre os competidores, em suma, a garantia da chamada "verdade desportiva" –, poderá justificar a introdução de certas limitações no tocante à susceptibilidade de "empréstimo" do praticante desportivo. Nesta ordem de ideias, afigura-se-nos que o preceituado no art.° 19.° da Lei n.° 28/98 não constituiria um obstáculo intransponível à elaboração, por parte da respectiva federação desportiva ou da liga de clubes, de disposições regulamentares proibindo tais "empréstimos" entre clubes que disputem a mesma competição desportiva."[87]

Com o devido respeito, manifestamos o nosso desacordo relativamente a esta posição.

Vimos já que a cedência, em diferentes escalas, interessa aos seus três intervenientes[88]. Julgamos que com tal proibição se anulariam as vantagens que a cedência temporária representa, em particular, para o praticante desportivo. É que, como se sabe, regra geral, a cedência opera de um clube de maior projecção para um clube de menor dimensão. No caso do futebol, por exemplo, a vingar a tese de J. Leal Amado, isso equivaleria a sustentar-se que um jogador da I Liga só poderia ser cedido temporariamente a um clube da II Liga, **o que seria um duro golpe no instituto**.

Julga-se que os valores que se procuram tutelar com essa tese, nomeadamente a "verdade desportiva", e que são nobres, implicariam um custo muito elevado para as carreiras dos praticantes desportivos.

---

[87] J. Leal Amado, *Vinculação versus Liberdade (O Processo de Constituição e Extinção da Relação Laboral do Praticante Desportivo)*, cit., pp. 293-294.

[88] Vd., *supra*, ponto 2 do presente estudo.

Efectivamente, que interesse teria um praticante desportivo de um clube que acabou de ser campeão da I Liga, ou de aceder a uma competição europeia, na cedência a um clube da II Liga?

Por outro lado, ficariam por resolver os problemas resultantes dos Jogos da Taça de Portugal, em que a competição se faz entre clubes dos vários escalões, onde também, ainda que a outro nível, poderá estar em causa o princípio da *par conditio*.

Da nossa parte preferiríamos que por regulamentação desportiva se impedisse qualquer limitação à utilização dos serviços do praticante cedido nos jogos entre clube cedente e cessionário.

É certo que tal tese sacrifica a liberdade contratual, mas julga-se que justificadamente, pois o que acontece em regra é um clube cedente (mais) forte impor tal cláusula a um clube cessionário (mais) fraco, **não tendo tal proibição, na generalidade dos casos, qualquer interesse para o praticante desportivo (e para o clube cessionário).**

Como se sabe, muitas vezes o praticante desportivo é cedido a contragosto, sendo, por isso, o primeiro a ter interesse em disputar os jogos entre cedente e cessionário para mostrar àquele que afinal tem lugar no respectivo plantel ou que tem uma valia que não foi devidamente apreciada.

Neste contexto, na nossa óptica há dois valores a tutelar: o profissionalismo e a honorabilidade do praticante desportivo, por um lado, e a "verdade desportiva", por outro.

Julgamos que a sua concordância poderia ser obtida através do sacrifício da eventual ocorrência de especulações relativamente ao empenhamento do praticante cedido em tais jogos, já que este nos parece o interesse mais fraco a tutelar, atendendo a que o princípio deve ser o de que os atletas são bons profissionais.

As especulações podem ser combatidas por duas vias: a primeira é deixar a porta aberta a que sejam os próprios praticantes desportivos a aferir da sua capacidade de entrega a determinada competição; a segunda é deixar à equipa técnica a gestão do plantel também nesta situação, que poderá optar pela não utilização do atleta em tais jogos, nomeadamente se entender que é importante protegê-lo ou se tiver fundados motivos para suspeitar de uma menor entrega à competição.

*

Sensibilidade bem diferente da de J. LEAL AMADO tem MARIA JOSÉ RODRÍGUEZ RAMOS, para quem não pode considerar-se que exista cedência do praticante desportivo "quando este, havendo sido contratado para pres-

48   *Estudos de Direito do Trabalho em Homenagem ao Prof. Manuel Alonso Olea*

tar os seus serviços numa equipa da 1.ª divisão, é transferido do mesmo clube para uma equipa que milita na 2.ª divisão", o que poderia afectar o direito à ocupação efectiva, "entendido como ocupação adequada"[89].

Julgamos que não se pode concluir que a cedência temporária de um praticante desportivo de um clube da 1.ª divisão para um escalão secundário afecte necessariamente o dever de ocupação efectiva, pois pode até suceder o contrário. Por outro lado, essa cedência só opera com o acordo do trabalhador que face ao desinteresse de qualquer clube da 1.ª divisão pode ter interesse na sua integração num clube da 2.ª divisão.

Por via do acordo que o praticante desportivo tem de dar à cedência, julgamos ser de respeitar o modo como o mesmo entende dever gerir a sua carreira.

Bem diferentes são as situações em que os clubes, fora de qualquer mecanismo de cedência, colocam os praticantes desportivos nas equipas "B" sem que se possa falar no assentimento destes a tal situação[90].

8. Dever de ocupação efectiva e direito à cedência[91]

Como se sabe, nos termos da alínea *a)* do artigo 12.º da LCTD, constitui dever da entidade empregadora desportiva proporcionar aos praticantes desportivos as condições necessárias à participação desportiva, bem como a participação **efectiva** nos treinos e outras actividades preparatórias ou instrumentais da competição desportiva.

É óbvio que a ocupação efectiva não significa qualquer direito de ser "titular". O que o praticante não pode é ser impedido de treinar, integrar as sessões técnicas, teóricas e práticas, ou participar noutras actividades preparatórias ou instrumentais da competição desportiva.

O clube não está, assim, impedido de prescindir da utilização do jogador em provas desportivas, considerando que há melhores apostas técnicas e tácticas para o rendimento global da equipa, mas já não lhe

---

[89] Maria José Rodriguez Ramos, *Cesión de Deportistas Profesionales y Outras Manifestaciones Licitas de Prestamismo Laboral*, cit., p. 48.

[90] Sobre a matéria, Albino Mendes Baptista, "Grupo Normal de Trabalho, Equipas "B" e Dever de Ocupação Efectiva do Praticante Desportivo", *cit.*, pp. 819 e ss..

[91] Remete-se para o nosso estudo "Grupo Normal de Trabalho, Equipas "B" e Dever de Ocupação Efectiva do Praticante Desportivo", *cit.*, pp. 819 e ss.

Cedência temporária de praticantes desportivos

será lícito vedar a sua participação nos treinos, ou separá-lo das demais actividades preparatórias ou instrumentais da competição desportiva[92].

A lei espanhola vai mais longe, porquanto estabelece o direito do praticante desportivo à cedência temporária a outro clube, **quando ao longo de toda uma época desportiva não tenha sido utilizado em competições oficiais**[93]. A esta forma de cedência chama Maria José Rodríguez Ramos cedência preceptiva[94].

Assim, verificada essa condição, a cedência temporária passa a constituir um direito do trabalhador.

Pensamos que se trata de uma boa solução legal, na medida em que o afastamento por razões de ordem técnica de um praticante desportivo por período dilatado é um factor de desvalorização profissional e de eventual desgaste psicológico, bem como de hipotética privação de contrapartidas económicas (*v.g.*, prémios de jogos). Por outro lado, a participação nos treinos e nas demais actividades assumem carácter preparatório e instrumental, sendo a participação nas competições oficiais o fim último da actividade desportiva. Finalmente, o que está em causa na lei espanhola é o reconhecimento do direito do praticante desportivo à ocupação efectiva[95].

*

Diz-nos J. Leal Amado que se trata, todavia, de uma norma "facilmente contornável pela entidade empregadora e levanta não poucos problemas práticos de aplicação."[96]

Da nossa parte, entendemos que a consagração legal do direito à cedência é de tal modo relevante que, para quem não tem nada de seme-

---

[92] Assim, em Espanha, a Sentença do Tribunal Superior de Justiça, Galiza, de 9 de Junho de 1997, referida por Ricardo Frega Navia, *Contrato de Trabajo Deportivo*, cit., p. 135.

[93] Art.º 11.º, n.º 2, do RD 1006/85. Vd., entre outros, Ricardo Frega Navia, *Contrato de Trabajo Deportivo*, cit., pp. 134 e 167.

[94] Maria José Rodriguez Ramos, *Cesión de Deportistas Profesionales y Outras Manifestaciones Licitas de Prestamismo Laboral*, cit., pp. 95 e ss.

[95] Assim, M. Alonso Olea e M. Emilia Casas Baamonde, *Derecho del Trabajo*, 19.ª ed., Madrid, 2002, p. 98.

[96] J. Leal Amado, *Contrato de Trabalho Desportivo Anotado*, cit., p. 46. Trata-se, aliás, de uma observação partilhada por autores espanhóis, como Francisco Rubio Sánchez, *El Contrato de Trabajo de los Deportistas Profesionales*, cit., p. 275. J. Cábrera Bazán vai até mais longe ao sustentar que a norma não tem carácter imperativo, mas meramente facultativo para o clube cedente ("La Relacion Especial de los Deportistas Profesionales", *cit.*, p. 155).

50   Estudos de Direito do Trabalho em Homenagem ao Prof. Manuel Alonso Olea

lhante, como sucede no ordenamento jurídico português, a postura é de simpatia e de aplauso. Ou seja, é preferível a existência de uma norma que possa ser "contornada" do que a ausência de qualquer norma.

É que "contornar" a lei sempre dá algum trabalho... Por outro lado, a figura do abuso do direito ganha campo de aplicação...

Aceita-se, por exemplo, que a exigência de uma contrapartida económica pela cedência possa reduzir o alcance daquele preceito.

Por outro lado, a cedência pressupõe um acordo entre clubes, do qual depende o futuro do praticante desportivo, que, naturalmente, não pode impor a prestação temporária dos seus serviços a terceiros.

Finalmente, reconhece-se que a norma permite a fraude, pois basta que o praticante desportivo participe numa competição oficial (porventura como suplente) para que o direito à cedência possa ser neutralizado[97].

Entendemos, em todo o caso, que o instituto do abuso de direito (art.º 334.º do CC) pode ajudar a solucionar muitos problemas.

Nas impressivas palavras de A. MENEZES CORDEIRO, o abuso do direito "é um excelente remédio para garantir a supremacia do sistema jurídico e da Ciência do Direito sobre os infortúnios do legislador e sobre as habilidades das partes. Até hoje, não se encontrou melhor. Praticamente todo o avanço qualitativo registado, no Direito civil e entre nós, nos últimos anos, lhe é tributário."[98]

*

É evidente que a sugestão de uma alteração legislativa deve ser acompanhada da proposta de criação de mecanismos que obstem a que a lei seja contornada e diminuam os problemas práticos da sua aplicação.

Neste plano é com muita simpatia que olhamos para o art.º 12.º do "Regulamento de Aplicação do Regulamento relativo ao Estatuto e Transferência dos Jogadores", aprovado pela FIFA, em 15 de Julho de 2001, onde se diz que um jogador tem justa causa desportiva para rescindir o seu contrato com um clube se puder provar, no final de

---

[97] Assim, MARIA JOSÉ RODRIGUEZ RAMOS, *Cesión de Deportistas Profesionales y Outras Manifestaciones Licitas de Prestamismo Laboral*, cit., p. 102, para quem seria mais coerente estabelecer o direito à cedência quando o desportista não prestasse os seus serviços em competição oficial perante o público com regularidade.

[98] A. MENEZES CORDEIRO, *Tratado de Direito Civil Português*, I - Parte Geral, I, 2.ª ed., Coimbra, 2000, p. 248.

Cedência temporária de praticantes desportivos 51

uma época, que participou em menos de 10% dos jogos oficiais disputados pelo seu clube[99].

Esta justa causa desportiva será estabelecida caso a caso e dependerá de circunstâncias específicas do jogador, como por exemplo, mas não só: lesão, suspensão, posição do jogador em campo (ex.: guarda-redes suplente), idade do jogador, expectativas razoáveis com base na carreira passada do jogador, etc.

Manifesta-se, assim, sensibilidade, ao mais alto nível das instâncias do futebol, para a necessidade de gerir racionalmente os plantéis, e de permitir aos jogadores preservar a sua preparação física e técnica, bem como elevados índices de competitividade, o que pressupõe efectiva participação nas provas desportivas[100].

*

Pois bem, a proposta legislativa que poderia ser equacionada era a seguinte. O direito à cedência temporária a outro clube seria expressamente consagrado na lei portuguesa, mas não apenas quando ao longo de toda uma época desportiva o praticante não tivesse sido utilizado em competições oficiais. Dever-se-ia, tomando por referência o mencionado "Regulamento de Aplicação do Regulamento relativo ao Estatuto e Transferência dos Jogadores", estabelecer o direito à cedência se ao longo da época des-

---

[99] No nosso estudo "Pressupostos da Desvinculação Desportiva do Jogador", *cit.*, p. 31, escrevemos:

A justa causa não assenta aqui necessariamente num comportamento culposo do clube ou sociedade desportiva.

Neste contexto, a justa causa desportiva tem autonomia em relação à justa causa laboral. O jogador bem pode ter justa causa desportiva para a rescisão, mas não ter justa causa laboral para o mesmo efeito.

Dizer-se, por exemplo, que o jogador tem justa causa desportiva para rescindir o seu contrato com um clube se puder provar, no final de uma época, que participou em menos de 10% dos jogos oficiais disputados pelo seu clube, não equivale naturalmente a dizer que tem justa causa laboral. A previsão é estabelecida no interesse do jogador e para proteger a sua carreira desportiva e não para criar um mecanismo de rescisão com justa causa laboral com o consequente direito a indemnização, que, no nosso caso, seria a resultante do n.º 1 do art.º 48.º do CCT para os futebolistas, a saber, correspondente ao valor das retribuições que lhe seriam devidas se o contrato de trabalho tivesse cessado no seu termo, deduzidas das que eventualmente venha a auferir pela mesma actividade a partir do início da época imediatamente seguinte àquela em que ocorreu a rescisão e até ao termo previsto para o contrato.

[100] Remete-se, de novo, para o nosso texto, "Grupo Normal de Trabalho, Equipas "B" e Dever de Ocupação Efectiva do Praticante Desportivo", *cit.*, pp. 819 e ss.

52 *Estudos de Direito do Trabalho em Homenagem ao Prof. Manuel Alonso Olea*

portiva o praticante participasse em menos de 10% dos jogos oficiais disputados pelo seu clube.

Aumentar-se-iam, assim, as dificuldades de contornar a lei, e criar-se-ia um mecanismo alternativo à rescisão contratual, com vantagens para o praticante desportivo, e, julga-se ainda, o que não é despiciendo, para a estabilidade dos clubes e das competições.

Dever-se-ia, porventura, ir até um pouco mais longe. A participação em 10% dos jogos oficiais disputados pelo seu clube não seria suficiente para obstar à rescisão se essa percentagem fosse atingida nos últimos jogos da competição. Por outro lado, a participação em jogos a título amistoso, não deveria ser computada para tal efeito.

*

Na nossa óptica, a participação nas competições oficiais não pressupõe, em princípio, a intervenção como titular ou a utilização do praticante desportivo. A qualidade de suplente é, segundo julgamos, uma forma de participar em competições oficiais, pois quando um praticante desportivo é convocado é porque representa uma opção técnica e táctica possível, pelo que há claramente uma situação de utilização potencial[101].

É óbvio que a concretização do direito à cedência pressupõe, como vimos, a existência de um clube terceiro interessado nos serviços do praticante desportivo, não bastando, consequentemente, a vontade do praticante desportivo. Quanto a este ponto, poder-se-ia equacionar a criação de limites às compensações económicas a pagar pela cedência.

9. Conclusão

Tivemos oportunidade de ir verificando ao longo deste texto que a importância prática do instituto da cedência temporária de praticantes desportivos não tem tido correspondência quer no normativo legal quer no tratamento doutrinário. A contratação colectiva permitiu alguns avanços, mas pouco temerários. Julga-se, por isso, que há muito a fazer nesta matéria, face à impressionante (quase) indiferença legislativa pela cedência do praticante desportivo, nada compatível com a dimensão e a importância prática deste instituto.

---

[101] Assim, também, Francisco Rubio Sánchez, *El Contrato de Trabajo de los Deportistas Profesionales*, cit., pp. 274-275.

Por exemplo, um dos aspectos que merecia tratamento legislativo é aquilo a que podemos chamar direito à cedência como uma expressão possível do dever de ocupação efectiva. E aqui, como se viu, basta olhar em volta, nomeadamente para o país vizinho.

Depois importaria definir regras em matéria de direitos e obrigações das partes envolvidas na cedência.

O que aqui se procurou fazer foi apenas dar alguns contributos para o debate em torno da cedência temporária de praticantes desportivos.

Temos a noção clara de que muitas das ideias que aqui ficaram expostas ou sugeridas exigiriam maior amadurecimento. Só que acreditamos no avanço científico (também) através de "pequenos passos", sem prejuízo naturalmente das vantagens de estudos mais completos.

O importante é que depois de se dar um "pequeno passo" se esteja atento aos avanços que outros derem, através de pequenos ou grandes avanços. E que se mantenha o diálogo. É este, segundo se julga, o *modus vivendi* da comunidade académica e científica...

Julho de 2003

"AS LIÇÕES DO GRANDE MESTRE ALONSO OLEA – A ACTUALIDADE DO CONCEITO DA ALIENIDADE NO SÉCULO XXI"

UM PRÓLOGO INDISPENSÁVEL

António Garcia Pereira

Quando o Dr. Monteiro Fernandes, há uns meses atrás, indagou da minha disponibilidade para escrever um artigo em homenagem do recentemente desaparecido Professor Alonso Olea, não hesitei em aceder a tal solicitação, tão profundamente honrado me sentia com tal solicitação quanto peremptoriamente considerava ser essa homenagem mais do que justa e merecida.

Tivera o previlégio de conhecer o Mestre Alonso Olea no início dos anos 80, quando o grupo (em que eu próprio me incluía) dos nove jovens assistentes da disciplina de Direito do Trabalho da Faculdade de Direito de Lisboa (reintroduzida naquela Escola apenas depois da queda do regime fascista em 25 de Abril de 1974), sob a orientação de Monteiro Fernandes, assegurava então a logística da preparação e realização das I Jornadas Luso-Hispano-Brasileiras de Direito do Trabalho, de que precisamente Alonso Olea, juntamente com o Ministro Vitor Russomano e Monteiro Fernandes, fora um dos criadores e impulsionadores.

No primeiro dia dos trabalhos – que decorreram perante uma atenta e interventiva assistência de mais de quatro centenas de cultores, investigadores, intérpretes e aplicadores do Direito do Trabalho, no Auditório do Laboratório Nacional de Engenharia Civil, em Lisboa, Alonso Olea – a quem fora apresentado, precisamente por Monteiro Fernandes, escassas horas antes – sentou-se a meu lado. Rápida e fluentemente o diálogo soltou-se. O Professor queria saber que idade eu tinha, o que fazia, quais os meus planos para a vida académica. Incentivou-me quase paternalmente a investir fortemente na carreira universitária. Falou-me entusiasticamente da ideia que tinha da Universidade como um "campus" por excelência de troca de opiniões e de livre entrechoque de concepções e de correntes doutrinárias, cuja riqueza será tanto maior quanto mais intenso for esse confronto e esse intercâmbio de posições. Transmitiu-me o seu modesto, quase envergonhado mas enorme orgulho pela circunstância de quase todos os Professores de Direito do Trabalho em Espanha, perfilhando embora correntes e sensibilidades jurídicas, mas também sociais e até políticas, muito diversas, terem afinal estudado pelas suas Lições e sempre o considerarem o seu Mestre.

Por fim, terminada a conversa e pedindo-me que aguardasse um pouco, Alonso Olea levantou-se, foi à sua pasta buscar algo em que me pareceu escrevinhar algumas palavras e que logo de seguida me entregou, com um sorriso nos lábios, dizendo-me: "Leia e depois diga-me a sua opinião". Literalmente estupefacto, reparei então que me entregava duas publicações suas, na primeira das quais apusera uma dedicatória que começava por dizer "Ao meu querido Amigo e Colega António Garcia Pereira..."!

Eis como um justamente afamado Professor Catedrático de uma das mais relevantes Universidades da Europa e até mesmo do Mundo, se dirigia a um jovem assistente universitário português, cerca de trinta anos mais novo e que dava então os seus primeiros passos na sua carreira!

Já mais do que uma vez recordei, emocionado, mais esta verdadeira "lição ecuménica" do Professor Alonso Olea. Mas hoje, aqui e agora renovo essa recordação de uma forma particularmente vincada. Sobretudo quando por vezes até parece que se pretende "apagar a História" e "esquecer" que houve Direito do Trabalho na Faculdade de Direito de Lisboa a partir de 1975. Que ele foi assegurado, sob a elevada e dedicada coordenação do Dr. Monteiro Fernandes e com um dinamismo e uma vivacidade doutrinária inegáveis, pelo já referido "Grupo dos Nove" (José Barros Moura, João Moreira da Silva, Joaquim Damas, José João Abrantes, Fernando Ribeiro Lopes, José Acácio Lourenço, Artur de Matos Serra, além de António Monteiro Fernandes e de mim próprio), dos quais, porém, nem um só permanece hoje naquela Escola. E que as primeiras das já incontornáveis Jornadas Luso-Hispano-Brasileiras de Direito do Trabalho (nascidas, como se referiu, do génio criador de Olea, Russomano e Monteiro Fernandes) acabaram de ter que ser levadas a cabo fora daquela Faculdade por o respectivo Conselho Científico – a quem foi graciosamente oferecido o patrocínio das mesmas – não as ter então julgado suficientemente justificadoras de uma resposta afirmativa.

Para Alonso Olea, não havia lugar para a arrogância ou o distanciamento – tantas vezes cultivados entre nós – do grande e elevado "Senhor Professor Doutor". Para Alonso Olea, não fazia qualquer sentido – ao invés do tão frequentemente praticado pelos nossos detentores do "poder universitário" – que a "Universitas" excluísse alguém só por ter posições ou pontos de vista diversos ou antagónicos. Para Alonso Olea, o Direito – e em particular o Direito do Trabalho – e a Universidade tinham por natureza que ser espaços de liberdade e de confronto de ideias, tanto mais ricos e pujantes quanto não houvesse lugar a argumentos de "autoridade" e de "verdades" feitas, impostas "ex officio".

É essa, em meu entender, a grande, a enorme Lição que o nosso querido Mestre Alonso Olea sempre praticou e que agora a preservação da sua memória nos impõe que continuemos a praticar.

A ALONSO OLEA se devem, sem duvida, alguns dos mais decisivos, e porventura ainda agora não totalmente explorados, contributos para o avanço da dogmática do Direito do Trabalho. E não me refiro sequer a esses espantosos textos absolutamente imprescindíveis para a compreensão do nascimento e evolução do Direito do Trabalho, que são os clássicos "En torno al concepto de Derecho del Trabajo", (ADC, 1967); "La revolución industrial y la emergencia del Derecho del Trabajo", (RT, 1970), n.° 32; "Sobre la realidad social subyacente al Derecho del Trabajo", (RT, 1971, n.° 2); "El trabajo en régimen de servidumbre", (in AAVV, Univ. Complutense, Madrid, 1980); "La abstención normativa en los orígenes del Derecho del Trabajo moderno", (in AAVV, 1980) e, sobretudo, "De la servidumbre al contrato de trabajo", (Madrid, 2ª ed., 1987).

Isto, porquanto é na concepção que ALONSO OLEA já delineara e traçara a propósito da caracterização do próprio contrato de trabalho e no papel central que o conceito de "alienidade" desempenha num recorte moderno e actualista da noção de "subordinação".

Com efeito – e conforme já por diversas vezes tivera oportunidade de assinalar, e retomando aqui de perto os elementos recolhidos, as pistas de investigações traçadas e as conclusões alcançadas nos meus trabalhos de doutoramento – a verdade é que as transformações das estruturas produtivas impuseram que se evoluísse de uma concepção estritamente jurídico--formal (assente na busca da existência de um conjunto de indícios fácticos, a esmagadora maioria dos quais, para não dizer a totalidade, foi sendo

58   *Estudos de Direito do Trabalho em Homenagem ao Prof. Manuel Alonso Olea*

cada vez menos visível nas relações de trabalho modernas[1]) para uma concepção essencialmente "técnico-organizativa", na qual, em vez de se procurar indagar da verificação daqueles indícios, se passou a procurar o conhecer qual a posição que o prestador da actividade efectivamente ocupa relativamente ao "momento organizatório" dos meios produtivos[2-3].

Com efeito, e à medida que se foi acentuando a elevação de nível das qualificações exigidas, designadamente pela sucessiva introdução de novas tecnologias e pelas valências que a sua utilização exigia, com o consequente e sucessivo alargamento da "autonomia técnica" dos trabalhadores, para se determinar se se estava ou não perante um vínculo jurídico referente a uma relação de trabalho subordinado passou a relevar (muito mais do que proceder à indagação, com frequência literalmente impossível ou de todo inútil, de qual a "titularidade" formal dos instrumentos ou até do próprio local de trabalho, ou da existência ou não da emissão de ordens e directrizes produzidas formal e imediatamente com vista à mera execução material desta ou daquela tarefa[4]) sobretudo o esclarecer se o tra-

---

[1] É a "desmaterialização" da subordinação jurídica de que fala A. MONTEIRO FERNANDES, in *Direito do Trabalho...* cit, p. 137, onde define aquela como "um elemento hoje, cada vez mais, remetido a um estado potencial implicado na envolvente organizativa da relação laboral e necessitando de detecção por via *dedutiva* (como ocorre na aplicação do "método indiciário")".

[2] A. MONTEIRO FERNANDES, ibidem, p. 133, e SCHAUB, *Arbeitsrecht-Handbuch*, 5ª ed., Munique, 1983, pp. 33 ss, por aquele citado.

[3] "A subordinação jurídica constitui o elemento essencial do contrato de trabalho, traduzindo-se no poder do empregador de conformar, através de ordens, directivas e instruções, a prestação a que o trabalhador se obrigou. Assim, podendo a mesma não transparecer em cada momento da prática de certas relações de trabalho, existirá sempre que a entidade patronal possa, de algum modo, orientar a actividade laboral em si mesma, ainda que apenas no tocante ao lugar ou ao momento da prestação" consagrou-se no *Acordão do Supremo Tribunal* de Justiça de 14 de Outubro de 1997, *Sum. Ac. S.T.J.-14.°*, p. 177. No mesmo sentido, ver Acordão do mesmo Supremo Tribunal de Justiça de 20 de Janeiro de 1999, in *Col. Jur. S.T.J.*, 1999, Vol. I, p. 265.

[4] Apesar de tudo, um importante sector da Jurisprudência continua a fazer relevar essencialmente o critério indiciário – vejam-se, entre muitos outros, os casos dos Acordãos da Relação de Évora de 21 de Setembro de 1993 (in BMJ-429.°, p. 205) em que se faz apelo à "globalidade dos indicadores"; do Acordão do Supremo Tribunal de Justiça de 8 de Maio de 1991, in A.J.-19.°-20, onde se refere que "a distinção legal entre contrato de trabalho e prestação de serviços assenta na existência ou não de subordinação jurídica, revelada por certos indícios); e do Acordão da Relação do Porto de 3 de Junho de 1991, in BMJ 408.°, p. 648, onde se consagra que "a distinção legal entre contrato de trabalho e contrato de prestação de serviços reduz-se à averiguação da existência ou não de subordinação jurídica ou económica mesmo que meramente potencial. A subordinação terá de aferir-se por

balhador em causa detinha a sua própria estrutura e organização de meios, mesmo que relativamente "artesanal", débil ou extremamente aligeirada, vendendo contra determinado "preço" o produto dessa actividade que ele simultaneamente dirigira e executara, ou se pelo contrário o prestador da referida actividade, ainda que trabalhando com vastíssima autonomia técnica, por objectivos previamente fixados e, por exemplo, com isenção de horário de trabalho ou no seu próprio domicílio, era afinal uma "peça" de uma "engrenagem" ou organização *alheias*!

Em suma, a própria evolução das coisas tornou claro que o traço distintivo teria afinal que passar, como ensinava ALONSO OLEA, pelo conceito essencial da *alienidade*. E na fase actual deste processo evolutivo a fronteira entre as duas realidades tornou-se mesmo de tal maneira ténue que começou, ao menos em certos sectores de actividade, a pôr em crise a própria utilidade prática do critério dogmático distintivo "clássico"[5], sucedendo mesmo que muitas das questões controvertidas submetidas a Tribunal acabaram sendo julgadas, não com base em decisões que apreciassem e conhecessem verdadeiramente da substância da respectiva causa, mas sim pela mera aplicação automática e formal das regras do ónus da prova.

Daqui decorre que – como aliás já vinha constituindo tendência de orientação, mesmo quando não assumida como tal – se terá agora que repensar toda a problemática da subordinação, pondo frontalmente em causa os autênticos "dogmas" por que a sua inicial conceptualização jurídica se caracterizou.

É que se assiste presentemente à implementação crescente do trabalho e das formas remuneratórias[6] *por objectivos* (com desvalorização da dimensão quantitativa da prestação e a sobrevalorização do atingimento daqueles, ou seja, relacionando a retribuição ou até a manutenção do vínculo com os próprios *resultados*[7]), das situações (formais ou mesmo in-

---

aspectos parcelares daquela relação, nomeadamente a propriedade dos instrumentos de trabalho, a natureza da prestação, a fórmula de remuneração e a existência de horário de trabalho".

[5] O próprio Tribunal Constitucional federal alemão (o "Bundesverfassungsgercht") num seu célebre acordão, de 20/5/96 (in BVerfGE 21/96) declarava que "a noção de trabalhador assalariado é um tipo ideal cujos diferentes elementos só têm em si mesmos uma função indiciária".

[6] Como sejam os prémios, subsídios ou até verdadeiras componentes do essencial da remuneração atribuídos pelos empregadores em função do alcançar de objectivos previamente fixados.

[7] Deve fazer-se notar a este respeito que a própria lei portuguesa (artigo 2.º, n.º 2 do Decreto-Lei n.º 400/91, de 16 de Outubro) considera como integrando o conceito de "inadapatação" e logo como sendo potencialmente justificadora da cessação do respectivo con-

60   *Estudos de Direito do Trabalho em Homenagem ao Prof. Manuel Alonso Olea*

formais[8]) de isenção de horário de trabalho, de uma cada vez maior e mais ampla autonomia técnica por parte do prestador da actividade, que muitas vezes é até o único que conhece e domina o meio tecnológico utilizado, bem como da própria "descontinuidade geográfica" da execução do trabalho relativamente às instalações da empresa, descontinuidade essa não apenas tolerada como não raras vezes planeada e pretendida pelo empregador e amplamente possibilitada pelo uso das novas tecnologias da comunicação, do telefone móvel à informática, e até a ambos associados entre si.

Por seu turno, a lógica crescente da "horizontalidade" das organizações, com a sua articulação "em rede" ou "em estilo", a enorme expansão da sub-contratação e a multiplicação dos prestadores de serviços, de par com a prévia definição de regras procedimentais muito rígidas e o exercício muito apertado dos poderes de determinação ou escolha da prestação pretendida e ainda da fortíssima fiscalização do modo como a mesma deverá ser cumprida bem como dos meios utilizados[9], e por fim a óbvia inexistência de qualquer obrigação de resultado (no sentido técnico-jurídico do termo) em determinado tipo de relações contratuais[10], tudo

---

trato de trabalho, a situação em que "tratando-se de cargos de complexidade técnica ou de direcção, não tenham sido cumpridos os objectivos previamente fixados e formalmente aceites, sendo tal determinado pelo modo do exercício de funções". O mesmo rigorosamente é consagrado no artigo 406.°, n.° 2 do novo Código de Trabalho.

[8] Ou seja, que se integram verdadeiramente na previsão do artigo 13.° do Decreto-Lei n.° 409/71, de 27 de Setembro e foram objecto do competente requerimento dirigido ao I.D.I.C.T., ou que, não correspondendo a qualquer das situações legalmente previstas, resultam do mero ajuste informal entre as partes ou até da simples prática quotidiana da empresa.

[9] Poderes e deveres esses considerados como absolutamente típicos da posição do credor num contrato de prestação de serviços, fazendo porventura cada vez menos sentido sustentar-se – como se faz nomeadamente no Acordão da Relação de Lisboa de 3 de Fevereiro de 1993, C.J., 1993, 1.°, p. 184 – que neste tipo contratual "pode haver instruções no que toca ao objectivo a alcançar, mas não quanto à forma de o atingir" – bastará que se pense, por exemplo, o modo como num contrato de empreitada o dono da obra pode não apenas verificar, a par e passo, o cumprimento do cronograma, como a qualidade da construção e correspondência da mesma com o projectado, a natureza dos materiais empregues, o que tudo já pouco ou nada tem que ver com a ideia simplista de que, em tal relação contratual, aquilo a que o prestador da actividade se obrigou foi unicamente a um resultado.

[10] Para além dos casos "clássicos" das profissões liberais como médicos ou advogados (em que, podendo no quadro actual exercer a sua actividade para uma dada empresa tanto em regime de contrato de trabalho como em regime de prestação de serviços, e aliás sem que, em concreto, se possa muitas vezes detectar qualquer diferença prática, manifes-

As lições do grande Mestre Alonso Olea

isto pôs definitivamente em crise a consideração tradicional da subordinação jurídica como critério delimitador eficaz do âmbito da acção tutelar do Direito do Trabalho.

Aliás, e conforme já referíramos anteriormente, o próprio legislador português vinha sentindo essa dificuldade desde logo ao prever, logo no artigo 2.° da L.C.T., que "ficam sujeitos aos princípios definidos neste diploma (...) os contratos que tenham por objecto a prestação de trabalho realizado no domicílio ou em estabelecimento do trabalhador, bem como os contratos em que este compra as matérias-primas e fornece por certo preço ao vendedor delas o produto acabado, *sempre que num caso e noutro o trabalhador deva considerar-se na dependência económica daquele*" (sublinhado nosso). No mesmo sentido vai o artigo 13.° do novo Código de Trabalho ao consagrar solução semelhante relativamente a "os contratos que tenham por objecto a prestação de trabalho, sem subordinação jurídica, sempre que o trabalhador deva considerar-se na dependência económica do beneficiário da actividade".

Por outro lado, mais recentemente, ao vir definir que a aplicação do regime legal do trabalho ao domicílio (Decreto-Lei n.° 440/91, de 14 de Novembro, com as alterações introduzidas pelo Decreto-Lei n.° 392/98, de 4 de Dezembro e pela Lei n.° 114/99, de 3 de Agosto) se faria "aos contratos que tenham por objecto a prestação de trabalho realizado com subordinação jurídica, no domicílio do trabalhador, bem como aos contratos em que este compre as matérias-primas e forneça por certo preço ao vendedor delas o produto acabado, *sempre que num caso e noutro o trabalhador deva considerar-se na dependência económica do dador do trabalho*".

Muito significativamente, aliás, o legislador no preâmbulo do referido diploma já não hesitara mesmo em invocar que "o funcionamento desregulado desta parcela do mercado de trabalho traz consigo distorções económicas, organizativas e injustiças sociais, susceptíveis de lesarem seriamente interesses dos trabalhadores e das empresas", que aquele novo

---

tamente não está nem poderia estar em causa qualquer obrigação de resultado), também, e cada vez mais frequentemente, outro tipo de actividades profissionais – desde o caso clássico do Toureiro (decidido no célebre e discutido Acórdão do Supremo Tribunal Administrativo de 22 de Dezembro de 1942, citado por RAÚL VENTURA na nota 1 da p. 46 da sua obra *Teoria da Relação Jurídica de Trabalho*, Vol 1, Porto, 1944), ao dos escrutinadores do totobola da Santa Casa da Misericórdia de Lisboa (a que se reporta o Parecer da Procuradoria Geral da República n.° 58/84 de 25 de Junho de 1984, in BMJ 342-pp. 138 ss) ou de repositora de Supermercado (decidido pelo Acórdão da Relação do Porto de 7 de Setembro de 1999, in Col. Jur., ano XXXIV, Tomo IV, p. 255).

regime procurava "promover um progressivo equilíbrio entre a razoável flexibilização do mercado de trabalho e as necessidades atendíveis de trabalhadores e empresas" e que ele "não se confunde com o do contrato de trabalho, em que subsiste a subordinação jurídica, nem com o trabalho autónomo, em que se dilui a dependência económica em relação ao dador do trabalho".

Ou seja, aquilo de que se tratava aqui era, claramente, de intervir na regulamentação do próprio mercado de trabalho, e de que a velha dicotomia contrato de trabalho/contrato de prestação de serviços perdera definitivamente a virtualidade para delimitar de forma estanque a área de actuação da tutela protectiva designadamente no tocante "à protecção de menores, à salvaguarda das condições de segurança, saúde e ambiente de trabalho, ao justo equilíbrio entre os tempos de execução e a remuneração paga, à criação de mecanismos de controlo dos direitos e deveres de ambas as partes, ao pagamento de contribuições para a segurança social e à garantia de acesso à cobertura social por esta assegurada", bem como às "bases mínimas da referência para a resolução de potenciais conflitos entre o dador do trabalho e o trabalhador no domicílio" (sic, do já citado Preâmbulo).

Concluimos assim que esta é uma importantíssima pista de investigação acerca do que deverá ser e por onde deverá caminhar o Direito do Trabalho do futuro: conceito unitário e estatutário do trabalhador, noção ampla de "trabalho" de forma a alargar os direitos e regalias próprios do contrato individual de trabalho subordinado a outras formas de trabalho, preocupação unificadora do reconhecimento e protecção de direitos sociais, e busca da criação de técnicas e institutos novos capazes de assegurar o adequado equilíbrio entre tempo de trabalho, condições da sua prestação e respectiva retribuição, e tempo do trabalhador!

A subordinação económica – no sentido não já apenas de que o prestador do trabalho depende para a sua subsistência da remuneração que aufere[11], mas também e sobretudo no da sua incapacidade fáctica e/ou jurídica para se assumir como um agente económico próprio e *autónomo* (como serão os casos, mais evidentes, em que pela sua própria debilidade de meios não tem acesso directo ao mercado, ou até em que convencionou

---

[11] Este é o sentido tradicional mas, assim interpretado, não é já seguramente operativo: desde logo, não se aplica seguramente aos casos em que o trabalhador dispõe de meios de fortuna próprios mais do que bastantes para prover à sua própria subsistência e celebra (ou mantém) o contrato de trabalho por razões de gosto ou de realização pessoal ou profissional; depois porque, nesta sua generalidade, acaba por ser potencialmente aplicável a todos os casos de "profissionalidade".

com a empresa um regime de exclusividade, ficando assim na dependência das opções e decisões da entidade com quem contrata e, logo, da respectiva estratégia empresarial – já aflorara no ordenamento jurídico português não como factor distintivo do contrato de trabalho relativamente às outras figuras contratuais da nossa Ordem Jurídica mas sim como elemento caracterizador daquelas situações em que, não obstante a inexistência de subordinação jurídico-formal, todavia se justifica plenamente a definição de um regime jurídico protector dos mais importantes direitos e interesses das partes, em especial do contraente mais débil, que historicamente foi sempre apanágio do Direito do Trabalho consagrar, acautelar e garantir!

E é exactamente por isso que a necessidade de redefinição de "equilíbrios" entre poderes empresariais e direitos de quem trabalha terá de ter sempre presente a progressiva e marcada diluição dos marcos distintivos do contrato de trabalho "clássico" (fundado na existência necessária de subordinação jurídica[12]) relativamente a outras figuras afins, aliada à segmentação das cadeias produtivas mundiais e, consequentemente, do próprio mercado de trabalho, com a daí decorrente proliferação de diversas figuras contratuais reguladoras dos vários tipos de prestação de actividade entretanto estabelecidas, e muito em particular com a multiplicação de situações de trabalho formalmente denominado de "autónomo", mas que realmente se caracterizam por uma completa e total dependência económica e, consequentemente, por uma marcada fraqueza ou mesmo incapacidade negocial por parte do prestador de actividade.

Ou seja, hoje importa mais do que nunca saber corresponder ao "desafio da inovação" (na expressão de Giugni) e distinguir, dentro daquilo que habitualmente se designa de "trabalho autónomo" ou "trabalho autodeterminado" (no sentido de que é o próprio prestador da actividade quem tendencialmente define os critérios de funcionamento da organização e de utilização dos meios que reuniu), aquelas situações que – correspondendo aliás a um conhecido e aparentemente contraditório fenómeno, mais estudado por exemplo no Direito Económico do que no Direito do Trabalho, de "agregação" ou "concentração" económica – se caracterizam afinal por

---

[12] Cfr. P. PIGASSOU, *L'évolution du lien de subordination en droit du travail et de la securité sociale*, DS, 1982-n.° 7/8, pp. 578-592; M. DESPAX, *L'evolution du lien de subordination*, DS, 1982-n.° 1, pp. 11-19; P. ICHINO, *Subordinazione e autonomia nel diritto del lavoro*, Milão, 1989; Sobre os diversos sentidos do termo "subordinação jurídica" entre nós, ver o ainda hoje clássico estudo do Professor RAÚL VENTURA, *Teoria Geral da Relação Jurídica de Trabalho*, já anteriormente citado.

64 *Estudos de Direito do Trabalho em Homenagem ao Prof. Manuel Alonso Olea*

o seu traço essencial ser, não tanto já essa "autodeterminação" (a qual muitas vezes é sobretudo formal) mas sim *a verdadeira e própria dependência económica*[13].

E esta poderá decorrer nomeadamente tanto de o prestador de trabalho se encontrar impedido, pela própria situação de facto existente, de aceder directamente ao mercado, como de ele ter de desenvolver a sua actividade em regime de exclusividade (ou outro similar a esta) para um dado agente económico bem mais poderoso do que ele, com capacidade bastante para lhe definir o quê, quanto, quando, como e onde deverá produzir.

Por outro lado, impõe-se não olvidar que a manutenção do critério da subordinação jurídica como traço distintivo único entre o contrato de trabalho e outros contratos e, logo, como critério único da delimitação do âmbito de aplicação do Direito do Trabalho[14], deixando as situações acima descritas sem qualquer protecção de natureza laboral ou social, vem permitindo a proliferação de casos em absoluto "patológicos" do ponto de vista dos princípios básicos estruturantes dos Estados de direito democráticos da época actual, tolerando-se – na base da manifesta falta de sensibilidade e de vocação por parte dos outros Ramos do Direito, (*maxime* do Direito Civil mas também do próprio Direito Comercial) para as prever e regular adequadamente – situações de autêntica "escravatura moderna"[15], não sendo também despiciendo atentar em que algumas das modalidades

---

[13] Aqui desempenha um papel fundamental a "subcontratação", sendo muito curioso observar como se geram situações que se poderão designar de "quase laborais" como sucede com as empresas que despedem os seus empregados, ou com eles celebram acordos de cessação, para que eles constituam empresas cuja prestação de serviços se destina, fundamental, e nalguns casos exclusivamente, à satisfação de necessidades das primeiras, havendo autores que defendem a aplicação a tais situações das normas do Direito do Trabalho. Neste sentido ver MARIA MANUEL LEITÃO MARQUES, *Subcontratação e autonomia empresarial. Um estudo sobre o caso português*, Porto, 1992 e G. FARJAT, *Droit Économique*... cit..

[14] Assinalando a ruptura do direito "comum" e da unidade do tipo contratual "clássico", deverá ler-se A. OJEDA AVILÉS, *Las relaciones laborales especiales: una perspectiva unitária*, RL, 1990, pp. 222 ss.

[15] Para a chamada de atenção para que a fronteira entre "trabalho por conta alheia" e "trabalho autónomo" se vem tornando cada vez menos nítida, "em larga medida pelas actuais tendências para a proliferação de formas de emprego marginal ou em condições atípicas, trabalhadores semi-autónomos, etc.", ver A. MARTIN VALVERDE, *El discreto retorno del arrendamiento de servicios*, in *Questiones actuales de Derecho del Trabajo.Estudios oferecidos por los catedraticos españoles de Derecho del Trabajo al Professor M. Alonso Olea*", de A. MONTOYA MELGAR, A. MARTIN VALVERDE, A. Y F. RODRIGUEZ SAÑUDO, (Coord), Madrid, 1996, p. 231.

de maior amplitude do chamado "trabalho informal", como de resto certeiramente assinalou ALONSO OLEA[16], é afinal por esta mesma via que logram escapar à legalidade e constituir, simultaneamente, um factor incontornável de verdadeira e própria *concorrência desleal.*

Impõe-se pois e cada vez mais um processo de "jurisdificação" deste tipo de relações de trabalho jurídico-formalmente autodeterminado mas de todo economicamente dependente[17], visando assim – e tal como afinal foi a vocação normativa de sempre do Direito do Trabalho – estabelecer limites, aqueles limites socialmente tidos por necessários e indispensáveis, ao poder "de facto" da parte mais forte, e consequentemente conferir a adequada protecção ao contraente mais débil.

Mas, de igual modo, largamente preferível à técnica da mera "extensão" (designadamente por analogia) dos princípios (como é o caminho seguido pelo artigo 2.° da L.G.T. portuguesa) ou até também das próprias regras do Direito do Trabalho, será a via da plena e *"ab initio"* integração neste de todo aquele tipo de situações de "alienidade", fazendo assim operar uma "actualização" ou "valorização" do conceito de subordinação, tradicionalmente assente numa concepção e numa valoração exclusivamente *jurídicas*, para passar agora a incluir fundamentalmente "características tiradas da posição sócioeconómica do prestador de trabalho (como no caso italiano e, de certo modo, no espanhol)"[18].

É deste modo que tal ampliação do âmbito do Direito do Trabalho vem sendo desenhada pela doutrina, nomeadamente a germânica, sobretudo através da substituição do conceito de subordinação jurídica pelo da dependência económica, assente esta num conjunto de elementos (trabalho realizado pessoalmente, sem a ajuda de quaisquer colaboradores, por conta de um só empresário, basicamente sem capitais próprios), fundamentalmente definidos por ROLF WANK[19].

---

[16] Cfr. M. ALONSO OLEA, *Los contratos de Trabajo atipicos y la adaptación del Derecho del Trabajo a la crisis economica y al cambio tecnologico,* in *Questiones laborales en homenage al maestro Mozart Victor Russomano* (Coord. J. DÁVALOS)", UNAM, México, 1988, p. 121.

[17] É nisto que consiste o que alguns autores vêm designando de *Revolução Coperniciana,* superando a concepção "ptolomaica" da subordinação jurídica (no célebre dizer de ROMAGNOLI) e procurando construir um modelo mais próximo da sua racionalidade específica (ou seja, a da tutela das situações carecedoras de protecção).

[18] Assim o afirma designadamente A. MONTEIRO FERNANDES, *Direito do Trabalho...* cit., p. 46.

[19] Vide R. WANK, *Der Betrieb,* 1992, pp. 90 ss.

66   Estudos de Direito do Trabalho em Homenagem ao Prof. Manuel Alonso Olea

Ainda na Alemanha, esta extensão do campo de aplicação do Direito do Trabalho passou igualmente pela criação dogmática da categoria das chamadas "arbeitsnehmeranhliche Personnen" (pessoas equiparáveis aos assalariados ou "quase assalariados") que trabalham autonomamente, mas para um empresário de que precisamente dependem do ponto de vista económico, e necessitando assim da adequada protecção social que o Direito Civil ou Comercial lhes não consegue conferir.

Em Itália, por seu turno, a primeira noção que historicamente surge é a da "para-subordinação" (com a Lei n.º 533/1973, vertida na nova versão do artigo 409.º do "Codice de procedura civile"), a qual alargou o Direito dos conflitos individuais do trabalho a *"altri rapporti di collaborazione che si concretino in una prestazione d'opera continuativa e coordinata prevalentemente personale anche se non a caracttere subordinato"* (ou seja, a relações de colaboração coordenada, prevalentemente pessoal e ainda que sem natureza subordinada). E é este conceito de "relação coordenada e continuada"[20] que tem constituido o elemento instrumental por excelência para a defesa do alargamento do âmbito de aplicação do Direito do Trabalho[21].

Em contrapartida, em Espanha sobretudo pela influência precisamente de ALONSO OLEA[22], tendeu-se a considerar que a subordinação ou dependência é, afinal, mera consequência do facto de se trabalhar por conta alheia, sendo essa "integração numa empresa alheia" o critério primordial – é o já referido conceito da "alienidade".

Aliás, na rica produção doutrinária espanhola, conhecem-se pelo menos já cinco teorias distintas sobre a referida "alienidade":

– A da *"alienidade dos riscos"*, representada por autores como BAYON Y PÉREZ BOTIJA, COLIN Y CAPITANT, DE BUEN, para a qual trabalhador por conta alheia é o que se aparta dos riscos do processo produtivo, sendo certo porém que essa será uma consequência, e não uma causa, da alienidade dos frutos do trabalho.

---

[20] O qual foi autonomizado pela primeira vez por uma lei de natureza fiscal (artigo 49.º – 2.º A do Decreto de 22/12/86).

[21] Sobre o conceito de "para-subordinação" ver ainda ANA MARIA GRIECO, *Lavoro parasubordinato i diritto del lavoro*, Nápoles, 1983, pp. 109 ss; P. FABRIS, *Organizacione, autorità, parità nei rapporti di lavoro*, Milão, 1986, p. 34 e, sobretudo pp. 144 ss; G. SANTORO PASSARELLI, *Il lavoro parasubordinato*, Milão, 1983; e M.V. BALLESTERO, *L'anbigua nozione di lavoro parasubordinato*, LD, 1987, n.º 1, pp. 41-67.

[22] Vide M. ALONSO OLEA, *Introduccion…* cit, pp. 61 ss.

As lições do grande Mestre Alonso Olea 67

– A da "*alienidade dos frutos*", entendidos aqui no sentido amplo de todo o resultado do trabalho produtivo do homem, e que são inicial e directamente atribuídos a pessoa distinta de quem executa o trabalho, doutrina esta cujo vulto principal é, como se sabe, ALONSO OLEA e que foi desenvolvida por DE LA VILLA, para quem trabalhar por conta de outrém pressupõe que uma pessoa ceda a outra os seus direitos sobre o trabalho incorporável no produto final, mediante a garantia de uma contrapartida económica, determinada ou determinável.

– A da "*alienidade na utilidade patrimonial*", sustentada por MONTOYA MELGAR, mas que tem sofrido crítica idêntica à formulada contra a primeira.

– A da "*alienidade na titularidade*" da organização, defendida por ALBIOL, mas que tem suscitado objecções de demasiado simplismo e até de reduzir o problema a uma mera questão de qualificação jurídica.

– A da "*alienidade no mercado*", sustentada por ALARCÓN, no sentido de que o produtor directo está juridicamente separado dos consumidores dos bens ou serviços em cuja protecção interveio, por entre ele e o mercado se interpôr a figura do intermediário/empresário, mas que parece não se aplicar a certas realidades (como por exemplo a do serviço doméstico).

No fundo, do que se trata aqui é de procurar operar com tanta nitidez quanto a natureza fluída e em permanente mutação deste tipo de fenómenos possa permitir, a definição daquelas relações sociais de produção em que o prestador de actividade se integra numa dada organização desenhada "por" e "para" outros, não passando assim de um elemento da mesma "rede organizativa", e isto fundamentalmente na perspectiva de que não é ele quem efectivamente decide quer do modo de utilização quer sobretudo do destino final dos bens produzidos ou dos serviços prestados.

Redesenho dos critérios legais de caracterização do âmbito de aplicação do Direito do Trabalho, e consequente ampliação deste, de molde a passar a abranger também e de forma directa as relações de trabalho dito autodeterminado mas economicamente (no sentido já anteriormente indicado) dependente (logo, com carência de protecção ou de tutela[23]), eis um dos primeiros pilares em que inegavelmente assenta a "vocação expansiva" do Direito do Trabalho do futuro, que não pode tolerar uma (manutenção de) tal desprotecção, sob pena da negação da sua própria função social.

---

[23] Cfr. A. MONTEIRO FERNANDES, *Direito do Trabalho...* cit., p. 47.

68 *Estudos de Direito do Trabalho em Homenagem ao Prof. Manuel Alonso Olea*

Aliás, o caminho ensaiado pelas concepções neo-liberais, tendente a "expulsar" do âmbito de aplicação do Direito do Trabalho os trabalhadores auto-determinados, sem que eles dispusessem de qualquer outro estatuto protectivo, acabou por não provar de todo, servindo apenas para aumentar as situações de desprotecção e exclusão social. É o caso das concepções que em Espanha buscavam – como bem salienta M. RODRIGUEZ PINERO (*"La voluntad de las partes en la calificación del contrato de trabajo"*, in *Relaciones Laborales*, n.º 18 (1996), pp 1 ss) – as chamadas "vias alternativas" ao contrato de trabalho. Como foi também o caminho apontado em França pela conhecida "Loi Madelin" de 11/2/94, a qual veio estabelecer a presunção de que as pessoas inscritas na Segurança Social como trabalhadores autónomos não teriam a qualidade de trabalhadores subordinados (a este respeito, ver AAVV, *Sur la Loi Madelin*, in *D.S.*, Julho/Agosto de 1995, pp. 631 ss). Mas o caso mais célebre verificou-se na Alemanha onde, num processo entretanto tornado famoso (Weight Waters), o Tribunal Federal do Trabalho veio entender que o empregador tinha todo o direito de despedir os seus trabalhadores com o fim de os contratar logo de seguida, mas agora como colaboradores autónomos ou "livres" ("freie Mitarbeiter") – ver Bundesarheitsgericht, 9/5/96, in Der Betrieb, 1996, 2033!?

Por outro lado, o conceito de "alienidade" ganha também particular relevo na questão da determinação da identidade do empregador, tornada muitas vezes difícil tanto pelo uso recorrente e sistemático da subcontratação (por vezes mesmo a 100%, como é o caso "clássico" da Nike), como instrumento da segmentação do processo produtivo, como pela estratégia de relações de grupo, facilitada e incrementada (a níveis praticamente inimagináveis há alguns anos antes) por esse extraordinário instrumento de engenharia financeira que foi, e é, a sociedade anónima.

Como se sabe, aliás, este último fenómeno irá suscitar profundas dúvidas quer na doutrina quer na Jurisprudência do Direito do Trabalho, preocupadas com a tutela dos direitos e deveres das partes (em particular do trabalhador) mas habituadas a ver a relação de trabalho como bipolar, e confrontadas agora com situações de verdadeiro pluralismo ou de autêntica "opacidade" (para não dizer desresponsabilização…) patronal.

Assim, e por um lado, começaram por nascer os chamados "agrupamentos de empregadores" com particular relevância no âmbito de trabalho sazonal e em particular do sector da agricultura, procurando responder à variabilidade das necessidades específicas de cada entidade patronal mediante a contratação de trabalhadores através de uma associação consti-

As lições do grande Mestre Alonso Olea

tuída para o efeito, a qual irá colocar a mão-de-obra assim prévia e asseguradamente posta à disposição de cada um dos empregadores (sendo pioneira neste campo a Lei Francesa de 25/7/85).

Por outro lado, e uma vez esgotado – até pelo desaproveitamento de sinergias e pelas "deseconomias de escala", na espressão de MEDINA CARREIRA – o modelo de concentração económica assente essencialmente nos processos de sucessivas fusões tendentes a criar autênticos "gigantes empresariais", aquele que vem a ser cada vez mais seguido e aplicado é o da constituição de relações (originárias ou supervenientes) de cooperação, de domínio ou mesmo de controle total, formal e sobretudo informal, entre diversas empresas e organizações, que passam por este modo a integrar – *de facto*, mais até do que "de jure" – um mesmo grupo económico-financeiro.

E a este respeito importa vincar que o problema essencial que então se coloca – o da determinação do empregador real e da responsabilização patronal – embora passe necessariamente por ele, não se esgota de todo na realidade jurídica do "grupo de empresas", antes tendo que ver com *todas* as situações em que, inexistindo ou podendo inexistir a nível jurídico-formal uma qualquer "identidade", *ela contudo existe a nível económico-financeiro*.

Significa isto que se o problema da determinação do empregador real já colocava problemas de algum melindre no caso de sociedades coligadas – que, nos termos do artigo 482.º e seguintes do nosso Código das Sociedades Comerciais, podem ser as sociedades em relação de participação, as sociedades em relação de domínio e as chamadas sociedades em relação de grupo (estas com três modalidades possíveis, consoante o instrumento jurídico da respectiva constituição: grupos constituídos por domínio total, por contrato de grupo paritário ou por contrato de subordinação) – tais problemas se agravam, e de forma drástica, em todas as outras formas de cooperação ou concentração empresarial que escapem ao âmbito daquela mesma disciplina jurídica.

Aliás, este outro tipo de situações tanto pode decorrer da circunstância de a relação empresarial se estabelecer com entidades situadas fora do território nacional e se encontrarem, consequentemente, sujeitas a outro ordenamento jurídico, como ocorrer com entidades que não assumem de todo a natureza de pessoa colectiva e menos ainda a forma societária, como pode até verificar-se com estruturas empresariais, inclusive dotadas de forma societária mas cujos titulares, aparente e formalmente não tendo qualquer relação com a empresa dominante, se encontram afinal em situação de real cooperação ou mesmo de dependência relativamente a ela

70   *Estudos de Direito do Trabalho em Homenagem ao Prof. Manuel Alonso Olea*

(como sucede por exemplo quando aqueles, administradores ou gerentes das sociedades "filhas", são trabalhadores dependentes da sociedade--mãe).

Ora, se é certo que não se pode à partida qualificar todo e qualquer deste tipo de situações como de uma qualquer "fraude à lei", não é menos certo que elas não apenas a possibilitam e potenciam em larga medida como têm até constituído, e de forma crescente, um instrumento previlegiado de "opacidade" da pessoa do empregador. E, mais ainda, da consequente irresponsabilidade laboral, para não dizer mesmo impunidade, do verdadeiro autor e/ou beneficiário estratégico das decisões tomadas e dos actos praticados, já que por esta via é a empresa que é verdadeiramente a "mãe" do grupo que impõe às suas "filhas" decisões e opções cujas consequências, todavia, se não reprecutem naquela mas tão somente nestas últimas.

Ora, havendo o Direito do Trabalho nascido num quadro de relações industriais que tem a empresa como paradigma da organização da produção, é óbvio que tem sido notória a sua dificuldade e incapacidade para lidar com esta nova realidade dos "grupos económicos".

É, porém, absolutamente inaceitável a manutenção do actual estado de "desregulação" existente nesta matéria – que, como veremos adiante, o novo Código de Trabalho português também não resolve de todo – propiciadora dos maiores abusos e da mais grave inutilização de preceitos e princípios básicos de Direito do Trabalho, e da própria Ordem Jurídica em geral, como sejam o basilar princípio da boa fé e o velho brocardo latino "ibi commoda ubi incommoda", pois que não raras vezes sucede que uma determinada decisão empresarial de cessação de um determinado tipo de actividades ou até de encerramento de parte ou da totalidade de alguma(s) empresa(s) é definida, adoptada e imposta pela empresa dominante ou até pelo Grupo no seu conjunto, que dela retiram importantes mais-valias, sem que todavia suportem os respectivos ónus e encargos (v.g. o pagamento das indemnizações legais aos trabalhadores despedidos, ou a garantia do efectivo pagamento de alguns dos seus créditos acumulados, referentes por exemplo a trabalho suplementar prestado), e com grave debilitação dos constitucionalmente consagrados direitos à segurança no emprego e à retribuição.

Ora, como já tivémos oportunidade de sustentar por diversas vezes, a adequada resolução deste problema terá de passar pelas duas vertentes a que já adiante nos referiremos, e sendo certo que desde logo importará distinguir a questão da determinação da pessoa do empregador – a qual sempre dependerá da efectiva integração do trabalhador numa estrutura e articulação de meios que lhe *é alheia*, ou seja, apenas será(ão) empregadora(s) a(s) organização(ões) relativamente à(s) qual(quais) se verifique o efectivo exercício dos poderes de autoridade e direcção sobre o trabalhador no decurso da execução da relação laboral – dessa outra questão da "responsabilização patronal", a qual terá então essencialmente que ver com a responsabilidade pelas consequências das decisões e opções tomadas e com a recolha dos respectivos benefícios, independentemente da ausência (mesmo completa) de qualquer vínculo jurídico com o trabalhador e muito menos do exercício, ou não, de qualquer efectivo poder fáctico relativamente a ele.

A primeira vertente a que atrás nos reportávamos é a da afirmação da relevância da noção *laboral* de "relação de grupo", procurando caminhar-se ou para uma sua definição conceptológica – que, contudo, alguns têm pretendido ser impossível alcançar, sob o argumento da grande diversidade das situações a abranger – ou, pelo menos, para uma sua "enumeração tipológica", a qual permitiria recortar todas as situações em que a adopção de uma determinada forma de organização empresarial seja susceptível de se eximir àquele que seria o resultado "normal" decorrente da aplicação das normas de Direito do Trabalho.

A segunda dessas vertentes é a do definitivo rompimento com esse outro dogma do liberalismo jurídico que é o das estritas identificação e justaposição da responsabilidade patronal com a personalidade jurídica, apartando finalmente uma da outra e fazendo assim accionar a primeira independentemente (ou pelo menos não necessariamente em dependência) da segunda.

Em suma, o Direito do Trabalho deveria avançar para um tipo de solução jurídica em que sempre que se constatasse que existe uma qualquer lógica de "cooperação inter-patronal", responderiam pelos actos praticados na esfera das relações laborais em causa não apenas a entidade patronal "formal" *mas também a empresa "mãe" ou "dominante"* (precisamente porque responsável máxima pela estratégia de grupo em que tais actos se inserem e ganham o seu total significado, e também porque, a maior parte das vezes embora nem sempre, principal beneficiária das respectivas vantagens) e solidariamente (ou, pelo menos, subsidiariamente) com aquelas *todos* os restantes membros do Grupo.

É que, por um lado, apenas desta forma o Direito assumirá a sua função de instrumento regulador dos factos económicos e sociais (em vez do inverso, como actualmente sucede) e, por outro lado, o mero critério da

72   *Estudos de Direito do Trabalho em Homenagem ao Prof. Manuel Alonso Olea*

efectiva subordinação jurídico-formal, se indiscutivelmente já não é hoje suficiente para caracterizar *todo* o âmbito de aplicação do Direito do Trabalho do futuro, menos ainda o é para a definição da área de intervenção e funcionamento do instituto da "responsabilidade patronal", o qual se revela, como já vimos, de âmbito bem mais vasto e complexo do que o da mera determinação do empregador real.

Na verdade, quanto a esta última o realmente importante será a verificação do "preenchimento dos pressupostos do contrato de trabalho entre o prestador da actividade e as várias empresas beneficiárias dessa actividade", pelo que se acaso se puder concluir que quem efectivamente exerce os poderes de autoridade e direcção é *outra* pessoa que não aquela entidade com quem aparente ou mesmo formalmente foi celebrado o contrato de trabalho, *será essa outra pessoa o empregador real do trabalhador* (sendo que, entre nós, até já o Supremo Tribunal de Justiça, no seu Acordão de 2 de Dezembro de 1992, in BMJ-422-p. 203, admitiu a existência de três empregadores (reais), os quais considerou co-titulares dos poderes e deveres patronais para com o trabalhador).

Porém, e conforme se referiu já, o problema da "responsabilidade patronal" é bem mais amplo do que este, visto que aí do que se tratará é de fazer responder pelas consequências (laborais) de determinadas decisões empresariais tomadas no âmbito de uma dada relação de grupo quem verdadeiramente as tomou e quem delas beneficiou, e isto mesmo independentemente de qualquer contrato formal, acordo informal ou exercício concreto, de jure ou de facto, de quaisquer poderes relativamente aos trabalhadores atingidos por tais decisões!

Impor-se-á assim, e até com o fundamento no basilar princípio da boa fé na sua vertente da tutela da aparência e da confiança legítima, proceder à "desconsideração da personalidade jurídica" (formal ou mesmo real) do empregador[24] e tratar de determinar o verdadeiro responsável ou responsáveis e assim, por exemplo, fazer apreciar a esta luz a procedência dos fundamentos de um despedimento por alegados motivos económicos[25] ou de uma cessação por invocada inadaptação do trabalhador, ou ainda garantir a efectivação da reintegração de um trabalhador ilicitamente despedido por uma das organizações do grupo, entretanto até já liquidada ou desaparecida.

---

[24] Cfr. G. TEUBNER, "*O Direito como sistema autopoiético*", Lisboa, 1989, pp. 286 ss.

[25] Neste exacto sentido ver FRANCISCO GALGANO, *L'abuso della personalità giuridica nella giurisprudenza di merito (e negli "obiter dicta" dellla Cassazione), Contrato e Impresa*, ano III, Vol, 2, p. 379.

As lições do grande Mestre Alonso Olea 73

Aliás, quer a doutrina quer a Jurisprudência estrangeiras vêm caminhando exactamente nesta direcção[26]. E do ponto de vista legislativo se é facto que se vem assistindo na Europa a uma crescente preocupação pela realidade dos grupos de empresas, cremos que a já bem antiga solução da lei brasileira[27] aponta na direcção correcta, ao consagrar a responsabilidade solidária, perante os trabalhadores, da chamada "empresa principal" bem como de todas as que se encontrarem sob a sua "direcção, controle ou administração", independentemente de terem ou não forma societária.

Aliás, um tal tipo de solução só pecará apenas por defeito por dever abranger também (ao menos de forma a dissipar quaisquer dúvidas interpretativas como aquelas que ainda hoje se suscitam e discutem[28]) os chamados "grupos horizontalmente constituídos", isto é, aqueles cuja lógica de interacção é, não já hierárquica, mas sim *transversal*.

O Direito do Trabalho – essa é, também, a lição de ALONSO OLEA! – tem, pois, que intervir de forma efectiva e eficaz relativamente aos fenómenos que, provindos do mundo da economia, hoje em dia se revestem de uma cada vez maior informalidade e se eximem com cada vez maior facilidade aos velhos modos de regulação jurídico-formal e às formas clássicas de responsabilização.

Surpreendentemente (ou talvez não...) pela negativa, o novo Código do Trabalho português, acabado de ser publicado (Lei n.° 99/2003, de 27/8), fica todavia muito aquém dos próprios limites já há muito alcança-

---

[26] CATARINA N.O. CARVALHO, *Da mobilidade...* cit., em especial pp. 40 ss., e A. DIAS COIMBRA, *"Grupos societários em relação de domínio total e cedência ocasional de trabalhadores: atribuição de prestação salarial complementar"* e *"Os grupos societários no âmbito das relações colectivas de trabalho: a negociação do acordo de empresa"*, in RDES, respectivamente, 1990 – n.°s 1/2/3/4, pp. 115-154 e 1992 – n.° 4, pp. 379-415. Cfr. também *Grupos de Empresas y Derecho del Trabajo*, A. BAYLOS e L. COLLADO, (Org.) AAVV, Madrid, 1994 e G. MELIADO, *Il rapporto di lavoro nei gruppi di società – subodinazione e imprese a struttura complessa*, Milão, 1991.

[27] Artigo 2.°, parágrafo 2.°, da C.L.T. (Consolidação das Leis do Trabalho), o qual estabelece o seguinte: "Sempre que uma ou mais empresas, tendo, embora, cada uma delas, personalidade jurídica própria, estiverem sob a direcção, controle ou administração de outra, constituindo grupo industrial, comercial ou de qualquer outra actividade económica, serão, para os efeitos da relação de emprego, solidariamente responsáveis a empresa principal e cada uma das subordinadas". Aliás, na mesma disposição se consagra o conceito de que se considera "empregador a empresa, individual ou colectiva, que, assumindo os riscos da actividade económica, admite, assalaria e dirige a prestação pessoal do serviço.

[28] Cfr. BUENO MAGANO, *Os Grupos de Empresas no Direito do Trabalho*, São Paulo, 1979, pp. 251 ss; V. MOZART RUSSOMANO, *Comentários à Consolidação das Leis do Trabalho*, Vol. I, 17ª ed., Rio de Janeiro, 1979, p. 11.

dos pelas próprias doutrina e jurisprudência nacionais e, mais ainda, da doutrina e jurisprudência estrangeiras.

Por um lado, no seu artigo 12.° o Código estabelece uma presunção da existência de contrato de trabalho que, contrariamente ao que sucede nomeadamente com o artigo 8.° do Estatuto de Los Trabajadores de Espanha, exige um rol de cinco requisitos cumulativos (designadamente a exigência de um período mínimo de 90 dias de prestação ininterrupta de trabalho e a existência de horário previamente definido) muito mais amplos do que aqueles que vinham sendo uniforme e pacificamente considerados como suficientes para demonstrar a existência do contrato de trabalho[29].

Por outro lado, no artigo 378.° restringe-se a responsabilidade solidária com o empregador pelo pagamento dos montantes pecuniários resultantes de créditos emergentes do contrato de trabalho e da sua violação ou cessação, e unicamente quanto aos créditos vencidos há mais de três meses, exclusivamente às sociedades que com o mesmo empregador se encontrem em relação de participações recíprocas, de domínio ou de grupo, nos termos previstos nos artigos 481.° e seguintes do Código das Sociedades Comerciais. E, por outro lado, o artigo 379.° reduz as hipóteses de responsabilidade solidária dos sócios aos casos restritíssimos do artigo 83.° do Código das Sociedades Comerciais (o qual, recorde-se, se reporta apenas àquelas situações em que o sócio por si ou conjuntamente com outrém a quem se encontre ligado por acordos parassociais, disponha do direito de escolher o gerente e se mostre que tenha culpa na escolha deste).

Deste modo, para além da insistência no paradigma civilista puramente contratualístico, também nos relevantíssimos campos da determinação da real existência de uma relação de trabalho (e, logo, da respectiva aplicabilidade dos normativos de Direito do Trabalho) e do combate à opacidade e à irresponsabilidade dos empregadores reais, lamentavelmente o novo Código do Trabalho consubstancia afinal, não uma alavanca de progresso e de inovação, mas antes um descoroçoante instrumento de imobilismo e, mesmo, de retrocesso social, negando a já referenciada "vocação expansiva e regulatória" do Direito do Trabalho e potenciando formas e

---

[29] Só o primeiro desses requisitos ["alínea a): o prestador de trabalho esteja inserido na estrutura organizativa do beneficiário da actividade e realize a sua prestação sob as orientações deste"] era já generalizadamente considerado pela Jurisprudência portuguesa suficiente para mais do que presumir, demonstrar cabalmente a existência do contrato de trabalho!

vias de exempção ao respectivo ordenamento social por parte de fenómenos económicos, alguns deles cada vez mais próprios de uma autêntica "lei da selva".

Retomados deste modo e por via legislativa o discurso e a lógica "flexibilizantes" e "desreguladores", aliás muito similares aos da época da génese do Direito do Trabalho e respectivos opositires, a afirmação da incontornável "razão social" deste retoma assim a sua plenitude!

É que, por muito que o tentem ignorar as concepções civilistas que impregnam todo o novo Código de Trabalho, e tal como certeiramente referiu POGGI em trecho oportunamente citado por BERNARDO XAVIER[30], "justamente no centro do sistema capitalista, encontra-se, travestida de relação contratual, uma relação essencialmente coercitiva e altamente assimétrica em que as partes são necessariamente hostis uma à outra"!

E procurar tratar de modo formalmente igual aquilo que é por natureza e substância desigual, outra coisa não significa que não seja consagrar e agravar essa mesma desigualdade...

Lisboa, 31 de Agosto de 2003

---

[30] "A matriz constitucional do Direito do Trabalho", in "III Congresso de Direito do Trabalho – memórias", António Moreira (Coord.), p. 101-102, nota 7.

A CONVENÇÃO COLECTIVA SEGUNDO O CÓDIGO DO TRABALHO

António Monteiro Fernandes

I. A CRISE DA NEGOCIAÇÃO COLECTIVA E OS RECURSOS DA LEI

1. A exposição de motivos da proposta de lei[1] que aprovou o Código do Trabalho (CT) é um documento bastante esclarecedor[2] sobre as orientações de política legislativa que se pretendeu concretizar com esta importante reforma.

Entre essas directrizes gerais, conta-se a de incentivar a "participação dos organismos representativos de trabalhadores e empregadores na vida laboral, em particular no que respeita à contratação colectiva" (ponto 3.1). Embora não possa considerar-se claro o entendimento do que aí se entenda ser a "vida laboral", enquanto espaço de participação das organizações de

---

[1] Proposta de Lei n.º 29/IX, publicada na Separata n.º 24/IX do *Diário da Assembleia da República,* de 15/11/2002.

[2] O interesse de que se reveste esta exposição de motivos faz-se sentir em diversos planos. Desde logo, inclui-se nela uma cronologia da produção legislativa no domínio do direito do trabalho que, embora marcadamente sintética, oferece a vantagem de uma espécie de "registo para memória futura" do processo de formação de um ramo de direito cuja história está largamente por fazer. Depois, constam dela os propósitos fundamentais da elaboração do Código, incluindo as razões da opção – necessariamente destinada a constituir objecto de controvérsia – pela codificação. De passagem se notará que a principal razão substantiva que se indica em abono dessa escolha – o facto de o Direito do Trabalho ter alcançado, entre nós, "estabilidade científica suficiente para se proceder a uma primeira codificação" – se afigura bastante ousada, para não dizer inexacta. Para além de tudo isso, a exposição de motivos põe em evidência as alterações à legislação anterior que são consideradas mais significativas.

78   Estudos de Direito do Trabalho em Homenagem ao Prof. Manuel Alonso Olea

trabalhadores e empregadores, pode reter-se a ideia de que a manifestação mais saliente de tal "participação" é a contratação colectiva. De resto, afirma-se, mais adiante, no mesmo documento, que "é objectivo estruturante do Código inverter a situação de estagnação da contratação colectiva, dinamizando-a, não só pelas múltiplas alusões a matérias a regular nessa sede, como por via da limitação temporal de vigência desses instrumentos" (ponto 3.4).

A crise da negociação colectiva de trabalho em Portugal constitui há muito preocupação dominante dos poderes públicos e dos agentes económicos e sociais[3]. As grandes funções sociais da contratação colectiva – participação no governo da economia e das empresas, renovação autónoma do Direito do Trabalho, estabelecimento de plataformas de paz social – estão há longo tempo por cumprir. Alguns lugares comuns – como o de que a negociação colectiva quase se reduz à rotina das revisões salariais anuais – enraizaram-se no discurso corrente sobre o assunto. O problema é consensualmente reconhecido.

2. Pode, naturalmente, indagar-se se a estimulação por via legislativa, que é tradicional entre nós[4], e que o Código, de algum modo, pretende retomar, constitui resposta adequada ao problema[5].

É que, como se sabe, a actuação da autonomia colectiva está paralisada em todos os domínios e por todas as formas em que pode manifestar-

---

[3] Um testemunho dessa preocupação encontrava-se, por exemplo, no "Acordo de Concertação Estratégica" concluído em 1996, no âmbito da Comissão Permanente de Concertação Social (*Acordo de Concertação Estratégica 1996/1999*, ed. Conselho Económico e Social, Lisboa, 1997). Na Parte II desse documento, intitulada "Os Compromissos Vinculativos", encontram-se, no capítulo V, não só a indicação de um vasto conjunto de matérias que, desejavelmente, deveriam ser reguladas por negociação colectiva, mas também uma série de medidas, quase todas dependentes da cooperação entre os Parceiros Sociais e o Governo, visando a dinamização da contratação colectiva – medidas essas que ficaram, em boa parte, por concretizar.

[4] Recordar-se-á o importante papel desempenhado pelo DL 49212, de 28/8/69, no relançamento e na modernização da contratação colectiva nos últimos anos do regime corporativo. Merece, também, referência o DL 164-A/76, de 28/2, ao qual se deve o princípio de organização e racionalização do movimento reivindicativo, e da negociação colectiva como modo de produção de normas, no período subsequente á mudança de regime.

[5] Sobre as várias estratégias de intervenção estatal, nomeadamente legislativa, sobre o andamento da contratação colectiva de trabalho, veja-se J. Le Goff, *Droit du travail et société. 2 – Les relations collectives de travail*, Rennes (2002) pp. 407 ss..

-se. Não se trata apenas de uma situação de inércia na negociação espontânea e directa: também os processos clássicos de superação de impasses negociais, particularmente a mediação e arbitragem, deixaram há muito de funcionar. O próprio regime da arbitragem obrigatória, apesar das acomodações que lhe foram introduzidas[6], e do facto de depender, em larga medida, de iniciativa governamental, não logrou implantar-se.

A verdade é que o exercício da autonomia colectiva estagnou justamente ao longo do período de vigência de um diploma – o DL 519-C1/79, de 29/12 (LRCT) – que podia considerar-se factor de animação da contratualidade. Alguns elementos da prática administrativa anterior a esse diploma, como a frequente emissão de portarias de regulamentação do trabalho e um pesado controlo tutelar da negociação no sector empresarial público, que podiam considerar-se desencorajantes da dinâmica negocial, foram-se desvanecendo ao longo desse período de vigência. O contencioso de anulação de cláusulas convencionais desconformes com o enquadramento legal da negociação – em particular, no domínio dos chamados "limites materiais" que o art. 6.º do diploma citado estabelecia – nunca assumiu proporçõcs significativas[7]. Gerou-se, pois, sob o olhar propiciatório do legislador, e particularmente ao longo da década de noventa do século passado, uma espécie de *laissez-faire* colectivo que deixaria prever uma considerável aceleração da contratualidade.

Para mais, o surto da "flexibilização" das normas laborais – ou, melhor, das condições de utilização da força de trabalho nas organizações – abriu novos espaços à autonomia colectiva – não meros espaços vazios, mas espaços organizados pela lei e sinalizados quanto a uma multiplicidade de sentidos regulatórios possíveis[8].

Essas margens de actuação oferecidas pela lei á autonomia colectiva foram, como se sabe, largamente desaproveitadas. Pode mesmo, em hipótese, considerar-se que elas terão contribuído, paradoxalmente, para o estado de crispação em que se encontram, em alguns sectores, as relações

---

[6] Nomeadamente pelo DL 209/92, de 2/10.

[7] Notar-se-á, por exemplo, como algumas convenções se permitiram, sem perturbação de maior, regular períodos de funcionamento das empresas, estabelecer e regular benefícios complementares do subsídio de doença e das pensões de reforma, e conferir eficácia retroactiva a clausulados sobre diversas matérias.

[8] Foi, em especial, o caso dos regimes de organização do tempo de trabalho posteriores ao Acordo Económico e Social de 1990: as alterações ao art. 5.º do DL 409/71, de 27/9, introduzidas, sucessivamente, pelo DL 398/91, de 16/10, e pela L. 21/96, de 23/7; e os regimes de adaptabilidade constantes deste último diploma, e da L. 73/98, de 10/11.

80   *Estudos de Direito do Trabalho em Homenagem ao Prof. Manuel Alonso Olea*

entre os interlocutores sociais que teriam legitimidade para a negociação colectiva de novas condições de trabalho. A preservação obstinada de velhas conquistas – algumas já reduzidas à obsolescência –, pelas organizações sindicais (ou grande parte delas), e o impulso restauracionista que, do lado de algumas organizações de empregadores, mal se oculta sob a exigência de flexibilidades *à outrance*, levaram a que se instalasse uma espécie de psicose contra-transaccional que constitui um dos suportes da situação actual.

3. E, no entanto, a negociação colectiva é um mecanismo absolutamente insubstituível de regulação social. A síntese dos seus resultados potenciais – produção de normas economicamente racionais e socialmente fundadas, participação na vida da empresa e na gestão da economia, prevenção de conflitos – não está ao alcance de qualquer outro dispositivo existente nas sociedades democráticas. Tanto na perspectiva anglo-saxónica segundo a qual a regulamentação colectiva se "contrapõe" à intervenção da lei, como na lógica euro-continental da convenção que "se baseia" na lei, a complementa e regulamenta[9], a contratualidade colectiva exibe essa polivalência em termos de verdadeira singularidade, e reclama da ordem jurídica global um "estatuto" que a exprima e ateste.

O "direito de contratação colectiva", a que se refere o art. 56.°/3 da CRP – no âmbito dos "direitos, liberdades e garantias dos trabalhadores" –, apesar do seu aparente "unilateralismo", é, a nosso ver, a expressão de um pensamento constitucional que procura integrar as três referidas dimensões. Ele é, em primeiro lugar, um "direito", não uma mera liberdade[10]; um direito cujo exercício é impensável sem a participação de "organizações"; um direito que, por outro lado, implica o reconhecimento (pelo Estado) dos produtos do seu exercício – ambos os elementos integram

---

[9] Ver, sobre isto, as observações de A. SUPIOT, *Critique du droit du travail*, Paris (1994), p. 137.

[10] Existe, a nosso ver, também uma *liberdade de negociação colectiva*, mero corolário da liberdade sindical e da liberdade de associação dos empregadores. Os acordos obtidos no exercício dessa liberdade – que pode pois definir-se, enquanto tal, por contraste com o "direito de contratação colectiva" – podem não ser portadores de normas jurídicas, na medida exacta em que não se submetam às regras de legitimidade e eficácia a que alude o art. 56.°/4 da CRP. Tratar-se-á de algo semelhante às convenções "extra-estatutárias" do direito espanhol. Embora possa e deva atribuir-se-lhes eficácia obrigacional, cremos que a sua garantia pertencerá mais apropriadamente ao domínio dos compromissos políticos assentes no "respeito pela palavra dada".

A convenção colectiva segundo o Código do Trabalho   81

a "garantia" do direito pela lei, uma garantia que compreende, porventura, a definição de condições (e limites?) desse exercício. É o que sugere a expressão "o qual é garantido nos termos da lei". Depois, o "direito de contratação colectiva" é, verdadeiramente, uma faculdade de negociar e contratar, que implica, como é próprio dos negócios jurídicos, "legitimidade" dos sujeitos – uma legitimidade cujos pressupostos cabe também á lei ordinária definir (art. 56.º/4) e que implica o reconhecimento mútuo dos interlocutores; enfim, ele é um direito de "contratar normas" que se inserem no espaço jurídico em conformidade com as regras ordenadoras da lei.

Embora haja razões consistentes para se duvidar da capacidade da lei no que toca à dinamização dos processos negociais, particularmente numa situação tão complexa e consolidada como a que hoje existe entre nós, é indiscutível que compete ao legislador, por incumbência constitucional explícita, traçar os elementos fundamentais do "estatuto" da contratação colectiva, ao menos enquanto processo de produção de normas. Se é certo que a autonomia colectiva surge como uma prerrogativa pré-constitucional e, portanto, não carece de reconhecimento ou "delegação" da lei ordinária, é verdade que o seu exercício – na medida em que, repete-se, visa gerar normas destinadas a fazerem parte do ordenamento juridico-laboral – está legalmente condicionado. E o figurino que seja adoptado, a esse respeito, pelo legislador acaba por estender a sua influência ao modo por que a negociação colectiva desempenhará as suas restantes funções.

Cabe, pois, interpelar o novo Código acerca do perfil que nele se desenha para a convenção colectiva de trabalho, a partir da sua inserção no quadro das fontes de Direito do trabalho.

II. A CONVENÇÃO COLECTIVA COMO "INSTRUMENTO DE REGULAMENTAÇÃO COLECTIVA".

4. O CT abre (art. 1.º) com a indicação de que as fontes "específicas" de regulação do contrato de trabalho são os instrumentos de regulamentação colectiva de trabalho (IRC) e os usos laborais[11] (que não con-

---

[11] A surpreendente inclusão dos usos entre as fontes de Direito do Trabalho merece reflexão que não cabe neste texto. A formulação da LCT (art. 12.º/2), que declarava os usos meramente "atendíveis" em certas condições, tinha com os arts. 1.º e 3.º/1 do C. Civil uma sintonia que parece desvanecer-se no CT.

trariem o princípio da boa fé). Logo de seguida, o art. 2.° esclarece que os instrumentos de regulamentação colectiva podem ser negociais e não negociais, e que os negociais são a convenção colectiva, o acordo de adesão e a decisão de arbitragem voluntária.

A convenção colectiva é, portanto, encarada como uma *modalidade* dentro da categoria dos IRC, sugerindo-se, porventura, com tal apresentação, que esta categoria existe como unidade conceptológica, como centro de um sistema de normas[12] e como dispositivo funcionalmente homogéneo. Essa sugestão é, de resto, consideravelmente reforçada por múltiplos elementos que se oferecem ao operador ao longo de um percurso analítico que realize através do Código.

Um grande número de normas abre, expressamente, margens de regulação específica para os "instrumentos de regulamentação colectiva de trabalho", sem distinguir entre as suas espécies.

Algumas das matérias aí abrangidas têm matriz "regulamentar", no sentido de que os seus regimes relevam sobretudo de exigências ou interesses que não se cingem aos termos de troca entre trabalho e remuneração: podem ver-se, nesta modalidade, normas como as que respeitam á protecção da maternidade e paternidade (arts. 43.°/7, 51.°/7), ao trabalho de menores (arts. 62.°/2, 65.°/3, 66.°/2, 67.°/3, 68.°) ou de pessoas com capacidade reduzida (art. 71.°/3) ou de doentes crónicos (art. 78.°).

Mas outros domínios em que a remissão também ocorre assumem tonalidade manifestamente "contratual", isto é, são susceptíveis de interferir directamente no equilíbrio de vantagens e desvantagens das partes nos contratos de trabalho ou nas condições de articulação das obrigações de trabalho com a organização da vida pessoal e familiar dos trabalhadores: é o caso da definição de "actividades afins ou funcionalmente ligadas" à actividade contratada (art. 151.°) e de todo o regime da adaptabilidade da organização do tempo de trabalho (com relevo para os arts. 163.° a 169.°), para só referir dois exemplos. Nessas áreas, e em muitas outras da mesma natureza, o CT admite que regimes específicos ou diferentes dos que nele se estabelecem sejam estabelecidos por convenção colectiva *ou* por regulamento de condições mínimas[13]. Por outras palavras: a lei não apela, pri-

---

[12] Referimo-nos, obviamente, às normas respeitantes à competência, ao processo de formação, à delimitação do objecto e às condições de eficácia de tais instrumentos.

[13] Existe evidente desigualdade de importância entre as modalidades enumeradas no art. 2.° CT, nomeadamente do ponto de vista em que se situa esta análise. O acordo de adesão e o regulamento de extensão são meros instrumentos de alargamento do âmbito de uma convenção pré-existente, não têm conteúdo normativo autónomo. As decisões de arbi-

A convenção colectiva segundo o Código do Trabalho

mordialmente, nesses pontos, à autonomia colectiva; remete, simplesmente, para um *nível de regulamentação inferior*, focado sobre âmbitos limitados (sob os pontos de vista profissional, sectorial e/ou geográfico), independentemente de aí actuarem processos autónomos ou heterónomos.

Pode colocar-se, legitimamente, a questão de saber se daí deriva alguma alteração significativa no perfil funcional da convenção colectiva enquanto fonte de direito.

5. Sublinhe-se que o Código, apesar das aparências de homogeneidade conceptual e de identidade funcional a que se acaba de aludir, não confunde, de modo algum, os dois "instrumentos" nem os coloca em termos alternativos. Os seus domínios de actuação são rigorosamente distintos, não têm qualquer zona de intersecção.

O regulamento de condições mínimas só pode ser emitido quando não é possível surgir convenção colectiva, não por impasse negocial, mas por "inexistência de associações sindicais ou de empregadores" (art. 578.°), e não é também possível proceder à extensão de uma convenção existente, por não se verificar nenhum dos pressupostos mencionados no art. 575.°[14].

Por outro lado, o art. 3.° só admite a emissão de um regulamento se não houver convenção aplicável[15] e o art. 538.° exclui a aplicação de um regulamento quando entre em vigor para o mesmo âmbito uma convenção. Enfim, o art. 4.° admite a possibilidade de "afastamento" de normas do CT por convenção colectiva, mas não por regulamento de condições mínimas[16].

---

tragem (voluntária e obrigatória), embora provenientes de processos distintos, têm em comum o serem, em geral, tributárias de processos negociais que eram formalmente viáveis mas que se frustraram completa ou parcialmente. Julgamos, por isso, justificável, até por razões expositivas, simplificar a equação reduzindo-a às convenções e aos regulamentos substantivos.

[14] Será, nomeadamente, o caso de se tratar de um sector de actividade empresarial em que não existe nenhuma convenção colectiva.

[15] Directamente ou por acordo de adesão (que é também um instrumento "negocial"), e outrossim em consequência de extensão. Refira-se, ainda, que o art. 3.° admite, aparentemente, a produção de decisão de arbitragem obrigatória relativamente a um âmbito coberto por convenção em vigor – porventura quando se trate de matérias não incluídas nessa convenção por impossibilidade de acordo.

[16] O sentido deste "afastamento" – que foi tratado com rara infelicidade na parte respectiva do Ac. TC 306/2003, de 25/6 – merecerá análise detida mais adiante. Apenas se dirá neste ponto que a introdução do actual n.° 2 do art. 4.°, correspondendo a uma obediência literal ao ditame do TC, tem duas consequências nefastas: gera aparente contra-

84 *Estudos de Direito do Trabalho em Homenagem ao Prof. Manuel Alonso Olea*

Há, no entanto, no regime do CT, um propósito de "identificação" entre convenção colectiva e regulamentação administrativa, que avulta com nitidez se se comparar, quanto a esse aspecto, o novo quadro legal com o imediatamente anterior.

6. Vale a pena recordar que, na perspectiva da LRCT, os "instrumentos de regulamentação colectiva" eram, em primeira linha (art. 2.º/1), a convenção colectiva, a decisão arbitral e o acordo de adesão, qualquer deles dotado de alguma base voluntária[17]. Quer-se dizer com isto que o carácter "colectivo" da regulamentação podia aí ligar-se à existência de um definido esquema de interesses colectivos, explicitado num jogo correspondente de manifestações de vontade colectiva. Esse carácter "colectivo" derivava, no fundo, da possibilidade de articulação directa de qualquer desses instrumentos com o exercício da autonomia colectiva.

Por seu turno, a regulamentação colectiva por via administrativa (art. 2.º/2) compreendia um instrumento de *extensão* do âmbito de convenções pré-existentes – a portaria de extensão (PE) –, tratado em conjunto com o acordo de adesão (art. 27.º) com o qual tinha manifesta identidade funcional, e um instrumento de *resolução de conflitos* – a portaria de regulamentação do trabalho (PRT) – como tal enquadrado na sistemática do diploma, logo a seguir á arbitragem. O carácter "colectivo" da regulamentação definida através destes instrumentos não era, como no primeiro grupo, justificável por características do seu processo genético. Tratava-se de dois instrumentos de gestão (heterónoma) de *interesses colectivos*, ligados, como tais, a certos agregados de trabalhadores e empregadores.

Um deles (a PE), procedia por aproveitamento de uma convenção fundada em interesses colectivos presumivelmente idênticos ou próximos, sendo certo que a definição prévia dos critérios de identidade e proximidade pertencia, largamente, ao domínio da discricionaridade da Administração. O outro (a PRT) criava, ele próprio, uma regulamentação com base nos trabalhos de uma "comissão técnica" que podia reflectir os interesses

---

dição interna com inúmeros preceitos do CT em que se admitem desvios por (qualquer) "instrumento de regulamentação colectiva"; e deixa intacto o *verdadeiro* problema do art. 4.º que, a nosso ver, não foi suscitado perante o TC nem foi conhecido por este.

[17] A própria arbitragem obrigatória assentava na ideia ingénua de que os árbitros seriam designados pelas partes no conflito (art. 35.º/4). O facto de a realidade ter contrariado tal hipótese conduziu a que, pura e simplesmente, a arbitragem obrigatória não tivesse funcionado.

A *convenção colectiva segundo o Código do Trabalho* 85

colectivos em presença, mas assente na autoridade e, em último termo, no juizo de oportunidade e conveniência da Administração.

Paradoxalmente, talvez, a circunstância de a PRT surgir como meio de superação de impasses negociais[18], pressupondo a possibilidade abstracta da cobertura do mesmo âmbito por convenção colectiva (e também a inviabilidade de portaria de extensão), fazia avultar com clareza o seu carácter de recurso emergencial para tratamento de *disfunções* da negociação colectiva, isto é, de instrumento de "exercício imperfeito" da autonomia colectiva.

Na mesma linha, de resto, a legislação respeitante às relações individuais de trabalho referenciava, quase exclusivamente, a convenção colectiva como meio de "derrogação", ajustamento ou especificação dos regimes legais[19], embora essa quase-exclusividade não traduzisse, em si mesma, nenhuma reserva de competência.

7. No CT, as formulações utilizadas (em especial as do art. 1.º e do art. 2.º/1) tornam claro, independentemente da inexistência de zonas de intersecção dos respectivos âmbitos, o entendimento de que existe uma identidade material e uma complementaridade funcional plenas entre as convenções e os RCM. A convenção é o instrumento utilizável para os grupos organizados, o RCM é o meio de regulação para os agregados sem expressão associativa (art. 578.º)[20]. Pode ser que um RCM deva ceder perante uma convenção (art. 538.º), o que só ocorrerá porque o respectivo âmbito passou a estar organizado.

Este modo de desenhar os respectivos regimes assenta na valorização de uma das vertentes da regulamentação colectiva – a de se tratar de meios de *gestão* de interesses e pretensões colectivas –, na verdade comum a

---

[18] A emissão de PRT não estava, com efeito, limitada ao caso de inexistência de associações sindicais ou de associações de empregadores no âmbito considerado. Recordar-se-á que se incluía entre as hipóteses justificativas da sua elaboração a recusa reiterada de negociar e a prática de manobras dilatórias (art. 36.º/1 LRCT).

[19] Isso era tão verdade na LCT de 1969 como na LDT de 1971 (incluindo as alterações de 1991, 1996 e 1998) e no DL 64-A/89, de 27/2. Já o DL 874/76, de 28/12 (férias, feriados e faltas), só menciona os instrumentos de regulamentação colectiva.

[20] Esta divisão de terrenos tem, em todo o caso, uma vantagem importante sob o ponto de vista do fomento da contratualidade: a possibilidade de intervenção administrativa deixa de poder funcionar como motivo de recusa de negociação por razões de não comprometimento dos interlocutores nas soluções a adoptar. A pressão que existiu, em épocas diversas, e com diferentes origens, no sentido da emissão de PRT deixa de ter razão de ser.

86 *Estudos de Direito do Trabalho em Homenagem ao Prof. Manuel Alonso Olea*

todos os instrumentos referidos, em detrimento da vertente *genética*, em que se reflecte o fenómeno da *autonomia*. O que avulta, na caracterização e no regime (em parte comum) dos instrumentos de regulamentação colectiva é a sua funcionalidade na regulação de interesses (entre os quais se contam, porventura, os directamente prosseguidos pela Administração) e não a sua conexão, directa ou indirecta, à autonomia colectiva. Todos os instrumentos de regulamentação colectiva se identificam, em comum, pelo distintivo *funcional* que consiste na *regulação de interesses colectivos*.

Por isso, o RCM assume-se, em pleno, no CT, como instrumento normativo "originário", apagada que fica, inteiramente, a sua[21] afectação antiga à resolução de conflitos e à superação de impasses negociais. Esse papel passa a ser desempenhado – na panóplia dos meios de intervenção administrativa –, melhor ou pior, pela arbitragem obrigatória (arts. 567.º e segs.), embora a sua complicada regulamentação não permita, por enquanto, augurar-lhe grande futuro.

Entretanto, as remissões que, na legislação anterior, eram feitas, sistematicamente, para a contratação colectiva (o que se compreendia, como se disse, *à margem de qualquer reserva de competência*, e tendo em conta um amplo território comum, pelo carácter "dependente" e "supletivo" da regulamentação administrativa relativamente às convenções), passam a ter como alvos indiferenciados os instrumentos de regulação colectiva (o que tem que compreender-se à luz da aludida complementaridade funcional e do rígido traçado das fronteiras entre os respectivos territórios).

III. A CONVENÇÃO COLECTIVA E A LEI: ALGUNS ASPECTOS.

8. As concepções tradicionais acerca da relação funcional entre convenção colectiva e lei, sobretudo no que toca à *determinação da norma aplicável* a situações reguladas por ambas, não têm experimentado, em geral, mudanças significativas. É talvez oportuno fazer uma brevíssima digressão por alguns ordenamentos europeus a cuja evolução o legislador português se tem mostrado sensível.

No direito espanhol, o art. 3.º/3 do *Estatuto de los Trabajadores*[22] – após a afirmação, no n.º 2 do mesmo artigo, do "princípio da hierarquia

---

[21] Referimo-nos, evidentemente, às PRT, que antecederam os RCM.

[22] Essa disposição (em tradução livre) é do seguinte teor: "Os conflitos surgidos entre os preceitos de duas ou mais normas laborais, tanto estatais como convencionais, as quais deverão, em todo o caso, respeitar os mínimos de direito necessário, resolver-se-ão mediante

A convenção colectiva segundo o Código do Trabalho 87

normativa" – permite concluir, sem dificuldade, que o concurso de norma legal e norma convencional de conteúdo diferente se resolve, com respeito pelo chamado "direito necessário"[23], pela escolha do regime que seja, globalmente considerado, o mais favorável aos trabalhadores[24].

Em França, o art. L. 132-4 do *Code du travail*[25] situa-se na mesma perspectiva: havendo norma legal sobre matéria regulada por uma convenção, considera-se que a primeira estabelece um mínimo (sob o ponto de vista do interesse dos trabalhadores) que pode ser melhorado por convenção colectiva[26]. É a noção de "ordem pública social"[27] – aproximadamente equivalente à de "direito necessário relativo" do direito espanhol – que cobre, por definição, condições mínimas alteráveis por convenção colectiva. Admite-se, pois, somente, a derrogação *in melius,* de acordo com o que se considera ser "a vocação primária, histórica, da negociação colectiva": a de "melhorar estas condições em relação aos padrões legais"[28].

---

a aplicação do mais favorável para o trabalhador, apreciado no seu conjunto, e em cômputo anual, relativamente aos elementos quantificáveis".

[23] A doutrina estabeleceu a distinção entre direito necessário *absoluto,* correspondente à "ordem pública laboral" e destinado a prevalecer em qualquer caso (como as nossas normas "imperativas"), e um direito necessário *relativo,* que pode confrontar-se com a convenção colectiva para se proceder à determinação da norma aplicável – aí, já, por aplicação do art. 3.º/3. Cfr., sobre tudo isto, M. ALONSO OLEA/ M. EMILIA CASAS BAHAMONDE, *Derecho del Trabajo,* 16ª ed., Madrid (1998), p. 882 ss.; A. MARTÍN VALVERDE/ F. RODRIGUEZ-SAÑUDO GUTIERREZ/J. GARCIA MURCIA, *Derecho del Trabajo,* 10ª ed., Madrid (2001) p. 117 ss..

[24] Esta solução legal não exclui, naturalmente, a aplicação de norma inferior menos favorável em certos casos excepcionais, próprios da experiência jurídica mais recente, em que a norma superior estabelece limites *máximos* sob o ponto de vista do benefício para os trabalhadores – o que se designa por "direito necessário relativo máximo": vd. M. ALONSO OLEA/ M. EMILIA CASAS BAHAMONDE, *ob. cit.,* p. 884.

[25] O preceito é do seguinte teor: "A convenção e o acordo colectivo de trabalho podem comportar disposições mais favoráveis aos trabalhadores que as das leis e regulamentos em vigor. Não podem derrogar as disposições de ordem pública destas leis e regulamentos".

[26] De acordo com a jurisprudência corrente, a determinação do tratamento mais favorável deve ser feita "benefício por benefício", em abstracto, e não com base na vantagem auferida por cada trabalhador em concreto.

[27] Contrapõe-se-lhe a de "ordem pública absoluta", caracterizada por imperatividade rígida, que constitui, no entanto, excepção no ordenamento jurídico do trabalho. Cfr. sobre estas noções J. PELISSIER/ A. SUPIOT/ A. JEAMMAUD, Droit du Travail, 20ª ed., Paris (2000), p. 93.

[28] J. PELISSIER/ A. SUPIOT/ A. JEAMMAUD, *ob. cit.,* p. 94. No mesmo lugar (nota 1) se informa que o Conselho Constitucional considera que essa possibilidade de fixação de um tratamento mais favorável por convenção corresponde a um "princípio fundamental do direito do trabalho".

88 Estudos de Direito do Trabalho em Homenagem ao Prof. Manuel Alonso Olea

No direito germânico, vigora também um "princípio de favorecimento" (*Günstigkeitsprinzip*), não só para a relação entre convenção colectiva e contrato individual (que é focada em preceito legal expresso: o § 4/ 3 da lei sobre as convenções colectivas – TVG), mas também para a relação das convenções colectivas com a lei, quando nesta se trate de normas "convencionalmente dispositivas" (*tarifdispositive Vorschriften*)[29].

Na Itália, prevalece igualmente o entendimento segundo o qual as normas legais só são derrogáveis por convenção colectiva in *melius*[30]. É óbvio que tal regra se não aplica quando (como tem ocorrido, sobretudo a partir de meados da década de setenta do século passado) a lei expressamente manifesta a sua natureza de norma máxima, admitindo, por conseguinte, somente derrogação in *peius*, ou quando ela confia à contratação colectiva a definição de regime específico para certas situações, sem a limitar em qualquer dos sentidos[31]. A aplicação de tratamento mais favorável estabelecido por convenção está, também, excluída quando se trate de normas legais absolutamente inderrogáveis.

Parece poder extrair-se destas indicações muito sucintas algo de semelhante a um *padrão* no tocante ao modo de encarar a articulação entre norma legal e norma convencional, tendo em vista a resposta a dar ao problema da determinação da norma aplicável. Se a norma legal é inderrogável (pertence ao direito necessário absoluto, à ordem pública absoluta, à normatividade imperativa), a convenção colectiva não pode pretender desviar-se dela eficazmente, seja qual for o sentido em que o desvio se dirija. Se a norma legal é, *expressamente*, derrogável num ou noutro sentido, ou em ambos, a norma convencional poderá prevalecer se o seu comando for orientado em sentido "permitido", seja ele mais ou menos favorável aos trabalhadores. Se a norma legal não pertencer, explicitamente, a qualquer dos tipos anteriores, ela será apenas derrogável in *melius*.

9. No direito anterior ao CT, a questão, como se sabe, era frontalmente abordada pelo art. 13.°/1 da LCT: "As fontes de direito superiores prevalecem sempre sobre as fontes inferiores, salvo na parte

---

[29] Veja-se, por exemplo, A. SÖLLNER, *Grundriss des Arbeitsrechts*, 8ª ed., Munique (1984), p. 139; W. DÄUBLER, *Derecho del Trabajo*, trd. esp., Madrid (1994), p. 152.

[30] Cfr., por ex., F. DEL GIUDICE/ F. MARIANI, *Diritto Sindacale*, 9ª ed., Nápoles (1998), p. 183.

[31] Sobre isto, pode ver-se F. CARINCI/ R. DE LUCA TAMAJO/ P. TOSI/ T. TREU, *Diritto del Lavoro. 1. Il Diritto Sindacale*, 2ª ed., Turim (1989), p. 273 ss..

em que estas, sem oposição daquelas, estabelecem tratamento mais favorável para o trabalhador".

Desde há muito, tanto a doutrina dominante[32] como a jurisprudência[33] têm acolhido a interpretação que, por um lado, mais confortavelmente se ajustava ao teor deste preceito, e, por outro, se encontrava em sintonia com o padrão regulatório acima descrito.

Desde logo, o critério hierárquico encontrava-se expresso na exigência de que a fonte superior se *não opusesse* à aplicação do tratamento mais favorável estabelecido pela fonte inferior.

Essa oposição só podia consistir na natureza imperativa da norma superior – quer por ser absolutamente "inderrogável", ou seja, por conter um comando *inflexível*, quer por ser derrogável somente em sentido menos favorável, isto é, por conter um *limite máximo* sob o ponto de vista do proveito para o trabalhador.

Por outro lado, a oposição tinha que "se provar", ou seja: um dos referidos sentidos preclusivos de desvio *in melius* havia de resultar, ou de expressa indicação da fonte superior (contendo, por exemplo, uma *proibição* inequívoca), ou de esforço interpretativo em que se utilizassem os normais critérios hermenêuticos. *A imperatividade da lei (a "oposição" da fonte superior) tinha que ser, nestes termos, "demonstrada".*

Se o não fosse, prevalecia a norma mais favorável da fonte inferior. E prevalecia por quê? Prevalecia porque o art. 13.°/1 envolvia, implicitamente, a presunção de que a norma superior era derrogável *in melius*. E a não demonstração do carácter imperativo (comando inflexível ou "de máximo") da norma superior activava a possibilidade sinalizada na presunção: aplicação do tratamento mais favorável.

10. Assim, e em suma, ao abrigo do citado art. 13.°/1, a "oposição" da lei à aplicação de uma regra constante de convenção colectiva só podia ocorrer quando entre esta regra e a correspondente norma da lei existisse *conflito*, tratando-se de norma legal *imperativa*.

Se a convenção era mais favorável ao trabalhador, mas a norma da lei era do tipo *imperativo-fixo*, ou estabelecia uma vantagem *máxima* para os

---

[32] Podem ver-se, em especial, o nosso estudo *O princípio do tratamento mais favorável ao trabalhador: sua função,* Estudos Sociais e Corporativos n.° 21, p. 82 ss, e BERNARDO XAVIER, *Sucessão no tempo de instrumentos de regulamentação colectiva e princípio do tratamento mais favorável,* Rev. Direito e Estudos Sociais, Out.-Dez. 1987, p. 465 ss..

[33] Cfr., por exemplo, o Ac. STJ 26/3/98, Colect. Jurisp./STJ, 1998, 1, p. 287.

90 *Estudos de Direito do Trabalho em Homenagem ao Prof. Manuel Alonso Olea*

trabalhadores, a convenção deparava com a *oposição* da lei e não podia prevalecer. Mas se, ao invés, se tratasse de norma legal *dispositiva* ou definidora de uma vantagem *mínima* para os trabalhadores, o conflito seria, naquele caso, inexistente, não podendo falar-se de oposição da lei. A cláusula mais favorável da convenção situar-se-ia no espaço oferecido pelo legislador à regulação por fontes inferiores. Por isso mesmo, não se trataria de verdadeira derrogação da norma legal pela norma convencional: a derrogação seria meramente "aparente".

Temos, assim, esquematicamente, que da interpretação do art. 13.°/1 LCT resultavam as seguintes consequências:

a) tratando-se de norma legal imperativa-fixa, não era viável qualquer variação de regime por instrumento de regulamentação colectiva;

b) tratando-se de norma legal definidora de vantagem mínima (para o trabalhador), valia e prevalecia regime mais favorável estabelecido por instrumento de regulamentação colectiva;

c) tratando-se de norma legal definidora de vantagem máxima, tornava-se viável regime menos favorável fixado por instrumento do tipo referido[34].

Tais directrizes correspondiam – embora houvesse que abstrair da diversidade das técnicas utilizadas em cada sistema – aos vectores fundamentais que vimos poderem caracterizar o padrão regulatório adoptado nos ordenamentos europeus que considerámos. Esse padrão reflectia, de resto, uma concepção estabilizada do papel e do funcionamento do Direito do Trabalho. Como se viu, o sistema de soluções do art. 13.°/1 assentava numa *presunção* – a de que a norma legal interpelada é uma norma que consente (ou não impede) desvio convencional-colectivo em sentido mais favorável aos trabalhadores. Esta presunção, como qualquer outra, sendo embora ilidível, estruturava-se sobre um juizo de normalidade: no caso, o de que *as leis do Trabalho se caracterizam, em princípio, por estabelecerem condições mínimas que podem ser melhoradas*. E esse juizo flui da consi-

---

[34] Havia ainda, neste ponto, que tomar em consideração o facto de o art. 6.° da LRCT estabelecer que os instrumentos de regulamentação colectiva não podiam (sob pena de invalidade) "contrariar normas legais imperativas" nem "incluir qualquer disposição que importe para os trabalhadores tratamento menos favorável do que o estabelecido por lei". Resultava daqui que, mesmo perante normais legais de máximos, as convenções só podiam actuar (*in peius*) mediante expressa permissão da lei.

A convenção colectiva segundo o Código do Trabalho 91

deração do Direito do Trabalho, não como um mero "ordenamento de mercado", mas como um sistema de protecção preferencial de certos interesses.

11. A orientação actual do legislador português, tal como se exprime no CT, distancia-se consideravelmente desse padrão.

Desde logo, não é feita, na nova lei, nenhuma específica afirmação de uma ordem hierárquica das fontes – que sempre seria, de resto, desnecessária, dadas as regras contidas nos arts. 1.° e 3.° CCiv.. Depois, o art. 4.°/1[35] regula a relação funcional entre fontes nos seguintes termos: "As normas deste Código podem ser afastadas por instrumentos de regulamentação colectiva de trabalho, salvo quando delas resultar o contrário".

A primeira constatação que este enunciado suscita é a de que não está – nem podia estar – em causa o primado da lei imperativa. Tal como na LCT, em que se falava de "oposição" da lei, o CT obsta ao "afastamento"[36] das normas legais por fonte inferior, quando daquelas normas "resultar o contrário", isto é, que *não podem ser afastadas*. São duas maneiras de dizer a mesma coisa. De resto, o art. 533.° do CT (correspondente ao antigo art. 6.° da LRCT) mantém a interdição de cláusulas de instrumentos de regulamentação colectiva que contrariem normas legais imperativas.

Não está, portanto, em causa a prevalência das disposições do CT que estabelecem (de modo imperativo) vantagens mínimas e máximas para os trabalhadores. A imperatividade de tais limites opõe uma barreira intransponível à sua alteração por fontes de nível inferior.

Restam duas diferenças importantes para o regime anterior.

A primeira consiste na (implícita) admissibilidade de disposições *menos favoráveis*, estabelecidas por instrumentos de regulamentação colectiva, quando as disposições legais em confronto sejam de natureza dispositiva ou estabeleçam vantagens máximas para os trabalhadores.

A segunda ressalta do enunciado legal: o "tratamento mais favorável ao trabalhador" deixa de constituir referencial interpretativo (como elemento de uma presunção), nos termos expostos. No CT, o ponto de partida

---

[35] Assinale-se a desconformidade da epígrafe deste artigo (*Princípio do tratamento mais favorável*) com o sentido fundamental do regime nele contido.

[36] A escolha do termo parece não ser feliz – como o não seria a de "derrogação". Na verdade, a norma legal de mínimos "aplica-se", não é afastada nem derrogada, quando uma disposição convencional estabelece tratamento mais favorável. Neste ponto, o Ac. TC n.° 306/2003 (publicado no *DR*, I-A, de 18/7/2003) incorreu em equívoco lamentável que, além do mais, conduziu a uma rectificação inteiramente incongruente deste artigo do Código.

92 Estudos de Direito do Trabalho em Homenagem ao Prof. Manuel Alonso Olea

da operação interpretativa-qualificativa incidente sobre a norma legal (para se saber se pode aplicar-se a fonte inferior de conteúdo diferente) já não é a presunção de que essa norma admite variação em sentido mais favorável ao trabalhador, mas a (presunção) de que *admite variação em qualquer dos sentidos*[37]. Tal presunção só é afastada se da norma legal resultar inequivocamente que nenhuma variação é legítima, ou que só o será num dos sentidos possíveis (ou seja, usando as palavras da lei, se dela "resultar o contrário"). Neste caso, portanto, a "oposição" da lei (para usar ainda a terminologia, sem dúvida mais feliz, do art. 13.º/1 da LCT) pode manifestar-se de várias maneiras: desde logo, através da fixação de uma norma rígida, mas também através de norma mínima e de norma máxima. Nas duas últimas hipóteses, ficará impedida a variação convencional, respectivamente, em sentido desfavorável e favorável aos trabalhadores.

12. Esta inflexão legislativa pode, antes do mais, ser apreciada sob o ponto de vista, digamos, "operativo", isto é, tendo sobretudo em conta as suas consequências na dinâmica da contratação colectiva – uma vez que, como se assinalou mais atrás, a reactivação dessa dinâmica constitui um dos grandes objectivos do Código.

Nessa perspectiva, a possibilidade de "derrogação aparente" dos regimes legais por convenção colectiva em ambos os sentidos – vantajoso e desvantajoso para os trabalhadores – transporta consigo virtualidades indiscutíveis no que toca à riqueza e plasticidade do quadro de soluções encaráveis nos processos negociais. A própria modernização dos regimes convencionais pode, aliás, requerer a mobilidade das fórmulas de compromisso, isto é, a alterabilidade do jogo de cedências e conquistas que possibilita a conclusão de acordos consistentes.

Não se vê, por outro lado, na objectividade do mecanismo lógico-funcional que o art. 4.º/1 aponta, nenhuma negação de valores ou interesses merecedores de tutela. A contratação colectiva, diferentemente da contratação individual de trabalho, importa relações de *coordenação*[38] entre poderes sociais que dispensam a intervenção "compensadora" da lei. Os sindicatos não carecem de protecção contra excessos de poder contratual ou conflitual das associações de empregadores, nem, muito menos, se jus-

---

[37] Curiosamente, na sua versão originária (a do anteprojecto do Código, apresentado em Julho de 2002), o art. 4.º admitia ainda somente variação em sentido mais favorável.

[38] Vejam-se, sobre isto, as observações luminosas de O. KAHN-FREUND, *Labour and the Law,* Londres (1972), p. 5 ss..

tifica que sejam protegidos "contra si próprios", ou seja, contra o risco de subscreverem acordos inaceitáveis e lesivos para os seus representados[39]. Não se pode, pois, dizer que as novas possibilidades operativas abertas pelo art. 4.º/1 do CT desprezam carências de tutela concretamente atendíveis.

13. Todavia, o art. 4.º/1 não assume apenas o significado de uma directriz operatória para a negociação colectiva. Ele transporta consigo uma profunda revisão do significado e do papel social e económico do Direito do Trabalho *legislado*.

Uma precisão é, no entanto, indispensável. Não existe nenhuma anomalia no facto de uma lei laboral conter normas que fixem limites máximos de certos benefícios para os trabalhadores e que, por isso, impedem a contratação colectiva em sentido mais favorável[40]. A evolução das condições económicas pode mesmo tornar socialmente aconselháveis medidas desse tipo. A convenção colectiva não pode, por seu lado, ser vista como um instrumento utilizável somente em sentido incremental; tem esse papel ao lado de outros, como seja o de ajustar as regras de organização e utilização da força de trabalho mediante a articulação de flexibilidades – aquela de que precisa o empregador e aquela que é vital para o trabalhador.

Mas essas constatações não contendem com a natureza "não neutra" da lei do trabalho relativamente ao sentido geral da regulação das relações laborais.

Como se notou, os alicerces dogmáticos do art. 13.º/1 tinham inscrita uma mensagem clara quanto ao sentido operatório da legislação do trabalho: a de que, em conformidade com a sua mesma razão de ser – necessidade de intervenção compensadora e protectiva –, essa legislação actua *característicamente* pela utilização de uma técnica de intervenção regulatória que consiste na fixação de *níveis mínimos* de benefício para os trabalhadores.

---

[39] Estes riscos passam a ter, no entanto, com o Código, certa consistência. Na verdade, a possibilidade de bloqueio de negociações modificativas que os sindicatos têm tido (e usado com insistência) fica muito enfraquecida com o novo regime da sobrevigência de convenções, constante do art. 557.º.

[40] A história da legislação pós-revolucionária oferece, de resto, numerosos e eloquentes exemplos. Vejam-se, por exemplo, as referências no nosso *Direito do Trabalho*, 11ª ed., Coimbra (1999), p. 41.

94 Estudos de Direito do Trabalho em Homenagem ao Prof. Manuel Alonso Olea

Não se quer dizer, como julgamos ter deixado claro, que seja essa a única técnica utilizada, bem pelo contrário; mas que é essa técnica que corresponde ao sentido geral da intervenção e assume por isso uma conotação de *normalidade*. Por assim ser é que se tornava "legítima" a presunção legal oculta no art. 13.°/1: ela constituía a expressão da concepção segundo a qual a legislação do trabalho é, *normalmente*, uma legislação de mínimos. O que, de resto, não serviria senão para confirmar o que é, desde a origem, a fisionomia própria da produção normativa estatal no domínio do Direito do Trabalho.

Ora o CT, como se observou, adopta, no art. 4.°/1, a *presunção* de que as normas da lei do trabalho (melhor: do próprio Código) são inteiramente dispositivas, admitindo, com igual facilidade, variação de regimes, por via convencional-colectiva, em sentido mais favorável e menos favorável para os trabalhadores. Com esta presunção, revela-se toda uma nova postura politico-jurídica: a de que a legislação do trabalho é (ou deve ser?), *em princípio*, neutral, *indiferente* ao sentido em que venham a ser estabelecidas as condições concretas de trabalho.

É um Direito do Trabalho desligado das suas raizes e de uma autónoma razão de ser que assoma por detrás da fórmula aparentemente anódina do art. 4.°/1: uma legislação do trabalho instrumental para o mercado, aberta às conveniências da economia e da política social (entre as quais, por que não?, as da política de emprego), e fundamentalmente despojada das referências valorativas que a prenderam, até agora, a um destino bem diverso.

IV. A CONTRATAÇÃO COLECTIVA INSTÁVEL.

14. A concepção tradicional da contratação colectiva confere-lhe, entre outras, a função de definir uma plataforma regulatória estável, em certo âmbito em que se confrontam interesses colectivos contrapostos. Partindo do reconhecimento desses interesses e do seu carácter divergente – pressuposto evidente da própria noção de "contratação" –, assim como da natureza evolutiva dos factores (económicos, políticos, tecnológicos, organizacionais) que condicionam a geometria dos mesmos interesses, a convenção colectiva é tomada, sob o ponto de vista da dinâmica social, como a formalização de uma "trégua", assente, sob a perspectiva jurídica, no princípio *pacta sunt servanda* e na pretensão de "vigência" do conteúdo normativo dos acordos.

A convenção colectiva segundo o Código do Trabalho 95

Como trégua social baseada no compromisso, a convenção colectiva incorporava também, com efeito, uma aspiração de permanência ligada ao fenómeno de recepção ou absorção contratual (no plano individual) dos conteúdos colectivamente estabelecidos (art. 14.º/2 da LCT; art. 15.º/2 da LRCT).

Essa concepção foi sempre – ainda que com cambiantes – plenamente assumida pela legislação portuguesa[41]. Ela manifestava-se, mais recentemente, e até há pouco, numa atitude legislativa de preferência pela *continuidade* dos regimes convencionalmente fixados, a qual se traduzia, nomeadamente, na admissão da "sobrevigência ilimitada" das convenções e na regra segundo a qual elas só deixariam de vigorar quando substituídas por outras (art. 11.º da LRCT). Esta regra possibilitou, de resto, como é sabido, a vigência excessivamente prolongada de regimes convencionais estabelecidos em fins da década de setenta e início da de oitenta do século passado.

Na mesma direcção, enfatizando o carácter de trégua social – no sentido de exclusão temporária de pretensões modificativas – dos regimes convencionais, a lei interditava a denúncia das convenções antes de decorrido um certo período da sua existência (dez meses após a entrega para depósito: art. 16.º/2 da LRCT)[42]. Havia, pois, um período de preservação da estabilidade do regime convencionado; um período em que não podia sequer ser eficazmente apresentada uma reivindicação no sentido de o modificar.

Por outro lado, não podia deixar de considerar-se duvidosa, perante este quadro normativo, a possibilidade de fazer relevar a alteração anormal de circunstâncias (art. 437.º do C. Civ.)[43], nomeadamente

---

[41] Ela assumiu proporções particularmente impressivas no âmbito da vigência do DL 164-A/76, de 28/2, em que vários diplomas avulsos procuraram impor um espaçamento mínimo entre processos negociais, travando o ímpeto da movimentação reivindicativa que na época se manifestava.

[42] O mesmo artigo, no n.º 3, admitia, excepcionalmente, a denúncia a todo o tempo em duas situações: o de negociação de nova convenção após a transmissão de uma empresa ou estabelecimento, e o de se pretender reduzir a duração do trabalho em articulação com um regime de adaptabilidade da organização do tempo de trabalho. A natureza de qualquer destes casos permite considerar que a mencionada solução em nada prejudica o alcance do que se afirma no texto.

[43] Sobre o problema, com particular referenciação da doutrina germânica, pode ver-se A. MENEZES CORDEIRO, *Convenções colectivas de trabalho e alteração de circunstâncias*, Lisboa (1995).

96 *Estudos de Direito do Trabalho em Homenagem ao Prof. Manuel Alonso Olea*

no sentido da admissibilidade de denúncia antecipada em relação ao prazo acima indicado[44].

Um terceiro corolário da referida atitude da lei consistiria na possibilidade – discutível, embora[45] – de configuração de um *dever implícito de paz social relativa*, como efeito natural da celebração de uma convenção colectiva em certo âmbito, destinada a vigorar por determinado período[46]. Ao abrigo dos mencionados preceitos da LRCT, um tal dever adquiriria até consistência legal: para além de poder considerar-se, à luz da boa fé, "contido" na assunção do compromisso colectivo, ele seria também consequência da aplicação das normas respeitantes ao raio de acção temporal das convenções e ao correspondente cronograma da sua modificação.

15. A configuração dada pelo CT à contratação colectiva, sob o ponto de vista temporal, é consideravelmente diversa da que se acaba de referir.

É certo que o art. 556.°/1 fixa um período mínimo de vigência das convenções (um ano). Mas o que está sobretudo em causa, quando se encara o grau de estabilidade dos regimes convencional-colectivos, não são os parâmetros da sua *vigência*, mas as condições em que podem tornar-se objecto de controvérsia declarada, tendo em vista a sua modificação. Por outras palavras: é a *renegociabilidade*, e não propriamente a *revogabilidade,* que importa considerar quando se procura apurar em que medida a convenção colectiva se mostra apta a constituir suporte de uma trégua social.

Ora o CT não incorporou a regra estabilizadora segundo a qual a *denúncia* das convenções só podia ser declarada depois de passados dez meses sobre a celebração (ou, nos termos do art. 16.°/2 da LRCT, a "en-

---

[44] Sobre a corrente que, na doutrina italiana, se manifestou favorável à relevância da cláusula *rebus sic stantibus*, veja-se a obra clássica de G. GHEZZI, *La responsabilità contrattuale delle associazioni sindacali*, Milão (1963), p. 96 ss..

[45] Cfr., sobre os termos do debate, o nosso *Direito do Trabalho* cit, pp. 751 ss..

[46] A aceitação deste "dever implícito" é, por muitos, considerada exigência lógica inarredável da própria celebração da convenção. Todavia, ela depende do sentido que se atribua à "trégua" contratual: a de um compromisso que põe fim a um conflito pré-existente e que se esgota nessa função, ou a de um compromisso destinado a regular as relações entre as partes ao longo de um período futuro, visando excluir a ocorrência de conflitos sobre os mesmos temas. O primeiro entendimento ganhou, nomeadamente, ampla difusão na doutrina italiana: cfr. F. CARINCI/ R. DE LUCA TAMAJO/ P. TOSI/ T. TREU, *ob. cit.*, p. 287.

A convenção colectiva segundo o Código do Trabalho

trega para depósito"). Apenas se exige que a denúncia seja feita com certa *antecedência* relativamente ao fim do prazo de vigência, ou seja, que ela assuma a forma de um pré-aviso (art. 558.°/2). Parece, pois, dever considerar-se que, com respeito por essa antecipação, uma convenção colectiva acabada de assinar pode ser denunciada – isto é, reclamada a sua modificação – *em qualquer momento.*

Depois, resulta da nova lei que a alteração anormal de circunstâncias pode assumir relevância no que toca à renegociabilidade da convenção. Se o art. 561.°/2 aponta nesse sentido com uma fórmula um tanto equívoca[47], o art. 606.°/2-*a)* não deixa espaço para dúvidas: mesmo que tenha sido estipulada uma cláusula de paz relativa, o sindicato pode declarar uma greve tendo por objectivo a modificação da convenção se houver alteração anormal de circunstâncias.

De resto, o mesmo art. 606.° constitui expressão – em termos de inegável coerência – da significativa inflexão político-jurídica que já se mostra esboçada com os traços anteriores. Aí se admite que as convenções colectivas contenham "limitações, durante a *(sua)* vigência (...), à declaração de greve por parte dos sindicatos outorgantes com a finalidade de modificar o conteúdo dessa convenção". São, pois, admissíveis cláusulas de paz social relativa. Ora esta postura normativa só faz sentido se a concepção do legislador acerca da função da contratação colectiva não envolver o reconhecimento de um dever implícito de paz. Aquilo que podia, com razoabilidade, sustentar-se à luz do direito positivo anterior, parece agora inteiramente excluído.

Todas estas notas se condensam, ao menos aparentemente, na rejeição do paradigma da "convenção estabilizadora", que esteve no centro da concepção politico-jurídica tradicionalmente afirmada acerca da contratação colectiva de trabalho.

16. Mas a nova codificação vai muito mais longe nesse caminho. A instabilização do sistema contratual – certamente ditada por propósitos de dinamização e renovação – é também favorecida pelo conjunto das soluções que se destinam a condicionar *legalmente* o ciclo temporal e o raio de acção das convenções.

---

[47] O preceito manda, com efeito, atender às "circunstâncias em que as partes fundamentaram a decisão de contratar", relativamente à "execução" da convenção, o que pareceria apontar sobretudo um critério *interpretativo* das estipulações, para o efeito de se garantir o seu correcto cumprimento.

98 Estudos de Direito do Trabalho em Homenagem ao Prof. Manuel Alonso Olea

Cabe, desde logo, referir o já tão discutido regime de *limitação da sobrevigência* das convenções colectivas de trabalho (art. 557.°). Esse regime – que, sublinhe-se, é aplicável às convenções mais antigas, mas também às mais recentes e, ainda, às futuras – substitui o da *continuidade* da regulamentação convencional que se traduzia na regra do art. 11.°/2 da LRCT[48].

Havendo denúncia da convenção em vigor, inicia-se um período aberto para as operações negociais e para-negociais necessárias à substituição da convenção posta em crise. Esse período poderá atingir dois anos e meio – ou mesmo algo mais, se, entretanto, tiver sido dado início a um processo arbitral (art. 557.°/3). A preocupação subjacente a esta disciplina é a de impedir que as iniciativas de negociação modificativa sejam neutralizadas pelo impasse negocial. Para a convenção antiga, só há dois destinos possíveis: a revisão ou a cessação.

Ao menos teoricamente, uma das saídas viáveis do processo delineado no art. 557.° consiste na cessação da convenção denunciada sem que o seu lugar seja ocupado por outro instrumento de regulamentação colectiva: aquilo que se tem designado por "vazio contratual". É uma das consequências possíveis da seca disposição do art. 557.°/4: "Decorrida a sobrevigência prevista nos números anteriores, a convenção cessa os seus efeitos".

É certo que o legislador oferece meios de evitar esse resultado. Em especial, a articulação do art. 557.° com o art. 567.° permite entrever que o legislador terá imaginado não haver espaço para o "vazio contratual", dada a hipótese de recurso à arbitragem obrigatória. A circunstância de, nos termos do art. 568.°/1, o processo de determinação da arbitragem poder ser desencadeado por pedido de uma das partes (decerto a mesma que declarou a denúncia da convenção antiga) reforça essa percepção. No entanto, a decisão de arbitragem obrigatória não é um simples acto administrativo – é um gesto político, fundado em considerações de oportunidade e conveniência[49], e que pode, portanto, ser ou não ser praticado em face das circunstâncias concretas de cada processo.

---

[48] No entanto, deve notar-se que o CT não impede a perpetuação de uma convenção. Basta que nenhum dos outorgantes a denuncie para que o mecanismo da renovação automática (art. 557.°/2-*a*)) a mantenha indefinidamente em vigor. E isso pode ocorrer sem prejuízo da periódica revisão das condições remuneratórias convencionadas, como parece resultar do art. 556.°/2.

[49] Considerações essas que se apoiarão em elementos constantes da fundamentação exigida para o pedido: vejam-se, em particular, as als. b) e c) do art. 568.°/1.

A convenção colectiva segundo o Código do Trabalho 99

17. De qualquer modo, a mera possibilidade – aberta pela lógica interna da disciplina legal da sobrevigência – de "privação" de um regime convencional-colectivo pré-existente, sem que outro lhe suceda, é susceptível de gerar dúvidas sérias quanto à conformidade constitucional do regime legal em causa.

Para quem entenda, como nós, que a "garantia" legal do "direito de contratação colectiva" – prevista no art. 56.º/3 da CRP – exclui essa possibilidade de privação, ou seja, a hipótese de, por aplicação de um dispositivo legal, ser viável alcançar-se o resultado do aniquilamento de um produto da autonomia colectiva sem que outro surja no mesmo âmbito, a dúvida de constitucionalidade adquire consistência inegável.

Nesses mesmos termos foi, como se sabe, suscitada pelo Presidente da República perante o Tribunal Constitucional[50], o qual decidiu, por maioria[51], "não se pronunciar pela inconstitucionalidade" do regime de limitação da sobrevigência. A fundamentação da decisão revela, porém, uma surpreendente fragilidade. A solução do Código mostra-se, no entender do TC, "razoável e equilibrada"; é uma "mera solução supletiva" que não só oferece às partes a possibilidade de decidir sobre regime diverso, mas abre "um período de sobrevigência que pode atingir dois anos e meio"; enfim, "seria contraditório com a autonomia das partes (...) a imposição a uma delas, por vontade unilateral da outra, da perpetuação de uma vinculação não desejada"[52]. Aparentemente, o TC considerou conforme à "autonomia das partes" (melhor teria sido talvez referir a "autonomia colectiva", que é, essencialmente, "auto-normação", capacidade de criar *normas jurídicas* destinadas aos representados pelos sujeitos colectivos, e não apenas liberdade de estipulação contratual, como o TC parece supor) *a cessação, sem substitutivo, e por imperativo legal,* de uma convenção colectiva pré-existente.

Mas, por outro lado, o Acórdão salienta, como "pressuposto" da decisão tomada, "o entendimento de que a caducidade da eficácia normativa da convenção não impede que os efeitos desse regime se mantenham

---

[50] Observava-se, lapidarmente, na fundamentação do requerimento o seguinte: "se é certo que o legislador está constitucionalmente habilitado a densificar o conteúdo de tal garantia constitucional, ele não pode, em contrapartida, fazê-lo de tal sorte que resulte, ou possa resultar na prática, esvaziado o seu alcance essencial" – Ac. TC n.º 306/2003, de 25/6, publicado no *DR*, I-A, de 18/7/2003. A passagem citada consta do ponto 26 do texto do acórdão.

[51] Uma maioria que, curiosamente, não incluíu o relator do Acórdão.

[52] Veja-se o Ac. TC cit., ponto 27.

100 *Estudos de Direito do Trabalho em Homenagem ao Prof. Manuel Alonso Olea*

quanto aos contratos individuais de trabalho celebrados na sua vigência e às respectivas renovações".

Esta precisão é surpreendente a mais de um título.

Na verdade, e desde logo, ela institui uma espécie de juizo de constitucionalidade "sob condição": a norma não é inconstitucional *desde que* (e só se) dela for extraída a consequência juridico-prática que o Tribunal decidiu tomar como "pressuposto" da decisão. Essa consequência está longe de ser líquida derivação do regime legal em causa; pelo contrário, o critério subjacente à solução expressamente adoptada para a sucessão de convenções (art. 560.º/4), se estendido á hipótese de cessação "sem sucessão", seria susceptível de conduzir a resultado inverso.

O TC assume-se, pois, nesse ponto da decisão[53], como "produtor de normas", como órgão legiferante, qualidade que, manifestamente, lhe não pertence. É que o comando proferido nesse passo da decisão nem sequer veio a ser expressamente incorporado no Código: o legislador deixou a questão no limbo da incerteza jurídica, sem que se possa saber se a omissão representa conformidade ou desconformidade com o entendimento do TC. A postura do legislador poderá, somente, compreender-se à luz desta consideração: o "pressuposto" do TC leva, no fundo, a que os efeitos *normativos* produzidos pela convenção "extinta" não só se *mantenham* intactos como até *perdurem* no futuro, indefinidamente, absorvidos nos contratos celebrados durante a sua vigência – consequência que, porventura, não estaria no espírito da solução codificada. Transpor o "entendimento" do TC para a lei seria retroceder sobre os próprios passos; colocar no CT explicitação oposta redundaria em inconstitucionalidade (pré-declarada pelo TC...). Melhor, pois, nada dizer. A verdade é que a incerteza jurídica gerada pelo próprio mecanismo de superação das convenções anteriores é consideravelmente potenciada por este silêncio do legislador, em face de uma proposição judiciária que, não obstante a aspiração normativa que a percorre, não parece de molde a vincular a generalidade dos destinatários.

18. O regime limitativo da sobrevigência das convenções coloca, como se viu, na *denúncia* o momento fulcral de um processo delineado para, em qualquer caso, afastar a aplicação da convenção pré-vigente.

---

[53] E não apenas neste ponto. Também na apreciação do art. 4.º do CT, feita, como assinalámos, numa perspectiva desviada do verdadeiro problema, o TC "gerou" a norma de exclusão dos regulamentos de condições mínimas, que, no entanto, foi acolhida na redacção final do art. 4.º.

A *convenção colectiva segundo o Código do Trabalho* 101

O art. 13.° da lei preambular do CT admite, relativamente às convenções anteriores ao Código, e que tenham vigorado pelo menos um ano, a denúncia "com efeitos imediatos". Deste modo, sob o signo da renovação global dos regimes convencionais, coloca-se todo o acervo contratual existente na primeira linha de exposição ao processo de "abate" definido no art. 557.°. Processo que, como foi dito, não se destina a actuar somente nesta fase inicial da vigência do CT: ele acompanhará a contratação futura, garantindo a sua constante renovação e impedindo a estabilização dos seus produtos[54].

Trata-se, pois, de garantir "desde já" a instabilização das convenções existentes e o desencadeamento da operação de "limpeza" e (na maioria dos casos) substituição desse conjunto de instrumentos regulatórios.

A menção aos "efeitos imediatos" não pode, a nosso ver, significar senão que, tendo em vista o desenvolvimento do processo do art. 557.°, não há sequer lugar á aplicação do disposto no art. 558.°/2, que supõe a observância de certa antecedência da denúncia relativamente ao termo de um período de vigência que se destina a ser respeitado. A denúncia tem "efeitos imediatos" porque, dando origem a um processo de negociação, põe "imediatamente" em crise a vigência da convenção denunciada: a sucessão de prazos estabelecidos nas alíneas *b*) e *c*) do art. 557.°/2 *arranca directamente a partir da denúncia*, e não a partir do termo do prazo de vigência (renovada) que esteja a decorrer. Com isto, a estratégia legislativa de instabilização da contratação ganha um novo impulso.

19. Não pode ser dissociado dessa estratégia um dispositivo, como o do art. 15.° da lei preambular, que abre a possibilidade de trasmigração de destinatários de uma convenção anterior ao Código para outra celebrada após a sua entrada em vigor.

A interpretação desse texto legal oferece algumas dificuldades sérias[55]. Parece, no entanto, líquido que nele se estabelece um regime aplicável ao nível da *empresa*, e destinado, aparentemente, a favorecer a uniformidade do regime convencional aplicável ao conjunto dos traba-

---

[54] Tenha-se, porém, presente que o "pressuposto" formulado pelo TC na apreciação do art. 557.° se traduzirá (se respeitado) num tipo particular de "continuidade" dos regimes convencionais – o resultante da sucessiva absorção contratual desses regimes, em potencial contradição com o regime do art. 560.°.

[55] Essas dificuldades eram ainda maiores no texto do art. 15.° sobre o qual o TC se pronunciou: veja-se o Ac. cit, ponto 30.

102   *Estudos de Direito do Trabalho em Homenagem ao Prof. Manuel Alonso Olea*

lhadores nela ocupados[56]. Esse é, com efeito, um problema sério da gestão do pessoal das organizações que se confrontam com uma pluralidade de sindicatos e, por vezes, uma pluralidade de regimes convencionais com âmbitos categoriais parcial ou totalmente coincidentes.

Mas o mecanismo de uniformização proposto pelo legislador (de modo particularmente clamoroso no texto do decreto que a Assembleia da República votou, antes da intervenção do TC) consiste na abertura de convenções celebradas *após a entrada em vigor do CT* a *adesões individuais* de trabalhadores por elas não abrangidos, em termos susceptíveis de conduzirem ao *esvaziamento* do âmbito de aplicação de convenções pré--codicísticas[57].

A medida em que esse esvaziamento pode realizar-se depende, contudo, da interpretação do preceito. Desde logo, obviamente, está-se fora do âmbito da *sucessão* de convenções, para a qual o CT reserva tratamento específico (art. 560.°). A convenção nova não resulta do processo de revisão de uma convenção anterior ao Código. Entre as duas, existe, simplesmente, *sobreposição parcial de âmbitos* – o que pode ocorrer entre convenções do mesmo tipo, ou entre convenções com graus distintos de generalidade. Mas o art. 15.° visa também, nesse quadro, segundo julgamos, realidades que estão fora do alcance do regime da *concorrência* de convenções (art. 536.°) – um regime que é, ele próprio, favorável à "uniformização" no âmbito da empresa[58].

Como se caracteriza, então, o âmbito da "transferência de efectivos" entre as duas convenções? Estão nela envolvidos "os trabalhadores da empresa, que não sejam filiados em sindicato outorgante" – tal é a expressão decisiva que o art. 15.°/1 oferece.

Num primeiro relance, dir-se-ia (tem sido dito) que se trata apenas dos trabalhadores *não sindicalizados* – o que, sem grande ofensa dos princípios do direito sindical e da autonomia colectiva, reconduziria o mecanismo do art. 15.° (adesão individual) à natureza de um instrumento de

---

[56] Na verdade, a epígrafe originária desse artigo, no texto que foi objecto de votação e aprovação na Assembleia da República, era "Regime transitório de uniformização". Não deixa de ser curioso constatar que a nova epígrafe é "Escolha de convenção aplicável".

[57] Recorde-se que o texto anterior do art. 15.° determinava mesmo a "cessação dos efeitos" das convenções que fossem, desse modo, "sangradas" além de um certo ponto. O desaparecimento dessas determinações resultou da declaração de inconstitucionalidade proferida, a tal respeito, pelo TC (veja-se a alínea l) da decisão).

[58] Se assim não fosse, de resto, o art. 15.° deveria apresentar-se como regime excepcional em relação ao do art. 536.°, o que não faz.

A *convenção colectiva segundo o Código do Trabalho* 103

alargamento do âmbito das convenções novas. Mas essa leitura não convence. Trata-se, necessariamente, *também* de trabalhadores não sindicalizados. Mas, para além deles, podem estar em causa trabalhadores *com filiação sindical*–desde não sejam membros de "sindicato outorgante". Que sindicatos poderão ser visados com esta expressão? Só pode tratar-se, a nosso ver, do(s) sindicato(s) que tenha(m) *outorgado a convenção nova*.

É, de resto, o que claramente resultava da redacção anterior do art. 15.°/1-*a*), *que o novo art. 15.°/1 praticamente reproduz*, a coberto da decisão favorável do TC. Na verdade, tratava-se aí, declaradamente, da possibilidade de transmigração de *trabalhadores abrangidos* por uma convenção (isto é, filiados em sindicatos outorgantes dessa convenção) para o domínio de aplicação de outra, assinada por sindicato(s) diferente(s), de tal modo que, se esse movimento atingisse determinada dimensão, a primeira deixaria de produzir efeitos. Os "sindicatos outorgantes" a que aí se fazia alusão eram, indiscutivelmente, os subscritores da *nova* convenção.

A diferença entre o texto censurado pelo TC e o que veio a figurar no CT está apenas no facto de ter deixado de determinar-se, explicitamente, a cessação da convenção anterior por efeito do funcionamento do mecanismo de adesões individuais. Mas permanece nele a possibilidade (porventura corespondente ao objectivo primacial da norma) de "perda de âmbito" de uma convenção causada pela transferência de trabalhadores (por ela abrangidos em função do princípio da filiação) para o domínio de aplicação de outra subscrita por sindicatos a que são alheios, através de adesões individuais. Por outras palavras: a hipótese de sobreposição da preferência individual à filiação sindical, no momento da "escolha da convenção aplicável" (como se lê na epígrafe do artigo).

Poderá dizer-se que este é um mecanismo susceptível de complementar o da limitação da sobrevigência, permitindo que mesmo convenções (anteriores ao Código) não denunciadas vejam a sua influência prática progressivamente diminuida.

20. Temos, pois, em suma, que o CT vem reconfigurar muito significativamente o papel social e económico da convenção colectiva de trabalho *também* no que toca ao balanceamento entre as exigências de *estabilidade* dos regime das condições de trabalho e as de *adequação e adaptabilidade* desses regimes à evolução da conjuntura.

Na nossa tradição legislativa, particularmente na das últimas três décadas, foi notória a preferência atribuída ao primeiro desses vectores, na perspectiva de que a contratação constitui um meio de racionalização de

104 *Estudos de Direito do Trabalho em Homenagem ao Prof. Manuel Alonso Olea*

aspirações sociais e da correlativa distribuição de benefícios e custos, tendo como objectivo central a manutenção da paz social num ambiente de liberdades democráticas. Ao mesmo tempo, a estratégia de intervenção estatal, por via legislativa, foi marcada por um progressivo recuo no terreno das relações profissionais – inclusivamente no que toca às condições de utilização dos instrumentos de regulamentação administrativa – e pela abertura de espaços praticamente ilimitados à contratualidade.

Essa estratégia sofre, com o CT, uma inflexão drástica, com o propósito declarado de repor em movimento a renovação da regulamentação colectiva. As exigências da adequação e adaptabilidade sobrepõem-se à de permanência das normas. Todo o acervo contratual anterior à codificação é, ao mesmo tempo, posto em crise potencial. Mesmo a nova contratação que venha a surgir virá marcada com o signo da vida curta. A contratualidade das convenções avulta sobre a sua normatividade; a autonomia colectiva fica, ainda que discretamente, limitada no seu alcance.

O facto de se abrir nestes termos o ciclo da contratação instável, em fase de debilidade manifesta das estruturas sindicais – e também das organizações de empregadores, enquanto factos associativos e representativos –, pode constituir um motivo sério e forte para a reflexão aprofundada que o sistema português de relações industriais há muito reclama dos seus actores.

FLEXIBILIDADE TEMPORAL*

António Moreira

SUMÁRIO: I – 1.Tempo de trabalho: questão histórica
do Direito do Trabalho; 2. Tempo de trabalho e segurança
e saúde no trabalho; 3. Tempo de trabalho e emprego;
4. Tempo de trabalho e vida familiar e social. II – 5. Flexibilidade temporal: sentido e alcance; sensibilidade do tema;
6. Concretizações mais sensíveis da flexibilidade temporal;
7. O Código do Trabalho. Conclusões.

I

1. Tempo de trabalho: questão histórica do Direito do Trabalho

As primeiras leis laborais, surgidas para pôr termo a uma igualdade
meramente formal no campo das relações de trabalho, assentam o seu suporte de apoio genético nos tempos de trabalho e na sua necessária redução. Na verdade, de jornadas de trabalho dificilmente contidas nas horas
que o dia comporta – 16 e, até, 18 horas diárias[1] –, foi-se caminhando,
paulatinamente, para a sua limitação significativa. E Portugal, no seu
tempo e com o seu ritmo, não foi excepção.

---

* O Prof. Doutor MANUEL ALONSO OLEA foi presidente do Tribunal das minhas provas públicas de doutoramento na Universidade de Salamanca. Tive o privilégio de trocar
com ele alguma correspondência e de beneficiar de várias conversas. Lembro, nomeadamente, a sua presença na Universidade Lusíada do Porto por ocasião das X Jornadas Luso-
-Hispano-Brasileiras de Direito do Trabalho. Ao insigne jurista e ao grande humanista o
meu singelo preito de homenagem.

[1] Sem descansos semanais, férias ou feriados.

106 *Estudos de Direito do Trabalho em Homenagem ao Prof. Manuel Alonso Olea*

Esta temática é, pois, como que a marca de origem do Direito do Trabalho, o seu ADN, a sua certidão de nascimento... Como afirma PHILIPPE AUVERGNON[2], a limitação do tempo de trabalho é, assim, uma questão histórica do Direito do Trabalho. Só que, à época, a preocupação residia apenas na melhoria das condições de trabalho, sobretudo das mulheres e dos menores, as designadas *forças médias*, mão-de-obra mais barata, mais passível de exploração ou, como se dizia no relatório da nossa lei de 14 de Abril de 1891, era "mão-de obra dócil e barata e tanto mais barata quanto mais produzia." E aqui está a primeira referência normativa à produtividade dos trabalhadores. E é fácil aferir quais os terríveis custos que teriam de suportar numa época de capitalismo sem tréguas.

Mudam-se os tempos e a limitação dos tempos de trabalho associa-se a outros objectivos: à ideia de partilhar o emprego. É que, como certeiramente dizia MANUEL ALONSO OLEA, em 1981[3], "o trabalho é um bem escasso e a mão-de-obra um bem excedentário", pelo que, neste desequilíbrio entre a lei da oferta e da procura, quem perde é o trabalhador. E a mão-de-obra será mais escassa com a limitação dos tempos de trabalho e, como preconizava GEORGE SOREL, com a organização dos trabalhos por turnos.

Outra ideia presente nos tempos mais recentes, de que dá nota AUVERGNON[4] é, contraditoriamente, a competitividade empresarial. O pensamento subjacente conecta-se com a necessidade de reconduzir os tempos de trabalho a jornadas tendencialmente uniformes, muito embora a referida simetria de tempos empresariais pudesse andar numa linha de flutuação baixa ou alta, conforme as marés.

Em suma: o tempo de trabalho[5] é um dos temas mais sensíveis, militante, da política laboral.

---

[2] Redução do tempo de trabalho e progresso da flexibilidade em França: a Lei "Aubry II", in *Questões Laborais*, Ano VII, 2000, n.° 16, p.121, tradução corrigida por ANTÓNIO MONTEIRO FERNANDES.

[3] Numa conferência proferida no Clube Madrileno de Empresários.

[4] *Op.cit.*, p.1.

[5] ALBINO MENDES BAPTISTA, Tempos de trabalho e de não trabalho, in *Memórias do V Congresso Nacional de Direito do Trabalho*, coordenação de ANTÓNIO MOREIRA, Almedina, Coimbra, 2003, p.178.

2. Tempo de trabalho e segurança e saúde no trabalho

Hoje é também património pacífico a ideia de que a limitação dos tempos de trabalho, além de evitar a hetero e a auto-flagelação dos trabalhadores, visa, ainda, objectivos fundamentais de segurança e saúde no trabalho. Assim, jornadas de trabalho infindáveis traduzem uma muito maior propensão para a sinistralidade laboral, flagelo terrível que tem acompanhado a caminhada histórica dos trabalhadores. E se há condições exógenas capazes de potenciar que *os trabalhadores percam a vida quando estão justamente a ganhá-la*, é ponto assente e seguro que tempos de trabalho excessivos favorecem a infortunística laboral. E o seu esgotamento precoce, o seu envelhecimento prematuro, ancora na mesma realidade, isto é, em tempos de trabalho excessivos, mal dimensionados, que em nada abonam para uma salutar competitividade empresarial e, sobretudo, para a realização do trabalhador.

A tutela da saúde do trabalhador[6] pressupõe, assim, que o horário de trabalho " seja uma cláusula essencial do contrato de trabalho" cuja ausência é capaz de o invalidar parcialmente por ser lesiva da dignidade humana. E se o horário de trabalho, a determinação qualitativa das horas de trabalho devidas ao empregador[7] tem essa carga axiológica fundamental, mais a terá a determinação quantitativa dos tempos de trabalho, ou seja, a fixação de um limite máximo da duração do trabalho, profundamente arreigada com a segurança e a saúde no trabalho[8]. É, pois, manifesto, que a fixação de intervalos de descanso e de descansos entre jornadas tem importância fundamental[9]. O mesmo deve dizer-se dos limites à prática do trabalho suplementar.

No Relatório SUPIOT[10] vai-se mais longe e procede-se à interligação da saúde e segurança no trabalho aos empregos precários onde a incerteza do amanhã, a ignorância dos riscos e a precariedade do emprego têm efeito

---

[6] LIBERAL FERNANDES, a organização do tempo de trabalho à luz da Lei n.° 21/96, de 23 de Julho, in *Questões Laborais*, Ano IV, 1997, n.°s 9-10, p.129.

[7] Sendo que a sua quantificação corresponde ao período normal de trabalho.

[8] LIBERAL FERNANDES, *Comentário às Leis da Duração do Trabalho e do Trabalho Suplementar*, Coimbra Editora, Coimbra, 1995, p.41.

[9] MARIA DE FÁTIMA RIBEIRO, O Tempo de Trabalho no Direito Comunitário, in *Dois Temas de Direito Comunitário do Trabalho*, Porto, 2000, p.114 e s. e notas 11 e 12.

[10] *Transformations du travail et devenir du droit du travail en Europe*, Bélgica, 1999, p.38.

sinergético incalculável na sinistralidade laboral. Daí a Directiva n.° 91/ /383, de 25 de Junho de 1991 e, entre nós, a disciplina jurídica proibitiva da utilização de trabalhadores temporários em postos de trabalho particularmente perigosos para a segurança e saúde do trabalhador – art. 20.°-3 do D.L. n.° 358/89, de 17 de Outubro, com o *aggiornamento* da L. n.° 146/ /99, de 1 de Setembro, e, ainda, a obrigação de informação à empresa de trabalho temporário, por parte do utilizador – n.° 2 do mesmo artigo – sobre os riscos para a segurança e saúde do trabalhador inerentes ao posto de trabalho a que será afecto.

Onde os tempos de trabalho podem ter incidência directa muito forte na sinistralidade laboral, e não só, é no domínio dos transportes rodoviários. Daí a disciplina jurídica do Regulamento n.° 3820/85/CEE, do Conselho, de 20 de Dezembro, e do D.L. n.° 272/89, de 19 de Agosto, com a actualização da Lei n.° 114/99, de 3 de Agosto. Em causa está, também, a segurança de terceiros. Daí que não compreenda a tibieza das molduras sancionatórias, num domínio de fraude fácil e onde a coima pode compensar, e, sobretudo, que estranhe o facto de não se fazer intervir, a este nível, o Direito Penal do Trabalho, com toda a sua carga dissuasora.

3. Tempo de trabalho e emprego

É verdade *lapaliciana* afirmar-se que a não contenção dos tempos de trabalho pode adensar o desemprego. E do que se disse mais atrás já resultou meridianamente a ideia. Parece, pois, que a limitação do tempo de trabalho não pode deixar de prosseguir, também, objectivos de equilíbrio do mercado de emprego. O desemprego tem inúmeros custos económicos, sociais, psicológicos. A exclusão social a que conduz levar-nos-ia para outros domínios que não sabemos nem podemos trilhar, sem que seja terra de ninguém, a justificar a afirmação de VIVIANE FORRESTER[11] quando diz que "para lá da exploração do homem há algo pior: a ausência de qualquer exploração." Afirmam-se, assim, as cautelas a ter em conta por leis demasiado permissivas e compreensivas. Este é domínio em que, também, algumas castrações de direitos dos trabalhadores se afiguram defensáveis. Embora esta seja área particularmente pantanosa, perigosa, sensível, onde a febre do oiro sempre espreita, estou longe de afirmar o absolutismo das

---

[11] *O Horror Económico*, trad., p.18.

Flexibilidade Temporal 109

normas sobre os tempos de trabalho apenas para os empregadores. Assume-se a importância da redução e da flexibilidade dos tempos de trabalho na óptica da criação de emprego[12].

3.1. *O pluriemprego*

Começam a solidificar-se ideias de que as normas sobre os tempos de trabalho não são de via única. Os trabalhadores ao serviço de mais que um empregador também lhes devem obediência. E embora se reconheça que a matéria reveste grande polémica, julga-se que, a não ser assim, os valores e bens apontados, essenciais, também, na óptica da inclusão social, poderiam perigar fazendo derrapar ainda mais o equilíbrio instável do *Wellfare State*. Claro que esta matéria é demasiado turbulenta para permitir voos estáveis.

Assenta-se, pois, no seguinte:

3.1.1. Tratando-se de menores, e porque o trabalho deve salvaguardar a sua saúde e o desenvolvimento global, defende-se[13] que se tiverem celebrado mais que um contrato de trabalho com vários empregadores a soma dos diversos períodos de trabalho não poderá exceder os limites do período normal de trabalho semanal[14]. Está em causa, também, o são desenvolvimento do menor do ponto de vista físico, espiritual e moral.

3.1.2. Se o pluriemprego se verifica em relação a motoristas abrangidos pelo Regulamento n.º 3820/85/CEE e pelo D.L. 272/89, de 19.8., os tempos máximos de condução e mínimos de repouso não podem ultrapassar os limites absolutos do Regulamento referido.

3.1.3. Se há dois vínculos laborais dum trabalhador com o mesmo empregador, com conteúdos funcionais distintos, contrariamente ao decidido pelo Acórdão do STJ de 9.12.1988, pensa-se que os limites dos períodos normais de trabalho semanais com os acréscimos permitidos pela prática de trabalho suplementar devem ser respeitados.

---

[12] FEDERICO NAVARRO e ALEXIS TRICLIN, El debate francés sobre la reducción del tiempo de trabajo, in *Relaciones Laborales*, 3, 1999, pp.110 e ss.

[13] A exemplo de FÁTIMA RIBEIRO, *op.cit.*, p.129.

[14] Inequivocamente neste sentido pode ver-se o art.69.º do Código do Trabalho quando diz, no n.º 1, que "Se o menor trabalhar para vários empregadores…a soma dos períodos de trabalho não deve exceder os limites máximos do período normal de trabalho", implicando a sua violação, nos termos do art.644.º-2, a prática duma contra-ordenação grave.

3.1.4. Reconhecendo a delicadeza da questão, preconiza-se a mesma solução no caso de vínculos laborais plúrimos do trabalhador com diversos empregadores. Além das razões explanadas nos pontos anteriores, as soluções preconizadas suportam a sua base de apoio no facto das normas sobre tempos de trabalho pretenderem, numa época em que o desemprego sempre espreita e nunca mais se afasta, campeando de forma impassível, a partilha do emprego[15], a compatibilização do trabalho com a vida familiar, hoje com tutela constitucional.

3.2. *A distorção das regras de concorrência*

A União Europeia tem vindo a traduzir através de vários instrumentos normativos a preocupação de evitar condições nefastas de concorrência, de distorção das suas regras. Nesse sentido deve começar por apontar-se o ponto 7 da Carta Comunitária dos Direitos Sociais Fundamentais dos Trabalhadores, de 1989, onde se diz que

> *A concretização do mercado interno deve conduzir a uma melhoria das condições de vida e de trabalho dos trabalhadores na Comunidade Europeia. Este processo efectuar-se-á pela aproximação no progresso dessas condições, nomeadamente no que se refere à duração e organização do tempo de trabalho...*

E a Directiva 93/104/CE, do Conselho, de 23 de Novembro de 1993[16], relativa a determinados aspectos da organização do tempo de trabalho[17], alterada pela Directiva 2000/34/CE, do Parlamento e do Conselho, de 22 de Novembro de 2000[18], consuma a ideia.

Diga-se que o AES/90 refere no ponto 15 c)

---

[15] Preconiza-se, assim, que as normas consagradas no *Code du Travail* francês – arts. L.324-2 e L.324-4, também entre nós têm um quadro normativo que permite adoptar soluções idênticas, ou seja, a *duração total dos diferentes trabalhos remunerados não pode ultrapassar os limites máximos legais de tempo de trabalho.* Vd. FÁTIMA RIBEIRO, *op.cit.*, p.146, nota 65.

[16] Transposta pela L.73/98, de 10 de Novembro e objecto de referência no art. 2.° e) da Lei n.° 99/2003, de 27 de Agosto, que aprova o Código do Trabalho.

[17] Duração semanal do trabalho, repouso, trabalho nocturno e por turnos.

[18] Em transposição.

que a construção do Mercado Único Europeu vai implicar o esbatimento de todos os factores que distorcem a concorrência e que são acentuadas as diferenciações quanto à duração do trabalho entre Portugal e a "média comunitária."

De resto, em termos internacionais, a limitação razoável das horas de trabalho assume concretização em vários instrumentos normativos. É o caso, *inter alia*, do art. 7.° d) do Pacto Internacional dos Direitos Económicos, Sociais e Culturais, do art. 24.° da Declaração Universal dos Direitos do Homem, de 10 de Dezembro de 1948, e da parte preambular da Constituição da Organização Internacional do Trabalho, com a consciência assumida de que condições de trabalho desumanas põem em perigo a paz e a harmonia universais.

4. Tempo de trabalho e vida familiar e social

O trabalho dignifica o homem. Esta asserção, repetidamente feita em várias encíclicas papais, não se compadece com o seu excesso ou com a sua errática organização, causadores de atropelos a bens e valores fundamentais do ser humano[19].

O homem integra múltiplos grupos realizando-se, *brevitatis causa*, em família e socialmente. Não é por acaso que a Constituição consagra, no art. 59.°, que " Todos os trabalhadores…têm direito: d) Ao repouso e aos lazeres, a um limite máximo da jornada de trabalho, ao descanso semanal…" e, na alínea b), garante-lhes o direito " À organização do trabalho em condições socialmente dignificantes, de forma a facultar a realização pessoal e a permitir a conciliação da actividade profissional com a vida familiar."

No Relatório SUPIOT[20] dá-se viva nota da importância profissional dos tempos da vida privada e familiar que, nalguns casos, não devem significar " uma ruptura na biografia profissional do trabalhador" mas antes "um momento normal da sua carreira."

Conclui-se, assim, pelo necessário equilíbrio entre tempos de trabalho e tempos livres.

---

[19] "Não é justo nem humano exigir do homem tanto trabalho a ponto de fazer pelo excesso da fadiga embrutecer o espírito e enfraquecer o corpo. A actividade do homem, restrita como a sua natureza, tem limites que não se podem ultrapassar…Assim o número de horas de trabalho diário não deve exceder a força dos trabalhadores." Papa LEÃO XIII, encíclica *Rerum Novarum*, 1891 (Sobre a Condição dos Operários).

[20] *Op.cit.*, pp.38 e ss.

II

5. Flexibilidade temporal: sentido e alcance. Sensibilidade do tema.

Trata-se, como já se referiu, de matéria hipertensa, muito sensível, onde está presente a densidade da temática da segurança e saúde no trabalho, do desemprego, da vida familiar e social do trabalhador.

Definir o tempo de trabalho é uma das concretizações mais visíveis do poder de direcção do empregador.

É pacífico e ponto comum dizer-se que o Direito do Trabalho não cria emprego muito embora pela sua rigidez possa contribuir para a sua destruição. Também é manifesto que um Direito Laboral demasiado rígido pode ser empecilho à competitividade das empresas. Daí que os *off-shores* ou paraísos laborais vão começando a surgir e a perturbar, e mesmo a estrangular, frentes de combate conquistadas num passado não muito distante.

Estará justificado o tema das flexibilidades, em geral, e o da temporal, em particular, sem recurso ao escrito *sagrado* de DAHRENDORF.

Elucidativo é LIBERAL FERNANDES quando diz que a flexibilidade possui um conceito polissémico havendo que considerar:

"I) A variação da duração diária, semanal ou anual do tempo de trabalho... ii) A manifestação das formas de emprego que não seguem o modelo tradicional da relação de trabalho... iii) a repartição mais flexível do trabalho ao longo da vida profissional do trabalhador."

Depois dos trinta gloriosos anos do Direito do Trabalho, as flexibilidades e, especificamente, a temporal são um *diktat* do tecido económico e empresarial com os ventos favoráveis das forças políticas. Caminha-se, assim, para uma nova ordem sócio-laboral[21], preocupada com necessidades do mercado, negadora da função histórica que ao ordenamento jurídico laboral foi cometida.

5.1. *Contrato de trabalho e horário de trabalho*

No Acordo Económico e Social de 1990 dizia-se que " as empresas portuguesas precisam de aumentar os seus índices de produtividade, o que

---

[21] LIBERAL FERNANDES, A organização..., *cit.*, p.118, com referência a BRUNO VENEZIANI.

se consegue, designadamente, através de uma melhor organização dos horários de trabalho." A produtividade, fundamental para a melhor competitividade, está dependente, entre outros factores, duma boa organização dos tempos de trabalho. Na ponderação dos múltiplos interesses em jogo, a produtividade não poderá sair prejudicada.

A técnica rígida da inserção do horário de trabalho no período normal de trabalho, diário e semanal, é ancestral e corresponde a uma das duras conquistas dos trabalhadores. E quando o AES/90 refere a melhor organização dos tempos de trabalho abarca, claramente, a sua modulação ou adaptação[22]. E isto pressupõe, como veremos, tocar no tradicional conceito de período normal de trabalho semanal.

5.2. Limites à fixação unilateral do horário de trabalho

O horário de trabalho pode integrar o objecto do contrato de trabalho. Quando assim é temos um elemento rigidificante da organização dos tempos de trabalho já que o horário de trabalho, *in casu*, não é passível de modificação unilateral pelo empregador. Porém, na esmagadora maioria dos casos, o horário de trabalho não é pré-fixado. E, assim sendo, e de acordo com o art. 170.° do Código do Trabalho, "compete ao empregador definir os horários de trabalho dos trabalhadores ao seu serviço, dentro dos condicionalismos legais", horários que integrarão um mapa a afixar em local bem visível da empresa, de acordo com o art. 179.°-2 do Código, a ser remetido com quarenta e oito horas de antecedência à Inspecção-Geral do Trabalho relativamente à sua entrada em vigor. Ora os horários contratualizados não são passíveis de adaptação unilateral.

---

[22] Diz-se no ponto 15:

"*e*) Que as empresas portuguesas precisam de aumentar os seus índices de produtividade e competitividade, o que se consegue, designadamente, através de uma melhor organização dos horários de trabalho;

f) Que na organização dos horários se devem ter em conta as necessidades de protecção da saúde dos trabalhadores e o direito destes a uma vida familiar e social satisfatórias e, bem assim, as necessidades de responder a imperativos, nomeadamente de uma mais racional organização da vida urbana."

114 *Estudos de Direito do Trabalho em Homenagem ao Prof. Manuel Alonso Olea*

6. Concretizações mais sensíveis da flexibilidade temporal

6.1. *Isenção do horário de trabalho*

Uma das concretizações mais frequentes da flexibilidade temporal traduz-se na isenção do horário de trabalho[23] que, tautologicamente, é isso mesmo, ou seja, isenção do horário de trabalho e não do período normal de trabalho. Pensada durante bastante tempo como uma figura jurídica que poderia reconduzir o trabalhador para uma situação de prestação laborativa praticamente sem limites temporais, o entendimento mais recente começa a ser diferente[24] não obstante as múltiplas dificuldades empresariais e judiciais.

Na isenção do horário de trabalho deve ser respeitado o intervalo entre jornadas de 12 horas, de acordo com os limites assinalados no art. 3.°-5 da L. 21/96, de 23 de Julho, que nos parece prevalecer, porque mais abrangente, sobre o art. 5.° da L.73/98, de 10 de Novembro. Depois, em cada dia normal de trabalho, não podem ser ultrapassados os limites do art. 5.°-1b) do D.L. 421/83, de 2 de Dezembro – 2 horas.; e, por ano, o limite será de 200 horas – art. 5.°-1 a). De resto, e neste mesmo sentido, aponta a norma que estatui sobre a retribuição mínima devida aos trabalhadores isentos de horário de trabalho: o art. 14.°-2, *in fine*, do D.L. 409/71, na medida em que postula o pagamento de uma hora de trabalho suplementar por dia. E esta quantificação reconduz-nos para uma situação similar à referida anteriormente. Na verdade, considerando 52 dias de descanso semanal obrigatório, outros tantos de descanso semanal complementar, 22 dias de férias, 12 feriados obrigatórios e 2 facultativos, contas feitas restam 225 dias de trabalho. Então o período normal de trabalho anual em Portugal é de 1800 horas. E como todo o trabalho tem que ser retribuído, além dos valores que se intuem do que se disse, estes são limites a considerar. Assim, noutra postura, o limite anual máximo quantificado em horas no caso de isenção de horário de trabalho será de 225 horas.

A lei não pode defraudar o ordenamento jurídico. Daí as cautelas a ter com o dizer o direito da norma da 1ª parte do art. 15.° da LDT.

---

[23] Sobre o tema vd. ANTÓNIO MENEZES CORDEIRO, *Isenção de Horário, Subsídios para* a Dogmática Actual do Direito da Duração do Trabalho, Almedina, Coimbra, 2000, e ANTÓNIO MOREIRA, Comentário à Sentença do Tribunal Administrativo do Círculo do Porto, in *MINERVA – Revista de Estudos Laborais*, Ano I, n.° 1, 2002, pp. 172-175.

[24] M.CORDEIRO, *op. cit.*, p. 90, e A. MOREIRA, *op. cit.*, p. 174 e s.

Flexibilidade Temporal 115

E idênticas cautelas devem ser tidas com o art. 2.°-2 a) do D.L. 421/83, de 2 de Dezembro.

A grande questão é a do controlo prático do tempo de trabalho prestado pelos trabalhadores isentos do horário de trabalho. Tenho defendido a necessidade do seu registo, com os perigos duma burocratização porventura preocupante mas a exemplo do trabalho suplementar. E não me parece que os bens e valores em causa neste instituto sejam mais relevantes. A não ser assim a isenção do horário de trabalho será a figura do refúgio, da fuga e da fraude à lei. Ora o Direito não pode defraudar-se a si mesmo...

6.2. *Trabalho suplementar*

Sucedâneo do trabalho extraordinário[25], o trabalho suplementar é o que é prestado fora do horário de trabalho – art. 2.°-1 do D.L. 421/83. De realização obrigatória, o trabalho suplementar, de acordo com o preâmbulo do diploma legal citado, tem objectivos claros de política de emprego, isto é, o seu uso não se pode transformar em abuso de forma a adensar o desemprego. Diz-se aí:

> *A necessidade de distribuir o trabalho existente pelo maior número possível de trabalhadores impõe que a prestação de trabalho fora do horário normal só seja permitida nos casos em que se mostre necessário para fazer face a acréscimos de trabalho que, pela sua natureza, não justificam a admissão de novos trabalhadores...*

No mesmo sentido depõe o art. 4.°-1.

Sabe-se que a *law in the books* pode ter escassa relevância prática, o que parece ser o caso, para o que contribuem os baixos salários praticados e a ideia generalizada de que os acréscimos de rendimentos nessas circunstâncias sempre ajudam a conseguir uma melhor política retributiva para os trabalhadores da *cidadela*. Mas é manifesto que o trabalho suplementar é uma arma apontada contra o emprego... E manda a verdade que se diga que na sua concepção originária e até ao D.L. 398/91, de 16 de Outubro, o *tom* desincentivador à sua prática era notório, nomeadamente pelos descontos acrescidos para a Segurança Social, quer pelo empregador

---

[25] E este dos serões.

116 *Estudos de Direito do Trabalho em Homenagem ao Prof. Manuel Alonso Olea*

quer pelo trabalhador. Revogada a norma restam as que se reportam aos pagamentos acrescidos e aos descansos compensatórios, normas que não têm contribuído para o uso excepcional do instituto e menos ainda para o seu *requiem*, o seu dobre de finados. Na prática, o regime jurídico do trabalho suplementar evita que as empresas engordem os seus recursos humanos.

Mas o trabalho suplementar é socialmente nefasto...

6.3. *Gestão flexível dos tempos de trabalho ou princípio da adaptabilidade dos horários*

Com primeira concretização normativa no art. 5.°-7 e 8 do D.L. 409/1, de 27 de Setembro, na redacção do D.L. 398/91, de 16 de Outubro, irradiação do AES/90, o instituto veio a sofrer o *aggiornamento* limitado do art. 3.° da L.21/96, de 23 de Julho.

Costumo dizer que o *registo cardiográfico* duma empresa é semelhante ao de uma pessoa, numa das estranhas, ou não, coincidências da vida... Quando o registo é rectilíneo verifica-se o decesso, o passamento... O registo saudável é curvilíneo. Há ciclos da vida humana e empresarial com altos e baixos, de crescimento e de decréscimo. E a gestão flexível dos tempos de trabalho permite ao empregador utilizar a força de trabalho de acordo com esse registo. Na verdade, pagar mais aos trabalhadores nos ciclos altos e a retribuição normal quando a empresa se encontra abaixo da linha de flutuação pode ter consequências muito nefastas inviabilizando o futuro. E como não há remédios taumatúrgicos, o melhor é ter períodos de referência mais alargados – trimestre, quadrimestre, ano – e manter a estabilidade retributiva. Do ponto de vista da defesa dos interesses da empresa e do emprego talvez seja a melhor solução.

O trabalho suplementar, a isenção do horário de trabalho, merecerão passar à história?! É manifesto que com a adaptabilidade dos horários o emprego também não cresce. Mas não poderá ser mais consistente?

Mas tudo isto compadece-se com os valores defendidos? Para uns[26] a gestão flexível dos tempos de trabalho tem a vantagem para o empregador de lhe poupar "o pagamento do agravamento retributivo correspondente ao trabalho suplementar", obrigando-o a fazer uma planificação do trabalho o que minora os efeitos negativos na vida social, familiar e pes-

---

[26] FÁTIMA RIBEIRO, *op. cit.*, p. 115, nota 12.

soal do trabalhador. Para outros[27] a perda da retribuição do trabalho suplementar é um grave inconveniente para os trabalhadores.

7. O Código do Trabalho[28]

Ao nível das flexibilidades temporais referidas quais as alterações propostas?

7.1. Ritmo de trabalho

No art. 161.º revisitam-se princípios fundamentais, estruturantes, duma concepção humanista do trabalho ao dizer-se que

O empregador que pretenda organizar a actividade laboral segundo um certo ritmo deve observar o princípio geral da adaptação do trabalho ao homem, com vista, nomeadamente, a atenuar o trabalho monótono e o trabalho cadenciado em função do tipo de actividade e das exigências em matéria de segurança e saúde, em especial no que se refere às pausas durante o trabalho.

E no artigo imediato consagra-se uma norma com enorme alcance prático e que só tem algum paralelismo com o actual art. 10.º do D.L. 421/83 quanto ao registo do trabalho suplementar. Diz-se no art. 162.º[29]:

O empregador deve manter um registo que permita apurar o número de horas de trabalho prestadas pelo trabalhador, por dia e por semana, com indicação da hora de início e de termo do trabalho.

Se a norma se aplicar, como penso, à isenção do horário de trabalho, trata-se de solução legal que nos coloca, no que concerne ao controlo dos tempos de trabalho, a léguas de distância do regime jurídico vigente. Diga-se, ainda, que de acordo com o art. 658.º do Código, a violação do art. 162.º constitui uma contra-ordenação grave.

---

[27] J.J.ABRANTES, *op. cit.*, p. 87.

[28] Aprovado pela Lei n.º 99/2003, de 27 de Agosto de 2003, para entrar em vigor em 1 de Dezembro.

[29] Norma exactamente coincidente com o art.154.º do Anteprojecto.

7.2. Isenção do horário de trabalho

No que concerne à isenção do horário de trabalho o Código consagra um tipo legal mais aberto de par com a desnecessidade de autorização da Inspecção-Geral do Trabalho, o que resulta inequívoco do art. 177.°-3. O art. 178.°-1, em confronto com o art. 15.° da LDT, consagra três modalidades de isenção do horário de trabalho:

a) Não sujeição aos limites máximos dos períodos normais de trabalho;

b) Possibilidade de alargamento da prestação a um determinado número de horas, por dia ou por semana;

c) Observância dos períodos normais de trabalho acordados.

E, de acordo com o n.° 2, entende-se que na falta de estipulação em contrário, o regime de isenção é o da alínea a). E é exactamente quanto a esta que se colocam as dúvidas, sem tirar nem pôr, que se levantam a propósito do art. 15.° da LDT quando refere como um dos seus efeitos a " não sujeição aos limites máximos dos períodos normais de trabalho." Não sei mesmo se, face ao art. 59.°-1d) da Constituição que garante aos trabalhadores "um limite máximo da jornada de trabalho", este não será um caso a pensar na sua boa sintonia constitucional.

Acresce que, para quadros dirigentes[30] nem sequer é garantido o intervalo entre jornadas de 11 horas a que se refere o art. 176.°-1, na medida em que o art. 178.°-4, reportando-se-lhes, diz que "nos casos previstos no n.° 2 do art. 176.° deve ser observado um período de descanso que *permita a recuperação do trabalhador*[31] entre dois períodos diários de trabalho consecutivos." Trata-se de norma suficientemente indeterminada e que poderá gerar alguns abusos, pelo que manifesto reservas quanto à bondade da solução legal encontrada.

7.3. Trabalho suplementar

No que concerne ao trabalho suplementar parece poder afirmar-se que a disciplina jurídica encontrada no art. 199.°-1 é mais exigente que a do art. 4.°-1 do D.L. 421/83, na medida em que refere "acréscimos eventuais e transitórios de trabalho." Há, também, mais contenção nas horas

---

[30] Os referidos no art.176.°-2.
[31] Itálico meu.

Flexibilidade Temporal 119

permitidas por acréscimos de trabalho, embora muito aquém da solução do Anteprojecto[32] e longe do que seria desejável – art. 200.°-1 a) e b). E não se aplaude a solução que permite que por instrumento de regulamentação colectiva de trabalho, de qualquer natureza, se possa atingir o limite actual de duzentas horas – n.° 2. Era chegada a altura de regredir. Não o tendo feito perdeu-se uma boa oportunidade e, decerto, ninguém ganhará com a solução.

O regime dos descansos compensatórios, articulando a disciplina legal proposta nos arts.202.°-1 e 203.°, é mais favorável aos trabalhadores das microempresas que a consagrada no art. 9.°-1 do D.L. 421/83. Será um pequeno desincentivo à prática do trabalho suplementar nessas empresas a merecer registo.

7.4. *Princípio da adaptabilidade de horários*

É matéria a que se reportam os arts.164.°, 165.°, 166.° e 169.° do Código. E diferenciam-se duas situações: a de intervenção de instrumentos de regulamentação colectiva de trabalho, de qualquer espécie[33] – art. 164.° –, situação em que pode existir um acréscimo do período normal de trabalho diário de 4 horas, atingindo as 60 horas semanais, não podendo exceder 50 horas no período de referência de dois meses; e a adaptabilidade resultante de acordo entre o empregador e o trabalhador – art. 165.° – em que pode haver um acréscimo de 2 horas diárias, não excedendo o total de 50 horas semanais, sendo o período de referência, de acordo com o art. 166.°-1, de quatro meses, podendo ser de doze meses se tal estiver previsto em instrumento de regulamentação colectiva. O acordo do trabalhador é de presumir quando, tendo-lhe sido feita a proposta, ele não a recuse no prazo de vinte e um dias a contar do seu conhecimento.

O princípio da adaptabilidade dos horários por acordo traduz a ideia de igualdade negocial dos contraentes, representando uma concretização bem visível de fuga para o Direito Civil.

---

[32] Em que de acordo com o art.190.°-1a) eram apenas permitidas cem horas de trabalho por ano.

[33] *Vide* art.2.° do Código.

Conclusão

É relativamente pacífico que a adaptabilidade dos horários ajuda a conferir melhor *performance* às empresas podendo, ainda, ajudar a fomentar a produtividade e a competitividade. Claro é que os trabalhadores poderão ter irradiações negativas na vida pessoal, familiar e social. Preço da estabilidade das empresas e do emprego?

Bem pior poderá ser e é o trabalho do terceiro tipo, o tempo de adstrição, a que se reporta JEAN-EMMANUEL RAY[34], tempo em que não estando o trabalhador a laborar tem que estar disponível para o fazer. Poder-se-á caminhar para aí nos casos de isenção do horário de trabalho dos trabalhadores dirigentes?

A isenção do horário de trabalho, o trabalho suplementar, a adaptabilidade dos horários, têm a virtualidade de, sem contratação de novos trabalhadores, permitirem que as empresas respondam ao aumento do trabalho, à concorrência, com acréscimos retributivos para os trabalhadores nos dois primeiros casos. Mas este ponto forte não ultrapassa a debilidade que essas medidas traduzem face a um desemprego cada vez maior e, na adaptabilidade dos horários nem sequer há a contrapartida retributiva para os trabalhadores por ela envolvidos.

Claro é que estas modalidades de flexibilidade temporal, de par com outras medidas são importantes para a salutar competitividade empresarial num mundo sem fronteiras, globalizado. Restará saber se o preço a pagar não será demasiado alto e se a prazo não poderemos assistir à derrocada, por implosão, do *Wellfare State*.

Os excessos são de repudiar[35]. Mas hoje são os *alfa mais*, na linguagem de ALDOUS HUXLEY, aqueles que mais trabalham e que mais disponi-

---

[34] E que entre nós mereceu um artigo muito interessante de ALBINO MENDES BAPTISTA, Tempo de Trabalho Efectivo, Tempo de Pausa e Tempo de "Terceiro Tipo", in *R.D.E.S.*, 2002, n.º 1, pp. 29 a 53.

[35] Lembro a situação jurídico-laboral dos médicos, sujeitos, por vezes, a um regime de trabalho consecutivo de 48 horas – 24 de urgência e 24 de permanência. Além da saúde dos próprios, a conduzirem ao seu esgotamento precoce e a fazerem lembrar as mais terríveis épocas da exploração dos trabalhadores, e aqui já são aqueles que são altamente qualificados – a *proletarização* do Direito do Trabalho –, a traduzir uma inversão *notável*, sempre o direito à saúde em geral perigará de forma preocupante. Não será esta uma das causas para o elevado número de depressões e de doenças ligadas ao *stress* na classe médica?

Flexibilidade Temporal 121

bilidade têm de manifestar. É certo que não foi por causa destes quadros altamente qualificados e retribuídos que nasceu o Direito do Trabalho. Mas não será a altura de o repensar, de colocar em causa o pensamento único, economicista, e de apelar aos valores do humanismo?

BIBLIOGRAFIA

ABRANTES, José João – A redução do período normal de trabalho. A Lei n.° 21/96 em questão, in *Questões Laborais,* Ano IV, 1997, n.°s 9-10, pp.80-89

AUVERGNON, Philippe – Redução do tempo de trabalho e progresso e flexibilidade em França: a lei "Aubry II", in *Questões Laborais*, Ano VII, 2000, n.° 16, pp.121-151

BAPTISTA, Albino Mendes – Tempo de Trabalho Efectivo, tempos de Pausa e Tempo de "Terceiro Tipo", in R.D.E.S., Janeiro-Março 2002, Ano XLII (XVI da 2ª série), n.° 1, pp.29-53

– Tempos de Trabalho e de não trabalho, in *Memórias do V Congresso Nacional de Direito do Trabalho*, coord. António Moreira, Coimbra, 2003, pp.177-191

CORDEIRO, António Menezes – *Isenção do Horário, Subsídios para a Dogmática Actual do Direito da Duração do Trabalho*, Coimbra, 2000

DAMAS, Joaquim A. Domingues – A redução da duração do trabalho e a adaptação dos horários na Lei n.° 21/96, in *Questões Laborais*, Ano IV, 1997, n.°s 9-10, pp.90-114.

FERNANDES, Francisco Liberal – A organização do tempo de trabalho à luz da Lei n.° 21/96, in Questões Laborais, Ano IV, 1997, n.°s 9-10, pp.115-138.

– *Comentário às Leis da Duração do Trabalho e do Trabalho Suplementar,* Coimbra 1995

– Retribuição pelo trabalho prestado em regime de turnos em dia de descanso semanal ou em dia feriado, in *Questões Laborais*, Ano VI, n.° 13, 1999, pp.90-101.

FORRESTER, Viviane – *O Horror Económico*, trad., Oeiras, 2000

MOREIRA, António José – A moderna gestão dos tempos de trabalho, in *Forum Emprego, Formação, Trabalho,* Lisboa, 1997, pp.479 e ss.

– Código do Trabalho.Anteprojecto. Breve apreciação crítica, in *MINERVA – Revista de Estudos Laborais,* Ano I, n.° 1, 2002, pp.9-38.

– Comentário à Sentença do Tribunal Administrativo do Círculo do Porto de 3.10.2001, in *MINERVA – Revista de Estudos Laborais,* Ano I, n.° 1, 2002, pp.172 e s.

NAVARRO, Federico e TRICLIN, Alexis – El debate francés sobre la reducción del tiempo de trabajo, in *Relaciones Laborales*, 3, 1999, pp.110 e ss.

RAY, Jean-Emmanuel – Les astreintes, un temps du troisième type, *Droit Social*, 1999, n.° 3, pp.250 e ss.

RIBEIRO, Maria de Fátima – O tempo de trabalho e a Lei n.° 21/96, in *Iuris et de Iure*, Porto, 1998, pp.1012 e ss.

– O tempo de trabalho no Direito Comunitário, in *Dois Temas de Direito Comunitário do Trabalho*, Porto, 2000, pp.109-151

SUPIOT, Alain – *Tranformations du travail et devenir du Droit du Travail en Europe*, Rapport final, Comission Européenne, Bélgica, 1999.

REFLEXÕES SOBRE A CATEGORIA PROFISSIONAL
(A PROPÓSITO DO CÓDIGO DO TRABALHO)*

António Nunes de Carvalho

1. Considerações gerais

I – Os temas ligados à categoria profissional encerram alguns dos problemas fundamentais da conceptualização da relação de trabalho subordinado, tanto na sua vertente estritamente contratual, como na sua dimensão organizacional e colectiva. Constituem, por outro lado, uma das matérias clássicas do Direito do Trabalho, da qual se pode mesmo dizer que constitui "um dos poucos fios condutores que permitem reconstruir de modo unitário e significativo a evolução do sistema legal e contratual"[1].

O que bem se entende, uma vez que a propósito da categoria profissional assomam muitas das linhas de força a partir das quais se vem cons-

---

* O presente texto retoma muitas das considerações feitas no capítulo I, n.º 5 do Nosso, *Das carreiras profissionais no direito do trabalho*, Lisboa, UCP, 1990 (dissertação de mestrado não publicada). Contém, naturalmente, alterações diversas (e, em certos pontos, substanciais), impostas tanto por imperativos de actualização legislativa e jurisprudencial, como pelas sucessivas contribuições da doutrina nacional e, bem assim, pela continuação da reflexão pessoal sobre o tema.

[1] Apresentação ao número temático dos *Quaderni di Diritto del Lavoro e delle Relazioni Industriali* dedicado ao tema *"L'inquadramento dei lavoratori"*, ano I, 1987, n.º 1, pág. 7. Isto não significa, evidentemente, que o enfoque destes problemas tenha permanecido idêntico ao longo dos diversos períodos evolutivos da ciência juslaboral e dos sistemas normativos a partir dos quais é construída. Pelo contrário, a forma de perspectivar estas questões tem variado substancialmente ao longo do tempo, de algum modo reflectindo as linhas de força de cada um dos períodos evolutivos e, bem assim, enquadrando a matéria a partir das preocupações dominantes de cada período (cfr., por ex., A. Garilli, *Le categorie dei prestatori di lavoro*, Nápoles, Jovene, 1988, onde se conduz a análise nesta perspectiva).

truindo o ordenamento (e a ciência) juslaboral: em particular, a conciliação da análise contratual com as dimensões pessoais do trabalho[2], os mecanismos de organização das solidariedades profissionais e sua corporização nos produtos da autonomia colectiva[3], e a conexão entre os planos da relação laboral (individual e colectivamente considerada), da organização empresarial[4] e da organização sindical[5].

Porventura por força desta mesma centralidade – recordemos, por exemplo, o que sucede com a matéria igualmente fulcral da qualificação do vínculo contratual[6] – o tema da categoria profissional não só permanece envolto numa névoa de dúvidas como é especialmente permeável às transformações que vai sofrendo o ordenamento legal.

Desta sorte, no momento da entrada em vigor de um novo diploma regulador das relações de trabalho, parece justificada uma reflexão sobre

---

[2] Na bem encontrada síntese de A. SUPIOT, "apreendendo a análise contratual o trabalho como um 'bem', o direito do trabalho consiste, em suma, em recolocar este 'bem' na sua pele, em reinserir a dimensão corporal, e, logo, extrapatrimonial, do trabalho no jogo de categorias do direito das obrigações e, a partir daí, em reinserir, em círculos concêntricos, todos os outros aspectos da pessoa do trabalhador" – *Critique du droit du travail*, Paris, PUF, 1994, pág. 67.

[3] Veja-se, por ex., para uma análise actual destes problemas, P. BELLOCCHI, *Libertà e pluralismo sindacale*, Pádua, CEDAM, 1998, págs. 15 e ss., 76 e ss. e passim.

[4] Sublinhando a relevância diferenciadora do factor organizativo na conformação e desenvolvimento da relação de trabalho, cfr. M. ALONSO OLEA, *Introduccion al Derecho del Trabajo*, 5ª ed., Madrid, Civitas, 1994, pág. 62-65.

[5] Veja-se, para uma síntese da reflexão sobre esta aporia fundamental do Direito do Trabalho, S. LIEBMAN, *Individuale e collettivo nel contratto di lavoro*, Milão, Giuffrè, 1993, onde o autor se ocupa, justamente, da "permanente perplexidade da cultura jurídica deste século relativamente à idoneidade do esquema negocial interindividualístico para dar conta das particularidades estruturais, bem como do regime jurídico, da relação que intercede entre devedor e credor de trabalho no actual sistema de produção em massa" – ob. cit., pág. 3 e passim. Cfr., ainda, na perspectiva dos problemas de que se ocupa este estudo, F. LISO, *La mobilitá del lavoratore in azienda: il quadro legale*, Milão, F. Angeli, 1982, pág. 109 e ss. e *passim*.

[6] Cfr., por todos, na doutrina portuguesa, P. FURTADO MARTINS, "*A crise do contrato de trabalho*", RDES, 1997, n.º 4, pag. 361 e ss. e Mª. ROSÁRIO PALMA RAMALHO, *Da autonomia dogmática do Direito do Trabalho*, Coimbra, Almedina, 2000, pág. 85 e ss. Cfr., tb. P. ICHINO, *Subordinazione e autonomia nel diritto del lavoro*, Milão, Giuffrè, 1989, pag. 115 e ss. e 170 e ss. e *Il lavoro subordinato: definizione e inquadramento* (volume integrado no *Commentario ao Codice Civile* dirigido por P. SCHLESINGER), Milão, Giuffrè, 1992, pags. 97 e ss., 158 e ss. e 163 e ss.; U. MÜCKENBERGER/ R. WANK/ H. BUCHNER, "*Ridefinire la nozione di subordinazione?*", GDLRI, n.º 86, 2000, pág. 329 e ss. e P. CHAUMETTE, "*Quel avenir pour la distinction travail dépendant/indépendant*" in A. SUPIOT (dir.), *Le travail en perspectives*, Paris, LGDJ, 1998, pág. 79 e ss.

os temas da categoria profissional, tendo especialmente em atenção o tratamento que lhes é dado no Código do Trabalho. Em particular, num volume que tem a sua razão de ser no enorme património legado ao juslaboralismo por MANUEL ALONSO OLEA, parece apropriada a abordagem de um tema tão ampla e profundamente estudado pela doutrina espanhola, na qual o ensino desse Mestre deixou marca indelével.

II – Para além das múltiplas dificuldades que os temas ligados à categoria profissional encerram no plano estritamente substancial, o discurso jurídico depara-se aqui com outros obstáculos.

Por um lado, a expressão categoria profissional, tal como surge, em contextos diversos, no Direito do Trabalho, caracteriza-se, antes de mais, pela polissemia, assumindo significados muito diferentes. Essa circunstância, para além de turvar a análise e dificultar a inteligibilidade dos enunciados em que a expressão é utilizada, coloca a questão da própria existência de unidade do conceito (fará sentido uma referência genérica à categoria profissional?).

De outra parte, é a propósito dos temas da categoria profissional que mais frequentemente surge no discurso juslaboral a tendência para um vício metodológico: a confusão entre o plano analítico-explicativo e o da interpretação-aplicação de um dado ordenamento legal (recorrendo a uma terminologia consolidada, poder-se-á dizer que frequentemente ocorre um incontrolado entrecruzamento entre a linguagem dos juristas e a linguagem da lei[7]).

Com efeito, a partir dos diversos sentidos da expressão categoria profissional, decompostos de acordo com uma determinada lógica (que é, em grande medida, puramente convencional), é possível seccionar, para efeitos de análise, diversos segmentos da realidade laboral e do desenvolvimento da relação de trabalho, pondo em evidência as questões que a propósito de cada um surgem. Coisa diferente é, todavia, determinar, perante um concreto sistema legal, o sentido que em cada enunciado normativo assume a expressão categoria profissional e, bem assim, reconstruir, a partir daí, o conceito (ou, porventura, os conceitos) de categoria. Estes dois planos surgem, porém, frequentemente justapostos, conduzindo, pela via de um inconsciente conceitualismo, a uma deficiente aplicação das normas legais e, por vezes até, à enunciação de pretensos princípios que mais não são do que ecos desse mesmo conceitualismo.

---

[7] Veja-se, sobre esta distinção, V. ITURRALDE SESMA, *Lenguage legal y sistema jurídico*, Madrid, Tecnos, 1989, pág. 30.

126   *Estudos de Direito do Trabalho em Homenagem ao Prof. Manuel Alonso Olea*

Importa, por isso mesmo, diferenciar claramente a adopção de determinados pressupostos teórico-analíticos e a análise dirigida a tornar operativo um específico sistema normativo.

2. Os conceitos de categoria profissional.

I – A expressão categoria profissional aparece-nos reportada, ora à situação profissional do trabalhador, ora ao plano das relações colectivas de trabalho, ora ao vínculo jurídico que intercede entre trabalhadores e empregador. E, neste último caso, em contextos substancialmente distintos.

Recuperando uma velha tradição[8], poderá dizer-se que se trata de um termo análogo, no sentido em que se reporta a realidades diferentes mas que estão relevantemente relacionadas com uma e a mesma coisa[9]. Com efeito, tal como se verá de seguida, as diferentes acepções que podemos colher, quer na literatura juscientifíca, quer nos textos legais, quer nos arestos dos tribunais surgem-nos polarizadas em torno de um núcleo comum: trata-se sempre da relação entre um trabalhador, por si mesmo ou no contexto de um grupo, e um conjunto de funções ou tarefas.

O traço comum às diversas realidades que se agrupam debaixo do termo categoria profissional é constituído pela existência de uma conexão entre um trabalhador (ou um grupo de trabalhadores) e uma função (ou género de funções)[10]. Essa conexão é estabelecida com vista à satisfação de um desígnio específico, o qual pode, por seu turno, assumir ou não relevância jurídica[11] e, neste último caso, pode intencionar-se ou não de acordo com a produção de um concreto efeito normativo[12].

---

[8] Sobre esta classificação, de raíz grega mas fundamental na doutrina tomista, M. ATIENZA RODRÍGUEZ, *Sobre la analogia en el Derecho*, Madrid, Civitas, 1986, pág. 15 e ss.; M. BIGOTTE CHORÃO, *Introdução ao Direito*, I, Coimbra, Almedina, 1989, pág. 54, e *"Direito"*, in *Temas Fundamentais de Direito*, Coimbra, Almedina, 1986, pág. 33-34.

[9] J. F. WIPPEL, *"Metaphysics"*, in N. KRETZMANN/ E. STUMP, *The Cambridge Companion to Aquinas*, Cambridge – Nova Iorque – Melbourne, Cambridge University Press, 1993, pág. 90.

[10] VINUESA ALADRO, *La clasificacion profesional*, Madrid, Ministerio del Trabajo y Seguridad Social, 1978, pág.24; G. GIUGNI, *Mansioni e qualifica nel rapporto di lavoro*, Nápoldes, Jovene, 1963, pág.3 e ss.

[11] Cabe aqui referir o desenvolvimento que a estes problemas tem sido dado por parte dos sociólogos do trabalho. Cfr., por todos, J. C. GROSSO DE OLIVEIRA, *Qualificação, divisão do trabalho e mercado de trabalho*, Lisboa, Ministério do Trabalho e Segurança Social,1984; P. NAVILLE, *"L'emploi, le métier, la profession"*; J. PORTE, *"Les categories*

Tanto pode estar em causa a definição do âmbito de actividade de uma associação sindical (ou, mediatamente, o que concerne aos produtos dessa actividade: convenções colectivas, declaração de greve, etc.) como pode tratar-se da formalização de um certo tipo de organização (divisão) do trabalho[13]. Tanto pode traduzir uma correlação entre a estrutura salarial e os níveis de responsabilidade e a complexidade das funções referentes a dado centro de trabalho ou ao concreto ramo de actividade, como pode ter-se em vista o conjunto de funções que constitui objecto da prestação contratualmente devida. Tanto pode descrever um particular grupo de habilitações profissionais como designar-se um segmento do mercado de trabalho. E assim por diante.

O significado da expressão varia, pois, de acordo com a lógica e a intencionalidade da conexão que se estabelece entre a posição do trabalhador, ou grupo de trabalhadores, e função, ou conjunto de funções. Para além deste sentido genérico parece irrealizável uma unificação, no plano substancial, dos vários conteúdos que a expressão assume. O mesmo é dizer, portanto, que a noção de categoria profissional tem um cunho essencialmente instrumental relativamente à produção de determinadas consequências (designadamente, jurídico-normativas). E, nessa medida, tem a natureza de um conceito operativo, cujo conteúdo varia de acordo com o contexto em que é utilizado.

---

socio-professionnelles" e A.TOURAINE, *"L'organisation professionnelle de l'enterprise"*, todos in G. FRIEDMANN/P. NAVILLE, *Traité de Sociologie du Travail*, 3ª ed., I, Paris, A. Colin, 1970, respectivamente pags.231 e ss., 240 e ss. e 387 e ss.; também os números temáticos de *Sociologie du Travail*, 4/84 e 1/87; ainda, A. TOURAINE, *"O trabalho operário e a empresa industrial"*, in *Sociologia do Trabalho*, antologia, Lisboa, A Regra do Jogo, s/d, pág.185 e ss.; e M. BURNIER/P. TRIPIER, *"La division du travail"* in AA.VV, *Le travail et sa sociologie*, Essais critiques, Paris, L'Harmattan, 1985, pág.167 e ss.

[12] Pense-se, por exemplo, nas classificações nacionais de profissões (cfr. o ainda valioso estudo de A. ROQUE ANTUNES, *"Para uma classificação nacional tipo das profissões"*, *ESC*, 4, pág. 107 e ss.).

[13] Referimo-nos aqui, simplesmente,ao modo como se encontra disposto o processo produtivo em dada unidade juslaboralmente relevante. Impõe-se, porém, mais amplamente, um aceno à profunda ligação entre os modelos de divisão de trabalho (e à própria emergência das técnicas de divisão do trabalho) e a temática da categoria profissional – cfr. MARAVALL CASENOVES, *"Division del trabajo, clasificación profesional y jus variandi "*, CPS, 1956, pág.41 e ss.; U. ROMAGNOLI, *"Mestieri, che passione"*, RTDPC, 1986, pág. 1232 e ss.; C. PISANI, *"Rapporto di lavoro e nuove tecnologie"*, GDLRI, 1988, 2, pág.294 e ss.; M. GRANDI, *"Tendenze evolutive della realtá odierna in tema di qualificazione e promozione del lavoro nell'impresa"* in AAVV, *Professionalità e carriera nel rapporto di lavoro subordinato*, Milão, F. Angeli, 1978, pág.99 e ss.

128 *Estudos de Direito do Trabalho em Homenagem ao Prof. Manuel Alonso Olea*

Por outro lado, destas considerações resulta um outro corolário: as questões que se suscitam em torno da matéria da categoria profissional não podem ser reduzidas a uma base meramente terminológica, antes correspondem à complexa trama de solidariedades profissionais e de relações que intercedem entre os componentes de uma organização produtiva. Decorrem, também, de diferentes perspectivas de estudo – e, no plano jurídico-normativo, de regulação – dessa mesma realidade, suscitando, por isso mesmo, problemas específicos. Quando se trate da sua inclusão em regras jurídicas, está, por seu turno, em jogo a resolução de diferentes e específicas questões.

II – Na perspectiva do Direito do Trabalho, a noção de categoria profissional surge, num âmbito mais genérico, logo no plano do enquadramento normativo, através do que se designa por categorias merceológicas[14].

Assentando tradicionalmente na distinção entre trabalho intelectual e trabalho manual[15], "pretende-se geralmente com este binómio exaurir o mundo dos trabalhadores subordinados"[16]. Partindo dessa distinção, está em causa a construção de estatutos diferenciados, adequados à especificidade que se reconheça a cada uma dessas categorias.

São conhecidas as questões suscitadas por este tipo de categorização e que se traduziram primeiro na inclusão de uma terceira categoria (a dos dirigentes) e, depois, sobretudo pela pressão sindical, no movimento no sentido do "enquadramento único", caminhando-se hoje no sentido de novos tipos de diferenciação[17]. Está aqui em causa, no essencial, a determinação da relevância que deva ser dada pelo Direito de Trabalho – designadamente no que concerne ao desenho de esquemas de protecção e à própria adequação dos patamares de garantia – ao género de actividade de-

---

[14] Veja-se, por ex., M. E. Bigotte Chorão, *Direito do Trabalho*, Lisboa, ICS, 1968/69, pág. 37 e ss.

[15] Que repousa, nas palavras de L. Barassi, numa "obscura tendência da nossa consciência que, com razão ou sem ela, distingue entre quem trabalha num escritório e quem trabalha junto das máquinas" – *"Un problema insolubile: la differenza tra le qualifiche di impiegato e operaio"*, *Foro italiano*, 1931, I, pág. 377.

[16] Raúl Ventura, *Teoria da Relação Jurídica de Trabalho*, I, Porto, Imprensa Portuguesa, 1944, pág. 270.

[17] Veja-se, sobre esta evolução, M. Sala Chiri, *Le categorie dei lavoratori*, Milão, Giuffrè, 1986, pág. 1 e ss., 87 e ss. e 139 e ss. Também A. Menezes Cordeiro, *Manual de Direito do Trabalho* (reimp.), Coimbra, Almedina, 1994, pág. 109-11.

sempenhado, quando essa circunstância se projecte na estrutura e funcionamento do vínculo laboral[18].

III – Quando referida ao Direito Colectivo do Trabalho, a categoria profissional está directamente conexionada com a ideia de interesse colectivo. A expressão designa aqui um grupo de trabalhadores definido em função da existência de interesses comuns, próprios de uma certa profissão ou de quem exerce a sua actividade em determinado sector económico ou social[19].

O conceito (categoria sindical) assume, aliás, uma importância fundamental na construção desta zona do ordenamento juslaboral (é a partir dela que se desenvolvem as noções de autonomia colectiva e de sindicato e, sucessivamente, as de greve, de contratação colectiva, etc.)[20]. Com efeito, o colectivo a que se refere esta área do Direito do Trabalho surge, em grande parte, desagregado em categorias (em bom rigor, só não será assim quando, tratando-se dos mecanismos de participação na gestão da empresa, a conexão relevante se faça pela integração na organização produtiva ou pela pertença a uma dada comunidade e já não pela relação com uma dada actividade[21] – isto é, pelo desempenho de uma dada profissão ou inserção em determinado sector).

Encarada nesta perspectiva, coloca-se, desde logo, a questão da definição da categoria. As categorias sindicais são-nos dadas pela própria organização do tecido socio-economico (categoria em sentido ontológico) ou são, antes, produto da actividade espontânea de auto-organização dos

---

[18] Veja-se, por ex., A. GARILLI/ P. TOSI, *"Una nuova categoria legale: i quadri"*, *QDLRI*, 1, pág. 103 e ss.; A. GARILLI, *"Le categorie legali nella interpretazione giurisprudenziale"*, *Id.* Pág. 75 e ss..

[19] Sobre o conceito de interesse colectivo, cfr., por todos, M. PERSIANI, *Saggio sull'autonomia privata collettiva*, Pádua, CEDAM, 1967.

[20] Cfr., por todos, A. DI MARCANTONIO, *"Note sul concetto di categoria professionale"*, *RDL*, 1955, pág.52 e ss.; *"Ancora sul concetto di categoria professionale"*, *Studi in onore di F. SANTORO-PASSARELLI*, V, pág.326 e ss.; V. SIMI, *"Formazioni sociali e categoria professionale"*, *RTDPC*, 1965, pág.436 e ss.; U. PROSPERETTI, *"Osservazioni sulla 'categoria' per l'applicazione della legge sui contratti collettivi"* in *Problemi di diritto del lavoro*, II, Milão, Giuffré, 1970, pág.17 e ss.; D. GUERRIERI, *La categoria nell'ordinamento giuridico del lavoro*, Milão, Giuffré, 1963; MOZART V. RUSSOMANO, *Principios generales de derecho sindical*, trad., Madrid, Instituto de Estudios Politicos, 1977, pág. 94 e ss.

[21] Seria interessante verificar a viabilidade da construção de uma noção de categoria em torno do interesse colectivo protagonizado por estes sujeitos, em especial as comissões de trabalhadores.

130   *Estudos de Direito do Trabalho em Homenagem ao Prof. Manuel Alonso Olea*

trabalhadores (ou, melhor dizendo, de um grupo de trabalhadores)[22]? Vai aqui envolvida, no fundo, a divergência entre as concepções unicitária e pluralista da liberdade sindical[23].

É, igualmente, sobretudo a partir da categoria sindical e da relação que através dela se estabelece entre trabalhador e interesse colectivo que se desenvolve a discussão sobre a representação exercida pelo sindicato e a eficácia pessoal de diversos dos seus actos.

IV – Aplicada a propósito da situação jurídica do trabalhador subordinado, individualmente considerado, a expressão categoria profissional designa uma extensa gama de realidades.

Pode significar as aptidões técnico-profissionais ou as habilitações do trabalhador ou, mesmo, uma posição singular no mercado de trabalho (categoria subjectiva); o conjunto de funções para as quais ele foi contratado (categoria contratual) – ao qual corresponde, eventualmente, uma certa posição na organização patronal ou um posto de trabalho constante do respectivo quadro (categoria empresarial); o feixe de tarefas que o prestador de trabalho efectivamente executa (categoria real); um certo perfil profissional definido na convenção colectiva aplicável e que se traduz num específico tratamento remuneratório (categoria normativa)[24]. E, se estas são as variantes básicas, a expressão é, também, susceptível de se reconduzir a uma das múltiplas sínteses possíveis entre dois ou mais destes significados[25].

---

[22] Cfr. G. Giugni, *Derecho Sindical*, trad., Madrid, Servicio de Publicaciones del Ministerio de Trabajo y Seguridad Social, 1983, pág.85 e ss., M. Pinto, *Direito do Trabalho*, Lisboa, UCP, 1996, pág. 184.

[23] Veja-se, a este propósito, G. Pera, *"Libertà sindacale"*, Enc. Dir., XXXIV, pág. 518 e, sobretudo, B. Lobo Xavier, *"O papel dos sindicatos nos países em desenvolvimento"*, RDES, 1978, n.°s 3-4, pág. 304 e ss. e M. Pinto, *"Das concepções sobre a liberdade sindical às concepções sobre o homem e a sociedade"*, Dir. e Justiça, n.° 1, 1980, pág. 26 e ss.

[24] A bibliografia é, naturalmente, pela centralidade desta matéria, imensa e virtualmente inesgotável. Podem ver-se, para a doutrina anterior a 1990, as referências incluídas em A. Nunes de Carvalho, *Das carreiras profissionais no direito do trabalho*, cit., em especial no cap. I, 5..

[25] Tanto a terminologia acolhida como a decomposição analítica operada através destes conceitos têm uma base eminentemente convencional. Aderimos aqui à terminologia e à sistematização assentes entre nós a partir dos estudos fundamentais de B. Lobo Xavier (*"A determinação qualitativa da prestação de trabalho"*, ESC, 10, pág.12 e ss.), e A. Monteiro Fernandes (vejam-se, por ex., as sucessivas edições do *Direito do Trabalho*). Uma outra aproximação é proposta por A. Menezes Cordeiro, *Manual de Direito do Tra-*

Nenhum destes aspectos é, aliás, independente dos demais, antes surgem intrincados, interligados num processo complexo e que tem o seu quê de circularidade.

Ao admitir um trabalhador, a entidade patronal está, naturalmente, a suprir uma preexistente situação de carência da sua organização produtiva. Nesta medida, ela vai atender ao conteúdo funcional que corresponde a essa posição laboral, procurando conhecer as aptidões profissionais específicas do candidato.

Uma vez admitido, o prestador de trabalho será integrado num grupo hierarquizado, para, ao lado dos demais trabalhadores, desempenhar as funções para que foi contratado, na dependência dos escalões hierarquicamente superiores e, eventualmente, exercendo poder relativamente a quem se situa nos planos hierarquicamente inferiores na organização empresarial[26]. Normalmente, as funções que em cada momento lhe são cometidas não esgotam a actividade contratualmente definida.

Por outro lado, se o trabalhador for sindicalizado ser-lhe-à aplicável, quando existir, a convenção colectiva outorgada pelo sindicato respectivo e a entidade empregadora (ou por associação de empregadores em que esta se enconte filiada), pelo que, a partir das funções por ele exercidas e subsumindo-as ao perfil profissional que consta das defi-

---

balho, cit., pág. 665 e ss., tendo merecido ao longo dos últimos anos significativa adesão da jurisprudência. Pela nossa parte, não descortinamos nesta outra terminologia aptidão analítica ou explicativa superior à proporcionada por aquela que, decorrendo dos dados doutrinais e legais que inspiraram a LCT, foi vingando na doutrina e na jurisprudência durante mais de três décadas – para uma crítica da proposta de MENEZES CORDEIRO, B. LOBO XAVIER, *Curso de Direito do Trabalho*, 2ª ed., Lisboa/ S. Paulo, Verbo, 1993, pág. 321, nota (2). Procurando uma reconciliação entre estas duas terminologias, veja-se P. ROMANO MARTINEZ, *Direito do Trabalho*, Coimbra, Almedina, 2002, pág. 434-439.

[26] L. BARASSI, *"Le qualifiche del lavoratore"*, DL, 1931, I, pág.113-118; A. ARANGUREN, *La qualifica.nel contratto di lavoro*, Milão, Giuffrè, 1961, pág.3-20; G. GUIGNI, *Mansioni e qualifica*, cit., pág.3 e ss.; R. SCOGNAMIGLIO,*"Mansione e qualifiche de lavoratore:evoluzion e crisi dei criteri tradizionali"* in AAVV, *Mansioni e qualifiche del lavoratore: evoluzione e crisi dei criteri tradizionali*, Milão, Giuffrè, 1975, pág.15-21; M. DEL-L'OLIO,*"L'oggetto e la sede della prestazione di lavoro.Le mansioni, la qualifica, il trasferimento"* in *Trattato di Diritto Privato*, dir. P. RESCIGNO, vol.15, t.1, Turim, U.T.E.T, 1986, pág.504-508; DESPAX, *"La qualification professionelle et ses problemes juridiques"*, JCP, 1962, n.ºs 1-4; B. XAVIER, *"A determinação qualitativa da prestação de trabalho"*, cit., pág.12-16; A. MONTEIRO FERNANDES,*"Os requisitos objectivos do contrato de trabalho"* in *Estudos de Direito do Trabalho*, Coimbra, Almedina, 1972, pág.55-60.

nições de categoria profissional constantes da convenção, se chegará a um determinado tratamento remuneratório[27].

V – Como se referiu antes, os diferentes conceitos de categoria profissional estabelecem uma conexão entre o trabalhador e uma função ou conjunto de funções, à luz de uma intencionalidade própria. Tratando-se de conceitos jurídicos, levam envolvidos um ou mais problemas específicos, permitindo ora a sua correcta colocação e análise, ora (quando se trate de conceitos inseridos em normas jurídicas) a produção de certo efeito jurídico.

Por outro lado, estes diferentes conceitos posicionam-se em planos diferentes: por vezes, trata-se de reconhecer uma mera situação fáctica, noutros casos encerram já uma valoração jurídica.

VI – Para o juslaboralista adquirem especial relevância as situações que tenham que ver com a celebração de um contrato de trabalho e, naturalmente, com a implementação do programa contratual. Interessamnos, portanto, desde logo, os factores que preexistindo à conclusão do contrato nela, e no consequente desenvolvimento do vínculo, interferem decisivamente.

Em primeiro lugar, as qualidades ou aptidões específicas do trabalhador, a sua categoria profissional em sentido subjectivo ou, mais simplesmente, a categoria subjectiva.

Na medida em que as funções contratualmente devidas postulam determinadas capacidades profissionais, a conclusão do contrato (e a sua manutenção após o período experimental) dependerá da sua verificação na pessoa do trabalhador, assim como uma perfeita execução da prestação háde requerer a manutenção dessas aptidões. A categoria subjectiva assume, pois, desde logo, relevância ao nível da motivação do empregador – aquilo que o leva a admitir certo indivíduo e não outro[28]. Por outro lado, quando se exijam (por lei ou convenção colectiva) certas habilitações (designada-

---

[27] E também, porventura, a um certo sistema de carreiras ou, mesmo, a um estatuto mais completo.

[28] Prpjecta-se, pois, na formação da sua vontade contratual. Eventuais deficiências de percepção (induzidas ou não, e neste último caso, de forma intencional ou não, pelo trabalhador) serão, normalmente, corrigidas durante o período experimental. Quanto tal não aconteça, surge a questão de saber se um eventual erro sobre as qualidades do trabalhador poderá ser invocado nos termos gerais (ou se, ao invés, a utilidade desta figura estará consumida pelo funcionamento do período experimental).

mente, a posse de um título de certificação profissional), condiciona a própria validade do vínculo.

Para além disso, o património profissional do trabalhador opera como condição de exequibilidade do programa contratual e, bem assim, pode determinar os concretos termos de desenvolvimento da relação contratual (promoção, mobilidade funcional, etc.)[29]. Mais do que isto, contudo, a perspectiva da categoria subjectiva convoca, enriquecendo a figura descarnada do devedor da prestação de trabalho, o "homem que trabalha" e que no desenvolvimento da relação contratual não apenas empenha a sua personalidade como investe no vínculo as suas próprias expectativas pessoais (desde logo, quanto ao incremento do património profissional – mas, afinal, muito mais do que isso, como bem o demonstra a discussão sobre a questão da ocupação efectiva)[30].

Ainda neste plano, dos factores formalmente externos ao contrato, surge o lugar ao qual o trabalhador concorre ou para o qual foi admitido. A existência de um posto de trabalho vago na organização patronal vai, no plano empírico, levar à celebração de um contrato de trabalho com um objecto específico. Trata-se, de novo, de uma realidade cujos efeitos na conformação da categoria contratual ocorrem através da motivação do empregador. Também aqui a vontade do titular da organização é, em princípio, soberana, até porque dela depende, ao fim e ao cabo, a própria estrutura organizacional[31]. Contudo, este factor vai determinar os termos em que se dá a inserção do trabalhador na organização produtiva, situando-o nela e perante todos os demais. Vai, ainda, robustecer-se ao longo da vida do contrato, podendo, inclusivamente, pela conexão com determinado posto de trabalho, chegar a condicionar a sua viabilidade.

VII – Ao celebrar o contrato de trabalho, o trabalhador compromete-se, usualmente, a desempenhar um conjunto de funções, para as quais revela capacidade e que correspondem a uma vaga em aberto na organiza-

---

[29] Não concordamos, por isso, com P. ROMANO MARTINEZ quando afirma que "esta noção de categoria em sentido subjectivo reporta-se a situações pré-contratuais, que estão, eventualmente, relacionadas com a formação do contrato, mas não com o seu conteúdo" – *Direito do Trabalho*, cit., pág. 435.

[30] Pondo bem em evidência esta dimensão fulcral, B. LOBO XAVIER, "*A mobilidade funcional e a nova redacção do art. 22.º da LCT*", *RDES*, 1997, n.ºs 1-2-3, pág. 65 e ss.

[31] Pelo menos em princípio. Com efeito, em vários sectores é tradicional a inclusão nas convenções colectivas de quadros de densidades, que acabam por limitar a liberdade de conformação da estrutura organizativa empresarial.

ção patronal (e não uma função isolada ou um feixe exaustivamente definido de funções). Esse conjunto de funções constitui o objecto da prestação de trabalho e é commumente designado por categoria contratual.

Toda a relação laboral se desenvolve a partir do quadro contratualmente definido entre empregador e prestador de trabalho. A posição do trabalhador na relação é-nos, assim, dada essencialmente a partir da categoria contratual.

Integrada no conteúdo do contrato de trabalho, a categoria contratual é, essencialmente, produto da autonomia das partes. É a partir dela que se caracteriza a actividade que é prestada por conta de outrém (art.1152.º CC), tornando-a susceptível de constituir objecto de um negócio jurídico (n.º 1 do art.280.º do CC).

Muito embora a autonomia negocial de que os sujeitos são dotados o permita, raras vezes, como se disse, a categoria se reduzirá a uma única função ou conjunto estrito de funções. Quase sempre está aqui em causa um conjunto complexo de tarefas minimamente homógeneo, de acordo com o perfil profissional buscado pelo empregador. Com efeito, ao definir a categoria contratual, as partes não optam, as mais das vezes, por enumerar as tarefas que o trabalhador se obriga a desempenhar. Para não introduzir um factor de rigidez, passível de obstacular a mobilidade requerida pelo funcionamento da organização patronal e pela própria dinâmica da actividade e das tecnologias, é preferível referir de outro modo a massa de tarefas susceptíveis de vir a ser exigidas ao prestador de trabalho. A categoria contratual aparece, assim, designada por uma expressão que funciona como "variante semântica" de um conjunto de funções[32]. Essa correlação entre a designação e as funções designadas é estabelecida pelas partes e pode reportar-se, quer à experiência colhida no meio laboral, quer ao modelo organizacional, quer aos perfis profissionais delineados nas convenções colectivas vigentes nesse sector ou para essa profissão[33].

Para descrever este fenómeno, encontramos, com alguma frequência, a afirmação de que a categoria profissional corresponde a um "tipo de fun-

---

[32] G. GIUGNI, *Mansioni e qualifica*, cit., pág.31 e ss.

[33] Escreve JORGE LEITE: "a categoria traduz-se, basicamente, num modo de identificação, por referência a uma fórmula ou a um *nomen*, das funções que um trabalhador pode ser obrigado a realizar" – *Direito do Trabalho*, II, Coimbra, Ser. Accção social da UC, 1999, pág. 104. Cfr. tb. F. RIBEIRO LOPES, *Direito do Trabalho*, Lisboa, FDL, 1977/78, pág. 186 e ss.. e L. M. MONTEIRO, "*Da vontade contratual na configuração da prestação de trabalho*", RDES, 1990, n.ºs 1-2-3-4, pág. 294 e ss.

ções". Ainda que em alguns casos[34], esta referência possa corresponder a uma utilização do termo "tipo" de acordo com o uso corrente (não especializado), devemos, ainda assim, como aconselha ENGISCH, suspeitar que "aqueles que se servem do 'tipo' nas suas doutas investigações o fazem conscientemente"[35]. Estará, pois, subjacente a esta inclinação o propósito de apelar, na sistematização desta complexa matéria juslaboral, para um instrumento cujas potencialidades na apreensão dos contornos e do sentido do material jurídico são inegáveis[36]. Em particular, não pode ser desprezado o efectivo valor heurístico que assume aqui a ideia de tipo, nem o alcance analítico que apresenta a sua contraposição às ideias de conceito ou de classe.

Nesta medida, poderemos afirmar que a modelação da categoria contratual se opera, em geral, através da remissão para um tipo real – "uma dada figura ou tipo da realidade social"[37] –, ao qual se referem expressões como "escriturário", "contabilista", "motorista de pesados", etc. "Trata-se", como escreve RIBEIRO LOPES, "de uma forma significante que descreve o conjunto de funções a que o trabalhador se obrigou"[38,] "um geral" de funções do trabalhador "que deve ser apreendido na sua totalidade e apenas nela ganha significado"[39-40]. A categoria contratual não consiste, em regra, num somatório, estático e finito, de tarefas mas constitui um

---

[34] Parece ser este o caso de alguma jurisprudência – cfr. A. NUNES DE CARVALHO, *Das carreiras*, cit., cap. I, n.° 5, X.

[35] *La idea de concrecion en el derecho y en la ciencia juridica actuales*, trad., Pamplona, Universidad de Navarra, 1968, pág.457. O autor chama, no entanto, a atenção para a circunstância de "quase ser de temer uma inflação da palavra tipo" – ob. e loc. citados; em sentido análogo, J. OLIVEIRA ASCENSÃO, *A tipicidade dos direitos reais*, Lisboa, 1968,pags.19-20.

[36] Acentuando o valor gnoseológico do tipo, R. LARENZ, *Metodologia da ciência do direito*, 3ªed. (trad. da 6ªed. alemã), Lisboa, Fundação Calouste Gulbenkian, 1997, pág. 302 e ss. e 660 e ss.

[37] J. OLIVEIRA ASCENSÃO, ob. cit., pág.24.

[38] *Direito do Trabalho*, cit., pág.186.

[39] Id., pags.187-188.

[40] Diz-se, por isso, que "a prestação de trabalho constitui uma obrigação de tipo genérico, cabendo ao empregador modelar a execução do trabalho", J. MOREIRA DA SILVA, *Direitos e deveres dos sujeitos da relação individual de trabalho*, Coimbra, Almedina, 1983, pág.24 nota(2). Não pode, todavia, qualificar-se, em sentido técnico-jurídico, como obrigação genérica – veja-se, detalhadamente, L. M MONTEIRO, "*Da vontade contratual na configuração da prestação de trabalho*", cit., pág. 290 e ss.; tb. A. NUNES DE CARVALHO, *Das carreiras*, cit., cap. I, n.° 5, nota (73).

136 *Estudos de Direito do Trabalho em Homenagem ao Prof. Manuel Alonso Olea*

todo evolutivo e dinâmico[41], um quadro de condutas provido de um significado específico, designado por uma expresão característica[42].

É, afinal, a própria lógica do contrato de trabalho – como tipo contratual autónomo, através do qual se opera a integração do trabalhador numa organização de meios preexistente – a funcionar, garantindo a possibilidade de coordenar a actividade desempenhada pelo trabalhador com as exigências, sempre mutáveis, da organização[43] e, ao mesmo tempo, permitindo a adaptação à própria evolução da actividade em causa e dos meios tecnológicos envolvidos. A prestação, sendo indeterminada, é sempre determinável, estando deferida ao empregador a faculdade de, em cada momento, especificar a função concretamente devida, integrando-a com a dos demais trabalhadores[44].

O conceito de categoria contratual, tendo a virtualidade de evidenciar a dimensão programática do contrato de trabalho, envolve, logicamente, uma outra faceta. Uma vez que a determinação do objecto do contrato de trabalho é, também, a circunscrição do domínio no qual o prestador de trabalho está obrigado a acatar as ordens e instruções da entidade patronal, com as consequentes restrições da sua liberdade, a categoria assinala, igualmente, as balizas do poder do empregador e da subordinação do empregador[45]. As condutas devidas reconduzem-se, apenas, ao quadro defi-

---

[41] J. OLIVEIRA ASCENSÃO, ob. cit., pág.26.

[42] É usual, no entanto, a definição da categoria contratual, não apenas a partir de uma única expressão, referenciada a esta posição tipíca, mas fazendo menção de alguns membros da denotação dessa palavra (para este método de definição, vr. C. SANTIAGO NINO, *Introduccion al analisis del Derecho*, Barcelona, Ariel, 1983,, pág.255), ou seja, descrevendo "algumas das funções correspondentes", RIBEIRO LOPES, ob. cit., pág.189.

[43] Parafraseando CORRADO, diríamos que se trata de permitir que a organização de trabalho possa reagir sobre o contrato de trabalho – cfr.*Il lavoratore nell'organizzazione dell'impresa* in G. MAZZONI/ L. RIVA SANSEVERINO, *Nuovo Trattato di Diritto del Lavoro*, II, Pádua, CEDAM, 1971, pág. 191.

[44] O que se reconduz, afinal, à especificidade do contrato de trabalho como tipo contratual autónomo – cfr. M. PINTO/ P. FURTADO MARTINS/ A. NUNES DE CARVALHO, *Comentário às leis do trabalho*, I, cit., pág. 23 e ss.

[45] Já em SUAREZ (De legibus, III, XXI, 7) encontramos a afirmação de que "o dever limitado *a quod ex officio facere tenentur* é precisamente o que distingue o trabalhador livre do servo" – M. ALONSO OLEA/ M.ª e. CASAS BAAMONDE, *Derecho del Trabajo*, 19ªed., Madrid, Civitas, 2001, pág.301. Sublinhando esta função de garantia que desempenha o objecto do contrato de trabalho, escrevia entre nós A. R. LIZ TEIXEIRA, a propósito das obrigações do amo a respeito do criado, ser dever daquele "não oprimir o criado com serviço superior às suas forças ou diverso do para que o tomou" – *Curso de Direito Civil Portuguez Parte Primeira*, Coimbra, Imprensa da Universidade, 1848, pág.118.

Reflexões sobre a categoria profissional (a propósito do Código do Trabalho) 137

nido pela categoria contratual – a indeterminação não é total, apenas se verifica no espaço parametrizado pelo tipo de funções que o trabalhador se comprometeu a prestar.

VIII – Na execução do contrato, o empregador irá, de entre as funções devidas, determinar aquelas que, em cada momento, deverão ser executadas. Esse feixe de funções em concreto executadas é designado por categoria real ou objectiva.

A atribuição do poder de direcção à entidade patronal constitui uma das notas definitórias do contrato de trabalho. E se, por um lado, resulta do carácter continuado da relação que promana desse contrato[46], não deixa, por outro lado, de se adequar a essa característica. "O carácter contínuo da prestação de trabalho provoca a necessidade de determinação sucessiva das concretas obrigações do trabalhador"[47], sendo que "a função de determinação das específicas prestações laborais é tão importante no que respeita ao poder de direcção, que frequentemente se qualifica este atendendo de modo exclusivo ou preferencial a esta sua qualidade de configurar as concretas obrigações do trabalhador"[48].

O empregador pode, pois, em cada momento, escolher, de entre as funções compreendidas na categoria contratual, aquelas que o prestador de trabalho irá desempenhar, cabendo às funções efectivamente desempenhadas a denominação de categoria real ou objectiva. Assim, à imutabilidade da categoria contratual – correspondendo ao objecto do contrato de trabalho, a sua alteração carece da anuência de ambas as partes – contrapõe-se o dinamismo da categoria real[49], que resulta, ao fim e ao cabo, da conexão com o exercício do poder de direcção. Na síntese de BER-

---

[46] A. MONTOYA MELGAR, *El poder de direccion del empresario*, Madrid, Instituto de Estudios Politicos, 1965, pág.63-64.

[47] MONTOYA MELGAR, *El poder de direccion del empresario,*, pág.64-65, onde continua: "Quando este concerta com um empresário a realização de um determinado trabalho é evidente que desconhece previamente todas e cada uma das funções que há-de desempenhar durante a vigência do contrato; só existe uma determinação genérica das obrigações do trabalhador,derivada da categoria profissional convencionada e das cláusulas do contrato ou da regulamentação geral para que este, explicita ou implicitamente, remeta".

[48] Id., ibidem.

[49] "A atribuição de uma categoria, no sentido de correspondência a uma função dentro do género de trabalho contratualmente prometido, não legitima o trabalhador a conserva-la para sempre, podendo ser designado para outra função, a que corresponda outra categoria, desde que não seja mais baixa" – B.XAVIER, "A crise e alguns institutos do Direito do Trabalho", cit., pág.546.

138   *Estudos de Direito do Trabalho em Homenagem ao Prof. Manuel Alonso Olea*

NARDO LOBO XAVIER, "a prestação de trabalho é traçada entre espaços de definição/ indefinição: o trabalhador não se pode comprometer a *tudo*, mas também não pode pensar que ficou definitiva e rigidamente estabelecido *tudo* o que vai fazer. Nessa margem de indeterminação operam os poderes patronais (...)"[50].

IX – Finalmente, em relação aos trabalhadores abrangidos por uma convenção colectiva, a determinação do respectivo estatuto, em particular no plano remuneratório, faz-se, em boa parte, pela subsunção das funções efectivamente exercidas a uma das categorias descritas na convenção, às quais corresponde uma específica posição salarial. Às categorias definidas, para este efeito,nos instrumentos de regulamentação colectiva cabe a designação de categorias normativas.

No nosso ordenamento juslaboral, o local privilegiado para a definição da retribuição (assim como dos planos de carreira e de diversos benefícios) é a convenção colectiva[51]. Ora, a relação de correspectividade que intercede entre a prestação de trabalho e a retribuição forçosamente impõe uma directa conexão entre género, quantidade e qualidade do trabalho prestado e montante da remuneração[52] – ou seja, entre categoria profissional e salário. Daí que, para efeitos de estabelecimento da hierarquia salarial, se proceda à decomposição em categorias – as categorias normativas – do universo dos trabalhadores destinatários da disciplina convencional.

Facilmente se vê que as finalidades[53] que inspiram a conformação das categorias contratuais e das categorias normativas são diversas, como diferentes são os seus autores e o contexto em que se integra cada uma delas. É, por isso, compreensível que o seu conteúdo possa divergir, não se sobrepondo exactamente. De tais divergências, e uma vez que quer a categoria contratual, quer a categoria normativa são peças essenciais do re-

---

[50] "*A mobilidade funcional e a nova redacção do art. 22.° da LCT*", cit., pág. 68.

[51] Sobre a evolução do conteúdo das convençoes colectivas – nascidas como simples "contratos de tarifa"" A. CESSARI/ R. DE LUCA TAMAJO, *Dal garantismo al controllo*, 2ª ed., Milão, Giuffrè, 1987, pág. 240 e ss. Vr., também, m. ALONSO OLEA, *Introduccion al Derecho del Trabajo*, cit., pág. 346 e ss.

[52] Conexão que aflora na formulação do princípio, tantas vezes invocado (inclusivamente, pela própria Constituição da República Portuguesa, na alínea *a*) do n.° 1 do art. 59.°) segundo o qual "a trabalho igual, salário igual".

[53] Para uma discussão da relação entre definição e finalidade, embora de um ponto de vista muitissímo genérico, H. KANTOROWICZ, *La definicion del derecho*, trad., Madrid, Rev. de Occidente, 1964, pág.31 e ss.

Reflexões sobre a categoria profissional (a propósito do Código do Trabalho) 139

gulamento contratual, advêm desajustamentos que, embora pouco aparentes, são causa de dúvidas e perplexidades[54].

Impõe-se, antes de mais, considerar a diferente função que preenchem a categoria contratual e a categoria normativa. Além, trata-se de construir uma "imagem"[55], um quadro de referência para o desenvolvimento do programa contratual. Através da categoria contratual é delimitado o âmbito do poder de direcção do empregador e, bem assim, da actividade debitória do trabalhador. Procede-se, ao fim e ao cabo, à determinação do bem ao qual se dirige a permissão normativa de aproveitamento de que é titular a entidade empregadora. A execução de uma função específica corresponde já ao exercício dessa permissão normativa, ao aproveitamento da prestação do trabalhador, integrando-a com os demais factores que constituem a organização patronal.

Diferentemente, a definição das categorias normativas obedece ao propósito de conectar consequências jurídicas precisas às tarefas efectivamente desempenhadas. Do exercício de certo núcleo de funções, descritas numa categoria profissional autónoma constante da convenção colectiva, decorre um dado tratamento remuneratório (para além, eventualmente, de posições jurídicas de outra índole). Ou seja, a categoria surge como pressuposto de aplicação de um dado regime e esta finalidade necessariamente transparecer na modelação da descrição de funções. Não se perde de vista a relação com a experiência social ou profissional, simplesmente, "a selecção dos fenómenos decisivos e a delimitação mais concreta do tipo são determinadas conjuntamente pelo escopo da norma e pelas ideias jurídicas que estão por detrás da regulação"[56].

---

[54] E, de facto, nesta tensão – que diríamos subterrânea – entre categoria contratual e categoria normativa – radica uma substancialíssima parte dos equívocos doutrinais e jurisprudenciais que recorrentemente surgem no tratamento desta matéria. No já referido *Das carreiras profissionais...*, cap. I, n.º5, ensaiámos, a este propósito, a análise de diversa jurisprudência (anterior a 1990 – ainda assim, diversas das considerações aí tecidas são aplicáveis a boa parte das decisões posteriores).

[55] Ajnda na lógica do tipo – a propósito do tipo, em geral, vr. K. LARENZ, ob. cit., pág.661 e ss.; DE NOVA fala-nos de "um quadro complexivo colhido através da intuição" (*Il tipo contrattuale*, Pádua, CEDAM, 1974, pág.126); ERDMANN alude, por seu turno, a "construção característica" e a "manifestação expressiva" – apud. ENGISCH, ob. cit., pág.427.

[56] K. LARENZ, ob. cit., pág. 567. A falar-se, ainda aqui, de tipicidade, estar-se-ia perante o que LARENZ denomina de tipo real normativo.

140 *Estudos de Direito do Trabalho em Homenagem ao Prof. Manuel Alonso Olea*

Parece-nos, em todo o caso, duvidoso que a propósito da categoria normativa se possa falar de tipicidade[57]. Pela própria razão de ser da elaboração das categorias normativas, pretende-se, na sua definição, esgotar o universo a que se referem. A descrição das categorias normativas que usualmente acompanha as convenções colectivas ilustra, antes, uma específica modalidade de classificação. Como tal, tem subjacente um ponto de vista unitário, que permite a arrumação das diversas realidades. No caso, trata-se, fundamentalmente, de estabelecer uma hierarquia salarial[58], que tanto pode duplicar como sobrepor-se à hierarquia própria das organizações produtivas em que se desenvolvem as relações laborais que visa regular. Muitas vezes assoma nesta classificação uma outra finalidade, a de enquadrar de um ponto de vista dinâmico a profissionalidade do trabalhador, estabelecendo planos de carreira[59].

Não deixa, aliás, de ser sugestivo que o acto pelo qual se procede à integração dos trabalhadores na grelha de categorização contida na convenção colectiva seja usualmente referido com o termo "classificação"[60]. Trata-se, desde logo, de acto do empregador, praticado em execução do instrumento de regulamentação colectiva, dirigido a apurar o tratamento remuneratório devido ao trabalhador. E, naturalmente, já que a hipótese da norma convencional se reporta às situações de facto, a classificação é feita partindo das funções que o trabalhador efectivamente exerce. Assentando neste dado, o acto patronal de classificação é vinculado, nos termos do preceituado nos instrumentos de regulamentação colectiva: corresponde à execução dos comandos normativos da convenção, impondo a subsunção

---

[57] Como escreve OLIVEIRA ASCENSÃO, "o tipo é sempre encarado como um entre outros, como um entre iguais. Implicitamente, os autores reconhecem que o tipo, no sentido propriamente juridíco, supõe sempre uma pluralidade: revela-se numa seríe ou catálogo de figuras". Mas, aquilo que constitui a "essência da tipicidade" é a circunstância de o conceito que subjaz à pluralidade de tipos estar "incompletamente preenchido pelos tipos existentes"; nisto o tipo diverge da classe, a qual sendo "também uma forma de repartição dos seres que se integram num dado conceito", permite, quando utilizada, "uma arrumação exaustiva da realidade" – ob. cit., pág.38 e 40.

[58] Veja-se, fundamentalmente, P. LANGLOIS, *"La hierarchie des salariés"* in A VV, *Tendances du Droit du Travail Contemporain*, Paris, Dalloz, 1978, pág. 185 e ss.; cfr., também, N. CATALA, *L'entreprise*, G. H. CAMERLYNCK (dir.), *Droit du Travail*, IV, Paris, Dalloz, 1980, pág. 7 e ss.

[59] Veja-se, a este propósito, com bibliografia, Nosso, *Das carreiras profissionais*, cit., n.º 8 e caps. II e III.

[60] Surge, também designado como "enquadramento". Sobre este acto, cfr. JORGE LEITE, *Direito do Trabalho*, II, cit., pág. 103, nota (20).

Reflexões sobre a categoria profissional (a propósito do Código do Trabalho) 141

de uma situação de facto (as funções efectivamente exercidas) a uma regra jurídica (a categorização constante do instrumento de regulamentação colectiva).

X – Mantendo-nos nesta perspectiva analítica, verificamos que a categoria subjectiva e a categoria real são conceitos que visam enquadrar uma situação de facto: ali, o património profissional do trabalhador; aqui, as tarefas por ele efectivamente desenvolvidas em cada momento.

Já a categoria empresarial designa uma realidade de conteúdo mais complexo: o posicionamento do trabalhador na organização empresarial, eventualmente formalizada pelo empregador através de actos de vocação normativa (regulamento de empresa).

O conceito de categoria contratual, por sua vez, visa o conteúdo da vontade das partes, tal como se exprime no contrato de trabalho (e, bem assim, no decurso da execução do programa contratual, enriquecendo esse programa ou, mesmo, conferindo-lhe direcção nova).

Com a noção de categoria normativa reportamo-nos a definições, formuladas com intuito essencialmente classificatório, que integram normas jurídicas.

A categoria sindical transporta-nos para um campo diverso, o da definição das solidariedades e dos instrumentos de intervenção colectiva dos trabalhadores. Ainda que limitada pela natureza mesma desses instrumentos (em particular, a especificidade do sindicato como modelo típico de pessoa colectiva), resulta do exercício da autonomia colectiva e exprime-se nos estatutos da associação sindical, que corporizam o acto fundamental de auto-organização.

Conforme vimos insistindo, não são noções que possam ser colocadas num mesmo plano, nem captadas da mesma forma. A cada uma delas correspondem problemas específicos e, é, justamente, nessa aptidão para permitir a colocação de questões que encontram a sua utilidade[61]. Quando

---

[61] Note-se que a categoria subjectiva se radica, afinal, em aspectos directamente ligados à pessoa do trabalhador – trata-se, ainda, de uma condição do trabalhador, como sujeito –, assim como a categoria sindical, elemento chave do exercício da liberdade sindical – ou seja, da liberdade individual de agir colectivamente, construindo solidariedades, envolve também esta dimensão pessoal. Já o conceito de categoria contratual se inscreve na lógica de abstractização ou de coisificação do trabalho, indissociável da própria construção do contrato de trabalho como figura jurídica. Sobre estes aspectos, é fundamental a análise de A. SUPIOT, *Critique du droit du travail*, cit., pág. 45 e ss., 111 e ss. e 140 e ss. Esta tendência para a abstractização do trabalho é, igualmente, uma decorrência do incindível nexo

142   *Estudos de Direito do Trabalho em Homenagem ao Prof. Manuel Alonso Olea*

se faz a transição para a análise de um dado sistema legal, o recurso a estes conceitos deve ser feito de modo a assegurar que o conjunto de problemas específicos que lhes está associado coincida com as questões da vida solucionadas pelas normas a que tais conceitos são aplicados.

3. A categoria profissional no Código do Trabalho.

I – A noção de contrato de trabalho que consta do art. 10.° do Código de Trabalho, conservando a substância da definição do art. 1152.° do Código Civil (recolhida integralmente no art. 1.° da LCT[62]), introduz, ainda assim, pequenas alterações. Para além da referência à pluralidade de empregadores (a qual resulta, por imperativo de coerência, da introdução do regime constante do art. 92.° do Código), eliminou-se a distinção entre trabalho intelectual e manual.

Essa distinção, resquício da antiga dicotomia empregados/assalariados[63], se conserva alguma utilidade (apesar de toda a sua relatividade e "imprecisão progressiva"[64]), carece de relevância no âmbito da caracterização do tipo contratual. Essa utilidade (e não podemos esquecer que, como ensina ALONSO OLEA, que "não é o mesmo trabalhar predominantemente sobre a matéria ou com ferramentas que operem sobre esta, e tra-

---

entre desenvolvimento do trabalho subordinado e organização empresarial: como demonstra a sociologia do trabalho, tanto as formas de organização do trabalho como, em certa medida, as próprias organizações estabelecidas pelos trabalhadores nesse contexto envolvem uma "objectivação do trabalho" e das próprias relações estabelecidas no quadro da prestação de trabalho – cfr. J. SPURK, *Une critique de la sociologie de l'entreprise*, Paris-Montreal, L'Harmattan, 1998, pág. 38 e ss., 132 e ss., 137 e ss. Sobre a necessidade de ter devidamente presentes os aspectos directamente conexionados com a tutela da pessoa do trabalhador e sua conjugação com as dimensões contratual e organizativa, cfr., de novo, B. LOBO XAVIER, *"A mobilidade funcional e a nova redacção do art. 22.° da LCT"*, pág. 65 e ss.

[62] Sobre os antecedentes desta noção legal de contrato de trabalho pode ver-se M. PINTO/ P. FURTADO MARTINS/ A. NUNES DE CARVALHO, *Comentário às leis do trabalho*, I, Lisboa, LEX, 1994, pág. 22, bem como a bibliografia indicada na pág. 34.

[63] Que, curiosamente, sobrevive, na sequência da tradição da contratação colectiva, até em sectores onde a inovação tecnológica e organizacional é mais acelerada, como o bancário (no ACTV do sector continua a doptar-se o termo "empregados", persistindo ainda algumas dificuldades no enquadramento das categorias – herdeiras do velho "pessoal operário"– inicialmente não cobertas pela contratação colecrtiva do sector).

[64] M. ALONSO OLEA, *Introduccion al Derecho del Trabajo*, cit., pág. 40.

balhar predominantemente com signos ou símbolos; porque, enquanto actos humanos, 'acção técnica' e linguagem diferem profundamente entre si"[65]) revela-se num outro plano, quer pontualmente na diversificação de soluções, quer mesmo na diferenciação de regimes.

Nesta linha, o Código suprimiu referências pontuais às velhas categorias merceológicas (*v.g.* a que consta do n.º 2 do art. 5.º da LDT e que desaparece no art. 163.º do Código[66]), apontando, ao mesmo tempo, no sentido da diversificação de regimes, pela inclusão, logo no capítulo dedicado à prestação do trabalho, das regras sobre a comissão de serviço[67] (noutro plano, também no âmbito das regras sobre organização e gestão do tempo de trabalho se incluem diversos mecanismos de diferenciação de soluções legais, que assentam no tipo de actividade desempenhado e no correspondente contexto organizativo).

II – Uma outra inovação do Código consiste na eliminação da actual alínea *g*) do art. 2.º da LS.

Esse preceito, no âmbito do regime das associações sindicais, define categoria como "conjunto de trabalhadores que exercem a mesma profissão, ou se integram na mesma actividade, ou que exercem profissões ou se integram em actividades de características globalmente afins entre si diferenciadas de todas as demais". Esta noção funciona, no âmbito da LS, como chave para a aplicação de normas como a do art. 8.º, sobre a criação de associações sindicais. E, tal como o demonstram este artigo, o n.º 1 do art. 16.º ou o n.º 1 do art. 49.º, está directamente ligada à concepção unicitária que inspirou a LS[68].

Tem pressuposta uma noção ontológica de categoria sindical, à luz da qual faz sentido que posssam ser resolvidas administrativa ou judicialmente – e, ao que parece, independentemente do que conste dos estatutos dos diversos sindicatos – "as questões que surgirem sobre o enquadramento dos trabalhadores" (n.º 1 do art. 49.º). É, igualmente, nesta lógica,

---

[65] M. ALONSO OLEA, *Introduccion al Derecho del Trabajo*, cit., pág. 41.

[66] Cfr. F. LIBERAL FERNANDES, *Comentário às leis da duração de trabalho e do trabalho suplementar*, Coimbra, Coimbra Ed., 1995, pág. 42 e A. NUNES DE CARVALHO, *"A gestão do tempo de trabalho no Projecto de Código do Trabalho"* in AA VV, *Código do Trabalho – Alguns aspectos cruciais*, Cascais, Principia, 2003, pág. 115.

[67] Deve, com efeito, ser dada a devida relevância à opção de não aguardar pela aprovação dos regimes dos contratos de trabalho especiais.

[68] Veja-se, sobre toda esta matéria, M. PINTO, *"Das concepções sobre a liberdade sindical às concepções sobre o homem e a sociedade"*, cit.

144 *Estudos de Direito do Trabalho em Homenagem ao Prof. Manuel Alonso Olea*

da qual faz parte a construção da liberdade sindical como direito colectivo dos trabalhadores da categoria, que se entende a afirmação de que "é direito do trabalhador inscrever-se no sindicato que na área da sua actividade represente a categoria respectiva" (n.° 1 do art. 16.°). E só a partir desta noção pode funcionar o esquema de constituição de associações sindicais delineado no art. 8.° (pense-se no *quorum* exigido, na exigência de uma maioria, etc.)

O art. 476.° do Código do Trabalho, reproduzindo quase integralmente o art. 2.° da LS, omite a noção de categoria. E isto porque se entende, na perspectiva do pluralismo sindical, que a definição da categoria sindical deve surgir como produto do exercício da autonomia colectiva, no seu momento de auto-organização[69]. A liberdade sindical é, neste segmento específico, entendida, na lógica dos arts. 55.° e 56.° da Constituição, como liberdade de cada trabalhador se associar com outros para a defesa de interesses socio-profissionais comuns. A categoria sindical é, portanto, definida nos estatutos (alínea *a*) do n.° 1 do art. 485.°): não corresponde a um dado preexistente à criação do sindicato, mas antes constitui um produto do acto de instituição.

Isto não significa, contudo, que exista total liberdade na configuração da categoria sindical. Admitindo-se, com a maior largueza, a inclusão da liberdade de auto-organização no conteúdo do princípio – constitucionalmente consagrado – de tutela da autonomia colectiva dos trabalhadores, sempre se reconhece a existência de limites imanentes das posições jurídicas fundamentais – isto é, "que resultam da especificidade do bem que cada direito fundamental visa proteger"[70]. No caso vertente, trata-se de limites que resultam do próprio reconhecimento constitucional da liberdade sindical e, bem assim, do confronto das situações jurídicas activas em que são investidas as associações sindicais. A determinação do âmbito subjectivo de representação (potencial) da associação sindical (alínea *a*) do n.° 1 do art. 485.°) obedece, necessariamente, à configuração dos interesses socioprofissionais permanentes (alínea *a*) do art. 476.°) para cuja prossecução os trabalhadores se associam. Pressupõe-se, pois, um interesse colectivo, enquanto escopo natural do sindicato como pessoa colectiva (de acordo com a sua configuração institucional, tal como resulta da Consti-

---

[69] Cfr. G. MAZZONI, *Manuale di Diritto del Lavoro*, II, 6ª ed., Milão, Giuffrè, 1990, pág. 235 e ss. e 240 e ss.

[70] J. VIEIRA DE ANDRADE, *Os direitos fundamentais na Constituição portuguesa de 1976*, Coimbra, Almedina, 1983, pág.215

Reflexões sobre a categoria profissional (a propósito do Código do Trabalho) 145

tuição e da lei[71]). Em suma, a noção de interesse colectivo constrói-se a partir das prerrogativas constitucional e legalmente reconhecidas aos sindicatos (art. 56.º da Constituição e art. 477.º do Código do Trabalho). E a definição da categoria sindical terá de obedecer à lógica de prossecução desse mesmo interesse.

Em coerência com esta orientação, o n.º 1 do art. 479.º do Código, na óptica da liberdade sindical individual, consagra a liberdade, e já não o direito, de inscrição do trabalhador em sindicato que represente a "categoria respectiva". Esta última expressão, retomada do n.º 1 da LS, não é, porventura, feliz (recordemos que na lógica da LS a "categoria respectiva" tinha um cunho ontológico, sendo entendida no quadro conceptual próprio da orientação unicitária). Retomando a proposta de abordagem feita neste estudo, diriamos que na medida em que a categoria sindical corresponde ao estabelecimento de uma conexão entre trabalhador e certo conjunto de funções ou de tarefas – neste caso, para efeitos da prossecução de um interesse colectivo –, "categoria respectiva" será toda aquela em que, no caso de cada trabalhador, se verifique tal conexão[72].

III – São numerosas as disposições do Código em que aflora a dimensão subjectiva da categoria, a perspectiva do trabalhador como titular de específicas aptidões, experiências e conhecimentos[73], ou seja, de um património profissional[74]. Nalguns casos, encarando-o de uma perspectiva

---

[71] Esse mesmo interesse colectivo para que apela o n.º 1 do art. 5.º do Código de Processo do Trabalho, na definição da legitimidade das associações sindicais – cfr. C. ALEGRE, *Código de Processo do Trabalho*, Coimbra, Almedina, 2003, pág. 47 e A. MENDES BAPTISTA, *Código de Processo do Trabalho anotado*, 2ª ed., Lisboa, Quid Juris, 2002, pág. 41.

[72] Não concordamos, portanto, com o que escrevem J. LEITE/ F. COUTINHO DE ALMEIDA, quando caracterizam a categoria "para efeitos de actuação colectiva" como "o somatório das várias categorias (= profissões) individuais, estas com incidência especial nos contratos individuais de trabalho" (*Colectânea de Leis do Trabalho*, Coimbra, Coimbra Ed., 1985, pág. 370). Como sustentámos, as diversas noções de categoria correspondem a conceitos situados em planos distintos e com intencionalidade diferente. E não parece possível estabelecer, sequer, uma ponte directa com a categoria contratual, já que a filiação sindical não pressupõe necessariamente a existência efectiva de um vínculo laboral. Por outro lado, parece discutível a noção de "profissão" dos trabalhadores: é aquela para que estão habilitados? A que exercem em cada momento?

[73] Para designar esta realidade o Código utiliza a expressão "qualificação profissional" – cfr. al. *a*) do n.º 1 do art. 56.º e n.º 2 do art. 151.º).

[74] A construção da tutela da profissionalidade do trabalhador tem sido feita em Portugal, sobretudo a partir do influxo da doutrina italiana, por MONTEIRO FERNANDES, nas

146 *Estudos de Direito do Trabalho em Homenagem ao Prof. Manuel Alonso Olea*

estática, noutras numa óptica dinâmica. Frequentes vezes retomando – mas agora em termos sistematizados e, por isso mesmo, requerendo com veemência uma abordagem unitária – preceitos legais anteriores, em outras trazendo inovações de substância.

Reproduzindo o art. 4.º da LCT (apenas com as alterações impostas pela necessidade de harmonização com o quadro legal e comunitário actual), o art. 113.º enquadra a relevância das habilitações do trabalhador como condição da validade (ou de manutenção) do vínculo contratual. Estamos, pois, na perspectiva tradicional, encarando a profissionalidade como dado que pré-existe ao contrato e lhe é exterior, apenas interferindo com a sua validade ou conservação quando uma norma legal o imponha. De forma indirecta, também a tutela da relevância da profissionalidade do trabalhador está presente – agora já na fase de execução do contrato – no comando inovador constante do n.º 2 do art. 104.º, dirigida à exigência de boa fé no decurso (e, sobretudo, na utilização) do período experimental.

Mais relevante é a inclusão de uma subsecção dedicada à formação profissional (arts. 123.º e ss.), que surge como decorrência do dever consignado ao empregador na alínea *d*) do art. 120.º[75]. Surge aqui delineada uma abordagem dinâmica da tutela do património profissional do trabalhador (aliás confirmada noutros preceitos – *v. g.* n.º 1 do art. 22.º, n.º 1 do art. 27.º, art. 48.º, art. 84.º), com projecções directas no desenvolvimento do vínculo[76] e, por isso mesmo, susceptíveis de titular posições jurídicas activas do trabalhador nesse âmbito.

A tutela da categoria subjectiva emerge, por outro lado, na alínea *b*) do art. 122.º, na qual está presente um princípio de garantia dos valores pessoais ligados à prestação do trabalho[77]. Se bem entendemos, esta tutela

---

sucessivas edições do *Direito do Trabalho*. Tentámos uma abordagem ligeiramente diferentes em *Das carreiras...*, cit., n.º 7, IV e V.

[75] Apesar de a nova redacção desta alínea corresponder à junção da alínea *d*) do art. 19.º e ao art. 42.º da LCT, entendidas à luz da alínea *b*) do n.º 1 do art. 59.º da CRP, parece manifesto o acréscimo de ênfase nas obrigações patronais em matéria de formação profissional.

[76] Ainda que nem sempre sejam claros os termos exactos desta projecção – ver, por ex., P. QUINTAS/ H. QUINTAS, *Código do Trabalho anotado e comentado*, Coimbra, Almedina, 2003, pág. 248-249.

[77] Numa leitura mais superficial, poderá parecer que ficou, de uma vez por todas, resolvida a discussão em torno da existência de um "dever de ocupação efectiva do trabalhador". Não cremos, todavia, que seja assim – para os termos desta discussão, pode ver-se A. NUNES DE CARVALHO, *"Sobre o dever de ocupação efectiva"*, *RDES*, 1991, n.ºs 3 e 4, pág. 261 e ss.. Por um lado, de um ponto de vista técnico, esta norma não impõe um

Reflexões sobre a categoria profissional (a propósito do Código do Trabalho) 147

da profissionalidade ao longo da execução do programa contratual constitui, igualmente, um dos vectores de entendimento do art. 151.° do Código – voltaremos a este ponto.

IV – O coração do ordenamento juslaboral português, no que tange à noção de categoria profissional como elemento do contrato individual de trabalho, foi, até agora, constituído pelo triângulo que formam as disposições da alínea *d*) do n.°1 do art.21.°, do art.22.° e do art.23.° da LCT.

Numa primeira abordagem dir-se-á que está aí em causa, fundamentalmente, a categoria contratual. Parecem, nesse sentido, claras as referências do art.22.° à "actividade correspondente à categoria para que foi contratado" o trabalhador (n.°1) e aos "serviços não compreendidos no objecto do contrato" e do art.23.° à "categoria (...) para que foi contratado" – permanecendo, contudo, poucos transparentes a proibição de "baixar a categoria" constante da alínea d) do n.°1 do art.21.° e a expressão "categoria inferior" que encontramos no art. 23.°.

No quadro da LCT, a expressão "categoria profissional" designa os "serviços (...) compreendidos no objecto do contrato" (n.° 7 do art.22.° – n.°2 da redacção original), o "género de trabalho" para que foi contratado o trabalhador (art.43.° e alínea *c*) do art. 52.°), o conjunto de "funções" (art.74.°) acordado, parecendo revelador o confronto entre a categoria para que se é contratado e a função (ou conjunto de tarefas) efectivamente desempenhado (arts.23.° e 43.°), ou seja, entre o plano do trabalho contratado (necessariamente indeterminado, no quadro de certo perfil profissional) e o plano do trabalho concretamente prestado (nos termos indicados pela entidade patronal – n.° 1 do art.39.°). A categoria contratual surge, pois, como um género de trabalho, como um conjunto de funções ou de tarefas, caracterizado por uma indeterminação residual. A actividade que o trabalhador se compromete a prestar é-nos dada por um quadro, dentro do qual a entidade patronal se pode mover, competindo-lhe fixar, unilateralmente e em cada momento, as tarefas a executar.

Esta imagem não esgota, porém, a noção de categoria profissional encerrada na LCT.

---

dever nem consagra um direito: nela está presente apenas uma limitação aos poderes patronais. Em termos substanciais, este comando acaba com as dúvidas quanto à existência de uma tal limitação, mas, por outro lado, admite a possibilidade de desocupação *quando justificada* (na nossa perspectiva, quando caiba no exercício legítimo da faculdade de aproveitamento da prestação do trabalhador). Naturalmente que as discussões em torno do tema "ocupação efectiva" irão continuar, centrando-se agora na expressão "injustificada".

148 *Estudos de Direito do Trabalho em Homenagem ao Prof. Manuel Alonso Olea*

Em vários lugares encontramos alusões a uma outra dimensão da categoria profissional. A identificação do trabalho contratado com um específico género (que, em si mesmo, comporta já, necessariamente, a referência ao aspecto qualitativo)[78] é operada horizontalmente, isto é, em confronto com outros "trabalhos". Para além dessa dimensão, a lei convoca, todavia, uma outra: a vertical. A organização laboral pressuposta pela LCT é um complexo hierarquizado e entre cujos níveis se desenvolvem relações de poder. Esta dimensão, se aflora predominantemente a propósito da matéria disciplinar (vejam-se a alínea *a*) do n.° 1 do art.20.°, o n.°2 do art. 26.° e os n.°s 1 e 4 do art. 31.°), assoma também na utilização da expressão categoria profissional.

A tutela da categoria é realizada, desde logo, através da proibição dirigida à entidade patronal de "baixar a categoria do trabalhador" (alínea *d*) do n.° 1 do art.21.°), complementada pela regulamentação estreita da "mudança de categoria" constante do art.23.°, a qual, pelo seu turno, se reporta também à colocação do trabalhador em "categoria inferior àquela para que foi contratado ou a que foi promovido" e à retoma da "categoria para que foi contratado após haver substituído outro de categoria superior". O "trabalho contratado" não é, em suma, apenas um "género de trabalho", mas um trabalho a que corresponde certo nível na hierarquia. Ou, para utilizar a terminologia legal, um género de funções a que corresponda certa "posição do trabalhador" (n.° 2 da versão original do art.22.°, actual n.° 7), posição essa que é traduzida em termos hierárquicos. Quer isto dizer que a categoria profissional a que se referem as citadas disposições da LCT se designa, claramente, o "objecto do contrato", não deixa, igualmente, de comportar uma referência à posição do trabalhador no seio da organização laboral. Está aqui presente a categoria contratual, considerada no plano da organização da unidade produtiva[79].

---

[78] A categoria contratual define, essencialmente, como vimos, um tipo de prestação profissional (*v.g.* escriturário, dactilógrafo, canalizador, torneiro-mecânico, motorista), a qual pode vir qualificada em função das aptidões do trabalhador (ex: especialista).

[79] Daí que se fale, pois, em "posição substancial" do trabalhador, sendo que essa posição é, por definição, relativa: é uma posição perante outrém ou perante algo e da qual promanam efeitos juridicamente relevantes – cfr., para o estudo da "posição substancial" do trabalhador, G. GIUGNI, *Mansioni e qualifica*, cit., pág.327 e ss.; GUIDOTTI, "*Sulla determinazione qualitativa della prestazione di lavoro nel contratto di lavoro subordinato*", DL, 1952, I,, pág.36 e ss.; BERNARDO XAVIER, *Regime jurídico do Contrato de Trabalho*, 2ª ed., Coimbra, Atlântida, 1972, pág.75 e "*A determinação qualitativa...*", cit., pág.9 e ss.; ALMEIDA POLICARPO/MONTEIRO FERNANDES, *Lei do Contrato de Trabalho*, Coimbra, Almedina, 1970, pág.76-77. Note-se, porém, que, em nossa opinião, essa "posição substancial"

Reflexões sobre a categoria profissional (a propósito do Código do Trabalho) 149

Este aspecto é particularmente significativo por constituir o reconhecimento da necessidade de atender não apenas a um vínculo laboral isolado, artificiosamente recortado da realidade, mas também à trama de relações de que ele constitui apenas uma das meadas[80]. Estas indicações legais deixam entender que quando a entidade patronal e o trabalhador acordam num certo conjunto de funções estão igualmente a definir a posição do prestador de trabalho na hierarquia da empresa, uma posição que vai ser precisada através da hierarquia organizativa e salarial, mas cujo enquadramento é, desde logo, dado pelo contrato de trabalho.

Nesta medida, é lícito afirmar que a regulamentação da LCT em matéria de categoria contratual ficou aberta a uma visão do contrato de trabalho que o apreenda, antes de mais, como instrumento fundamental de organização das estruturas produtivas[81]. Ainda assim, este quadro legal é dominado pela ideia de categoria como elemento do contrato, necessariamente dependente do acordo das partes e funcionando como limite ao exercício do poder de direcção patronal. Esta visão, essencialmente estática, decorrente do n.º 1 do art. 22.º suscita problemas de harmonização com a alínea *d*) do n.º 1 do art. 21.º e com o art. 23.º que se reportam à execução do vínculo, ao desenvolvimento da relação que nasce com o contrato de trabalho.

Não é, igualmente clara a conjugação com a aplicação das convenções colectivas e, em especial, as consequências do acto de classificação. Esta dificuldade, em especial, deu origem a uma jurisprudência bastante discutível[82].

V – A reconstrução sistemática das normas juslaborais referentes à categoria contratual tornou-se, por outro lado, mais tormentosa com a adição sucessiva de diplomas que, incidindo sobre esta matéria, pareciam

---

comporta também uma referência a circunstâncias específicas do próprio trabalhador (desde logo, o respetivo património profissional), independentes de um quadro relacional.

[80] Ou seja, a situação jurídica do trabalhador, mesmo no que concerne ao desenvolvimento do plano que consta do contrato de trabalho por ele celebrado com o empregador, depende da situação dos demais prestadores de trabalho.

[81] Pode ver-se, sobre estas soluções legais, M. PINTO/ P. FURTADO MARTINS/ A. NUNES DE CARVALHO, *Comentário às leis do trabalho*, I, cit., pág. 102-103, 109 e ss. e 116 e ss.

[82] Tentámos uma análise dessa jurisprudência em *Das carrreiras profissionais*, cit., cap. V. Cfr., igualmente, B. LOBO XAVIER, "*A crise...*", cit., e L. M. MONTEIRO, "*Da vontade contratual* ", cit.

150 *Estudos de Direito do Trabalho em Homenagem ao Prof. Manuel Alonso Olea*

abstrair dos quadros da LCT. Assim aconteceu, em particular, com a LCCT[83] e, sobretudo, com a Lei n.º 21/96, de 23 de Julho. Este último diploma incluiu, entre a norma do n.º 1 do art. 22.º da LCT (onde se circunscreviam as funções exigíveis ao trabalhador ao género de trabalho contratado) e as dos n.ºs 2 e 3 (previsão do *jus variandi*), um mecanismo de mobilidade funcional (polivalência), envolvendo, na expressão de MONTEIRO FERNANDES, uma reconfiguração legal do objecto do contrato de trabalho[84]. Tanto a inserção sistemática (entre o princípio geral de congruência entre género de trabalho prometido e funções exigíveis ao trabalhador, de uma parte, e o *jus variandi*, de outra parte), como a terminologia utilizada (recorde-se que o texto dos preceitos em causa reproduz quase na íntegra a formulação constante do Acordo de Concertação Social de Curto Prazo de 24 de Janeiro de 1996) vieram adicionar novas dimensões de complexidade.

Toda esta evolução teve como pano de fundo as transformações ocorridas no plano da organização empresarial e da dinâmica do processo produtivo, bem como a velocidade crescente das mutações tecnológicas, tornando claramente indispensável a flexibilização do quadro normativo, tanto no interesse das empresas (no sentido de permitir uma adequada gestão das prestações laborais) como no sentido da defesa dos próprios trabalhadores contra uma obsolescência precoce (facilitada por um quadro normativo excessivamente garantístico quanto ao âmbito das funções exigíveis e, bem assim, por uma insuficiente tutela da profissionalidade em termos dinâmicos)[85].

VI – O Código de Trabalho regula esta matéria a partir das três perspectivas fundamentais que nela confluem: a determinação do objecto do contrato de trabalho, a delimitação do poder de direcção a partir do programa contratual e as vicissitudes que podem ocorrer na execução desse programa.

O n.º 1 do art. 111.º ("cabe às partes definir a actividade para que o trabalhador é contratado") afirma o que não passa, aparentemente de uma evidência (que, porventura por isso mesmo, a lei actual se dispensa de referir). Ainda assim, perante alguma confusão que ainda persiste, afigura-

---

[83] Sobre esta matéria, pode, igualmente, ver-se o Nosso, *Das carreiras profissionais*, cit., 5., VIII.

[84] *Direito do Trabalho*, cit., pág. 192.

[85] Veja-se, sobre este ponto, B. LOBO XAVIER, "*A mobilidade funcional e a nova redacção do art. 22.º da LCT*", cit., pág. 76 e ss. e 95 e ss.

se pertinente começar por esclarecer que é aos sujeitos que celebram o contrato que cabe, no exercício da liberdade de estipulação, definir o objecto do contrato de trabalho[86]. E que, como se acrescenta no n.º 2, muito embora essa definição possa ser feita *per relationem* (por remissão para categoria constante do instrumento de regulamentação colectiva aplicável ou de regulamento interno)[87] apenas se deve entender que tal acontece *quando isso resulte da vontade das partes, tal como deve ser entendida no âmbito da interpretação do contrato.* Só nesses casos será legítimo reconduzir o objecto do contrato a uma definição préexistente (nos demais casos, será, pois, abusiva a assimilação entre objecto do contrato e a categoria normativa em que o trabalhador esteja, em cada momento, classificado). Esta ideia – de que a identificação entre a actividade contratada e uma categoria normativa constante do instrumento de regulamentação colectiva aplicável ou do regulamento de empresa constitui uma mera possibilidade – é, inclusivamente, reafirmada no n.º 2 do art. 151.º.

Por sua vez, o n.º 1 do art. 151.º, inserido no capítulo que regula a prestação de trabalho e imediatamente após a consagração genérica do poder directivo (150.º), determina, em termos similares aos que constam do n.º 1 do art. 22.º da LCT, que o trabalhador deve, em princípio, exercer funções correspondentes à actividade para que foi contratado. Ou seja, se compete ao empregador fixar os termos em que deve ser prestado o trabalho, dentro dos limites do programa contratual, então as funções que podem ser exigidas ao trabalhador, no exercício deste mesmo poder directivo, são aquelas que se enquadram na actividade estipulada pelas partes. O n.º 1 do art. 151.º representa, pois, mera explicitação do que decorre já da noção legal de poder de direcção.

Embora o n.º 1 do art. 111.º e o n.º 1 do art. 151.º do CT se refiram apenas, em termos genéricos, à actividade para que o trabalhador é contratado, o n.º 1 do art. 313.º retoma a expressão "categoria para que o trabalhador foi contratado". Ou seja, a actividade contratada (à qual se refere também o n.º 1 do art. 314.º, retomando a ideia de objecto do contrato) é designada pela expressão categoria[88]. Porém, este conceito de categoria,

---

[86] L. MENEZES LEITÃO, *Código do Trabalho anotado*, Coimbra, Almedina, 2003, pág. 102.

[87] L. MENEZES LEITÃO, *Código do Trabalho anotado*, cit., pág. 102.

[88] Este mesmo sentido aparece na alínea *c*) do n.º 1 do art. 98.º, na alínea *a*) do n.º 1 do art. 247.º e no art. 248.º. Curiosamente, na alínea *b*) do n.º 1 do art. 131.º, a referência à "categoria profissional ou funções ajustadas", que surge na alínea *b*) do n.º 1 do

152 Estudos de Direito do Trabalho em Homenagem ao Prof. Manuel Alonso Olea

tal como vimos suceder com o conceito homólogo da LCT, é qualitativamente mais rico do que o mero enunciado de um tipo de actividade. Com efeito, o n.º 1 do art. 313.º revela que nele se inclui, igualmente, o plano da inserção na organização empresarial (como se referiu, só a esta luz faz sentido que se aluda a categorias *inferiores* ou *superiores*). Ou seja, assume-se que a vontade das partes não se cinge à mera definição da actividade a prestar, mas também ao modo de inserção do trabalhador num determinado quadro organizativo.

Com isto se transcende a possibilidade de coisificação do trabalho que vai envolvida numa concepção descarnada de categoria contratual, estabelecendo-se a conexão entre trabalho e organização produtiva e assumindo que o contrato determina a atribuição de uma determinada posição nessa organização, desde logo por relação à posição dos demais trabalhadores[89].

O n.º 2 deste art. 313.º sugere, ainda nesta linha, que essa correlação – tipo de actividade/ posição na organização produtiva – decorre objectivamente das funções exercidas. No entanto, nem sempre será assim (desde logo, pela incontornável existência de um *quantum* subjectivo na organização empresarial e pelo carácter necessariamente incompleto – no duplo sentido de não exaustividade e de abertura à mudança – dessa organização, bem como pela relevância do próprio momento contratual).

VII – O n.º 2 do art. 151.º do CT determina que "a actividade contratada (…) compreende as funções que lhe sejam afins ou funcionalmente ligadas, para as quais o trabalhador detenha a qualificação profissional adequada e que não impliquem desvalorização profissional". Para este efeito, "e salvo regime em contrário constante de instrumento de regulamentação colectiva de trabalho, consideram-se afins ou funcionalmente ligadas, designadamente, as actividades compreendidas no mesmo grupo ou carreira profissional" (n.º 2).

Muito embora seja manifesta a linha de continuidade com o actual n.º 2 do art. 22.º da LCT (na redacção da Lei n.º 21/96), é também nítida a intenção de esclarecer algumas das dúvidas suscitadas por esse regime.

---

art. 42.º da LCCT (norma homóloga da legislação anterior) é substituída pela expressão "actividade contratada", na sequência da opção feita no n.º 1 do art. 111.º do Código.

[89] Como se disse, a noção de objecto de contrato, tal como se colhe do direito civil, é em si mesma um absoluto. O acrescento da qualificação inferior ou superior encerra já uma ideia de relação (que permite realizar a comparação), bem como de um certo critério comparativo – cfr. B. Lobo Xavier/ A. Nunes de Carvalho, *"Princípio da igualdade: a trabalho igual, salário igual"*, RDES, 1997, n.º 4, pág. 405 e ss., com bibliografia.

Estas funções afins ou funcionalmente ligadas à actividade definida pelas partes no contrato de trabalho constituem ainda "actividade contratada". Quando o exercício de tais funções seja exigido pelo empregador não existe, manifestamente, alteração temporária do objecto do contrato[90]. Nem se pode dizer que esta regra opera como extensão do poder de direcção para além do objecto do contrato: no esquema do Código, o poder de direcção cinge-se à actividade contratada e esta compreende as funções a que se referem os n.°s 2 e 3 do art. 151.°[91].

Tais funções correspondem, no fundo, conforme se esclarece no n.° 4 do art. 151.°, a "funções acessórias" das referidas pelas partes, apontando o legislador para "um entendimento largo do objecto do contrato"[92]. Os n.°s 2 e 3 operam, afinal, como comandos de integração do objecto do contrato (ou, melhor dizendo, da vontade das partes), pelo que estão, desde logo por força desses mesmos preceitos, sujeitas a disposição diversa de instrumento de regulamentação colectiva (em sentido mais ou menos favorável para o trabalhador)[93] ou ao mecanismo de integração contratual do art. 95.° (faceta contratual do regulamento de empresa)[94].

---

[90] Como sustenta, face à nova redacção do art. 22.° da LCT, CATARINA CARVALHO (*"O exercício do ius variandi no âmbito das relações individuais de trabalho e a polivalência funcional"*, *in Juris et de Jure*, Porto, UCP, 1998, pág. 1058-1059).

[91] Não cremos, portanto, que se possa face ao Código afirmar, como faz MONTEIRO FERNANDES perante a actual redacção do art. 22.° da LCT, que "o empregador pode utilizar a força de trabalho do trabalhador para além dos limites da categoria, embora em actividades ainda delimitáveis em função dela", actividades que "devem ser 'afins' ou 'conexas' às que definem a categoria" – *Direito do Trabalho*, cit., pág. 194. As funções a que se refere o n.° 2 do art. 151.° do Código integram a actividade contratada, tal como é legalmente entendida ou, parafraseando a expressão cunhada por este Autor, de acordo com a "reconfiguração legal do objecto do contrato de trabalho".

[92] Muito no sentido a que se refere B. LOBO XAVIER, *"A mobilidade funcional e a nova redacção do art. 22.° da LCT"*, pág. 112.

[93] Por força do n.° 1 do art. 4.° do Código do Trabalho. Esta referência deve, contudo, ser entendida com as reservas à operatividade do princípio do tratamento mais favorável para o trabalhador que deixámos em *"Primeiras notas sobre a contratação colectiva atípica"*, *RDES*, 1999, n.° 4, pág. 378.

[94] Consequentemente, há também espaço para previsão diversa no próprio contrato de trabalho – cfr. sobre esta questão, no quadro da lei vigente, L. M. MONTEIRO, *"Polivalência funcional na regulamentação colectiva do trabalho"*, in *Estudos do Instituto de Direito do Trabalho*, Coimbra, Almedina, 2002, pág. 50, com referências bibliográficas exaustivas.

154 *Estudos de Direito do Trabalho em Homenagem ao Prof. Manuel Alonso Olea*

Por outro lado, esta acessoriedade é, agora, perspectivada no plano estritamente substancial[95], sendo aferida a partir do núcleo de funções desenhado pelas partes[96].

Poder-se-á, decerto, criticar a inclusão nestes preceitos do CT dos conceitos de actividade afim ou com ligação funcional àquela para que o trabalhador foi contratado. Com efeito, estas expressões, oriundas da concertação social pela via da Lei n.° 21/96, são ambíguas e com elevado grau de imprecisão[97]. Todavia, pior seria substituir estas expressões – que, bem ou mal, já integram a lei vigente há mais de meia década – por outras igualmente (ou ainda mais) desprovidas de tradição ou de significado na ordem juslaboral portuguesa. Para além disso, e no sentido de contribuir para a densificação destes conceitos, o n.° 3 do art. 151.°, para além de convocar expressamente a negociação colectiva[98] e a parametrização normativa em-

---

[95] Neste sentido, há alguma aproximação à noção italiana de "funções equivalentes" (art. 2103.° do *Codice*). Esta última é, no entanto, mais vasta, compreendendo "as funções que consentem no seu desenvolvimento a utilização e o consequente aperfeiçoamento do acervo de conhecimentos, de experiência e de perícia adquirido na fase pregressa da relação" – G. NICOLINI, *Diritto del lavoro*, Milão, Giuffrè, 1992, pág. 275.

[96] Como é sabido, a questão da acessoriedade é, no quadro de conceitos da Lei n.° 21/96, entendida em termos diferentes, surgindo relacionada com a noção de "função normal" e "actividade principal", num plano que remete, igualmente, para um parâmetro temporal – cfr. J. LEITE, *"Flexibilidade funcional"*, QL, n.°s 9-10, pág. 32 e ss., A. DIAS, *Redução do tempo de trabalho, adaptabilidade do horário e polivalência funcional*, Coimbra, Coimbra Ed., 1997, pág.; B. LOBO XAVIER, *"A mobilidade funcional e a nova redacção do art. 22.° da LCT"*, pág. 108 e ss.; CATARINA CARVALHO, *"O exercício do ius variandi no âmbito das relações individuais de trabalho e a polivalência funcional"*, cit., pág. 1051 e ss.; A. MONTEIRO FERNANDES, *"A categoria profissional e o objecto do contrato de trabalho"*, QL, n.° 12, pág. 142 e ss.; L. M. MONTEIRO, *"Polivalência funcional"*, Estudos do Instituto de Direito do Trabalho, I, Coimbra, Almedina, 2000, pág. 301 e ss.; A. DAMASCENO CORREIA, *"A polivalência e o direito da empresa a alterar o objecto da prestação laboral"*, RDES, 2002, n.° 1, pág. 8 e ss.

[97] Salientando isto mesmo, B. LOBO XAVIER, *"A mobilidade funcional e a nova redacção do art. 22.° da LCT"*, pág. 105 e ss. e Mª. ROSÁRIO PALMA RAMALHO, *Da autonomia dogmática*, cit., pág. 643-645. No mesmo sentido, J. LEITE, *"Flexibilidade funcional"*, cit., pág. 30 e ss. Veja-se, igualmente, A. DIAS, *"Polivalência funcional"*, QL, n.°s 9-10, pág. 44 e ss.

[98] É, em particular, a contratação colectiva que se desenvolva no âmbito num empresarial que pode ser o instrumento adequado para, dar conteúdo a esses conceitos legais – tal como acontecia já desde a Lei n.° 21/96. Assim sendo, e tendo presente a larga predominância das convenções colectivas de âmbito supraempresarial, não cabe grande optimismo. Aliás, o sentido desta densificação convencional requer, igualmente, convenções com eficácia *erga omnes*, ao arrepio das coordenadas legais actuais e próximas. Vale aqui,

presarial para a tarefa de preenchimento destes conteúdos, adianta, desde logo, que se consideram, para este efeito, afins e funcionalmente ligadas à actividade contratualmente estipulada, *designadamente*, aquelas que estejam compreendidas no mesmo grupo[99] ou carreira profissional.

Note-se, por outro lado, que os efeitos do exercício das funções a que se referem os n.ºs 2 e 3 do art. 151.º se reconduzem a dois planos apenas: um especial crédito em termos de formação profissional, "sempre que o exercício de funções acessórias exigir especiais qualificações" (n.º 4 do art. 151.º), e o direito à retribuição superior que corresponda ao desempenho de tais funções (art. 152.º).

Quanto a este último regime, cumpre formular duas observações.

Por um lado, aflora aqui a existência de uma conexão, para além do plano estritamente contratual, entre funções e tratamento remuneratório e, bem assim, reconhece-se o princípio de que a remuneração é determinada pelas funções efectivamente exercidas em cada momento. Estamos, pois, no domínio das questões relacionadas com a designada categoria real e com o procedimento de classificação. Todavia, ao contrário do que acontece com a versão pós-96 do art. 22.º da LCT, o Código não prevê, nesta hipótese, que se dê uma reclassificação em termos estáveis – ou seja, a aquisição estável de um estatuto remuneratório superior.

Por outro lado, deve reconhecer-se que a terminologia adoptada não é completamente feliz. Às "funções acessórias" a que se refere o n.º 4 do art. 151.º contrapõe-se agora o "exercício acessório" (afinal, dessas funções acessórias). Em todo o caso, a disciplina constante do art. 152.º parece, por ela própria, não dar lugar às discussões que a acessoriedade suscitou no quadro do art. 22.º da LCT[100].

---

porventura, recordar que na economia do Anteprojecto esta solução se conjugava com o reconhecimento às comissões de trabalhadores, dentro de certos limites, do direito de negociação colectiva. Esta conexão com a negociação colectiva é, na sequência da específica tradição legal e contratual, bem mais intensa no art. 22.º do *Estatuto de los Trabajadores* – cfr. por todos, J.L MONEREO PEREZ (dir.), *Comentario al Estatuto de los Trabajadores*, Granada, Comares Ed., 1998, pág. 332 e ss. e A. MONTOYA MELGAR/ J. GALIANA MORENO/ A. SEMPERE NAVARRO/ B. RIOS SALMERÓN, *Comentarios al Estatuto de los Trabajadores*, 4ª ed., Navarra, Ed. Aranzadi, 2001, pág. 139 e ss.

[99] Também o *Estatuto de los Trabajadores* lança mão desta noção, no referido art. 22.º – cfr. M. GARCIA FERNÁNDEZ, "*Movilidad funcional*" in A VV, *Reforma de la legislacion laboral*, Madrid, Marcial Pons1995, pág. 221-223. Mais extensamente, V. MARTÍNEZ ABASCAL, *La nueva regulación de la movilidad funcional*, Navarra, Aranzadi Ed., 1996, pág. 74 e ss. e 117 e ss.

[100] Cfr. supra nota 96.

156   *Estudos de Direito do Trabalho em Homenagem ao Prof. Manuel Alonso Olea*

Especialmente relevante é, contudo, a já assinalada conexão entre o funcionamento do regime do art. 151.° e a tutela da profissionalidade do trabalhador. Tanto o disposto no n.° 4 do art. 151.° como o previsto no n.° 5 do mesmo artigo (correspondendo ao art. 43.° da LCT), em conjugação com a relevância genericamente dada à formação e às expectativas profissionais do trabalhador, como, ainda, a ressalva da parte final do n.° 2 desta disposição, permitem considerar que esta assinalada reconfiguração legal do objecto do contrato deve ser entendida também no sentido de uma tutela dinâmica do património profissional do trabalhador. Se constitui regra geral no exercício do poder de direcção o respeito por esse património (n.° 5 do art. 151.°), já quando se exija a execução das funções que estão na periferia do objecto contratual é imperiosa a sua salvaguarda[101], para além de poder haver lugar a um crédito de formação[102]. Poder-se-á, neste sentido, dizer que o n.° 2 do art. 151.° se situa numa lógica de manutenção ou, mesmo de enriquecimento da específica profissionalidade do trabalhador, muito embora não se atribua a este a possibilidade de exigir uma gestão da prestação no sentido da promoção da respectiva profissionalidade[103]. Existe, pois, uma tutela do património profissional do trabalhador no momento da execução do contrato, mas que não chega ao que se usa designar por tutela dinâmica da profissionalidade[104].

VIII – Regulada a fixação da objecto do contrato e definidos os limites que daí decorrem para o exercício do poder de direcção, trata-se depois, nos arts. 313.° e 314.°, das vicissitudes contratuais.

Relativamente ao art. 313.°, cuja redacção corresponde à do art. 23.° da LCT, já foi referida a sua incidência no plano da reconstrução

---

[101] A esta luz, será de mais fácil concretização a noção de "desvalorização profissional" – sobre as dificuldades de preenchimento deste conceito, cfr. B. LOBO XAVIER, "*A mobilidade funcional e a nova redacção do art. 22.° da LCT*", pág. 102-103.

[102] O CT refere-se, neste e noutros locais, a créditos de formação aferidos numa base horária. Esta técnica suscita o problema da eventual conversão desses créditos num valor patrimonial, designadamente na eventualidade de cessação do contrato. É uma questão complexa, cujo tratamento não cabe aqui.

[103] Sobre o debate quanto ao sentido da tutela da profissionalidade, cfr., por ex., com indicações doutrinais e jurisprudenciais, G. NICOLINI, *Diritto del lavoro*, Milão, Giuffrè, 1992, pág. 273 e ss.

[104] Sobre esta questão, ver, com referências doutrinais abundantes, A. MINERVINI, *La professionalità del lavoratore nell'impresa*, Pádua, CEDAM, 1986, pág. 49 e ss.

Reflexões sobre a categoria profissional (a propósito do Código do Trabalho) 157

do conceito de categoria utilizado pelo Código a propósito do objecto do contrato de trabalho[105].

O art. 314.° consagra a possibilidade de variação temporária das funções, com fundamento em necessidades pontuais de gestão[106], mesmo para além da actividade contratada. Recolhe-se aí a disciplina do *jus variandi*, tal como existe desde 1967. Acrescentou-se, apenas, o reconhecimento expresso da supletividade do regime e a obrigatoriedade de justificação do comando patronal, bem como da indicação do tempo previsível para o desempenho destas funções (no sentido, mais uma vez, da tendencial eliminação das zonas de incerteza que a prática veio revelando[107]).

Para além das limitações decorrentes da fundamentação e da transitoriedade, a peça fundamental do funcionamento deste regime consiste no equilíbrio entre o interesse de gestão e a tutela da posição substancial do trabalhador. Não está, porém, aqui em causa apenas o plano funcional. Correspondendo o *jus variandi* a um alargamento temporário do conteúdo da prestação devida por imposição do princípio da boa fé (n.° 1 do art. 119.°)[108], devem aqui ser entendidos, desde logo, todos os factores a que se referem o n.° 2 do art. 119.° e o art. 149.°[109]. E, em geral, todos aqueles que envolvendo um acréscimo de penosidade permitam realizar o juízo de exigibilidade que aqui é devido[110].

Significa isto que no plano em que nos situamos neste estudo – o da abordagem ao tema da categoria profissional no Código do Trabalho –, o

---

[105] Assinale-se, de passagem, que o n.° 2 deste artigo se dirige à resolução dos problemas actualmente suscitados pela investidura do trabalhador em cargos de estrutura cujo exercício é transitório. Assim, em caso de modificação temporária da actividade devida, também a posição empresarial que lhe está associada partilha dessa natureza transitória.

[106] Sobre a noção de interesse da empresa constante desse art. cfr. M. Pinto/ P. Furtado Martins/ A. Nunes de Carvalho, *Comentário às leis do trabalho*, I, cit., pág. 112. Em geral, sobre esta noção cfr. A. Perulli, *Il potere direttivo dell'imprenditore*, Milão, Giuffrè, 1992, pág. 79 e ss.

[107] Para uma identificação destes problemas, veja-se, por ex., as notas de jurisprudência constantes de A. Neto, *Contrato de Trabalho – notas práticas*, 16ª ed., Lisboa, Ediforum, 2000, pág. 168 e ss.

[108] Neste sentido, M. Pinto/ P. Furtado Martins/ A. Nunes de Carvalho, *Comentário às leis do trabalho*, I, cit., pág. 111-112.

[109] Repare-se que este conjunto de preceitos (art. 119.° e art. 149.°) correspondem, afinal, ao conteúdo que hoje pode ser retirado do princípio da mútua colaboração (entendido como cláusula geral aberta às valorações fundamentais do ordenamento e, desde logo, aos princípios constitucionais) – cfr. M. Pinto/ P. Furtado Martins/ A. Nunes de Carvalho, *Comentário às leis do trabalho*, I, cit., pág. 84-85.

[110] Veja-se, por ex., P. Romano Martinez, *Direito do Trabalho*, cit., pág. 584.

158   Estudos de Direito do Trabalho em Homenagem ao Prof. Manuel Alonso Olea

conceito de posição substancial não é, em si mesmo, relevante: envolve uma valoração que, no âmbito estritamente funcional, opera com os elementos que resultam de outras normas. Voltaremos ainda a este ponto.

IX – Com todas as modificações que decorrem de alterações de redacção ou de enquadramento, a abordagem que o Código do Trabalho faz ao tema da categoria profissional na óptica do objecto do contrato de trabalho não envolve um corte radical com o regime anterior.

Continua a ser viável perante o Código a construção de um conceito legal de categoria contratual. Esse conceito não se restringe, contudo, à actividade contratada. Compreende, igualmente, a projecção da actividade contratada na organização produtiva em que o trabalhador se vai integrar. Para além disso, absorve parte das questões associadas à noção de categoria subjectiva opera a tutela do património profissional do trabalhador.

Se encararmos o conceito de categoria contratual a partir das questões que lhe estão associadas (circunscrição da prestação debitória e parametrização do exercício do poder de direcção), verificamos que, por um lado, a noção legal de categoria contratual não se reconduz ao mero produto da vontade das partes. Por outro lado, no enquadramento do espaço de gestão da prestação do trabalho concorre também o programa contratual de inserção organizativa do trabalhador e, ainda que em menor medida, a tutela do seu património profissional.

X – A alínea *e*) do art. 122.º do Código reproduz integralmente o que consta da alínea *d*) do n.º 1 do art. 121.º da LCT: "é proibido à entidade patronal: (…) baixar a categoria do trabalhador (…)". Repropõe, por isso mesmo, as dificuldades de interpretação que este preceito vem originando.

Pese embora a sua inserção sistemática na LCT, não parece sustentável subsumir o conceito de categoria presente nessa alínea à noção legal de categoria contratual, sob pena de completo esvaziamento do seu significado[111]. Não parece mais satisfatória a recondução desse conceito às categorias previstas nos instrumentos de regulamentação colectiva (categorias normativas), pois também neste caso não se descortina sentido útil ao preceito.

Sustentámos, no âmbito da LCT, o entendimento de que se procura aqui "garantir o posicionamento do trabalhjador na organização, vedando,

---

[111] Neste sentido, L. M. Monteiro, *"Da vontade contratual na configuração da prestação de trabalho"*, cit., pág. 304 e ss.

Reflexões sobre a categoria profissional (a propósito do Código do Trabalho) 159

como regra, a possibilidade de degradação da situação do prestador de trabalho na hierarquia empresarial", ponderando o "domínio que a entidade patronal detém sobre a organização laboral, no sentido de impedir que, por essa via, seja desvirtuado o sentido do programa contratual"[112]. Ainda assim, esta interpretação não se afigurava inteiramente satisfatória.

A inserção sistemática do preceito no Código do Trabalho (rompendo a contiguidade com as normas relativas ao objecto do contrato) veio tornar mais fácil esta tarefa. E no mesmo sentido concorre uma outra circunstância. Como referimos, a legislação posterior à LCT multiplicou o recurso à expressão categoria, sem o cuidado de manter uma correspondência clara com o uso legal dessa expressão nesse diploma. O Código do Trabalho integrou grande parte dessa legislação e, com isso mesmo, veio tornar evidente a existência de conceitos legais distintos.

Na verdade, muitas vezes a referência à categoria profissional, mesmo no contexto do contrato de trabalho, não se reporta à actividade contratada, nas suas diversas implicações. O legislador é forçado a dar relevância normativa ao facto de na execução do programa contratual a relação se desprender, em alguma medida, da dimensão do acordo para se projectar na organização da empresa, objectivando-se num certo percurso empresarial e profissional – trata-se, no fundo, de um dos fenómenos a que Giugni se referia quando escreveu que o o contrato contém apenas o DNA da relação laboral[113]. Decerto que a execução do contrato é parametrizada pelo acordo das partes, entendido evolutivamente e com as suas modificações, expressas ou tácitas. No entanto, encontramos por diversas vezes e para variados efeitos uma referência legal à categoria para descrever a posição específica do trabalhador, com independência do conteúdo do vínculo que lhe subjaz (ou seja, em certo sentido, já não do ponto de vista da projecção dos efeitos do contrato, mas antes reportanto-se a um certo estatuto[114]).

---

[112] M. Pinto/ P. Furtado Martins/ A. Nunes de Carvalho, *Comentário às leis do trabalho*, I, cit., pág. 102 e 103. Tb. A. Nunes de Carvalho, *Das carreiras profissionais*, cit., cap. I, n.º 5.

[113] Insistindo neste aspecto fulcral, B. Lobo Xavier, *"A mobilidade funcional e a nova redacção do art. 22.º da LCT"*, pág. 65 e ss.

[114] A utilização desta expressão não é isenta de dificuldades (veja-se, por ex., A. Nunes de Carvalho, *Das carreiras profissionais*, cit., cap. I, n.º 5, nota (26)). Mas cremos que é a este sentido fundamental que se refere Monteiro Fernandes quando sublinha que "a tutela da categoria visa, entre outros objectivos, salvaguardar o estatuto profissional do trabalhador" (*Direito do Trabalho*, cit., pág. 191).

160   *Estudos de Direito do Trabalho em Homenagem ao Prof. Manuel Alonso Olea*

Neste sentido, a categoria surge em conexão com o concreto desenho organizativo, formalizado ou não num regulamento ou quadro orgânico, permitindo situar, em cada momento[115], o trabalhador.

Cremos que é este o sentido subjacente à utilização da expressão categoria em preceitos como a alínea *f)* do art. 120.°, a alínea *d)* do art. 336.°, o n.° 4 do art. 337.°, a alínea *d)* do art. 419.°, o art. 422.°, a alínea *b)* do n.° 3 do art. 423.°, a alínea *b)* do n.° 1 do art. 436.°, a alínea *b)* do n.° 2 do art. 440.° e o n.° 1 do art. 634.° do Código. E, sobretudo, que é este o sentido a dar à tutela consagrada na alínea *e)* do art. 122.°.

Só nesta acepção se pode, em nosso entender, aludir a um "direito à categoria". Tal direito tem por conteúdo a tutela da posição fundamental do trabalhador na organização produtiva, à qual estão associadas situações jurídicas relevantes (desde logo, no plano dos chamados critérios de selecção social[116] aplicáveis em diversas formas de despedimento com justa causa objectiva[117]) e que integram a sua identidade de membro dessa comunidade.

XI – Na alínea *g)* do art. 543.° do Código do Trabalho (que corresponde ao n.° 2 do art. 23.° da LRCT) surge, com toda a clareza, a referência às categorias normativas. Quando a convenção contenha uma categorização (ou se reporte a essa categorização) deverá decompor em categorias o universo de trabalhadores a que se reporte a sua eficácia pessoal, em particular para efeito de fixação do respectivo nível retributivo.

A este mesmo sentido se reporta, igualmente, o n.° 1 do art. 31.°.

Em algumas outras disposições, este conceito de categoria normativa aparece mesclado com a referência à categorização realizada por regulamento de empresa, no sentido de parâmetro retributivo institucionalizado

---

[115] Não pode, em especial, esquecer-se que certas posições (*v.g.* cargos de chefia) têm por natureza carácter transitório, pelo que a tutela que lhes é deferida por lei não pode ser entendida por forma a desvirtuar essa natureza. Trata-se de um problema que, embora atenuado pela criação do regime da comissão de serviço, suscita dificuldades de monta, nem sempre devidamente resolvidos pelos tribunais. Conforme referimos na nota (105), o n.° 2 do art. 313.° do CT tem presente este problema.

[116] Utilizamos o termo consagrado, com todas as deficiências que lhe aponta B. LOBO XAVIER, *O despedimento colectivo no dimensionamento da empresa*, Lisboa/ S. Paulo, Verbo, 2000, pág. 449.

[117] Permitindo, pela objectivação da posição do trabalhador que está inerente a este conceito, a objectividade – e, por isso mesmo, a controlabilidade – da própria escolha – cfr. quanto a este ponto, B. LOBO XAVIER, *O despedimento colectivo no dimensionamento da empresa*, cit., pág. 450 e ss. e *passim*.

Reflexões sobre a categoria profissional (a propósito do Código do Trabalho) 161

(n.º 1 do 328.º, n.º 2 do art. 306.º) ou designando, simplesmente, uma categorização formalizada (alínea *c*) do n.º 1 do art. 56.º e n.º 4 do art. 547.º). O Código do Trabalho reconhece aqui, como noutros pontos (n.º 5 do art. 267.º, n.º 4 do art. 300.º) que a classificação que decorra dos instrumentos de regulamentação colectiva (só eventualmente existentes) concorre com aquela que esteja consagrada, formal ou informalmente, na empresa (funcionando esta, normalmente, como regra especial)[118].

XII – Fica assim encerrada esta primeira tentativa de sistematização dos conceitos de categoria profissional presentes no Código de Trabalho. Como se disse, visou-se, essencialmente, tornar clara a pluralidade de sentidos e de problemas, apontando para vectores de sistematização viáveis e com potencialidade para evitar equívocos na aplicação do novo regime legal. Apesar destas evidentes limitações, cabe, ainda assim, uma prevenção final.

Nem sempre o sentido das normas é rigorosamente únivoco, pelo que nelas podem confluir diversos quadros de problemas e, por isso mesmo, os conceitos utilizados – no caso, a categoria profissional – não surgem com a pureza que só a perspectiva analítica consente. Por outro lado, as distinções que ensaiámos não aspiram a uma divisão sem resto. Tal como a própria realidade da vida a que se dirige – regulando-a de acordo com uma pauta transcendente[119] –, também as normas do Direito positivo não se deixam facilmente enclausurar nos instrumentos do jurista teórico.

---

[118] Tendo presente esta dualidade, veja-se, no plano da LCT, B. LOBO XAVIER (com a colaboração de A. LOBO XAVIER), *Regime Jurídico do Contrato de Trabalho anotado*, cit., pág. 78. É, sobre este ponto, ainda bastante interessante a obra de R. GARCIA DE HARO, *Convenios colectivos y reglamentos de empresa*, Barcelona, Bosch, 1961.

[119] Tal é a concepção que nos legou o Mestre ALONSO OLEA: a de um Direito que "tem um conteúdo material que o caracteriza enquanto tal ou, pelo menos, um fundamento último comum a todas as suas manifestações: a liberdade humana e tudo o que dela deriva, na sua origem e em todas as suas conseuqências – a existência tanto biológica como cultural do homem, a 'manutenção da Humanidade como um todo, incluindo o seu futuro'" – *Introduccion al Derecho del Trabajo*, cit., pág. 26.

A CONSTITUIÇÃO PORTUGUESA COMO FONTE DO DIREITO DO TRABALHO E OS DIREITOS FUNDAMENTAIS DOS TRABALHADORES*

BERNARDO XAVIER

> SUMÁRIO: 1. A "constituição do trabalho" ou a Constituição como fonte de Direito do trabalho. 2. Os conceitos de trabalho, trabalhador, classes trabalhadoras na Constituição. O percurso desde 1976. 3. (Continuação). A recuperação da ideia de empresa: a empresa como suposto da relação de trabalho. 4. Descrição sumária da cartografia constitucional relativa ao trabalho. Direitos, liberdades e garantias dos trabalhadores e direitos sociais. Outras posições jurídico-constitucionais relevantes. 5. Os direitos fundamentais comuns e a sua refracção no contrato de trabalho. Direitos do trabalhador como cidadão. 6. As estruturas subjectivas. (breve referência). 7. A Constituição como complexo normativo federador e integrador do actual Direito do trabalho. Conclusão.

1. A "constituição do trabalho" ou a Constituição como fonte de Direito do trabalho.

Será um truísmo dizer que à Constituição, como vértice do sistema normativo e base legitimadora das outras fontes de Direito, compete um

---

* O presente texto traduz essencialmente a colaboração do autor na Colectânea da Academia Iberoamericana de Direito do Trabalho e Segurança Social, igualmente em homenagem ao Prof. MANUEL ALONSO OLEA. As alterações cifram-se em alguns acrescentos relativos ao nosso tormentoso processo constitucional e num desenvolvimento quanto à estrutura das posições jurídicas subjectivas decorrentes da Constituição.

164 *Estudos de Direito do Trabalho em Homenagem ao Prof. Manuel Alonso Olea*

papel transcendente no Direito do trabalho. De resto, um agrupamento de artigos com longa expressão verbal denominado "direitos, liberdades e garantias dos trabalhadores", totalizando o Cap. III do Título II ("direitos, liberdades e garantias") da Parte I ("Direitos e deveres fundamentais"), e, ainda, nessa mesma Parte I, uma descrição bastante minuciosa de regras e princípios relativos ao trabalho e áreas sociais vizinhas no Título III ("direitos e deveres económicos, sociais e culturais") tornam a Constituição portuguesa numa das mais extensas no nosso tema. Não parecendo haver dúvida quanto à necessidade de, no tópico de fontes, prestar especial atenção à lei fundamental relativa às matérias de trabalho[1]: a questão não se compadece com sumárias alusões quando essas matérias na Constituição portuguesa se encontram referidas de modo tão extenso e determinante, como "decisão fundamental com relevo no trabalho[2]". Por outro lado, os direitos fundamentais que inspiram o tratamento constitucional do trabalho "comandam todo o ordenamento jurídico"[3], iluminados por uma ideia de dignidade humana e do trabalho em que o próprio sentido de realização de igualdade tem dominante importância[4]. Desses direitos fundamentais do trabalho se pode dizer que "exprimem (também) uma protecção da liberdade e da autonomia dos membros de certas camadas sociais, justamente daquelas que só agora, através da luta social, ascendem a uma integral cidadania – os homens trabalhadores"[5].

A doutrina divide-se a propósito de cada sistema jurídico quanto a saber se existe ou não uma Constituição do trabalho, como uma Constituição económica ou de outras áreas[6-7]. Desde já anotaremos que se trata

---

[1] Na manualística, é de assinalar o tratamento do tema por PEDRO ROMANO MARTINEZ *Direito do trabalho* 158-171. V., também, MENEZES CORDEIRO, *Manual de Direito do trabalho,* 137-160; e MONTEIRO FERNANDES, *Direito do trabalho* (1999), 63 ss. Ainda, quanto ao papel da Constituição, MENEZES CORDEIRO (1998), cit., 22 ss. Já composto o presente estudo, publicou-se, de JORGE BACELAR GOUVEIA, *O Código do Trabalho e a Constituição Portuguesa* (Lisboa, 2003).

[2] MENEZES CORDEIRO, cit., 27.

[3] VIEIRA DE ANDRADE, *Os Direitos Fundamentais na Constituição Portuguesa de 1976,* (Coimbra, 2001), 37. Sobre a matéria, é de destacar a dissertação de ABRANTES (José João), *Contrat de travail et droits fondamentaux,* ed. Peter Lang (Frankfurt, 2000).

[4] Sobre o desígnio constitucional de uma *tarefa igualitária,* basta referir para além do art. 13.° da Constituição, o que está presente nas ideias de "democracia económica, social e cultural" (art.2.° *in fine*) como objectivo da República, e na de "igualdade real entre os portugueses" como tarefa do Estado (art. 9.°, d). V., também, o art 81.°, *b*).

[5] VIEIRA DE ANDRADE (2001), 58, n. 70.

[6] Obviamente que nos pretendemos referir a algo que decorre formalmente de uma

A Constituição portuguesa como fonte do Direito do trabalho

de questão pouco resolúvel pela própria ambiguidade e equivocidade constitucional dos conceitos *trabalho* e *trabalhador*[8]. De qualquer modo, nunca será de mais prevenir-nos quanto aos perigos na consideração de uma "constituição do trabalho", emergentes de incompleta contextualização induzida pelo zoneamento de tópicos constitucionais, que leva a olvidar o influxo que outras áreas possuem nesta nossa matéria: desde logo, principalmente, o papel constitucional da livre iniciativa e da liberdade de empresa e o próprio conceito constitucional da empresa. O necessário contraponto aos direitos relativos ao trabalho, sem o qual não há emprego nem trabalhadores[9], é a liberdade da empresa e a iniciativa privada.

Por outro lado, alguma reflexão haverá de ser feita – ainda – quanto à conformação de outros direitos fundamentais não especificamente laborais. A ideia de "Constituição do trabalho" e a de tutela específica que lhe está ligada nem sempre faculta o melhor instrumento de análise quanto à refracção nos direitos da pessoa e do cidadão de quem trabalha no plano da vivência empresarial, sujeito a um regime de direcção e obediência para o qual se cunhou a fórmula de subordinação jurídica como distintiva do contrato de trabalho. E este problema é de capital importância.

Não parece bem que com a atenção demasiado presa à matéria especificamente laboral[10] se desvalorize a importância da própria apresentação

---

Constituição situada (especificamente a actual Constituição portuguesa) e não a outros conceitos de Constituição do trabalho (v. os textos de THILO RAMM e o respectivo prefácio da tradução italiana GAETA/VARDARO, publicados sob o título *Per una storia della costituzione del lavoro tedesca* (Milão, 1989), ed. Giuffrè (4 ss; 22, 25 ss; 130 ss).

[7] JORGE MIRANDA, *A Constituição de 1976*, (Lisboa, 1978), 519 ss; GOMES CANOTILHO, *Direito constitucional*, 3.ª (Coimbra, 1999), 334-5; MENEZES CORDEIRO, *Manual de Direito do trabalho,* 139. V., também, BARROS MOURA, "A Constituição portuguesa e os trabalhadores", em *Portugal – O sistema político-constitucional – 1974-1978* (Lisboa, s.d.); NUNES DE CARVALHO, "Reflexões sobre a Constituição e o Direito do trabalho", (1998), 53.

[8] GOMES CANOTILHO (1999), 335, nota 21;MENEZES CORDEIRO, *Manual*, 143; NUNES DE CARVALHO (1998), 48; PEDRO ROMANO MARTINEZ (2002), 160-2.

[9] A proposição inversa é igualmente verdadeira. No actual sistema produtivo, não há liberdade de empresa nem iniciativa privada sem a possibilidade de *recorrer* a trabalhadores. Daí a menos feliz fórmula dos "recursos humanos" (como é dito muitas vezes, "se são recursos não são humanos, se são humanos não são recursos").

[10] Pretendemos manifestar-nos contra uma invocação parcelar de textos constitucionais de tutela dos trabalhadores um pouco ao acaso, sem resolver as dificílimas operações de concordância prática pressupostos pelo reconhecimento da iniciativa privada, enfim sem efectuar a conciliação do que antigamente se chamava direitos da propriedade e do capital, por um lado, e os do trabalho, por outro. Já muitas vezes nos insurgimos contra o vício corrente da "banalização" da Constituição e dos seus princípios por parte daqueles que invocam com trivialidade a Lei Fundamental, como dela se pudesse extrair, por simples dedu-

166 *Estudos de Direito do Trabalho em Homenagem ao Prof. Manuel Alonso Olea*

de outros subsistemas, desde logo o das fontes normativas nos quadros constitucionais. Ainda que deixando alguns pontos praticamente entre parêntesis, por exemplo, o sentido da relevância do Direito social comunitário, tomaremos atenção à intervenção das organizações dos trabalhadores como destinatários obrigatórios de consultas no procedimento legislativo, ou também do quadro da concertação social, do qual decorre no plano prático a mesma produção legislativa. E não pode olvidar-se, ainda, a consideração de outras questões estruturais que, contudo, não conseguiremos versar, como gostaríamos ou quanto desejaríamos: acesso, eficácia e tutela dos direitos constitucionais, natureza das posições jurídicas decorrentes do texto constitucional e ainda muitas questões relevantes.

2. Os conceitos de trabalho, trabalhador, classes trabalhadoras na Constituição. O percurso desde 1976.

O significado que o texto constitucional assume é matéria pouco propícia a consensos, sobretudo porque se regista uma evolução desde 1976[11] que obriga a uma constante redefinição do próprio projecto inicial. As normas constitucionais – na sua raiz – não podem ser compreendidas sem a sua ligação ao projecto socialista da Constituição, no seu texto e leitura de 1976[12], logo depois relegado para melhores tempos ou até posto de parte.

ção de algumas das suas regras, solução para todos os problemas jurídicos concretos, descurando a mediatização legislativa, o necessário esforço de concordância com os diversos valores constitucionais em presença e todas as outras operações jurídicas. Igualmente insistindo na importância de se entenderem as normas no conjunto da Constituição, PEDRO ROMANO MARTINEZ (2002), 159; MENEZES CORDEIRO, *Manual*, 143

[11] A reflexão histórico-constitucional centrar-se-á nos últimos trinta anos. Assumem pequena expressão quanto a questões de trabalho as várias Constituições portuguesas: as liberais monárquicas do século XIX e a republicana de 1911. A Constituição corporativa de 1933 não tem parentesco com a actual e foi precisamente contra o modo de considerar as questões laborais de corporativismo que se traçou a evolução a partir de 25 de Abril de 1974. Referimo-nos pois à lei fundamental de 1976 que constitucionaliza a revolução e os subsequentes textos.

[12] V. o texto apologético de CANOTILHO/VITAL MOREIRA, *Constituição da República Portuguesa anotada*, 1.ªed. (Coimbra, 1978), Cbª Ed.ª, 2: "Entre 25 de Abril de 1974 e 25 de Abril de 1976 vai toda uma revolução, certamente a mais profunda e a mais popular das revoluções portuguesas. Ao lado do MFA surgiram as forças sociais e políticas e irromperam as massas populares. As agudas contradições de classe estalaram. Desencadeou-se uma autêntica revolução (i. é, um processo de alteração de estruturas económicas, sociais e políticas por acção directa de movimentos de massas)." E mais adiante, depois de des-

A Constituição portuguesa como fonte do Direito do trabalho   167

Este projecto – porventura nunca tomado demasiadamente a sério – incorporava um sentido político de revolução socialista, de tomada de poder pelas classes trabalhadoras e de construção de uma sociedade sem classes. Lembre-se que, quando a Assembleia Constituinte foi eleita em 1975, já muitas decisões fundamentais nesta matéria haviam sido tomadas (nacionalizações, reforma agrária, intervenção de estruturas populares de base). Apesar de a Assembleia ser uma das "frentes de combate" em que tinham expressão as forças democrático-pluralistas, ela esteve permanentemente sujeita – pelo menos até 25 de Novembro de 1975 – a pressões político-militares quase sempre incontornáveis. No país e ao nível dos órgãos do poder político, ou dos poderes de facto, preponderavam os defensores do socialismo de tipo terceiro-mundista, ou soviético, ou outros mais extremistas. Foi precisamente até Novembro de 1975 que muitas disposições da Constituição (constituída pela Revolução[13]) foram votadas[14] (e entre elas as que nos ocupam sobre o trabalho), permanecendo substantivamente intocadas mesmo depois da normalização democrática[15].

Quem comparar a Constituição portuguesa na sua lição de 1976 com o texto presente dar-se-á conta da persistência de formulações atributivas de direitos aos trabalhadores[16], mas com uma mudança completa de projecto político e socio-económico literalmente considerado indispensável[17]

---

crever o processo revolucionário, em que são destruídas "as bases do capitalismo monopolista e latifundiário" e em que "a revolução inscreve o socialismo como objectivo" declaram estes autores que a Constituição "não deve à revolução apenas a sua existência, deve-lhe também grande parte do seu conteúdo"(3)."Mais do que *constituinte* de uma revolução, a CRP foi *constituída* pela Revolução" (7). V., ainda, dos mesmos AA. a referência à garantia das transformações revolucionárias e institucionalização do processo revolucionário, e a fórmula que faria carreira do "carácter compromissório". Este sonho revolucionário (pesadelo para outros) esfumar-se-ia, breve.

[13] V. nota anterior.

[14] Sobretudo nas várias comissões em que se realizou o labor constituinte, mas também no Plenário.

[15] Das raras disposições constitucionais que consagram orientações diferentes das propugnadas pelas forças dominantes estão os dispositivos sobre a liberdade e pluralismo sindicais.

[16] NUNES DE CARVALHO, "Ainda sobre a crise do Direito do trabalho", *Memória do II Congresso de Direito do trabalho,* referencia que as revisões constitucionais não trouxeram grandes alterações substanciais (pág. 50, n.5, principalmente). Contudo, sendo isto exacto no plano dos vários direitos referidos aos trabalhadores, já o não é quanto ao sentido e modelo das relações laborais construído pelos constituintes, que não perduraram.

[17] Cfr. art. 50.° do texto constitucional de 1976, transcrito na nota que segue à imediata.

168   *Estudos de Direito do Trabalho em Homenagem ao Prof. Manuel Alonso Olea*

para a concretização desses mesmos direitos. Supomos, pois, que em matéria económico-social e de trabalho induz em erro referir hoje em dia como vigente a Constituição de 1976: a lei fundamental portuguesa actualmente pouco tem a ver com a elaborada durante o processo revolucionário. De qualquer modo, não se pode negar (e seria como que deixar de pretender explicar toda a carga ideológica do texto de 1976) que as normas têm a ver muitas vezes – na sua redacção – com projectos constitucionais de carácter político de revolução permanente ("processo revolucionário) e de carácter político-económico de instauração de socialismo que vieram a gorar-se ou que, adquirindo significados mais moderados, foram mudando ao longo do último quarto de século. Por exemplo, do art. 1.º já não consta o aceno emblemático à transformação de Portugal "numa sociedade sem classes". O art. 2.º da Constituição deixou de se referir ao socialismo e às classes trabalhadoras[18]. Desapareceram não só o objectivo da "transição para o socialismo" vigente até 1989 e, sobretudo, as proclamações do texto original de 1976 quanto à "criação de condições para o exercício democrático do poder pelas classes trabalhadoras". Essa obsessão pelas classes trabalhadoras do texto inicial desapareceu sem deixar rasto. Volatilizam-se as referências ao trabalho e aos trabalhadores nos "princípios fundamentais" e nos "princípios gerais da organização económica" da Constituição[19]. Seja qual for historicamente o julgamento sobre os verdadeiros pen-

---

[18] Em 1976, o texto da Constituição consignava o objectivo político da República de "assegurar a transição para o socialismo mediante a criação de condições para o exercício democrático do poder pelas classes trabalhadoras". V. nota seguinte.

[19] Mesmo que se entenda indiferente no que se refere aos trabalhadores e ao trabalho a eliminação do projecto socialista multiplamente referido no texto constitucional de 1976, deve considerar-se o que desapareceu dos "princípios fundamentais" que abrem a Constituição portuguesa. Numa indicação rápida e sem pretensões de exaustiva, teremos:

No art. 1.º, dizia-se – "Portugal é uma República soberana [...] *empenhada na sua transformação numa sociedade sem classes*".

– No art. 2.º escrevia-se – "A República Portuguesa é um Estado democrático [...] *que tem por objectivo assegurar a transição para o socialismo mediante a criação de condições para o exercício democrático do poder pelas classes trabalhadoras"*;

– No art. 9.º, al. *c)*, considerava-se ser uma das tarefas fundamentais do Estado *"socializar os meios de produção e a riqueza, através de formas adequadas às características do presente período histórico, [...] e abolir a exploração e a opressão do homem pelo homem"*;

– No art. 10.º, n.º 2 – *"O desenvolvimento do processo revolucionário impõe, no plano económico, a apropriação colectiva dos principais meios de produção"*.

E não se pode ignorar que, na redacção de 1976, os dez artigos (art. 51.º e ss) que se referiam ao trabalho (em doze de um capítulo sobre direitos económicos, sendo dos dois

A Constituição portuguesa como fonte do Direito do trabalho   169

samentos dos padres constituintes (se vemos bem as coisas quase ninguém acreditava seriamente na possibilidade de sobrevivência de um projecto a um tempo democrático e colectivista, pois um haveria de destruir o outro, como – de facto – se passou[20]) julgamos que a evolução dos textos não deve ser escamoteada.

Depois de 1989, a Constituição contém no art. 2.°, como objectivo do Estado, uma fórmula neutra e quase banal sobre a "realização da democracia económica, social e cultural" e outra – essa bem mais expressiva – sobre o "aprofundamento da democracia participativa". Do mesmo modo, ao longo das sucessivas cinco revisões[21], foram objecto de prudente desbaste outros enunciados "vistosos".

O texto constitucional de 1976 espelhava bem um conflito de lógicas não resolvido: por um lado, uma concepção assente – pelo menos subli-

---

sobrantes um relativo às cooperativas e autogestão e outro relativo à propriedade privada) estavam submetidos a princípios gerais: "*a apropriação colectiva dos principais meios de produção*, a planificação do desenvolvimento económico e a democratização das instituições são garantias e condições para a efectivação dos direitos e deveres económicos, sociais e culturais" (art. 50.°). Este texto não sobreviveria à revisão de 1982, a qual aliás daria a alguns dos direitos dos trabalhadores a dignidade e estatuto de "direitos, liberdades e garantias". Por outro lado, a redacção de 1976, no art. 80.°, estabelecia que a organização económica "assenta *no desenvolvimento das relações de produção socialistas, mediante a apropriação colectiva dos exercício principais meios de produção e solos, bem como dos recursos naturais, e o do poder democrático das classes trabalhadoras*". Em 1982, foi dado ao preceito um texto bem mais moderado.

[20] Não nos parece que a Constituição no seu texto de 1976 fosse apenas um compromisso, mas, como tantas vezes acontece, um projecto que consentia duas doutrinas. Seguramente que a invocação do "carácter compromissório" permitiu uma luta de dentro sem rupturas constitucionais. Na realidade, o núcleo duro da Constituição (e o incontestavelmente legítimo) era o da realização democrática e de afirmação dos direitos fundamentais, não estando concorde com o princípio socialista, que ficou pelo caminho. Não havia compromisso, mas contradição entre a legitimidade democrática e a revolucionária, e as antinomias foram vencidas por uma inteligente e gradual evolução política. LUCAS PIRES haveria de referir, a propósito, o "conflito fundamental" e a "condição dividida" ou o "dualismo":"A Constituição volta a ser aqui um sistema de antinomias, isto é um anti-sistema. O 'compromisso' esconde uma contradição e não poderá ser uma base duradoira de interpretação e concretização" (*Teoria da Constituição*, 1988, 388). De facto, o compromisso escondia"um conjunto de duas 'ordens' paralelas num processo de luta e exclusão progressiva que aguarda ainda a sua resolução" (ob. cit., 389). Tal resolução – acrescentamos nós – iria acontecer logo no ano seguinte (1989).

[21] Em 1982, 1989, 1992, 1997 e 2001.

minarmente – numa certa noção de classes trabalhadoras, irredentas e exploradas, presas nas malhas do contrato de trabalho, obedecendo a ordens, desapossadas de tudo e até, por instrumentos jurídicos (contratos) desiguais, da sua própria força de trabalho. Por outro lado, os membros dessas classes, os trabalhadores – os do mundo do trabalho – surgem como os cidadãos por excelência, aqueles a quem está prometido o poder, como os actores da transformação do mundo, como os criadores ou, mais simplesmente, os produtores de riqueza. Os trabalhadores, sempre tomados com uma referência de "classe", eram – simultaneamente – as vítimas de processos de exploração e de opressão, que esperam o fim da relação salarial e a nova sociedade sem classes, em que ocupariam o seu lugar dirigente, na nebulosa utopia socialista. Mas necessitavam – no momento histórico – da definição e da titularidade de direitos irreversíveis. Por isso também, e tendo em conta a própria existência de um Estado colectivista, se fazia coincidir com um direito ao trabalho um "dever de trabalhar" (art. 58.°, 2, do texto de 1976[22]).

Não maravilhará, pois, que o legislador constitucional de 1976 – prospectivando a redenção das classes trabalhadoras – se tenha sobretudo dirigido a estabelecer de modo mais ou menos proclamatório um forte núcleo de direitos conferidos a cada trabalhador e às suas estruturas representativas. O trabalhador, sobretudo enquanto homem isolado e desapossado, submetido, "sujeito" no sentido de súbdito (em estado de sujeição) e não no de pessoa, necessitava de ver a sua posição fortalecida pela concessão política e jurídico-constitucional de abundante complexo de direitos. E isto se pretendeu tornar em boa parte irrevisível, pela obrigatoriedade das leis de revisão constitucional respeitarem "os direitos dos trabalhadores, das comissões dos trabalhadores e das associações sindicais" (art. 290.°, e), "o princípio da apropriação colectiva dos principais meios de produção" (art. 290.°, f), e a cristalização das nacionalizações como "conquistas irreversíveis das classes trabalhadoras"(art. 83.°)[23].

Mas teremos de perguntar o que resta deste enquadramento, quando caiu toda a teorização fundada numa ideia emancipatória das classes trabalhadoras, numa perspectiva futura económico-social socialista, de sociedade sem classes. E isto não é ainda mais importante porque caíram –

---

[22] Sobre o ponto, NUNES DE CARVALHO, "Ainda sobre a crise", 53.

[23] Transcrevemos de VIEIRA DE ANDRADE (213): "as forças vivas de uma comunidade não se resignam (senão, quando muito, transitoriamente) a cumprir com subserviência um destino legado em testamento, muitas vezes elaborado em época de euforia utopista".

A Constituição portuguesa como fonte do Direito do trabalho   171

do mesmo passo – as referências laborais no que se refere à estrutura e fins do Estado e mesmo os padrões colectivistas e socializantes quanto aos limites do poder constituinte. De qualquer modo, uma ilegitimidade de base[24], os próprios excessos proclamatórios e ideológicos, um novo espí-

---

[24] Desde logo, porque o projecto socialista foi antecipado sem qualquer legitimidade democrática (contrariando o programa do Movimento das Forças Armadas, pelo qual as reformas de fundo competiriam à Assembleia Constituinte, abstendo-se o movimento "de qualquer atitude política que possa condicionar a liberdade de acção e a tarefa" daquela assembleia). O projecto socialista decorreu da sucessão de pequenos golpes de Estado que caracterizou o período pré-constitucional a seguir ao 25 de Abril. A opção socialista assumida pela Assembleia Constituinte não era de facto uma opção, pois não havia alternativa, em face do domínio da vida política, militar e de rua de forças que exigiam tumultuariamente esse mesmo projecto. Como citámos já, num texto apologético do acontecido, "mais do que *constituinte* de uma revolução, a CRP foi *constituída* pela Revolução" (GOMES CANOTILHO/VITAL MOREIRA). No nosso entender, o próprio texto constitucional foi forçado a proceder a uma ligação a um projecto revolucionário cuja democraticidade seria sempre duvidosa e a estabelecer *volente nolente* a continuação de um órgão que se reclamava apenas da legitimidade revolucionária (o Conselho da Revolução). O projecto socialista não se justificou também pela soma de forças que deste se reclamavam e que tinham saído das eleições de 1975 (o próprio PS era considerado contra-revolucionário pelo extremismo político-militar dominante). É desde logo difícil considerar *fair* para forças da direita e não socialistas as eleições de 25 de Abril de 1975 para a Assembleia Constituinte. Tais eleições realizam-se poucas semanas depois do 11 de Março, da subsequente vaga de prisões, da ostracização do sector da direita do MFA e do forçado exílio do próprio primeiro Presidente da República a seguir ao 25 de Abril (General Spínola), das nacionalizações, e da dissolução de um partido concorrente (Partido da Democracia Cristã) associado ao CDS. O acto eleitoral só se realiza, também, cumprida a exigência do MFA – em vésperas – de uma primeira plataforma de Acordo Constitucional com os partidos. Tal plataforma envolvia a consagração do projecto socialista e a preservação das "conquistas do PREC (sigla um tanto sarcástica do chavão dominante "processo revolucionário em curso"). Sobre o ponto, v. RUI MACHETE, "Os princípios estruturais da Constituição de 1976 e a próxima revisão constitucional", em *RDES*, 1987, n.º 3, 340 ss. Tal plataforma, envolvendo uma promulgação do Presidente da República, precedendo parecer do Conselho da Revolução – "supunha um controlo político sobre a Constituição [CANOTILHO/VITAL MOREIRA, *Constituição* (1978), pág.4, n.10]. Não se poderá, pois, argumentar com a aritmética eleitoral como determinante da opção socialista: tal opção ocorreu ante as exigências dos "poderes de facto" (sobretudo, o MFA e os pactos a que sujeitou os partidos, tendo-se frustrado a tentativa um tanto grotesca de se considerarem nas eleições de 1975 os votos em branco como revelando um voto de confiança no MFA). Nem poderão ser olvidadas todas as formas de pressão sobre a Assembleia Constituinte, objecto de um terrorismo verbal do PCP que a considerava "o equívoco da Revolução" (com razão se referenciaram "as forças totalitárias que apostavam na dissolução da Assembleia Constituinte" – BARBOSA DE MELO, CARDOSO DA COSTA, VIEIRA DE ANDRADE, *Estudo e projecto da revisão da Constituição,* 23). Apesar de a manifestação mais vistosa ter sido o sequestro da Assembleia em Novembro de 1975,

172   Estudos de Direito do Trabalho em Homenagem ao Prof. Manuel Alonso Olea

rito comunicado pela adesão à Europa (revisão de 1992) e, consequentemente, ao sistema de mercado e, no plano jurídico, por todas as outras re-

são conhecidas outras manobras que tinham induzido as forças políticas principais (PS, PPD/PSD, CDS), que se encontravam ameaçadas pelo extremismo golpista dominante, a preparar o funcionamento da própria Constituinte no Norte. Tudo isto só terminaria no 25 de Novembro de 1975. Haverá que recordar todo um ambiente no funcionamento da Assembleia que impunha fatalmente uma direcção no sentido da afirmação socialista, que se tornara uma caução da sobrevivência da própria Constituinte, quando os titulares do poder político militar rejeitavam publicamente a própria hipótese da social-democracia (o Presidente da República de então – General Costa Gomes – sossegava em nome do MFA os participantes numa das muitas manifestações de intimidação da época: "nós não queremos a social-democracia"!). O influxo directo nos próprios trabalhos da Assembleia Constituinte inicia-se com um discurso condicionante do PR, um tanto hermético, mas com ameaças veladas a quem no seu projecto não adivinhasse o futuro (Junho de 1974) e atravessa toda a vida da AC. Consultando a minha memória pessoal de acontecimentos vividos, lembro outros episódios, ainda que acessórios ou de "petit histoire": 1) a relutância do Governo de Vasco Gonçalves em fixar um estatuto de manutenção para os próprios deputados constituintes (os emolumentos foram fixados vários meses depois do início do funcionamento da Assembleia); 2) a própria intervenção directa do MFA, que nomeou militares para acompanhamento da actividade dos constituintes (assistiam às sessões em tribuna); 3) manifestações nas galerias e no acesso à sala de sessões de funcionários partidários e comportamentos avulsos dos mesmos, juncando a Assembleia de cartazes de "aliança Povo/MFA" e afixando-os nas colunas do próprio hemiciclo; 4) pressão político-militar sobre os funcionários da Assembleia; 5) manifestações anti-Constituinte (por parte de unidades militares, com soldados em carros de combate junto ao Palácio de S. Bento). Muito embora alguma vociferação deste tipo possuísse duvidosa eficácia prática e não fosse de afligir (por exemplo, as intervenções extra-deputados no hemiciclo ou seus acessos foram prontamente dominadas por quem de direito; a manifestação militar que referimos ocorreu de noite, presenciada por poucos – nos quais se incluiu o autor –, na ausência dos deputados ou da imensa maioria destes), a verdade é que se criara um clima de rua que fomentava o absoluto desrespeito pela legitimidade democrática da Assembleia Constituinte e que possibilitou o impune sequestro da Assembleia e do 1.º Ministro em S. Bento em Novembro de 1975. Sendo assim, também não surpreenderá que as forças de esquerda dominantes, frustrada a dissolução da Constituinte, optassem pelo mal menor de deixar o processo revolucionário e o socialismo seguro na Constituição ("atado e bem atado"), irreversível e irrevisível. Simplesmente o duplo pólo constituinte – democracia e socialismo – envolvia na expressão feliz de Lucas Pires o problema dos siameses, votados ou a separarem-se ou a perecerem juntos. Aliás, as forças políticas à direita do PC, apostadas em levar a cabo o projecto constituinte, afastadas do MFA, desconfiadas do projecto revolucionário e ainda mais da sua componente castrense, seguramente acreditavam que convinha deixar passar a onda e estabelecer solidamente a estrutura democrática. Não é de surpreender que o socialismo durasse bem pouco e o seu projecto fosse "metido na gaveta", mesmo durante os primeiros governos constitucionais de dominância do PS.

Voz autorizada (Canotilho, ob. cit., 201 s) refere o "momento maquiavélico" da Constituição como relativo a uma certa imposição de "virtù"; pela nossa parte, de modo

A Constituição portuguesa como fonte do Direito do trabalho   173

visões[25], envolveram a substituição desse desígnio. Concluiríamos nesta parte reafirmando que a Constituição, em 2003, nada tem a ver como doutrina e projecto em matéria social e de trabalho com o texto de 1976 e que se nos afigura errada uma perspectiva que se mantenha presa a fórmulas perimidas[26]. Não se pretende com isso diminuir o devido significado do vasto elenco dos direitos dos trabalhadores, que aliás só aumentaram ao longo das sucessivas revisões, mas apenas constatar que eles devem ser lidos com novos olhos. A verdade é que continua muitas vezes uma leitura cristalizada na história dos tópicos constitucionais[27].

---

muito diferente, somos levados chãmente a pensar esse maquiavelismo como uma omnipresente reserva mental de processo constituinte, por parte do PC e da extrema-esquerda quanto à democracia política, e por parte dos outros partidos quanto ao socialismo (ou pelo menos quanto ao socialismo consagrado em 1976 na Lei Fundamental).

[25] A minimização que alguns têm procurado do significado das revisões e do seu carácter derivado não pode levar a esquecer que estas revisões se desenvolveram já em termos que VIEIRA DE ANDRADE (ob. colectiva cit., em colaboração com BARBOSA DE MELO e CARDOSO DA COSTA, página 23) designaria por *"restituição ao povo da totalidade do poder soberano*, eliminando o poder revolucionário-corporativo na sua dupla dimensão oligárquico-militar e popular-operária"*. Não esquecemos a distinção entre o poder constituinte e o poder de revisão [na matéria, v. MIGUEL NOGUEIRA DE BRITO, *A Constituição constituinte* (Coimbra, 2000), passim, e especialmente 397 ss e 409, onde se rejeita a ideia de superioridade lógica do primeiro sobre o segundo]. De qualquer modo, mesmo descontando o normal défice democrático de que enferma o processo constituinte (A e ob. cit, 387), no caso nacional, a própria fobia anti-revisionista expressa na numerosa elencação do art. 288.º parece exprimir uma autodefesa por maiorias transitórias de um compromisso político em que já não se acreditava (o que é bem diverso do "consenso democrático resultante de uma deliberação o mais ampla e livre possível" – A e ob. cit., 441), compromisso logo contestado e desmentido por resultados eleitorais. Por outro lado, um texto constitucional como o de 1976 não foi sedimentado pelo tempo e em seis tormentosos anos não ganhou qualquer força consuetudinária (tendo-se sustentado até a existência de um costume adverso). Sobre o ponto, v., entre nós, para além da manualística, RUI MACHETE, "Os princípios estruturais da Constituição de 1976 e a próxima revisão constitucional" cit.; e MANUEL LUCENA, "Rever e romper (Da Constituição de 1976 à de 1989)", em *RDES*, 1991, n.ºs 1-2.

[26] São, pois, de excluir projecções hermenêuticas à base de uma improvável interpretação histórica da vontade constituinte de 1976. Já dizia luminosamente OLEA (ob.cit., 1), a propósito de um texto de produção constituinte bem menos atribulada:"A Constituição diz o que diz e não o que o seu autor quis que dissesse".

[27] Por exemplo, as referências de ABRANTES (J.J.), *Contrat de travail* cit., 113-4, quando diz que a autonomia privada não pode ser dissociada do projecto político da Constituição, devendo ser considerada como instrumento de prossecução dos objectivos constitucionais, citando a este propósito ANA PRATA e COUTINHO DE ABREU. Na realidade, as citações feitas pelo A. reportam-se ainda a um quadro constitucional anterior à revisão de 1989, em que era possível funcionalizar a iniciativa privada e entender como comple-

174 *Estudos de Direito do Trabalho em Homenagem ao Prof. Manuel Alonso Olea*

3. (Continuação). A recuperação da ideia de empresa: a empresa como suposto da relação de trabalho.

Um dos grandes problemas a reequacionar é a da perspectiva constitucional sobre empresa e empresário, e da sua relação implícita, necessária, mas tão complicada, com a ideia de trabalho e de trabalhador.

É certo que já desde o iluminismo e, sobretudo, desde a Revolução Francesa, que se considera incompreensível que um contrato civil, entre homens à partida iguais, possa estabelecer que um deles obedeça a outro. Daí que se tenha assimilado o contrato de trabalho à locação, ao aluguer de si próprio. Marx não propugna uma linha diferente quando desliga o trabalhador da força de trabalho, o que chegaria aos nossos tempos pela constante chavão de referência ao trabalhador "que vende a sua força de trabalho". Os códigos civis do século XIX[28] ocultam pudicamente a ideia de que – fora das relações de autoridade familiares – um homem livre pode estar juridicamente subordinado a outro homem livre e não deixam quase lugar a uma noção capaz do contrato de trabalho. No final desse século, apesar do seu desenvolvimento industrial e da perfeição da sua ciência jurídica, a Alemanha não consagra no BGB o contrato de trabalho, mantendo a fórmula do contrato de serviço (*Diensvertrag*). A excepção nas codificações liberais é a do Código Civil português de 1867, em que o Visconde de Seabra consigna ao trabalhador assalariado, com desarmante naturalidade, "o ser obrigado a prestar o trabalho a que se propôs *conforme as ordens e direcção da pessoa servida*"[29]. Surge assim no Direito português, antecipando as legislações do século XX, a ideia de "direcção" patronal, que é a outra face do conceito de "subordinação jurídica"[30].

---

tamente modificado o significado clássico da autonomia privada. Não é assim agora, como decorre do texto a seguir (v. n. 42).

[28] Desde o *Code civil* napoleónico, referindo a "louage des gens de travail qui s'engagent au service de quelqu'un" (art. 1779.º), que disciplina em dois artigos (1780.º-1.º) de uma secção –"Du louage des domestiques et ouvriers". Seguem o figurino do *Code* os Códigos Civis oitocentistas de Espanha (art. 1583.º) e de Itália (art. 1570.º).

[29] É a lição do art. 1392.º do primeiro Código Civil português, cuja vigência foi de um século. O Código de 1867 – em capítulo (IV) do título sobre os contratos em particular (II do Livro II da Parte II) – refere as várias modalidades de contratos de prestação de serviços (serviço doméstico, serviço assalariado, empreitadas, profissões liberais, recovagem, barcagem e alquilaria, albergaria, aprendizagem, depósito).

[30] Está por saber se a anterioridade no Direito português das referências à autoridade e direcção patronal são uma antecipação corajosa e lúcida à legislação do trabalho do século seguinte ou se são, porventura, apenas uma persistência realista de antigos quadros

De qualquer modo, para o mundo liberal, a sacralização da propriedade e os direitos emergentes desta, concretizados na organização e chefia da empresa[31] e assim de um poder de autoridade e comando sobre os elementos dela[32] favorecem seguramente melhor que a igualdade contratual o visionamento jurídico da posição do trabalhador. Assim, as primeiras leis do trabalho dirigidas às unidades industriais e a própria designação de "direito industrial", com que aparecem envolvidas as questões jurídicas de trabalho[33]. A reacção, já no início do século passado, pela qual o trabalho

não suficientemente triados pela mentalidade liberal do autor do primeiro Código Civil português. Verdade seja dita: a fórmula "ordens e direcção" (que passaria à nossa legislação do século XX) parece inspirada por uma codificação do iluminismo e, assim, anterior à revolução liberal – o Código Civil da Prússia (*Allgemeins Landrecht für die Preussischen Staaten* – ALR). Precisamente COELHO DA ROCHA (*Instituições de Direito Civil Português*, II – Coimbra, 1844 – § 827.°), partindo embora da matriz do *Code Civil*, na sua exposição quanto ao nosso regime da prestação de serviço dos trabalhadores, vale-se do Código Civil da Prússia (o A menciona o § 898.° do ALR no que se refere ao risco, mas as alusões às ordens e direcção encontramo-las no § 895.°). Lembre-se que as normas dos Códigos das outras nações sobre negócios económicos eram transponíveis em Portugal como direito subsidiário ao abrigo da lei da Boa Razão. Assim, a fonte da formulação desta obrigação do assalariado presente no art.° 1392.° do C. Civil encontra-se na obra de COELHO DA ROCHA, pois o seu texto inspirado na legislação prussiana ("os oficiais, trabalhadores e jornaleiros são obrigados a conformar-se no seu trabalho com as ordens, ou direcção, que lhes dão") foi evidentemente acolhido com realismo pelo Visconde de Seabra, autor do referido Código Civil de 1867. De notar que existia no Direito português o outro filão doutrinário, centrado unicamente na ideia de locação de serviços, sem qualquer alusão às ordens ou direcção: é o que se encontra na obra de CORREIA TELES, e a que passou, aliás, ao Código Comercial de FERREIRA BORGES (mas já não ao de VEIGA BEIRÃO). E daí, também, a tentativa dos nossos antigos juristas de convolarem o serviço pessoal (doméstico, de aprendizes e até de escravos!) nas relações familiares. Estes aspectos pouco ou nada notados, a opção do Visconde de Seabra e as suas razões e o diverso tratamento dos Códigos civil e comercial merecem, por certo, um desenvolvido estudo que está por fazer.

[31] Ou no domínio destes elementos suposto no art. 230.° do código comercial português de 1888 de VEIGA BEIRÃO, que refere à empresa o emprego para transformação de matérias-primas, por manufactura ou fábrica, de homens ou de homens e máquinas.

[32] Ainda antes do ordinalismo concreto e da fórmula do *Führerprinzip* e mesmo das concepções personalistas e institucionalistas.

[33] Convirá aqui citar o excelente estudo preliminar de ALONSO OLEA à obra de GAYLER, *Industrial Law*, traduzida em espanhol sob o título de *Derecho Industrial*, (Madrid, 1965). O Direito industrial teria segundo GAYLER como conteúdo próprio a relação entre empresário e trabalhador. Mas esta alusão ao Direito industrial tem apenas valor de curiosidade lexical, pois é certo que o Direito inglês visiona a relação de trabalho no âmbito do Direito contratual. Contudo, para além das relações obrigacionais, haverá que prestar atenção à legislação que se impõe ao empregador como titular da empresa: higiene e segurança, duração do trabalho, trabalho de mulheres e menores (*Factories Acts*). Por outro lado, o

176   *Estudos de Direito do Trabalho em Homenagem ao Prof. Manuel Alonso Olea*

não é uma mercadoria nem um mero factor de produção constitui uma proclamação que talvez não corresponda à realidade, tal como a vêem os economistas, mas que passa a ter uma enorme importância política e jurídica. O certo é que aquele que trabalha está subordinado ou *subjectus*, *i.e.*, sujeito, no sentido de súbdito ou submetido. E se o Direito não consentia que o *subjectus* estivesse a meio caminho de se tornar um objecto, nem que o homem que trabalha fosse uma mercadoria, acaba por pressupor – na modernidade – que é um homem que obedece. O *homo oboediens*[34] ou *obsequens*[35], desprovido de tudo mais, não é uma coisa nem o trabalho se pode separar deste homem e daí que se torne mais tangível e imperiosa a necessidade de tutela da sua personalidade e cidadania na empresa. Como diz J. ABRANTES, o trabalhador "compromete-se a alienar a sua liberdade, mas esta alienação tem limites"[36].

Quem obedece, obedece a alguém. Na realidade, a liberdade de autodisposição da força de trabalho, mesmo na sua capacidade de criação e de contributo para a transformação do mundo, exige o empregador e o empresário.

Nos seus verdes anos, a Constituição parecia ignorar que o contrato de trabalho estava nela suposto como dado e que este mesmo contrato exige empresas e empresários. É como se navegasse naquela doce utopia de JORGE LUIS BORGES ("creo que un dia mereceremos que no haya gobiernos"). Mas, a bela formulação libertária do soberbo escritor argentino, que revela bem o anarquista que espreita na sombra do conservador, a ser transposta com desenvoltura para o nosso tema ("que no haya patronos") tem apenas o valor de uma "trouvaille" de efeito literário. Os factos teriam de impor-se, tanto mais que em todo o Ocidente se assistia – precisamente

---

dever do empregador em velar pela segurança dos seus trabalhadores prende-se antes de mais com a qualidade de empresário. Deverá ainda considerar-se a vontade do empresário manifestada unilateralmente através de *works rules* [GALIANA.MORENO, *El contrato de trabajo en el derecho ingles* (Madrid, 1978), 140].

[34] À letra, em latim, aquele que dá ouvidos a outrem: "oboedire alicuius tempore" = "estar às ordens de alguém".

[35] Por certo se encontra aqui a mesma fórmula de raíz (pessoa que segue) da doutrina germânica que iria inspirar a perspectiva nazista do "Gefolgsmann" (à letra, "sequaz", *i.e.*, homem que segue ou, como alguns traduzem, "homem de séquito"), na linha de um enraizamento do contrato de trabalho num medieval *Treudienstvertrag*. Não poderá, contudo, deixar-se de notar que esta fórmula, posta ao serviço de ideologia perversa, tem um valor personalista não negligenciável, enquanto pretende devolver ao trabalhador a sua dignidade pessoal, perdida numa ideia de auto-venda ou de auto-aluguer.

[36] Ob. cit., 169.

A Constituição portuguesa como fonte do Direito do trabalho 177

naquela época – à reabilitação da ideia de empresa e empresário. Logo no início da década de oitenta, é como se se tivesse desistido de dizer que um dia todos trabalharemos livremente[37], porque realmente no horizonte deixou de estar a realização do sonho no qual pareceu terem-se deixado embalar os padres constituintes.

Foi por de mais evidente o voluntarismo de anti-empresarialidade do primeiro texto da Constituição, não só pela morte anunciada do sistema privado de relações de produção ("fase de transição para o socialismo", em que existia marginalmente e como resíduo um sector privado – art. 89.° do texto de 1976[38]) e até pela tolerante referência às pequenas e médias empresas, apresentadas como únicas merecedoras de apoio constitucional[39]. E tal ia logrando sustento em parte da doutrina, apostada em denegrir a própria ideia de "empresa" como justificativa de soluções, ocultando, de passagem, a fatal existência de um padrão constitucional da empresarialidade privada. Mas a lei fundamental encerrava – aqui também – uma contradição: a par disto, era inegável o próprio reconhecimento constitucional da validade da ideia da empresa, pelo menos na medida em que se exigia a possibilidade de intervenção dos trabalhadores nas unidades produtivas através de estruturas representativas (comissões de trabalhadores ou organizações no âmbito do sindicalismo)[40].

A Constituição não podia, de facto, prescindir de conformar-se com a subordinação e com a naturalidade da hierarquia e da obediência, ainda que não como *status subjeccionis*, mas "com significado moderno e civil"

---

[37] Ou em autogestão ou dentro de uma mais duvidosa "liberdade colectiva".

[38] O art. 89.°, n.° 1, da redacção de 1976 referia que, "na fase de transição para o socialismo, haverá três sectores de propriedade dos meios de produção, dos solos, e dos recursos naturais, definidos em função da sua titularidade e do modo social de gestão" – o sector público, o cooperativo e o privado. Este último, definido por exclusão de partes, tinha carácter residual (arts. 89.°, n.° 4, e 90.°, n.° 1).

[39] Talvez porque o projecto socialista não foi tomado a sério, pôde-se ignorar que eram os empresários e outros possidentes os sujeitos passivos destinatários da tarefa estadual de "abolir a exploração e a opressão do homem pelo homem" (art. 9.°, *b)* do texto de 1976).

[40] Como tivemos ocasião de dizer em *O despedimento colectivo* cit., 717, os trabalhadores chamados ao trabalho e, por via deste à cidadania profissional, nos próprios termos do paradigma constitucional "possuem, eles também, poderes individuais e sobretudo colectivos de intervenção na empresa. A titularidade da empresa não envolve a propriedade ou senhorio desta, com o seu carácter absolutizante e excludente, mas está desde logo limitada; gravam sobre a empresa outras posições jurídicas, direitos e expectativas dos trabalhadores que o empregador/titular da mesma empresa deve juridicamente respeitar".

178   *Estudos de Direito do Trabalho em Homenagem ao Prof. Manuel Alonso Olea*

de parte num contrato que isto mesmo reclamava. Havia, pois, que aceitar a ideia de empresário como um implícito no próprio conceito deste contrato e, assim também, toda a protecção ao trabalho e ao trabalhador e a ideia de empresa, que se torna necessária para o desenvolvimento da própria personalidade do trabalhador[41]. Trabalhadores, empresários, empresas, pois. Se se notou em 1976 a descompensação da valorização constitucional dos dois papéis – o de trabalhador e de empresário – tudo mudou rapidamente, abandonando-se nas subsequentes revisões constitucionais a concepção de empresa residual e sujeita, instrumentalizada a um interesse colectivo. Se essa ideia lograva, porventura, algum apoio na redacção de 1976 do texto constitucional e ainda um pouco menos no de 1982, em que se continuava funcionalizando a iniciativa e, portanto, a empresa privada ao "progresso colectivo"[42], tal deixaria em absoluto de ser sustentável à luz do texto constitucional a partir de 1989[43].

---

[41] A iniciativa económica está sujeita a intervenções limitativas do legislador e, a título transitório nos termos legalmente estabelecidos, as empresas podem ser excepcionalmente objecto de intervenção do Estado (art.º 86.º, 2 da Constituição). A redacção correspondente de 1976 (art. 85.º, 3) era bem mais estatalista: "O Estado fiscalizará o respeito da Constituição, da lei e do Plano pelas empresas privadas, podendo intervir na sua gestão para assegurar o interesse geral e os direitos dos trabalhadores, em termos a definir por lei". Aí também encontrava um desconfiado reconhecimento o empresário, em contraposição aos trabalhadores.

[42] Dizia – à luz desta óptica socializante – ANA PRATA, *Tutela constitucional da autonomia privada* (Coimbra, 1982, 203) que "a iniciativa privada tem de visar, primariamente, um objectivo, que é o progresso colectivo, que necessariamente se sobrepõe e não se confunde com os objectivos privados do empresário" e, na n. 358, que "o progresso colectivo é não só um elemento exterior e valorativo da legitimidade da iniciativa económica privada, como um dado que ela tem de 'interiorizar' nas múltiplas formas que assuma – para beneficiar da protecção constitucional". Tal doutrina fez a sua época; pouco a pouco seria limada a opção socialista do texto de 1976 (sobre tal opção, v. JORGE MIRANDA, *A Constituição de 1976* – Lisboa, 1978, p. 505 ss e, depois, LUCAS PIRES, *Teoria da Constituição de 1976 – a transição dualista* – Coimbra, 1988, p.184 ss). Tudo estava em mudança: do art. 61.º da Constituição (antigo art. 85.º do texto de 1976), tinha desaparecido em 1982 (revisão a que SOUSA FRANCO chamou de 'desmarxização', ...'por eliminação dos caso mais vistosos de ideologia explícita'), a referência ao Plano; por outro lado, a iniciativa privada passou a pertencer ao elenco dos direitos fundamentais. Falava-se insistentemente em privatização, como notava LUCAS PIRES (ob. cit., 302). Assim, não é de espantar que ainda mais incisiva fosse a redacção da revisão de 1989 (programada pelos partidos maioritários). O art. 61.º da Constituição deixa de referir a funcionalização da iniciativa privada ("enquanto instrumento do progresso colectivo") para estabelecer uma fórmula neutra ("tendo em conta o interesse geral"). Foi nesta ideia de "progresso colectivo", que deixara de estar em moda, que se baseava a preponderância do direito ao trabalho no

A Constituição portuguesa como fonte do Direito do trabalho   179

Por outro lado, a iniciativa económica privada – dentro do princípio da liberdade económica[44] – está inserta desde a revisão constitucional de 1982[45] no catálogo dos direitos fundamentais e constitui um factor essencial da organização económica [art. 61.°, 1 em ligação com o art. 62.° e 80.°, c), da Constituição]. Disse a este propósito SOUSA FRANCO que a ideia de liberdade económica representa uma das chaves da definição do estatuto económico da pessoa e da caracterização jurídico-institucional do modelo de organização e funcionamento da economia[46]. Escreve um pouco mais adiante que "a liberdade de empresa" – uma liberdade em que se analisa a liberdade económica privada – "pode ser entendida como um *princípio estruturante da ordem jurídico-económica* (no duplo plano organizatório e funcional) ou, ainda, como *direito da pessoa* ("*maxime, direito fundamental*, por natureza ou equiparação) que tem por objecto ou conteúdo a *livre constituição de empresas* (ou outras unidades produtivas equiparáveis) em sentido objectivo ou subjectivo (sujeitos empresariais ou estabelecimentos), com ou sem carácter lucrativo (sociedades comerciais

---

âmbito da legitimidade da iniciativa privada (ANA PRATA, ob. cit., 205). V. nota 27, onde se exemplifica como alguns equívocos continuam.

[43] Texto do art. 61.°da Constituição, que resulta de fórmula do Partido Socialista (não obtiveram maioria qualificada as propostas do CDS nem as do PSD): "A iniciativa económica privada exerce-se livremente nos quadros definidos pela Constituição e pela lei e tendo em conta o interesse geral". Como vimos, a iniciativa privada deixava assim, a partir da revisão de 1989, de estar demarcada pelo "progresso colectivo" e funcionalizada a tal progresso (a redacção de 1976 envolvia – como vimos – considerável estatização), apenas devendo atender ao interesse geral.

[44] Não será o caso de procurar distinguir entre os "princípios " ou "pilares" de ordem constitucional neste plano de "direitos fundamentais económico-sociais" e os vários subprincípios em que ganham expressão jurídica como "direitos", "liberdades" ou até "sub-liberdades". As distinções doutrinárias não tentam ser muito rigorosas e, porventura, não o poderão conseguir, ainda que a consistência das posições jurídicas seja variável (*v.g.* SOUSA FRANCO, "El principio …", 53 e, também, M. AFONSO VAZ, *Direito Económico*, 139 ss).

[45] Para a evolução histórica antes de 1982, v. SOUSA FRANCO, "El principio de la libertad de empresa en la Constitución Portuguesa", em *La reforma del mercado de trabajo*, ed. Actualidad Editorial (Madrid, 1993), 54 ss. Servimo-nos deste texto, em tradução espanhola, como mais recente, relativamente a outros trabalhos do mesmo autor que nele são utilizados [cfr. "Nota sobre o princípio da liberdade económica", Sup. do *BMJ*, n.° 335 (1986) e *A constituição económica portuguesa – ensaios interpretativos*, com a colaboração de GUILHERME DE OLIVEIRA MARTINS, ed. Almedina (Coimbra, 1993), 164, n.° 5; 167; 191 ss; 197]. V., também, MANUEL AFONSO VAZ, *Lei e reserva da lei* (Porto, 1992), 369 e *Direito económico* cit. 139 ss; JORGE MIRANDA, *Manual de Direito Constitucional*, IV, 449 ss.

[46] "El principio …" cit., 41.

180   *Estudos de Direito do Trabalho em Homenagem ao Prof. Manuel Alonso Olea*

ou civis, nesta hipótese, ao menos, em alguns casos), e a *liberdade dos empreendedores na sua organização, gestão e/ou disposição*" [47-48].

Seguindo a exposição de JORGE MIRANDA[49], no plano dinâmico, há uma fase de exercício originário e de constituição da empresa e outra da sua direcção ou gestão. Neste último, "trata-se agora de liberdade de empresa, do direito da empresa de praticar os actos correspondentes aos meios e fins predispostos e de reger livremente a organização em que tem de assentar". É – diz o autor – um direito que "tem um carácter fundamentalmente institucional, mesmo quando, porventura, se trata de empresa constituída por uma só pessoa: uma vez criada a empresa, ela adquire maior ou menor autonomia em relação àqueles que a constituíram"[50]. No plano da liberdade ou sub-liberdade de organização da empresa, é no nosso tema particularmente explícito MANUEL AFONSO VAZ: "*a liberdade de organização* é o direito de organizar livremente o processo de produção, isto é, definir objectivos, combinar os factores de produção e dirigir a actuação das pessoas empregues na actividade empresarial. Esta liberdade é inerente à actividade empresarial, pois esta consiste basicamente na combinação trabalho/capital para a obtenção de um produto. Ao empresário compete maximizar a produção, minimizando os custos, de modo a assegurar rentabilidade ao capital investido"[51].

Haverá que lembrar que o conteúdo essencial do direito de livre empresa exige que se preserve a "liberdade dos empresários para entrar ou não entrar, para permanecer ou retirar-se do sector económico, em função do juízo que lhe mereçam as limitações impostas ao exercício dessa actividade"[52]. Nem parece possível fazer depender, como alguns, a iniciativa privada nos termos constitucionais de observância em abstracto dos direitos dos trabalhadores. Na realidade, o que parece indispensável é a concordância prática das posições, sendo certo que sem empresas não há emprego, trabalho, nem realização de direitos dos trabalhadores[53].

---

[47]   *Ob.cit.*, 53 (sublinhados do autor, tendo-se transcrito o texto em português, muito embora vertido em castelhano na tradução referenciada).

[48]   Acrescenta ainda: "Se for direito (*maxime*, direito reforçado – fundamental) será sempre princípio fundamental ou estruturador; mas pode, com maior fraqueza na atribuição e na garantia da ordem jurídica, ser apenas princípio e não direito".

[49]   *Manual* cit., 454 ss, que refere simultaneamente a iniciativa privada e a iniciativa cooperativa.

[50]   *Ob.cit.*, 455.

[51]   *Ob.cit.*, 157.

[52]   MANUEL AFONSO VAZ, *Direito económico*, 161.

[53]   Sobre o ponto, v. nosso *O despedimento colectivo*, 262 ss.

A Constituição portuguesa como fonte do Direito do trabalho 181

Dando direitos de cidade à iniciativa privada, em que os empregadores deixam de ser uma espécie em vias de extinção, aceita-se e legitima-se um poder contratual e organizacional relativamente a trabalhadores, e como que o Ordenamento se conforma (ainda que as dificuldades tenham sido sentidas desde o século XIX) em reconhecer que há homens que vendem as horas do seu dia obedecendo a outros homens. Há que assumir a tomada de consciência a que poderemos chamar de novos quadros mentais da Constituição, tendo em consideração a ideia do valor do trabalho (mas já desprendido da perspectiva de tomada de poder das classes trabalhadoras) e a defesa do trabalhador subordinado como *par* do empresário. E não se vê como poderá considerar-se hoje em dia um factor de perturbação o reconhecimento da "cidadania" ao empregador ou empresário e a garantia dos direitos e liberdades da iniciativa privada[54].

4. **Descrição da cartografia constitucional relativa ao trabalho. Direitos, liberdades e garantias dos trabalhadores e direitos sociais. Outras posições jurídico-constitucionais relevantes.**

É tempo de enunciar[55] as normas contidas na Constituição[56] sobre matéria de trabalho, sendo de entrada considerados, sobretudo, os direitos fundamentais dos trabalhadores.

---

[54] No entender de VIEIRA DE ANDRADE, ob. cit., 179, a liberdade de iniciativa privada e o direito de propriedade privada, pelo menos em alguma das suas dimensões devem considerar-se análogos aos direitos, liberdades e garantias.

[55] Lembremos o que ensinava o saudoso ALONSO OLEA, *Las fuentes del derecho, en especial del derecho del trabajo según la Constitución*, ed. Civitas (Madrid, 1982): "A Constituição basicamente é Direito e por isso são noções jurídicas as básicas para a sua compreensão e a tarefa dos juristas a básica para a sua análise e para a sua própria inteligibilidade". (p.16). O Mestre assinala que a Constituição é uma norma que se incorpora no Ordenamento jurídico do qual se nutre e sem a contemplação do qual não seria inteligível. Seria inútil aproximar-se da "vertente laboral da Constituição" sem saber previamente o que são sindicato, salário, convenção colectiva, greve, ingredientes da legislação que a Constituição supõe conhecidos (idem, p. 16). De qualquer modo, não são conceitos bi-unívocos, mas antes realidades que reciprocamente se alimentam: uma coisa é a perspectiva constitucional deste tipo de realidades e outra o que resulta dos outros dados do ordenamento.

[56] Vamos – a partir de agora – referir as normas tal como se encontram vigentes (2003). Aqui e além referiremos a evolução dos textos constitucionais num percurso muito atribulado.

182　*Estudos de Direito do Trabalho em Homenagem ao Prof. Manuel Alonso Olea*

Os princípios básicos que dominam os vários institutos do Direito do trabalho estão consignados na parte I da Constituição relativa aos direitos fundamentais, quer no capítulo III do título II sobre «Direitos, liberdades e garantias dos trabalhadores», quer no capítulo I do título III sobre «Direitos e deveres económicos, sociais e culturais»[57].

Nos termos da própria Constituição, devem distinguir-se os direitos expressamente previstos no título II da Parte I, que têm uma tutela privilegiada, e outros direitos sociais. Teremos, pois, que os direitos fundamentais dos trabalhadores se repartem por dois grupos.

Quanto a esse primeiro grupo, que beneficia da força jurídica dos direitos, liberdades e garantias[58], exprime uma modulação das relações de poder na empresa bem diversa da que resultaria do puro sistema da liberdade de empresa e da autonomia contratual.

Abre o capítulo significativamente por uma declaração quanto à segurança no emprego em que se proíbem os despedimentos sem justa causa (art 53.º[59]), o que baliza o problema fundamental do Direito do trabalho. O dito de DUPEYROUX de que toda a legislação do trabalho – como um grande pião bojudo – gira à volta do bico fino e aguçado que são as normas sobre os despedimentos deve ser aqui lembrado. Na realidade, trata-se da questão fundamental de "soberania" na empresa. Para além da estruturação ou não de sistemas representativos dos trabalhadores na empresa – o empregador e os empregados têm o seu "poder" na mesma empresa definido de acordo com o regime dos despedimentos. Se ao empregador cabe discricionariamente despedir, ele tem uma vasta "soberania" sobre a massa de relações de trabalho que constitui basicamente o suporte humano da empresa. Pelo contrário, haverá que reconhecer um "poder" do trabalhador sobre a empresa, expresso pela "propriedade de

---

[57] Sobre esta clivagem, VIEIRA DE ANDRADE (2001), 178. V., também, J. MIRANDA, ob. cit., 130 ss.

[58] V. art. 17.º e ss da Constituição. Estas posições jurídicas são directamente aplicáveis, vinculam as entidades públicas e privadas, a regulamentação na matéria pertence à Assembleia da República, estando a possibilidade de restrições de direitos, liberdades e garantias fundamentais fortemente limitada, etc. V. *infra*, para mais desenvolvimentos. Para uma enunciação dos traços caracterizadores do regime dos direitos, liberdades e garantias, CANOTILHO, ob. cit., 411.

[59] O preceito tem a seguinte redacção, sob a epígrafe *segurança no emprego:*
"É garantida aos trabalhadores a segurança no emprego, sendo proibidos os despedimentos sem justa causa ou por motivos políticos ou ideológicos".

A *Constituição portuguesa como fonte do Direito do trabalho*   183

emprego", quando nela se pode manter e conservar estavelmente por força do Direito, maugrado a vontade patronal em sentido contrário[60].

Logo a seguir, num plano que tem a ver ainda mais centradamente com a própria autoridade na empresa, institui a Lei Fundamental um conjunto de direitos de exercício colectivo[61], o que consagra o necessário carácter de massa das acções de intervenção dos trabalhadores para reequilíbrio e igualização de situações desfavorecidas: desde logo, o direito da constituição de comissões de trabalhadores e os poderes destas (art. 54.°) para defesa dos interesses dos prestadores de trabalho e "intervenção democrática na vida da empresa"[62]. É de exclusiva iniciativa dos trabalhadores a constituição e definição estatutária desta estrutura, elegendo por voto directo e secreto os trabalhadores que a integram e que gozam da protecção legal dos dirigentes sindicais. Quanto à competência da comissão de trabalhadores, estabelece-se nomeadamente o direito à informação, ao exercício do controlo de gestão e à gestão ou participação nas obras sociais

---

[60] Obviamente que estas formulações sobre as posições jurídica que os trabalhadores detêm relativamente ao posto de trabalho não possuem rigor técnico. V., BERNARDO XAVIER, *O despedimento colectivo no dimensionamento da empresa* (Lisboa, 2000), 696 ss, e, principalmente, 719-720.

[61] Sobre o entendimento de direitos de exercício colectivo, v. VIEIRA DE ANDRADE (2001), 119.

[62] A redacção do art. 54.° é, actualmente, a seguinte:
"(Comissões de trabalhadores)
1. É direito dos trabalhadores criarem comissões de trabalhadores para defesa dos seus interesses e intervenção democrática na vida da empresa.
2. Os trabalhadores deliberam a constituição, aprovam os estatutos e elegem, por voto directo e secreto, os membros das comissões de trabalhadores.
3. Podem ser criadas comissões coordenadoras para melhor intervenção na reestruturação económica e por forma a garantir os interesses dos trabalhadores.
4. Os membros das comissões gozam da protecção legal reconhecida aos delegados sindicais.
5. Constituem direitos das comissões de trabalhadores:
a) Receber todas as informações necessárias ao exercício da sua actividade;
b) Exercer o controlo de gestão nas empresas;
c) Participar nos processos de reestruturação da empresa, especialmente no tocante a acções de formação ou quando ocorra alteração das condições de trabalho;
d) Participar na elaboração da legislação do trabalho e dos planos económico-sociais que contemplem o respectivo sector;
e) Gerir ou participar na gestão das obras sociais da empresa;
f) Promover a eleição de representantes dos trabalhadores para os órgãos sociais de empresas pertencentes ao Estado ou a outras entidades públicas, nos termos da lei".

184 *Estudos de Direito do Trabalho em Homenagem ao Prof. Manuel Alonso Olea*

da empresa. Note-se, ainda, que se estabelece o direito à actividade sindical na empresa, como melhor se dirá[63].

Para além da referência a estes dispositivos que consagram um duplo canal de representação e intervenção dos trabalhadores na empresa, e que num paradigma liberal envolveria uma significativa expropriação da autoridade empresarial, a Constituição configura pormenorizadamente as posições clássicas de interlocução e confronto pelas associações sindicais[64]. Tais posições configuram-se como garantias institucionais, dimensões objectivas do sistema, construções do homem que trabalha indispensáveis à sua liberdade e desenvolvimento da personalidade. Mas, para além disso, estão reconhecidos a propósito típicos direitos subjectivos e individualizados[65]. Estabelece-se o princípio da liberdade sindical (art. 55.°, 1), ainda

---

[63] Art. 55.°, 2, *d)*, no texto transcrito na nota seguinte.

[64] Os temas da liberdade sindical e da organização sindical estão versados no art. 55.° da Constituição, sob a epígrafe "liberdade sindical", com a seguinte redacção:

"1. É reconhecida aos trabalhadores a liberdade sindical, condição e garantia da construção da sua unidade para defesa dos seus direitos e interesses.

2. No exercício da liberdade sindical é garantido aos trabalhadores, sem qualquer discriminação, designadamente:

a) A liberdade de constituição de associações sindicais a todos os níveis;

b) A liberdade de inscrição, não podendo nenhum trabalhador ser obrigado a pagar quotizações para sindicato em que não esteja inscrito;

c) A liberdade de organização e regulamentação interna das associações sindicais;

d) O direito de exercício de actividade sindical na empresa;

e) O direito de tendência, nas formas que os respectivos estatutos determinarem.

3. As associações sindicais devem reger-se pelos princípios da organização e da gestão democráticas, baseados na eleição periódica e por escrutínio secreto dos órgãos dirigentes, sem sujeição a qualquer autorização ou homologação, e assentes na participação activa dos trabalhadores em todos os aspectos da actividade sindical.

4. As associações sindicais são independentes do patronato, do Estado, das confissões religiosas, dos partidos e outras associações políticas, devendo a lei estabelecer as garantias adequadas dessa independência, fundamento da unidade das classes trabalhadoras.

5. As associações sindicais têm o direito de estabelecer relações ou filiar-se em organizações sindicais internacionais.

6. Os representantes eleitos dos trabalhadores gozam do direito à informação e consulta, bem como à protecção legal adequada contra quaisquer formas de condicionamento, constrangimento ou limitação do exercício legítimo das suas funções".

[65] Tentaremos versar mais tarde, sucintamente, o tema do instrumentário suposto nas normas constitucionais sobre direitos fundamentais. Na realidade, a Constituição apresenta um programa, o que tem um significado no plano interpretativo e que pode gerar quando incumprido ou desatendido a declaração de inconstitucionalidade, atribui direitos subjectivos e direitos de participação e a prestações do Estado, perfilando ainda certos dis-

A *Constituição portuguesa como fonte do Direito do trabalho* 185

que em tormentosas expressões ditadas pela necessidade de fazer um apelo à unidade[66], e depois todo o arsenal relativo a essa liberdade sindical, de carácter individual e colectivo, positivo e negativo. As competências sindicais[67] estão minuciosamente definidas, e entre elas o direito da negociação colectiva (art. 56.°, 3 e 4), em termos que transpõem as concepções da OIT. Lembre-se que a contratação colectiva corresponde a um mecanismo conhecido no sentido da superação da desigualdade substantiva no contrato (ou a debilidade contratual do trabalhador) para uma determinação justa das condições de trabalho. O direito ao conflito e ainda uma defesa das posições sindicais no caso de conflito – pela largueza conferida ao direito à greve e pela proibição do *lock-out* (art. 57.°)[68] – encerram a definição dos direitos dos trabalhadores inscritos no capítulo III.

---

positivos como garantias institucionais. Quanto à matéria, v., principalmente, VIEIRA DE ANDRADE (2001), *passim*, e especialmente 178 ss. Sobre os direitos a prestações v. 183 e VAZ (Manuel Afonso), *Lei e reserva de lei* (Porto, 1992), 365, e novamente V. ANDRADE, cit. as considerações na base da possibilidade de conformação do legislador e na distribuição possível de recursos escassos. Os direitos, liberdades e garantias seriam direitos de "conteúdo constitucionalmente determinável" e os direitos sociais direitos a "prestações sujeitas a determinação política" (190). Sobre o regime e tutela dos direitos liberdades e garantias, v. A. e ob. cit., 275 ss e sobre o regime e tutela dos direitos sociais, A. e ob. cit., 371 ss. V., também, JORGE MIRANDA, ob. cit., 229 ss; 275 ss e 351 ss; e GOMES CANOTILHO, todo o título III da parte III de *Direito constitucional* cit.

[66] Referimo-nos ao ponto no nosso *Curso* cit., 129.

[67] O artigo 56.° da Constituição consigna o seguinte, sob a epígrafe "Direitos das associações sindicais e contratação colectiva":

1. "Compete às associações sindicais defender e promover a defesa dos direitos e interesses dos trabalhadores que representem.

2. Constituem direitos das associações sindicais:

a) Participar na elaboração da legislação do trabalho;

b) Participar na gestão das instituições de segurança social e outras organizações que visem satisfazer os interesses dos trabalhadores;

c) Pronunciar-se sobre os planos económico-sociais e acompanhar a sua execução;

d) Fazer-se, representar nos organismos de concertação social, nos termos da lei;

e) Participar nos processos de reestruturação da empresa, especialmente no tocante a acções de formação ou quando ocorra alteração das condições de trabalho.

3. Compete às associações sindicais exercer o direito de contratação colectiva, o qual é garantido nos termos da lei.

4. A lei estabelece as regras respeitantes à legitimidade para a celebração das convenções colectivas de trabalho, bem como à eficácia das respectivas normas".

[68] O artigo 57.° da Constituição, sob a epígrafe "Direito à greve e proibição do *lock-out*", tem a seguinte redacção:

1. "É garantido o direito à greve.

186   *Estudos de Direito do Trabalho em Homenagem ao Prof. Manuel Alonso Olea*

São estes os direitos fundamentais dos trabalhadores [muitos deles de exercício colectivo, pois o princípio de igualdade suposto na Lei Fundamental envolve no plano do trabalho o que se chamou expressivamente "a invenção do colectivo" (SUPIOT), *i.e.*, o reconhecimento de estruturas colectivas], expressamente nomeados pela Constituição como pertencentes aos direitos, liberdades e garantias, posições jurídicas que possuem uma força jurídica privilegiada.

No que se refere aos direitos e deveres económicos e sociais relativos ao trabalho (artigos 58.° e 59.°[69]), a Constituição afirma universal-

---

2. Compete aos trabalhadores definir o âmbito de interesses a defender através da greve, não podendo a lei limitar esse âmbito.

3. A lei define as condições de prestação, durante a greve, de serviços necessários à segurança e manutenção de equipamentos e instalações, bem como de serviços mínimos indispensáveis para ocorrer à satisfação de necessidades sociais impreteríveis.

4. É proibido *o lock-out*."

[69] Transcrevem-se os artigos 58.° (*Direito ao trabalho*) e 59.° (*Direitos dos trabalhadores*):

Art. 58.°:

1. Todos têm direito ao trabalho.

2. Para assegurar o direito ao trabalho, incumbe ao Estado promover:

a) A execução de políticas de pleno emprego;

b) A igualdade de oportunidades na escolha da profissão ou género de trabalho e condições para que não seja vedado ou limitado, em função do sexo, o acesso a quaisquer cargos, trabalho ou categorias profissionais;

c) A formação cultural e técnica e a valorização profissional dos trabalhadores.

Art. 59.°

1. Todos os trabalhadores, sem distinção de idade, sexo, raça, cidadania, território de origem, religião, convicções políticas ou ideológicas, têm direito:

a) À retribuição do trabalho, segundo a quantidade, natureza e qualidade, observando-se o princípio de que para trabalho igual salário igual, de forma a garantir uma existência condigna;

b) A organização do trabalho em condições socialmente dignificantes, de forma a facultar a realização pessoal e a permitir a conciliação da actividade profissional com a vida familiar;

c) A prestação do trabalho em condições de higiene, segurança e saúde;

d) Ao repouso e aos lazeres, a um limite máximo da jornada de trabalho, ao descanso semanal e a férias periódicas pagas;

e) À assistência material, quando involuntariamente se encontrem em situação de desemprego;

f) A assistência e justa reparação, quando vítimas de acidente de trabalho ou de doença profissional.

2. Incumbe ao Estado assegurar as condições de trabalho, retribuição e repouso a que os trabalhadores têm direito, nomeadamente:

A Constituição portuguesa como fonte do Direito do trabalho 187

mente[70] o princípio do direito ao trabalho (art. 58.°[71]), o direito à retribuição, em termos de igualdade, de modo a garantir uma existência condigna [art. 59.°, 1, a)], ao que se liga – como incumbência do Estado – a fixação do salário mínimo nacional [art. 59.°, 2, a)] e, ainda, o estabelecimento por lei de especiais garantias para os salários (art. 59.°, 3)[72].

Outros direitos podem enunciar-se pelo tema "boas condições de trabalho": desde logo o da organização do trabalho em condições socialmente dignificantes (art. 59.°, 1, b), e, também, os direitos à higiene e segurança e saúde no trabalho [art. 59.°, 1, c)[73]], à fixação de limites à duração do trabalho [art. 59.°, 1, d) e 2, b)], o direito ao repouso e a férias [art. 59.°, 1, d)[74]]. Em outro lugar, a propósito da realização do direito à saúde, referencia-se a melhoria sistemática das condições de trabalho (64.°, 2, b).

---

a) O estabelecimento e a actualização do salário mínimo nacional, tendo em conta, entre outros factores, as necessidades dos trabalhadores, o aumento do custo de vida, o nível de desenvolvimento das forças produtivas, as exigências da estabilidade económica e financeira e a acumulação para o desenvolvimento;

b) A fixação, a nível nacional, dos limites da duração do trabalho;

c) A especial protecção do trabalho das mulheres durante a gravidez e após o parto, bem como do trabalho dos menores, dos diminuídos e dos que desempenhem actividades particularmente violentas ou em condições insalubres, tóxicas ou perigosas;

d) O desenvolvimento sistemático de uma rede de centros de repouso e de férias, em cooperação com organizações sociais;

e) A protecção das condições de trabalho e a garantia dos benefícios sociais dos trabalhadores emigrantes;

f) A protecção das condições de trabalho dos trabalhadores estudantes.

3. Os salários gozam de garantias especiais, nos termos da lei.

[70] É significativa a referência a "todos" do Título III na quase totalidade dos seus preceitos: "Todos têm direito ao trabalho"(art 58.°, 1), "Todos os trabalhadores, sem distinção ...têm direito".(art 59.°, 1). Parece acentuar-se aqui o carácter individualizado dos direitos (de todos e de cada um), em contraste com uma formulação mais colectivista dos direitos fundamentais.

[71] Complementado por uma ideia de liberdade de escolha de profissão, já constando do art. 47.°, com sistematização discutível.

[72] O texto de 1976 incorporava a incumbência do Estado na fixação, a par do salário mínimo, de um salário máximo [art. 54.°, a)]. Tal incumbência cairia logo na revisão de 1982.

[73] No art 64.°, relativo aos direitos quanto à saúde, refere-se a realização da protecção da saúde no n.° 2, b) pela "melhoria sistemática das condições de vida e de trabalho".

[74] Liga-se-lhe a obrigação do Estado de desenvolver sistematicamente "uma rede de centros de repouso e de férias" – art. 59.°, 2, d).

188   Estudos de Direito do Trabalho em Homenagem ao Prof. Manuel Alonso Olea

Encontram-se mencionados também os direitos relativos ao emprego [art. 58.°, 2, *a)*] e à escolha de profissão (art. 58.°, 2, *b)*, como vimos já referido no art 47.°), à formação [art. 58.°, 3, *c)*], à igualdade de oportunidades [art. 58.°, 2, *b)*].

É curioso verificar que o legislador constitucional segue aqui uma técnica de separar em cada artigo, primeiro, no número um, os direitos dos trabalhadores e, no n.° 2 seguinte, as obrigações de prestação, de programa ou de outro tipo por parte do Estado. Cremos que a sistemática apresentada pela Constituição procura principalmente cumprir finalidades expositivas e não de imputação de deveres ou obrigações[75]. Valha o que valer esta técnica contrapontística entre os n.°1 e os n.° 2 dos art.°s 58.° e 59.°, ninguém negará que é efectivamente útil consignar obrigações do Estado neste domínio: de qualquer modo, parece nítido que todos esses direitos não são apenas prestacionais e envolvem irradiações para além das obrigações estaduais ou públicas[76].

A al. *c)* do n.° 2 do art. 59.° configura como obrigação do Estado a especial protecção do trabalho das mulheres durante a gravidez e após o parto[77], bem como a do trabalho de menores[78], de diminuídos e dos que desenvolvem actividades violentas ou insalubres.

Têm, ainda, especial importância as referências à segurança social, sobretudo na medida em que tem a ver com os riscos próprios do trabalho e da incapacitação para o prestar [art. 63.° e, também, 59.°, 1, *e)* e *f)*; 2, *c)*]. Muito embora pertença à Constituição a iniciativa de mudança histórica de um sistema previdencial atinente aos trabalhadores para um sistema de segurança social relativo a todos os cidadãos, a verdade é que muitos dos riscos do art. 63.° são próprios dos trabalhadores (desemprego, acidentes de trabalho e doenças profissionais). As ligações da vida profissional à familiar estão expressamente referidas nos art.°s 59.°, 1, *b)* e 2 *c)* e 68.°, 3 e 4[79].

---

[75] Nem sempre com felicidade ou com sentido de sistematização. O direito emergente do art 59.°, 1, e), que teria – desde logo – a sua sede no art. 63.°, 3, que refere expressamente o desemprego, perfila-se principalmente como obrigação do Estado. O mesmo se dirá do art 59.°, 1, *f)* – acidentes de trabalho, ainda que o problema mereça outras considerações pelo facto de a lei ordinária consignar principalmente uma responsabilidade privada.

[76] Por exemplo, boa parte dos direitos dos trabalhadores referidos no art. 59.°, 1 tem também como destinatário o empregador.

[77] V., também, art. 68.°, 3 e 4.

[78] O art. 69.°, 3 proíbe o trabalho de menores em idade escolar.

[79] É importante também a referência aos trabalhadores menores (art. 69.°, 3).

A Constituição portuguesa como fonte do Direito do trabalho 189

Ainda que com a atenção demasiado presa à matéria especificamente laboral, não se pode desvalorizar a importância da própria apresentação de outros subsistemas, desde logo o das fontes nos quadros constitucionais – a relevância do Direito internacional e comunitário[80], a intervenção dos trabalhadores como destinatários obrigatórios de consulta, o quadro da concertação social, do qual decorre no plano prático a produção legislativa. E, ainda, outras questões estruturais: acesso e tutela dos direitos, funcionamento judicial., etc.

Parece particularmente relevante frisar (sobretudo porquanto isto parece original no quadro das Constituições conhecidas) que as organizações de trabalhadores (comissões de trabalhadores e associações sindicais) têm direito constitucional a "participar na elaboração da legislação do trabalho" [art.°s 54.°, 5, d) e 56.°, 2, a)], o que tem sido geralmente cumprido no processo legislativo. A inobservância deste princípio de participação política[81] acarreta a declaração de inconstitucionalidade dos diplomas. No plano prático, a regra constitucional de participação tem a vantagem de evitar surpresas legislativas e factos consumados e modera a própria intervenção legislativa, ainda que seja menos nítida a influência dos contributos das organizações dos trabalhadores na emanação da legislação do trabalho. A verdade é que a via principal de intervenção na legislação do trabalho se efectua pela presença das organizações de trabalhadores no Conselho Económico e Social[82], por onde passa também a legislação do trabalho. E pelos mesmos canais no que respeita às funções do Estado, principalmente no que se refere ao planeamento[83].

---

[80] Sobretudo do Direito comunitário enquanto sabidamente alicerçado num sistema de mercado e em âmbito geográfico que torna impossível um projecto de regulamentação e de apropriação colectiva inerente ao sistema socialista que estava inscrito na versão de 1976 da Constituição. V. nota 87.

[81] VIEIRA DE ANDRADE, Direitos fundamentais, 88-9. Sobre este ponto, para além da manualística e de textos menos recentes, BACELAR GOUVEIA; "Os direitos de participação dos representantes dos trabalhadores na elaboração da legislação laboral", em Estudos do Instituto de Direito do Trabalho, I, 109 ss; PEDRO MACHETE, Audiência dos interessados no procedimento administrativo (Lisboa, 1995), 365 ss.

[82] Trata-se de um órgão de consulta e concertação nos domínios das políticas económica e social que tem vindo a ganhar peso e que passou a estar previsto a partir de 1989 na Constituição (art 92.°).

[83] Art. 80.° da Constituição: "A organização económico-social assenta nos seguintes princípios": ...e) "Planeamento democrático do desenvolvimento económico-social". Na al. g) coloca-se como princípio a participação das organizações representativas dos trabalhadores na definição das principais medidas económico-sociais. O CES tem, nos termos

190   *Estudos de Direito do Trabalho em Homenagem ao Prof. Manuel Alonso Olea*

Supomos ainda que a Constituição, deixando embora de reserva em benefício das associações sindicais as necessárias armas (direito de greve e proibição de *lock-out*), assume a politicidade do conflito social e assume também – o que já estaria ínsito no tripartismo do CES – uma ideia de concertação social [art. 56.°, 2, *d)*], como procedimento de administração e de legislação. Por outro lado, a Constituição estabelece ainda competências de relevo em outros aspectos da actuação estadual (o mais destacado será a segurança social[84]) e entrega aos sindicatos meios particularmente relevantes de intervenção pública[85-86].

Neste considerável acervo constitucional se realiza, mais plenamente, como subespécie da "democracia participativa" a que se refere o art. 2.° da Constituição, a interlocução das forças produtivas com o Estado e um dos grandes objectivos do Estado Social dos nossos dias, que é o da integração do mundo do trabalho e das suas organizações representativas na cidadania e no "sistema", de modo a que a intervenção política a esse título se afaste da desconfiança e do temor conspirativo com que outrora o Estado liberal encarou esse mesmo mundo.

Finalmente, não pode ser ignorado, ainda no plano normativo, que a construção da União Europeia e das suas normas, aceite constitucionalmente pelo art. 7.°, 5 e 6 e pelo art. 8.°, 3 (revisão de 1992) implica o influxo de regras do trabalho transnacionais[87]. Neste mesmo plano norma-

---

do art. 92.°, importante intervenção na elaboração dos planos. Por outro lado, art.°s. 56.°, 2, *c)* e 54.°, 2, *d)*, consagram a intervenção das associações sindicais e das comissões de trabalhadores no planeamento. V., ainda, no sector agrícola, art. 98.°.

[84] Art.°s. 63.°, 2 e 56.°, 2, *b)*.

[85] O art. 40.°, 1, atribui às organizações sindicais o direito de antena no serviço público de rádio e de televisão. Este aspecto, ligado à liberdade de expressão, até pela vizinhança com os direitos semelhantes dos partidos, está conexo com uma nova concepção dos sindicatos como elementos necessários à democracia participativa.

[86] V., a este propósito, e em crítica a um entendimento de "garantia privilegiada pela Constituição dos interesses organizados dos trabalhadores subordinados", VIEIRA DE ANDRADE (2001), 89.

[87] Sobre o tema, para além de obras gerais e monografias sobre aspectos específicos, v. Mª LUÍSA DUARTE; "Direito comunitário do trabalho", em *Estudos do Instituto de Direito do Trabalho*, I. Para alguns, as regras comunitárias surgem como uma "nova fronteira", porventura sem cuidar que a regionalização envolta na adesão ao sistema comunitário e à ideia de mercado nele implícita é (para além da rejeição do modelo colectivista) um primeiro passo para a perda de responsabilidades estaduais na intervenção no regime do trabalho. Exactamente do mesmo passo que a globalização implica também uma limitação às possibilidades práticas de intervenção regulativa no mercado de emprego.

A Constituição portuguesa como fonte do Direito do trabalho 191

tivo, importa referir que a Constituição considera de competência relativamente reservada da Assembleia da República as matérias ligadas aos direitos, liberdade e garantias (art. 165.°, *b)* e, portanto, a maior parte da legislação do trabalho. Tal envolve o carácter aberto, discutido e de extrema politicidade do processo legislativo[88].

A fechar, diríamos ser importante acentuar a garantia suplementar de tutela do trabalho assumida pela irrevisibilidade[89] da Constituição quanto a certas posições jurídicas dos trabalhadores. Como vimos, o art. 288.°, e) estabelece que as leis de revisão constitucional terão de respeitar "os direitos dos trabalhadores, das comissões dos trabalhadores e das associações sindicais".

5. Os direitos fundamentais comuns e a sua refracção no contrato de trabalho. Direitos do trabalhador como cidadão

Haverá que referir a própria perspectiva de afirmação de direitos fundamentais do homem, como pessoa, como cidadão e como trabalhador[90], nos termos em que é costume subdividir as posições jurídicas neste capítulo[91].

Parece óbvio que decorrem – de outros e mais gerais direitos, liberdade e garantias – posições jurídicas que devem especialmente ser defendidas nas relações de trabalho. O princípio da confiança jurídica, a intimidade da vida privada, o direito à honra ou consideração e os direitos de

---

[88] Têm sido frequentes as autorizações legislativas, mas isto não envolve simplificação do processo [dupla audição das estruturas representativas dos trabalhadores (cuja necessidade nos parece contestável) e variado controlo pelo TC (da obediência do decreto-lei autorizado ao objecto, sentido e prazos da lei de autorização)].

[89] O art. 83.°, n.° 1, da redacção até 1989 consagrava uma garantia importante do *statu quo* atingido durante o «processo revolucionário» de 1974-1975: "todas as nacionalizações efectuadas depois de 25 de Abril de 1974 são conquistas irreversíveis das classes trabalhadoras".

[90] Assim, JORGE MIRANDA, ob. cit., 82-3. Actualmente, indica-se também as posições da pessoa como "administrado", ainda que seja contestável se elas se devem autonomizar das decorrentes da cidadania. V. CANOTILHO, ob. cit., 244-5, referindo a teoria de cinco-componentes.

[91] V., MENEZES CORDEIRO, "Direito do trabalho e cidadania", em *Memórias do III Congresso Nacional de Direito do Trabalho* (Coimbra, 2001) e, principalmente, ABRANTES (2000), autor que se tem dedicado particularmente a esta matéria.

192 *Estudos de Direito do Trabalho em Homenagem ao Prof. Manuel Alonso Olea*

expressão política devem ser especialmente defendidos quando susceptíveis de ameaça e de abusos, como ocorre nas relações especiais de poder ínsitas na situação de trabalho[92].

Lembrar-se-á, também, a recepção constitucional de normas internacionais nesta matéria relevantes, como as que constam da Declaração Universal dos Direitos do Homem (art. 16.°, 2)[93], ainda que presentemente todos esses direitos estejam consignados expressamente na Constituição[94].

Pensamos, contudo, que não se poderá ir tão longe que se entenda que o contrato de trabalho não envolve nenhuma limitação aos direitos fundamentais. Nunca é demais insistir em que, ao afirmar o princípio da dignidade da pessoa humana e os direitos fundamentais dos trabalhadores, as respectivas posições jurídicas estão situadas num contexto em que se aceita o trabalho subordinado e se promove o emprego e a livre empresa. O ponto é, pois, o de saber em que medida certos direitos constitucionais comuns são afectados pela própria circunstância do contrato de trabalho e pela condição de trabalhador ao serviço. Na realidade, não pareceria defensável a perspectiva um tanto demagógica que advogasse uma espécie de neutralização das constrições laborais comuns por força da invocação de direitos fundamentais tais como os da igualdade, da liberdade pessoal, de expressão de pensamento, de reunião e de manifestação, etc. A dignidade própria desses direitos não vai a tal ponto que permita sempre uma invocação incompatível com a própria natureza da "condição concreta de trabalhador" (J.J. ABRANTES), emergente de um contrato normativamente assente na subordinação jurídica pelo qual se promove a integração durante bastantes horas em cada dia de uma actividade humana na iniciativa empresarial sob autoridade do titular da empresa. Como é evidente, um trabalhador não pode invocar a liberdade de residência para, morando cen-

---

[92] Ainda que sem olvidar que a relação do trabalho, pelo simples facto de existir, envolve uma compressão lícita dos direitos da pessoa. V., a propósito do problema, ABRANTES, ob. cit. (2000), 42 ss.

[93] Por exemplo, os preceitos da Declaração sobre segurança social, direito ao trabalho, escolha de profissão, condições equitativas e satisfatórias de trabalho, protecção contra o desemprego, salário igual, equitativo e satisfatório, repouso, limitação da duração do trabalho, férias, liberdade sindical (arts. 22 a 25).

[94] Apesar disso, a circunstância de a Declaração constituir um critério de interpretação e de integração tem importância. Sobre o ponto, V. VIEIRA DE ANDRADE (2001), 43; JORGE MIRANDA, *Manual*, II, 37.

A Constituição portuguesa como fonte do Direito do trabalho   193

tenas de quilómetros afastado do lugar do trabalho, pôr em crise a execução da prestação, nem a liberdade de manifestação para ausentar-se do serviço e, *v.g.*, participar num desfile, nem a liberdade de expressão para perturbar o desenvolvimento normal da actividade da empresa[95]. A sua própria vida pessoal sofre algumas restrições inerentes à situação profissional, que aliás podem chegar a esferas muito íntimas e em que atingem quase uma "direcção de vida" quanto a determinados trabalhadores (*v.g.*, desportistas) e também de carácter peculiarmente expansivo quanto a organizações de tendência (*v.g.*, confissões religiosas, partidos políticos). Precisamente, a outorga de direitos específicos e próprios aos trabalhadores assenta no reconhecimento constitucional de situações de constrangimento e de relativa iliberdade que caracterizam o contrato de trabalho[96], situações exigidas pelo próprio sistema produtivo apoiado na iniciativa privada e na gestão de prestações humanas.

Procurando ver as coisas sem preconceitos ideológicos, a Constituição admite de modo estrutural (e não como solução intercalar de tolerância[97]), a livre iniciativa, a empresa privada e o regime do contrato de trabalho, que terá necessariamente de promover, pelo menos como instrumento da política de emprego. Por outro, é a necessária compensação para uma situação desfavorecida e tendencialmente perigosa do trabalhador subordinado que legitima um arsenal de direitos privilegiados dos trabalhadores (*v.g.*, o da greve). Como é evidente, a discriminação positiva que a Constituição estabelece em favor dos trabalhadores subordinados e a própria ideia de trabalho e do emprego como "realização pessoal" implica não só a aceitação da dignidade constitucional da posição subordinada, mas também a da autoridade da empresa, como fonte dessa correlativa situação desvantajosa.

Sendo, portanto, certo que o direito ao trabalho, o contrato de trabalho e a autonomia contratual que estes postulam envolvem restrições ao

---

[95] Na matéria, v. MENEZES CORDEIRO, "A liberdade de expressão do trabalhador", em *Memórias do II Congresso Nacional de Direito do trabalho* (Coimbra, 1999).

[96] Como diz ABRANTES, ob. cit., 24-5, a própria estrutura do contrato de trabalho "contém implicitamente uma ameaça para a liberdade e para os direitos fundamentais do trabalhador". Concretiza, referindo justamente o poder de direcção e correlativo dever de obediência, a relação de dependência suposta na disponibilização da força de trabalho e a implicação de "trânsito pela subjectividade do trabalhador". Acrescentaremos nós que as situações de desemprego contêm em si uma ameaça ainda maior aos valores constitucionais.

[97] Estamos a referir novamente a evidente hostilidade do texto de 1976 à grande empresa, as referências integradoras às PME's, o carácter residual conferido ao sector produtivo privado e o próprio "indirizzo" socialista de sociedade sem classes.

exercício de direitos e liberdades comuns, o esforço do Direito está em compatibilizar a vida na empresa de alguém que prometeu obedecer a outrem com a prática destas mesmas posições jurídicas. Na realidade, se o trabalhador mantém na empresa todos os direitos de que são titulares outras pessoas, nem por isso os pode exercitar sempre e do mesmo modo que um qualquer terceiro. Como diz J. J. ABRANTES[98], considerando embora os direitos fundamentais plenamente eficazes, exceptuam-se as situações a "que a essa eficácia se oponham interesses legítimos do empregador ('berichtigte Interessen des Arbeitsgeber') – ou de terceiros. De facto, nas exemplificações fornecidas pelo Autor[99] encontramos limitações especiais à liberdade de expressão, à objecção de consciência e à própria vida privada. O conflito é permanente, ainda que resolúvel pelas ideias de optimização e de concordância prática. Não poderemos deixar de aceitar a conclusão de J. J. ABRANTES quando nos diz que os "direitos fundamentais dos trabalhadores apenas [...] poderão ser limitados se e na medida em que o seu exercício colidir com interesses relevantes da empresa, ligados ao bom funcionamento da mesma e ao correcto desenvolvimento das prestações contratuais, e, ainda assim, sempre em obediência aos mencionados critérios de proporcionalidade e de respeito pelo conteúdo mínimo do direito atingido"[100].

De qualquer modo, há aqui e além na Constituição, ainda que desinseridos dos preceitos ligados ao trabalho, uma série de preceitos de que emergem importantes consequências (princípio de participação das organizações representativas dos trabalhadores na definição de medidas económico-sociais – art. 80.°[101]; princípio de igualdade e proibições de discriminação em matéria de acesso ao emprego – art. 13.°, 2; art. 47.°; art. 50.°; 81.°, b); art. 93.°, 1, d)[102]; proibições de assédio sexual ou moral, em face do direito à dignidade pessoal, proibições de obtenção de dados pes-

---

[98] Seguramente aquele que em Portugal se dedicou mais à investigação cuidada destes temas.

[99] Ob. cit., 30 ss.

[100] ABRANTES (2001), 39.

[101] E ainda outras normas incidentalmente referidas.

[102] O princípio de igualdade toma imensa importância no estudo dos temas relativos ao trabalho. V., quanto a este princípio, MACHADO DRAY (Guilherme), "Autonomia privada e igualdade na formação e execução do contrato individual de trabalho", em *Estudos do Instituto de Direito do Trabalho*, I (Lisboa, 2001), 21 ss; e do mesmo A., *O princípio da igualdade no Direito do trabalho – sua aplicabilidade no domínio específico da formação dos contratos de trabalho*, (Coimbra, 1999).

A *Constituição portuguesa como fonte do Direito do trabalho* 195

soais em face do direito à privacidade ou ao património genético[103], direito de se deslocar e emigrar – art. 44.°).

6. As estruturas subjectivas *(breve referência)*

Diremos de entrada que o "fascínio dos direitos fundamentais" a que se tem referido já Vieira de Andrade[104] já possibilitou construções excessivas no sentido da absolutização, ilimitação e eficácia "erga omnes" dos direitos fundamentais. Não é assim[105]. O conflito necessário emergente da existência de *outros* direitos e de direitos *dos outros* tem de temperar um visionamento aparentemente generoso[106]. Há, sem dúvida, limites imanentes ou "à partida" dos direitos fundamentais[107], e uma "reserva do possível"[108]. Por outro lado, tal envolve a necessidade de encarar em concreto e situadamente cada um dos direitos fundamentais, que – fora das situações jurídico-práticas – dificilmente podem ser completamente definidos e fixados, mas apenas descritos, mais ou menos precisamente.

O problema relativo aos direitos fundamentais é, sobretudo, de Direito constitucional. Devendo remeter, naturalmente, para obras conhecidas na matéria[109], gostaríamos de dizer o seguinte, na linha de considerações já expendidas em outros lugares, a que nos permitimos voltar porque têm sido citadas com aprovação por constitucionalistas autorizados.

Quando tratamos monograficamente do direito de greve, dissemos que os direitos fundamentais e marcadamente os direitos sociais se prestam pouco a uma compreensão no âmbito da relação jurídica e do direito subjectivo, atribuindo a uma pessoa um singular poder jurídico ou preten-

---

[103] Quanto ao ponto, v. a nossa intervenção no V Congresso de Direito do Trabalho e outros nossos textos em publicação na *RDES* e numa Colectânea brasileira relativa ao Congresso Internacional de homenagem a Süssekind.

[104] *O dever de fundamentação expressa dos actos administrativos* (Coimbra, 1991), 182 e *Os direitos fundamentais* cit., 151.

[105] A. e ob. cit., 275 ss.

[106] Vieira de Andrade, ob. cit., 275.

[107] Vieira de Andrade, ob. cit., 277 ss, 282, 314.

[108] Vieira de Andrade, ob. cit., 59.

[109] Referimos, a propósito de estruturas subjectivas dos direitos fundamentais, Canotilho, *Direito constitucional*, 3.ª ed., 271, 389 ss; 411 ss e 1171 ss; Jorge Miranda, *Manual de Direito constitucional*, tomo IV (Coimbra, 1993); Vieira de Andrade, *Os direitos fundamentais na Constituição Portuguesa de 1976*, 2.ª ed. (Coimbra, 2001), principalmente 167 ss.

196 Estudos de Direito do Trabalho em Homenagem ao Prof. Manuel Alonso Olea

são, unidireccional e unidimensional[110]. Já se falava na altura num carácter poliédrico (que depois viria a servir de figuração para os direitos relativos ao ambiente) e se admitia que fossem referenciados fora do quadro da personalidade jurídica. Citámos então VIEIRA DE ANDRADE, relativamente à dimensão objectiva dos direitos fundamentais[111] e GOMES CANOTILHO, quanto à sua multifuncionalidade[112]. Dissemos que, nos direitos fundamentais, a referência a *um direito* pelo texto da Constituição tem uma preocupação emblemática, designando muitas vezes um feixe de poderes e estruturas diversos para a qualificação dos quais é bem escasso o instrumentário corrente da ciência jurídica[113-114].

Pensamos que estas considerações continuam a ter cabimento, pelo menos quanto aos direitos fundamentais em matéria do trabalho. Na realidade, o "direito à segurança no emprego", a "liberdade sindical", o "direito à greve", o "direito ao trabalho", o "direito à retribuição de modo a garantir uma existência condigna", etc., são antes de mais proclamações de valores, que se declaram como lema e sentido do projecto da comunidade, ainda um pouco como continuando o frontispício da Constituição. Acrescentaremos o seguinte: num sentido mais operativo, estes direitos fundamentais iniludivelmente, ainda que relativamente indeterminados[115], inte-

---

[110] Nosso, *Direito da greve* (Lisboa, 1984), principalmente p. 240

[111] Relativamente à última formulação do A., v. as referências à dupla dimensão dos direitos fundamentais (2001, 109 ss).

[112] Actualmente, *Direito constitucional*, 1308.

[113] Referimos o nosso *Direito da greve* cit. (Lisboa, 1984), principalmente p. 240. E, também, a pág. XX, onde dissemos: "Falar pois do direito à greve é referir uma pluralidade de estruturas jurídicas subjectivas, de conteúdo diversificado, pertinentes a diversos titulares e dirigidas em várias direcções, a que não se presta naturalmente a conceituação unitária, ao menos no plano substantivo".

[114] Não podemos deixar de pensar que nisto de direitos, o legislador constitucional é facilmente generoso. Nunca se lembra que na atribuição de um direito há necessariamente a previsão de um dever e que se se conferem direitos "hay que pagarlo" e que os sujeitos passivos serão fatalmente o empregador, a empresa ou o Estado, como comunidade organizada, isto é, todos nós. Na realidade, os padres constituintes tiveram a generosidade estouvada e pródiga daqueles que não possuem nem se responsabilizam. Lembrar-se-á que a Assembleia Constituinte não tinha qualquer responsabilidade ou sequer reflexo no executivo: antes pelo contrário, era a força politicamente mais relevante de oposição aos governos da época. Daí também o realismo das revisões da Constituição, preparadas por Assembleias da República com ligação às responsabilidades de governo.

[115] Estamos a referir-nos ao emprego pela norma dos chamados conceitos indeterminados. Diferente é a questão da determinabilidade ou determinidade das normas constitucionais como critério dos direitos, liberdades e garantias (assim, VIEIRA DE ANDRADE, cit. por GOMES CANOTILHO, ob. cit., 376.

A Constituição portuguesa como fonte do Direito do trabalho

ractivos e entre si conexionados, representam princípios[116] objectivos da ordem jurídica, com relevo no plano da ordenação, interpretação e aplicação do Direito. Contêm assim princípios constitucionais, com o relevo que estes possuem. Porventura, no seu núcleo essencial têm o valor jurídico de programa, ainda que não de mera norma programática (entendendo, embora, as normas programáticas como não desprovidas de força vinculativa, mas como imposições ao legislador[117]), a executar em ritmo adequado nos termos constitucionais. De qualquer modo, não raro esses "direitos" – identificado que seja o seu objectivo e definidos os seus contornos – estão desprovidos de suficiente densidade vinculativa (assim, os que resultam do princípio do pleno emprego ou a eliminação do analfabetismo[118]) ou desprovidos de exequibilidade[119]. Finalmente podem valer como garantias

---

[116] V. GOMES CANOTILHO, ob. cit., 1088 ss.

[117] V., para o ponto, GOMES CANOTILHO, *Constituição dirigente e vinculação do legislador. Contributo para a compreensão das normas constitucionais programáticas* (Coimbra, 1982) e, também, AFONSO VAZ, "O enquadramento" cit., 446 ss; M. CORDEIRO; 25. Quanto às normas constitucionais programáticas em matéria do trabalho, v. M. CORDEIRO, 27-8.

[118] VIEIRA DE ANDRADE, ob. cit., 383.,

[119] Para o ponto, JORGE MIRANDA, ob. cit., 277. AFONSO VAZ distingue o carácter preceptivo das normas constitucionais da exequibilidade das mesmas ("Enquadramento", 448). Para a distinção entre normas preceptivas e programáticas e normas exequíveis e não exequíveis por si mesmas e sobre a força jurídica das normas não exequíveis, no que se reporta a normas constitucionais, v. JORGE MIRANDA, *Manual de direito constitucional*, II (Coimbra, 1991), 3ª. ed. Cbª. Editora, 243-252. Mas essas categorias são transponíveis para outras normas – v. *ob. cit.*, 247, nota 3. V., também nesta matéria de normas constitucionais, MANUEL AFONSO VAZ, *Lei e reserva da lei*, 377 ss, e a distinção entre normas com conteúdo determinado, em que há necessidade de intervenção do legislador, não para o tornar preceptivo, mas para o tornar exequível, de normas em que se faz necessária a actuação legislativa com as suas opções para se volverem, não apenas em exequíveis, mas em preceptivas. Nesse caso, a intervenção do legislador é necessária para constituir o direito (a censurabilidade ao legislador não incide na carência de regulamentação para tornar exequível o direito, mas no seu *non facere* quanto a direitos sem determinidade). V., também, para a questão das imposições constitucionais, GOMES CANOTILHO *Constituição dirigente e vinculação do legislador*, reimp. (Coimbra, 1994), *passim*, especialmente 317 ss e 329 ss.

Sempre poderão os sujeitos de direito exigir – quanto às normas não programáticas e não exequíveis em si mesmas – as providências legislativas adequadas ou – mesmo no caso das normas programáticas – valer-se dos respectivos dispositivos enquanto consagrando o espírito do nosso Ordenamento para efeitos interpretativos ou de integração (v. JORGE MIRANDA, ob. cit., 250, quanto às normas constitucionais).

institucionais[120] e muitas vezes como direitos institucionais[121]. Para além de uma dimensão objectiva, desentranham-se num sem número de posições subjectivas[122] efectivas, como direitos de liberdade contra o Estado[123], como direitos de prestação ou até direitos procedimentais relativamente à Administração Pública e mesmo enquanto direitos subjectivos de diverso conteúdo e titularidade[124] no âmbito de relações públicas e privadas. Tudo isto, pois. Parece-nos, a este propósito – mesmo sem sair do plano da categoria jurídica respectiva – [125], de prevenir que a titularidade dos direitos fundamentais dos trabalhadores (aliás: que trabalhadores? que estruturas representativas destes?), a identificação dos sujeitos passivos

---

[120] Para este ponto das garantias institucionais de que resulta em muitos casos a insusceptibilidade de atribuição subjectiva, VIEIRA DE ANDRADE, ob. cit. 91, 118, 125, e – principalmente – 138 ss; GOMES CANOTILHO, *Direito constitucional*, 373-4; e também J. MIRANDA, ob. cit., 68 ss. Parece-nos que representam garantias institucionais o sistema de contratação colectiva, a existência de uma organização sindical livre ou as estruturas representativas de trabalhadores nas empresas. V. VIEIRA DE ANDRADE, ob. cit., 140.

[121] O conceito é diferente de garantia institucional. Para JORGE MIRANDA (ob. cit., 73 ss) há bens jurídicos das pessoas que só podem ser prosseguidos pela existência de instituições dotadas de autonomia relativamente aos indivíduos que as constituem, dotadas de direitos. São direitos institucionais os direitos das comissões de trabalhadores, dos sindicatos, de participação no CES. JORGE MIRANDA referencia também a categoria de direitos colectivos por serem direitos de uma colectividade ou de uma categoria inorgânica (p. 78).

[122] GOMES CANOTILHO (ob. cit., 271) diz mesmo que "o cidadão, em princípio, tem assegurada uma posição jurídica subjectiva".

[123] Sabido que os direitos de liberdade se dirigem fundamentalmente contra o Estado.

[124] Queremos deste modo referir a circunstância de a titularidade activa poder estar deferida a sujeitos de direito, mas também a formações sem subjectividade jurídica (*v.g.*, as comissões de trabalhadores possuem direitos constitucionais, não lhes tendo sido reconhecida ao longo dos anos a personalidade jurídica, e o mesmo acontece quanto a grupos que são portadores de direitos); e também a circunstância de a titularidade passiva nem sempre estar identificada. As posições podem corresponder a direitos subjectivos públicos, direitos subjectivos, direitos potestativos, poderes, competências, faculdades, interesses legítimos, interesses difusos, ou obrigações, deveres, ónus, pertinentes a diversíssimos agentes e sujeitos de direito. Nem sempre o objecto é suficientemente determinável, colocando-se, sobretudo, nos direitos sociais o problema que AFONSO VAZ chamou de "determinidade" (v. nota 119). Quanto à complexidade estrutural dos direitos fundamentais, v. VIEIRA DE ANDRADE, ob. cit., 168 ss. Por outro lado, trata-se muitas vezes de direitos de exercício colectivo (V. ANDRADE, ob. cit., 119).

[125] Pretendemos aludir à distinção referida por VIEIRA DE ANDRADE (ob. cit., 70 e 110) entre a matéria dos direitos fundamentais (conjunto de preceitos normativos que definem o estatuto fundamental das pessoas) e os direitos fundamentais como categoria jurídica (posições jurídicas reconhecidas ou atribuídas às pessoas por esses mesmos preceitos).

A Constituição portuguesa como fonte do Direito do trabalho   199

dos respectivos deveres jurídicos ou adstrições (que empregadores? que estruturas de empregadores? que órgão do Estado?[126]), e mesmo o conteúdo e natureza jurídica das posições invocáveis terão de ser achados por referência a algo de concreto e situado, que dificilmente pode ser definido à partida, mesmo no seu núcleo essencial[127-128].

Estes pontos, os problemas conexos com os vários tipos de direitos (aqueles ditos "constitucionais" em sentido estrito por beneficiarem do regime dos direitos, liberdades e garantias e os ditos "sociais"[129]), a porme-

---

[126] Nos direitos fundamentais, pela sua pretendida eficácia "erga omnes", existe possivelmente algo de semelhante a uma "obrigação passiva universal". Em termos concretos é fácil hipotizar que serão também eventualmente sujeitos passivos outros trabalhadores (*v.g.*, detentores de posições injustamente privilegiadas contrárias ao princípio de igualdade) ou mesmo estruturas representativas de trabalhadores (*v.g.*, sindicato que tome um comportamento contrário ao princípio da liberdade sindical).

[127] Uma coisa são os direitos fundamentais dos trabalhadores (ou de cada trabalhador) em abstracto (*v.g.*, o direito à liberdade sindical, o direito à greve, o direito ao repouso, que possibilitam uma descrição aproximada do seu conteúdo) e outra as posições activas concretas que decorrem da previsão constitucional desses mesmos direitos (direito a uma concreta prestação da segurança social, o direito a aderir a uma determinada greve e consequentemente o de se considerar em posição de imunidade contratual relativamente a pretensões do credor da prestação do trabalho, o direito a fundar um determinado sindicato). Note-se que esses direitos podem não existir na espécie – *v.g.*, não haver protecção na doença porque o trabalhador não preencheu o mínimo de descontos, ou não haver direito à constituição de um sindicato porque o trabalhador está associado em sindicato paralelo, ou não haver direito a participar na greve porque o trabalhador foi escalado para garantir serviços essenciais. Não nos parece que a dificuldade, quanto a nós fatal, de em abstracto circunscrever os conteúdos de direitos que – sendo muitas vezes são direitos de liberdade – possuem elevado grau de indeterminação, postulam diversas posições e estruturas subjectivas de acordo com o caso concreto, pois têm de envolver juízos de concordância prática (pelo grau de conflitualidade resultante da afirmação plena dos vários direitos) e de adequação ao real (reserva do possível), deixe as pessoas titulares desarmadas quanto à efectivação desses direitos. Na realidade, os problemas práticos colocam-se quando se verifica a violação, denegação ou frustração inconstitucionais desses direitos por parte do legislador, da Administração Pública, desta ou daquela empresa, situações concretas que, colocadas perante os Tribunais, permitem uma reacção do Ordenamento. Afigura-se-nos, aliás, não estarmos longe dos apelos ao concreto formulados pelos teóricos dos direitos fundamentais.

[128] Afigura-se-nos, por exemplo, injustificável que se faça derivar do princípio da segurança do emprego uma série de soluções concretas pormenorizadas expostas por GOMES CANOTILHO/VITAL MOREIRA (*Constituição* cit., 288) e que tivemos ocasião de criticar em *Despedimento colectivo* cit. (2000), 269-270.

[129] A terminologia é proposta por AFONSO VAZ, "O enquadramento" cit.

200 *Estudos de Direito do Trabalho em Homenagem ao Prof. Manuel Alonso Olea*

norização da sua vinculatividade e, sobretudo, as estruturas subjectivas que neles poderemos divisar merecem um estudo mais pormenorizado em preparação[130].

6. A Constituição como complexo normativo federador e integrador do actual Direito do trabalho. Conclusão.

Pela concessão de direitos fundamentais aos trabalhadores e pela correlativa delimitação jurídica de poderes soberanos empresariais relativamente a este, a Constituição realizou a integração dos parceiros sociais nos poderes do Estado, levando a cabo um processo de juridificação do mundo do trabalho[131].

É assim relevantíssimo o assentamento constitucional do trabalho, que torna descabida e ultrapassada a detracção injusta do Direito laboral como "Direito capitalista" ou como "Direito burguês" e toda uma teorização alternativa. Poderemos encontrar, a crédito da Constituição portuguesa, a integração dos trabalhadores no sistema e assim – para quem o considere necessário – uma espécie de relegitimação da ordem jurídica. É de lembrar que como direitos fundamentais são entendidos enquanto "sistema cultural de bens e valores que cria para os indivíduos um estatuto material integrador, *i.e.*, capaz de os inserir na 'continuidade espiritual' que constitui o Estado"[132]. Com o apoio da Constituição, para a totalidade dos trabalhadores, as normas jurídicas e os tribunais deixaram de ser – como consideraram muitos no passado – mecanismos opressivos, nas mãos das classes possidentes: são hoje verdadeiras garantias de plena cidadania.

---

[130] A posição dos autores não é coincidente quanto à terminologia na matéria, nem quanto à apresentação das normas constitucionais sobre direitos fundamentais, nem quanto ao modo como observam a sua força vinculativa ou o seu grau de aplicabilidade. O material da Constituição é referenciado com diversíssimos quadros conceituais: normas constitucionais preceptivas e programáticas, exequíveis por si, condicionadas a legislação, envolvendo imposições ao legislador ou sendo meramente principiológicas. Mesmo no plano das consequências das várias normas constitucionais, os AA estão longe de afinarem pelo mesmo diapasão. Hóspede na matéria, seria pretensioso tentar elaborar em questões tão complexas. A apresentação que tentamos fazer destas questões é, portanto, muito provisória, esperando melhor oportunidade de reflexão e, sobretudo, uma maior consolidação da doutrina constitucionalista na matéria.

[131] Na fórmula de RAMM, ob. cit., 142.

[132] SMEND, cit. em VIEIRA DE ANDRADE, *Os direitos fundamentais*, 1.ª ed., 62.

A *Constituição portuguesa como fonte do Direito do trabalho* 201

Pensamos que vão longe estes sentimentos negativos que se puderam outrora, porventura, explicar por um certo afastamento das massas relativamente à política, a uma distância temerosa do aparelho do Estado. Mesmo os mais extremistas terão de convir que deixou de ser assim no Estado social dos nossos dias. Uma das melhores conquistas dos nossos tempos reside na plena integração das classes trabalhadoras nos negócios da Cidade e numa sociedade que é a própria referência do Estado, Estado que – por sua vez – já não é (em qualquer óptica) alheio e opressivo, mas um árbitro e um dispensador de prestações. A Constituição e com ela o Direito do trabalho tiveram um enorme papel federador, que reabilitou nas massas a ideia de Estado e que projectou uma noção de bem comum em que está incluída a defesa do trabalho humano.

O trabalho passou a estar inserido no corpo constitucional, no plano político, no da cidadania e mesmo na expressão normativa da sua tutela. Diremos que os primaciais princípios do Direito de trabalho logram expressão nos preceitos da Constituição que definem os direitos fundamentais e a tutela dos trabalhadores. A Constituição assume a radicalidade da questão de trabalho, como "vida", no dizer popular, como "modo de vida" ou "arte", de cada uma das pessoas. Há assim aquele "sólido contexto jurídico" exigível para protecção dos trabalhadores, a que se referia João Paulo II. A Constituição – possui uma importância decisiva na refundação do Direito do trabalho e na sua sistematização, pois nela se contém aqueles princípios "federadores" do Direito do trabalho a que algures alude NUNES DE CARVALHO.

Temos, portanto, que a Constituição insere os parceiros sociais e muito especialmente os sindicatos no sistema, desde logo através de mecanismos de concertação como padrão de legislação e de administração do Estado no plano sócio-laboral, e – ainda no domínio normativo – pela autonomia colectiva como regime de regulamentação das condições de trabalho. Tal é reforçado e garantido aos trabalhadores pela concessão de direitos amplíssimos de sindicalização e greve. Para além disto, a Constituição consagra uma mudança significativa nas relações de poder na empresa: estabilidade de emprego reconhecida aos trabalhadores, intervenção destes na empresa através da actividade sindical nela reconhecida e pelo controlo exercido pelas comissões de trabalhadores. Uma vasta soma de princípios para estruturação das relações de trabalho, instituídos como direitos sociais, quanto às condições de trabalho (retribuição, tempo de trabalho/tempo de descanso, higiene, segurança, saúde, segurança social) remata o sistema, fortemente protegido pelo TC[133]. A expressão de outros direitos de cidadania e de privacidade na constância da relação de trabalho e a concordância prática dos direitos fundamentais com o sistema empresarial e o contrato de trabalho (eles próprios grandezas constitucionais pelo significado dado à liberdade de iniciativa e de empresa, propriedade, e emprego) constituem certamente o tema mais debatido e estimulante.

BIBLIOGRAFIA PORTUGUESA.
Indica-se apenas a bibliografia nacional mais importante de relevo para o tema:

ABRANTES (José João), *Contrat de travail et droits fondamentaux*, ed. Peter Lang (Frankfurt, 2000); "Contrato de trabalho e direitos fundamentais", *Themis*, 2001, n.°4; *Direito do trabalho – Ensaios* (Lisboa, 1995);

ABREU (Coutinho de), "Limites constitucionais à iniciativa económica privada", in *Temas de Direito do Trabalho* (Coimbra, 1990);

BACELAR GOUVEIA, "Os direitos de participação dos representantes dos trabalhadores na elaboração da legislação do trabalho", em *Estudos do IDT*, I, ed. Almedina (Coimbra, 2001); *O Código do Trabalho e a Constituição Portuguesa* (Lisboa, 2003).

BARBOSA DE MELO (A.)/CARDOSO DA COSTA (J.M.)/VIEIRA DE ANDRADE (J.C.), *Estudo e Projecto de Revisão da Constituição*, (Coimbra, 1981), Coimbra Editora;

BARROS MOURA (J.), «A Constituição portuguesa e os trabalhadores – da revolução à integração na CEE», em *Portugal – O sistema político e constitucional – 1974/87* (Lisboa, s/d);

CANOTILHO (J. Gomes) *Direito constitucional*, 3.ª (Coimbra, 1999), 334 ss;

CANOTILHO (J. Gomes)/LEITE (J.), "A inconstitucionalidade da lei dos despedimentos" (Coimbra, 1988);

CANOTILHO (J. Gomes)/VITAL MOREIRA, *Constituição da República Portuguesa*, (Coimbra, 1978), 1.ª ed., Coimbra Editora; Idem, 3.ª ed.(Coimbra, 1993);

CAUPERS (J.), *Os direitos fundamentais dos trabalhadores e a Constituição* (Lisboa, 1985), Ed. Almedina;

DRAY (Guilherme MACHADO), *O princípio de igualdade no Direito do trabalho* (Coimbra, 1999);

GARCIA PEREIRA, "A grande e urgente tarefa da dogmática laboral: a constitucionalização das leis laborais", em *Memórias do V Congresso Nacional de Direito do Trabalho*, (Coimbra, 2003);

LUCENA (Manuel), "Rever e romper (Da Constituição de 1976 à de 1989)", em *RDES*, 1991, n.°s 1-2;

MACHETE (Rui C.), "Os princípios estruturais da Constituição de 1976 e a próxima revisão constitucional", em *RDES*, 1987, n.°3; «Um Novo Paradigma nas Relações Estado--Sociedade», em *Nova Cidadania*, N.° 12, Abril/Junho 2002;

---

[133] Sendo justo mencionar outros órgãos com expressão constitucional, como o Provedor de Justiça (art. 23.°).

A *Constituição portuguesa como fonte do Direito do trabalho* 203

MAIA DA SILVA (Manuela), "Os direitos constitucionais dos trabalhadores e a sua articulação com o direito ordinário", em *Memórias do III Congresso Nacional de Direito do Trabalho* (Coimbra, 2001);

MARTINEZ (P. Romano), *Direito do Trabalho*, (Coimbra, 2002), Ed. Almedina;

MELO FRANCO, «A Constituição como fonte de Direito do trabalho», em *Colec. Jurisp.*, 1988, t. 2;

MENEZES CORDEIRO (A.), *Manual de Direito do Trabalho*, (Coimbra, 1991), Ed. Almedina; " O respeito pela esfera privada do trabalhador", em *Memórias do I Congresso Nacional de Direito do Trabalho*, (Coimbra, 1998); "A liberdade de expressão do trabalhador", em *Memórias do II Congresso Nacional de Direito do trabalho* (Coimbra, 1999); "Direito do trabalho e cidadania", em *Memórias do III Congresso Nacional de Direito do Trabalho* (Coimbra, 2001); "Liberdade, igualdade e fraternidade", em *Memórias do IV Congresso Nacional de Direito do Trabalho* (Coimbra, 2002);

MIRANDA (JORGE), *A Constituição de 1976*, (Lisboa, 1978), ed. Petrony; *Manual de Direito Constitucional*, t. I, 4.ª (Coimbra, 1990), ed. Coimbra Editora; "A Constituição laboral ou do trabalho", em *Estudos do IDT*, I (Coimbra, 2001);

MONTEIRO FERNANDES (A.), *Direito do Trabalho*, 11.ª (Coimbra, 1999), Ed. Almedina;

NUNES DE CARVALHO (A.), "Reflexões sobre a Constituição e o Direito do trabalho", em *Prontuário de Direito do Trabalho*, Actualização n.º 57 (1998);

PINTO (Mário), *Direito do trabalho,* I (Lisboa, 1996);

SILVA (J. Pereira da), «Direitos Sociais e Reforma do Estado-Providência», em *Nova Cidadania*, N.º 12, Abril/Junho 2002;

RAMALHO (Rosário), *Estudos de Direito do Trabalho* (Coimbra, 2003);

SOUSA FRANCO/OLIVEIRA MARTINS, *A Constituição económica portuguesa* (Coimbra, 1993);

VAZ (M. Afonso), *Lei e reserva de lei,* (Porto, 1992); *Direito económico,* 3.ªed. (Coimbra, 1994); «O enquadramento jurídico-constitucional dos direitos económicos, sociais e culturais», in *Juris et de jure,* (Porto, 1998), edição da UCP;

VIEIRA DE ANDRADE (J.C.), *Os Direitos Fundamentais na Constituição Portuguesa de 1976,* 1.ª (Coimbra, 1987), Ed. Almedina; Idem, 2.ª (Coimbra, 2001);

VIEIRA DE ANDRADE (J.C.), «La protection des droits sociaux fondamentaux dans l'ordre juridique du Portugal»; «Os Direitos Sociais como Direitos Fundamentais da Pessoa», em *Nova Cidadania,* N.º 12, Abril/Junho 2002;

XAVIER (B. Lobo), «A matriz constitucional do Direito do Trabalho», *Memória do III Congresso Nacional de Direito do Trabalho* (Coimbra, 2001); *Curso de Direito do trabalho,* 2.ª ed., Verbo (Lisboa, 1996).

CESSAÇÃO DO CONTRATO DE TRABALHO PROMOVIDA PELO EMPREGADOR COM JUSTA CAUSA OBJECTIVA NO CONTEXTO DOS GRUPOS EMPRESARIAIS

CATARINA DE OLIVEIRA CARVALHO

1. Introdução – Problematização jurídico-laboral dos grupos de empresas[1]

O fenómeno dos grupos empresariais assume hodiernamente um papel de decisiva relevância, atentas as virtualidades contidas nesta forma de organização societária para a prática de comportamentos violadores das normas jurídico-laborais[2]. O desenvolvimento desta forma de concentração empresarial originou dificuldades acrescidas naqueles ramos jurídicos, como o direito do trabalho, cuja regulamentação legal assenta no modelo da "tradicional e monolítica empresa societária"[3]. Nas palavras de PASCAL LAGOUTTE[4], "a aplicação de um direito concebido para a empresa para

---

[1] Os problemas enunciados neste estudo valem para os grupos de empresas em sentido amplo, não se restringindo àqueles que adoptam uma forma societária. Contudo, por a maioria das situações surgir a propósito de empresas constituídas sob a forma societária, utilizamos, por vezes, a terminologia mais restrita, sociedade, sem com isso pretendermos afastar a eventualidade de idêntico problema ou solução valer para outras configurações empresariais.

[2] O mesmo acontece com outros complexos normativos como as leis da concorrência – vd. ENGRÁCIA ANTUNES, *Os grupos de sociedades – Estrutura e organização jurídica da empresa plurissocietária*, 2.ª edição, Almedina, Coimbra, 2002, pp. 70-71; YVES GUYON, *Droit des affaires*, 10.ª edição, Economica, Paris, 1998, pp. 606-607.

[3] ENGRÁCIA ANTUNES, *Os grupos de sociedades...*, cit., p. 42.

[4] «Sur l'extinction des relations de travail dans les groupes de sociétés: le regard de l'avocat», in AAVV, *Les groupes de sociétés et le droit du travail*, dir. Bernard Teyssié, LGDJ, Paris, 1999, p. 96.

além dos limites desta suscita um certo número de dificuldades". E se a importância da empresa no domínio da legislação do trabalho em geral é salientada em termos amplos pela doutrina[5], o mesmo sucede no âmbito específico das normas relativas aos despedimentos[6], o que se afigura especialmente relevante no contexto do estudo que nos propomos desenvolver.

Como salienta MOLINA NAVARRETE, não é fácil (ou é mesmo impossível) traçar uma fronteira entre a *"fisiologia"* dos grupos (uso "normal" da forma jurídica para aumentar a competitividade no contexto de uma economia globalizada, através de economias de escala geradas, nomeadamente, por uma optimização dos factores produtivos) e a *"patologia"* dos mesmos (uso "anormal" das referidas formas, afectando interesses legíti-

---

[5] Nesse sentido, afirma BERNARDO LOBO XAVIER, s. v. «ENTIDADE PATRONAL», *in Polis – Enciclopédia Verbo da Sociedade e do Estado,* vol. II, p. 980, que a legislação do trabalho foi concebida em função das "entidades patronais que exercem uma empresa em sentido laboral (…)"; para mais desenvolvimentos, *vd.,* do mesmo Autor, *O despedimento colectivo no dimensionamento da empresa,* Verbo, Lisboa, 2000, pp. 18 e ss.; o mesmo entendimento é partilhado por ORLANDO DE CARVALHO («Empresa e direito do trabalho», in *Temas de Direito do Trabalho – Direito do trabalho na crise. Poder empresarial. Greves atípicas. IV Jornadas Luso-hispano-brasileiras de direito do trabalho,* Coimbra Editora, Coimbra, 1990, p. 15) ao afirmar que "a empresa é o fulcro do direito do trabalho". MÁRIO PINTO, PEDRO FURTADO MARTINS e ANTÓNIO NUNES DE CARVALHO (*Comentário às leis do trabalho,* vol. I, Lex, Lisboa, 1994, anotação ao art. 1.°, ponto 2, p. 24) asseveram que "o paradigma do contrato de trabalho pressuposto na LCT [Regime jurídico do contrato individual de trabalho, aprovado pelo DL n.° 49408, de 24/11/69] é o do trabalho prestado na empresa (cfr., neste sentido, *v.g.,* os artigos 7.°, 12.°, n.° 2, 18.°, n.°s 3 e 4, 20.°, n.° 1, alíneas a), d) e e) e n.° 2, 22.°, n.° 2 [actual n.° 7], 23.°, 24.°, n.° 1, 26.°, n.° 2, 31.°, n.° 4, 37.°, 39.°, n.°s 2 e 4 e 50.°, n.° 3)". De igual modo, MÁRIO PINTO (*Direito do trabalho,* Universidade Católica Editora, Lisboa, 1996, pp. 115-116) realça que o legislador português "tem legislado quase sempre para o direito do trabalho na empresa sem ter o cuidado de o explicitar conceptual e sistematicamente (…)", referindo como paradigma a LCT. ANTÓNIO MONTEIRO FERNANDES (*Direito do trabalho,* 10.ª ed., Almedina, Coimbra, 1998, p. 230), seguindo o mesmo raciocínio, diz-nos que "a LCT contém, no fundo, o *regime jurídico do trabalho na empresa".* PEDRO ROMANO MARTINEZ, *Direito do trabalho,* Almedina, Coimbra, 2002, p. 126, afirma que "a regulamentação da Lei do Contrato de Trabalho e de diplomas complementares assenta no pressuposto de o empregador ser uma empresa (…)". Também, JORGE COUTINHO DE ABREU, *Da empresarialidade – as empresas no direito,* Almedina, Coimbra, 1996, pp. 1 e ss., apresenta múltiplas referências legais demonstrativas da presença da empresa na legislação laboral.

[6] Cf. BERNARDO LOBO XAVIER, *O despedimento colectivo…, cit.,* p. 18, nt 40 e p. 19, nt. 44; PEDRO FURTADO MARTINS, *Cessação do contrato de trabalho,* 2.ª edição, Principia, Cascais, 2002, p. 18.

mos tutelados pelo sistema jurídico a vários níveis – não só social, mas igualmente no que respeita a distorções no mercado concorrencial, etc.), visto esta última ter por base a admissibilidade, ínsita na própria função económica do grupo, de "uma transferência de poder 'injustificada' do ponto de vista dos princípios civilistas, alterando o equilíbrio contratual e a transparência jurídica entre as partes negociais"[7].

A perda de parte significativa da autonomia empresarial pelas empresas integradas no grupo, nomeadamente no que toca ao poder de decisão, pelo menos relativamente às questões fundamentais, a favor da empresa-mãe, não afecta a independência jurídica de cada sociedade membro do grupo; daí a legislação do trabalho ter praticamente ignorado este tipo de construção empresarial, deixando por atender os perigos que daqui podem advir para os trabalhadores, resultantes da dependência económica e decisória relativamente a outra empresa, geradora de desequilíbrios sérios com consequências para os sujeitos referidos[8]. Uma circunstância promotora de riscos acrescidos em relação à empresa societária "independente" relaciona-se com as inúmeras possibilidades de manipulação patrimonial, através do fraccionamento do património, da transferência de bens, lucros e capitais, em prejuízo dos credores das sociedades afectadas[9]. A realização de operações deste teor pode até potenciar a falência de uma das sociedades do grupo[10].

---

[7] MOLINA NAVARRETE, «El "levantamiento del velo jurídico" en el ámbito de un mismo grupo de sociedades: un falso debate?», *Anuario de Derecho Civil*, tomo XLVIII, 1995, p. 789-790, *Persona jurídica y disciplina de los grupos de sociedades*, Real Colégio de España, Bolonia, 1995, pp. 88-89, e *El derecho nuevo de los grupos de empresas – Entre libertad y norma*, Ibidem Ediciones, Madrid, 1997, p. 90. Em sentido similar, BRUNO VENEZIANI, «Gruppi di imprese e Diritto del Lavoro», *Lavoro e Diritto*, 1990, n.º 1, p. 638, afirma que a lesão dos interesses e direitos dos trabalhadores "não nasce apenas da patologia dos grupos".

[8] Com esta convicção, MARTIN HENSSLER, *Der Arbeitsvertrag im Konzern*, Duncker & Humblot, Berlim, 1983, p. 20. Afirmam a necessidade de uma real protecção da sociedade, dos sócios (especialmente dos minoritários), e dos credores, MEDINA CARREIRA, *Concentração de empresas e grupos de sociedades – Aspectos histórico-económicos e jurídicos*, Edições Asa, Porto, 1992, p. 53 e ENGRÁCIA ANTUNES, *Os grupos de sociedades..., cit.*, pp. 285 ss., 294 (nt. 599), e *passim*.

[9] DIAS COIMBRA, «Grupo societário em relação de domínio total e cedência ocasional de trabalhadores: atribuição de prestação salarial complementar», *RDES*, 1990, p. 120.

[10] Cf. HORST KONZEN, «Arbeitsverhältnisse im Konzern – Problema, Zwischenbilanz, Perspecktiven», *ZHR*, n.º 151, 1987, p. 568, e ENGRÁCIA ANTUNES, *Os grupos de sociedades..., cit.*, p. 222.

À integração da prestação laboral no seio do grupo de empresas tem sido dada pouca importância pela generalidade das legislações, sendo-lhe, igualmente, conferido pouco relevo quer pela doutrina quer pela jurisprudência portuguesas que, embora não ignorando completamente o problema, se têm limitado à subsunção aos quadros legais vigentes, sem delinear qualquer tentativa de teorização. Se do ponto de vista jurídico-comercial os grupos foram objecto de regulamentação[11], nas restantes áreas do direito encontramos algumas breves referências a este fenómeno, nem sempre unívocas. Quanto ao direito do trabalho, a lacuna até ao início de vigência do Código do Trabalho é, entre nós, quase completa, com excepção da matéria relativa à cedência ocasional de trabalhadores[12] – embora a terminologia legal seja ambígua – e daquela outra respeitante à instituição de um Conselho de Empresa Europeu ou de um procedimento de informação e consulta dos trabalhadores em grupos de empresas transnacionais, de dimensão comunitária[13-14].

---

[11] No contexto jurídico-societário, a Alemanha foi pioneira no tratamento positivo da questão dos grupos através da *Aktiengesetz* de 1965, seguindo-se o Brasil em 1976, e finalmente Portugal mediante a introdução de um título no Código das Sociedades Comerciais de 1986 dedicado às sociedades coligadas (arts. 481.° e ss.).

[12] Arts. 26.° e ss. do DL n.° 358/89, de 17/10.

[13] Trata-se do DL n.° 40/99, de 9/06, que realizou a transposição para o ordenamento jurídico nacional da Directiva n.° 94/45/CE do Conselho, de 22/09 (publicada no *JOCE*, n.° L 245/64, de 30 de Setembro de 1994).

[14] De importante falta de regulamentação se pode falar também a propósito da lei alemã, embora ulteriormente à *Aktiengesetz* tenham surgido normas inseridas noutros diplomas que abordam questões relacionadas com problemas do exercício dos direitos colectivos dos trabalhadores no âmbito dos grupos, *maxime* o direito de co-gestão (*Mitbestimmung*) – cfr. Horst Konzen, *op. cit.*, pp. 568, 573. Mesmo a nível doutrinal, embora a problemática relativa aos grupos de empresas no direito do trabalho tenha sido tratada na parte das relações colectivas de trabalho, o âmbito das relações individuais encontra-se ainda pouco aprofundado – cf. Martin Henssler, *op. cit.*, p. 19. A lacuna no contexto das relações individuais é igualmente salientada por Horst Konzen, *últ. op. cit.*, p. 573. O Autor chega mesmo a afirmar que o trabalhador é um mero "enteado" no desenvolvimento doutrinal e jurisprudencial do direito dos grupos (p. 567).

Digna de nota é a lei brasileira pela solução inovadora adoptada em matéria de direito do trabalho. O § 2 do art. 2 da Consolidação das Leis do Trabalho consagra a responsabilidade solidária, perante os trabalhadores, da "empresa principal" e de todas aquelas que "estiverem sob a sua direcção, controle ou administração", cada uma com personalidade jurídica própria, mas formando um "grupo industrial, comercial ou de qualquer outra actividade económica". A lei do trabalho, contrariamente à comercial, não atribui patentemente relevância ao facto de a empresa assumir uma forma societária ou não.

O Código do Trabalho contempla, no art. 378.° (inserido na secção III, relativa às garantias dos créditos, do capítulo VIII que regula o incumprimento do contrato), uma inovação na lei laboral portuguesa, claramente de aplaudir, ao consagrar a responsabilidade solidária das sociedades em relação de domínio ou de grupo (remetendo para os conceitos consagrados nos arts. 481.° ss. do Código das Sociedades Comerciais – CSC) em matéria de créditos laborais[15]. Apesar de parte deste regime já resultar do CSC (art. 501.°), o seu âmbito de aplicação foi positivamente alargado pelo Código para o contexto específico das relações laborais, embora pudesse e devesse ter ido um pouco mais longe[16].

Uma outra referência ao fenómeno da coligação societária traduz uma das novidades em matéria dos sujeitos do contrato de trabalho e encontra-se no art. 92.° do Código. Este preceito vem consagrar uma nova excepção ao princípio da liberdade de forma para aquelas situações em que o trabalhador celebra um contrato de trabalho com uma pluralidade de empregadores. Tal como está redigida, a norma suscita algumas perplexidades, as quais, todavia, caem fora do âmbito deste estudo.

Estas recentes intervenções legislativas demonstram alguma sensibilização do legislador para a relevância jus-laboral dos fenómenos de coligação societária. Contudo, alguns dos domínios onde a intervenção legislativa se fazia sentir com especial premência foram ignorados, como a área das relações colectivas de trabalho e a da cessação dos contratos de trabalho com justa causa objectiva promovida pelo empregador.

Os problemas laborais são numerosos e de diversa índole, atravessando todo este tema jurídico desde as relações individuais até às colectivas. Não cabendo no âmbito desta intervenção abordar todas as questões jurídicas merecedoras de uma ponderação específica, segue-se uma análise dos principais problemas suscitados pela cessação dos contratos de trabalho com justa causa objectiva promovida pelo empregador.

---

[15] Sob a epígrafe *"responsabilidade solidária das sociedades em relação de domínio ou de grupo"*, dispõe que «[p]elos montantes pecuniários resultantes de créditos emergentes do contrato de trabalho e da sua violação ou cessação, vencidos há mais de três meses, respondem solidariamente o empregador e as sociedades que com este se encontrem em relação de domínio ou de grupo, nos termos previstos nos artigos 481.° e seguintes do Código das Sociedades Comerciais».

[16] E convém não esquecer que, muito embora já se pudesse recorrer ao art. 501.° do CSC antes do início de vigência do Código do Trabalho, a inserção deste preceito de forma exclusiva no CSC redundava, de facto, infelizmente, no desconhecimento pelos órgãos jurisdicionais das virtualidades nele contidas para ser aplicado nas relações jus-laborais.

210   *Estudos de Direito do Trabalho em Homenagem ao Prof. Manuel Alonso Olea*

2. Cessação do contrato de trabalho com justa causa objectiva

2.1. *Razão de ordem*

Um núcleo fundamental de problemas jurídico-laborais suscitados pela constituição de grupos empresariais diz respeito à cessação, por motivos objectivos relativos à empresa, do contrato de trabalho que vincula um trabalhador a uma sociedade do grupo.

No nosso ordenamento jurídico, tal pode ter lugar através de um despedimento colectivo (arts. 16.º e segs. do DL n.º 64-A/89, de 27/02 – LCCT)[17] ou de um despedimento[18] por extinção de postos de trabalho (arts. 26.º e segs. da LCCT)[19]. Esta última modalidade de cessação do contrato apresenta um carácter subsidiário em relação ao despedimento colectivo (art. 27.º, n.º 1, al. d), da LCCT)[20]. Relativamente à motivação subjacente a estas figuras, em ambos os casos, a redução de pessoal pode fundar-se em motivos económicos, tanto de mercado, como estruturais ou tecnológicos[21]. O despedimento colectivo por ainda ter a sua origem num encerramento total ou parcial da empresa[22].

---

[17] Arts. 397.º ss. do Código do Trabalho.

[18] A terminologia utilizada na LCCT refere apenas a "cessação do contrato de trabalho por extinção de postos de trabalho", evitando deliberadamente a expressão despedimento, que é retomada no Código do Trabalho. Para uma análise crítica do *nomen iuris* escolhido pelo legislador da LCCT e da motivação subjacente, *vd.* MENEZES CORDEIRO, *Manual de direito do trabalho,* Almedina, Coimbra, 1991 (reimpressão de 1994), pp. 815 ss; MONTEIRO FERNANDES, *op. cit.,* pp. 524 ss.; ROMANO MARTINEZ, *op. cit.,* pp. 847 e 865; FURTADO MARTINS, *Cessação do contrato..., cit.,* pp. 126-128.

[19] Arts. 402.º ss. do Código do Trabalho.

[20] Corresponde ao art. 403.º, n.º 1, al. d), do Código do Trabalho.

[21] Este entendimento é partilhado por parte significativa da doutrina no domínio da LCCT – cf. MANUEL CAVALEIRO BRANDÃO, «Apreciação judicial da fundamentação económica dos despedimentos», *RDES,* Janeiro/Setembro de 1992, p. 164; MÁRIO PINTO e FURTADO MARTINS, «Despedimentos colectivos: liberdade de empresa e acção administrativa», *RDES,* 1993, p. 50; BERNARDO LOBO XAVIER, *Curso de direito do trabalho,* 2.ª edição com aditamento de actualização, Verbo, Lisboa, 1996, p. 528, nt. 1; do mesmo Autor, *O despedimento colectivo..., cit.,* p. 410; FURTADO MARTINS, *Cessação do contrato..., cit.,* p. 117. Com a entrada em vigor do Código do Trabalho não restará qualquer dúvida quanto à identificação dos motivos de carácter económico, atendendo à remissão presente no art. 402.º. Por outro lado, a explanação dos mesmos, presente no art. 26.º, n.º 2, da LCCT, passa a constar do art. 397.º, n.º 2, do Código, norma referente ao despedimento colectivo. Contudo, mantém-se a acentuada imprecisão e parca utilidade prática do preceito assinalada pela doutrina – cf. MONTEIRO FERNANDES, *op. cit.,* p. 525; BERNARDO LOBO XAVIER,

A consideração do âmbito da empresa individualmente apreciada ou do âmbito do grupo torna patente a diferença de resultados obtidos, visto que, nesta última situação, a manutenção dos vínculos jurídico-laborais encontra-se sujeita a riscos acrescidos derivados de numerosos factores, designadamente: a diminuição da capacidade concorrencial da sociedade-filha por força do poder de direcção da sociedade-mãe, reestruturações internas a nível do grupo que acarretam o encerramento de filiais com pouca rendibilidade, a mudança de sectores de produção para outras sociedades, a redução do número de trabalhadores, fruto de uma direcção unitária da política de pessoal[23]. Assim, como explica ABEL FERREIRA[24], bastará reflectirmos sobre a hipótese de uma empresa dominada, de facto ou de direito, por uma outra, recorrer a um destes processos de despedimento, com base em circunstâncias resultantes da direcção exercida pela empresa dominante, para afirmarmos que, sem essa relação de domínio, provavelmente, tal situação não se verificaria. Fica inelutavelmente demonstrada a relevância dos grupos empresariais na apreciação da legitimidade da cessação dos contratos de trabalho por motivos económicos situados na esfera da empresa.

Curso..., *cit.*, p. 515; *O despedimento colectivo...*, *cit.*, pp. 410 ss.; FURTADO MARTINS, *Cessação do contrato...*, *cit.*, pp. 117 e 128 ss.

[22] Sobre esta justificação do despedimento, *vd.* BERNARDO LOBO XAVIER, *O despedimento colectivo...*, *cit.*, pp. 416 e ss.

[23] Outros exemplos são referidos por HERBERT WIEDEMANN, *Die Unternehmensgruppe im Privatrecht,* J. C. B. Mohr (Paul Siebeck), Tübingen, 1988, p. 100. A circunstância de a situação de dependência da entidade patronal acarretar maiores perigos para a garantia do estatuto do trabalhador e do seu posto de trabalho é salientada por MARTIN HENSSLER, *op. cit.*, p. 20; HORST KONZEN, «Arbeitsverhaltisse...», cit., p. 568; e também por ENGRÁCIA ANTUNES, *Os grupos de sociedades...*, *cit.*, pp. 222-223. Salienta o primeiro Autor (p. 140) que a sociedade dominante pode influenciar a dominada sem exercer directamente o seu poder de dar instruções, ao alterar, por exemplo, elementos base de carácter económico da última, deixando de adquirir os produtos ou modificando a lógica dos preços de transferência no grupo. Uma vez que a sociedade-filha só pode comercializar os seus produtos ou serviços dentro do grupo, são criadas "verdadeiras necessidades empresariais" no sentido da *Kündigungsschutzgesetz* (KSchG). Deste modo, os despedimentos provocados por esta situação têm de ser vistos como uma consequência negativa do poder de direcção da sociedade-mãe (no sentido de condições factuais de uma relação obrigacional de protecção). A sociedade dependente não tem aqui – ao contrário do que acontece em situações similares mas sem grupo – a possibilidade de, em tempo útil, modificar o seu programa de produção para se libertar da sociedade-mãe.

[24] ABEL SEQUEIRA FERREIRA, «A justa causa de despedimento no contexto dos grupos de empresas», in *Estudos do Instituto de Direito do trabalho,* coord. Pedro Romano Martinez, vol. II, Almedina, Coimbra, 2001, p. 250.

Apesar da indiscutível presença destes perigos adicionais, nem a LCCT, nem o Código do Trabalho têm em conta esta realidade empresarial no contexto destas modalidades de despedimento. Designadamente, não se referem ao âmbito de apreciação (a empresa ou o grupo) dos motivos justificativos do despedimento por causas objectivas; nem a qualquer direito do trabalhador de continuar a desenvolver a sua actividade noutras empresas do grupo, lacuna que nos conduz a um percurso metodológico nem sempre linear e isento de dúvidas.

2.2. Âmbito de apreciação (a empresa ou o grupo) dos motivos justificativos do despedimento por causas objectivas

O primeiro problema com que nos deparamos consiste na elaboração de um juízo de (i)licitude quando se atende apenas à situação económico-financeira da empresa que procede a um despedimento com justa causa objectiva, ignorando quer a sua inserção num grupo de empresas, quer a situação económico-financeira deste último, e ainda a possibilidade de o desequilíbrio ter a sua origem num comportamento da empresa dominante. Com efeito, o fundamento invocado para o despedimento pode afigurar-se materialmente verdadeiro no quadro do empregador formal, mas inexistente se atendermos ao quadro mais amplo do grupo empresarial em que tal entidade empregadora se insere[25].

Será que a situação económica subjacente à decisão do despedimento colectivo realizado por uma sociedade do grupo deve atender não só à situação económico-financeira da sociedade empregadora, como também à situação global do próprio grupo? Pode, deste modo, fundamentar-se a ilicitude de um despedimento quando o motivo invocado, ainda que verdadeiro no quadro do empregador formal, não assuma o mesmo relevo no âmbito mais alargado do grupo de empresas?

Concretizemos, então, alguns dos problemas daqui decorrentes, através do exemplo apresentado por COUTINHO DE ABREU[26]: uma sociedade dominada/subordinada alega o seu "desequilíbrio económico-financeiro" para proceder a um despedimento colectivo, enquanto a sociedade dominante/directora – que, em seu benefício, tem dado instruções desvantajo-

---

[25] Cf. ABEL SEQUEIRA FERREIRA, «A justa causa...», cit., p. 250.
[26] «Grupos de sociedades e direito do trabalho», *BFD* (Coimbra), vol. LXVI, 1990, p. 145.

sas à administração da primeira – está em perfeitas condições económico-financeiras; será lícito o despedimento?[27]

À primeira vista a resposta afigurar-se-ia claramente positiva quando o desequilíbrio foi causado pela sociedade-mãe, pois só deste modo poderíamos eliminar os perigos adicionais gerados para os trabalhadores pelo agrupamento empresarial, colocando-os na mesma situação daqueles outros dependentes de uma sociedade totalmente autónoma[28]. Esta atitude não traduz a identificação do empregador com o grupo em si; apenas desmistifica a situação típica do empregador independente, cujas decisões são orientadas pelos interesses da empresa e dos trabalhadores, visto que agora o cenário empresarial que integra a entidade empregadora é dissemelhante daquele que ocorre nos casos de completa autonomia de gestão[29].

Note-se que o CSC permite que instruções desvantajosas sejam proferidas apenas nos grupos de sociedades constituídos por domínio total ou por contrato de subordinação (art. 503.º e art. 491.º), e desde que subordinadas ao interesse da sociedade-mãe ou de outras sociedades do grupo. Fora destes grupos ou na ausência dos interesses mencionados, tais instruções são ilegítimas, impondo-se, em consequência, a consideração da ilicitude do despedimento por elas indirectamente causado[30].

---

[27] O problema coloca-se em termos similares quando a extinção da entidade empregadora determina a caducidade dos respectivos contratos de trabalho (n.º 3 do art. 6.º da LCCT correspondente ao art. 390.º do Código do Trabalho). Controlando a sociedade dominante/directora, em alguns tipos de grupos (especialmente nas relações de domínio total e de contrato de subordinação), a gestão da sociedade dominada/subordinada, a utilização deste esquema organizacional pode levar à extinção premeditada desta última, de maneira a determinar a caducidade de todos os contratos de trabalho, continuando uma outra sociedade do grupo o mesmo objecto social e contratando para o efeito novos trabalhadores. Assim, não podemos ignorar que a extinção de uma sociedade pode ser levada a cabo com o objectivo de provocar a caducidade dos respectivos contratos de trabalho, contornando ilicitamente a proibição legal dos despedimentos sem justa causa, pelo que deverá ser configurada como fraude à lei – cf. COUTINHO DE ABREU, «Grupos de sociedades...», cit., p. 143.

[28] Com esta convicção, COUTINHO DE ABREU, «Grupos de sociedades...», cit., pp. 145-146. Segue este entendimento MARIA IRENE GOMES, «Grupos de sociedades e algumas questões laborais», *Questões Laborais,* 1998, n.º 12, p. 197.

[29] Cf. ABEL FERREIRA, *Grupos de empresas e direito do trabalho*, Dissertação de mestrado em Ciências Jurídicas, apresentada na Faculdade de Direito da Universidade de Lisboa, 1997, p. 180.

[30] De qualquer modo, pode questionar-se a utilidade prática desta construção se se defender que o ónus da prova da existência de tais instruções recai sobre o trabalhador; pois, não tendo ele acesso a essas instruções, torna-se impossível, na maioria dos casos, realizar a referida prova. Por essa razão, embora não no contexto específico dos despedimentos, MARTIN HENSSLER, *op. cit.,* pp. 88 e segs., *maxime* 90 a 94, inverte o ónus da prova

Mais melindrosa se afigura esta afirmação quando a sociedade directora/dominante se limitou a exercer os direitos legalmente previstos dentro dos respectivos limites imanentes. Todavia, se é certo que o legislador procurou acautelar os interesses dos credores sociais em geral, especialmente através do art. 501.° do CSC[31], seguindo-se, anos depois, uma intervenção similar nas leis laborais através do supramencionado art. 378.° do Código do Trabalho, nenhum destes diplomas prevê qualquer contrapartida específica relacionada com a salvaguarda dos postos de trabalho. Então poder-se-ia eventualmente defender a existência de uma lacuna, a preencher nos termos gerais[32], apelando também ao princípio *ubi commoda ibi incommoda,* que parece estar subjacente aos preceitos legais acima mencionados. Estamos, no entanto, conscientes das dificuldades e dúvidas que a sua fundamentação metodológica sempre suscitaria.

---

da existência de instruções da sociedade-mãe, com base na ideia de probabilidade (*Wahrscheinlichkeitgedanke*) e de esferas (*Sphärengedanken*), atendendo à configuração concreta do grupo (especialmente, *Vertragskonzern* e *Eingliederung*). Ora, entre nós, nos grupos de sociedades – no sentido restrito que lhe é atribuído pelo CSC – a sociedade-mãe tem sempre a possibilidade de dar instruções vinculativas às filiais, podendo estas assumir um conteúdo desvantajoso nos grupos constituídos por contrato de subordinação ou por domínio total (salvo acordo em contrário). Assim, transpondo o raciocínio seguido por este Autor para o nosso direito societário, se a sociedade-mãe constituiu este tipo de agrupamento de modo a obter tal poder, dever-se-á presumir que o usa, cabendo-lhe provar que tal não sucedeu naquele caso concreto. A importância da inversão do ónus da prova é também salientada por CAMPS RUIZ, «Tratamiento laboral de los grupos de sociedades», *AL,* n.° 34, 1990, p. 414, citando uma decisão jurisprudencial alemã que a aplicou. Veja-se também o sistema de indícios tendente a facilitar a prova por parte dos trabalhadores defendido por MARIA AMPARO ESTEVE SEGARRA, *Grupo de sociedades y contrato de trabajo,* Tirant lo blach, Valência, 2002, pp. 258-259.

[31] Nos termos deste dispositivo legal, a sociedade directora é responsável por todas as obrigações daquela que lhe é subordinada, independentemente de se terem constituído antes ou depois da celebração do contrato de subordinação, mantendo-se a responsabilidade até à cessação deste negócio jurídico. Relativamente aos mecanismos encontrados pelo legislador societário para proteger os credores da sociedade subordinada/dominada, *vd.* o nosso, *Da mobilidade dos trabalhadores no âmbito dos grupos de empresas nacionais,* Publicações Universidade Católica, Porto, 2001, pp. 76 ss. E ainda autores e obras por nós citados.

[32] Não esqueçamos, na lição de BAPTISTA MACHADO (*Introdução ao direito e ao discurso legitimador,* Almedina, Coimbra, 1990, p. 196) que a analogia não é apenas o meio prioritário na integração de lacunas, mas é igualmente um mecanismo apto a determinar a sua existência relativamente a «lacunas teleológicas» ou de segundo nível. Aqui a sua identificação parte do escopo legislativo, ou seja, da *ratio legis* ou «da teleologia imanente a um complexo normativo».

Se, pelo contrário, estivermos perante uma sociedade do grupo (dependente ou subordinada) que alega motivos estruturais, tecnológicos ou conjunturais para proceder a um despedimento colectivo ou a uma extinção individual de postos de trabalho, sem que exista qualquer instrução ou influência da sociedade dominante, o equacionamento destes pressupostos ao nível da realidade económico-financeira do grupo já se afigura menos defensável. Daí alguma doutrina defender com clareza a licitude do despedimento colectivo ou da extinção dos postos de trabalho, desde que preenchidos os respectivos requisitos legais. A fundamentação deste raciocínio assenta na necessidade de tratar com igualdade todos os trabalhadores, sem privilegiar aqueles que se encontram juridicamente subordinados a sociedades integrantes de grupos[33].

É certo que encontramos concepções doutrinais e jurisprudenciais fundamentadas que não realizam qualquer distinção similar. Assim, autores e tribunais franceses[34], espanhóis[35] e italianos[36] afirmam a necessidade

---

[33] Cfr. COUTINHO DE ABREU, «Grupos de sociedades...», cit., p. 146. Com um entendimento próximo, ESTEVE SEGARRA, *op. cit.,* p. 254.

[34] Cf. GEORGES PICCA, «Motif économique et "délocalisations" d'entreprise – note au arrêt de la Cour de Cassation 5 avril 1995», *JCP,* 1995, 22443, pp. 224-225; GÉRARD COUTURIER, *Droit du travail – Les relations individuelles de travail,* 3.ª ed., PUF, Paris, 1996, p. 115 e «L'extinction des relations de travail dans les groupes de sociétés», in *Les sociétés et le droit du travail,* dir. de Bernard Teyssié, Paris, 1999, pp. 76 ss.; YVES GUYON, *op. cit.,* p. 650; *Mémento pratique Francis Lefebvre – Groupes de sociétés,* Edições Francis Lefebvre, Levallois, 1998/99, pp. 893 a 895. MARIE-ANGE MOREAU («Le salarié déstabilisé», in *Les salariés et les associés minoritaires dans les groupes de sociétés,* Presses Universitaire D'Aix-Marseille, 1993, p. 20) menciona as hipóteses supramencionadas em que ocorre uma contratação numa empresa do grupo para o desempenho de determinadas funções e simultaneamente outra empresa invoca o desaparecimento de um emprego da mesma natureza, considerando então o despedimento ilícito. Note-se que as decisões mais recentes da *Cour de Cassation* têm vindo a restringir este campo ao sector de actividade do grupo em que se integra a empresa em causa, embora se levantem depois as questões ligadas à determinação do alcance e limites da noção de "sector de actividade" – cf. LAURE NURIT-PONTIER, *Les groupes de sociétés,* Ellipses, Parsi, 1998, pp. 84-85; *Mémento pratique Francis Lefebvre – Groupes de sociétés, cit.,* p. 894.

[35] Cf. *Memento Prático Francis Lefebvre – Social,* Edições Francis Lefebvre, Madrid, 1998, p. 394; MARIA JESÚS HERRERA DUQUE, *Los grupos de empresas en el ordenamiento jurídico español,* Editorial Ciss, Valencia, 1999, pp. 52-53; MOLINA NAVARRETE, *La regulación jurídico-laboral de los grupos de sociedades – Problemas y soluciones,* Editorial Comares, Granada, 2000, pp. 195 ss.; MARIA AMPARO ESTEVE SEGARRA, *op. cit.,* pp. 236 ss.

[36] FRANCESCO GALGANO («L'abuso della personalità giuridica nella giurisprudenza di merito (e negli "obiter dicta" della Cassazione)», *Contratto e Impresa,* Ano III, 2, 1987,

216 *Estudos de Direito do Trabalho em Homenagem ao Prof. Manuel Alonso Olea*

de ponderar o motivo invocado no âmbito do grupo, sem referenciar expressamente a existência de instruções vinculantes. Não podemos contudo ignorar que esses sistemas não têm uma regulamentação positiva autónoma do fenómeno empresarial em análise; pelo que os seus traços se encontram pouco definidos, assentando na ideia dos grupos verticais com uma direcção económica unitária; ou seja, na maioria dos casos pressupõem que o vértice do agrupamento tem o poder de dar instruções com carácter vinculativo.

Uma valoração do motivo no perímetro do grupo deverá, assim, ocorrer, pelo menos, nas situações de fraude (quer ao nível da própria configuração do grupo, quer nas operações desenvolvidas) e quando a situação negativa da empresa se deve, directa ou indirectamente, ao exercício de uma "influência dominante"[37].

Alguma doutrina[38] vai mais longe, defendendo a necessidade de se atender à situação económico-financeira do grupo, independentemente de o desequilíbrio da empresa-filha ter sido provocado pela empresa dominante. Os motivos de mercado, estruturais ou tecnológicos legitimadores do recurso a estas modalidades de despedimento referem-se à empresa, logo devem ser avaliados tendo por referência a realidade empresarial subjacente, materialmente significativa na análise dos fundamentos mencionados[39]. Assim, o despedimento colectivo seria ilícito sempre que o motivo invocado, embora verdadeiro no quadro da entidade empregadora formal, «se revelasse inexistente no âmbito mais alargado de observação do grupo de empresas»[40], tendo em conta não só o momento da cessação do contrato de trabalho mas também alterações ulteriores à estrutura e organização do grupo[41].

A última ideia referida torna esta interpretação especialmente apelativa. A análise dos motivos no contexto do grupo permite atribuir relevân-

---

p. 379) afirma que o motivo de despedimento não pode ser apreciado exclusivamente em função do empregador formal, mas tem de se considerar a relação de grupo.

[37] Maria Amparo Esteve Segarra, *op. cit.,* p. 258, defende uma limitação do alargamento aos casos em que a influência é directa e originou prejuízos.

[38] Entre nós, *vd.* Abel Ferreira, «A justa causa de despedimento…», cit., pp. 250 ss. No direito comparado, cfr. autores e obras citados nas notas anteriores.

[39] Abel Ferreira, «A justa causa de despedimento…», cit., p. 252.

[40] Assim, a título de exemplo, a situação da empresa não poderia ser qualificada como negativa quando a empresa-mãe, que fabrica os produtos que a outra distribui ou comercializa, obteve benefícios superiores às perdas da primeira (benefícios consolidados de grupo) – cf. Molina Navarrete, *La regulación jurídico-laboral…, cit.,* pp. 200-201.

[41] Abel Ferreira, «A justa causa de despedimento…», cit., pp. 252 e 253.

Cessação do contrato de trabalho promovida pelo empregador com justa causa 217

cia a estas alterações o que poderá assumir uma importância capital na identificação de situações fraudulentas, como se pode observar a partir dos seguintes exemplos descritos por ABEL FERREIRA[42]: após ter ocorrido uma extinção de postos de trabalho numa empresa do grupo, segue-se a criação de idênticos postos noutra empresa do agrupamento que vai prosseguir exactamente a mesma actividade; o encerramento da empresa que esteve na origem do despedimento colectivo é seguido da constituição de uma nova empresa que se dedica à mesma actividade etc.[43]. O mesmo vale relativamente a manobras de descapitalização resultantes da manipulação patrimonial que origina dificuldades económicas numa empresa para fins precisos e de legitimidade duvidosa. Um exemplo paradigmático deste tipo de actuação encontra-se num caso sujeito à apreciação dos tribunais espanhóis[44]. A empresa X transferiu trabalhadores para outra empresa (Z) do grupo, procedendo de seguida à descapitalização desta última, mediante a venda à primeira da sua maquinaria e veículos (não tendo entrado o pagamento do preço respectivo), seguida da celebração de um contrato de arrendamento. A renda não foi paga por Z, criando uma dívida importante, de que a empresa X era credora, culminando com o recurso por parte de Z aos expedientes de crise previstos no ordenamento espanhol e a subsequente extinção dos contratos de trabalho. O objectivo, como o Tribunal salientou, era evidente: beneficiar uma das empresas (X) atribuindo-lhe o activo patrimonial de outra (Z), ficando esta última com os encargos laborais da primeira, dos quais se libertou recorrendo a expedientes legais previstos para hipóteses de crise empresarial.

Outro argumento que pode ser esgrimido a favor desta solução traduz-se na ideia de que existe uma estratégia empresarial global no grupo, pelo que atender unicamente à situação da empresa, ignorando aquele,

---

[42] *Ibidem.*

[43] Todavia, como o próprio Autor admite, uma apreciação judicial eficaz carece do apoio de um controlo administrativo apto a captar as mutações laborais no seio do grupo – cf. ABEL FERREIRA, *últ. op. cit.,* p. 253, nt. 110. Por outro lado, tendo em conta o curto prazo legal previsto para a impugnação de um despedimento colectivo (o prazo de 90 dias previsto no art. 25.°, n.° 2, da LCCT é alargado pelo Código do Trabalho para seis meses – art. 435.°, n.° 2), o exercício do direito de impugnação poderá facilmente ser qualificado como extemporâneo.

Seguindo este raciocínio, os tribunais espanhóis responsabilizaram solidariamente as empresas do grupo quando no despedimento por causas objectivas se invocou o desaparecimento da actividade desenvolvida pelos trabalhadores, mas a mesma manteve-se noutra empresa do grupo, total ou parcialmente – cfr. ESTEVE SEGARRA, *op. cit.,* p. 263.

[44] Descrito por ESTEVE SEGARRA, *op. cit.,* p. 249, nt. 490.

conduziria a resultados irreais[45]. Muitas das reestruturações que estão na base de despedimentos com justa causa objectiva correspondem a essa estratégia global do grupo: ou porque houve uma decisão directa nesse sentido tomada pela sociedade-mãe tendo em vista a realidade mais ampla do grupo; ou, então, como resultado indirecto da imposição de determinados objectivos à empresa que fica, assim, condicionada. Ao que se pode aditar, à semelhança do que defende alguma jurisprudência espanhola, que a finalidade do despedimento por causas económicas deve ser configurada como *ultima ratio* e a sua justificação assenta na necessidade de «superar a situação negativa da empresa»[46]. A necessidade de reduzir ao mínimo eventuais "beliscaduras" no direito ao trabalho e à segurança no emprego[47], associada ao cumprimento da finalidade legislativa conduzia a uma valoração dos motivos no âmbito do grupo.

Outras correntes doutrinais advogam a necessidade de atender, em princípio, apenas à empresa onde ocorrem os despedimentos, defendendo que, na maioria dos casos, é perfeitamente possível proceder à individualização de cada empresa do grupo; até porque os motivos invocados podem resultar de problemas específicos de uma das empresas do grupo e a consideração de todo o seu âmbito poderia, em última análise, ser prejudicial para os próprios trabalhadores. Com efeito, a circunstância de se dificultar a reestruturação pode obstar à viabilidade da empresa que esteja efectivamente numa situação crítica, colocando em risco outras empresas do grupo[48]. Por outro lado, a fraude poderia ser controlada mediante uma primeira análise da situação e estrutura do grupo, para comprovar a sua inexistência, o que não seria confundido com a exigência de uma situação negativa global do grupo para que a reestruturação e os despedimentos possam operar[49].

---

[45] Este argumento é invocado, entre vários outros, por um relevante sector da doutrina e da jurisprudência espanholas que segue este entendimento – cfr. ESTEVE SEGARRA, *op. cit.*, pp. 245 ss.

[46] ESTEVE SEGARRA, *op. cit.*, p. 249, com várias citações jurisprudenciais.

[47] JOSÉ JOÃO ABRANTES, «O despedimento colectivo», in *Direito do trabalho – Ensaios,* Edições Cosmos, Lisboa, 1995, p. 197, a propósito da garantia constitucional da segurança no emprego (art. 53.º da CRP), afirma que um dos seus corolários consiste na necessidade de o despedimento colectivo se restringir «aos casos em que as razões económicas sejam suficientemente fortes para justificarem o sacrifício de interesses tão importantes como os que se ligam à conservação do contrato».

[48] ESTEVE SEGARRA, *op. cit.*, pp. 252 ss. e 256.

[49] *Idem*, pp. 253 e *passim*.

Uma posição intermédia defende que a valoração poderá ter em conta a empresa ou o grupo consoante o tipo de motivo invocado para realizar o despedimento por causas objectivas e o projecto de reorganização[50].

2.2.2. Numa hipótese, com alcance um pouco diverso, formulada por HENSSLER[51], a sociedade dominada que, antes de ser membro do grupo, tinha tido resultados positivos no conjunto das suas produções empresariais, no âmbito da racionalização interna do mesmo, tem de deixar de realizar algumas das suas funções produtivas, desaparecendo consequentemente parte dos seus postos de trabalho. Os trabalhadores excedentários podem contestar esta decisão realizada no "interesse do grupo"[52]?

A questão central coloca-se num prisma ligeiramente diferente da anterior: pode a empresa filial, económica e financeiramente estável, invocar, com o intuito de proceder a um despedimento colectivo, motivos que se prendem exclusivamente com o "interesse do grupo" *rectius* interesse da empresa mãe? Em princípio, o despedimento só pode ter lugar por motivos ligados aos interesses daquela empresa e não aos interesses do grupo; logo, as medidas de racionalização e a eliminação de postos de trabalho, na medida em que se reportam apenas ao grupo, tornam o despedimento

---

[50] Veja-se a doutrina referida por ESTEVE SEGARRA, *op. cit.,* pp. 245-247, nt. 477. MOLINA NAVARRETE, *La regulación jurídico-laboral..., cit.,* pp. 198-199, afirma que, muito embora as causas económico-financeiras e económico-organizativas sejam relevantes na valoração da estrutura do grupo, a extensão e os limites de tal relevância são necessariamente diferentes.

[51] MARTIN HENSSLER, *op. cit.,* p. 125.

[52] A maioria dos autores que se debruçaram sobre os problemas gerados pelos grupos de empresas, no direito comercial, do trabalho ou noutro ramo, refere a existência de um "interesse do grupo" como se de um axioma se tratasse, sem contudo explicitar o conteúdo do mesmo. O carácter unitário do interesse social, como interesse comum a todas as sociedades do grupo, é posto em causa por COUTINHO DE ABREU, «Grupos de sociedades...», cit., p. 135, e, especialmente, *Da empresarialidade..., cit.,* pp. 268 e ss. De facto, salienta o Autor que, com excepção do grupo paritário, este fenómeno se caracteriza por uma "subordinação para fins (fundamentalmente) unilaterais", ou seja, a sociedade directora/dominante pode sacrificar o interesse social da subordinada/dominada, desde que vise a satisfação do seu próprio interesse ou do de outras sociedades do grupo (art. 503.º, n.º 2, e 491.º do CSC). Do mesmo modo, na ausência de instruções nesse sentido, os órgãos de administração das sociedades-filhas não podem vitimar o interesse social destas em nome de um "interesse do grupo". Aliás, o mesmo sucede nas sociedades em relação de domínio, visto vigorar aqui em toda a sua extensão o dever de diligência imposto pelo art. 64.º do CSC (embora o exacto alcance deste preceito suscite, também ele, muitas dúvidas – veja-se *ult. op. cit.,* pp. 227 e segs.).

ilícito[53]. De facto, se o grupo retira vantagens da autonomia jurídica dos seus membros, não pode pretender afastá-la quando esta lhe é desvantajosa[54].

---

[53] MARTIN HENSSLER, *op. cit.,* p. 129, referindo-se obviamente ao ordenamento jurídico alemão. Com efeito, nesta ordem jurídica a referência a "necessidades empresariais" (*betrieblichen Erfordernisse*) prevista no § 1 Abs. 2 S. 1 da KSchG, parece não deixar margem para dúvidas quanto ao seu alcance restrito, ou seja, diz respeito a circunstâncias de carácter económico, tecnológico ou organizatório que afectam o *Betrieb* e não a *Unternehmen*. A distinção conceptual entre estas duas realidades, em que a primeira, enquanto "unidade organizatória de meios de trabalho com ajuda dos quais se consegue atingir um objectivo técnico-laboral", tem um âmbito mais reduzido do que a segunda [a noção de *Unternehmen* abrange todo um conjunto de bens e de direitos, desde o capital ao *goodwill* (clientela, bom nome, etc.), sendo vista pelo direito do trabalho como uma unidade organizatória, que contém vários *Betriebe,* visando atingir um fim económico ou ideal. Para uma distinção entre estes dois conceitos, MARTIN HENSSLER, *op. cit.,* pp. 27-28)], permite concluir que o parágrafo acima citado, excluindo a própria *Unternehmen,* não pode, em princípio, por maioria de razão, aplicar-se ao grupo. Esta tem sido a posição do BAG – cfr. HORST KONZEN, «Arbeitsverhältnisse im Konzern...», cit., pp. 568 e 574. Aliás, o autor critica a atitude reservada assumida pela jurisprudência alemã, nesta e noutras matérias, salientando as contradições resultantes de uma certa permissividade de um "desenvolvimento desenfreado do direito societário dos grupos" em confronto com os "escrúpulos metódicos na protecção dos trabalhadores" (p. 569).

Alguma jurisprudência francesa, citada por GÉRARD COUTURIER, «L'extinction...», cit., p. 87, entende não ser suficiente para fundamentar um despedimento a invocação de "integração da sociedade num grupo", afigurando-se essencial caracterizar as dificuldades económicas ou as exigências de competitividade.

[54] MARTIN HENSSLER, *op. cit.* p. 126.

A constante procura, por parte dos grupos empresariais, do melhor de dois mundos surge patente no caso ROCKFON apreciado no acórdão do TJCE, de 7/12/95 (processo C-449/93). A empresa Rockfon, integrada no grupo Rockwool, despediu 24 ou 25 trabalhadores dos 162 que tinha ao seu serviço. As diversas sociedades que compõem o grupo tinham criado um serviço comum de recrutamento e de despedimentos, de forma que estes só podiam ocorrer com a aprovação desse serviço atribuído a uma sociedade do grupo. O despedimento não foi precedido de qualquer processo de informação e consulta dos trabalhadores, tal como é exigido pela Directiva, transposta aliás para o ordenamento jurídico dinamarquês. Tendo alguns dos trabalhadores reagido judicialmente, a Rockfon invocou a circunstância de pertencer a um grupo empresarial para daí retirar a consequência de que os despedimentos por si efectuados deveriam considerar-se como realizados por uma empresa com mais de 300 trabalhadores, hipótese em que, face ao direito dinamarquês, só teria de existir um procedimento de informação e consulta se o número de prestadores de trabalho abrangidos fosse igual ou superior a 30. A Rockfon alicerça a sua defesa na sua exclusão do conceito de «estabelecimento» para efeitos da lei relativa à promoção do emprego, visto o recrutamento e os despedimentos terem sido confiados a outra sociedade do grupo. Chamado a pronunciar-se sobre o conceito de «estabelecimento» constante do art.

2.2.3. Contrariamente ao que sucede em países como Espanha ou França, em que o direito jus-laboral dos grupos tem a sua fonte, em grande medida, em construções jurisprudenciais, entre nós, a jurisprudência tem ignorado os problemas que desta configuração empresarial decorrem para os trabalhadores.

Entre a parca jurisprudência existente em Portugal sobre as questões laborais no âmbito dos grupos, encontramos uma decisão que talvez nos ajude a compreender, em parte, a razão desta frugalidade. Com efeito, o STJ, por Ac. de 6/11/96 (processo n.º 4427 – não publicado), foi chamado a pronunciar-se sobre a situação que passamos a caracterizar em traços gerais. A "Sepsa – Sociedade de Construções Electro Mecânicas, SA" pertencia a um "grupo económico", tendo o grupo [sic] decidido proceder a uma reestruturação "com vista a organizar-se por áreas de negócios, ou seja, em vez de cada unidade do grupo se dedicar a várias actividades, dedicar-se-ia apenas a uma área produtiva". Na sequência desta decisão foram criadas duas novas sociedades, desenvolvendo cada uma delas parte da actividade da "Sepsa – Sociedade de Construções Electro Mecânicas, SA" e passando inclusive a "usar parte das instalações e equipamentos, cessando a primeira a sua actividade (nada nos é dito sobre o modo de cessação desta e a sequência temporal dos acontecimentos, factor importante no sentido de determinar se estaríamos perante uma hipótese de cisão). O pessoal de uma das divisões da "Sepsa – Sociedade de Construções Electro Mecânicas, SA" foi "integrado nos quadros" de uma das novas empresas (sendo certo que todos exerciam o mesmo tipo de funções) e o restante foi objecto de um despedimento colectivo. Tendo um dos trabalhadores despedidos invocado, entre outras circunstâncias, a existência de "uma transmissão, pelo menos parcial, do estabelecimento industrial da "Sepsa

---

1.º, n.º 1, al. a), da Directiva 75/129/CEE (alterada ulteriormente pela Directiva 92/56/CE e pela Directiva 98/59/CE), o TJCE entendeu que esta noção deve interpretar-se como designando, em função das circunstâncias, a unidade a que os trabalhadores visados pela medida de despedimento estão afectos no exercício das suas funções. O facto de a unidade em causa dispor de uma direcção capaz de efectuar, de modo independente, despedimentos colectivos não é essencial à definição do conceito de «estabelecimento». Fazer depender este conceito da existência da dita direcção seria incompatível com a finalidade da directiva, uma vez que iria facilitar o seu afastamento por parte das sociedades integrantes de um grupo sempre que confiassem a decisão de despedir a um órgão distinto.

Apesar das dificuldades evidentes do TJCE em definir com clareza o que é um «estabelecimento» para efeitos da directiva comunitária, parece apontar para a irrelevância, pelo menos no cômputo do número de trabalhadores, do âmbito do grupo de empresas na noção de despedimento colectivo.

222 *Estudos de Direito do Trabalho em Homenagem ao Prof. Manuel Alonso Olea*

– Sociedade de Construções Electro Mecânicas, SA", o STJ, argumentando com a ausência de factos provados nesse sentido, acrescentou: "[p]elo contrário, resultou provado que ambas as rés mantiveram uma individualidade jurídica própria, a qual nem era diminuída pela integração de ambas no mesmo Grupo Económico". Ora, quanto à falta de elementos provados não nos pronunciamos, embora perante a existência de alguns indícios de manutenção da identidade económica (e, portanto, da existência de transmissão[55]), estranhemos que o STJ se limite a estas poucas linhas de comentário, ignorando por completo a importância (ainda que porventura insuficiente) dos factos que deu como provados e que acima reproduzimos. Contudo, já se nos afigura de difícil compreensão que a única afir-

---

[55] Um contributo decisivo para a determinação do alcance deste conceito resulta da Directiva 2001/23/CE do Conselho, de 12/03/01. Este diploma veio introduzir alterações na Directiva 77/187/CEE, de 14/02/77, já modificada, por sua vez, pela Directiva 98/50/ /CE, de 29/06/98, atendendo nomeadamente ao conceito jurídico de transmissão defendido pela jurisprudência do TJCE. A Directiva começa por definir o seu âmbito de aplicação no art. 1.°, n.° 1, referindo-se "à transferência para outra entidade patronal de uma empresa, estabelecimento ou parte de empresa ou estabelecimento (…)». Acrescentando na al. b) o que considera ser uma transmissão, para efeitos da Directiva, "a transferência de uma entidade económica que mantém a sua identidade, entendida como conjunto de meios organizados, com o objectivo de prosseguir uma actividade económica, seja ela essencial ou acessória". Este critério da identidade económica está presente em numerosas decisões do TJCE, operando através de um certo número de indícios como sejam, qual o tipo de empresa ou estabelecimento em causa, saber se houve ou não transferência dos elementos corpóreos, se se manteve o mesmo tipo de actividade, determinar o valor dos bens incorpóreos no momento da transferência, verificar da manutenção pelo transmissário de uma parte significativa dos trabalhadores e da clientela e valorar um possível hiato temporal na prossecução da actividade, sendo certo que nenhum destes elementos é decisivo só por si. Para uma análise da aplicação destes indícios pelo TJCE, cf. MANUEL DO NASCIMENTO BAPTISTA, «A jurisprudência do Tribunal de Justiça da União Europeia e a defesa dos direitos dos trabalhadores no caso de transferência de empresas ou estabelecimentos», *RMP,* Ano 16.°, n.° 62, 1995, pp. 92 ss., Ano 17.°, n.° 66, 1996, pp. 97 ss.; JÚLIO GOMES, «O conflito entre a jurisprudência nacional e a jurisprudência do TJ das CCEE em matéria de transmissão do estabelecimento no Direito do Trabalho: o artigo 37.° da LCT e a Directiva 77/187/CEE», *RDES,* 1996, pág. 102 e *passim,* e, ainda, «A jurisprudência recente do TJCE em matéria de transmissão de empresa, estabelecimento ou parte de estabelecimento – inflexão ou continuidade?», in *Estudos do Instituto de Direito do Trabalho, I Curso de Pós-Graduação em Direito do Trabalho,* Vol. I, dir. de Pedro Romano Martinez, Almedina, 2001, pp. 431 ss. Para uma análise dos problemas ligados à transmissão de estabelecimento entre empresas do mesmo grupo, *vd.* o nosso «O direito do trabalho perante a realidade dos grupos empresariais – Alguns problemas ligados à transmissão de estabelecimento entre empresas do mesmo grupo», in AAVV, *V Congresso nacional de direito do trabalho – Memórias,* org. por António Moreira, Almedina, Coimbra, 2003, pp. 51 ss.

mação feita a este propósito seja a da individualidade jurídica das sociedades para (parece-nos ser esse o único sentido possível) daqui retirar um argumento contra a aplicação do art. 37.º da LCT[56], cujo alcance sinceramente não conseguimos vislumbrar. Por outro lado, se é certo que a integração num "grupo económico" não retira às sociedades em causa a sua personalidade jurídica autónoma, a sua liberdade decisória pode estar fortemente condicionada, atendendo nomeadamente ao tipo de agrupamento em causa, o que pelo texto do acórdão parece não ter merecido a atenção deste Tribunal. Esta questão pode ser decisiva na apreciação dos motivos fundamentadores do despedimento colectivo, uma vez que as medidas de racionalização que determinam a eliminação de postos de trabalho têm de se reportar ao interesse da empresa em causa e não apenas ao "interesse do grupo"[57]. Como explicámos supra, se o grupo retira vantagens da autonomia jurídica dos seus membros, não pode pretender afastá-la quando esta lhe é desvantajosa. Pelo contrário, o STJ refere o processo de reestruturação desenvolvido pelo grupo como se este fosse uma entidade juridicamente autónoma, ignorando que a decisão terá sido tomada pela sociedade-mãe, havendo que apreciar da sua legitimidade e interesse para a empresa em questão (embora seja possível que tais questões não tenham sido suscitadas nas conclusões do recurso e nem sequer na petição inicial, razão pela qual a matéria de facto seria insuficiente, mesmo tendo em conta a disposição especial do art. 69.º do Código de Processo de Trabalho – actual art. 74.º, após a alteração levada a cabo pelo DL n.º 480/99, de 9/11). Em suma, um caso que levanta problemas vários e de resolução complexa foi reduzido a uma questão de determinação do número de trabalhadores necessário para se proceder a um despedimento colectivo, como bem traduz o sumário: "[h]á despedimento colectivo, quando, pelo mesmo motivo, abrange um mínimo de dois ou cinco trabalhadores, consoante o caso…". Mas, realmente, não poderia ser outro, visto que esta questão foi a única que o Tribunal não ignorou…

2.3. *Reclassificação profissional dos trabalhadores ao nível do grupo*

Outra questão intimamente ligada a esta respeita à existência de uma obrigação de reclassificação[58] ao nível do grupo, nos sistemas jurídicos

---

[56] Esta matéria aparece tratada nos arts. 318.º ss.

[57] *Vd.*, MARTIN HENSSLER, *op. cit.*, pp. 126-127 e 129.

[58] Em relação ao alcance do conceito «reclassificação», assim como do conceito

224 *Estudos de Direito do Trabalho em Homenagem ao Prof. Manuel Alonso Olea*

que impõem esta medida no sentido de minorar as consequências de um despedimento por razões objectivas respeitantes à empresa.

Entre nós, poder-se-á, eventualmente, retirar da LCCT um princípio de carácter geral, com fundamento no princípio da boa fé[59], no sentido da afirmação de uma obrigação imposta ao empregador de procurar manter, se possível, os contratos de trabalho recorrendo a medidas alternativas ao despedimento, nomeadamente à reclassificação dos trabalhadores abrangidos[60]. É no âmbito desta preocupação que o legislador consagra uma fase

---

«reconversão», *vd.* a análise de BERNARDO LOBO XAVIER, *O despedimento colectivo..., cit.,* pp. 485-486. O primeiro é caracterizado pelo Autor como envolvendo «acções de formação que dentro das mesmas profissões possibilitem uma evolução para outro posto de trabalho (...) e ainda todos os actos que permitam ao empregador propor uma nova posição objectiva ou estatutária ao trabalhador em alternativa ao despedimento».

[59] Cfr. a interessante reflexão de GÉRARD COUTURIER, «Vers un droit du reclassement?», *DS,* 1999, n.° 5, pp. 500-501, onde afirma que as obrigações de reclassificação encontram o seu fundamento, por um lado, no contrato: exprimem o dever do empregador de executar o contrato de boa fé. Por outro lado, nos direitos fundamentais da pessoa, designadamente no direito ao trabalho.

[60] BERNARDO LOBO XAVIER, *O despedimento colectivo..., cit.,* p. 480, entende que o empregador deverá promover «uma adequada gestão previsional do pessoal, movimentando os excedentes para os lugares disponíveis e fazendo cessar do modo menos drástico as relações de trabalho». Noutro trabalho («O regime dos despedimentos colectivos e as modificações introduzidas pela lei n.° 32/99, de 18/05», in *Estudos do Instituto de Direito do Trabalho,* vol. I, Almedina, Coimbra, 2001, p. 404), o Autor refere-se expressamente à possibilidade de absorção dos trabalhadores num estabelecimento distinto integrado no mesmo grupo. Para um estudo mais desenvolvido das diversas medidas possíveis, ver a primeira obra citada, pp. 480 ss. Contudo, o Autor advoga a inexistência de qualquer obrigação de oferta de colocação dentro do grupo económico (p. 505), invocando que as «possibilidades do empregador se encontram limitadas», atendendo designadamente aos limites previsto na lei para a cedência ocasional de trabalhadores. Todavia, esta figura, pelo seu carácter temporário e porque o empregador continua ser a entidade cedente, não se adapta a estas hipóteses de reclassificação que antecedem um despedimento por causas objectivas. Por outro lado, a ideia invocada de que o art. 27.°, n.° 3, da LCCT (lugar paralelo) se refere à mesma empresa, não impede, só por si, o alargamento de tal obrigação ao grupo eventualmente por via interpretativa ou através da integração da lacuna que se detecte em matéria de grupos empresariais.

No contexto do direito espanhol, desapareceu a norma que previa, como pressuposto de licitude do próprio despedimento, que a empresa não pudesse utilizar a prestação do trabalhador abrangido noutras tarefas desenvolvidas na mesma localidade, podendo ainda o trabalhador solicitar, com as compensações económicas legais, a transferência para um posto de trabalho livre noutro "centro de trabalho" sito em localidade diferente. Todavia, a doutrina laboral, apoiando-se na manutenção do princípio inspirador destas garantias, incluiu a apreciação da possibilidade de recolocar o trabalhador noutro posto de trabalho no juízo de razoabilidade ou adequação da decisão empresarial que tem em vista o despe-

Cessação do contrato de trabalho promovida pelo empregador com justa causa 225

de negociações, em matéria de despedimento colectivo, a qual implica o desenvolvimento de esforços no sentido de optar por medidas menos drásticas, designadamente a reconversão e reclassificação profissional dos trabalhadores (art. 18.° da LCCT[61]). Estas medidas pressupõem o acordo do trabalhador (n.° 3 do preceito mencionado[62-63]. Deve excluir-se esta exigência, apesar de a lei não o prever de modo expresso, nas hipóteses em que não ocorre uma alteração do objecto contratual[64]. No que respeita ao despedimento individual por extinção de postos de trabalho, o empregador é obrigado a tentar encontrar outro posto de trabalho compatível com a categoria do trabalhador, sob pena de inexistir uma impossibilidade de subsistência da relação de trabalho, requisito de validade desta forma de cessação do contrato de trabalho (art. 27.°, n.° 3, da LCCT[65]). Em matéria de

---

dimento. Partindo da regra segundo a qual a decisão do empregador de proceder ao despedimento deve causar o menor o dano possível ao direito à estabilidade no emprego, concluem que a análise das potencialidades de recolocação dos trabalhadores são uma «condicionante intrínseca e essencial à razoabilidade da medida». Nestes termos, o ónus da prova recai sobre o empregador, visto tratar-se de um requisito da própria medida empresarial. Cf. ESTEVE SEGARRA, *op. cit.,* p. 287.

[61] Corresponde ao art. 420.° do Código do Trabalho, designadamente a al. c) do n.° 1.

[62] A mesma solução mantém-se no Código – cf. n.° 3 do art. 420.°.

[63] Neste contexto, a Directiva 98/59/CE do Conselho, de 20/07/98, relativa à aproximação das legislações dos Estados-membros respeitantes ao despedimento colectivo, prevê no seu art. 2.°, n.° 2, como objecto mínimo destas consultas, a ponderação das «possibilidades de evitar ou de reduzir os despedimentos colectivos», bem como dos «meios de atenuar as suas consequências recorrendo a medidas sociais de acompanhamento destinadas, nomeadamente, a auxiliar a reintegração ou reconversão dos trabalhadores despedidos». É duvidosa a correcta transposição da Directiva, sobretudo em relação ao inciso final – *vd.*, a este propósito, as pertinentes observações de JORGE LEITE, «A transposição das directivas comunitárias sobre despedimento colectivo», *Prontuário de Direito do Trabalho,* actualização n.° 55, 1998, pp. 43 ss.

[64] Com esta convicção, BERNARDO LOBO XAVIER, *O despedimento colectivo..., cit.,* pp. 487-488. Explica ainda acertadamente o Autor que o alargamento do objecto do contrato operado na sequência do recurso à figura da polivalência funcional apresenta, como reverso da medalha, a obrigação para o empregador de «explorar as possibilidades de redefinição das tarefas do trabalhador em alternativa ao despedimento».

[65] Corresponde ao art. 403.°, n.° 3, do Código do Trabalho, com exclusão da parte final do preceito da LCCT quando admite que a subsistência da relação de trabalho também é praticamente impossível quando haja um posto de trabalho compatível com a categoria do trabalhador, mas este não aceite a alteração «do objecto do contrato de trabalho». Aliás, à formulação equívoca deste normativo foram dirigidas críticas pertinentes por NUNES DE CARVALHO, *Das carreiras profissionais no direito do trabalho – Notas para o estudo do caso português,* dissertação de mestrado não publicada, Lisboa, 1990, pp. 116--1117 e FURTADO MARTINS, *Cessação do contrato..., cit.,* pp. 132 ss. Com efeito, do con-

226 *Estudos de Direito do Trabalho em Homenagem ao Prof. Manuel Alonso Olea*

despedimento por inadaptação, em termos similares, o art. 3.°, n.° 1, al. d), do DL 400/91, de 16/10[66], faz recair sobre o empregador a obrigação de procurar outro posto de trabalho "compatível com a qualificação profissional do trabalhador...".

Não podemos ignorar as potencialidades que os grupos empresariais encerram neste contexto, atendendo à sua própria estrutura plural e maior capacidade económica, possibilitando desde logo a "transferência" de trabalhadores excedentários para outras empresas do grupo[67].

Simplesmente, o exercício do direito de reclassificação ao nível do grupo suscita algumas dificuldades, nem sempre fáceis de ultrapassar. Por um lado, só será operacional caso exista um conhecimento por parte de cada sociedade do grupo dos postos de trabalho disponíveis nas outras empresas; por outro, afigura-se necessária a existência de uma autoridade que possa impor tal reclassificação às empresas com postos de trabalho disponíveis[68].

---

teúdo literal da norma parece retirar-se a possibilidade de existir um posto de trabalho compatível com a categoria do trabalhador, mas que se encontraria fora do objecto do contrato de trabalho. Ora, como salienta FURTADO MARTINS, se as funções inerentes ao posto de trabalho são subsumíveis à própria categoria, então elas situam-se no âmbito do objecto do contrato. O sentido da norma passaria necessariamente pelo afastamento do conceito de categoria contratual ou objectiva a favor daquele outro de categoria normativa ou estatutária.

Cumpre determinar o alcance da modificação legislativa operada pelo Código do Trabalho ao eliminar o inciso final da norma respectiva da LCCT. À primeira vista, duas interpretações parecem-nos possíveis: ou se entende que, a partir do início de vigência do Código, o pressuposto da impossibilidade de subsistência da relação de trabalho encontra-se preenchido sempre que o empregador não encontre um posto de trabalho compatível com a categoria contratual do trabalhador, não tendo, portanto, de aquilatar da existência de outros postos de trabalho cujo conteúdo funcional extravase a categoria contratualmente entendida; ou então, a manter-se o conceito de categoria normativa, o sentido útil da alteração poderá ser o de a entidade patronal poder impor unilateralmente tal modificação ao trabalhador, o que suscita algumas dúvidas quando a mesma possa afectar o objecto do contrato, por violação do *pacta sunt servanda*.

[66] Corresponde ao art. 407.°, n.° 1, a. d), do Código do Trabalho.

[67] Nestes termos, ESTEVE SEGARRA, *op. cit.,* p. 286. A Autora refere ainda a relevância atribuída a esta forma de organização empresarial pelo diploma RD 43/1996, de 19/01 (que aprova o Regulamento dos procedimentos de regulação do emprego e de actuação administrativa em matéria de "traslados colectivos") ao mencionar, entre as medidas previstas no plano social (a apresentar no caso de a reestruturação da empresa afectar mais de 50 trabalhadores), a possibilidade de reclassificação ou reconversão dos trabalhadores e a sua possível integração noutros postos de trabalho quer na própria empresa, quer no grupo de empresas – cf. pp. 287-288. Vd., também MOLINA NAVARRETE, *La regulación jurídico-laboral..., cit.,* p. 209.

[68] LAURE NURIT-PONTIER, *op. cit.,* p. 84.

Todavia, estes obstáculos não nos devem permitir ignorar o facto de as decisões económicas e de política empresarial serem tomadas pela sociedade dominante nos grupos de sociedades que apresentam uma ligação intensa. Ora, se esta utiliza os trabalhadores das sociedades filiais para alcançar os seus objectivos económicos, é razoável exigir-lhe que faça o que estiver ao seu alcance para reduzir ao mínimo os prejuízos dos trabalhadores cujos postos de trabalho dependem do seu poder, atenuando os efeitos negativos da reestruturação sobre o princípio da estabilidade no emprego[69]. Como já afirmámos, não é compatível com a natureza do direito do trabalho que o risco da dependência da entidade patronal recaia sobre os trabalhadores[70].

A estes entraves acresce a circunstância de, como salienta ABEL FERREIRA[71], os grupos não se organizarem «em estruturas piramidais perfeitas com a sociedade dominante no topo e as suas dominadas perfeitamente integradas nos degraus seguintes». Sendo certo que a estruturação se efectua predominantemente por áreas de intervenção, pergunta o Autor, qual o quadro de análise que se vai eleger para a decisão de reclassificação no interior do grupo? Dito de outra forma, qual será o âmbito ou perímetro da obrigação de reclassificação?

O alargamento desta obrigação a todo o grupo afigura-se pouco realista, como opina MARIA AMPARO ESTEVE SEGADA[72], sobretudo quando o âmbito do grupo é demasiado vasto e bastante heterogéneo, abarcando sectores produtivos diversos.

Uma resposta possível pode ser descortinada através de uma análise da jurisprudência francesa, a qual, na tentativa de salvar o maior número possível de postos de trabalho, tem alargado a obrigação de reclassificação

---

[69] Neste sentido, MARTIN HENSSLER, *op. cit.,* p. 84 e 141 e ESTEVE SEGARRA, *op. cit.,* p. 289. MOLINA NAVARRETE, *La regulación jurídico-laboral..., cit.,* p. 208, defende a adopção legislativa e convencional de um «direito subjectivo à recolocação no âmbito do grupo» como forma de reforçar «a disciplina da estabilidade no emprego, que compense as maiores oportunidades de gestão flexível, por parte dos grupos».

[70] A tentativa de desvalorização deste factor realizada por HERBERT WIEDEMANN, *op. cit.,* pp. 101-102, ao invocar a dificuldade de delimitação dos riscos gerais de mercado daqueles outros resultantes da estrutura de grupo, tem de ser encarada com algumas reservas. De facto, este obstáculo não pode tornar tais riscos irrelevantes. O Autor acaba, no entanto, por os ter em consideração, quando existe uma influência directa ou indirecta da empresa-mãe, invocando a esse propósito um argumento de causalidade (*Vernlassungsargument*) que absorveria o "argumento do risco".

[71] «A justa causa de despedimento…», cit., p. 253.

[72] *Op. cit.,* pp. 293-294.

ao grupo[73]. Esta construção jurisprudencial foi sendo apurada, evoluindo positivamente no sentido de consagrar limites que passam pela possibilidade de a actividade, organização e localização das empresas envolvidas permitirem a mobilidade de parte ou da totalidade dos trabalhadores[74]. Assim, para que se possa falar de uma obrigação de reclassificação há-de verificar-se alguma "identidade ou complementaridade entre as activida-

---

[73] ARSEGUEL e FADEUILHE, «L'obligation de reclassement de l'employeur à l'egard d'un salarié inapte à son emploi s'apprécie à l'intérieur du groupe», *JCP*, II, 22594, 1996, pp. 101/102, analisam uma decisão jurisprudencial que considerou inválido um despedimento por inadaptação, em virtude de o empregador não ter averiguado da possibilidade de reclassificação no quadro do grupo. Estes autores salientam o carácter inovador da decisão que se "libertou" de elementos como "comunidade de interesses", "interdependência económica e unidade de gestão"; pois embora gere maior insegurança jurídica, tal é "o preço a pagar para proteger efectivamente o emprego". Convém destacar que a situação analisada não era enquadrável no âmbito do nosso DL n.° 400/91, de 16/19, que versa sobre os despedimentos por inadaptação e que no seu art. 3.°, n.° 1, al. d), pressupõe a prévia averiguação da existência de "outro posto de trabalho que seja compatível com a qualificação profissional do trabalhador". Com efeito, este diploma pressupõe a introdução no posto de trabalho de modificações tecnológicas ou similares (art. 3.°, n.° 1, al. a)), enquanto no caso analisado pelos autores referidos tratava-se de uma "inadaptação" em consequência de um acidente de trabalho. Entre nós, caso se entenda não ser aplicável, por ausência de regulamentação, o art. 40.° da Lei n.° 100/97, de 13/09 (corresponde ao art. 307.° do Código do Trabalho), pensamos que a obrigação de reclassificação, desde que possível, resulta do dever de actuação segundo a boa fé, o qual está na base de normas como o art. 23.° da LCT (corresponde ao art. 313.° do Código), na parte em que permite a diminuição de categoria "por estrita necessidade do trabalhador".

[74] *Vd.* a jurisprudência analisada por LAURE NURIT-PONTIER, *op. cit.*, pp. 83-85. Cfr. ainda ALAIN COUERET, *op. cit.*, p. 49; GÉRARD COUTURIER, «L'extinction…», cit., pp. 78 ss. Na ausência de postos de trabalho similares, este direito considerar-se-á assegurado na hipótese de ter sido oferecido ao trabalhador outra função, recusando este a modificação do contrato de trabalho – MARIE-ANGE MOREAU, *op. cit.*, p. 20.

Encontramos no direito positivo francês (art. L. 122-14-8 do *Code du Travail*) uma solução expressa para um determinado núcleo de problemas ligados apenas aos grupos multinacionais. Assim, caso um trabalhador de uma sociedade francesa seja colocado por esta ao serviço de uma filial situada no estrangeiro, mal cesse este "destacamento", a sociedade-mãe é obrigada a assegurar o seu repatriamento e a procurar obter um novo emprego, no seio desta última, compatível com a importância das suas precedentes funções sem prejuízo da sua antiguidade. A única exigência reside na necessidade de o trabalhador ter efectivamente ocupado um posto de trabalho na sociedade-mãe. Sobre esta norma, cf. SUPIOT, «Groupes de sociétés…», cit., p. 632. ANTOINE LYON-CAEN e JEAN DE MAILLARD, «La mise à disposition de personnel», *Droit Social*, n.° 4, 1981, p. 328, nota 44, exprimem a dificuldade em compreender que esta norma não tenha servido de inspiração para a jurisprudência "analisar os movimentos de pessoal mesmo no direito interno".

Cessação do contrato de trabalho promovida pelo empregador com justa causa   229

des" das empresas ou uma "política centralizada de gestão do [respectivo] pessoal", para além de a própria localização não poder constituir um obstáculo à "transferência" do trabalhador[75].

Cumpre salientar que se trata de uma obrigação de meios, restrita, portanto, às possibilidades de emprego disponíveis no grupo[76]. Assim sendo, o controlo do cumprimento empresarial da obrigação só poderá ser assegurado na hipótese de os postos de trabalho disponíveis serem passíveis de conhecimento. Daí a necessidade de criação de mecanismos legais específicos que o assegurem. Veja-se, a este propósito, a solução apresentada pelo ordenamento jurídico francês, nas situações em que impõe a elaboração de um plano social (destinado a evitar os despedimentos, limitar o número de trabalhadores abrangidos ou assegurar a sua reclassificação ou reconversão)[77], ao exigir que do mesmo conste a lista de postos de trabalho disponíveis. A conformidade legal deste plano depende da circunstância de indicar o número, a natureza e a localização dos postos de trabalho existentes no seio o grupo em relação às empresas cuja actividade, organização e localização permite efectuar a mobilidade dos trabalhadores.

Uma solução diversa tem sido defendida no contexto do direito germânico. De facto, este ordenamento jurídico conhece uma disposição legal que exige que o despedimento seja precedido da tentativa de recolocar o trabalhador noutro posto de trabalho do mesmo *Betrieb* ou noutro *Betrieb* da mesma *Unternehmen* (§ 1 Abs. 2 S. 1 al. b) da KSchG). No entanto, a doutrina alemã maioritária parece continuar a não admitir o alargamento desta norma ao grupo[78]. Certo é que um direito geral de reclassificação à

---

[75] *Vd.* Roland Kessous, «La recherche d'un reclassement dans le group, préalable au licenciement économique», *Droit Social,* n.°s 9-10, 1992, pp. 829 e segs.; Quentin Urban, «Le licenciement pour motif économique et le group», *Droit Social,* n.° 3, 1993, pp. 277 e segs.; *Mémento pratique Francis Lefebvre – Groupes de sociétés, cit.,* pp. 896 a 898.

[76] Marie-Ange Moreau, *op. cit.,* p. 20.

[77] Trata-se de empresas com um mínimo de 50 trabalhadores e que visam despedir pelo menos 10 num período de 30 dias – cf. art. L. 321-4-1 do *Code du Travail.*

[78] Cfr. Martin Henssler, *op. cit.,* p. 130 e, especialmente, Herbert Wiedemann, *op. cit.,* pp. 100 e segs., o qual procede a uma análise crítica, nem sempre convincente, dos vários argumentos utilizados pela doutrina que defende o alargamento da protecção dos postos de trabalho ao grupo. Em sentido contrário, Horst Konzen, «Arbeitsverhältnisse im Konzern...», cit., p. 574; embora as explicações ulteriores do Autor o aproximem da posição assumida por Henssler, uma vez que atribui sobretudo relevância à perda de postos de trabalho por influência negativa da sociedade-mãe, defendendo, então, a aplicabilidade do § 1 da KSchG.

230 *Estudos de Direito do Trabalho em Homenagem ao Prof. Manuel Alonso Olea*

dimensão do grupo tem sido recusado com base no argumento, algo formal, de que o legislador quando inseriu esta norma na KSchG, para a adaptar à *Betriebsverfassungsgesetz* (BetrVG), se limitou a referir os dois conceitos acima expostos, apesar de no último diploma figurar a distinção entre empresa e grupo. Daqui pode, aparentemente, concluir-se que o legislador não quis alargar o direito ao grupo; não existindo, portanto, qualquer lacuna[79]. Todavia, com o alargamento do direito de reclassificação à *Unternehmen,* o legislador mostrou a relevância da direcção unitária dos vários *Betriebe* no âmbito da justificação social do despedimento[80]. Assim, se a imbricação económica entre as empresas for tão estreita que os postos de trabalho das sociedades dependentes estejam sujeitos directamente ao poder da sociedade dominante, então o direito de reclassificação deverá ser alargado a estas empresas. A circunstância de faltar autonomia à sociedade-filha, designadamente no plano da economia empresarial e de pessoal, não pode ser ignorada pelo direito do trabalho. No fundo, a sociedade dependente é, do ponto de vista da lei dos despedimentos, um mero *Betrieb* de uma *Unternehmen*[81].

Mais delicada é a resolução do problema, já referenciado supra, que consiste em saber com que fundamento jurídico poderá uma sociedade do grupo impor a outra a obrigação de reclassificar um trabalhador proveniente da primeira, designadamente se não estivermos a falar da empresa-mãe?[82]

A análise desta questão será realizada no ponto seguinte a propósito do exercício de um eventual direito do trabalhador a ser reintegrado após a declaração de ilicitude do despedimento. Antecipamos já o nosso entendimento no sentido de ser facilmente defensável, face ao direito vigente, pelo menos, a existência de uma obrigação de reclassificação quando, para além de uma estreita relação de grupo, a sociedade dominante tenha influenciado a esfera jurídica do trabalhador provocando a perda do seu posto de trabalho[83]. Trata-se de situações em que estamos perante formas

---

[79] MARTIN HENSSLER, *op. cit.,* págs 133-134.

[80] *Idem,* pp. 134-135.

[81] Esta comparação é estabelecida por MARTIN HENSSLER, *op. cit.,* p. 135.

[82] A mesma dificuldade tem sido sublinhada na ordem jurídica espanhola, designadamente no âmbito dos compromissos de reclassificação de trabalhadores noutras empresas do grupo assumidos na fase de consultas com os representantes dos trabalhadores. Com efeito, tem-se entendido serem acordos com eficácia meramente obrigacional, cujo incumprimento apenas daria lugar a uma indemnização – cf. ESTEVE SEGARRA, *op. cit.,* p. 295.

[83] Cfr., no direito germânico, MARTIN HENSSLER, *op. cit.,* p. 139. HERBERT WIE

Cessação do contrato de trabalho promovida pelo empregador com justa causa 231

de grupo com uma direcção unitária e em que a decisão aniquiladora de postos de trabalho partiu directa ou indirectamente da sociedade detentora desse poder. Fora destes condicionalismos, a fundamentação desta obrigação de reclassificar ao nível do grupo, antes de seguir para um despedimento por causas objectivas, afigura-se mais delicada[84].

Assim, uma intervenção do legislador nestas matérias, relacionadas com o desvirtuamento de normas jus-laborais por esta nova realidade empresarial no âmbito da cessação dos contratos de trabalho com justa causa objectiva referente à empresa, justificava-se plenamente.

2.4. *Direito de reintegração*

Um problema ligeiramente diferente, mas que se aproxima de modo significativo do anterior, refere-se ao direito de reintegração, previsto no art. 13.º da LCCT[85], dos trabalhadores afectados por um despedimento ilícito.

Nas hipóteses em que a cessação do contrato de trabalho por causas objectivas implicou o encerramento definitivo da empresa ou de parte dela, o direito a reintegração não pode de facto ser exercido em relação à entidade empregadora, pois esta ou não existe ou não tem postos de trabalho para integrar o trabalhador.

Poderá, então, este trabalhador dirigir-se à empresa-mãe ou a outra empresa do grupo? Em princípio, o trabalhador só pode dirigir-se à entidade com a qual celebrou um contrato de trabalho (o empregador). Simplesmente, a entidade empregadora não tem lugar para ele e o trabalhador encontrará obstáculos significativos se pretender dirigir-se à sociedade dominante ou, directamente, àquela que tem postos de trabalho livres. É que em relação a estas sociedades o trabalhador não pode invocar uma relação contratual[86].

DEMANN, *op. cit.,* pp. 102-104, rejeita esta solução *de lege lata,* embora admita a sua consagração *de lege ferenda.*

[84] A argumentação que iremos desenvolver de seguida, a propósito do direito à reintegração, vale em grande medida também neste domínio da obrigação de reclassificação ao nível do grupo.

[85] Corresponde ao art. 436.º, n.º 1, al. b), do Código do Trabalho.

[86] Cfr. MARTIN HENSSLER, *op. cit.,* pp. 131–132. Seguindo este entendimento, ABEL FERREIRA, «A justa causa de despedimento...», cit., pp. 253-254, explica que «na falta de vínculo anterior com a segunda empresa e sem norma jurídica expressa nesse sentido, tal alternativa não pode ser concretizada». Esta dificuldade também é referida por ROMANO MARTINEZ, *op. cit.,* p. 132.

O problema aqui coloca-se em termos similares quando a empresa "economicamente independente" encerra. Contudo, no âmbito dos grupos, o encerramento pode ter sido determinado por uma entidade diferente do empregador e há que obviar aos assinalados perigos adicionais derivados da dependência da entidade patronal.

Dever-se-ia, portanto, admitir o exercício deste direito em relação à sociedade dominante, pelo menos, quando esta tenha influenciado a esfera jurídica do trabalhador provocando a perda do seu posto de trabalho, recorrendo o tribunal a técnicas desconsiderantes da personalidade jurídica[87].

Aliás, a subversão do interesse social que o poder de dar instruções vinculantes (e até desvantajosas) provoca está na base da solução legislativa do art. 501.º do CSC[88] e do próprio art. 378.º do Código do Trabalho[89]. Todavia, é certo que, quer no grupo paritário, quer nos grupos de facto, os respectivos gerentes, administradores ou directores "devem actuar com a diligência de um gestor criterioso e ordenado, no interesse da sociedade, tendo em conta os interesses dos sócios e dos trabalhadores" – art. 64.º do CSC[90]. Mas, a prática empresarial nem sempre obedece às im-

---

[87] Neste sentido, defende COUTINHO DE ABREU, «Grupos de sociedades...», cit., p. 144, que este direito deveria ser exercido em relação à sociedade dominante, caso contrário "estar-se-ia a permitir a violação (arbitrária) do direito 'fundamental' à 'segurança no emprego' (art. 53.º da CRP)".

[88] Alguns autores vêem no art. 501.º do CSC uma técnica legal "desconsiderante" – cf. BRITO CORREIA, Direito comercial – Sociedades Comerciais, AAFDL, Lisboa, 1989,, p. 244 e «Grupos de sociedades», in AAVV, Novas perspectivas do direito comercial, Almedina, Coimbra, 1988, p. 395; PEDRO CORDEIRO, A desconsideração da personalidade jurídica das sociedades comerciais, AAFDL, Lisboa, 1989, pp. 69, 120 e 165, nota 228. Este enquadramento é contestado por ENGRÁCIA ANTUNES, Os grupos de sociedades..., cit., p. 152, nota 276; idem, Liability of corporate groupes, Kluwer, Deventer, 1994, pp. 304 e ss. Entende o Autor que "o conceito de personalidade jurídica de uma sociedade comercial (de capitais) é histórica, lógica, e legalmente compatível com diferentes regimes de responsabilidade para os respectivos associados (limitada, ilimitada, 'pro rata'), logo sempre que a lei ou um tribunal responsabilizam a sociedade-mãe pelas dívidas de uma das sociedades do grupo não se poderá falar, com propriedade, de desconsideração da respectiva personalidade".

[89] Embora esta norma não se aplique ao grupo paritário (art. 492.º do CSC), onde existe também direcção unitária.

[90] Esta norma levanta vários problemas interpretativos – cfr. COUTINHO DE ABREU, da empresarialidade..., cit., pp. 227 ss. Contudo, nas hipóteses de "inobservância culposa das disposições legais ou contratuais" protectoras dos credores sociais, por parte dos gerentes, administradores ou directores (art. 78.º do CSC), parece que os trabalhadores poderão responsabilizar estes últimos nos termos deste preceito. Este é também o entendimento de COUTINHO DE ABREU, Da empresarialidade..., cit., pp. 230 a 232, maxime nota

posições legais[91], facto cuja prova se pode tornar extremamente difícil para os trabalhadores, para além das limitações ao alcance do próprio preceito contido no art. 501.° do CSC, o qual apresenta como escopo, no contexto do direito societário, tutelar os credores sociais em geral, deixando obviamente por tratar os problemas específicos de uma categoria de credores: os trabalhadores. Sendo certo que o Código do Trabalho não acrescenta muito a esta matéria da cessação dos contratos de trabalho com justa causa objectiva no seio dos grupos empresariais, desde logo porque ignora a tutela dos postos de trabalho neste contexto específico, preocupando-se exclusivamente com os direitos de conteúdo pecuniário.

Em última análise, poder-se-ia dizer que um direito à reintegração poderá ser exercido pelo trabalhador contra a sociedade-mãe, pelo menos, nos casos em que a sociedade-mãe exerça sobre a respectiva "filha" um controlo tão intenso que exclua qualquer espaço de autonomia na direcção e gestão dos seus recursos humanos, podendo dizer-se que a empresa que efectivamente detém os poderes patronais não é a que formalmente ocupa a posição de empregador, desvalorizando-se a posição desta última para reconstituir a relação material com a primeira[92]. O exemplo mais significativo será aquele em que a empresa-mãe, prosseguindo o seu interesse próprio, prejudica os interesses da sua filial (designadamente através de instruções prejudiciais), com repercussões na posição dos trabalhadores[93].

Contudo, nos grupos de sociedades constituídos por domínio total ou por contrato de subordinação esta faculdade é-lhes conferida directamente

---

597. Esta faculdade é igualmente reconhecida, relativamente ao direito do país vizinho, por CAMPS RUIZ, «Tratamiento laboral…», cit., p. 413, mencionando o Autor a impossibilidade de recorrer, para este fim, aos tribunais de trabalho, com a consequente perda de "boa parte das vantagens próprias do processo laboral".

[91] Neste sentido, COUTINHO DE ABREU, «Grupos de sociedades…», cit., p. 149, afirma que "ninguém ignora que as sociedades dominantes-não directoras, embora não possam, *de direito,* dirigir as dependentes, podem, *de facto,* fazê-lo…".

[92] A admissibilidade de a sociedade-mãe dar ordens e instruções directas vinculantes para outras entidades que não os membros dos órgãos de administração é apreciada por ENGRÁCIA ANTUNES, *Os grupos de sociedades…, cit.,* pp. 752-753. O Autor nega, em via de princípio, tal possibilidade, em virtude de a mesma impedir à administração o controlo da licitude das instruções (art. 504.°, n.° 3, *a contrario*); daí acabar por a admitir quando esta última tenha algum poder de controlo sobre o seu conteúdo, nomeadamente através do cumprimento de um dever de informação. Pensamos que, no domínio do direito do trabalho, tais ordens ou instruções directas aos quadros da sociedade-filha podem dar origem a uma requalificação da relação laboral segundo o tradicional critério da subordinação jurídica.

[93] Assim, ABEL FERREIRA, *Grupos de empresas…, cit.,* p. 169.

234 *Estudos de Direito do Trabalho em Homenagem ao Prof. Manuel Alonso Olea*

por lei – daí a pertinência da observação de ABEL FERREIRA quando pergunta em que situações se pode aqui falar em abuso[94]. De qualquer modo, de forma inequívoca, nas situações em que tais instruções não visam servir os interesses da sociedade-mãe ou de outras sociedades do mesmo grupo (art. 503.°, n.° 2, do CSC), mas apenas prejudicar terceiros ou afastar normas tuteladoras de interesses legítimos de outrem, poder-se-á falar em abuso[95]. E mesmo que tal não suceda, não podemos esquecer que o legislador, como contrapartida da atribuição deste direito, consagrou disposições legais destinadas a tutelar os credores sociais em geral e os direitos de conteúdo pecuniário dos trabalhadores em particular, mas ignorou a tutela dos postos de trabalho. Então, poder-se-ia eventualmente defender a existência, no domínio do direito do trabalho, de uma lacuna legal, a preencher nos termos gerais, apelando designadamente à criação de um preceito imbuído do mesmo espírito que subjaz ao art. 378.° do Código do Trabalho, mas agora visando especificamente a protecção dos postos de trabalho destruídos na sequência do exercício, por parte da empresa-mãe, do poder de dar instruções, em vários casos desvantajosas. Argumentação semelhante é apresentada por HENSSLER[96] no âmbito de um sistema jurídico conhecedor de uma regulamentação societária do direito dos grupos mais abrangente do que a nossa e com disposições legais destinadas a assegurar a posição jurídico-patrimonial dos credores similares ao art. 501.° do CSC. Afirma o Autor que destas disposições legais podemos retirar o pensamento legislativo subjacente, segundo o qual a sociedade-mãe não pode exercer a sua posição de poder em detrimento dos parceiros contratuais das sociedades dominadas/subordinadas. A AktG não contém uma regulamentação completa do direito dos grupos, nomeadamente no que respeita às relações de direito privado das sociedades do grupo com terceiros. Portanto, existe aqui uma lacuna jurídica, cujo preenchimento foi deixado à jurisprudência e à doutrina. Em conformidade com a avaliação legal patente na AktG podem então ser desenvolvidas novas obrigações jurídicas das sociedades dominantes, ou seja, das disposições deste diploma pode retirar-se um pensamento jurídico geral no sentido de que a posição

---

[94] *Idem,* p. 173. Cf., também, do mesmo Autor, «Grupos de empresas e relações laborais (breve introdução ao tema», in AAVV, *I Congresso nacional de direito do trabalho, – Memórias,* org. por António Moreira, Almedina, Coimbra, 1998, pp. 290-291.

[95] Aqui, nem terá de se falar propriamente em abuso do instituto, pois a situação pode ser coberta por via interpretativa ou do abuso individual do direito legalmente concedido à sociedade directora/dominante de dar instruções prejudiciais.

[96] *Op. cit.,* pp. 81 e segs.

Cessação do contrato de trabalho promovida pelo empregador com justa causa 235

de poder da sociedade dominante/directora não pode ser usada em prejuízo daqueles que têm relações jurídicas com as sociedades dominadas/subordinadas. Partindo desta ideia aliada à problemática especial das relações de trabalho, conclui o Autor pela admissibilidade jurídica de obrigações de protecção não contratuais da sociedade-mãe, quando ela provocou ou ajudou a provocar o prejuízo dos credores. Assim, a tomada em consideração das obrigações de protecção está dependente da existência de medidas da sociedade-mãe que, directa ou indirectamente, tiveram consequências na esfera jurídica dos trabalhadores da sociedade-filha, até porque só nestes casos ela assume funções que, em regra, pertencem ao empregador. Pelo contrário, se o poder de direcção da sociedade dominante não entrar na esfera destes trabalhadores, já as obrigações de protecção especiais não se justificam[97].

A *Cour de cassation* pronunciou-se sobre uma factualidade deste teor na sequência de um despedimento ilícito de um representante dos trabalhadores concluindo que a reintegração deveria operar no quadro do grupo[98].

2.4. *Transposição para o direito nacional da Directiva 98/59/CE relativa à aproximação das legislações dos Estados-membros respeitantes aos despedimentos colectivos*

Ao nível do processo conducente ao despedimento colectivo, as fases de informação e consulta podem ser esvaziadas significativamente quando o despedimento colectivo traduz uma decisão tomada para além do contexto dessa empresa, por uma outra entidade e que carece de ser avaliada nesse âmbito. O acesso à informação e a análise dos motivos no processo de negociação necessita de um enquadramento mais vasto, havendo o risco de o empregador se refugiar na decisão de outrem que lhe escapa, ou de restringir a consulta à concretização de uma decisão previamente tomada e de a limitar apenas às questões para as quais tem competência[99].

---

[97] Também, HORST KONZEN, «Arbeitsverhältnisse…», cit., p. 568, defende que, nas situações em que o direito das sociedades não compensa os riscos adicionais suportados pelos trabalhadores, será admissível a extensão da protecção dos mesmos a nível da sociedade-mãe.

[98] ALAIN COUERET, *op. cit.,* p. 48; MARIE-ANGE MOREAU, *op. cit.,* p. 21.

[99] PASCAL LAGOUTTE, *op. cit.,* p. 97.

Assim, a Directiva 98/59/CE do Conselho, de 20/07/98, relativa à aproximação das legislações dos Estados-membros respeitantes aos despedimentos colectivos, dispõe no seu art. 2.°, n.° 4, que as obrigações de informação e consulta impostas ao empregador "são aplicáveis independentemente de a decisão dos despedimentos colectivos ser tomada pelo empregador ou por uma empresa que o controle", aditando-se que "não será tomada em consideração qualquer justificação do empregador fundamentada no facto de as informações necessárias não lhe terem sido fornecidas pela empresa cuja decisão deu origem aos despedimentos colectivos". Note-se que, no seu art. 2.°, n.° 3, começa por impor à entidade patronal que forneça aos representantes dos trabalhadores todas as informações necessárias à negociação, o que poderá, obviamente, abarcar informações relativas ao próprio grupo empresarial em que a empresa em causa se integra[100].

Também neste domínio, à semelhança do que sucede em matéria de transmissão de estabelecimento, a Directiva 98/59/CE não aparece transposta na parte em que referencia o fenómeno dos grupos empresariais, sendo certo que o prazo de transposição já terminou em 1994[101]. A elaboração de um Código do Trabalho tendente a unificar a legislação laboral dispersa e, muitas vezes contraditória, seria a oportunidade ideal para transpor o direito comunitário, nomeadamente em relação aos domínios em que os prazos de transposição já tinham terminado[102]. Todavia, verificamos, com alguma surpresa, que tal não sucedeu. E a nossa estranheza é acentuada pelo facto de a proposta da Comissão de análise e sistematização da legislação laboral[103] procurar, no art. 211.°, n.° 2, transcrever o preceito da directiva, embora pecasse por defeito ao adoptar a terminologia mais restrita de "sociedade", ex-

---

[100] Questiona bem JORGE LEITE, *op. cit.,* pp. 45 ss., se «[n]ão havendo na lei portuguesa sobre despedimentos colectivos qualquer referência ao dever do empregador facultar aos representantes dos trabalhadores todas as informações necessárias, poderá falar-se, a este propósito, de uma omissão na transposição da directiva?». Já BERNARDO LOBO XAVIER (*O Despedimento colectivo..., cit.,* p. 471 e *passim,* entende que a directiva se encontra cabalmente transposta para o nosso ordenamento jurídico.

[101] Este problema já tinha sido colocado por JORGE LEITE, *op. cit.,* pp. 49 ss., a propósito da Directiva 92/56/CE que antecedeu a Directiva 98/59/CE.

[102] Veja-se, no direito do país vizinho, o art. 51.14 do ET; em Itália, o n. 15-*bis* do art. 4 da Lei n. 223, de 23/07/91. Em Espanha, a doutrina tem defendido uma interpretação extensiva do preceito de forma a abarcar, além das situações de despedimentos colectivos, os casos de suspensão e ainda a sua aplicação analógica às hipóteses de modificação substancial – cf. MARIA AMPARO ESTEVE SEGARRA, *op. cit.,* p. 269 e nt. 537.

[103] Referida, aliás, na exposição de motivos da proposta de lei n.° 29/IX.

cluindo assim, contrariamente à finalidade do direito comunitário, as empresas não constituídas sob a forma societária.

Contudo, podemos afirmar, desde já, sem grandes dúvidas, que a mera transposição destes preceitos para o direito interno não o dota dos mecanismos suficientes para assegurar uma adequada informação referente ao grupo, capaz nomeadamente de permitir a identificação de eventuais estratégias de descapitalização. O problema coloca-se em termos similares no direito espanhol, onde a doutrina acertadamente fala de uma dupla insuficiência do preceito legal que procedeu à transposição das normas da Directiva em análise. Por um lado, assinalam a ausência de um mecanismo de imputação de responsabilidades à empresa dominante que não cumpra as obrigações de informação. Por outro, o alcance do preceito parece estar limitado aos grupos assentes numa relação de controlo interempresarial[104].

Um último problema que não queremos deixar de referir neste contexto refere-se à identificação dos órgãos representativos dos trabalhadores que devem ser consultados quando a reestruturação (que se encontra na origem dos despedimentos com justa causa objectiva) afecta uma empresa inserida num grupo. Como já tivemos oportunidade de referir[105], não existe no nosso ordenamento jurídico uma forma de representação dos trabalhadores específica para os grupos[106], com excepção do Conselho de Empresa Europeu ou do procedimento de informação e consulta dos trabalhadores nos grupos de empresas de dimensão comunitária (regulados pela Lei n.º 40/99, de 9/06, que transpôs para o direito interno a Directiva

---

[104] *Vd.* Maria Amparo Esteve Segarra, *op. cit.,* p. 268.

No âmbito do processo de despedimento colectivo, a Administração tem exigido que a documentação apresentada pelo empregador abarque informações respeitantes à situação económica de todo o grupo, de forma a assegurar uma maior transparência, completando o vazio legislativo neste domínio. Interpretação que tem merecido o apoio da doutrina invocando: por um lado, que a obrigação de informação, com valor instrumental em qualquer processo de reestruturação, adquire maior transcendência quando a empresa está integrada num grupo; por outro lado, uma informação adequada referente à situação do grupo pode permitir aliar os interesses empresariais e as garantias dos direitos dos trabalhadores. Na perspectiva destes últimos, essa informação pode facilitar pôr a descoberto actuações fraudulentas no âmbito do grupo, sendo certo que o cumprimento cabal desta obrigação constitui um indício de boa fé do empregador. Cf. Esteve Segarra, *op. cit.,* p. 270.

[105] *Vd.,* o nosso, *Da mobilidade..., cit.,* pp. 47 ss. e bibliografia aí citada.

[106] O mesmo problema surge no direito espanhol, falando Esteve Segarra, *op. cit.,* p. 275, de um «deficit nas estruturas representativas dos trabalhadores».

94/45/CE do Conselho, de 22/09[107]). Este diploma visa tornar efectivo o conhecimento e participação dos trabalhadores nos processos decisórios realizados ao nível de empresas ou grupos de empresas de dimensão comunitária, visto os procedimentos de informação e consulta internos não se adaptarem a estruturas transnacionais[108]. Aliás, em momento anterior ao início de vigência da Lei n.º 40/99, ABEL FERREIRA antecipava que "a transposição da Directiva (...) criará uma situação nova no Direito laboral português, o qual passará a contar com um novo instrumento originado pela necessidade de tutela específica dos trabalhadores integrados em grupos de empresas multinacionais sem correspondente no direito aplicável aos grupos nacionais"[109]. Através desta lei assegura-se não só a informação dos trabalhadores, mas igualmente a sua intervenção na tomada de decisões, mediante um "processo dialógico, de troca de opiniões" com a direcção central[110] (cfr. arts. 18.º, 19.º, 20.º e 21.º). Simplesmente, para que se possa falar num grupo de empresas de dimensão comunitária, a empresa que exerce o controlo e as controladas têm de empregar, no mínimo, mil trabalhadores no conjunto dos Estados-membros e, cumulativamente, o grupo necessita de integrar, pelo menos, duas empresas em diferentes Estados, empregando, cada uma delas, o mínimo de cento e cinquenta trabalhadores (art. 2.º, n.º 2)[111]. Este "triplo limiar" reduz consideravelmente o número de agrupamentos abrangidos[112]. Nestes termos, podemos afirmar

---

[107] Esta matéria aparece regulada nos arts. 471.º a 474.ºdo Código do Trabalho, onde se remete para legislação especial.

[108] Cf. JORGE LEITE, LIBERAL FERNANDES, LEAL AMADO, JOÃO REIS, *Conselhos de empresa europeus – Comentários à Directiva 94/45/CE,* Edições Cosmos, Lisboa, 1996, pp. 39 e 101.

[109] ABEL FERREIRA, *Grupos de empresas..., cit.,* p. 237.

[110] JORGE LEITE, LIBERAL FERNANDES, LEAL AMADO, JOÃO REIS, *op. cit.,* p. 39. Nesta medida, acrescentam os Autores (p. 40), contribui-se para "uma certa democratização das empresas e grupos de empresas de dimensão comunitária".

[111] Para este efeito, o número de trabalhadores das empresas do grupo corresponde ao número médio relativo aos dois anos anteriores ao pedido de constituição do grupo especial de negociação ou à constituição do Conselho de Empresa Europeu, contabilizando-se os trabalhadores a tempo parcial – art. 28.º.

[112] Assim, suponhamos que "[o] grupo W possui duas empresas em Itália (uma empregando 300 e a outra 200 trabalhadores), uma empresa na Grécia (com 160 trabalhadores) e outra em Portugal (ocupando 250 trabalhadores)". Este grupo não pode ser qualificado como tendo dimensão comunitária, apesar de ter empresas em vários Estados-membros cada uma com mais de 150 trabalhadores, uma vez que "não atinge o limiar de 1000 trabalhadores no total". Este e outros exemplos são referidos por JORGE LEITE, LIBERAL FERNANDES, LEAL AMADO, JOÃO REIS, *op. cit.,* pp. 44 e segs.

Cessação do contrato de trabalho promovida pelo empregador com justa causa 239

a existência de uma lacuna em relação não só aos grupos nacionais, mas também transnacionais que não reúnem os requisitos de que depende a aplicação da Directiva e da lei que a transpôs. Surge, portanto, um tratamento diferenciado dos trabalhadores que se traduz numa maior protecção daqueles subordinados a empresas inseridas em grupos de dimensão comunitária[113].

Ora, o nível de tomada de decisões no âmbito dos grupos empresariais esvazia, muitas vezes, os instrumentos tradicionais de informação e consulta dos trabalhadores. Tendo tal representação lugar apenas ao nível das sociedades filiais, quando as decisões importantes são tomadas pela sociedade dominante[114], é afastado, em grande parte, o direito à informação, consulta e controlo (nos sistemas que o consagram)[115]. Esta factualidade vai reflectir-se na própria negociação colectiva, pois a falta de acesso à informação dificulta o estabelecimento de negociações "com conhecimento de causa"[116]. Como explica MARIA AMPARO ESTEVE SEGARRA[117], em termos perfeitamente aplicáveis ao direito português, na ausência de processos de informação legalmente previstos e adequados às especificidades das empresas integradas em grupos, não se afigura possível o desenvolvimento regular de consultas com as estruturas representativas dos trabalhadores. Desde logo, a falta de informação real sobre as causas das medidas de reestruturação adoptadas dificulta a obtenção de qualquer acordo efectivo. Além disso, a decisão sobre a reorganização empresarial pode não ter sido tomada pelo empregador com quem se realizam as consultas, mas antes pela empresa-mãe, limitando a fase do processo apenas à mera execução da decisão desta última entidade.

---

[113] ESTEVE SEGARRA, op. cit., p. 282.

[114] Cf. LYON-CAEN, PÉLISSER e SUPIOT, Droit du travail, 18.ª ed., Dalloz, Paris, 1996, p. 27.

[115] MOURA RAMOS, Da lei aplicável ao contrato de trabalho internacional, Almedina, Coimbra, 1991, p. 46 e ABEL FERREIRA, Grupos de empresas..., cit., p. 224. Observando o mesmo problema a propósito do direito brasileiro, cf. BUENO MAGANO, Os grupos de empresas no direito do trabalho, Editora Revista dos Tribunais, S. Paulo, 1979, p. 180.

[116] BUENO MAGANO, ibidem.

[117] Op. cit., pp. 275 e 283.

PRINCIPAIS ASPECTOS DO REGIME JURÍDICO DO TRABALHO EXERCIDO EM COMISSÃO DE SERVIÇO*

IRENE GOMES

I – Noção e modalidades da comissão de serviço laboral

Apesar de o legislador não ter apresentado uma definição legal da comissão de serviço laboral, a sua noção resulta do regime previsto no Decreto-Lei n.º 404/91, de 16 de Outubro. De facto, do regime jurídico consagrado no diploma retiramos três aspectos fundamentais, aspectos esses que nos permitem alcançar a noção legal da figura.

Assim, o primeiro ponto a salientar é que o regime jurídico do contrato individual de trabalho continua a ser a matriz geral da comissão de serviço, como resulta do preceituado no art. 6.º que manda aplicar a esta modalidade de trabalho o regime laboral comum, salvo o disposto em contrário no diploma.

O segundo ponto a reter do regime jurídico previsto no Decreto-Lei n.º 404/91 é que, quanto à constituição da comissão de serviço, o legislador exige a sua redução a escrito, nos termos do preceituado no art. 3.º, n.º 1.

Em terceiro lugar, o legislador confere a ambas as partes a possibilidade de fazer cessar, a todo tempo, a prestação de trabalho em regime de comissão de serviço, nos termos do art. 4.º, n.º 1.

Ora, a remissão legal para o regime laboral comum permite-nos aventar a ideia de que o que se pretende com a admissibilidade da figura

---

* O presente texto refere-se ao trabalho exercido em comissão de serviço no âmbito do Decreto-Lei n.º 404/91, de 16 de Outubro. Todavia, tendo em conta o futuro Código de Trabalho não deixaremos de fazer referência, em nota de rodapé, às alterações por ele introduzidas.

no mundo do trabalho é tão somente (ainda que em aspectos particularmente relevantes) o de admitir certas especialidades de regime jurídico em determinadas relações laborais sem abandonar, porém, o tipo «contrato de trabalho».

Esta afirmação é corroborada por vários preceitos do Decreto-Lei n.º 404/91, que passamos a enumerar:

– o art. 1.º do diploma, ao determinar que «podem ser exercidos em regime de comissão de serviço os cargos de administração, de direcção directamente dependentes da Administração e, bem assim, as funções de secretariado pessoal relativas aos titulares desses cargos e a outras funções previstas em convenção colectiva de trabalho, cuja natureza se fundamente numa especial relação de confiança», revela-nos, desde logo, que implícito à comissão de serviço está o desempenho de uma actividade, mais propriamente, de um tipo específico de funções. Encontramos, pois, um dos elementos essenciais ao tipo «contrato de trabalho», ou seja, *a prestação de uma actividade*.

– o art. 4.º, n.º 3, als. *b)* e *c)*, 1.ª parte, ao determinar que, no caso de a cessação da comissão de serviço com garantia de emprego ocorrer por iniciativa do empregador, o trabalhador pode, no período de trinta dias contados a partir da comunicação dessa decisão, rescindir o contrato de trabalho com direito a uma indemnização «correspondente a um mês de remuneração de base auferida no desempenho da comissão de serviço», indica-nos que inerente à prestação do trabalho em comissão de serviço existe, como contrapartida, uma retribuição. Deparamos, assim, com outro dos elementos essenciais ao tipo «contrato de trabalho», ou seja, *a retribuição*.

– o art. 4.º, n.º 3, al. *c)*, parte final, ao excepcionar o direito à indemnização nas situações em que a extinção da comissão de serviço ocorre «ao abrigo de processo disciplinar do qual resulte a cessação do contrato de trabalho», torna óbvio que o legislador pressupõe que, durante o exercício de funções em comissão de serviço, permanece intacto o poder disciplinar do empregador, poder que apenas existe nas situações de prestação de trabalho subordinado, ou seja, moldado por outrem que não o próprio prestador de trabalho. Encontramos, então, o último elemento necessário, e verdadeiramente aquele que o caracteriza enquanto tipo «contrato de trabalho», ou seja, *a subordinação jurídica*.

Assim, do regime decorrente do Decreto-Lei n.º 404/91 resulta claro, parece-nos, que no exercício de funções em comissão de serviço não desaparecem os elementos essenciais e caracterizadores do tipo «contrato de trabalho» – a actividade, a retribuição e a subordinação jurídica.

Por outro lado, mesmo as especialidades de regime do trabalho exercido em comissão de serviço estabelecidas no Decreto-Lei n.° 404/91 confirmam-nos a falta de autonomia da figura da comissão de serviço relativamente ao tipo «contrato de trabalho».

É o caso, por exemplo, do art. 3.°, n.° 2, em que se determina que «na falta de redução a escrito da menção referida na al. *b)* do número anterior [ou seja, de que o cargo ou funções a desempenhar são feitos com menção expressa do regime de comissão de serviço], considera-se que o cargo ou as funções são exercidas com carácter permanente». Assim, a falta de forma escrita da menção do exercício de funções ou cargos em comissão de serviço não invalida a manutenção da relação laboral nos termos do art. 3.°, n.° 2, mas retira-lhe a coloração que as partes pretendiam com a consagração do exercício das funções em comissão de serviço.

Por outro lado, e recorrendo uma vez mais ao art. 4.°, n.° 3, al. *c)*, parte final, o legislador, ao excepcionar o direito à indemnização nas situações em que a extinção da comissão de serviço ocorre «ao abrigo de processo disciplinar do qual resulte a cessação do contrato de trabalho», evidencia a falta de autonomia da figura face ao contrato de trabalho – cessando este último, a comissão de serviço termina igualmente. As vicissitudes do contrato de trabalho reflectem-se, pois, na comissão de serviço.

Daí que em nenhuma das suas modalidades ou submodalidades a comissão de serviço laboral possa ser compreendida como um novo tipo de contrato, distinto do «contrato de trabalho»[1-2]. A comissão de serviço tra-

---

[1] Neste sentido, cfr. JORGE LEITE, «Despedimento por inadaptação e comissão de serviço», 1.° Colóquio Regional sobre Assuntos Laborais, Secretaria Regional da Juventude e Recursos Humanos, Universidade dos Açores, 1992, p. 55 [também publicado em *QL*, n.° 16 (2000), Ano VII, pp. 152 e ss.]. O autor escreve que inequivocamente «o facto que dá origem à relação é um contrato de trabalho, já que dele constam todos os seus elementos característicos – a prestação de trabalho, a retribuição e a subordinação». Também VÍTOR RIBEIRO, em função do regime previsto nos arts 6.° e 4.°, n.° 3, al. *c), in fine*, do Decreto-Lei n.° 404/91, defende a não autonomia da figura da comissão de serviço laboral relativamente ao tipo «contrato de trabalho» [«Dec.Lei n.° 404/91, de 16-10 – Estabelece o regime jurídico do trabalho em comissão de srviço», *PLT*, act. n.° 38 (1991), CEJ, p. 20, ponto 6].

[2] Mesmo em Espanha a doutrina tem defendido que a relação de trabalho do trabalhador dirigente, ainda que considerada especial (desde logo, por imperativo legal), não deixa materialmente de se subsumir aos elementos do tipo «contrato de trabalho» – cfr. EFRÉN BORRAJO DACRUZ, *Altos Cargos Laborales*, Madrid, Revista de Derecho Privado, 1984, p. 17. É certo que a figura da comissão de serviço não se identifica com o estatuto do pessoal dirigente espanhol, o que não nos permite, à partida, fazer comparações. Contudo, a verdade é que a comissão de serviço apresenta pontos de contacto significativos com tal regime, nomeadamente quanto às principais funções que podem ser objecto da

244 *Estudos de Direito do Trabalho em Homenagem ao Prof. Manuel Alonso Olea*

duz-se, então, num elemento acidental do contrato de trabalho, não afectando a existência do contrato de trabalho enquanto tal, mas revelando-se fundamental para que os efeitos jurídicos pretendidos pelas partes se produzam. E os efeitos jurídicos pretendidos pelas partes são os de possibilitar a cessação, livre e a qualquer momento, de um certo tipo de funções que, dada a sua especial natureza, se não coadunam com exercícios a título vitalício.

Face ao exposto, avançamos, pois, com a definição de comissão de serviço que entendemos resultar dos principais traços de regime estabelecidos no Decreto-Lei n.º 404/91: comissão de serviço é, então, a *cláusula acessória aposta a um contrato de trabalho pela qual o exercício de um tipo específico de funções pode cessar, a todo o tempo, por manifestação da vontade de qualquer uma das partes.*

Ora, se a cláusula comissão de serviço é aposta a um contrato de trabalho celebrado previamente, a sua cessação posterior implica, em princípio, o regresso do trabalhador «às funções correspondentes à categoria que antes detinha ou às funções que vinha exercendo quando estas confiram direito a categoria ou nível remuneratório previsto em convenção colectiva de trabalho aplicável, ou ainda à que entretanto tenha sido promovido» [art. 4.º, n.º 3, al. *a)*, 1.ª parte], revestindo a comissão de serviço a modalidade de comissão de serviço de trabalhador «interno».

Se a cláusula comissão de serviço é aposta simultaneamente à celebração do contrato de trabalho, a sua cessação posterior implica uma de duas consequências: ou a colocação do trabalhador nas funções correspondentes à categoria que as partes acordaram para o efeito [art. 4.º, n.º 3, al. *a)*, 2.ª parte], revestindo a comissão de serviço a submodalidade de comissão de serviço de trabalhador «externo» com garantia de emprego; ou a própria extinção do contrato de trabalho [art. 4.º, n.º 3, al. *a)*, parte final],

---

figura e quanto à maior facilidade de desvinculação entre as partes, com especial destaque para a beneficiária da prestação [verificando-se, portanto, uma certa afinidade funcional dos normativos em causa (*functional approach*), ainda que sem idêntico enquadramento jurídico impeditivo da realização de uma microcomparação]. Neste contexto, se mesmo em Espanha não se afasta o tipo «contrato de trabalho» para o pessoal dirigente, não obstante o seu estatuto jurídico remeter subsidiariamente para o regime civil e comercial, o raciocínio relativamente à comissão de serviço parece-nos justificável tanto mais que, entre nós, se aplica expressamente a este instituto jurídico o regime geral do contrato individual de trabalho.

Principais aspectos do regime jurídico do trabalho exercido em comissão   245

revestindo a comissão de serviço, neste caso, a submodalidade de comissão de serviço de trabalhador «externo» sem garantia de emprego[3-4].

II – Constituição da comissão de serviço laboral

Sendo a comissão de serviço uma cláusula acessória aposta a um contrato de trabalho torna-se claro que para a sua constituição são necessários, por um lado, os elementos essenciais a qualquer negócio jurídico e, por

---

[3] Aderimos à terminologia utilizada por JORGE LEITE (*ob. cit.*, p. 55), uma vez que consideramos as designações escolhidas pelo autor muito sugestivas e indiciadoras dos principais aspectos de conteúdo das diversas modalidades de comissão de serviço. De facto, a comissão de serviço pode ser utilizada relativamente a trabalhadores que já tinham um vínculo jurídico-laboral com o empregador, ou seja, que já eram trabalhadores do empregador. Daí a designação trabalhadores «internos». Aliás, foi a ideia de incentivar o preenchimento de certos lugares de confiança por pessoal já vinculado à entidade empregadora que esteve na base da aceitação da figura da comissão de serviço no Acordo Económico e Social de Outubro de 1990. Mas a comissão de serviço pode ainda revestir a natureza de instrumento de recrutamento de trabalhadores, ou seja, de trabalhadores que não tinham qualquer vínculo jurídico-laboral com o empregador, justificando-se, portanto, a designação trabalhadores «externos».

[4] As ideias expostas mantêm a sua actualidade no âmbito da proposta do Código do Trabalho. De facto, também aí a comissão de serviço continua a ser pensada como uma cláusula que é acordada relativamente ao tipo «contrato de trabalho», introduzindo-lhe certas especificidades sem, no entanto, provocar alterações à natureza laboral da relação jurídica em causa. Aliás, apesar de os *títulos* das disposições legais terem um valor relativo e discutível como elementos indiciários em sede de interpretação [a propósito de tais considerações cfr. ANTÓNIO MONTEIRO FERNANDES, «Sobre o objecto do contrato de trabalho», Separata de *ESC*, n.º 23 (1968), Ano VII, p. 13, nota 1], a substituição da expressão «comissão de serviço» por «objecto» efectuada na epígrafe do art. 244.º da Proposta de Lei n.º 29/IX parece-nos inteiramente de aplaudir. Na verdade, o art. 1.º do Decreto-Lei n.º 404/91 não apresenta qualquer definição de «comissão de serviço», limitando-se a indicar os cargos e as funções susceptíveis de serem exercidos ao abrigo de tal figura. Ora, o art. 244.º ao falar na sua epígrafe em «objecto», e não em «comissão de serviço», clarifica ao aplicador de Direito que o âmbito do preceito diz respeito apenas às funções que podem ser exercidas em comissão de serviço e não à definição legal da figura. Torna-se, assim, evidente que a comissão de serviço se associa a um contrato de trabalho, embora o círculo de funções que pode ser objecto da figura seja mais reduzido relativamente ao contrato de trabalho sem comissão de serviço. De facto, enquanto que qualquer actividade, em princípio, desde que lícita e apta à satisfação de um interesse do credor digno de tutela jurídica, pode constituir objecto de um contrato de trabalho, já se estiver em causa um contrato de trabalho ao qual foi aposta a cláusula de comissão de serviço o seu objecto circunscreve-se ao estabelecido no art. 244.º.

246 *Estudos de Direito do Trabalho em Homenagem ao Prof. Manuel Alonso Olea*

outro lado, os elementos essenciais ao negócio «contrato de trabalho». De especial, o contrato de trabalho em comissão de serviço face ao comum contrato de trabalho sofre, por um lado, de uma acentuada redução do círculo de funções que pode ser seu objecto e fica sujeito, por outro lado, a exigências formais quanto à sua constituição (*rectius* quanto à constituição da cláusula comissão de serviço).

1. Requisitos substanciais – destaque do problema da determinação das funções em relação às quais pode ser acordada a comissão de serviço

Implicando a comissão de serviço desvios importantes a princípios estruturantes do nosso ordenamento laboral, como o princípio da irreversibilidade da categoria profissional e, em certa submodalidade do instituto, o princípio do despedimento causal, compreende-se que a primeira grande preocupação manifestada pelo legislador no Decreto-Lei n.º 404/91, seja, precisamente, a de identificar as relações de trabalho relativamente às quais se legitima a utilização da figura.

A interpretação do art. 1.º, n.º 1, torna-se, pois, decisiva para delimitar o âmbito objectivo da comissão de serviço laboral e, consequentemente, para determinar a aplicação do seu particular regime jurídico. Para este efeito, o legislador socorreu-se da conjugação de um sistema de enumeração taxativa acompanhado de uma cláusula geral.

No art. 1.º, n.º 1, parte final, há, sem dúvida, a utilização de uma cláusula geral. De facto, estabelecendo a referida norma que podem ser exercidas em regime de comissão de serviço as «funções previstas em convenção colectiva de trabalho, cuja natureza se fundamente numa especial relação de confiança», o papel do legislador limita-se a apresentar o critério operacional para determinar as funções susceptíveis de se desenvolverem ao abrigo da comissão de serviço – **funções cuja natureza se fundamente numa especial relação de confiança** –, entregando, neste caso, à contratação colectiva o papel de identificar, em concreto, quais são as referidas funções.

O preceito legal não se resume, contudo, à utilização de uma cláusula geral. O legislador associa a tal expediente jurídico uma enumeração de cargos ou funções que legitimam, desde logo, a utilização da comissão de serviço. Daí o art. 1.º, n.º 1, 1.ª parte, referir que «podem ser exercidos em regime de comissão de serviço os cargos de administração, de direcção di-

Principais aspectos do regime jurídico do trabalho exercido em comissão   247

rectamente dependentes da Administração e, bem assim, as funções de secretariado pessoal relativas aos titulares desses cargos». Ora, quer da letra da lei, quer, sobretudo, da sua *ratio legis*, pensamos resultar do elenco legal uma enumeração de tipo taxativo.

De facto, os principais objectivos do Decreto-Lei n.° 404/91, de 16 de Outubro, foram os de, por um lado, afastar quaisquer dúvidas possíveis sobre a legitimidade da utilização da comissão de serviço no mundo laboral e, por outro lado, garantir aos empregadores a possibilidade de recorrerem à figura relativamente a um tipo específico de cargos (identificados essencialmente com os cargos de «direcção»), independentemente da sua previsão na contratação colectiva. Todavia, uma vez que o regime jurídico da figura se afasta de certos princípios estruturantes do Direito do Trabalho, sobretudo pela admissão no diploma da submodalidade de comissão de serviço de trabalhador «externo» sem garantia de emprego, é compreensível que o legislador tenha enumerado taxativamente (circunscrevendo-os, portanto) os cargos em que é sempre possível recorrer à figura e só tenha permitido outros se tal resultar da contratação colectiva[5].

Por outro lado, a letra da lei, ainda que de forma não inteiramente clara, parece indiciar-nos a enumeração taxativa, pois, caso contrário, se o legislador, além da referida cláusula geral, pretendesse adicionar uma enumeração meramente exemplificativa provavelmente o texto legal teria uma redacção diferente, do tipo, por exemplo: «podem ser exercidas em regime de comissão de serviço as funções cuja natureza se fundamente numa especial relação de confiança, nomeadamente os cargos de administração, de direcção directamente dependentes da Administração e, bem assim, as funções de secretariado pessoal relativas aos titulares desses cargos».

Verificamos, assim, que o art. 1.° comporta simultaneamente duas técnicas legislativas distintas: por um lado, o legislador apresenta uma enumeração taxativa dos cargos susceptíveis de serem exercidos ao abrigo da comissão de serviço; por outro lado, permite, apesar de tudo e recorrendo a uma cláusula geral, a ampliação de tal elenco através da contratação colectiva. Trata-se de dois expedientes jurídicos diferentes, em certa

---

[5] Neste sentido pronuncia-se uma das raríssimas decisões da jurisprudência sobre a matéria, considerando que «o desempenho de cargos ou funções em comissão de serviço só é permitido nos casos taxativamente previstos no Decreto-Lei n.° 404/91, de 16 de Outubro» – Acórdão da Relação do Porto, de 29 de Novembro de 1999, *CJ*, 1999, Ano XXIV, Tomo V, p. 248; também no sentido de considerar que não estando a tarefa incluída na previsão legal, a comissão de serviço é nula, cfr. Acórdão da Relação de Lisboa, de 3 de Outubro de 2001, *CJ*, 2001, Ano XXVI, Tomo IV, p. 162 e ss..

248　*Estudos de Direito do Trabalho em Homenagem ao Prof. Manuel Alonso Olea*

medida mesmo contrapostos, mas que podem ser conjugados num sistema misto com benefícios reconhecidos.

A hipótese legal do art. 1.°, n.° 1, do Decreto-Lei n.° 404/91, sendo constituída, em parte, por uma enumeração taxativa e, noutra parte, por uma cláusula geral é, pois, complexa. Complexidade acrescida pelo facto de, na própria enumeração taxativa, o legislador não ter tido um especial cuidado no recurso aos conceitos utilizados. Na verdade, quando adopta as expressões «cargos de administração», «cargos de direcção» e «funções de secretariado pessoal relativas aos titulares desses cargos», o legislador não parece ter pretendido recorrer a qualquer conceito jurídico pré-determinado, nomeadamente ao de «administrador» ou de «director» para efeitos societários. Daí que, ao tentar clarificar o critério operacional de determinação dos cargos ou funções que podem ser legitimamente exercidos ao abrigo da 1.ª parte do n.° 1 do art. 1.° o aplicador de Direito deva ter em consideração dois aspectos fundamentais: em primeiro lugar, que o legislador, na tarefa de enumeração dos cargos susceptíveis de serem exercidos em comissão de serviço, se socorreu da posição assumida pela contratação colectiva anterior ao Decreto-Lei n.° 404/91; por outro lado, que o legislador, não obstante o recurso à contratação colectiva, não recebeu automaticamente a noção de trabalhador «dirigente» por ela adoptada, procurando antes construir, parece-nos, um conceito mais restrito de trabalhador «dirigente».

Na verdade, a figura da comissão de serviço, antes mesmo da sua consagração legal com carácter geral no Decreto-Lei n.° 404/91, era já sobejamente utilizada em diversas convenções colectivas de trabalho. Os parceiros sociais cedo compreenderam que certo tipo de funções, atendendo à sua especial natureza, designadamente à profunda relação de confiança, lealdade e dedicação que pressupunham existir entre as partes, se conciliava mal com as regras fixadas em matéria de admissão e progressão nas carreiras profissionais, nomeadamente com o princípio da irreversibilidade da categoria. Em nome do espaço concedido à autonomia colectiva, diversas convenções colectivas de trabalho excluíram, então, de tais regras certo tipo de cargos, submetendo-o a um regime próprio frequentemente designado comissão de serviço, que identificaram, na sua maioria, com os chamados cargos de «direcção» e/ou de «chefia» (ou «lugares de direcção», ou «cargos de direcção e chefia», ou «funções de chefia», *etc.*).

Ora, no art. 1.° do Decreto-Lei n.° 404/91 encontramos uma enumeração das funções susceptíveis de serem exercidas em regime de comissão

Principais aspectos do regime jurídico do trabalho exercido em comissão 249

de serviço que gravita, precisamente, no seu núcleo essencial, em torno dos chamados cargos de «direcção» e cargos de «chefia». De facto, quando o legislador estabelece no art. 1.°, n.° 1, que «podem ser exercidos em regime de comissão de serviço os cargos de administração, de direcção directamente dependentes da Administração...» mais não faz, pelo menos numa primeira leitura, do que reconhecer legalmente uma figura que na prática era já frequentemente consagrada na contratação colectiva[6]. O âmbito objectivo da comissão de serviço previsto no Decreto-Lei n.° 404/91 foi, então, em parte, decalcado da contratação colectiva, que chamara a atenção para a necessidade de respostas específicas destinadas ao trabalhador «dirigente», categoria de trabalhador (trabalhador «dirigente») que a contratação colectiva apenas foi densificando de forma casuística, sem manifestar grande preocupação na sua construção técnico-jurídica.

Efectivamente, a nível da contratação colectiva não houve um especial cuidado em restringir o conceito de trabalhador «dirigente» ou de «chefia». Na verdade, embora para se ser considerado como trabalhador de chefia se exigisse, em regra, o exercício de poderes de direcção e coordenação, não se tornava vital que tais poderes tivessem de revestir um certo grau de intensidade, quer a nível hierárquico, quer a nível geográfico-funcional. A nível hierárquico, o trabalhador de chefia não perdia tal qualidade pelo facto de exercer poderes de direcção e coordenação sob orientação de outros superiores hierárquicos, que não o empregador. Para efeitos da generalidade das convenções colectivas de trabalho tanto era trabalhador de chefia aquele que exercia poderes delegados pelo próprio titular jurídico da empresa, isto é, pelo próprio empregador sem qualquer outra limitação, como aquele que os exercia sob orientação de outros superiores hierárquicos, isto é, de outros trabalhadores do empregador. Por outro lado, a nível geográfico-funcional, também não se exigia, para a obtenção da qualidade de trabalhador de chefia, que a actividade por ele desenvolvida dissesse respeito à generalidade do projecto empresarial, quer por se estender à totalidade da actividade prosseguida pela empresa, quer por abranger todo o seu âmbito territorial. Assim, tanto era trabalhador de chefia aquele que exercia funções atinentes à totalidade do projecto empresarial, como aquele que as confinava a sectores produtivos chave ou zonas geograficamente circunscritas.

---

[6] Disso é, aliás, exemplo, o preceituado no art. 7.° do referido diploma, que manda aplicar o seu regime, decorridos doze meses sobre a sua entrada em vigor, *às comissões de serviço já constituídas.*

O que, aliás, facilmente se compreende uma vez que o regime da comissão de serviço previsto nas convenções colectivas de trabalho anteriores ao Decreto-Lei n.° 404/91 era sempre favorável ao trabalhador e em nada abalava os princípios estruturantes do Direito do Trabalho. Na verdade, apesar de se verificarem ligeiras diferenças de regime, a generalidade das convenções colectivas de trabalho acabou por edificar a comissão de serviço em torno de três pilares fundamentais. Em primeiro lugar, a figura era reservada, em regra, às funções de direcção, uma vez que ela se revelava como o mecanismo adequado para o provimento em tais cargos, por natureza transitórios, atendendo à possibilidade que era conferida ao empregador de poder, a todo o tempo, pôr fim ao exercício de tais funções. Por outro lado, o exercício de cargos em comissão de serviço só era previsto, em princípio, relativamente a trabalhadores já vinculados ao empregador, o que significava que o fim da comissão de serviço não atingia o direito à segurança no emprego, uma vez que, em tal caso, o trabalhador regressava à categoria que anteriormente detinha. Mesmo nas hipóteses em que se admitiam novos trabalhadores para exercerem este tipo de funções, finda a comissão de serviço os trabalhadores eram colocados numa outra categoria que tivesse sido acordada entre as partes, não se verificando, portanto, qualquer desrespeito ao princípio da proibição dos despedimentos sem causa. Finalmente, havia unanimidade em considerar que os trabalhadores destacados para exercerem funções em comissão de serviço não ficavam prejudicados com o fim de tais actividades, pois não só durante o período em que as exerciam mantinham todos os direitos inerentes ao seu lugar de origem, nomeadamente o direito de acesso às categorias correspondentes à carreira profissional em que se enquadravam, como também, perante tal cessação, regressavam à categoria que detinham, permanecendo, muitas vezes, com a (mais generosa) retribuição que auferiam aquando da prestação do trabalho em comissão de serviço. Considerava-se, então, que o exercício de funções em comissão de serviço correspondia a legítimas expectativas de ambas as partes da relação laboral, justificando-se o desvio do âmbito de aplicação do princípio da irreversibilidade da categoria profissional relativamente a este tipo de funções[7].

---

[7] No sentido da legalidade de tal solução, ANTÓNIO MENEZES CORDEIRO apresentou uma série de convincentes argumentos: «não está em causa a estabilidade do emprego: o trabalhador-dirigente tem sempre assegurado o seu lugar de base; ninguém tem, à partida(...), direito a dirigir os seus colegas; a direcção é sempre uma prerrogativa patronal que só por delegação pode ser desempenhada por trabalhadores; ninguém pode ser obrigado a aceitar uma função dirigente para a qual não tenha sido contratado *ab initio*; por

Acontece que com o Decreto-Lei n.° 404/91 os traços caracterizadores do conteúdo regulativo da comissão de serviço sofreram uma importante alteração. De facto, o diploma não só permitiu a utilização da figura como um meio de recrutamento de trabalhadores como ainda possibilitou que, nesses casos, as partes pudessem estabelecer com o fim da comissão de serviço a cessação do contrato de trabalho, reintroduzindo-se, entre nós, o despedimento *ad nutum,* afastando-se, pois, uma das maiores protecções conferidas pelo Direito do Trabalho. O que nos leva a questionar se, afinal, a recepção no Decreto-Lei n.° 404/91 dos «cargos» admitidos em regime de comissão de serviço identificados pela contratação colectiva se processou de forma automática ou se, pelo contrário, o legislador apurou tais conceitos, conferindo-lhes um carácter técnico-jurídico, adoptando, consequentemente, um âmbito objectivo maior ou menor daquele que normalmente lhe era atribuído pelas convenções colectivas de trabalho. Na verdade, o aplicador de Direito deve verificar se o alcance dos conceitos utilizados na norma sofre alterações em virtude da sua nova posição no sistema, procurando proceder a uma reelaboração sistematizadora[8].

Ora, sendo o regime da comissão de serviço previsto no Decreto-Lei n.° 404/91 bastante menos protector para o trabalhador do que aquele que resultava da contratação colectiva anterior e tendo em linha de conta as directrizes previstas no n.° 2 do art. 1.°, pensamos ser legítimo defender que o conceito de trabalhador «dirigente» adoptado pelo legislador é um conceito restrito que deve ser concretizado casuisticamente, tendo em consideração **o tipo de funções inerente ao cargo** e **a posição ocupada pelo respectivo titular na organização empresarial**. Trata-se, na verdade, da interpretação mais conforme ao preceituado no n.° 2 do art. 1.° e que vai de encontro, aliás, aos comentários da doutrina e às decisões da jurisprudência estrangeira encontrados à propósito de um problema muito próximo com aquele que estamos a tratar, isto é, a qualificação do trabalha-

---

isso, ao ceder ao exercício de papel dirigente, o trabalhador aceita o estatuto de transitoriedade ou de precariedade que o acompanhe; os instrumentos colectivos de regulamentação laboral representam as soluções mais equilibradas conseguidas dentro dos campos laborais em oposição; assim, só por excepção e mediante lei claramente imperativa é possível invalidar cláusulas colectivas; ora a lei não dispõe neste domínio» – «Da constitucionalidade das comissões de serviços laborais», *RDES*, n.°s 1-2 (1991), Ano XXXIII (VI da 2.ª Série), p. 141, argumentos reiterados pelo autor no *Manual de Direito do Trabalho*, Coimbra, Almedina, 1991, p. 673.

[8] A propósito de tais considerações cfr. JOÃO BAPTISTA MACHADO, *Introdução ao Direito e ao Discurso Legitimador*, 2.ª reimpressão, Coimbra, Almedina, 1987, pp. 80 a 82.

252 *Estudos de Direito do Trabalho em Homenagem ao Prof. Manuel Alonso Olea*

dor enquanto trabalhador «dirigente». O critério operacional é, pois, o de determinar casuisticamente as funções efectivamente exercidas pelo trabalhador e a posição por ele ocupada na organização empresarial, verificando se essa situação de facto se reconduz à valoração das funções que o legislador elegeu como as susceptíveis de serem exercidas em comissão de serviço. O aplicador de Direito tem, assim, de procurar a intenção da juridicidade para poder determinar se as funções ou cargos em causa revestem a natureza prevista pelo legislador, sendo que o nome atribuído ao cargo (*administrador, director, gerente, director-geral, etc.*) é, naturalmente, pouco relevante.

Assim, quanto **ao tipo de funções inerente ao cargo**, exige-se, obviamente, que se trate de funções de especial confiança. Todavia, isto só por si não é suficiente, pois funções de confiança e de direcção não são a mesma coisa. A direcção pressupõe uma especial relação de confiança, mas, além disso, deve ainda implicar, em princípio, o exercício de poderes de direcção e de autoridade delegados pelo empregador (por exemplo, o poder de contratar e de despedir trabalhadores da empresa, o poder de determinar as funções e as remunerações dos trabalhadores, dentro, evidentemente, dos limites legais e convencionais) e o desempenho, em regra, de funções dirigidas ao complexo organizativo-geográfico da empresa.

Quanto **à posição ocupada pelo trabalhador na organização empresarial**, exige-se, em princípio, que este ocupe um cargo no vértice da estrutura piramidal de organização da empresa, estando apenas sujeito, em princípio, à direcção do empregador. Daí o n.° 2 do art. 1.° excluir do conceito de trabalhador dirigente enumerado no n.° 1 do mesmo preceito legal, «os cargos de chefia directa e todos os outros cargos que não envolvam coordenação de outras chefias».

No regime actual, o n.° 2 do art. 1.° torna-se, assim, um critério fundamental a considerar para efeitos de densificação do conceito de «cargos de administração» e «cargos de direcção» referidos no início do preceito. O legislador é, todavia, confuso e parece assentar em algum empirismo, ressentindo-se da falta de apoios dogmáticos suficientemente sólidos. Na verdade, por um lado, o legislador restringe o conceito de trabalhador dirigente identificando-o praticamente com o *alter ego* do empregador, mas permite a aplicação do regime previsto no Decreto-Lei n.° 404/91 no seu ponto mais delicado – a possibilidade de ser estabelecida a submodalidade de comissão de serviço de trabalhador «externo» sem garantia de emprego – a uma categoria de trabalhador que nada tem a ver com o chamado trabalhador «dirigente» – pense-se no caso das «funções de secretariado pes-

Principais aspectos do regime jurídico do trabalho exercido em comissão   253

soal» também previstas na enumeração taxativa do art. 1.°, n.° 1. Por outro lado, a excepção prevista no n.° 2 do art. 1.° parece fundar-se no critério oposto àquele que seria de esperar. Efectivamente, a recorrer ao critério da dimensão pessoal do estabelecimento para excluir a utilização da figura, parecer-nos-ia mais razoável o raciocínio contrário, ou seja, afastar do âmbito do regime da comissão de serviço os trabalhadores dirigentes dos estabelecimentos mais pequenos e não os dos maiores...[9]

---

[9] No âmbito do Código do Trabalho o art. 244.° corresponde, com modificações relevantes, ao art. 1.° do Decreto-Lei n.° 404/91. Com efeito, relativamente a esse preceito consagram-se algumas novidades. Em primeiro lugar, como já referimos, a epígrafe do art. 244.° fala em «objecto» em substituição da locução «comissão de serviço». Em segundo lugar, adita-se à referência «cargos de administração» a locução «ou equivalentes». Em terceiro lugar, retira-se à expressão cargos de «direcção directamente dependentes da administração» o termo «directamente». Por último, elimina-se o n.° 2 do art. 1.° do Decreto-Lei n.° 404/91.

Não obstante as alterações introduzidas, julgamos que o critério operacional para a qualificação do cargo enquanto «cargo de administração ou equivalente» ou de «direcção» continua a ser o mesmo que já resulta do art. 1.° do Decreto-Lei n.° 404/91, devendo ser concretizado casuisticamente, tendo em consideração o tipo de funções inerente ao cargo e a posição ocupada pelo respectivo titular na organização empresarial.

Neste contexto, o aditamento à expressão «cargos de administração» da locução «ou cargos equivalentes» mais não faz do que reforçar a ideia de estarmos perante conceitos indeterminados, e como tais abertos e dinâmicos, ficando a sua «densificação» dependente das novas técnicas de organização assumidas pelo tecido empresarial. Aliás, hipoteticamente os *administradores*, os *directores*, os *gerentes*, os *directores-gerais* podem desempenhar funções de natureza distinta; alguns deles podem ter uma quase total autonomia e responsabilidade e outros não, tudo dependendo das circunstâncias concretas e da organização específica de cada empresa. Para ser qualificado como «cargo de administração ou equivalente» ou como «cargo de direcção» o relevante é, pois, o tipo de funções exercido e o grau de autonomia e responsabilidade do seu titular, independentemente de qualquer «rótulo» do cargo em causa. Daí que, por exemplo, a estrutura e o montante da retribuição, a exigência de título académico, a presença de qualificações técnicas elevadas, a isenção de horário de trabalho sejam também pouco relevantes para a qualificação do cargo enquanto cargo de «administração» ou de «direcção». Trata-se, quanto muito, de meros indícios com importância diferente consoante o caso concreto. A introdução da expressão «cargos equivalentes» tem, pois, a vantagem de reforçar a ideia de que, não obstante a enumeração taxativa dos cargos susceptíveis de serem exercidos em comissão de serviço ao abrigo da 1.ª parte do art. 244.°, a sua concretização é feita casuisticamente, verificando-se se o cargo em causa comunga da valoração efectuada pelo legislador, ou seja, se o cargo exige uma especial relação de confiança e se o seu conteúdo funcional implica um elevado grau de autonomia e de responsabilidade.

Já a supressão do vocábulo «directamente» quanto aos «cargos de direcção dependentes da administração» e a eliminação do n.° 2 do art. 1.° do Decreto-Lei n.° 404/91 ampliam, parece-nos, a noção de trabalhador «dirigente», uma vez que se abandona a ideia de

254 *Estudos de Direito do Trabalho em Homenagem ao Prof. Manuel Alonso Olea*

2. Requisitos formais

Uma das especialidades do regime jurídico da comissão de serviço diz respeito, precisamente, à sua forma. Nos termos do art. 3.°, n.° 1, «o acordo relativo ao exercício de cargos em regime de comissão de serviço está sujeito a forma escrita, devendo ser assinado por ambas as partes».

O âmbito da forma e de certas formalidades varia, obviamente, consoante a modalidade de comissão de serviço, mas deverá sempre incluir o seguinte conteúdo mínimo legal:

– a identificação dos outorgantes;

– o cargo ou funções a desempenhar;

– a menção expressa do regime de comissão de serviço, ou seja, «a declaração expressa de que tais funções são exercidas em regime de co-

---

que este, para ser qualificado como tal, tem de ocupar o lugar de «cúpula» na organização empresarial e estender a sua acção aos objectivos gerais pretendidos pelo empregador.

O desaparecimento do n.° 2 do preceito é, então, de elogiar, não só porque, como referimos, a sua redacção é confusa e assente em critérios contraditórios, mas sobretudo porque a sua eliminação permite uma maior adaptação do conceito de trabalhador «administrador ou equivalente» e «dirigente» às novas formas de organização empresarial. Na verdade, cada vez mais as transformações económicas, técnicas, produtivas, fiscais, sociais, *etc.*, da sociedade actual exigem formas de organização empresarial bastante complexas – a actividade de direcção empresarial fragmenta-se, assim, por vários centros de poder e é exercida por diferentes trabalhadores; cada vez mais as funções desenvolvidas pelo trabalhador «administrador» e «dirigente» circunscrevem-se a sectores produtivos específicos ou áreas geográficas limitadas do complexo empresarial – o poder de gestão distribui-se por diferentes pessoas que não deixam, todavia, de exercer funções de direcção, justificativas de estarem sob a alçada do regime da comissão de serviço. De todo o modo, tendo em conta a dificuldade que o aplicador de Direito deparará na concretização destes conceitos, parecer-nos-ia razoável adicionar um número ao art. 244.° onde se clarificasse o critério operacional a considerar para efeitos de qualificação do cargo enquanto cargo de «administração ou equivalente» e de «direcção». Além disso, a apresentação de um critério operacional desse tipo no âmbito da comissão de serviço poderá trazer a vantagem adicional de indiciar ao aplicador de Direito que a categoria de trabalhador «dirigente» pode revestir um sentido mais amplo ou mais restrito consoante o normativo laboral em causa, obtendo-se, deste modo, uma sistematização mais coerente, uma maior interdependência lógica e uma efectiva harmonia entre os diferentes preceitos do Código. Pense-se, por exemplo, na referência aos «cargos de administração» e «cargos de direcção» para efeitos de isenção de horário de trabalho [art. 177.°, n.° 1, alínea *a)* e 256.°, n.° 4]; de duração do descanso semanal obrigatório (art. 207.°, n.° 3); de licenças sem retribuição [art. 354.°, n.° 3, alínea *e)*] de despedimento por inadaptação do trabalhador (art. 406.°, n.° 2); de oposição pelo empregador à reintegração do trabalhador, no caso de despedimento ilícito (art. 438.°, n.° 2); de alargamento do prazo de aviso prévio no caso de denúncia do contrato de trabalho pelo trabalhador (art. 447.°, n.° 2).

Principais aspectos do regime jurídico do trabalho exercido em comissão 255

missão de serviço, devendo constar ainda a categoria ou as funções que o trabalhador vinha exercendo ou, tratando-se de trabalhador 'externo', a categoria em que deverá considerar-se colocado na sequência da cessação da comissão de serviço, ou, se for o caso, a indicação (a cláusula) de que com a cessação da comissão se extingue o contrato de trabalho»[10].

A forma exigida assume-se como *ad substantiam* não podendo a falta de redução a escrito ser substituída, nos termos do art. 364.°, n.° 1, do Código Civil, por outro meio de prova ou por outro documento que não seja de força probatória superior[11]. De facto, no caso da comissão de serviço não estamos perante uma situação em que a exigência de documento escrito vise apenas a prova das declarações. Aqui a forma escrita tem em vista possibilitar uma maior reflexão das partes, uma formulação mais precisa e completa das declarações negociais e um maior elevado grau de certeza sobre os termos contratuais, afastando, consequentemente, o regime do n.° 2 do art. 364.° do Código Civil.

Quanto à inobservância da forma e formalidades legais impostas para o trabalho exercido em comissão de serviço, a lei só se pronuncia expressamente relativamente a um ponto concreto – falta de redução a escrito da menção de que o cargo ou funções a desempenhar são efectuados em comissão de serviço [art. 3.°, n.° 1, al. *b)*, e n.° 2]. Nesse caso, e de acordo com o n.° 2 do art. 3.°, «considera-se que o cargo ou as funções são exercidas com carácter permanente».

Assim, na falta de referência de que o cargo ou função é exercido em comissão de serviço permanece intacto o contrato de trabalho[12], ou seja, a comissão de serviço é nula por inobservância de forma, mas essa parte contratual não afecta a validade do negócio jurídico em causa, verificando-se a sua manutenção forçada, sem possibilidade de afastamento pela vontade hipotética das partes[13-14].

---

[10] JORGE LEITE, *ob. cit.*, p. 58.

[11] Neste sentido pronuncia-se o já referido Acórdão da Relação de Porto, de 29 de Novembro de 1999, considerando que a forma escrita constitui formalidade *ad substantiam* e, se não for observada, as funções consideram-se exercidas a título permanente (*CJ*, 1999, Ano XXIV, Tomo V, p. 248).

[12] Salvo se existir algum motivo de invalidade total do negócio jurídico.

[13] Esta hipótese subsume-se, pois, no âmbito do art. 14.°, n.° 2, da LCT e não no n.° 1 do mesmo art.. De acordo com o referido preceito, «as cláusulas do contrato de trabalho que importarem para o trabalhador regime menos favorável do que o estabelecido em preceitos imperativos consideram-se substituídos por estes». Note-se, todavia, que atendendo aos diversos tipos de preceitos imperativos que podem ser contrariados, nem sempre é imediata a questão de saber como se efectua a substituição prevista no art. 14.°, n.° 2, da LCT.

256 *Estudos de Direito do Trabalho em Homenagem ao Prof. Manuel Alonso Olea*

Apesar de se admitir ser esta a solução de princípio, tanto mais porque é aquela que melhor se coaduna com as razões da exigência formal da figura, compreende-se que se possa colocar a hipótese de saber se, no caso da submodalidade de comissão de serviço de trabalhador «externo» sem garantia de emprego, a nulidade da cláusula de exercício de funções em comissão de serviço poderá implicar a invalidade total do contrato de trabalho se se mostrar «que os contraentes ou alguns deles o não teriam concluído sem a parte viciada». Estaríamos, portanto, fora da hipótese prevista no art. 14.°, n.° 2, do Decreto-Lei n.° 49 408, de 24 de Novembro, de 1969 (LCT) para cairmos na regra do seu n.° 1, ou seja, no princípio geral da redução dos negócios jurídicos (cfr. também art. 292.° do Código Civil).

Pensamos, porém, que, no caso em análise, a questão da invalidade total do negócio é directamente impedida pela aplicação da norma imperativa (art. 3.°, n.° 2). Trata-se, nas palavras de MENEZES CORDEIRO, de uma *conversão legal* que, «ao contrário da negocial, não é possível a *exceptio hypotheticae voluntatis*, isto é, não se pode deter a aplicação das regras substitutivas mostrando que, quando as partes tivessem conhecimento destas, não iriam celebrar o negócio: a conversão legal opera inexoravelmente(...)»[15].

De facto, no caso de normas perceptivas a resolução do problema é praticamente imediata: a cláusula contratual é tida como não acordada, ficando essa parte sujeita ao regime imperativamente fixado. Contudo, no caso de normas proibitivas a solução nem sempre será tão simples. Sobre este problema, cfr. MÁRIO PINTO, PEDRO FURTADO MARTINS e A. NUNES DE CARVALHO, *Comentário às leis do trabalho*, vol. I, Lisboa, Lex, 1994, anotação ao art. 14.° da LCT, ponto II - 3., pp. 68-69.

[14] Questão diferente é a de saber se a nulidade da comissão de serviço por vício de forma, que acarreta a consequência de se considerar que os cargos ou as funções se exercem com carácter permanente, dado que não ficam sujeitos ao regime de comissão de serviço, deverá ser susceptível de ser invocada por qualquer uma das partes ou se, pelo contrário, tal faculdade deverá restringir-se à titularidade do trabalhador. A hipótese colocada é perfeitamente plausível, sobretudo na modalidade de comissão de serviço de trabalhador «interno». Pense-se, por exemplo, nos casos em que o trabalhador só aceitou o cargo de direcção com o intuito de o exercer apenas por um determinado período de tempo (porque não pretende desempenhar *ad eternum* funções de tanta responsabilidade, porque não pode dispor indefinidamente da isenção de horário de trabalho que o cargo, em regra, exige, *etc.*). Ora, uma solução possível poderia ser a da consagração de uma nulidade mista ou atípica, afastada, pois, do regime geral previsto no art. 286.° do Código Civil. Tratar-se-ia de uma invalidade que não poderia reconduzir-se ao modelos puro da nulidade e que se traduziria no facto de a invocação da nulidade pertencer apenas ao beneficiário do regime previsto na lei, ou seja, no caso em análise, ao trabalhador.

[15] *Manual...*, *cit.*, p. 648.

Ainda sobre a inobservância da forma e formalidades legais impostas para o trabalho exercido em comissão de serviço, em 1999, a Lei n.º 118/99, de 11 de Agosto, aditou o art. 8.º ao Decreto-Lei n.º 404/91, estabelecendo, entre outros aspectos, que constitui contra-ordenação grave «a falta de redução a escrito da menção referida na alínea *b)* do n.º 1 do art. 3.º, se o trabalhador for admitido para exercer o cargo ou função em regime de comissão de serviço, salvo se a entidade patronal reconhecer expressamente e por escrito que o cargo ou função é exercido com carácter permanente» [art. 8.º, n.º 1, al. *a)*]. Assim, se faltar a redução a escrito da menção de que o cargo ou funções a desempenhar são efectuadas em comissão de serviço, a consequência legal civil continua a ser a do n.º 2 do art. 3.º, isto é, «considera-se que o cargo ou as funções são exercidas com carácter permanente», sendo ainda tal omissão qualificada como contra-ordenação grave, punível com uma coima.

Esta contra-ordenação pode, porém, ser afastada pela entidade patronal, como se refere na parte final da al. *a)* do n.º 1 do art. 8.º, desde que esta última reconheça expressamente e por escrito que o cargo ou a função desempenhado pelo trabalhador é exercido com carácter permanente. Trata-se, parece-nos, de mais um reforço de garantia do legislador quanto à legítima utilização da figura da comissão de serviço por parte do empregador, desta vez, de natureza contra-ordenacional[16].

Importa, por último, salientar que o art. 8.º não se limitou a introduzir esta acumulação de regimes no caso da falta de redução a escrito da menção de que o cargo ou funções a desempenhar são efectuados em comissão de serviço. O legislador aproveitou e pronunciou-se expressamente, ainda que no âmbito contra-ordenacional, quanto à consequência da inobservância formal do restante conteúdo legal mínimo exigido no art. 3.º, n.º 1 e als *a)* e *c)* do mesmo número. Falta, todavia, determinar qual a consequência jurídico-civil da inobservância de tais elementos formais: redução a escrito do acordo de comissão de serviço; assinatura das partes; identificação dos outorgantes; referência à categoria ou funções exercidas

---

[16] Questão diferente é a de saber se será adequado tornar eficaz as consequências jurídico-civis por recurso a um regime contra-ordenacional... Na verdade, será a qualificação como contra-ordenação um meio eficaz e adequado para combater a dissimulação ilícita da comissão de serviço? É claro que a regularização por via judicial nem sempre se revela operante. Daí que se possa contrapor, em defesa da solução proposta, que ela representa o menor de dois males: entre nada fazer, deixando a solução entregue à iniciativa do trabalhador e à consequente intervenção dos tribunais, e a regularização por via do regime contra-ordenacional, escolheu-se esta última.

258 *Estudos de Direito do Trabalho em Homenagem ao Prof. Manuel Alonso Olea*

pelo trabalhador ou aquela que passará a exercer finda a comissão de serviço ou, ainda, à menção de que com a cessação da comissão de serviço termina a relação laboral.

Ora, no caso da não redução a escrito do acordo de comissão de serviço pensamos que a consequência jurídico-civil não poderá deixar de ser a mesma do que a falta de menção de que as funções são exercidas em comissão de serviço, ou seja, «considera-se que o cargo ou as funções são exercidas com carácter permanente». De facto, a necessidade de controle da legitimidade do recurso da comissão de serviço explica a razão da exigência formal da figura e da severidade do regime perante a sua inobservância.

O n.º 2 do art. 3.º deve, portanto, ser objecto de uma interpretação extensiva[17], incluindo também no seu âmbito de aplicação a falta de redução a escrito do acordo relativo ao exercício de cargos em regime de comissão de serviço.

Refira-se, todavia, que a intenção do empregador em contratar em comissão de serviço estará mais salvaguardada na modalidade de trabalhador «externo» do que na modalidade de trabalhador «interno». É que no primeiro caso o empregador pode ainda durante um tempo relativamente alargado fazer cessar as funções sem aviso prévio e sem necessidade de justa causa[18], não havendo direito a qualquer indemnização, invocando, para tal, o período experimental[19].

Quanto à falta de assinatura de cada uma das partes ou por outrem a seu rogo[20], parece-nos que a consequência jurídica deve ser a mesma que

---

[17] Como refere BAPTISTA MACHADO «se a lei explicitamente contempla certas situações, para que estabelece dado regime, há-de forçosamente pretender abranger também outra ou outras que, com mais fortes motivos exigem ou justificam aquele regime» (*ob. cit.*, p. 186).

[18] Obtendo, portanto, um dos efeitos prático-jurídicos mais pretendidos com a figura da comissão de serviço que é o da sua denúncia livre.

[19] Nos termos do art. 55.º, n.º 2, al. *b)*, do Decreto-Lei n.º 64-A/89, de 27 de Fevereiro (na redacção introduzida pelo Decreto-Lei n.º 403/91, de 16 de Outubro), o período experimental é de «180 dias para os trabalhadores que exerçam cargos de complexidade técnica, elevado grau de responsabilidade ou funções de confiança» e, de acordo com a al. *c)* do mesmo art., de «240 dias para pessoal de direcção e quadros superiores».

[20] A nossa lei admite, pois, a assinatura a rogo, quer dizer, aquela que é feita por alguém a pedido do autor do documento (não por mandatário, pois este seria o próprio autor do documento) «se o rogante não souber ou não puder assinar» (art. 373.º, n.º 1, do Código Civil), exigindo-se ainda que o rogo seja dado ou confirmado perante notário, depois de lido o documento ao rogante (art. 373.º, n.º 4).

Principais aspectos do regime jurídico do trabalho exercido em comissão 259

para a falta de redução a escrito do acordo de trabalho em comissão de serviço. Na verdade, a falta de assinatura das partes ou da assinatura a rogo equivale à falta de redução a escrito do acordo de exercício de funções em regime de comissão de serviço. Esclarecendo melhor: só há acordo escrito se as partes manifestarem no documento a sua aceitação mediante a aposição das assinaturas ou a assinatura a rogo.

A mesma conclusão deve ser retirada quanto à falta de identificação dos outorgantes, salvo se tal omissão ficar suprida em virtude do acordo de exercício de funções em comissão de serviço ser reduzido a escrito e assinado por ambas as partes. Neste caso, obviamente, a assinatura das partes identifica-as e, consequentemente, a formalidade fica cumprida.

Já quanto à inobservância da referência à categoria ou funções exercidas pelo trabalhador «interno» ou no caso de trabalhador «externo» à categoria em que se deverá considerar colocado finda a comissão de serviço ou, ainda, à menção de que com a cessação da comissão de serviço termina a relação laboral, pensamos que a solução deve ser diferente consoante a modalidade da comissão de serviço em causa.

Assim, quanto à modalidade da comissão de serviço de trabalhador «interno», a falta de referência à categoria ou funções exercidas anteriormente pelo trabalhador [art. 3.º, n.º 1, al. *c)*, 1.ª parte], parece-nos revestir a natureza de uma mera irregularidade não essencial à forma do acordo de comissão de serviço.

Na verdade, a exigência de forma abrange os elementos essenciais da declaração. Não pode, assim, remeter-se elementos essenciais da declaração para uma estipulação verbal, pois tal seria contrário à finalidade da forma. Contudo, no caso do trabalhador «interno», a falta de referência ao cargo ou funções a desempenhar pelo trabalhador finda a comissão de serviço não parece revestir a natureza de elemento essencial da forma da declaração constitutiva da comissão de serviço. Como refere MENEZES CORDEIRO, «a *forma legal* opera, apenas perante o *cerne negocial*(...)»[21]. Daí

Não é, obviamente, «indispensável que o texto ou a data sejam redigidos pelo signatário, podendo ser redigidos por outrem, até pela parte contrária(...): aquela exigência dificultaria a documentação, além de que o que importa, para a declaração de vontade, é a subscrição, pela qual o subscritor faz seu o texto. [...] A data (indicação do lugar e do dia em que o documento é celebrado) não parece dever ser havida, em princípio, como requisito essencial dos documentos particulares(...)» [VAZ SERRA, «Requisitos da Forma Escrita», *BMJ*, n.º 86 (1959), p. 210].

[21] *Tratado de Direito Civil Português – I Parte Geral*, Tomo I, Coimbra, Almedina 1999, p. 385.

que nem todo o conteúdo do acordo de comissão de serviço esteja condicionado na sua validade pela observância da forma legal[22]. Assim, no caso do trabalhador «interno» julgamos que a falta de referência ao cargo ou função a desempenhar finda a comissão de serviço não faz parte do «núcleo contratual fundamental», pelo que a sua inobservância não afecta a validade do acordo de comissão de serviço[23]. Além disso, a própria lei prevê o regime jurídico a aplicar na falta de referência a tal elemento. Nesta hipótese, a cessação da comissão de serviço implica o regresso do trabalhador «às funções correspondentes à categoria que antes detinha ou às funções que vinha exercendo quando estas confiram direito a categoria ou nível remuneratório previsto em convenção colectiva de trabalho aplicável, ou ainda à que entretanto tenha sido promovido» [art. 4.º, n.º 3, al. *a)*, 1.ª parte][24].

De todo o modo, no âmbito contra-ordenacional, a falta da referência deste elemento implica, desde 1999, a sua qualificação como contra-ordenação leve, podendo dizer-se que a 1.ª parte da al. *c)* do n.º 1 do art. 3.º reveste a natureza de norma *minus quam perfectae*.

No caso da modalidade de comissão de serviço de trabalhador «externo», parece-nos que a falta de referência à categoria em que se deverá considerar colocado o trabalhador finda a comissão de serviço ou a falta

---

[22] Já em 1959 RUI DE ALARCÃO escrevia, «no que toca ao âmbito ou limites de aplicabilidade da forma legal, é geralmente aceite a *regra* de que a exigência da forma abrange *todo o conteúdo do respectivo negócio jurídico*, por maneira que, ao constituir-se um dado negócio, todo o seu conteúdo, tanto as suas estipulações ou cláusulas essenciais como as acessórias, típicas ou atípicas, deve ser revestido da formalidade (documento) reclamada pela lei (…)(…). A regra indicada é certamente de aplaudir, mas não sem qualquer reserva». Assim, «não se consideram sujeitas à forma legalmente exigida as cláusulas ou estipulações *acessórias (não essenciais) – anteriores ou contemporâneas* da formação do documento […] – quando as circunstâncias objectivas do caso as tornem *verosímeis*, e desde que não sejam abrangidas pela razão de ser da exigência da forma. Mas isto só quando se trate de cláusulas *complementares* ou *adicionais*, isto é, de estipulações que não contradigam o documento (*contra scripturam*), mas apenas o completem ou adicionem (*praeter scripturam*)» [«Forma dos Negócios Jurídicos», *BMJ*, n.º 86 (1959), pp. 187 a 188].

[23] De facto, «para a interpretação do negócio, pode recorrer-se a circunstâncias exteriores ao documento: preciso é apenas que no documento possa o conteúdo indispensável da vontade ser descoberto(…), isto é, que nele tenha esse conteúdo uma tradução, ainda que incompleta(…)» (VAZ SERRA, *ob. cit.*, p. 209).

[24] Importante também para a aplicabilidade deste regime é o previsto no art. 5.º do Decreto-Lei n.º 404/91, segundo o qual «o tempo de serviço prestado em regime de comissão de serviço conta, para todos os efeitos, como se tivesse sido prestado na categoria de que o trabalhador é titular».

Principais aspectos do regime jurídico do trabalho exercido em comissão   261

de referência à menção de que com a cessação da comissão de serviço termina a relação laboral implica a consequência prevista no n.° 2 do art. 3.°, ou seja, as funções em comissão devem considerar-se exercidas com carácter permanente[25].

Na verdade, em ambas as submodalidades de comissão de serviço de trabalhador «externo», as referências em causa parecem-nos revestir a natureza de elementos formais essenciais ao acordo de comissão de serviço e não de meras estipulações acessórias susceptíveis de serem preenchidas por via da interpretação negocial ou por qualquer outro meio de prova. Relativamente a esses elementos a imposição da sua redução a escrito comunga da mesma valoração da exigência da forma – possibilitar uma maior reflexão das partes, uma formulação mais precisa e completa das declarações negociais e um maior elevado grau de certeza sobre os termos contratuais –, fazendo parte, portanto, do núcleo contratual fundamental. A forma do acordo de comissão de serviço abrange, pois, tudo o que diz respeito aos seus elementos essenciais[26].

---

[25] O texto do art. 3.°, n.° 2, deveria ter, então, a seguinte redacção: «na falta de redução a escrito do acordo relativo ao exercício de cargos em regime de comissão de serviço, assinatura das partes, identificação dos outorgantes ou da menção referida na alínea *b)* e na 2.ª parte da alínea *c)* do número anterior, considera-se que o cargo ou as funções são exercidos com carácter permanente».

[26] No âmbito do Código do Trabalho o art. 245.° corresponde, com algumas alterações, ao art. 3.° do Decreto-Lei n.° 404/91. Assim, em primeiro lugar, a epígrafe do art. 245.° fala em «formalidades» em substituição da expressão «redução a escrito». Em segundo lugar, verificam-se modificações na redacção do preceito, utilizando-se uma linguagem mais rigorosa do ponto de vista técnico-jurídico, com a vista a clarificar algumas dúvidas relativamente ao regime do Decreto-Lei n.° 404/91 e a obter uma melhor articulação com outros preceitos do Código. Por outro lado, refira-se que o art. 103.°, n.° 1, al. *e)*, do Código sujeita o contrato de trabalho em comissão de serviço a forma escrita, devendo nela constar a identificação e respectiva assinatura das partes (art. 103.°, n.° 2).

Quanto à substituição da expressão «redução a escrito» por «formalidades» operada na epígrafe do art. 245.° é inteiramente de apoiar. Na verdade, a nova epígrafe clarifica ao aplicador de Direito que nem todas as exigências formais fazem parte da «forma legal». «Forma» e «formalidades» são, pois, duas realidades diferentes, como tem sido apontado pela civilística, com consequências distintas perante a sua inobservância.

Já quanto às consequências da inobservância de certas formalidades previstas no n.° 2 do preceito fica claro que o âmbito de aplicação dessa norma não abrange a preterição das formalidades consagradas na 2.ª parte da al. *c)* do n.° 1, diferentemente ao que defendemos *supra* face ao regime actual. Como referimos, quanto à comissão de serviço de trabalhador «externo», as referências que finda a comissão de serviço cessa o contrato de trabalho ou que o trabalhador passará a desempenhar a actividade correspondente à categoria constante do acordo parecem-nos, no quadro do Decreto-Lei n.° 404/91, revestir a natureza

III – Extinção da comissão de serviço laboral

A principal especificidade do regime jurídico da comissão de serviço manifesta-se, na verdade, no que respeita à sua extinção.

A esse propósito, o art. 4.º, n.º 1, do Decreto-Lei n.º 404/91 estabelece que «a todo o tempo pode qualquer das partes fazer cessar a prestação de trabalho em regime de comissão de serviço», devendo cumprir um prazo de aviso prévio de «30 ou 60 dias, consoante a prestação de trabalho em regime de comissão de serviço tenha tido uma duração até dois anos ou mais de dois anos» (art. 4.º, n.º 2).

---

de elementos formais essenciais ao acordo de comissão de serviço e não de meras estipulações acessórias susceptíveis de serem preenchidas por via da interpretação negocial ou por qualquer outro meio de prova. Assim, defendemos que a ausência de referência a estes elementos na forma escrita do acordo de comissão de serviço deverá levar à mesma consequência da falta de acordo escrito ou da ausência de menção de que os cargos ou funções são exercidos em comissão de serviço.

Todavia, sempre admitimos que o âmbito de aplicação do n.º 2 do art. 3.º seria correcto se se entendesse que, relativamente a trabalhadores «externos», a cessação da comissão de serviço implicaria automaticamente a extinção do contrato de trabalho, salvo se os contraentes acordassem em sentido diverso, estabelecendo a actividade que o trabalhador deveria exercer aquando da cessação da comissão de serviço. Neste caso, a ausência de referência a tais elementos na forma escrita do acordo para o exercício de cargos ou funções em regime de comissão de serviço não implicaria, naturalmente, a consequência prevista no n.º 2 do preceito. Contudo, esta interpretação coaduna-se mal com a redacção da 2.ª parte da al. *a)* do n.º 3 do art. 4.º do Decreto-Lei n.º 404/91, preceito correspondente ao art. 247.º, n.º 1, al. *a),* 2.ª parte, do Código do Trabalho. Na verdade, do referido art. 4.º retira-se a ideia de que, no caso de trabalhador contratado para o efeito, a cessação da comissão de serviço só levará à extinção do contrato de trabalho se tal consequência tiver sido convencionada pelas partes [em termos escritos, parece-nos] no acordo de comissão de serviço; caso tal não tenha sucedido, o trabalhador terá direito a exercer a actividade correspondente à categoria constante do acordo.

Ora, uma vez que a actual redacção do art. 247.º, n.º 1, al. *a),* 2.ª parte, do Código do Trabalho torna claro que, relativamente a trabalhadores «externos», a cessação da comissão de serviço implica automaticamente a extinção do contrato de trabalho, salvo se os contraentes acordarem em sentido diverso, estabelecendo a actividade que o trabalhador exercerá aquando da cessação da comissão de serviço, pensamos que a omissão de tais formalidades no acordo escrito não implica, evidentemente, a consequência do n.º 2 do art. 245.º. Assim, perante a falta de referência a tais elementos resulta automaticamente do regime jurídico previsto no Código do Trabalho que a submodalidade de comissão de serviço de trabalhador «externo» em causa é a da sem garantia de emprego, ou seja, aquela em que a cessação da comissão de serviço implica de imediato a extinção do contrato de trabalho a que anda associada, aspecto completamente oposto ao que resulta do regime actual plasmado no Decreto-Lei n.º 404/91.

Principais aspectos do regime jurídico do trabalho exercido em comissão   263

O acto extintivo da comissão de serviço traduz-se, assim, em primeiro lugar, numa declaração de vontade receptícia, sujeita à exigência de um pré-aviso, extrajudicial, não carecendo de aceitação da contraparte[27-28].

Por outro lado, o legislador não exige qualquer motivação para a ocorrência do acto extintivo da comissão de serviço. Evidentemente que, em princípio, do ponto de vista naturalístico, há sempre uma motivação para fazer cessar a comissão de serviço. Simplesmente, do ponto de vista jurídico, essa motivação não é exigida como requisito de validade da cessação da comissão de serviço, nem é, consequentemente, em princípio, objecto de qualquer controle judicial *a posteriori* (sob pena, aliás, de incoerência da figura).

Cremos, todavia, que se o trabalhador provar que o acto extintivo da comissão de serviço por iniciativa do empregador assentou em razões discriminatórias, por exemplo, por motivos de sexo, raça, religião, o tribunal deve declarar a invalidade da cessação da comissão de serviço por violação de preceitos constitucionais[29], preceitos que são inspirados por valores que se sobrepõem, obviamente, àqueles que perpassam o Decreto-Lei n.° 404/91.

Quanto aos efeitos resultantes da extinção da comissão de serviço, importa diferenciar a modalidade da figura em causa e se tal extinção ocorreu por iniciativa do trabalhador ou do empregador.

---

[27] Ainda que a falta de aceitação da contraparte possa não ser inteiramente irrelevante. Veja-se o caso em que, cessando a comissão de serviço com garantia de emprego por iniciativa do empregador, o trabalhador passa a ser titular do direito de rescindir o contrato de trabalho nos 30 dias subsequentes à comunicação dessa decisão, com direito a uma indemnização nos termos da al. *c)* do n.° 3 do art. 4.°.

[28] No âmbito do Código de Trabalho são dois os aspectos positivos a salientar relativamente ao regime actual: em primeiro lugar, o legislador opta por tratar separadamente o modo como ocorre a cessação da comissão de serviço, previsto no art. 246.°, dos principais efeitos decorrentes dessa cessação, regulados no artigo seguinte, o que tecnicamente se revela mais adequado; em segundo lugar, o legislador passa a exigir a forma escrita para a exteriorização da declaração de vontade que visa pôr fim à comissão de serviço, medida que também nos parece de elogiar e que clarifica as dúvidas existentes actualmente.

Relativamente ao regime previsto no Código do Trabalho a dúvida que levantamos é a de saber se não deveria o legislador pronunciar-se expressamente sobre a consequência do incumprimento total ou parcial do aviso prévio. Admitimos que o problema merece uma maior reflexão e que a não previsão de qualquer consequência perante a inobservância do aviso prévio pode ser intencional, considerando o legislador que a indemnização em causa deve ser apurada de acordo com os danos efectivamente sofridos e não em função de qualquer critério previamente fixado. De todo o modo, dado que nem sempre é fácil a prova da existência de danos, poder-se-ia fixar um critério mínimo de indemnização, de valor igual à retribuição base (e diuturnidades) correspondente ao período de antecedência em falta.

[29] Cfr. art. 13.° da Constituição da República Portuguesa.

264 *Estudos de Direito do Trabalho em Homenagem ao Prof. Manuel Alonso Olea*

No caso da modalidade de comissão de serviço de trabalhador «interno», a sua cessação por iniciativa do trabalhador implica o regresso deste último «às funções correspondentes à categoria que antes detinha ou às funções que vinha exercendo quando estas confiram direito a categoria ou nível remuneratório previsto em convenção colectiva de trabalho aplicável, ou ainda à que entretanto tenha sido promovido» [art. 4.°, n.° 3, al. *a)*], contando-se o tempo de trabalho exercido em comissão de serviço, para todos os efeitos, «como se tivesse sido prestado na categoria de que o trabalhador é titular» (art. 5.°).

Se a cessação desta modalidade de comissão de serviço ocorrer por iniciativa do empregador, além da consequência referida anteriormente – regresso do trabalhador às funções que desempenhava antes do exercício do cargo em comissão de serviço – a lei considera que o acto extintivo é facto constitutivo do direito de o trabalhador rescindir o seu contrato de trabalho, caso em que lhe é devida uma indemnização nos termos da al. *c)* do n.° 3 do art. 4.°.

Trata-se de um caso especial de rescisão com justa causa por iniciativa do trabalhador, que se afasta em alguns aspectos do regime geral previsto nos art.s 34.° e ss. do Decreto-Lei n.° 64-A/89, de 27 de Fevereiro (LDesp.).

É certo que também nesta hipótese parece-nos ser de exigir a forma escrita da rescisão, à semelhança do preceituado no art. 34.°, n.° 2, 1.ª parte, da LDesp.. A norma aplica-se por remissão legal do art. 6.° do Decreto-Lei n.° 404/91.

Todavia, pensamos que não é necessário descrever os factos motivadores da rescisão do trabalhador, salvo a referência que a cessação do contrato de trabalho ocorre por consequência da extinção da comissão de serviço por iniciativa do empregador. Além disso, o prazo que o trabalhador tem para rescindir o contrato de trabalho é de 30 dias contados a partir do momento em que lhe é comunicada a decisão do empregador de pôr termo à comissão de serviço [art. 4.°, n.° 3, al. *b)*], afastando-se os 15 dias referidos no art. 34.°, n.° 2, parte final, da LDesp.. De facto, o art. 6.° manda aplicar o regime laboral geral, adaptando-o, porém, às disposições especiais previstas no Decreto-Lei n.° 404/91.

Por outro lado, o montante da indemnização pode ser mais elevado do que o previsto na lei, quer por força da contratação colectiva, quer por estipulação no contrato individual de trabalho. É o que resulta do n.° 4 do art. 4.° que prevê a possibilidade de «aplicação de regimes mais favoráveis constantes de convenções colectivas de trabalho ou de contrato individual de trabalho». Ora, no regime geral os valores e critérios de definição de indemnizações só podem ser alterados por instrumentos de regulamentação colectiva de natureza convencional, nos termos do art. 59.°, n.° 1, da LDesp.[30].

No caso da modalidade de comissão de serviço de trabalhador «externo» com garantia de emprego, a sua cessação por iniciativa do trabalhador implica a colocação deste último na categoria previamente estipulada no acordo de comissão de serviço [art. 4.°, n.° 3, al. *a)*], contando-se o tempo de trabalho exercido em comissão de serviço, para todos os efeitos, «como se tivesse sido prestado na categoria de que o trabalhador é titular» (art. 5.°).

Se a cessação desta submodalidade de comissão de serviço ocorrer por iniciativa do empregador, além da consequência referida anteriormente – colocação do trabalhador na categoria previamente acordada –pensamos que o trabalhador também será titular do direito de rescindir o contrato de trabalho nos 30 dias seguintes à comunicação da decisão do empregador, nos termos do art. 4.°, n.° 3, al. *b)*. De facto, contrariamente ao que ocorre na al. *a)* do n.° 3 do art. 4.°, o legislador não diferencia na al. *b)* o regime consoante a modalidade de comissão de serviço em causa. Ora, onde o legislador não distingue, não deve o intérprete distinguir. Por outro lado, os interesses que o legislador visa tutelar parecem-me também verificar-se na submodalidade de comissão de serviço de trabalhador «externo» com garantia de emprego.

No caso da modalidade de comissão de serviço de trabalhador «externo» sem garantia de emprego, a extinção da comissão de serviço implica o *terminus* da própria relação laboral.

Se essa extinção ocorrer por iniciativa do empregador haverá lugar a uma indemnização nos termos da al. *c)* do n.° 3 do art. 4.°.

Se a extinção for da iniciativa do trabalhador, defendemos, com algumas dúvidas, que não terá direito a qualquer indemnização. Na verdade, esta indemnização («compensação») resulta da perda de emprego como efeito da cessação da comissão de serviço. Ora, se essa perda de emprego deriva da própria vontade do trabalhador parece-nos que deixa de existir a razão de ser lei, devendo terminar consequentemente o seu alcance (*cessante ratione legis cessat ius dispositio*)[31].

---

[30] No âmbito do Código do Trabalho as consequências da cessação da comissão de serviço de trabalhador «interno» são substancialmente idênticas às que resultam do regime actual.

[31] No âmbito do Código do Trabalho as consequências da cessação da comissão de serviço de trabalhador «externo» são, na generalidade, idênticas às que resultam do regime actual.

O ABSENTISMO ANTES E DEPOIS DO CÓDIGO DO TRABALHO: [1]
o reforço de armas na luta do empregador contra as ausências ao trabalho

ISABEL RIBEIRO PARREIRA

I. APRESENTAÇÃO DO TEMA

1. O fenómeno estatístico, político e social

Nos últimos dados divulgados e recolhidos até 2000 em empresas com mais de cem trabalhadores, a taxa de ausência ao trabalho, considerando o

---

[1] Código do Trabalho ou, abreviadamente, Código (Lei 99/2003, 27/8). O nosso estudo analisa o tratamento jurídico do absentismo em termos dinâmicos, ponderando a legislação em vigor antes do Código e as previsões deste. Por essa razão, optou-se por enquadrar o tema sempre numa primeira abordagem ainda à luz daquela legislação (DL 874/76, 28/12, LFFF; DL 49408, 27/11/69, LCT; DL 64-A/89, 27/2, LCCT; DL 398/83, 2/11, LSCT; DL 409/71, 27/9, LDT), procedendo depois, no final de cada divisão, a referências e notas críticas a propósito das alterações detectadas no tratamento do assunto pelo novo diploma. Em termos gerais nesta matéria, pensamos que o Código introduziu dois tipos de alterações: reais e aparentes. Estas últimas não representam verdadeiras modificações mas decorrem dos esclarecimentos de várias dúvidas nascidas da interpretação da lei anterior e da redução texto legal de algumas posições doutrinárias e jurisprudenciais. As alterações reais parecem obedecer a uma política legislativa de reforço do combate o absentismo e luta contra as ausências fraudulentas, promovendo o respeito pelo dever de assiduidade no alcance de objectivos nobres como de maior produtividade nacional. Porém, nos preceitos criados *ex novo* (*maxime*, arts. 213.º/3/4 e 229.º/3-5), o Código ousou sobremaneira a ponto de prosseguir efectivamente aquelas finalidades no risco, certamente consciente, de verdadeiramente inovar, não só perante o enquadramento nacional e internacional, como à revelia de uma interpretação para todos conforme à Constituição, aos ditames comunitários e à própria sistemática do diploma. Admitimos que o objectivo prosseguido é urgente e justifica alguns meios mais *esforçados*, mas talvez não permita a utilização de todas as vias, sobretudo quando estas afectam direitos fundamentais. Aguardemos a resposta do tempo na sua aplicação.

potencial máximo anual de presenças, cresceu desde 1996, atingindo 8,5% em 2000.[2] Deste valor, 89% é imputável ao absentismo, que abrange apenas razões respeitantes aos trabalhadores[3] e cuja taxa também cresceu de 7,3% em 96 a 98, para 7,6% em 99 e 2000, sendo um terço remunerado[4] e ocorrendo mais em maiores empresas na indústria transformadora e menos nas actividades financeiras.[5]

Estes valores demonstram que o absentismo constitui um problema consequente em áreas fundamentais para o futuro do país e com perspectivas pouco animadoras, assumindo por isso uma preocupação constante a nível político, económico e social.[6] Contra o fenómeno, o governo releva a diminuição da produtividade e os efeitos negativos na economia nacional,[7] e as empresas acusam as repercussões desastrosas nas suas organização, gestão e

---

[2] Estudo realizado pelo DEPP em 3/03 (cfr. site MSST). O potencial referido parte do número de horas de laboração da empresa atento apenas o período normal de trabalho em dias úteis. Valores anuais: 96-6,2%; 97-8,4%; 98-7,5%; 99-8,7%; 2000-8,5%.

[3] Doença não profissional (47,7%), acidente de trabalho (6,5%), maternidade/paternidade (6,6%), assistência inadiável a familiares (2,1%), doença profissional (0,3%), suspensão disciplinar (0,1%) e outras causas (35,7%). Outras razões de inactividade temporária são: formação (57%), descanso complementar (34%), redução legal da actividade, desemprego interno, greves e paralisações. O peso do absentismo cresceu desde 96: 87,3%; 97-87%; 98-86,5%; 99-87,9%; 2000-89%.

[4] No total de absentismo, o remunerado foi em 96, 31,7%; em 97, 32,6%; em 98, 32,1%; em 99, 33,4%; e em 2000, 31,7%.

[5] As indústrias extractivas, a construção civil, as obras públicas e a pesca, acusam os acidentes de trabalho. No sector da electricidade, gás e água, destacam-se as doenças profissionais; nas actividades financeiras, a maternidade/paternidade (nesta, a formação profissional quanto à inactividade temporária), e nas indústrias extractivas, as greves e paralisações.

[6] Valores relevantes apesar das limitações do estudo em referência: um universo de empresas apenas com mais de cem trabalhadores, e uma base de consulta em 2000 com muito pouca adesão por parte destas (o Balanço Social). "O tema das faltas é ainda importante por constituir, também ele, um polo de confluência conflituante entre a política económica e a política social, exigindo aquela, não raras vezes, um apertado combate ao absentismo e reclamando esta, inversamente, a irrelevância das faltas na situação jurídica do trabalhador ou, pelo menos, a sua irrelevância quando à subsistência da relação de trabalho" (JORGE LEITE, *As faltas ao trabalho no Direito do Trabalho português*, RDE, IV (1978), 2, 417-443, 417-418). JÚLIO GOMES, *Algumas reflexões sobre as faltas justificadas por doença (não profissional) do trabalhador, Estudos em Homenagem ao Prof. Doutor Raul Ventura*, vol. II, Almedina Ed., Coimbra, 2003, 717-749, 717, adianta que o tema "força, em cada ordenamento, a uma delicada ponderação de interesses".

[7] "O problema do absentismo extravasa [...] o âmbito estreito dos círculos particulares em presença: trata-se de uma questão de interesse público que tem levado os Estados da actualidade a tomar múltiplas medidas para o enfrentar", MENEZES CORDEIRO, *Manual de Direito do Trabalho*, Almedina Ed., Coimbra, 1991, 834.

O Absentismo antes e depois do Código do Trabalho

269

funcionamento corrente, mas os trabalhadores sustentam-no como inevitável e neutro na manutenção do vínculo laboral, atentas as imposições da sua vida privada protegidas na lei e na Constituição.[8]

2. O absentismo como uma ausência respeitante ao trabalhador

O termo "absentismo" não encontra um conteúdo definido nos textos jurídico-laborais mas a perspectiva pejorativa com que tem sido referenciado,[9] legitima a afirmação do reporte genérico a uma situação de ausência do trabalhador ao serviço por razões só àquele atinentes, ilegítima porque sem motivos atendíveis. Nessa medida, estará em causa a conjugação dos dois regimes laborais que partem desse pressuposto fáctico da ausência física ao trabalho e que reprimem essa ilicitude: as faltas, injustificadas e justificadas com motivo falso, e a fraudulenta suspensão do contrato por motivos respeitantes ao trabalhador.

Assim, neste momento, poder-se-á afirmar que absentismo significa a ilegítima ausência do trabalhador ao serviço, abrangendo as faltas ao trabalho e as suspensões do contrato de trabalho. Descortinar em que casos estaremos frente a um ou outro regime, com distintos efeitos e medidas de actuação por parte do empregador, depende da análise em concreto e de forma mais desenvolvida de cada uma das figuras, o que segue.

---

[8] Protecção da vida privada que constitui um aspecto particular do regime laboral, pois, como refere PALMA RAMALHO, *Da Autonomia Dogmática do Direito do Trabalho*, Almedina Ed., Coimbra, 2002, 776, as justificações legais das faltas representam uma manifesta tutela dos interesses pessoais do trabalhador e uma quebra do sinalagma contratual em seu benefício e prejuízo do empregador, demonstrando a aptidão explicativa da pessoalidade na configuração da singularidade do contrato de trabalho.

[9] Pelas doutrina e jurisprudência (Ac. STJ 11/1/85, site STJ) e pelo próprio legislador, vg., da LFFF que, no preâmbulo, reitera os "propósitos já afirmados repetidamente pelo Governo de estímulo à produção e combate ao absentismo".

II. DEFINIÇÃO DE ABSENTISMO

3. As faltas praticadas pelo trabalhador

3.1. A noção de falta

Nos termos do art. 22.°/1 LFFF,[10] falta é a "ausência do trabalhador durante o período normal de trabalho a que está obrigado", isto é, uma ausência física do trabalhador ao local de trabalho, durante todo o período normal de trabalho diário, por motivos respeitantes ao trabalhador.[11] Relevando os requisitos desta noção, que se mantém, salientamos os quatro aspectos aí referidos.

A falta corresponde a uma ausência apenas física, não abrangendo puras violações dos deveres de zelo, diligência e obediência, como acontece, vg., quando o trabalhador está presente mas se distrai ou não trabalha, ou quando recusa a execução de uma tarefa ou a executa mal.[12]

Por outro lado, essa ausência pressupõe um comportamento devido porque em lógica só se pode ausentar quem deveria estar presente. Importa, pois, aferir os respectivos enquadramentos temporal (período normal de trabalho, PNT) e geográfico (local de trabalho) para se concluir pela sua inobservação, essencial ao conceito de falta.

Falta significa, pois, uma ausência ao local de trabalho definido previamente no contrato, inicial e posteriormente na sequência de cada alteração, ou concretizado em dado momento através de ordens lícitas, quer dentro do mesmo âmbito geográfico e no exercício normal do poder de direcção, quer fora dessa moldura espacial na concretização de um *ius variandi*. Assim, ficam afastadas da noção de falta situações de aparente ausência ao local habitual, mas presença no local ainda assim devido, ou de respeito por este mas não comparência no posto de trabalho.[13]

---

[10] As seguintes citações de artigos sem referência ao diploma legal, devem entender-se integrantes da LFFF.

[11] JORGE LEITE, cit., 419, distingue elemento material (ausência) e normativo (período normal de trabalho). Já antes da LCT e do DL 47 032, MONTEIRO FERNANDES, *Alguns aspectos do regime das faltas ao trabalho*, ESC, XVII (1968), n.° 28, 17-44, apresentava o primeiro como o único essencial à noção de falta.

[12] No confronto com outros deveres laborais surge a necessidade de conferir a ocorrência de uma verdadeira ausência física e não apenas "mental": ainda que o trabalhador esteja "ausente" porque está a pensar noutros assuntos ou a executar tarefas pessoais, existe apenas um cumprimento defeituoso da prestação devida de trabalho.

[13] Pode acontecer que o trabalhador seja transferido legalmente para outro local e nesse

O Absentismo antes e depois do Código do Trabalho

No respeitante ao PNT, correspondendo este ao número de horas a que o trabalhador se obrigou a trabalhar, por dia ou semana, é ainda necessário determinar para aferir a prática de uma falta: quando começa, termina e se interrompe e como se distribui na semana e anualmente; e se foram acordadas situações especiais de não aplicação de limites máximos – sob pena de constituir aparente falta o cumprimento de um PNT invulgar[14] ou apenas do trabalho suplementar e não do trabalho normal.[15] Delimitando esta moldura temporal, detectamos uma duração legal mínima de falta e máxima de algumas faltas justificadas.

Quanto à primeira, a técnica legal da soma das ausências inferiores ao PNT não permite concluir pela inexistência de uma duração mínima da ausência para efeitos de marcação de uma falta, justificada ou injustificada.

---

caso a ausência no seu local habitual é apenas aparente e não representa uma falta mas o cumprimento de um dever referente a uma ordem legítima de deslocação. Ou pode tratar-se de um trabalhador que desenvolve actividades geograficamente delimitadas pela natureza da prestação, como o que se obriga a visitar clientes onde quer que estes se encontrem em concreto. Do mesmo modo, se o trabalhador passa o dia a conversar com os colegas na cantina da empresa que integra as instalações desta, dificilmente estará em falta, porque o seu local de trabalho abrange em princípio essas instalações, apenas cumprindo defeituosamente o contrato porque não está no seu posto de trabalho. Pressupondo o local de trabalho concreto de um motorista, cfr. Ac. RL 17/1/83, CJ VII, 1, 172. Cfr. Também ANTUNES E GUERRA, *Despedimentos e outras formas de cessação do contrato de trabalho*, Almedina, Coimbra, 1984, 103.

[14] Sobre o PNT, art. 45.º LCT e 158.º do Código. Pode um trabalhador, vg., a tempo parcial ou em regime de adaptabilidade de horários, não estar a cometer uma falta apesar de não comparecer um certo dia, porque nesse dia não era obrigado a fazê-lo.

[15] Um trabalhador que não compareça no local definido por uma ordem lícita de prestação de trabalho suplementar, não falta esse dia se cumpriu o seu PNT diário, mas ausenta-se parcialmente durante as horas suplementares, o que pode ser somado para efeitos dos arts. 22.º/2 e 27.º/4. Assim, a não comparência ao trabalho suplementar traduz a violação do dever de assiduidade e não apenas a não obediência a uma ordem, apesar de ter sido cumprido o PNT normal, porque este foi licitamente aumentado. Inversamente, o trabalhador pode faltar nesse dia ao PNT e comparecer às horas suplementares, o que não afasta a marcação de uma falta por ausência ao PNT. Por isso, se o trabalhador se ausenta durante todo o PNT mas comparece no final do mesmo e respeita as tolerâncias do art. 5.º/3 LDT, não deixa de praticar uma falta. Ademais essa determinação é imprescindível ao cálculo da soma de ausências parciais para marcação de uma falta, sob pena de ser incontrolável a verificação da não presença no início e reinício da prestação e antes do seu termo (cfr. requisito seguinte). São vários os exemplos desta técnica (arts. 22.º/2 e 27.º/4): pode um trabalhador sair uma hora mais cedo do que os seus colegas porque trabalhou apenas 7h e não se ter ausentado parcialmente porque o seu PNT diário era inferior ao comum, ou respeitava um regime de adaptabilidade de horários; por outro lado, se um trabalhador isento de horário sai à mesma hora do que os seus colegas em regime de tempo normal, isso não significa simplesmente que o trabalhador não se ausentou parcialmente, porque o seu período de trabalho é mais longo do que o daqueles.

É certo que o legislador expressamente prevê casos em que essas ausências parciais podem implicar a prática legal de uma falta, através dos atrasos que provocam ausências forçadas (art. 27.°/4) e da soma destas, forçadas ou reais (art. 22.°/2).[16] Porém, essas são regras especiais que foram criadas especificamente para cobrir situações de justiça comparativa, permitindo tão só uma qualificação técnica da ausência como falta em situações em que aquela é efectivamente inferior ao PNT. De qualquer modo, em rigor, mesmo seguindo este raciocínio, nem todos os casos previstos nos referidos preceitos implicam faltas: as ausências inferiores ao PNT apenas podem ser consideradas faltas em duas situações: a) nas previstas no art. 27.°/4, em que meros atrasos injustificados superiores a 60m no início da prestação permitem ao empregador recusar a prestação de todo esse dia e marcar um dia de falta; b) nas situações do art. 22.°/2, quando os atrasos, justificados ou injustificados, inferiores a 30m no início ou reinício da prestação, bem como todas as restantes ausências parciais intermédias ou não, são somados e perfazem o número de horas diário devido, calculado conforme o art. 22.°/3/4.[17]

Assim, falta implica a ausência do trabalhador a todo o PNT diário devido.[18]

---

[16] A técnica da soma das ausências prevista no art. 22.°/2 abrange as injustificadas e as justificadas, pois estas também podem exigir a individualização da falta para efeitos de desconto retributivo (cfr. art. 26.°/2). Porém, as ausências parciais do art. 27.°/4, como não correspondem a ausências efectivas porque permitem ausências forçadas ou provocadas pelo empregador com base em atrasos, só se aplicam no caso destes atrasos serem injustificados. De relevar, porém, que o atraso injustificado superior a 60m pode implicar a marcação automática de uma falta, porque o empregador pode recusar a prestação de todo esse dia.

[17] Nas restantes ausências parciais da alínea b) integramos dois tipos relevantes de atrasos injustificados previstos no art. 27.°/4: o atraso superior a 30m e inferior a 60m que permite ao empregador apenas a recusa da prestação de metade desse dia e a sua soma à *conta corrente* do art. 22.°/2, mas já não a marcação automática de *meia* falta; e o atraso superior a 60m no reinício da prestação que permite a recusa tão só da restante prestação desse dia e não também da metade do dia seguinte.

[18] Contra, JORGE LEITE, cit., 421, defende que a falta não carece de um mínimo de duração porque qualquer ausência (arts. 27.°/1, 22.°/2 e 27.°/4), determina sempre uma falta pelo menos pelo tempo durante o qual aquela se verifica. Discordamos, salvo o devido respeito. No nosso entender, os efeitos que resultam das faltas injustificadas, previstos no art. 27.°/1, partem de um pressuposto técnico-jurídico assente noutros preceitos: a própria qualificação da ausência como falta. Por outro lado, as situações reguladas nos arts. 22.°/2 e 27.°/4 apenas sustentam *a contrario* a impossibilidade de marcação de uma falta, porque concedem especialmente ao empregador vias indirectas de o fazer. Aliás, o art. 22.°/2 demonstra, quanto a nós, que é o PNT o índice delimitador da ausência como falta. Se fosse possível considerar, para os efeitos do art. 27.°/1, uma mera ausência parcial como falta (e proceder ao imediato desconto proporcional na retribuição) não se justificaria a necessidade de uma previsão es-

O Absentismo antes e depois do Código do Trabalho 273

A noção de falta justificada por impossibilidade respeitante e não imputável ao trabalhador,[19] pressupõe também um limite de duração máxima: quando o impedimento respeitante ao trabalhador se prolonga durante mais do que um mês, aplica-se o regime da suspensão do contrato de trabalho (art. 26.º/3). Como a previsão do art. 3.º/1 LSCT se preenche na perfeição e a lei determina que é esta a figura aplicável, aí o contrato suspende-se, não se tratando de uma substancial situação de faltas à qual apenas se aplica o regime suspensivo.[20]

pecífica que permitisse essa soma. Acresce o facto dessa situação ser aplicável quer a faltas justificadas, quer a faltas injustificadas. Resta explicar o texto do art. 22.º/1 que, ao definir falta como a ausência durante o PNT, poderia transmitir a ideia de que a ausência, sendo durante esse período, pode ser inferior ao mesmo. Contudo, tal regra tem que ser conjugada com todas as outras previstas no mesmo normativo, sobretudo com a do número seguinte. Só este refere o PNT diário, pelo que se depreende que o n.º 1 utilizou a expressão em sentido lato, incluindo o semanal. Pressupondo esta ideia, LOBO XAVIER, *Curso de Direito do Trabalho*, Verbo Ed., Lisboa, 1992, 434, escreve que "as faltas surgem como interrupções na prestação de trabalho por dia ou dias". Ao contrário de JORGE LEITE, cit., 420, e JÚLIO GOMES, cit., 721-722, não entendemos a noção legal de falta como "valorativamente neutra", mas sintomática e consequente nos efeitos da LFFF, restando neutra apenas a ausência ao trabalho.

[19] A lei refere apenas as faltas motivadas nos termos do art. 23.º/2/e, mas, tal como ROMANO MARTINEZ, *Direito do Trabalho*, Almedina Ed., Coimbra, 2002, 513, nt. 5, admitimos o alargamento desses efeitos a outras motivações, como, vg., o exercício de funções dos dirigentes sindicais membros da direcção (art. 22.º/1, DL 215-B/75, 30/4; Ac. STJ 22/10/96, CJ – STJ, 1996, III, 245, a favor, e Ac. STJ 16/12/83, BMJ 332, 397, contra). No entanto, algumas das restantes justificações (que abrangem legislação especial) encontram limites legais de duração, seja para a própria justificação em si, seja para os efeitos retributivos do art. 26.º. Em nosso entender, quando o trabalhador se ausenta por causa desses motivos, mas é ultrapassado o limite da justificação, a ausência seguinte é considerada falta injustificada e não facto suspensivo. Se o limite violado foi apenas o considerado para efeitos do art. 26.º, então a falta deve considerar-se justificada mas não remunerada (cfr. a regra geral do art. 230.º/2/c do Código que impõe este regime para todas as faltas genericamente previstas na lei, se superiores a 30 dias por ano).

[20] Contra, JORGE LEITE, cit., 421-422, entende que este elemento constitui apenas uma razão da diferenciação de regime. Discordamos, porquanto a situação seguinte é de facto e de direito um caso de suspensão do contrato na medida em que se encontram preenchidos os pressupostos legais desta figura. Acresce, ainda, o entendimento da jurisprudência no sentido de considerar inexistente o dever do trabalhador comunicar o motivo da ausência na suspensão que segue às faltas justificadas (cfr. JOÃO REIS, *Suspensão do contrato e dever de comunicação do impedimento*, QL, I, 1994, 2, 80-88, que, contra os acórdãos aí referidos, defende que se mantém o dever de comunicar e provar o impedimento prolongado por aplicação analógica do art. 25.º). Assim, se em termos naturalísticos a situação é a mesma no caso das faltas e da suspensão, em termos jurídicos tudo se distingue porque o comportamento do trabalhador é agora lícito, o que nunca decorria da aplicação simples do mero regime suspensivo, porque ainda que este se aplicasse, sempre a natureza da situação de falta poderia impor conduta

274 *Estudos de Direito do Trabalho em Homenagem ao Prof. Manuel Alonso Olea*

Um outro aspecto inerente à noção de falta e resultante do confronto dos respectivos regimes legais com outras figuras que o legislador decididamente afastou daquela definição, reporta-se à ligação da motivação da falta com a pessoa do trabalhador. Não se pondera a própria justificação invocada, mas apenas a ocorrência de uma razão respeitante ao trabalhador, ficando fora do conceito situações como as respeitantes ao empregador.

O *Código do Trabalho*, no art. 224.°/1, completou a noção de falta conforme algumas referências doutrinárias, começando por acrescentar que esta corresponde a uma ausência "no local de trabalho" devido, valorando, conforme salientado supra, o âmbito geográfico definido em cada momento e não apenas o local habitual ou inicialmente acordado.[21]

Quanto à respectiva delimitação temporal, foram esclarecidas algumas dúvidas através de duas modificações no texto legal, ambas indicando a adopção de um conceito mais amplo de PNT.

Por um lado, o Código adoptou um critério substancial na referência ao período de trabalho relevante para efeitos de falta, dispondo que a ausência do trabalhador decorre durante "o período em que [este] devia desempenhar a actividade a que está adstrito", o que implica a valorização do acordo em concreto e não do período geral de todos os trabalhadores, tal como supra adiantado. Na sequência deste critério, foi retirado àquele período o qualificativo "normal" (mantido no art. 158.°), o que permite incluir na noção de falta a ausência a todos os períodos de trabalho, mesmo aos especiais ou ao *não normal* (vg., isenção de horário, adaptabilidade de horários, arts. 167.° e 168.°), porque são todos devidos pelo trabalhador. Porém, este período de trabalho devido, ou PTD, não integra as ordens pontuais de trabalho suplementar e tolerâncias, pois estes continuam a consubstanciar figuras que acrescem àquele período mas dele se autonomizam.[22]

---

diversa. É certo que esta duração máxima é um elemento relevante apenas na falta justificada, mas que importa consequências a nível da natureza jurídica, pelo que deve participar dessa noção e não traduzir apenas uma referência de regime. Sobre o preceito legal em causa, MENEZES CORDEIRO, cit., 768, refere que a suspensão é um *plus* em relação às faltas justificadas.

[21] Não obstante a mobilidade geográfica ter sido pelo Código bastante flexibilizada (cfr. art. 315.°/3).

[22] O trabalho suplementar, apesar do art. 197.°/1 o definir com referência ao horário de trabalho e não ao PTD/PNT, continua a reportar-se a este período na medida em que o horário, no art. 159.°/1/2 o define como delimitador do período de trabalho diário e semanal. Quanto às tolerâncias e ao contrário do art. 5.°/3 LDT, o art. 163.°/2 qualifica-as como tempo de trabalho, mesmo enquanto situações excepcionais, e não como trabalho suplementar (art. 197.°/4/c), remunerando-as em singelo com vencimento protelado à soma de 4 horas.

A alteração no texto do art. 224.°/1/2 é de abençoar pela afinação técnica de preceitos e de melhor enquadramento da matéria em termos globais e sistemáticos, mas não modificou as conclusões propostas sobre a noção de falta, sobretudo a defendida duração mínima.[23] Em boa verdade, não existem alterações de relevo, tendo sido apenas esclarecida a integração no período de trabalho devido de figuras que dele sempre fizeram parte embora em situações não regra, como já vinha acusando a doutrina.[24]

Quanto à previsão dos efeitos das faltas injustificadas (art. 231.°/1), pensamos que a omissão do advérbio "sempre" que caracterizava o desconto na retribuição, reforçou o entendimento supra sobre a duração mínima da falta e da consequente impossibilidade desse desconto em relação a ausências inferiores ao PTD diário.[25] Ademais, como o art. 121.°/1/b separou, em sede de elenco dos deveres gerais do trabalhador, os de assiduidade e de pontualidade, o Código, ao prescrever no art. 230.°/1 que a falta só representa a violação do primeiro e não do segundo, reforçou mais uma vez a mesma ideia supra defendida, pelo menos no que respeita às ausência parciais não forçadas decorrentes de atrasos (só as previstas no art. 224.°/2 e não no art. 231.°/3): não são faltas – em termos técnicos, a luz do direito do trabalho e para efeitos de aplicação do respectivo regime –, porque os atrasos implicam a violação de outro dever diferente da assiduidade, o de pontualidade.

Além disso, ao individualizar o dever violado pela falta injustificada, o art. 231.°/1 centrou os efeitos deste regime na assiduidade, afastando eventuais conjugações disciplinares: quaisquer circunstâncias que acresçam ao comportamento do trabalhador e que afectem outros deveres,

---

[23] É possível afirmar que essa diferença passou a constar, pelo menos implicitamente, das alíneas do art. 213.°/3, já que, não fora essa a razão, o legislador poderia aí ter usado uma expressão diferente como, vg., "até ao máximo de uma ou duas meias faltas".

[24] A noção de falta do art. 224.°/1 continua a reportar-se a um período de trabalho generalizado que abrange o diário e o semanal, não obstante para os respectivos efeitos legais a lei exigir a delimitação pelo dia. Por isso, o art. 224.°/1 mantém a referência à falta "durante" esse período (semanal) e não a todo ele, mas a todo o período de trabalho diário. E, tal como o art. 22.°/2, o art. 224.°/2 reporta-se à necessidade da ligação da falta a um dia de trabalho, portanto, ao período diário, mantendo, para mero efeito de cálculo do número de horas, a referência ao PNT. E para este efeito, de determinação da falta diária, não se pressupõe o período de trabalho devido que inclui o trabalho suplementar e as tolerâncias, mas apenas o PNT.

[25] As faltas injustificadas não determinam, assim, uma perda de retribuição sempre correspondente ao período de ausência, pois os meros atrasos injustificados previstos nos arts. 224.°/2 e 231.°/3 não permitem esse desconto.

276 Estudos de Direito do Trabalho em Homenagem ao Prof. Manuel Alonso Olea

podem consagrar uma infracção disciplinar autónoma da falta, tal como supra assinalado.[26]

Não se alteram também as restante observações feitas acima sobre a noção de falta, porque o Código, nos arts. 231.°/3 (sobre os atrasos de 30m e 60m), 230.°/3 e 333.°/2 (sobre a passagem das faltas a suspensão), não modificou o respectivo texto legal precedente de forma significativa (arts. 27.°/4, 26.°/3 e 3.°/2 LSCT).

3.2. A natureza jurídica das faltas

Valorar juridicamente a proposta definição de falta exige um tratamento prévio e resumido dos vários tipos de faltas e dos seus distintos efeitos, o que de relevante se resumirá seguidamente.

Consideram-se faltas justificadas apenas aquelas que, praticadas por um motivo legalmente atendível e previsto no art. 23.°/2 e legislação avulsa, foram em tempo devidamente comunicadas ao empregador conforme o art. 25.°/1 (antecedência de 5 dias se previsíveis e logo que possível quando imprevisíveis), tendo o trabalhador apresentado o respectivo comprovativo se solicitado ao abrigo do art. 25.°/4. As faltas injustificadas, determinadas por exclusão de partes, são todas as praticadas por motivos não previstos na lei (art. 23.°/3); e/ou não comunicadas em tempo (art. 25.°/3); e/ou não comprovadas licitamente quando solicitado (art. 25.°/4 e 23.°/3). Os requisitos da justificação são cumulativos, pelo que basta a falta de um deles para tornar a falta injustificada.[27]

---

[26] Assim, o Código mantém, na matéria das faltas, a referida valoração autónoma das outras atitudes do trabalhador, relevantes em termos de ilicitude laboral, que completam o comportamento faltoso (como acontece com a não apresentação de comprovativo justificativo das faltas, que pode integrar falsificações de documentos, mentiras e outras desonestidades). Cfr. art. 363.°.

[27] Assim, será sempre injustificada a falta quando, mesmo com motivo válido e verdadeiro, não for comunicada em tempo (art. 25.°/3); e mesmo com motivo e comunicação válidos, o trabalhador não entregar o comprovativo exigido pelo empregador (excepto se forem invocados motivos atendíveis, como a impossibilidade de prova. Cfr. Ac. RP 25/1/88, CJ 1988, I, 247). A lei não prevê uma previsão como a anterior para qualificar esta injustificação, exactamente porque esta qualificação não abrange automaticamente todas as situação de não apresentação de comprovativo, como os casos acabados de referir. Porém, a não apresentação injustificada de comprovativo implica a falta de prova da justificação, o que equivale à ausência de motivo. As diferenças entre estas distintas formas de concretização das faltas injustificadas, relevarão em sede de efeitos disciplinares, variando na respectiva censurabilidade (cfr.

O *Absentismo antes e depois do Código do Trabalho* 277

As faltas justificadas não implicam, em regra, qualquer diminuição de direitos do trabalhador (art. 26.°/1), salvo o disposto no n.° 2, que prevê apenas três casos típicos de perda exclusivamente retributiva. Pelo contrário, as faltas injustificadas provocam descontos na retribuição e na antiguidade desse dia (art. 27.°/1), acrescidos de efeitos disciplinares (arts. 27.°/3 e 9.°/2/g/n LCCT).

Em termos técnico-jurídicos, abrangendo as faltas justificadas e as injustificadas, é possível afirmar que o substracto comportamental da falta corresponde à violação de alguns dos deveres a que se encontra adstrito qualquer trabalhador, porque a forma como a ausência se concretiza pode implicar efeitos ilícitos autonomizados.[28] No entanto, se estes não se verificarem e for apurada uma pura ausência física conforme a noção de falta descrita, relevará apenas a violação do dever de assiduidade (art. 20.°/1/b LCT) que em sentido amplo abrange o dever de pontualidade mas que deste se distingue por reportar-se, com efeitos distintos, não apenas ao incumprimento da determinação de horas, mas à não comparência no local e tempo devidos.[29] Portanto, a falta representa um cumprimento defeituoso do contrato de trabalho numa ilicitude contratual global.[30]

Ac. STJ 26/5/88, BMJ 377, 411). Sobre o concurso real ou aparente entre falta e várias infracções disciplinares, cfr, Júlio Gomes, cit., 722-723.

[28] Deveres de zelo e diligência, de lealdade, de respeito e de obediência (cfr., Menezes Cordeiro, cit., 834-835).

[29] Sobre a noção de dever de assiduidade, cfr. Moreira da Silva, *Direitos e deveres dos sujeitos da relação individual de trabalho*, Coimbra, 1983, 57. Como adiantado a propósito do art. 231.°/1 do Código, notamos que a violação da assiduidade corresponde à figura jurídica da falta, mas a violação da pontualidade produz efeitos diferentes sem prejuízo de também estes incluírem as faltas (arts. 22.°/2 e 27.°/4). Nesta orientação, Monteiro Fernandes, *Direito do Trabalho*, Almedina Ed., 11ª ed., Coimbra, 1999, 235. O regime dos trabalhadores isentos de horário manifesta em nosso entender a diferença de efeitos práticos entre os dois deveres: o isento de horário pode faltar em regra se violar o dever de assiduidade, mas já não pode violar o dever de pontualidade pois também em regra não se encontra sujeito a um horário de trabalho e por isso não se atrasa. Como a isenção implica apenas a não sujeição aos limites máximos dos PNT e não que estes não se apliquem, o trabalhador isento falta se não comparecer ao trabalho. Salvaguardam-se, claro, as estipulações mais pormenorizadas e no respeito pela lei que, por um lado, podem impor apenas a presença física em certos dias e o respeito por um horário flexível ou não. Em leve referência, Andrade Mesquita, *Direito do Trabalho*, AAFDUL Ed., Lisboa, 2003, 395. A jurisprudência espanhola distingue entre faltas de assistência (não comparência) e de pontualidade (chegar tarde, sair antes e ausentar-se durante), cfr. Sala Franco, *El régimen jurídico de las ausencias al trabajo*, Valencia, 2001, 14.

[30] Já que "todo o programa empresarial de produção pode ser posto em causa", como salienta Menezes Cordeiro, cit., 834, que desenvolve: "a organização moderna do processo produtivo assenta numa divisão do trabalho só possível na base da apertada rede de colabo-

278 Estudos de Direito do Trabalho em Homenagem ao Prof. Manuel Alonso Olea

A justificação da falta nos termos e condições infra referidos, provoca o nascimento na esfera jurídica do trabalhador de um direito potestativo cujo exercício se traduz na possibilidade deste se ausentar do trabalho, mas não representa uma completa e perfeita neutralização da violação contratual que a falta encerra. Esta, mesmo justificada, produz efeitos negativos no contrato de trabalho, pelo menos os previstos no art. 26.º/2 ou na interrupção do período experimental. Por isso, entendemos que a justificação da falta constitui uma causa de exclusão apenas da culpa e não da ilicitude, esta somente justificada ou negativamente delimitada.[31] O desvalor jurídico da ilicitude permanece como fundamento de eventuais efeitos diferenciados não disciplinares.[32] As faltas injustificadas constituem um ilícito contratual cuja culpa, não

---

rações humanas particularmente comprometida pela ausência de pessoas com quem se contava". Por seu turno, ROMANO MARTINEZ, cit., 455, refere que a falta não corresponde a um incumprimento definitivo parcial, vg. da assiduidade – que, em princípio só implicaria uma redução na retribuição correspondente ao tempo de serviço omitido, mas a um cumprimento defeituoso do contrato entendido como um todo porque a relação laboral não está a ser devidamente cumprida. Na verdade, acrescentamos, se este cumprimento defeituoso for grave, o empregador pode actuar os efeitos disciplinares. Caso contrário, limita-se a descontar na retribuição ou também na antiguidade.

[31] Por muito que em sede de responsabilidade civil, sobretudo contratual, a culpa seja utilizada em sentido amplo, abrangendo e não se dissociando da ilicitude, como defende a doutrina (MENEZES CORDEIRO, *Da Responsabilidade Civil dos Administradores das Sociedades Comerciais*, Lisboa, 1996, 464 ss.; ROMANO MARTINEZ, cit., 851; Idem, *A justa causa de despedimento, I Congresso Nacional de Direito do Trabalho – Memórias*, Almedina Ed., Coimbra, 1998, 173-180, 176). A causa de exclusão seria uma causa de escusa na modalidade de desculpabilidade (MENEZES CORDEIRO, *Direito das Obrigações, 2*, AAF-DUL Ed., Lisboa, 1986, 312-314). Por conseguinte, estando a culpa excluída na totalidade, essa violação, apesar de ilícita, não constitui uma infracção disciplinar. Não afastando esta interpretação, MENEZES CORDEIRO, cit., 711. O mesmo autor, ibidem, a 714, quanto às justificações das faltas, escreve "o legislador fixa um quadro de situações em que tal incumprimento [do dever de trabalho provocado pela falta] é permitido", ou seja, pressupõe que a falta, mesmo justificada, continua a implicar uma ilicitude. Um facto ilícito justificado não pode representar exactamente o mesmo do que um facto lícito. Ainda referindo-se às justificações tipificadas, o mesmo autor defende que estas integram, quer causas de exclusão da culpa (as impossibilidades como a prestação de assistência inadiável a membro do agregado familiar), quer causas de justificação da ilicitude.

[32] Contra, JORGE LEITE, cit., 430-432, nts. 33-34, defende que as faltas justificadas não implicam "sequer os efeitos próprios do incumprimento não imputável" e que as faltas injustificadas são pela lei consideradas "no mínimo, como um caso de inadimplemento não imputável" e não necessariamente um "inadimplemento culposo" ou uma infracção disciplinar que implica sempre uma atitude psicológica do trabalhador. Para este autor, a falta injustificada apenas é assim qualificada pela lei porque não foi praticada por um dos motivos típicos, mas pode tê-lo sido por razões a que a lei também atende, como as faltas não tempestivamente

O *Absentismo antes e depois do Código do Trabalho* 279

excluída, se presume total (art. 799.°/1 CC), sem prejuízo do caso apelar à atenuação dos efeitos disciplinares.[33]

A título da natureza jurídica das faltas, o *Código do Trabalho* começou por manter a mesma estrutura: os arts. 23.°/1 (faltas justificadas), 23.°/3, 25.°/1/2 (faltas injustificadas), 26.°/1/2 (efeitos das faltas justificadas) e 27.°/1 (efeitos das faltas injustificadas), correspondem, respectivamente, aos arts. 225/1, 225.°/3, 228.°/1/2, 230.°/1/2, 231.°/1 do Código. As alterações, verificadas principalmente no elenco das justificações (art. 225.°/2/d/e/f/g//h/j), no reforço do controlo dos comprovativos das mesmas (art. 228.°/3), no alargamento das não remuneradas (art. 230.°/2/c/d/4) e na definição da assi-

---

comunicadas. Salvo o devido respeito, divergimos na definição da regra. A ausência injustificada assim qualificada pela lei de forma taxativa representa sempre uma infracção disciplinar porque se presume a totalidade da culpa no cumprimento defeituoso de certos deveres laborais (no caso da falta de comunicação, vg. os deveres de zelo, diligência e de respeito). Só em excepções à regra, correndo o respectivo ónus de prova por conta do trabalhador, se as circunstâncias que motivaram a violação desses deveres forem atendíveis, poderá ocorrer um eventual afastamento da totalidade da culpa, deixando a falta de ser uma infracção disciplinar. Se as razões invocadas apenas servirem a atenuação da reprovação, esta diminui os efeitos disciplinares mas não os afasta (porém, como refere MENEZES CORDEIRO, cit., 840, não parece adequado por esta via fácil deixar penetrar um tipo de benevolência que a lei expressamente vedou "e que tem imensos custos para o país", devendo evitar-se juízos de razoabilidade e experiência demasiado alargados). Mas mesmo quando a culpa é totalmente afastada, não se trata de uma falta injustificada que não é infracção disciplinar, mas sim de uma situação que não chega sequer a preencher os requisitos da falta injustificada, ainda que tenha sido erradamente no início considerada injustificada pelo empregador que não atendeu às razões invocadas. Tomando o exemplo da injustificação por força do incumprimento do dever de comunicação da mesma, se a razão invocada afastar completamente a culpa (vg. porque tornou impossível o cumprimento), pode permanecer a ilicitude da ofensa, mas a falta não é nesse caso injustificada mas sim justificada. Assim, quando se qualifica correctamente uma falta injustificada, esta representa sempre uma infracção disciplinar. Como conclui MENEZES CORDEIRO, cit., 835, "qualquer falta injustificada tem sempre relevância disciplinar – ou não é injustificada". Também neste sentido, MADEIRA DE BRITO, *Justa causa de despedimento com fundamento na violação dos deveres de assiduidade, zelo e diligência, Estudos do Instituto de Direito do Trabalho*, vol. II, Almedina Ed., Coimbra, 2001, 119-134, 126. Contra, porque as ausências justificadas não são falta "visto haver prévia exoneração do dever de prestar trabalho", MONTEIRO FERNANDES, cit., 373.

[33] Cfr. Ac. STJ 29/4/92, BMJ 416, 199: "devem distinguir-se três tipos de faltas relacionadas com o dever de assiduidade: a falta injustificável, a não comunicação tempestiva da falta justificável ou do motivo justificativo e não comprovação ou justificação com verdade". Acrescentamos que a violação pura de apenas cada um destes dois últimos tipos implica uma intensidade menor na concretização do conceito de justa causa de despedimento, pela diminuição da censurabilidade pressuposta.

280 Estudos de Direito do Trabalho em Homenagem ao Prof. Manuel Alonso Olea

duidade (art. 231.°/1),[34] não sustentam conclusões diversas das anteriores, mas acusam esclarecimentos recolhidos nas doutrina e jurisprudência.

Salientamos apenas que o Código, tendo aumentado o elenco das faltas justificadas sem direito a retribuição no art. 230.°/2/c/d e previsto expressamente o dever de reiterar a comunicação das faltas apenas a respeito destas no art. 228.°/3, acabou em nosso entender por diferenciar as faltas justificadas do comportamento lícito tal como defendemos supra, vincando a respectiva diferença exactamente na manutenção do desvalor da ilicitude da falta apesar das justificações.

4. A suspensão do contrato de trabalho

O vínculo laboral subsiste durante a suspensão do contrato de trabalho, mas os seus principais efeitos, *maxime* a prestação de actividade e o pagamento da retribuição, encontram-se temporariamente paralisados. Subsistem, por isso, os direitos, deveres e garantias contratuais que não pressuponham a efectiva realização do trabalho (arts. 16.°/6 e 2.°/1 LSCT), vg., os deveres acessórios da relação laboral, os mútuos deveres de urbanidade e respeito e, em particular, o dever de lealdade em relação ao trabalhador e o de "guardar o lugar" relativamente ao empregador.[35] Apesar de suspenso, o contrato de trabalho permanece em vigor pelo que a inactividade conta para efeitos de antiguidade e caducidade (arts. 16.°/5 e 2.°/2 LSCT).

Os regimes de suspensão do contrato de trabalho divergem consoante aquela se concretize de acordo com uma variedade de factos suspensivos cuja natureza impõe distintos efeitos, não obstante ser possível avançar uma ideia geral desta suspensão, centrada na "exoneração do dever de prestar trabalho"

---

[34] Infra, sobre o combate jurídico possível, procederemos a uma análise pontual destes normativos.

[35] Este regime, visando a estabilidade no emprego, reduz as consequências da impossibilidade da prestação de trabalho à "dimensão dos efeitos práticos que ela comporta" (MONTEIRO FERNANDES, cit., 467). LOBO XAVIER, cit., 438, acrescenta que a suspensão é uma especial modalidade de sobrevivência do contrato. O Ac. RL 20/3/91, CJ 1988, 3, 125, refere um "estado de dormência do contrato". Para um confronto cuidado entre a inexecução temporária dos contratos em geral e a suspensão do contrato de trabalho, cfr. JORGE LEITE, *Notas para uma teoria da suspensão do contrato de trabalho*, QL, IX (2002), 20, 121-138, 121-129, que defende ultrapassada a primeira pela segunda por duas razões: "o critério de não imputabilidade" e o "alargamento das causas suspensivas a factos situados fora do círculo desenhado pela teoria da força maior", atribuindo ainda à suspensão as finalidades de protecção do emprego dos trabalhadores, de interesses actuais destes e outros direitos fundamentais.

O *Absentismo antes e depois do Código do Trabalho*   281

e no "carácter temporário",[36] sendo possível considerar alguns tipos de suspensão como efeitos de outros tantos conjuntos de factos suspensivos: o acordo das partes e a impossibilidade em princípio não imputável a estas.[37]

A suspensão implica, portanto, diferentemente das faltas, uma ausência lícita do trabalhador ao serviço, um comportamento sempre legítimo e não em incumprimento contratual.

A noção de absentismo em geral referenciada a propósito da necessidade do seu combate, corresponde apenas às situações de suspensão do contrato respeitantes ao trabalhador e sobre as quais este tenha um poder decisório unilateral, pelo que ficam desde logo afastados os casos de suspensão negociada, resultante da impossibilidade referente ao empregador, e por impedimento voluntário provocado por este, sendo enquadráveis as suspensões respeitantes a impossibilidade não imputável ao trabalhador (arts. 3.º e 4.º LSCT) e por impedimento voluntário legal (adesão à greve, LSA, licença do trabalhador estudante e licença prevista no art. 16.º/1/3).

Considerando o carácter pejorativo do absentismo acima salientado, razões não existem para condenar as situações verdadeiramente justificadas, pelo que o perigo residirá na facilidade com que essas justificações podem ser falseadas. Ponderando bem os requisitos legais pressupostos do exercício das referidas suspensões, verifica-se necessária a ocorrência de factos não con-

---

[36] Não obstante as ambiguidades terminológicas das várias previsões legais (cfr. JORGE LEITE, *Notas...*, cit., 130-133).

[37] Propomos a seguinte classificação, embora o enquadramento nesta de suspensões como a disciplinar, a preventiva, a resultante do exercício do direito à greve e da LSA, seja discutível. Motivaram-nos finalidades pedagógicas e didácticas. A) Suspensão por impedimento involuntário: por impossibilidade, física ou legal, de o trabalhador prestar trabalho por facto que não lhe é imputável (arts. 3.º/1 e 5.º ss LSCT; licença de maternidade; licença requerida por trabalhador menor, art. 125.º/1/a LCT); B) Suspensão por impedimento voluntário: impedimento de prestar trabalho resultante de facto voluntário do trabalhador tipificado na lei (licença de trabalhador estudante, Lei 116/97, 4/11; licenças sem retribuição na versão actual do art. 16.º/3, que podem ser impostas ao empregador (cfr. JOÃO LOBO, *Licença sem retribuição: as alterações introduzidas pelo DL 397/91, de 16/10*, QL, I, 2, 76-79), bem como para frequência de cursos de formação, art. 16.º/2), abrangendo os casos de exercício de um direito que não visa directamente a suspensão e que pode não ter tido a sua origem numa decisão do trabalhador (adesão a uma greve e suspensão do art. 3.º/1, Lei 17/86, 14/6, LSA) e os casos em que o impedimento decorre da decisão do empregador, ainda que motivada pelo trabalhador (pena de suspensão do trabalho com perda de retribuição, art. 27.º/1/d LCT; e suspensão preventiva do trabalhador, art. 11.º LCCT); C) Suspensão negociada: resultante do acordo das partes (licença sem retribuição, arts. 16.º e 17.º; e pré-reforma), não directamente dirigido ao efeito da suspensão mas a um outro facto que o gera (comissão de serviço; funções de administração, art. 398.º CSC; cedência ocasional).

troláveis pelos trabalhadores e surge clara a dificuldade da sua manipulação (em princípio porque outros valores mais nobres, que não a finalidade da ausência, os justificam). Deste modo, a área de risco do absentismo reside sem dúvidas na suspensão por impossibilidade temporária respeitante ao trabalhador, sobretudo quando o motivo invocado for a doença. Este tipo de facto suspensivo e o regime que lhe sucede dependem da verificação de alguns requisitos legais: um impedimento; respeitante ao trabalhador mas a ele não imputável; que se prolongue por mais de um mês ou tenha desde logo essa duração, presumida ou não; e temporário.[38]

O impedimento implica uma impossibilidade efectiva da prestação, não bastando um mero incómodo mas sendo exigível uma concreta inexigibilidade, e não sendo necessária a impossibilidade absoluta e objectiva já que o trabalhador não se pode fazer substituir. Porém, não pode derivar de um comportamento ilícito e culposo do trabalhador, apesar da motivação da suspensão partir da cláusula geral do art. 3.°/1 LSCT.[39] O impedimento que dure um período inferior a um mês, fora do âmbito do art. 3.°/2 LSCT, cai na previsão das faltas justificadas. Existe, assim, em regra, um limite de duração mínima do impedimento como facto suspensivo, mas não existe um limite máximo, porque em teoria a impossibilidade pode durar indefinidamente, desde que

---

[38] Cfr. a importante elaboração doutrinária antes da LCT que se deveu a MONTEIRO FERNANDES: *A suspensão do contrato de trabalho por motivos ligados à empresa*, BFDUC, XVII (1966); *Aspectos da suspensão da prestação de trabalho*, ESC, 12; *Suspensão da prestação do trabalho por impedimento prolongado*, ESC, 21.

[39] O âmbito desta ilicitude diverge na doutrina consoante se restrinja ao universo laboral ou seja admitida em sentido além deste, sendo este tipo de suspensão mais alargado quando se opta pela primeira orientação. MENEZES CORDEIRO, cit., 769, exemplifica com os casos do acidente por violação do Código da Estrada e o do alistamento numa expedição da Cruz Vermelha. Enquanto que no primeiro o trabalhador pode beneficiar da suspensão, no segundo pratica faltas injustificadas, porque só nesta hipótese, apesar da situação ser meritória, agiu contra deveres laborais. Em sentido diferente, MONTEIRO FERNANDES, *Direito do Trabalho*, cit., 481-482, distingue essas situações por outra via, exigindo que o comportamento não possa ser ilícito ou culposo no sentido de imputável a título de dolo. Adiantamos, a propósito, que é nesta discussão que se insere a qualificação da ausência do trabalhador preso preventivamente. Por esse motivo, quem toma a primeira posição como o primeiro autor citado, só admite a prisão preventiva como faltas injustificadas quando o trabalhador tenha congeminado a prisão para não trabalhar. Enquanto a jurisprudência (vg., Ac. TC 16/3/93, BMJ 425, 150), tem defendido, com diferentes argumentações, como injustificadas as faltas dos trabalhadores em prisão preventiva ou por condenação; a doutrina em geral tem sustentado a não injustificação das faltas pelo facto do comportamento do trabalhador não lhe ser imputável Cfr., vg., MENDES BAPTISTA, *Faltas por motivo de prisão*, QL, 11, 1998, 47; MAIA COSTA, *Comentário ao Acórdão do STJ de 14 de Maio de 1997*, RMP, 70, 1997, 152 ss; MADEIRA DE BRITO, cit., 128-130.

O *Absentismo antes e depois do Código do Trabalho*

não se torne comprovadamente definitiva ou não se verifique a perda da utilidade das prestações contratuais. O último requisito impõe a existência de um contrato de trabalho válido e eficaz porque todo o impedimento que deixe de ser temporário para se tornar definitivo provoca a caducidade do contrato, nos termos do art. 4.º/b) LCCT.[40]

O *Código do Trabalho* manteve também este regime da suspensão do contrato de trabalho optando por uma estrutura mais clara que separa disposições gerais (arts. 330.º-332.º), suspensão por factos respeitantes ao trabalhador (arts. 333.º-334.º) e suspensão por facto respeitante ao empregador conjuntamente com a redução temporária do PNT (arts. 335.º-353.º). Inovando, integrou nesta última subsecção o encerramento temporário do estabelecimento e a diminuição temporária da actividade por caso fortuito ou motivo de força maior (art. 350.º),[41] e tratou a suspensão no mesmo capítulo das licenças (arts. 354.º-355.º) e da pré-reforma (arts. 356.º-362.º).

De qualquer modo, as ténues alterações introduzidas, sobretudo sistemáticas, não influenciam as observações anteriores sobre esta matéria, permanecendo, pois, como área de risco dos prejuízos resultantes do absentismo,

---

[40] Como esclarece MENEZES CORDEIRO, cit., 768, a lei reporta a caducidade não à data do impedimento definitivo, mas à data em que este se torne certo (art. 3.º/3 LSCT), sendo que na dúvida sobre a natureza temporária, há suspensão e não caducidade. LOBO XAVIER, cit., 441, defende que mesmo essa certeza envolve um juízo jurídico, dando o exemplo da doença verificada durante anos e sem perspectivas clínicas de melhoras a médio prazo que deverá ser equiparada à impossibilidade definitiva. Salvo o devido respeito, não podemos concordar inteiramente, atenta a interpretação que deve ser restritiva do art. 4.º/b LCCT: na ausência de um parecer médico que comprove que a doença nunca vai melhorar, a caducidade não pode operar porque o jurista, nestes casos que exigem conhecimentos técnicos específicos, não se pode sobrepor ao médico e entender que, se a doença não apresenta melhoras breves, é porque não terá cura. Acrescem dois factos: a indeterminação da expressão "médio prazo" que acaba por funcionar como termo certo da suspensão; o dado adquirido da experiência prática que reduz a quase nada as situações em que os médicos se pronunciam sobre a impossibilidade definitiva das melhoras da doença (mesmo no caso de doenças mortais como a SIDA, é frequente os médicos não declararem a impossibilidade definitiva para o trabalho optando sempre por apor, na ficha clínica de inaptidão para o trabalho, a conclusão "impossibilidade temporária", provavelmente considerando as expectativas, mesmo mínimas, da progressão médica nessas áreas).

[41] A regulamentação do Código do trabalho, em proposta de lei de 7/1/04, disponível no site do MSST, capítulo XXIII, após definir os pressupostos, promove uma protecção muito semelhante à do despedimento colectivo a fim de proteger o trabalhador contra os "encerramentos selvagens": o empregador tem que dar um pré-aviso de 15 dias; e prestar garantias (efectivas após 15 dias de não pagamento) das retribuições em mora, das vincendas durante a suspensão e das correspondentes à indemnização devida por encerramento definitivo.

284 *Estudos de Direito do Trabalho em Homenagem ao Prof. Manuel Alonso Olea*

a suspensão por "impedimento temporário por facto não imputável ao trabalhador", *maxime,* quando o motivo invocado se reporta à doença deste.

Assim, o disposto no art. 2.° LSCT sobre os efeitos gerais da suspensão mantém-se com meras correcções linguísticas no art. 331.°, bem como o art. 16.° sobre licenças sem retribuição, reiterado pelo art. 354.° do Código que, aliás, remete expressamente para o regime geral da suspensão. À excepção do menor rigor na previsibilidade da duração do impedimento superior a um mês (art. 333.°/2 comparado com o art. 3.°/2 LSCT), continua o regime da suspensão por motivos respeitantes ao trabalhador. Quanto à classificação dos tipos de suspensão atenta a diferente natureza dos factos suspensivos, esta é determinada expressamente pelo Código no art. 330.° que divide entre: a) impossibilidade temporária total da prestação do trabalho, por facto respeitante ao trabalhador e por facto respeitante ao empregador; b) acordo das partes (licenças sem retribuição); c) necessidade de assegurar a viabilidade da empresa em crise; c) acordo de pré-reforma. Não obstante, como alertado, permanecem dúvidas sobre outras suspensões legais.

5. Faltas, suspensão e a noção de absentismo

Existem efectivamente razões para confundir as faltas e a suspensão do contrato porque ambas partem do mesmo pressuposto de facto: a ausência física do trabalhador ao serviço por motivos que lhe são respeitantes. Porém, a distinção impõe-se e assenta fundamentalmente na manutenção em vigor, ou não, da totalidade dos efeitos do contrato de trabalho.[42]

---

[42] No direito espanhol, é facilitada a distinção entre faltas e suspensão porque não existem situações de facto comuns a estas figuras. Assim, os *permisos* (arts. 37.°/3 a 37.°/6, Estatuto de los Trabajadores, ET), que abrangem variadíssimas justificações num elenco semelhante ao do art. 23.° (para uma descrição completa, cfr. SALA FRANCO, cit., 9-13), correspondem a interrupções remuneradas do contrato de trabalho, ocasionais, excepcionais e de breve duração tal como as nossas faltas, mas não abrangem as motivações relacionadas com a doença do trabalhador ou genérico impedimento semelhante. Estas apenas permitem a suspensão do contrato (art. 45.°/1/c ET) ou *excedencias forzosas* (art. 46.° ET) e distinguem-se das *excedencias voluntarias,* correspondentes às licenças sem vencimento, apenas por força do regime de direito ao lugar que só existe verdadeiramente nas primeiras. A suspensão distingue-se dos *permisos* porque naquela se suspende o dever de retribuir e nestes se mantém a retribuição directa e ainda a derivada da previdência social (cfr., vg., ALONSO OLEA e CASAS BAAMONDE, cit., 268-270; MONTOYA MELGAR, *Derecho del Trabajo,* 16.° ed., Madrid, 1995, 434-439; PALOMEQUE LÓPEZ e LA ROSA, *Derecho del Trabajo,* 9ª ed., Madrid, 2001, 880; MONTOYA MELGAR, MORENO, NAVARRO e SALMERÓN, *Comentarios al Estatuto de los Tra-*

O *Absentismo antes e depois do Código do Trabalho* 285

Quando o trabalhador falta, viola o dever de assiduidade durante a plenitude da eficácia do contrato, sendo o seu comportamento ilícito e a culpa presumida ou afastada. A suspensão, pelo contrário, provoca uma paralisação parcial do vínculo e dos deveres de retribuir e de trabalhar. Como a assiduidade pressupõe a actividade efectiva, a verdadeira ausência na suspensão nunca é ilícita, não podendo sequer ser cometida uma falta porque a assiduidade não pode ser violada.[43]

A suspensão é mais semelhante às faltas justificadas porque ambas partilham a invocação de um motivo ponderável que afasta a censurabilidade, embora a primeira implique sempre a não remuneração, e a falta justificada apenas em regra e com excepções. A separá-las, o papel e a valoração jurídica da ausência. Na suspensão esta é um efeito legal de um comportamento sempre lícito, mas nas faltas justificadas constitui a origem do regime e um comportamento ilícito, ainda que sempre sem reflexos disciplinares. Ambas as figuras, todavia, podem acusar o absentismo no sentido pejorativo a que aderimos, por permitirem fraudes, mas motivações comuns são apenas as do art. 23.º/2/e porque só estas traduzem impossibilidades temporários não imputáveis.

A referência à duração mensal (arts. 26.º/3 e 3.º/1/2 LSCT) é também um aspecto que confunde o intérprete leigo nestas impossibilidades. Ao regime das faltas justificadas pode seguir-se ou não o da suspensão, sendo que este pode existir *ab initio*. Assim, um trabalhador nunca beneficia de faltas justificadas durante mais de 30 dias seguidos, porque a partir daí dá-se a suspensão (art. 26.º/3),[44] sendo que esta pode aplicar-se sem faltas anteriores ou durante esse mês, se for certa ou se preveja com segurança a duração superior do impedimento (art. 3.º/2 LSCT).[45]

---

bajadores, 4ª ed., NAVARRA, 2001, 245, 251-265; VALVERDE, GUTIÉRREZ e MURCIA, *Derecho del Trabajo*, 10ª ed., Madrid, 2001, 569-570, 691-703; MANGLANO, VALDÉS, ÁLVAREZ e DÍAZ--CANEJA, *Manual de Derecho del Trabajo*, Madrid, 2000, 241-265).

[43] Noutra perspectiva, LOBO XAVIER, cit., 440, sublinha que as faltas pertencem ao desenvolvimento normal do contrato, enquanto a suspensão integra uma patologia do mesmo, sendo o objectivo da lei "contribuir para a estabilização da situação pela paralisação dos mecanismos desvinculativos". Neste sentido, PALOMEQUE LÓPEZ e LA ROSA, cit., 951-952.

[44] A discussão sobre se a situação é de faltas justificadas à qual se aplica, porém, o regime da suspensão do contrato, não se coloca em nosso entender em termos práticos na área de maior risco de absentismo (impedimento por doença), porque a diferença de regime de facto nem existe: os efeitos da distinção relevante entre comportamento lícito ou ilícito, isto é, a manutenção de retribuição, nunca ocorre nestas eventualidades, pois nestas a mesma continua a não ser devida (art. 26.º/2/b).

[45] O problema assume relevo deveras preocupante quando as razões são provadas atra-

286 *Estudos de Direito do Trabalho em Homenagem ao Prof. Manuel Alonso Olea*

As faltas injustificadas constituem a manifestação máxima e paradigmática do absentismo, principalmente quando a censurabilidade é total porque falso o motivo. Tal como as justificadas, as faltas injustificadas assentam numa ausência ilícita, ao contrário da suspensão. Mas, divergindo, pressupõem a culpa e a não remuneração, o que as assemelha à suspensão do contrato.

A par desta, as faltas injustificadas são um mal menor do absentismo porque não remuneradas, representando as fraudulentas justificadas a vertente mais onerosa porque cumulam a falta de produtividade com a remuneração. Porém, a fraude acontece mais nas justificações não remuneradas, pelo que na prática as três situações são semelhantes.

Comparando as situações de suspensão e de faltas justificadas sem direito a retribuição *versus* as faltas injustificadas, como nestas o trabalhador não tem direito a compensações retributivas ou previdenciais e receia os efeitos disciplinares, os dois primeiros regimes são os que se encontram mais sujeitos a fraudes, frequentemente usados e abusados por força do direito ao subsídio de doença. Apesar do problema essencial para o empregador residir na falta de produtividade, a sua dimensão numérica pesa sobremaneira e eleva-o à preocupação modelo.

Pelo exposto, o absentismo em sentido restrito corresponde às situações de faltas injustificadas, *maxime* com falsos motivos, e às fraudes nas faltas justificadas e nas suspensões do contrato por impossibilidade respeitante ao trabalhador, quando as manipuláveis razões são falsas ou falseadas em conluio, ou não, com as entidades supostamente imparciais da sua comprovação, *maxime* as *baixas* por doença, alegadamente faltas justificadas ou suspensões.[46]

---

vés de meios (*maxime*, atestados médicos) que entram em conluio com o trabalhador, ficando o empregador não só genericamente impotente para impugnar e provar a verdade dos factos, como, no caso das forjadas suspensões, completamente desarmado já que a matéria é da exclusiva competência da Segurança Social, com fracas hipóteses de plena fiscalização, como tratado infra

[46] No direito espanhol, estes casos de doenças e impedimentos semelhantes não são justificações dos *permisos* mas apenas factos suspensivos que, porém, são objecto de compensação remuneratória, do 4.º ao 15.º dias conforme as regras da incapacidade temporária, inferior ao valor da retribuição, não obstante os subsídios sociais (cfr. MONTOYA MELGAR, MORENO, NAVARRO e SALMERÓN, cit., 338). No CC italiano (art. 2110.º/1/c), estas compensações por ausências justificadas são diferentes para os operários e empregados: os primeiros têm direito a uma indemnização de 60% sobre a retribuição normal só concedida ao 4.º dia de infortúnio, paga pela previdência social e adiantada pelo empregador; e os segundos têm sempre direito à retribuição a cargo deste, integral num período inicial e parcial no sucessivo (cfr., MAZZOTTA,

O Absentismo antes e depois do Código do Trabalho

A forma como o *Código do Trabalho* trata esta matéria também não modifica as observações anteriores, mas reforça-as. Assim, a nova sistemática acusa a distinta valoração jurídica da suspensão *versus* faltas justificadas ou injustificadas, pois integra a suspensão num capítulo sobre modificações contratuais e as faltas num capítulo sobre a prestação do trabalho. Por outro lado, a conjugação dos arts. 230.º/2/c/d e 230.º/3 realça um esclarecimento que se impunha relativamente à remuneração de genéricas justificações duradouras: se as faltas justificadas durarem continuamente mais do que um mês, só as previstas no art. 225.º/2/d provocam a suspensão, porque as restantes, não especialmente delimitadas (art. 225.º/2/j), podem em regra durar mais do que 30 dias por ano enquanto faltas justificadas, mas a partir daí determinam sempre perda retributiva, sendo as autorizadas pelo empregador em regra não remuneradas – salvo intenção contrária, presumimos.

II. O COMBATE JURÍDICO POSSÍVEL – ALGUMAS NOTAS

As medidas legais que castigam o absentismo injustificado e visam evitar o abuso e a fraude das respectivas motivações, desenhadas nos efeitos legais conferidos às duas figuras analisadas, faltas e suspensão, demonstram que a luta do legislador contra o fenómeno esteve sempre presente e é actual. O Código do Trabalho apresenta algumas modificações que, em princípio reforçam essas possíveis reacções do empregador. Concluiremos em que medida no final.

6. Os efeitos normais das faltas justificadas e injustificadas e da suspensão

A delimitação das justificações das ausências, as regras de comunicação e comprovação, e as suas consequências no contrato, sobretudo na retribuição, apesar de constituírem efeitos legais normais, possibilitam o controlo dos abusos das fraudes mais óbvias, desde que o empregador conheça as regras, as saiba aplicar e siga uma política profiláctica no tocante aos casos duvidosos. Resumidamente, relevamos os seguintes efeitos jurídicos dessas três figuras:

Diritto del Lavoro – Il rapporto di lavoro, Milão, 2002, 545-550; CARINCI, TAMAJO, TOSI e TREU, *Diritto del Lavoro*, 3ª ed., Turim, 1996, 339-341).

288 Estudos de Direito do Trabalho em Homenagem ao Prof. Manuel Alonso Olea

a) *O elenco legal das justificações das faltas:*

Estes motivos encontram-se previstos no art. 23.°/2 e em diplomas especiais,[47] sendo a sua duração normalmente delimitada, com algumas excepções como as faltas autorizadas e aprovadas, e praticadas pelos representantes colectivos dos trabalhadores em exercício de funções.[48]

O elenco das justificações obedece a um regime híbrido ou misto senão contraditório, já que *fecha a porta* a motivações não legais, mas *abre-lhes duas janelas* através da autorização prévia ou posterior prevista na al. f) e da cláusula geral da al. e).[49] A doutrina tem, contudo, admitido outras justifica-

---

[47] Sobre, vg., Estatuto dos deputados e eleitos locais (DL 319-A/76, 3/5; Lei 14/79, 16/5; DL 701-B/76, 29/9; Lei 14/87, 29/4); Estatuto social do bombeiro (3 faltas/mês remuneradas – DL 241/89, 3/8; Lei 21/87, 20/6); dádivas de sangue (remuneradas mas durante o tempo da doação e das deslocações, em certas condições – Lei 25/89, 2/8; DL 294/90, 21/9); praticantes de alta competição (não remuneradas pelo tempo necessário mas pagas pelo Instituto do Desporto – DL 125/95, 31/5), serviço militar (suspensão – Lei 30/87, 7/7), dispensas de serviço, voluntariado, jurados (remuneradas e durante o tempo necessário – DL 387-A/87, 28/12); titulares de órgão de associações de pais (não remuneradas – DL 372/90, 27/11). Num resumo sobre o assunto cfr., vg., Abílio Neto, *Contrato de trabalho, Notas Práticas*, Ediforum Ed., 15.° ed., Lisboa, anot. art. 23.°. Nos contratos especiais, algumas particularidades: vg., art. 23.°/3 DL 235/92, 24/10; Base XXVI, PRT (trabalhadores rurais), BTE n.° 21, 8/6/79.

[48] Casamento: 11 dias úteis; falecimento: 5 (cônjuge)/ 2 (outro parente); em funções: 4 remunerados/mês e necessários não remuneradas (dirigentes de associações sindicais); 5 ou 8h/mês remunerados e necessários não remunerados (delegados sindicais) – arts. 22.° e 32.° DL 215-B/75, 30/4; créditos de horas diferenciados e necessários não remunerados (membros das comissões de trabalhadores) – art. 20.°/1/9 Lei 46/79, 12/9; trabalhador estudante: 2 para exames até 4/disciplina e créditos para aulas (arts. 3.°/2 e 5.° Lei 116/97, 4/11); impossibilidade temporária não imputável: 30 seguidos (suspensão nos restantes); assistência inadiável a membros do agregado familiar: 15/ano não remunerados e só a certas pessoas, do agregado ou não (art. 32.° Lei 4/84, 5/4, que revogou o art. 23.°/2/e; e art. 21.° DL 230/00, 23/9, contra arts. 26.°/2/3 e 23.°/2/e).

[49] Na ausência de regra expressa que o impeça, é possível a autorização contratual ou convencional. Romano Martinez, cit., 511, refere uma tipicidade aberta; Monteiro Fernandes, cit., 372, a frustração da intenção de diminuição do absentismo e Mota Veiga, *Lições de Direito do Trabalho*, 5ª ed., Lisboa, 1993, 469, um elenco taxativo prejudicado. Concretizando a cláusula geral do art. 23.°/2/e, podem ser invocados motivos relacionados com a saúde do trabalhador mas diferentes da doença, como as consultas médicas urgentes ou de rotina. Quanto à admissibilidade pelo empregador, destas e outras razões similares, deve imperar o bom senso e critérios de harmonização no seio do universo jurídico da empresa. Assim, vg., não devem ser consideradas justificadas as faltas para consultas de rotina em número superior ao exigido com normais cautelas a um trabalhador de saúde regular. Considerando esta como uma "cláusula geral de adequação social" que integra razões impostas pela "consciência social dominante", Júlio Gomes, cit., 725-726, refere que os autores que defendem faltas injustificadas sem efeitos disciplinares, admitem esta razões mas como acréscimo às justificações típicas e à revelia da lei.

O *Absentismo antes e depois do Código do Trabalho* 289

ções por contrato ou convenção, remuneradas ou não, o que permite incontroláveis alargamentos das justificações e uma atenuação da intenção legal de restrição do absentismo.[50]

Nesta matéria, o *Código do Trabalho* não afastou motivos mas limitou, sistematizou, remeteu para futura legislação especial[51] e acrescentou uma justificação nova (art. 225.°/2/f), integrando outra que constava de lei avulsa (art. 225.°/2/h) e todas as assim legalmente qualificadas (art. 225.°/2/j)[52].[53]

---

[50] Salvo o art, 24.°. Defendendo a imperatividade mínima, vg., JORGE LEITE, cit., 424--425; despacho normativo de 3/4/78, BTE n.° 15/78, 964. Alguma jurisprudência adianta outros preceitos imperativos absolutos: Ac. RL 23/10/85, BTE n.° 10-12/87, 1499 (3.°/2); Ac. RL 14/6/82, BMJ n.° 324, 1612 (26.°/2/a); Ac. RL 23/1/79, CJ 4/79, 1128, Ac. RL 26/2/86, BMJ n.° 361, 598 e Ac. RP 23/11/87, CJ 5/87, 252 (26.°/2/b); e mesmo a imperatividade da LFFF: Ac. RP 14/01/82, CJ 1/82, 321, Ac. RP 14/6/82, CJ 5/82, 256. Por outro lado, o comportamento permissivo do empregador, tantas vezes praticado sem informação jurídica sobre as suas consequências, pode permitir, por ausência de prova contrária, a criação de direitos adquiridos dos trabalhadores.

[51] Nesta matéria e quanto às faltas para assistência à família (art. 225.°/2/e), a regulamentação do Código prevista na proposta de lei implica o alargamento do agregado familiar aos parente e afins no 2.° grau da linha colateral e acrescenta um dia de falta justificada por cada filho além do primeiro.

[52] A alteração do número de faltas por *casamento* é aparente, pois 11 dias úteis, "excluindo os dias de descanso intercorrentes" do art. 23.°/2/a, correspondem aos 15 dias seguidos do art. 225.°/2/a do Código. Tal como o regime anterior, estes dias podem ser gozados por altura do casamento, logo, antes e/ou depois deste evento. Porém, surgem algumas dúvidas, designadamente sobre se o dia do casamento deve contar como um desses 15 ou não. Entendemos que conta se ocorrer num dia normal de trabalho, o que não acontece se o trabalhador casar a um dia de descanso, ainda que os 15 dias tenham começado em data anterior. Assim, se o trabalhador casar a um sábado, dia de descanso, e decidir começar a gozar os 15 dias 5 dias antes do casamento, depois deste ainda lhe restam mais 10 de faltas justificadas.

[53] O art. 227.°, que concretiza as faltas por *falecimento* do art. 225.°/2/b, corrigiu a identificação das situações do n.° 2, como "união de facto ou economia comum" em vez de "comunhão de vida e habitação" (por força dos arts. 1.°/1 e 3.°/c Lei 7/01, 11/5; 1.°/1, 2.° e 4.°/1/b Lei 6/01, 11/5) e a equiparação à al. a) e não à al. b) do n.° 1. A propósito das faltas dos *trabalhadores estudantes*, o art. 3.°/2 Lei 99/03, 27/8, prevê que os arts. 79.° a 85.° – que estabelecem os princípios gerais (no confronto do art. 79.°/1 com o art. 2.°/1 Lei 116/97, 4/11, os mestrando e doutorando já não são considerados trabalhadores estudantes, mantendo-se os créditos de horas para aulas e exames nos arts. 80.°/2 e 81.°, a quantificar especialmente), só entram em vigor após a publicação de legislação especial, pelo que a remissão do art. 225.°/2/c também só nessa data produzirá efeitos. Entretanto, rege a Lei 116/97, 4/11 (cfr. art. 21.°/2/i). Sobre faltas para *prestação de assistência inadiável*, também o art. 3.°/2 Lei 99/03 prevê a vigência do art. 225.°/2/e apenas com a publicação da lei especial. Como no art. 21.°/1/d Lei 99/03, a entrada em vigor do Código revoga a LFFF, mas não a Lei 4/84, 5/4, nem o DL 230/00, 23/9, ambos só revogados após aquela publicação (art. 21.°/2/d/r), aplicam-se entretanto os arts. 32.° Lei 4/84 e 21.° Dl 230/00. Os termos previstos "neste Código", correspon-

290   *Estudos de Direito do Trabalho em Homenagem ao Prof. Manuel Alonso Olea*

De relevo, recuperou no art. 226.°[54] a intenção castigadora do absentismo através da introdução da imperatividade absoluta das normas sobre tipos e duração de faltas, proibindo o acréscimo de motivos não legais, por contrato ou IRCT, salvo em relação às situações previstas no art. 225.°/2/g. O confronto com o art. 225.°/2/i que mantém as justificações autorizadas/aprovadas, afasta o seu entendimento possível anterior, como pré-determinadas em contrato ou convenção colectiva, legitimando tão só uma qualificação pontual, uma regra individual e concreta e não geral e abstracta. Assim, *purificou-se* o elenco de justificações pois a cláusula geral do art. 225.°/2/d foi também limitada (arts. 225.°/2/e/j e 230.°/2/c).[55]

---

dem aos arts. 33.°-52.°. Sobre as faltas dos *representantes colectivos dos trabalhadores*, o Código, apesar de ter deixado de exigir a prestação de actos inadiáveis e necessários para a justificação não remunerada das faltas dadas pelos membros das comissões de trabalhadores e dirigentes sindicais em funções, mantendo a exigência para os delegados sindicais (arts. 455.°/2 e 23.°/2/c LFFF), procedeu a algumas limitações (arts. 225.°/2/g e 455.°) ao diminuir o crédito de horas das comissões de trabalhadores de 40 para 25h/mês e das comissões coordenadoras de 50 para 20h/mês, privilegiando em contrapartida as comissões com mais membros (arts. 467.°/1/b/c/3 e 20.°/1/b/c/2 Lei 46/79, 12/9); e ao exigir a comunicação escrita, um dia antes ou 48h depois, aos membros das comissões de trabalhadores e delegados sindicais (arts. 455.°/3 e 23.°/2/c, 26.°/2/a, 25.° LFFF). Quanto aos *candidatos a eleições*, reduziram-se as faltas remuneradas ao máximo de 1/3 da campanha e onerou-se a sua comunicação (arts. 225.°/2/h, 230.°/4 e 5.°/4 DL 701-B/76, 29/9). Sobre a *nova justificação* do art. 225.°/2/f, de referir a urgência prática de tal normativo para os trabalhadores pais e mães que de outra forma não poderiam acompanhar a evolução da situação escolar dos filhos. Com efeito, as reuniões na escola com os responsáveis pela educação dos menores, previamente definidas para os pais ou marcadas para cada criança, têm lugar durante o período de expediente daqueles, que normalmente não excede as 16h, pelo que, para os pais que trabalham longe da escola dos filhos e aí não se possam deslocar durante a hora de almoço, era sempre necessário faltar, sempre com o risco da injustificação, o que era restringido a situações de crise. O comprovativo deverá ser assinado pelo professor do filho menor do trabalhador, emitido em documento carimbado ou timbrado da respectiva escola, fazer expressa referência à finalidade da deslocação e às horas de entrada e saída do trabalhador. O direito multiplica-se pelo número de filhos menores nessas circunstâncias, mas o empregador pode exigir o comprovativo de que o pai/mãe da criança, cônjuge do trabalhador, não usou da mesma faculdade, o que pode revelar-se interessante nos casos do número de filhos ser elevado (casos que justificam a exigência de explicações ao trabalhador quando é sempre ele, e não também o cônjuge, a exercer esse direito, seja relativamente a todos os filhos, seja em relação ao mesmo filho todos os anos e trimestres).

[54] Salientamos a interpretação errónea que pode resultar da leitura do texto original do diploma que, por erro de escrita, não contém a vírgula antes de "ou de contrato de trabalho".

[55] Deixou, portanto, de ser discutível a natureza do art. 23.° LFFF, determinando o Código a imperatividade absoluta do art. 225.°, não obstante a manutenção da tipicidade delimitativa da al. d), repetida no art. 333.°/1 sobre a suspensão pelo mesmo motivo, respeitante mas

O Absentismo antes e depois do Código do Trabalho 291

É certo e seguro que a harmonização sistemática é de louvar e a cristalização das motivações justificadores representa um passo em frente na luta contra o absentismo. Todavia, esta última contraria a natureza da relação laboral ao rigidificar matérias que em concreto podem variar sobremaneira. Um paternalismo, ousamos apontar, que se impõe por força das necessidades, quando o benefício da dúvida sobre as partes já se extinguiu pelos abusos que se pretendem evitar.

b) *A necessária comunicação do motivo justificativo*

A justificação das faltas, independente da verificação e veracidade do motivo invocado, exige a sua comunicação com uma antecedência de 5 dias se a falta for previsível, ou logo que possível se esta for imprevisível, por qualquer meio directo ou indirecto não necessariamente formal se nada for estipulado previamente nesse sentido ou decorrer da natureza da actividade (art. 25.°/1).[56] Esse dever é de cumprimento efectivo, não bastando a prova de que o empregador conhecia os factos justificadores, se é ignorada a forma como esse conhecimento foi obtido.[57] E é causal na medida em que o motivo comunicado deve ser o invocado para a justificação, admitindo-se que venha a ser modificado se ocorrer comunicação oportuna de outro motivo.[58]

---

não imputável ao trabalhador (sem consequências na identificação dos casos comuns, o motivo é, contudo, referido no art. 225.° como determinando a "impossibilidade" e no art. 333.° o "impedimento", o que se justifica pela diferente natureza jurídica das duas figuras, cfr. supra).

[56] A violação deste dever de comunicação acresce ao efeito negativo quanto ao crédito laboral e ameaça à produtividade, pois pode abalar "a consistência da própria organização de meios em si mesma considerada" (Ac. RC 31/1/89, BTE, 2ª s., 7-8-9/91, 770). Sobre a forma da comunicação, cfr. Ac. RL 9/1/85, CJ 1985, 1, 209 e Ac. RL 13/3/96, CJ XXI, II, 165 (via telefónica). Esta não é imposta legalmente (Ac. RL 12/12/96, CJ 1996, V, 181), mas pode ser definida previamente em contrato, IRCT, uso laboral, regulamento de empresa, ou natureza das coisas. Por isso, se um trabalhador comunica a justificação por telefone está a comunicar mal se existe uma regra na empresa que exige a forma escrita ou formalidades como o preenchimento de um formulário e a sua entrega a uma certa entidade. Ademais, se não existe regra, o trabalhador pode escolher uma via mais formal como a carta, mas sujeita-se ao protelamento da data da produção dos efeitos ao momento do efectivo conhecimento desta. Além disso, se o trabalhador, por exemplo, presta actividade fora da empresa e reporta a alguém que não atende telefones com regularidade, deve usar outras vias de comunicação. Neste sentido, cfr. Ac. RL 13/11/91, CJ 1991, V, 159.

[57] Cfr. Ac. RP 7/1/02, CJ 2002, 1, 240. O Ac. RL 12/12/96, CJ XXI, V, 181, decidiu que se o empregador conhecia a doença do trabalhador porque este lhe contou, embora não em termos formais de justificação de falta, foi cumprido o dever de comunicação.

[58] Se o motivo comunicado por telefone for diferente do que decorre do comprovativo junto quando solicitado, em princípio a primeira comunicação deixa de produzir efeitos, sem

292 *Estudos de Direito do Trabalho em Homenagem ao Prof. Manuel Alonso Olea*

Violado o prazo de 5 dias na falta previsível, a comunicação atrasada só justifica as ausências posteriores e não as anteriores, excepto se o próprio atraso for atendível.[59] Quando imprevistas, a justificação das faltas deve ser comunicada pelo menos logo que o trabalhador retome o serviço.[60]

O *Código do Trabalho* manteve este regime nos arts. 228.°/1/2 e 229.°/6, prevendo no art. 228.°/3 a obrigação acessória, sustentada na jurisprudência, de reiteração da comunicação no caso de justificações sucessivas, já que estas não se presumem.[61] No entanto, esta obrigação só é exigida no âmbito do regime das faltas, pelo que não se aplica na suspensão, mesmo depois daquelas.

c) *A necessária comprovação do motivo quando solicitada*

O empregador pode sempre exigir prova dos factos invocados para a justificação da falta, salvo se os conhecer (art. 25.°/3).[62] Se o trabalhador não a produzir – ou porque se recusa, ou porque não cumpre, ou porque cumpre mal –,[63] comete falta injustificada. Porém, essa prova exige prévia solicita-

---

prejuízo da violação de outros deveres como o de respeito ou lealdade. Assim, o comprovativo pode completar ou desenvolver o motivo invocado, mas não alterá-lo. No caso dos dirigentes sindicais, é a associação sindical que tem o dever de comunicar a necessidade das faltas (22.°/3 DL 215-B/75 e CJ 1983, I, 343).

[59] Se o trabalhador sabe com antecedência que vai ser submetido a uma operação cirúrgica e a um internamento de 10 dias, e só o comunica na véspera da mesma, as primeiras 4 faltas são injustificadas, excepto se o trabalhador provar que não podia ter avisado antes (porque, vg., ficou doente), afastando a culpa da violação desse dever. Cfr. Ac RP 2/12/85, CJ 1985, V, 209.

[60] Cfr. Ac. RL 12/7/82, CJ 1982, IV, 165; Ac. RL 9/1/85, CJ 1985, I, 209; Ac. STJ 18/6797, CJ (ASTJ), 1997, II, 293.

[61] Cfr. Ac. RP 10/10/88, CJ 1988, IV, 237. Se for invocada a doença e apresentado o atestado médico ou certificado de incapacidade temporária, o segundo comprovativo deve ser apresentado com a data seguinte à do termo do anterior, até pelo menos esse próprio dia, já que pode não ser previsível a manutenção da doença senão no último dia da anterior "baixa".

[62] De acordo com a jurisprudência do Ac. RL, 29/3/95, CJ XX, II, 175. Sobre as faltas por doença, cfr. infra.

[63] A apresentação de falsas declarações quanto às justificações das faltas, prevista no art. 9.°/2/c LCCT como indício de justa causa de despedimento, desenvolve o art. 25.°/4, que pondera consequências mais perversas para a relação laboral. Para os efeitos exclusivos deste normativo, que consistem na injustificação da falta, não interessam as outras características da atitude do trabalhador que a tornam mais grave e violadora de outros deveres, mas apenas o facto deste não conseguir provar a veracidade do motivo alegado. Todavia, estão em causa, actos e intenções distintas do trabalhador: este pode não apresentar comprovativo porque se esqueceu de o requerer ou apresentar ou porque não existe comprovativo sendo o motivo ine-

O *Absentismo antes e depois do Código do Trabalho* 293

ção do empregador. Se o trabalhador comunicar a ausência e não enviar comprovativo, salvo regras em vigor na empresa, só lhe pode ser marcada uma falta injustificada se aquele, depois de solicitado para o efeito, não o enviar. Acresce a idoneidade da prova apresentada, para cuja análise, na relação directa com a natureza do motivo invocado, o empregador tem plena legitimidade.[64] Na ausência de um prazo legal para o empregador solicitar o comprovativo, funcionam as regras gerais da boa fé, extinguindo-se o respectivo direito do empregador sempre que o tempo decorrido entretanto após a comunicação constitua no trabalhador legítimas expectativas da aceitação da justificação (quando da mesma não decorra qualquer irregularidade).

O *Código do Trabalho* introduziu algumas novidades no esclarecimento das condições do cumprimento deste dever, o que reforça o respectivo controlo: o art. 229.°/1 definiu um prazo de 15 dias após a comunicação para o empregador exigir o comprovativo, e o art. 229.°/2/6 impõe como meios de prova da doença invocada apenas as declarações de estabelecimento hospitalar, do Centro de Saúde e os atestados médico, sob o, agora expresso, risco da injustificação da falta.[65]

---

xistente; ou pode apresentar um comprovativo falso, falsificando ou viciando documentos; ou pode aproveitar-se de lapsos do empregador. A gravidade atinge não raro o grau exigido pela justa causa, como tem sido decidido, não fossem esses comportamentos também crimes. Cfr. TAPP BARROSO, *Justa causa por violação do dever de assiduidade; faltas não justificadas ao trabalho e falsas declarações relativas à justificações das faltas – uma abordagem do caso das falsas declarações para justificação de faltas em especial*, Estudos do Instituto do Direito do Trabalho, Almedina Ed., vol. II, Coimbra, 2001, 179-193.

[64] Sem prejuízo do infra desenvolvido sobre as faltas por doença, o empregador pode criar regras específicas na empresa sobre a validade dos comprovativos apresentados para prova de determinados motivos. Assim, podem ser exigidos apenas atestados médicos com a respectiva apostilha do signatário, para prova de declarações médicas (que não abrangem a prova de presença numa consulta que pode ser feita por uma mera funcionária do consultório em papel timbrado ou carimbado); ou formulários específicos em relação a deslocações e presenças em certas entidades. Contra esta possibilidade do empregador nas faltas por doença, o Ac. RL 13/3/96, CJ 1996, II, 165, decidiu que a LFFF é imperativa e que, por isso, não pode ser exigido ao trabalhador um formalismo especial na comunicação.

[65] Se o trabalhador entregar comprovativo diferente do previsto na lei para estas justificações por doença, a falta não se considera justificada, ainda que o empregador não se pronuncie contra pedindo outro tipo de prova. Porém, se o empregador aceitar esse comprovativo ilegal, a falta só se pode considerar justificada como falta tacitamente aprovada pelo empregador, com os efeitos previstos, vg., nos arts. 225.°/2/1 e 230.°/2/d (excepto se o empregador pagou a falta), já que os meios de prova referidos no art. 229.°/6 são taxativos e constituem norma imperativa absoluta. Essa situação não pode, portanto, significar a validação de um meio de prova ilícito, nem a prova da doença, mas apenas a justificação da falta nos termos previstos na lei. Na verdade, se o empregador não pede o comprovativo, dá-se o benefício da

d) As faltas não remuneradas apesar de justificadas

Nos termos do art. 26.°/2, alguns motivos justificam as ausências mas não obrigam à respectiva remuneração, ou porque o trabalhador já recebe por outra via (subsídio de doença e indemnizações nos acidentes de trabalho), ou porque não tem sentido onerar o empregador com tais motivações (exercício de funções de representação colectiva de trabalhadores).[66] O art. 26.°/1 determina a imperatividade das excepções do número seguinte, permitindo interpretações *a contrario sensu* que impõem a remuneração de todas as faltas consideradas legalmente justificadas mas cujos efeitos retributivos não se encontram expressamente afastados na lei, o que, na conjugação da LFFF com a legislação especial nesta matéria, provoca dificuldades na descoberta da solução.

Nesta matéria, o *Código do Trabalho* promoveu um controlo mais fácil por parte do empregador, tornando o regime mais claro e menos permeável a latas e incertas interpretações. Assim, foi salvaguardada a possibilidade de diferentes previsões legais específicas abrangerem outros casos de faltas justificadas com perda de retribuição (art. 230.°/2)[67] e foram mantidas as motiva-

---

dúvida sobre a existência deste e presume-se a prova, mas se o empregador o solicita e o trabalhador não o apresenta, a presunção é afastada e fica assente que não existe prova e, portanto, juridicamente, não existiu doença. A propósito do prazo de 15 dias fixado pela lei para o empregador exigir o comprovativo, se o mesmo não for cumprido, a justificação da falta só pondera a legalidade do motivo e não a ausência de prova, mas limita-se aos factos invocados pelo trabalhador na comunicação. O prazo interrompe-se com a ponderação do comprovativo apresentado pelo empregador e recomeça se este não o aceitar e exigir outro tipo de comprovativo. Assim, se no 14.° dia o empregador exige o comprovativo mas depois não o aceita por manifestamente idóneo, tem novamente mais 15 dias contados daquela entrega para pedir outro. Quanto ao prazo a respeitar pelo próprio trabalhador na apresentação do comprovativo, rege a boa fé na ponderação das circunstâncias relacionadas com a natureza das razões invocadas e com eventual prova acessória das mesmas se relevantes. De novo, releva a idoneidade dos documentos apresentados como emitidos pelas referidas entidades, a conferir pelo empregador.

66 Os dirigentes sindicais membros da direcção mantêm, contudo, o direito a um crédito de 4 dias/mês remunerados (art. 22.°/2 LS), enquanto aos delegados sindicais assiste o direito a um crédito remunerado de 5 ou 8h/mês (art. 32.°/1 LS) e aos membros das comissões de trabalhadores o crédito previsto no art. 20.° da Lei 46/79, 12/9. Sobre as faltas por doença, cfr. infra, e o Ac. RP 23/1/87, CJ 1987, V, 252, que decidiu a imperatividade do art. 26.°/2/b e a invalidade do pagamento de complementos de subsídio de doença pelos empregadores. Mesmo que esta imperatividade fosse absoluta e não mínima, sempre em nosso entender estes pagamentos seriam válidos, ainda que como liberalidades e sem base jurídica para originar direitos adquiridos.

67 O que ocorre por via do próprio Código, vg., nos arts. 40.°, 42.°, 50.°/1 e 455.°.

O Absentismo antes e depois do Código do Trabalho 295

ções já existentes, tendo em nosso entender sido esclarecida a questão da remuneração dos três primeiros dias de baixa não remunerada pela previdência social, através do art. 230.º/2/a que prevê como obstáculo à remuneração da falta, o facto do trabalhador beneficiar de um regime (em termos de aplicação genérica) de Segurança Social de protecção na doença. Foram ainda clarificadas algumas situações cuja complexidade de solução resultava do confronto de legislação avulsa com a LFFF: não remuneração das faltas justificadas pelos representantes colectivos dos trabalhadores para além do crédito de horas; limitação das justificações por motivos de candidatura a eleições de cargos públicos; presunção de que as faltas autorizadas/aprovadas se consideram como não remuneradas; e criação de uma regra geral para as restantes justificações legais: são não remuneradas se superiores a trinta dias por ano.

e) *Aplicação do regime da suspensão após um mês de faltas justificadas*

Quando as faltas justificadas do art. 23.º/2/e atinjam a duração superior a um mês, aplica-se o regime da suspensão do contrato, deixando a partir dessa data de ser devida, nomeadamente, a retribuição (art. 26.º/3). Essa regra surge por força da inexistência de limite à duração do motivo justificativo nesses casos e principalmente para as impossibilidades que não concedam direito a prestações sociais, pois quanto a estas a retribuição já não é devida (art. 26.º/2/b).

O art. 230.º/3 do *Código do Trabalho* manteve esta previsão, acrescentando no próprio texto a possibilidade, já decorrente do regime aplicável da suspensão do contrato, do impedimento se prolongar previsivelmente durante mais do que um mês.

f) *Efeitos das faltas injustificadas na retribuição e na antiguidade*

Conforme o disposto no art. 27.º/1, as faltas injustificadas provocam desconto na retribuição e na antiguidade, nas condições supra já descritas e mantidas pelo *Código* no art. 231.º/1.[68]

---

[68] O desconto na antiguidade tem repercussões no protelamento de vantagens concedidas aos trabalhadores, como acontece com a promoção, acesso a escalões de diuturnidades, e indemnização por despedimento.

296 Estudos de Direito do Trabalho em Homenagem ao Prof. Manuel Alonso Olea

g) *Efeitos disciplinares das faltas injustificadas*

Existe infracção disciplinar grave se o trabalhador falta injustificadamente três vezes seguidas ou seis interpoladas num ano ou se alega motivo justificativo falso (art. 27.°/3), e fica preenchido um indício de justa causa de despedimento se o trabalhador, num ano, praticar cinco faltas injustificadas seguidas ou dez interpoladas; se faltar, ainda que apenas uma vez, desde que aquela determine directamente prejuízos ou riscos graves para a empresa; e no caso de falsas declarações quanto às justificações (9.°/2/g)/n LCCT). Como essas previsões não determinam nenhuma causa automática de despedimento, mesmo as faltas injustificadas exigem uma prévia concretização do conceito de justa causa previsto no art. 9.°/1 LCCT, accionado a valoração das circunstâncias em que a falta foi praticada, não ponderadas a propósito do dever de assiduidade.

O *Código do Trabalho*, no art. 231.°, fez desaparecer a previsão da infracção disciplinar grave do art. 27.°/3 LFFF, bastando-se com o tratamento da matéria a propósito da justa causa, e transformou a norma do art. 27.°/4 num mero desvalor disciplinar sem efeitos na retribuição e na antiguidade, ao qualificar a falta disciplinar *colada* a dias de descanso e feriados como infracção grave (art. 231.°/3). Consideramos uma boa opção legislativa, conforme infra esclarecido. A propósito do despedimento com justa causa subjectiva, o Código considerou como indício desta, a mera apresentação de um atestado médico com intuito fraudulento (arts. 396.°/3/f e 229.°/7).[69]

h) *A equiparação das faltas injustificadas à rescisão sem aviso prévio: o abandono*

A prática de 15 faltas injustificadas seguidas sem comunicação do motivo, é considerada pela lei como rescisão sem aviso prévio com dever de indemnizar, desde que o empregador invoque tal regime em carta registada

---

[69] Assim, sem recorrer à necessidade de provar a falsidade do atestado e das suas declarações, o legislador pondera o comportamento do trabalhador na utilização desse documento: vg., ou porque informou erradamente o médico signatário sobre os seus sintomas, ou porque atribuiu ao atestado funções e juízos que dele não decorrem, à revelia da responsabilidade médica. Por conseguinte, na matéria das faltas, demarca-se a violação do dever de assiduidade da ofensa a outros deveres com diferentes reflexos disciplinares. Porém, não se concretizou a intenção, plasmada na proposta de lei que antecedeu a aprovação do Código, de reforça da luta contra o absentismo através da diminuição das faltas referidas no art. 9.°/2/g LCCT, para 4 seguidas e 8 interpoladas, o que de qualquer modo sempre pode continuar a ser feito à luz da ponderação exigida pelo art. 9.°/1 LCCT.

O *Absentismo antes e depois do Código do Trabalho*

com a.r. para a última morada conhecida do trabalhador, sem que este apresente em consequência motivo de força maior impeditivo da comunicação da ausência (art. 40.º/2/4/5 LCCT). O mesmo regime aplica-se quando praticada apenas uma ausência injustificada, ainda que parcial, desde que esta seja acompanhada de outros factos que revelem com toda a probabilidade a vontade do trabalhador em não retomar o serviço (art. 40.º/1 LCCT).[70]

A este propósito, o *Código* também reforça o desvalor da ausência injustificada porquanto no art. 450.º/2 reduz a presunção para efeitos de abandono a dez dias de faltas injustificadas, o que se adequa à realidade pois este período é perfeitamente suficiente à definição da probabilidade; e no art. 450.º/4 aumenta os valores indemnizatórios devidos pelo trabalhador por força do abandono, estabelecendo um plafon mínimo de cálculo não inferior ao da típica indemnização prevista para a rescisão sem aviso prévio (a denúncia prevista no art. 448.º, que já se refere à responsabilidade civil nos termos gerais), mas que se estende a todos os danos ressarcíveis, ainda que nascidos de outras ilicitudes não referidas no art. 448.º.[71]

---

[70] O exemplo típico é o trabalhador começar a prestar actividade para outra entidade num horário incompatível com o anterior e não fortuitamente, o que até pode acontecer no próprio dia da primeira ausência e, portanto, não necessitar de uma falta prévia. A elisão da presunção do n.º 3 só tem lugar com a prova de motivo de força maior que impediu que a comunicação da ausência pudesse ser feita em tempo, ou seja, durante esses 10 dias úteis seguidos. Assim, não afasta a presunção a apresentação depois deste período, da mero comprovativo da justificação da ausência, mas da razão ponderosa que atrasou o respectivo envio (Ac, STJ 16/5/00, site STJ). O contrato considera-se rescindido sem aviso prévio no primeiro dia de ausência injustificada, decorrido o período de tempo adequado à recepção por parte do trabalhador da carta registada com a.r. enviada para a última morada por este indicada à empresa, e posterior recepção da resposta do trabalhador pela mesma via, ou seja, aderindo à chamada presunção dos correios, 6 dias úteis mais um para elaboração da resposta. Não obstante, e por força da natureza da situação prevista no art. 40.º, a declaração de invocação do abandono como causa de cessação do contrato de trabalho do n.º 5 não é receptícia.

[71] A ilicitude pressuposta no abandono é diferente e mais grave do que a prevista na denúncia sem aviso prévio, pois naquele o trabalhador nem sequer emite uma declaração expressa no sentido da cessação do contrato, ainda que no próprio dia da produção dos seus efeitos, deixando o empregador na dúvida sobre estes e na incerteza sobre o regime pendente do vínculo laboral durante pelo menos duas semanas, o que pode provocar danos diferentes dos previstos no art. 448.º. De facto, para o empregador, é melhor ser informado de que a partir de um certo dia o trabalhador deixa de trabalhar, mesmo de repente, pois sabe que desde essa data tem que encontrar um substituto permanente. No abandono, o empregador desconhece o que significa a ausência, se o trabalhador vai aparecer e quando, se existe necessidade de substituição e durante quanto tempo. Por isso, a reparação dos prejuízos causados pelos 10 dias pode ser complicada ou impossível por força de danos irreversíveis.

298 *Estudos de Direito do Trabalho em Homenagem ao Prof. Manuel Alonso Olea*

i) *Os efeitos da suspensão quanto ao direito a não retribuir*

A suspensão paralisa temporariamente o dever do empregador pagar a retribuição ao trabalhador ausente e durante esse período este só tem direito ao subsídio de doença pago com atraso de meses pela Segurança Social (arts. 2.º LSCT e 331.º do *Código*).

7. Regras específicas sobre atrasos e "pontes" e outros efeitos negativos das faltas

Existem espalhadas pela legislação laboral comum, algumas previsões sobre esta matéria que relevam na atenuação dos efeitos do absentismo, nomeadamente as seguintes.

a) *A soma das horas de ausências parciais:*

Nos termos já supra explicados (arts. 22.º/2 e 27.º/4 e 224.º/2 e 231.º/3 *Código*), o empregador pode somar ausências injustificadas inferiores ao PNT de modo a marcar uma falta quando aquelas atinjam a duração diária deste, ou desde que ocorra um atraso no início da prestação superior a 60m. À marcação da falta injustificada seguem-se os efeitos normais desta.

b) *A penalização das "pontes":*

Tratando-se de faltas injustificadas a um (ou meio) PNT diário, o período de ausência para efeitos do art. 27.º/1 (desconto na retribuição e na antiguidade), abrange os dias (ou meios) de "descanso ou feriados imediatamente anteriores ou posteriores ao dia ou dias de falta" (art. 27.º/2).

Deste modo se castigam as chamadas pontes forçadas pelos trabalhadores que aproveitam um fim-de-semana para faltarem estrategicamente um dia antes ou depois. Nesse caso, uma falta injustificada implica, não apenas o desconto retributivo e na antiguidade desse dia de verdadeira ausência injustificada, como o desconto dos dias de descanso a que essa falta se *cola*, dias que em rigor nunca determinam esses efeitos porque são dias em que o trabalhador não trabalha e nem sequer, à excepção dos feriados, são remunerados. Esta regra contém uma penalização especial das faltas ocorridas em circunstâncias com maior censurabilidade, sendo aumentado o valor a descontar para efeito da falta e não descontada a remuneração do dia de descanso, que não existe. Por isso, é de ponderar a bondade desta previsão, que pode pro-

O *Absentismo antes e depois do Código do Trabalho* 299

vocar a aparência de sanção disciplinar automática do género da multa, ilegal porque não precedida de processo disciplinar.

De qualquer modo, a principal dúvida suscitada por este normativo é prática e com efectivo resultado em termos de direitos postergados, reportando-se ao número de dias de descanso ou feriados que podem ser contabilizados para efeito dos descontos quando a falta injustificada se cola a mais do que um ao mesmo tempo ou sucessivamente. Assim, se a falta ocorrer numa sexta-feira sendo o sábado e o domingo dias de descanso e quinta-feira feriado, dever-se-á descontar na retribuição 2, 3 ou 4 dias de faltas? O texto legal não é muito claro pois apenas refere que o período de ausência a considerar abrangerá "os dias ou meios de descanso ou feriados imediatamente anteriores ou posteriores ao dia ou dias em falta". Surgem, pois, várias interpretações: a) ou se entende que no caso apresentado o empregador só pode descontar 2 dias porque a lei impõe uma alternativa entre os dias de descanso ou os feriados, posteriores ou anteriores aos dias em falta; b) ou só pode descontar 3 dias, sábado e domingo, porque a lei refere o plural "anteriores e posteriores" mas mantém a alternativa em relação aos feriados; c) ou só pode descontar 3 dias, feriado e sábado, porque a lei impõe que estes sejam imediatamente anteriores ou posteriores aos dias em falta; d) ou pode descontar todos os 4 dias porque a alternativa não impõe uma escolha mas adianta uma possibilidade de cumulação.

Em boa verdade, a finalidade de punir o absentismo fácil é mais tutelada por esta última hipótese, que em teoria castiga com proporcionalidade a maior facilidade desse absentismo, punindo mais severamente as faltas mais tentadoras. Porém, interpretamos uma norma excepcional que alarga certos efeitos das faltas injustificadas, pelo que entendemos que essa tarefa deve ser cautelosa e restringir-se apenas às situações que se integrem sem qualquer dúvida nos limites da sua previsão. Assim, na ausência de suporte legal bastante ou mesmo mínimo, entendemos que deve optar-se pela solução menos desfavorável para o trabalhador, isto é, a que permite apenas o desconto de 2 dias, até porque é aquela que se revela mais neutra em termos de conjugação entre as finalidades pretendidas e as várias situações que a vida real pode colocar.[72]

---

[72] Com efeito, por exemplo, no caso em que a falta ocorre na 6.° e na 2.°, sendo 5ª feriado e sábado e domingo dias de descanso, se optássemos pelo desconto dos 3 dias segundo a hipótese b), ao trabalhador seria indiferente faltar apenas na 6.° ou também 6.° e 2.°, porque seriam sempre e só descontados 3 dias. No caso supra, seria também indiferente para o trabalhador faltar na 4.° e também na 6.° porque em ambos seriam só e sempre descontados 3 dias. Mesmo preferindo tendencialmente a hipótese c), admitimos que o texto legal não a permite

300 *Estudos de Direito do Trabalho em Homenagem ao Prof. Manuel Alonso Olea*

Como já se referiu supra, esta previsão, enquanto desconto retributivo, desapareceu no *Código*, bem como, em consequência, todas as dúvidas hoje colocadas e acima indicadas. O art. 231.º/2 apenas a manteve para a qualificar como infracção disciplinar grave, o que já não provoca as mesmas questões do número de dias descontado. Ademais, também se resolve o problema acima focado da susceptibilidade deste normativo prever uma hipótese de aplicação de sanção disciplinar ilícita. Na realidade, a questão é devidamente colocada pelo novo diploma na maior censurabilidade do comportamento e nos seus efeitos disciplinares, sendo a finalidade de desincentivo ao absentismo alcançada da mesma forma senão com maior sucesso.

c) *A substituição por férias:*

Aquando da prática de faltas, justificadas ou injustificadas, com desconto na retribuição, o trabalhador pode evitar essa diminuição no seu rendimento se expressamente requerer à empresa que sejam trocadas as faltas por perda de dias de férias, na proporção de um dia de férias por cada dia de falta, sem prejuízo do gozo irrenunciável de 15 dias úteis de férias (art. 28.º/2).

Por força da irrenunciabilidade ou indisponibilidade deste direito e da sua incondicionabilidade pela assiduidade e efectividade de serviço (art. 2.º/4/2), as faltas não produzem em regra efeitos sobre as férias dos trabalhadores sendo esta substituição, nos termos do art. 28.º/1, a única excepção prevista na lei e por isso dependente da iniciativa do próprio titular do direito.[73] Como o requerimento do trabalhador apenas se compreende num objectivo retributivo (troca da retribuição diária pelo trabalho correspondente), não produz efeitos a título da retribuição e subsídio de férias, mantidos e não afastados também (art. 6.º/3), nem em termos disciplinares, pois a censurabi-

---

sem dúvidas. Optando pelo desconto de apenas 2 dias, AMADEU DIAS, *Descontos das faltas ao trabalho – dedução das faltas e pagamento do tempo de trabalho*, Rei dos Livros Ed., Lisboa, 1994, 36, salienta dois aspectos acessórios mas não menos relevantes: as ausências a meio PNT determinam um desconto de mais um meio PNT, mas só quando são imediatamente anteriores ou posteriores aos dias de descanso ou feriados.

[73] Todavia, as previsões dos arts. 3.º/2/3, 5.º e 10.º, impõem uma interpretação actualista e correctiva do art. 28.º/1 e acusam a presença de uma regra geral e não de um princípio absoluto no art. 2.º/2, *in fine*. O vencimento do direito a férias no 2.º ou 1.º semestre do início da execução do contrato de trabalho, exige um período efectivo de trabalho no qual apenas se integram as faltas justificadas (art. 26.º/1 *a contrario*) e se descontam as faltas injustificadas e a suspensão. Neste sentido, cfr. ANDRADE MESQUITA, *O Direito a Férias, Estudos do Instituto do Direito do Trabalho*, vol. III, Almedina Ed., Coimbra, 65-153, 85.

O Absentismo antes e depois do Código do Trabalho

lidade não é diminuída se o trabalhador não visar a atenuação das repercussões negativas na empresa.

O *Código do Trabalho* mantém este regime nos arts. 232.º/2 e 255.º/4, mas considera irrenunciáveis 20 dias úteis de férias e não apenas os actuais 15, o que reforça o direito ao repouso dos trabalhadores na mesma medida em que restringe a facilidade das ausências.[74] Este art. 232.º/1 repete a referência expressa à substituição das faltas por perda de dias de férias como excepção única à incondicionabilidade destas pela assiduidade e efectividade de serviço, prevista no art. 211.º/4 que acrescenta a outra excepção do aumento das férias previsto no art. 213.º/3.[75]

d) *Outros efeitos negativos*

Outros efeitos negativos, embora indirectos,[76] podem ainda ser detectados na legislação do trabalho, nomeadamente: na contagem do período experimental, que não abrange as ausências justificadas ou injustificadas e as suspensões (arts. 55.º/2 LCCT e 106.º/2 do *Código* que expressamente prevê essa situação, já admitida pelo art. 230.º/2); no valor pago a título de subsídio de Natal para cujo cálculo se descontam os períodos de suspensão (art. 2.º/2/c DL 88/96, 3/7, e art. 254.º/2/c do Código); no período de espera do vencimento do direito a férias no ano da contratação (art. 212.º/2) que exige a "execução do contrato".

8. O controlo das ausências por doença

Sempre que o trabalhador invoque o seu estado de saúde para justificar ausências, ainda que parciais ou curtas, o empregador pode exigir comprovativo médico sob o risco da injustificação da falta (art. 25.º/3).[77] Nesse caso,

---

[74] Se bem que este limite de um período mínimo de quatro semanas de férias anuais tenha sido imposto pelo art. 7.º da Directiva n.º 93/104/CE do Conselho, de 23/11/93, transposta pelo Código (art. 2.º/e). Cfr. também os arts. 213.º/5 e 368.º/2.

[75] A referência do art. 211.º/4 ao art. 212.º/3 deve considerar-se lapso manifesto. Neste sentido, ROMANO ;MARTINEZ, MIGUEL MONTEIRO, JOANA VASCONCELOS, MADEIRA DE BRITO, GUILHERME DRAY e GONÇALVES DA SILVA, *Código do Trabalho Anotado*, Almedina Ed., Coimbra, 2003, 347.

[76] E, quanto às faltas justificadas, previstos no art. 230.º/2/I.

[77] Sendo a justificação aceite porque, vg., o empregador não pediu o comprovativo ou não impugnou o apresentado em tempo considerado útil, a falta não se pode qualificar como injustificada senão por outras razões. Como refere JÚLIO GOMES, cit., 719-720, o conceito

302 *Estudos de Direito do Trabalho em Homenagem ao Prof. Manuel Alonso Olea*

o trabalhador pode recorrer a um médico de família do seu Centro de Saúde e apresentar um certificado de incapacidade temporária para o trabalho por aquele assinado, ou entregar apenas um atestado médico emitido por um médico particular.[78]

Se o trabalhador incorrer em faltas justificadas, estas não são remuneradas porque todos os trabalhadores por conta de outrém estão necessariamente sujeitos a regimes de previdência social com direito a subsídio de doença (art. 26.°/2/b).[79] Esse direito existe e fundamenta a legal não retribuição dessas ausências, ainda que o trabalhador em concreto dele abdique e mesmo nos primeiros três dias do período de espera, durante os quais o subsídio não é adiantado,[80] só sendo remuneradas as faltas em que o trabalhador,

---

de doença nesta matéria não coincide com o de enfermidade em termos médicos, pois é mais ampla e mais restrita em aspectos distintos. Trata-se do princípio do direito à saúde que no entender do autor estende esta protecção aos casos em que o trabalhador não está doente clinicamente (nomeadamente, os casos do controlo médico periódico para prevenir a doença ou a sua evolução) e em que ocorre, mais do que uma impossibilidade, uma verdadeira inexigibilidade.

[78] Neste último caso pode ficar prejudicado o acesso ao subsídio de doença no regime geral (art. 14.° do DL 28/04, de 4/2/), que exige documento médico emitido pelos serviços de saúde competentes designados pelo respectivo Ministério.

[79] Art. 3.° DL 28/04. A este propósito, AMADEU DIAS, cit., 23, refere que, por isso, o art. 26.°/2/b/*in fine* só tem um sentido útil meramente cautelar de situações futuras.

[80] Conforme o disposto no art. 21.°/1 DL 28/04 e excepto os casos de internamento hospital nesse período e outros previstos no art. 21.°/2. Como os trabalhadores durante esses dias não recebem subsídio de doença, é defensável exigirem, por força do art. 26.°/2/b) entendido à letra, a respectiva remuneração. Porém, esse período de espera é apenas uma regra da Segurança Social que visa evitar o abuso das baixas de curta duração e se esse fosse o entendimento, então essa entidade teria encontrado uma forma fácil de transferir essa responsabilidades para os empregadores, além de que, como a remuneração a pagar é superior ao subsídio de doença, a finalidade de não incentivar o absentismo ficaria subvertida. Essa regra faz parte de um todo que é o regime de previdência aplicável e se este começa a produzir efeitos, é desde esse momento afastada a remuneração das faltas justificadas. Nesse sentido, cfr. Despacho Normativo de 3/4/78 do Ministério do Trabalho, ponto 11/b), BTE n.° 15/78, de 22/4; JORGE LEITE, cit., 428-429; AMADEU DIAS, cit., 21-24. Seguindo a mesma lógica, o empregador não fica prejudicado, nem pelo legal período de carência ou prazo de garantia (6 meses seguidos de registo de remunerações declaradas, Ac. RE 2/7/96, CJ XXI, IV, 303) previsto no art. 9.° DL 28/04, pressuposto do direito às prestações da previdência social; nem pelo denominado "índice de profissionalidade" do art. 12.° do mesmo diploma que exige 20 dias de registo de remunerações por trabalho efectivo durante os 4 meses anteriores ao início do mês em que ocorre a incapacidade. Sobre a isenção do subsídio requerida pelo trabalhador como impeditivo da remuneração, cfr. Ac. STJ, 28/6/00, BMJ 498, 136.

O Absentismo antes e depois do Código do Trabalho 303

por motivo não imputável, não tiver mesmo direito a auferir o subsídio, nomeadamente por culpa da entidade empregadora.[81]

Sempre que o invocado motivo se mantenha, o trabalhador deve continuar a apresentar o comprovativo até que a duração da doença atinja um mês
e o contrato se suspenda. Inexistindo dever de assiduidade, não há necessidade de nova comunicação além da referente à duração da doença que fez
suspender o contrato. Caso o impedimento termine substancialmente, ainda
que o empregador o desconheça, nomeadamente por culpa do trabalhador,
este é obrigado a regressar ao trabalho sob pena de faltas injustificadas.[82]
A suspensão só termina se cessar o impedimento ou este se tornar definitivo,
pelo que pode envolver casos que demoram anos. Sendo a motivação verdadeira, o empregador nada pode fazer e o contrato pode continuar suspenso
sine die.[83]

Como a suspensão não afecta a antiguidade nem tem efeitos disciplinares, os trabalhadores encontram nesse regime uma forma fácil de, evitando o
local de trabalho e a efectividade de serviço, auferirem o subsídio de doença
pelo menos durante o tempo máximo admitido.[84] Antes do DL 28/04, 4/2,

---

[81] Sobretudo se esta não inscreveu o trabalhador, porque o não pagamento de contribuições da responsabilidade do empregador não ficam prejudica os beneficiários no direito às
prestações. Cfr. Ac. RL 29/11/00, CJ 2000, 5, 167. Cfr. Arts. 32.°/2 e 47.°/2 da lei de bases da
Segurança Social, Lei 32/02, 20/12.

[82] Assim, Ac. STJ 16/2/00, site STJ e Ac. RP 7/5/01, CJ 2001, III, 248. No mesmo sentido, cfr. JÚLIO GOMES, cit., 731-741, confrontando os ordenamentos francês, italiano e inglês.
O Ac. STJ 20/1/00, site STJ, refere que, porém, tal obrigação pode constar de contrato de trabalho. Por isso, ao contrário de JOÃO REIS, cit., 80-88, não entendemos existir um dever do trabalhador comunicar o impedimento durante a suspensão do contrato, nem por força da boa fé
no cumprimento dos contratos ou qualquer sua derivação laboral. O trabalhador deve é regressar ao trabalho findo o impedimento temporário, pelo que está obrigado a comunicar o fim
do impedimento, mas a respeitá-lo, o que acontece com a sua apresentação ao serviço de imediato. Pelo contrário, se o trabalhador não comunicar à empresa o termo do impedimento visando omitir o dever de regressar, mas o empregador conseguir prová-lo posteriormente, este
pode marcar falta injustificada com efeitos disciplinares.

[83] Conforme Ac. RP 7/5/01, CJ XXVI, III, 248, estando o trabalhador de baixa, não
torna as faltas injustificadas o facto deste ter frequentado as aulas e ter feito exames, porque
essa matéria só interessa à Segurança Social. Adiantamos que, nesse caso, o empregador apenas podia denunciar a situação a esta entidade para efeitos de confirmação da incapacidade
temporária.

[84] O período máximo de concessão é de 1095 dias não interrompidos por mais de 60
(art. 23.°/1.° DL 28/04). Após 365 dias seguidos de incapacidade (art. 37.°), a Previdência
pode promover a verificação de eventual incapacidade permanente. Decidindo que nestes
casos a caducidade do contrato não é automática por invalidez, Ac. STJ 26/6/91, site STJ.

304 *Estudos de Direito do Trabalho em Homenagem ao Prof. Manuel Alonso Olea*

aquele subsídio correspondia a 65% da retribuição declarada,[85] mas como esta percentagem era calculada sobre o valor retributivo bruto, a quantia final subsidiada acabava muitas vezes por ser pouco inferior ao salário líquido e, em alguns casos, até superior, o que potenciava ao fraude.[86] O novo regime do subsídio de doença, a vigorar a partir de 1/4/04, afastou estas eventualidades promovendo sérias alterações no regime do subsídio de doença, designadamente no quantitativo do mesmo que passou a variar, consoante o período da doença, nos casos mais frequentes, entre 55% e 60% da remuneração de referência considerada em termos ilíquidos.[87] Não obstante, permanece um outro factor que facilita o absentismo e é promovido pelo próprio empregador de boa fé: os chamados adiantamentos de subsídio e os pagamentos dos diferenciais entre o valor deste e a retribuição, não raro sem nenhum limite.[88]

A facilidade de manipulação destas motivações constitui o maior risco de falha da luta contra o absentismo. São frequentes as suspensões com invocação de doenças falsas ou que não impossibilitam totalmente a prestação de trabalho. A principal afectada é a Segurança Social porque paga a quem

---

[85] 65% da remuneração de referência (total das remunerações registadas nos seis meses antes do segundo que antecede o mês da incapacidade, excluindo os subsídios anuais, art. 15.° DL 132/88, 20/04). Após o período ininterrupto de 365 dias, o montante subia para 70% (art. 16.°). Porém, o subsídio de doença era devido 14 vezes ao ano (art. 3.°/2).

[86] Eram os casos de manifesta injustiça resultante do confronto entre os valores dos descontos legais e o cálculo do subsídio de doença. Quando os salários são elevados e os descontos legais ultrapassam os 35%, os trabalhadores ganhavam, em termos líquidos, mais se estivessem doentes do que se estivessem a trabalhar. A essa situação só obstava o comportamento ilícito das partes concretizado nos chamados "pagamentos por fora", isto é, quando por razões variadas, a retribuição do trabalhador declarada à Segurança Social não correspondia à real mas é inferior. Esta situação acontecia na prática apesar de o art. 35.°/4 da Lei 32/02, 20/12, proibir as respectivas consequências.

[87] O art. 16.° do DL 28/04 atribui uma percentagem consoante a duração do impedimento: 55% se inferior a 30 dias; 60% se >30 dias e <90; 70% se >90 dias e <365; 75% se > 365 dias. O art. 17.° aumenta estes primeiros dois valores em 5% no caso de beneficiários com retribuições baixas e/ou agregados familiares numerosos.

[88] Na prática, são neutralizados os efeitos negativos do absentismo provocados pelo regime da suspensão do contrato e do subsídio de doença, porque o atraso com que este é normalmente pago é compensado pelo facto das empresas adiantaram os quantitativos; e porque nos casos em que por força do subsídio o trabalhador acaba por auferir uma quantia inferior à sua retribuição líquida, as empresas entregam o diferencial. Como as empresas agem de boa fé, não admitem os abusos e a longa duração e, por isso, nunca impõem limitações. O Ac. RO 23/11/87, CJ 1987, V, 252 considerou o art. 26.°/2/b imperativo e por isso vedado ao empregador o pagamento de qualquer complemento de subsídio de doença se os trabalhadores já o recebem da previdência. Contra, considerando esse complemento como retribuição irredutível, Ac. STJ 20/1/00, site STJ.

O *Absentismo antes e depois do Código do Trabalho* 305

não tem direito, mas as empresas sentem resultados cada vez mais visíveis e negativos na produtividade, na dificuldade de substituição repentina ou na manutenção de um direito ao lugar que impõe a contratação a termo sob o risco da conversão.[89] Porém, a maior parte dos motivos susceptíveis de fraude são incontroláveis, mesmo por médicos. São as doenças do foro psíquico ou psicológico, sem manifestações físicas visíveis, que por natureza não são de curta duração e não raro impõem saídas de casa e comportamentos similares aos normais em férias.[90]

Na legislação anterior ao Código, a única forma do empregador controlar a veracidade da doença invocada para justificar uma ausência suspensiva, era requerer à Segurança Social uma fiscalização em casa do trabalhador alegadamente doente,[91] mas muitas situações passavam impunes por falta de condições de regularidade de todas as fiscalizações requeridas. Ademais, alguns certificados de incapacidade temporária delimitam as horas a que o paciente se pode ausentar do domicílio e mesmo se aquele for encontrado fora deste quando ali deveria permanecer, sempre pode ser invocado um motivo atendível para esse afastamento.[92]

Enfim, quando o empregador não dispõe de provas irrefutáveis da negação da doença ou da sua relação com o impedimento para o trabalho, é praticamente impossível atacar as declarações médicas juntas justificadoras das

---

[89] Na realidade, não apenas se torna difícil encontrar um substituto a tempo para cobrir ausências que afectam manifestamente a produção e provocam danos irreversíveis, principalmente em cargos chave, como a variação dos vários tipos de ausências coloca sérios riscos a uma contratação segura de substitutos e proporciona a intensa rotatividade destes em prejuízo da qualidade do trabalho adequado: a impossibilidade de determinação da duração da ausência impede cautelarmente o recurso à contratação a termo certo (pois não se sabe quando o ausente regressa e todas as hipóteses são perigosas: um prazo curto numa ausência média ou longa pode provocar a conversão em contrato de duração indeterminada pela violação do número máximo de renovações admitido; um prazo longo cria a susceptibilidade de dupla remuneração pois o ausente pode regressar e a empresa ficar com dois trabalhadores para a mesma necessidade); a contratação a termo incerto, como cessa com o fim da necessidade, não cobre as ausências intermitentes, curtas ou prolongadas, por força da proibição da sucessão de contratos; o *ius variandi* pode ser difícil e o trabalho temporário acrescenta àquelas a desvantagem da maior onerosidade. Como nota JÚLIO GOMES, cit., 7171, a decisão por isso transitória do empregador tem acentuados custos de gestão, o que levou alguns ordenamentos, como o francês, a prever o direito a despedir não tanto pela doença do trabalhador mas pelas repercussões desta na organização da empresa.

[90] Neste sentido, LOBO XAVIER, *Atestado médico e controlo patronal das faltas por doença*, RDES, XXIX (1987), 2, 223.

[91] Art. 30.º/1/e/2, DL 360/97, 17/12.

[92] Curiosamente pelo mesmo médico que assinou o atestado (art. 28.º/1/b DL 28/04).

306 Estudos de Direito do Trabalho em Homenagem ao Prof. Manuel Alonso Olea

faltas ou da suspensão, não obstante existirem algumas hipóteses, embora pouco viáveis, de impugnação dos atestados médicos através do seu enquadramento enquanto meio de prova, pelo menos no controlo das faltas por doença.[93]

Com efeito, o empregador pode invocar, apesar de seriedade profissional das declarações e em todos os casos em que estas não se baseiem objectivamente em exames médicos do quadro sintomatológico, que o médico retirou conclusões correctas de falsos factos imprescindíveis à verificação da doença. Como o médico faz fé nos sintomas indicados pelo doente, é sempre possível o trabalhador mentir sobre os mesmos e aquele acabar por emitir em boa fé um atestado induzido por este. Por outro lado, é legítimo afirmar que se o atestado médico parte de uma observação datada, não pode comprovar um estado de saúde verificado depois, mesmo com previsões clínicas sobre a evolução da doença. Por último, o empregador pode atacar a conclusão dos atestados considerando a causalidade entre a doença e a impossibilidade de trabalhar. Na verdade, um médico sem a especialidade de medicina no trabalho, apenas pode atestar a verificação da doença, mas não a sua essencial relação com a normal actividade a desempenhar. Como não basta a doença mas a prova que esta impede completamente o trabalhador de prestar serviço, em certos casos o médico pode não ter a adequada competência para aferir a incapacidade específica que depende das condições do trabalhador, da sua profissão habitual e do próprio meio em que a exerce.[94] Contudo, é legítimo ao trabalhador alegar que o signatário do atestado pode concluir que a actividade desenvolvida impede a cura da enfermidade observada.[95]

É certo que são muitas as situações em que o trabalho efectivo não é impeditivo absoluto, como exige a lei na justificação das faltas, mas apenas um incómodo para a prestação da actividade. Porém, permanece sempre o principal obstáculo para o empregador accionar todo este controlo: a difícil obtenção da prova contrária.[96] Sendo juiz em causa própria, o empregador

---

[93] Neste sentido, com alguma bibliografia específica, cfr. LOBO XAVIER, ibidem, 231-233.

[94] Idem, ibidem, 227: estas condições "transcendem naturalmente a simples observação do ponto de vista médico". JÚLIO GOMES, cit., 720, refere que o juízo sobre a doença a este propósito é clínico-legal no sentido de apelar a uma correlação da doença com as características do trabalhador e da actividade que dele se espera.

[95] Neste sentido, decidindo que o atestado médico não tem que especificar a doença do trabalhador, bastando que esclareça quanto à impossibilidade de trabalhar, cfr. Ac. RC 13/2/92, CJ XVII, I, 131.

[96] Correndo o ónus da prova da falsidade da justificação pelo empregador (Ac. RE 19/6/86, CJ 1986, III, 291). A propósito, a mera prova de que o trabalhador violou o atestado

O *Absentismo antes e depois do Código do Trabalho*   307

pode recusar o atestado entregue porque no seu entender o respectivo texto ou não tem sustentação ou não explica a causalidade entre a doença e a impossibilidade para trabalhar. Mas, na maioria dos casos, o empregador não possui os conhecimentos médicos necessários para avaliar a insuficiência do atestado e para os obter necessita de assistência médica que provavelmente exigirá uma observação clínica, nunca por natureza retroactiva à data do anterior atestado, com custos e demoras à partida desnecessárias em casos de curtas ausências.[97] A este pressuposto utilitário do controlo, referente à duração do impedimento, também ele manipulável pelo trabalhador,[98] acresce o facto da decisão do empregador ser sempre sindicável judicialmente, o que o impede de seguir o seu instinto sem qualquer tipo de apoio certo sob o risco perverso da declaração de invalidade.

De qualquer modo, mesmo em relação à doença justificativa da falta, é em rigor possível afirmar, salvo o caso de factos manifestos provados por exames médicos, que o atestado apresentado não constituiu uma prova

---

médico, porque saiu de casa ou se comportou sem alterações na sua vida diária, não significa automaticamente a prova de que o trabalhador não está efectivamente doente ou de o atestado contém falsas declarações. Na realidade, o trabalhador pode estar apenas a atrapalhar ou impedir a evolução positiva da doença no sentido da cura. Este comportamento "incoerente e até estúpido", desacompanhado de outros factos, pode não concretizar o conceito de justa causa de despedimento (como refere JÚLIO GOMES, cit., 749), mas a contribuição do trabalhador para a manutenção da ausência consubstancia certamente uma infracção e até pode ser a causa exclusiva da continuação desta, o que provoca a cessação da suspensão e a aplicação de faltas injustificadas.

[97] Na prática, tal controlo só é útil nas ausências de média duração e quando existam dúvidas razoáveis sobre a doença invocada, porque pode relevar, não a mera violação da assiduidade mas de outros deveres mais ofensivos da relação de confiança, como os deveres de lealdade e respeito, feridos por falsas declarações. Pressupondo a dúvida sobre a validade futura de prognoses médicas, ainda que realizadas por juntas médicas, cfr. Ac. RL 8/3/89, CJ 1989, II, 176.

[98] A fim de evitar a total visibilidade do seu comportamento e atenuar a exposição ao controlo do empregador e à fiscalização oficiosa da Segurança Social, os trabalhadores podem recorrer a manobras criativas que passam muitas vezes por diminuir a duração das ausências e intercalá-las com períodos de actividade, promovendo a sucessão de faltas justificadas contínuas e evitando a suspensão do contrato. Na realidade, é facto público e notório que dentro de certos limites, os faltosos e mal intencionados procuram caminhar sempre à frente da capacidade inventiva do legislador fiscalizador: a cada controlo segue-se naturalmente uma maior criatividade na respectiva fuga. E são estas manhas que dificultam o despiste da verdade nas ausências. A este propósito, releva-se a conclusão de ALONSO OLEA e CASAS BAAMONDE, *Derecho del Trabajo*, 14.º ed., Madrid, 1995, 404, que referem como a causa do absentismo mais frequente e de mais difícil comprovação, a que denominam de "intermitente 'goteo' de breves períodos" de ausência.

308 *Estudos de Direito do Trabalho em Homenagem ao Prof. Manuel Alonso Olea*

plena da doença mas apenas a emissão de uma opinião. Por isso, o empregador poder atacar o referido documento, invocando, não a sua falsidade, mas apenas a legítima possibilidade de existência de opinião médica diversa.[99]

Todavia, em todas estas possibilidades de controlo releva-se a importância do direito do empregador ao controlo do estado de doença invocado pelo trabalhador, através de novos exames médicos e observações clínicas de outros médicos, e a licitude da ordem dada para apresentação ao médico da empresa.[100] Por muito que seja direito do trabalhador recusar a realização de exames que impliquem um mínimo de ofensas corporais, o que é certo é que nesse conflito de interesses prevalecem os do empregador, assentes nos seus poderes directivo e disciplinar,[101] pelo menos enquanto não lhe for possível requerer o controlo através de serviços da Previdência Social,[102] sendo o trabalhador obrigado a submeter-se ao

---

[99] Acontece que tal só serviria para atacar justificações prolongadas, pois só a partir da segunda observação médica se poderiam confrontar os pareceres médicos, sendo impugnáveis as justificações anteriores.

[100] Cfr. Ac. RL 8/3/89, CJ 1989, II, 176; Ac. RC 8/10/85, CJ 1985, IV, 110.

[101] Cfr. Ac STJ 20/12/86, anot. LOBO XAVIER, RDES, XXIX (1987), n.° 2, 213 ss. O Ac. adianta como argumentos o controlo já previsto no art. 12.°/3. O autor da anotação desenvolve outros. No mesmo sentido, Ac. STJ 20/6/86, TJ, 19 (1986), 16; Ac. STJ 12/12/ /89, TJ, 3 (1990), 232; e Ac. STJ 20/1/00, site STJ. Temos algumas dúvidas quanto à admissibilidade deste direito do empregador à visita de controlo da doença, na medida em que nos parece que o mesmo só tem sentido quando o empregador tem interesse directo e custos imediatos provocados pela ausência do trabalhador, nomeadamente quando contribui nessa tutela do trabalhador (atribuindo complementos ou o subsídio de doença na totalidade). É esse o pressuposto do art. 12.°/3 que prevê o direito expressamente, porque as férias são remuneradas, e também de algumas decisões jurisprudenciais como as referidas na nota anterior. Nesta orientação, JÚLIO GOMES, cit., 717, 731, 747, aproveitando para referir também a questão de saber se o trabalhador deve ou não contribuir para a evolução positiva da doença, considera não haver fundamento legal para exigir o controlo das baixas pelo empregador, admitindo solução diversa apenas quando "exista esquema previdencial complementar custeado, ao menos em parte, pelo empregador", como acontece nos outros ordenamentos onde essa visita de controlo é permitida (francês e italiano) mas são os empregadores a pagar as faltas dadas por doença em períodos relativamente longos.

[102] Sem prejuízo, é claro, do trabalhador poder também requerer a observação e opinião de outros médicos, propor a visita de juntas médicas ou até recorrer à produção antecipada de prova judicial, já que a conclusão obtida pelo médico indicado pelo empregador faz tanta prova em tribunal como a do atestado apresentado. No entanto, por força de regras de protecção da imparcialidade dos médicos com especialidade de medicina no trabalho, estes não podem em nome do empregador proceder a esse controlo, tendo este que recorrer a outro tipo de profissionais.

O *Absentismo antes e depois do Código do Trabalho* 309

exame sob os riscos de efeitos disciplinares por violação do dever de obediência e de as faltas se considerarem automaticamente injustificadas.[103]

É nesta matéria que o *Código do Trabalho* mais reforçou a luta contra o absentismo, prevendo expressamente o direito do empregador controlar a doença invocada, nos arts. 229.°/3-8 e 219.°/4-9, em condições a legislar em especial.[104] Assim, o empregador pode requerer a fiscalização médica da doença invocada pelo trabalhador mediante requerimento dirigido à Segurança Social (art. 229.°/3). Se esta não indicar o médico responsável em 24h, o empregador pode designar um que com este não tenha qualquer vínculo anterior (n.° 4). Em caso de desacordo entre os pareceres médicos, pode ser requerida a intervenção de uma junta médica (n.° 5), sendo que a oposição do trabalhador, sem motivo atendível, àquela fiscalização, torna as faltas injustificadas (n.° 6).

Esta matéria suscita algumas dúvidas, sobretudo no tocante à limitação dos médicos a que o empregador pode recorrer.[105] Se este tem que designar o médico nas 24h seguintes a ter apresentado o requerimento de fiscalização à Segurança Social, e não o pode fazer em relação a médicos com os quais mantenha um vínculo contratual anterior, laboral ou de pres-

---

[103] Como a contraprova do atestado médico só pode ser feita através do exame do doente, se este se recusa a fazê-lo em tempo útil, torna essa contraprova impossível, o que é considerado como destruição das possibilidades de prova e presunção da inexistência da doença, como refere LOBO XAVIER, ibidem, 239-240. Cfr. Ac. RC 8/10/85, CJ 1985, IV, 110.

[104] A regulamentação do Código prevista na proposta de lei disponível, não adianta muitas novidades face ao Código, sobretudo no tocante às dúvidas infra levantadas (arts. 199.° e 200.°). Essa possibilidade do empregador controlar a doença invocada pelo trabalhador encontra-se prevista na generalidade dos ordenamentos europeus. No direito espanhol (arts. 20.°/3/4 ET), com os limites da protecção da dignidade e não discriminação, através de pessoal médico ao serviço do empregador (cfr., vg., PALOMEQUE LÓPEZ e LA ROSA, cit., 833-834), sendo que a recusa por parte do trabalhador implica o não pagamento dos encargos económicos devidos pelo empregador, razão do seu frequente exercício visando contrariar o absentismo pernicioso para a produtividade, como referem MONTOYA MELGAR, MORENO, NAVARRO e SALMERÓN, cit., 134-135. No direito francês, na "contra-visita" médica, se prevalecer o parecer do médico do empregador, não existe infracção mas o trabalhador perde a compensação económica aquando da prática de justificadas *congés* (cfr., PÉLISSIER, SUPIOT e JEAMMAUD, *Droit du Travail*, 20ª ed., Paris, 2000, 389). O art. 5.° do Statuto del Lavoratori prevê esse controlo limitado pelo art. 6.° e por previsão convencional (cfr., SCOGNAMIGLIO, *Nuovo codice del lavoro*, Bolonha, 2000, 454-455; GALANTINO, *Diritto del Lavoro*, 11ª ed., Turim, 2001, 407-409; MAZZOTTA, cit., 546-547; IGNAZIO SCOTTO, *Diritto del Lavoro*, Milão, 1993, 213-214).

[105] Quanto ao "motivo atendível", consideramos de afastar os argumentos relacionados com a invocação de doenças sigilosas mesmo em termos médicos, porque todos os profissionais estarão a coberto do respectivo sigilo profissional.

310   *Estudos de Direito do Trabalho em Homenagem ao Prof. Manuel Alonso Olea*

tação de serviços, é em relação à data da sua designação que se reporta a referida anterioridade. Assim, o médico designado não pode ter com o empregador uma relação jurídica[106] que se mantenha à data da designação, mas podem ambos ter mantido uma relação jurídica no passado que entretanto cessou, pelo menos e à cautela, até à doença ter sido invocada pelo trabalhador.[107]

Não obstante, se o afastamento de vínculo anterior visa fomentar a liberdade da decisão do médico e a imparcialidade do controlo, estes valores ficam naturalmente constrangidos se este médico for contratado *ex novo* para realizar a fiscalização mas com subordinação ao empregador. Esta observação não visa aconselhar uma limitação da contratação por força da natureza do vínculo, o que seria impraticável quando essa qualificação definitiva depende de decisão judicial, mas alerta para a intenção no legislador na definição da regra: talvez se pretenda também uma separação entre o médico que analisou a situação de doença apresentada pelo trabalhador e colocou o problema da necessidade de fiscalização ao empregador, e o médico que vai emitir a segunda opinião sobre o assunto, sob pena desta já ter sido antecipada ou pré-concebida pelo primeiro parecer. Esta conclusão ajuda-nos na determinação do momento a partir do qual o médico designado pelo empregador já não pode ter com este um vínculo

---

[106] Parece decorrer do texto legal que o objecto deste vínculo anterior não abrange apenas prestações de serviços médicos, mas quaisquer outros, na medida em que se visa evitar no art. 229.°/4, como infra se desenvolve, que o médico designado seja o que aconselhou o empregador sobre a necessidade de fiscalização. Assim, ainda que aquele médico tenha à data da designação um vínculo com o empregador de outra natureza (porque, vg., exerce outra actividade), fica preenchida a previsão da norma.

[107] ROMANO MARTINEZ e outros, cit., 360, adiantam o momento em que a fiscalização se torne necessária, critério que em nosso entender só deixa de ser extremamente manipulável se for exigida a prova das situações que fizeram nascer essa mesma necessidade: a doença (não necessariamente o seu início) e os factos que conduziram à dúvida sobre a sua veracidade (apresentação do atestado, evolução da doença, comportamentos duvidosos do trabalhador, etc.). No entanto, receamos que mesmo dessa forma seja fácil para o empregador contornar essa regra. Na verdade, este pode sentir essa necessidade desde o primeiro momento em que toma conhecimento da doença (com ou sem ajuda do seu médico), mas pode também, deliberadamente, esconder esse facto de terceiros. Entretanto, cessa formalmente o contrato outorgado com o médico que o aconselhou e pretende designar, e só depois começa a praticar actos exteriores de dúvida sobre os comprovativos apresentados, para quando apresenta o requerimento de fiscalização, poder designar o referido médico. Assim, se a demarcação partir de um facto independente do empregador, como o início da doença, reduz-se a facilidade de manipulação da regra.

O Absentismo antes e depois do Código do Trabalho 311

jurídico, pois remete-nos para uma data anterior à possibilidade de apreciação, ou seja, como proposto, o início da doença.

A integração sistemática do art. 229.°/3 e a sua referência ao art. 225.°/2/d, acusa a actuação desta fiscalização em sede de regime de faltas, deixando dúvidas sobre a sua legitimidade durante a suspensão do contrato de trabalho. Normalmente o problema não se coloca porque a dúvida que fundamenta a fiscalização surge com a apresentação do comprovativo e, por isso, ainda durante as faltas, não suscitando problemas se o processo de fiscalização se efectiva já na suspensão se foi requerido durante as faltas.[108] Nos restantes casos, em que o comprovativo faz suspender o contrato antes de um período de faltas, vg. porque prova que ao motivo se vai prolongar durante mais do que um mês, entendemos que a norma deve continuar a aplicar-se apesar do requerimento ocorrer já em período de suspensão, na medida em que se verificam os mesmo pressupostos de facto e é o próprio regime das faltas nesses casos a remeter para a suspensão (art. 230.°/3).

Esta previsão legal da fiscalização da doença invocada para justificar a ausência do trabalhador, afasta em nosso entender as várias hipóteses supra defendidas para o empregador proceder a um controlo mínimo semelhante. Sem prejuízo da aplicação, em qualquer situação, dos limites impostos pelos direitos de personalidade, *maxime*, arts. 17.° e 19.°, os requisitos legais ora impostos pelo Código não estariam verificados noutro tipo de situações.

9. As reacções pela positiva: os prémios

A empresa tem outra via de atenuação dos efeitos do absentismo, uma via em sentido positivo: em vez de reprimir as violações da assiduidade, pode promover situações contrárias, incentivando o cumprimento através da criação de regras aplicáveis a todos os trabalhadores sem discriminações,[109] nos termos das quais aumentam as condições de trabalho

---

[108] O empregador não tem prazo legal para solicitar a fiscalização após a recepção do comprovativo, mas deve respeitar a boa fé.

[109] Nomeadamente, as discriminações com base no sexo, como os prémios de assiduidade considerarem como faltas impeditivas da atribuição do mesmo, as cometidas pelas trabalhadoras mães ao abrigo da Lei da protecção da maternidade. Pela mesma razão, não poderão ser consideradas as faltas dadas ao abrigo do serviço militar obrigatório por parte dos trabalhadores homens.

312   *Estudos de Direito do Trabalho em Homenagem ao Prof. Manuel Alonso Olea*

na medida em que diminuem o número de faltas, nomeadamente criando prémios pecuniários denominados prémios de assiduidade ou até mesmo acelerando a ascensão escalonar salarial dos trabalhadores.

Todavia, pelo menos no tocante à diferenciação da remuneração de base, não tem grande sentido útil considerar as faltas justificadas ou a suspensão do contrato, porquanto, segundo a uniformização de jurisprudência do Ac. n.° 16/96, do Pleno do STJ, "viola o princípio de para trabalho igual salário igual [...] a entidade patronal que pratique a discriminação salarial fundada em absentismo justificado por doença do trabalhador".[110] É certo que neste acórdão o caso real implicava apenas a diferenciação da remuneração de base e que mesmo o acórdão revisto excluía as situações permitidas de prémios de assiduidade, mas surgem dúvidas sobre a legitimidade destes prémios atento o conteúdo substancial do sentido do acórdão. A atribuição de prémios com base na prática ou não de faltas justificadas continua a fazer diferenciar o salário global do trabalhador (retribuição que incluiu a remuneração de base e as restantes prestações regulares e periódicas) com base exclusiva nessas ausências. Na prática, um trabalhador que tenha faltas justificadas ou veja o seu contrato suspenso, ficará necessariamente com a sua retribuição globalmente diminuída face a outros colegas que não faltaram. Além de que, nesse caso, essas suas faltas justificadas, contrariamente ao disposto no art. 26.°/1, funcionam como critério de diminuição dos seus direitos.

A inovação introduzida pelo *Código do Trabalho* segue esta lógica do combate ao absentismo através da promoção do comportamento oposto, conforme desenvolvimento no ponto seguinte.

10. Os reforços e as inovações do Código do Trabalho

Em termos de regimes criados *ex novo* pelo Código do Trabalho nesta matéria, surge sem dúvidas o disposto no art. 213.°/3.° sobre a influência das faltas na duração das férias, que prevê o aumento até 3 dias de férias, em caso de inexistência de faltas (justificadas e injustificadas) ou prática de apenas faltas justificadas no ano a que se reportam as férias em número não superior a três.[111] Assim, se o trabalhador tiver apenas uma falta jus-

---

[110] DR n.° 280, I-A, de 4/12/96, 4363-4365. A decisão em revista é o Ac. RL 16/11/92, CJ XVII, V, 265-266.

[111] Neste sentido, cfr. ROMANO MARTINEZ e outros, cit., 351. É certo que a inovação é enorme sobretudo no tocante aos efeitos atribuídos às faltas justificadas, não num sentido

O *Absentismo antes e depois do Código do Trabalho* 313

tificada ou dois meios dias justificados de ausência, pode ter até mais três dias de férias; se tiver faltado dois dias justificadamente ou quatro meios dias, até dois dias de férias; se tiver faltado três dias justificadamente ou seis meios dias, só pode ter mais um dia de férias. Se o trabalhador tiver faltado injustificadamente apenas uma única vez no ano, não tem direito a qualquer aumento ainda que não tenha praticado nenhuma falta justificada. Na ausência da verificação dos pressupostos deste aumento, o trabalhador apenas não tem direito a mais férias do que o mínimo previsto na lei que é de 22 dias úteis (art. 213.°/1) – expressamente estabelecido como tal no Código, admitindo-se agora sem reserva o seu alargamento por contrato ou IRCT.

As faltas relevantes para estes efeitos são apenas as praticadas no ano a que as férias se reportam (art. 213.°/3), ou seja, o ano anterior àquele em que vão ser gozados os dias de férias a calcular (art. 211.°/4). Por esse motivo, porque as férias são anualizadas e se ponderam outras finalidades no art. 212.°/2 e 214.°/1, os dias de férias vencidos no ano de início de execução do contrato previstos nestes preceito, não se encontram sujeitos a este aumento.

Como a análise das ausências necessária à determinação do aumento do direito a férias, se reporta, por expressa determinação do art. 213.°/3, ao ano anterior ao respectivo gozo, esse direito só se vence quando decorreu um ano inteiro antes do vencimento normal das férias em causa. Assim, só quando o contrato durou um ano antes do dia 1 de Janeiro é que se aplica o aumento das férias vencidas nessa data, ou seja, apenas quando o trabalhador é contratado ou no dia 1 Janeiro do ano anterior ou durante o ano anterior a este.[112] Como o direito a férias decorre de uma verificação anual da assiduidade e esta é tanto mais difícil de respeitar quanto mais longo for o período da respectiva análise, a ponderação da assidui-

---

de verdadeiramente diminuir direitos mas apenas de não premiar (o que na prática pode suscitar as mesma reacções). Afinal, quem pratica mais de três faltas justificadas, por qualquer razão prevista na lei, deixa de poder ganhar o referido aumento de férias. No entanto, tal interpretação surge inevitável do art. 213.°/3/4, ainda que o art. 213.°/3, para maior esclarecimento do seu sentido, se pudesse expressamente reportar, na primeira referência às faltas, às faltas justificadas e injustificadas, e nas três alíneas, a faltas justificadas.

[112] Se o trabalhador é contratado em 1/8/04, como se analisa o aumento das férias vencidas sempre a cada dia 1 de Janeiro (art. 212.°/1), a sua assiduidade até 31/12/04 é irrelevante, só começando a contar a partir de 1/1/05 e durante todo o ano de 2005, só se vencendo o seu direito ao aumento dos dias de férias no dia 1/1/06, nas férias gozadas no ano de 2006.

314   Estudos de Direito do Trabalho em Homenagem ao Prof. Manuel Alonso Olea

dade em períodos inferiores a doze meses arrisca a ofensa ao princípio da igualdade e a anulação do objectivo da norma.

A este propósito, releva sobremaneira a determinação do momento a partir do qual, em termos de direito transitório, o art. 213.º/3 entra em efectiva aplicação, o que implica saber se no cálculo das férias de 22 dias úteis a vencerem-se no dia 1/1/04 se aplica já o direito ao respectivo aumento e se ponderam as faltas praticadas durante todo o ano de 2003.

Decorre da aplicação formal do art. 8.º/1 da Lei preambular do Código, na sequência de uma interpretação declarativa do seu texto *in fine*, que os efeitos jurídicos das normas previstas deste diploma se aplicam a todos os factos que, apesar de ocorridos ao abrigo da vigência da lei anterior (até 30/11/03), se mantenham ainda em prática após a entrada em vigor do Código.

Reportando-se o efeito aquisitivo do direito a mais dias de férias, previsto no art. 213.º/3, a todo o ano anterior à data de vencimento normal das mesmas (dia 1/1), entendemos que o direito a 22 dias úteis de férias a vencer-se em 1/1/04, será aumentado de acordo com a assiduidade verificada durante todo o ano de 2003. Com efeito, este ano de 2003 é o ano anterior a 1/1/04 e continua a decorrer após 1/12/03, ou seja, está em execução após a entrada em vigor do Código, não constituindo um facto totalmente passado ao abrigo da lei anterior.

Na realidade, quando o Código se refere a situações ou factos totalmente passados, pressupõe aqueles que constituem o substracto dos efeitos jurídicos previstos, o que pode implicar o agrupamento de um conjunto de factos individualizados mas relacionados em conjunto pela norma em aplicação. Quando a aquisição de um certo direito pressupõe um processo que se prolonga no tempo e que termina com a verificação do respectivo vencimento e exigibilidade, os efeitos dependem desse processo tratado pela lei como um conjunto de factos ou situação.[113] Daí que a demarcação do momento a partir do qual se adquire ou não o direito e se aplicam ou não os efeitos de certa norma, nomeadamente para determinação da altura desse processo em que entra em vigor determinada alteração legislativa, seja nestes casos facilitada pelo recurso a esse momento definido na lei para todos os casos: o termo do processo de aquisição do direito ou vencimento.

---

[113] Tal como acontece com o período mínimo de férias que se reporta a todo um ano anterior e o respectivo aumento à assiduidade verificada também durante todo esse período.

Assim, se as férias em cálculo se vencem no dia 1/1/04, nesta data (de aquisição completa do direito e respectiva exigibilidade), encontra-se em vigor o Código, pelo que se aplica o art. 213.º/3 e aquele cálculo que considera as faltas praticadas no ano de 2003.

Não obstante estarmos certos desta conclusão em termos de interpretação da lei e aplicação do direito transitório previsto na Lei preambular do Código, a perspectiva dinâmica dos efeitos provocados pela sua aplicação prática, suscita-nos dúvidas por duas ordens de razões.[114] Em primeiro lugar, a verdadeira ou directa finalidade da norma (a política social e laboral de luta contra o absentismo[115]) acaba por não ser efectivamente concretizada na medida em que, nem os premiados pela perfeita ou quase assiduidade, nem os *castigados* pelas faltas praticadas, puderam de alguma forma conformar o seu comportamento de acordo com os efeitos das normas ora aplicadas. Na realidade, a vantagem surge por mero acaso de um comportamento que anteriormente não produzia de todo quaisquer efeitos a nível de férias. Em segundo lugar, se os trabalhadores faltosos soubessem que as faltas cometidas teriam o efeito de não ganho de mais dias de férias, provavelmente teriam evitado a sua prática. Na realidade, a lógica é semelhante à da não retroactividade da lei penal, pois os *castigados* não conheciam a norma que diminuiu os seus direitos face aos seus colegas, no momento em que praticaram os factos a que esta se aplica.

No entanto, esta lógica não tem sentido nesta matéria e em relação ao preceito em análise, porque o Código não veio diminuir direitos previstos na lei anterior, mas apenas aumentá-los. Com esta aplicação imediata do art. 213.º/3 às férias vencidas em 1/1/04, os *castigados* não ficam diminuídos nos seus direitos adquiridos ao abrigo da lei anterior, porque os 22 dias úteis de férias nesta previstos não lhes são retirados pelo novo diploma. O Código prevê tão só o aumento desse número de dias eventual-

---

[114] Dúvidas que, numa primeira aproximação ao problema, nos convenceram da posição contrária, que defende a aplicação do art. 213.º/3 apenas à ponderação das faltas durante o ano de 2004 e, portanto, ao cálculo das férias a vencerem-se em 1/1/05.

[115] Esta finalidade prevalece, em nosso entender, sobre a finalidade geral do direito a férias (art. 211.º/2) que assiste à generalidade dos trabalhadores e cujo mínimo é previsto na lei para que essas finalidades possam ser alcançadas. No aumento de férias previsto no art. 213.º/3, esta finalidade geral é usada como um prémio para compensar ao verdadeiro objectivo da norma: o incentivo ao cumprimento efectivo do dever de assiduidade. Por esse motivo e particularmente na matéria das férias, entendemos que esta norma do art. 213.º/3 pode suscitar interpretações justificadamente distintas do regime geral do direito a férias quando este dependa daquela finalidade em primeira linha.

mente para alguns colegas cumpridores, o que nem sequer coloca questões, nomeadamente, de violação do princípio de igualdade, mesmo retributivo (já que o aumento de dias de férias implica aumento do respectivo subsídio), porquanto os critérios de atribuição das distinções são objectivos e os diferentes são tratados de forma diferente, já que os *premiados* prestam efectivamente mais trabalho do que os *castigados*.

É claro que a finalidade de política social do art. 213.°/3 só actua verdadeiramente em relação ao ano de 2004 e no tocante ao cálculo das férias aumentadas em 1/1/05, mas a aplicação imediata do art. 213.°/3 às férias vencidas já em 1/1/04 só acaba por conceder um tratamento mais favorável a todos os trabalhadores, já que permite o aumento de direitos, ainda que apenas a alguns.

Retomando a interpretação do preceito, salientamos que a inserção sistemática parece pressupor uma ligação indissociável entre este direito ao aumento de férias e a aplicação da duração mínima legal do art. 213.°/1, o que implicaria a negação deste direito aos trabalhadores que tivessem direito a um período anual de férias cujo mínimo legal já tivesse sido aumentado, em termos gerais a todos os trabalhadores, por contrato ou por IRCT.[116] Todavia, conjugando as finalidades de cada preceito não podemos aderir a esta conclusão. Enquanto o art. 213.°/1 visa não obstar ao aumento das férias em concretização dos objectivos gerais previstos no art. 211.°/2, o art. 213.°/3 acrescenta a estas razões inerentes ao direito a férias, uma política de luta positiva contra o absentismo. Por isso, salvo eventualmente alguns dos casos em que se prove que o aumento contratual ou convencional generalizado das férias pretendeu de alguma forma alcançar o mesmo objectivo,[117] entendemos que mesmo nas empresas onde se pratique um período mínimo de férias superior a 22 dias úteis, os trabalhadores têm o direito de exigir o aumento das suas férias, verificados os respectivos pressupostos quanto às faltas. Como este direito ao aumento de férias beneficia das mesma protecção legal do direito a férias, e como a norma do art. 213.°/3 é em nosso entender imperativa absoluta,[118] não pode ser diminuído por vontade unilateral da empresa, e nem alterado

---

[116] Assim, ROMANO MARTINEZ e outros, cit., 351.

[117] Porque consistiu, nomeadamente, num prémio generalizado à assiduidade perfeita de todos os trabalhadores.

[118] Na medida em que constitui uma excepção ao princípio da absolutividade do direito a férias, que não depende da assiduidade e efectividade do serviço (art. 211.°/4), e, quanto à faltas justificadas, o não preenchimento da previsão do art. 232.°/2.

(diminuído ou aumentado) por acordo das partes,[119] mas pode ser renunciado nos termos limitados previstos no art. 213.º/5.[120]

São devidas a retribuição e subsídio de férias proporcionais ao aumento de férias, na medida em que se trata de um direito legal que assiste ao trabalhador em termos de imperatividade mínima, que não pode ser usada ao sabor dos interesses do empregador e deve ser tratado como qualquer direito a férias, embora com uma finalidade acrescida. O art. 255.º/1/ /2 prevê a genérica obrigação de pagamento destes valores por força da aquisição do direito a férias, definindo regras especiais de não redução dos mesmos, no n.º 4 reportado à substituição de férias supra analisada e no art. 213.º/5 quanto à renúncia, mas sempre e só quando o período de férias é reduzido. Se o direito é aumentado, não existe necessidade de prever expressamente a não redução da retribuição e subsídio porque não ocorre a verificação dos pressupostos para que essa diminuição tenha lugar.[121]

Sendo equiparadas às faltas justificadas os períodos de suspensão do contrato por motivos respeitantes ao trabalhador (art. 213.º/4), colocam-se dúvidas quanto a ausências nesta não integrantes e em relação às quais é referida a equiparação legal a prestação efectiva de trabalho (vg. arts. 35.º, 36.º, 38.º, 40.º, 42.º, 50.º, 80.º, 454.º). Numa interpretação legal formal, não temos dúvidas de que foi intenção do legislador contabilizar todas as ausências usando um critério de prestação efectiva de trabalho, de verdadeira e não equiparada presença do trabalhador,[122] na perspectiva de prémio pela perfeita ou quase perfeita assiduidade, e não de diminuição de direitos adquiridos (o que traduziria um *castigo* real pelas ausências faltosas).[123]

---

[119] O que acontece quando do referido acordo de aumento do período mínimo de férias não se retira uma renúncia do trabalhador ao exercício do direito previsto no art. 213.º/3, nos termos do art. 213.º/5. Por maioria de razão, o mesmo entendimento aplica-se nas empresas em que, à entrada em vigor do Código, vigore já o período de férias superior ao legal, pois este foi acordado sem ponderação das finalidades implícitas num preceito inexistente e, portanto, sem integrar uma renúncia do trabalhador.

[120] Ou seja, a renúncia do trabalhador actua em relação a um direito a férias (mínimo ou aumentado até ao plafon mínimo de 20 dias e sem prejuízo da retribuição e respectivo subsídio) já adquirido e cujo processo de aquisição não pode ser alterado.

[121] Neste sentido, ROMANO MARTINEZ e outros, cit., 352. Se a lei permitisse a atribuição de mais dias de férias sem subsídio, esbatia-se a diferença prática entre essa situação e a autorização de faltas com remuneração.

[122] Idem, ibidem, 351-352.

[123] Todavia, mantemos as nossas dúvidas acerca da conformação desta regra com os ditames constitucionais de não discriminação em função, vg., do sexo, da igualdade retri

318 *Estudos de Direito do Trabalho em Homenagem ao Prof. Manuel Alonso Olea*

Outra questão interessante pondera a neutralização de uma falta considerada para efeito da não majoração do direito a férias, através da substituição da mesma requerida pelo trabalhador ao abrigo do art. 231.°/2, o que em nosso entender não encontra fundamento legal bastante.[124]

---

butiva ou da protecção do direito à greve; e, em consequência, sobre a integração no art. 213.°/3/4, para efeito de dedução no aumento das férias, das ausências praticadas pela trabalhadora mulher nessa qualidade ao abrigo da lei da protecção da maternidade e paternidade, bem como das faltas por adesão à greve, ou das cometidas por trabalhador homem no âmbito do serviço militar. É certo que não está directamente em causa uma diferenciação salarial nomeadamente a título de prémios pecuniários, mas o resultado é substancialmente idêntico: por força das faltas justificadas por motivos protegidos constitucionalmente, ao mesmo trabalho não corresponderá o mesmo salário, porque os trabalhadores que têm mais férias recebem o mesmo salário mas trabalham menos do que os colegas (já naqueles dias de férias não trabalham), além de que, como têm mais férias remuneradas, também auferem mais a título de subsídio de férias, afectando o quantitativo do salário mensal. Pode tratar-se, a nosso ver, de uma discriminação indirecta (arts. 22.° e 23.°), de uma inconstitucionalidade ou de uma deficiente, por omissão, transposição das directivas comunitárias aplicáveis. No que respeita à regulamentação do Código cuja proposta de lei, de 7/1/04, já se encontra disponível no site do MTSS, ficam reforçadas as nossas dúvidas. Afinal, o art. 35.°/3 refere expressamente que as dispensas, licenças e faltas praticadas no âmbito da protecção da maternidade e paternidade, não podem ser fundamento de diferenciação de retribuição; o art. 99.°/1 repete o regime do art. 50.°/1 do Código; e o art. 99.°/4, como aplica o regime da suspensão às licenças e dispensas dos arts. 43.°/3/4/5 e 44.° do Código, interpretado *a contrario sensu* permite concluir que todas as outras situações não são suspensão e, por conseguinte, não são faltas para efeitos do art. 213.°/3.

[124] Em relação a faltas justificadas este procedimento não produz resultados nos dias de férias (porque se ganha um dia pelo art. 213.°/1, perdendo-se outro no art. 232.°/2) mas tem efeitos positivos no desconto da retribuição. Situação mais vantajosa parece decorrer da substituição de uma falta injustificada, sobretudo nas situações em que doutra forma o trabalhador tinha majoração do direito a férias (quando tem 1 falta injustificada e até três faltas justificadas). Nesses casos, a perda de um dia de férias usando a regra do art. 232.°/2 pode provocar, não apenas o não desconto retributivo, mas também o ganho de 3 dias de férias, num lucro de dois. Entendemos que a substituição das faltas por férias não neutraliza o efeito inovador da falta na não majoração do direito a férias porque aquela substituição só afasta, nos efeitos típicos das faltas, o desconto retributivo, mantendo-se todos os restantes (das faltas injustificadas, a antiguidade e os efeitos disciplinares). Ora, se o art. 213.°/3 prevê um novo efeito provocado pelas faltas, também este se mantém e não é afastado pelo art. 232.°/2. Ademais, neste último preceito, não se pune apenas a objectiva falta de produtividade correspondente ao não trabalho de um dia, mas também as consequências perniciosas na organização da empresa da violação das expectativas criadas num grupo de trabalho que se pretende coeso e colaborante. Eventualmente perante o caso em concreto se podem encontrar situações que a falta, mesmo injustificada, não provocou esse efeito porque, vg., foi comunicada com muita antecedência mas o motivo era de duvidoso enquadramento legal.

III. CONCLUSÃO

Concluímos que mesmo antes da entrada em vigor do Código do Trabalho a legislação laboral já promovia um combate razoável ao absentismo fraudulento, na medida do que é por natureza possível. Se essa luta não surtiu maiores e melhores efeitos, se não foi tão útil e eficaz como parece decorrer das normativos analisados, isso provavelmente resulta do desconhecimento, mesmo por parte dos empregadores, das vias legais que o direito do trabalho sempre colocou à sua disposição para actuar e, consequentemente, da respectiva inércia. A consciência das regras permite, vg., construir uma estratégia global e definir um tratamento genérico para todas as ausências, de forma prévia a quaisquer eventualidades, em regulamentos, circulares ou contratos de trabalho, com o objectivo de evitar a gratuita e tantas vezes não intencional criação de direitos adquiridos dos trabalhadores, que atenuam os efeitos dissuasores da ausências ilegítimas.[125]

O Código do Trabalho nasceu, assim, num momento de descoberta da real dimensão empresarial dos problemas laborais, assumindo como próprias as preocupações crescentes nascidas das consequências negativas do absentismo galopante e promovendo um combate definido, que não apenas torna as medidas legais já existentes mais eficazes, como inova criando outras por via positiva do incentivo à assiduidade. É certo que pode eventualmente pecar por omissão, por fazer menos do que deveria e poderia ser feito nesta fase em prol da mesmo objectivo.[126]

---

[125] Essas medidas cautelares ou profilácticas poderiam, vg. incluir regras sobre a antecipação das justificação que o empregador pretende autorizar, a duração das mesmas e a natureza retributiva; sobre a necessidade de apresentação de comprovativo, prazo e condições de forma; limites de eventuais direitos a adiantamentos dos subsídios e respectivos diferenciais retributivos.

[126] Nomeadamente não foi tão longe como o ET que, no art. 52.°, tomou o absentismo como causa objectiva da cessação do contrato de trabalho e permitiu o despedimento com base na prática de faltas, justificadas (excluindo certos motivos como os relativos à maternidade) ou injustificadas, de assistência e não de pontualidade, mesmo intermitentes, que atinjam uma certa percentagem (20% em 2 meses seguidos e 25% em 4 descontínuos durante 12 meses) em certas circunstâncias (desde que os outros trabalhadores da mesma empresa também acusem um absentismo superior a 5% nas mesmas condições). Cfr. SALA FRANCO, cit., 18-21, 1013; MONTOYA MELGAR, MORENO, NAVARRO, SALMERÓN, cit., 404-414. Como esclarecem estes últimos autores, 412, a ausência é contemplada numa perspectiva completamente objectiva, como um acontecimento que transtorna a marcha normal da empresa, sem considerar a intervenção culpável do trabalhador, ainda que seja possível entender que este regime venha a funcionar como uma presunção de comportamento

Mas qualquer mais valia, ainda que meramente concretizada num reforço de armas, é benvinda numa luta que infelizmente ocupará o legislador laboral durante pelo menos alguns anos.

---

culposo. O motivo afecta um certo trabalhador, mas a sua virtualidade liga-se, não só às ausências do interessado, mas a um dado complementar essencial que corresponde ao mesmo comportamento generalizado da empresa. No direito francês, a *Cour de Cassation*, apesar do art. 122.25 do Code du Travail proibir os despedimentos por doença do trabalhador sem que haja uma decisão médica a aprovar a sua inaptidão, tem admitido as perturbações no bom funcionamento da empresa, provocadas pelo absentismo prolongado, ainda que justificado, como causa séria de despedimento (cfr. PÉLISSIER, SUPIOT e JEAMMAUD, cit., 545-463). No direito italiano, respeitados certos requisitos, o empregador pode despedir o trabalhador que excede os períodos de suspensão do contrato por doença definidos na lei (3 ou 6 meses, consoante a antiguidade. Cfr. GALANTINO, cit., 438-440).

SOBRE A GARANTIA DOS CRÉDITOS LABORAIS NO CÓDIGO DO TRABALHO*

JOANA VASCONCELOS

Introdução

O Código do Trabalho dedica, em sede de incumprimento do contrato, uma secção – a secção III, do Capítulo VIII, formada pelos arts. 377.º a 380.º – à garantia dos créditos laborais dos trabalhadores.

O objectivo desta secção, que constitui uma das novidades do Código, é dotar tais créditos – que, enquanto "créditos emergentes do contrato de trabalho e da sua violação ou cessação"[1], não se cingem ao mero crédito de retribuição – de garantias mais efectivas da sua satisfação, quer colocando o trabalhador numa posição de credor privilegiado relativamente aos bens que integram o património do empregador, quer abrindo-lhe a possibilidade de obter esse pagamento à custa de um outro património, para além daquele.

Nesse sentido, a uma primeira disposição, de âmbito geral, sobre privilégios creditórios (art. 377.º), seguem-se duas, aplicáveis apenas na hipótese de o empregador ser uma sociedade comercial e que definem os ter-

---

* O texto que agora se publica corresponde, no essencial, às intervenções que proferimos no IV Curso de Pós-Graduação em Direito do Trabalho e da Segurança Social, organizado pelo Instituto de Direito do Trabalho da Faculdade de Direito da Universidade de Lisboa, no ano lectivo de 2002/2003, e na Pós-Graduação em Direito do Trabalho, organizada pelo Gabinete de Estudos do Trabalho, da Faculdade de Direito da Universidade Católica Portuguesa, no ano lectivo de 2003/2004.

[1] A expressão, utilizada nos arts. 377.º a 380.º do Código do Trabalho, reproduz, com ligeiras alterações de redacção, a constante do art. 25.º da LCT que, inspirada no art. 737.º, n.º 1, al. d), do Código Civil, se refere aos "créditos emergentes do contrato de trabalho ou da violação ou cessação deste contrato".

322 *Estudos de Direito do Trabalho em Homenagem ao Prof. Manuel Alonso Olea*

mos em que, pelos créditos laborais dos trabalhadores, respondem solidariamente as sociedades que com a sociedade-empregadora estejam em relação de participações recíprocas, de domínio ou de grupo (art. 378.°), os sócios controladores da sociedade-empregadora (art. 379.°, n.° 1) e, ainda, os seus gerentes, administradores ou directores (art. 379.°, n.° 2). A terminar, surge-nos uma disposição (art. 380.°) que, ao remeter a satisfação dos créditos laborais dos trabalhadores em caso de insolvência ou de situação económica difícil do empregador para o Fundo de Garantia Salarial – ainda que nos termos a definir em legislação especial – esclarece que as normas precedentes, deixam, naturalmente, imprejudicada a aplicabilidade daquele sistema garantístico, com origem no direito comunitário.

Porque este estudo pretende ser uma primeira aproximação às novas soluções consagradas no Código do Trabalho neste domínio, serão sucessivamente versados os traços principais da disciplina dos privilégios creditórios, da responsabilidade solidária das sociedades coligadas com a sociedade-empregadora e da responsabilidade dos respectivos sócios, gerentes, administradores e directores, procurando, relativamente a cada matéria, determinar o sentido e o alcance essencial das novas disposições, bem como as principais questões que estas porventura suscitem.

I. PRIVILÉGIOS CREDITÓRIOS

1. As novidades introduzidas pelo Código do Trabalho

Em matéria de privilégios creditórios dos créditos laborais, o Código do Trabalho altera significativamente o regime que resultava dos arts. 25.° da LCT, 12.° da Lei n.° 17/86, de 14 de Junho (LSA) e 4.° da Lei n.° 96//2001, de 20 de Agosto[2].

---

[2] Sobre o regime dos privilégios creditórios no direito anterior ao Código do Trabalho, v., referindo-se ao quadro normativo que precedeu a Lei n.° 96/2001, de 20 de Agosto, MENEZES CORDEIRO, *Manual de Direito do Trabalho*, 1991, pp. 741 ss.; "Salários em Atraso e Privilégios Creditórios – Anotação do Acórdão do STJ de 3 de Março de 1998" in *ROA*, 1998, III-IV, pág. 392; LEAL AMADO, *A Protecção do Salário*, Separata do Volume XXXIX do Suplemento ao *BFDUC*, 1993, pp. 143 ss.; BERNARDO XAVIER, *Curso de Direito do Trabalho*, 2.ª ed., 1993, pp. 407 ss.; MÁRIO PINTO/PEDRO FURTADO MARTINS//ANTÓNIO NUNES DE CARVALHO, *Comentário às Leis do Trabalho*, Vol. I, 1994, pp. 125 ss.; ANTÓNIO NUNES DE CARVALHO, "Reflexos laborais do Código dos Processos Especiais de Recuperação da Empresa e de Falência" in *RDES*, 1995, n.°s 1/2/3, pp. 68 ss.; PEDRO ROMANO MARTINEZ, "Repercussões da falência nas relações laborais" in *Revista da Faculdade*

Sobre a Garantia dos Créditos Laborais no Código do Trabalho   323

São três os pontos em que o art. 377.º inova relativamente ao direito anterior.

Em primeiro lugar, e no que se refere ao âmbito de aplicação dos privilégios creditórios, conclui-se agora o seu alargamento, iniciado com a Lei n.º 96/2001, a todos os "créditos emergentes do contrato de trabalho e da sua violação ou cessação, pertencentes ao trabalhador" (art. 377.º, n.º 1).

Depois, o privilégio mobiliário geral é graduado, no n.º 2, al. a), do art. 377.º, "antes dos créditos referidos no n.º 1 do artigo 747.º do Código Civil", tendo esta nova regra afastado a que constava dos arts. 12.º, n.º 3, al. a), da LSA e 4.º, n.º 4, al. a), da Lei n.º 96/2001.

Finalmente, o privilégio imobiliário geral, criado pelo art. 12.º, n.º 1, al. b), da LSA, e alargado a todos os créditos emergentes do contrato de trabalho referidos no n.º 1 do art. 4.º da Lei n.º 96/2001, pela al. b) do mesmo preceito, é substítuido por um privilégio imobiliário especial sobre os "bens imóveis do empregador nos quais o trabalhador preste a sua actividade, graduado nos mesmos termos em que o era aquele" (art. 377.º, n.º 3).

2. Sentido das novas soluções

2.1. *Regulamentação unitária dos privilégios creditórios dos créditos laborais*

As soluções agora consagradas retomam o objectivo, já presente na Lei n.º 96/2001, de superar a dualidade de regimes em matéria de privilégios creditórios dos créditos laborais, submetendo-os a uma regulamentação unitária[3].

---

de Direito da Universidade de Lisboa, Vol. XXXVI, 1995, pp. 421 ss.; *Direito do Trabalho*, 2002, pp. 566 ss.; MONTEIRO FERNANDES, *Direito do Trabalho*, 11.ª ed., 1999, pp. 424 ss.; e, especificamente à disciplina constante da Lei n.º 96/2001, LUÍS MIGUEL LUCAS PIRES, "Os privilégios creditórios dos créditos laborais" in *Questões Laborais*, Ano IX, n.º 20, 2002, pp. 164 ss..

[3] Recorde-se, com efeito, que o privilégio mobiliário geral concedido pelo Código Civil, se abrangia quaisquer "créditos emergentes do contrato de trabalho, ou da violação ou cessação deste contrato", era, contudo, limitado aos "créditos relativos aos últimos seis meses" (art. 737.º, n.º 1, al. d)). E que o regime especial constante da LSA, aplicável em caso de "falta de pagamento pontual da retribuição [...] por prazo superior a 30 dias" (art. 3.º, n.º 1), se cingia ao crédito de retribuição e não já a outros créditos emergentes do contrato de trabalho, pertencentes ao trabalhador, não resultantes de atraso no pagamento

Isto é especialmente nítido perante a previsão do art. 377.º, que abrange todos os "créditos emergentes do contrato de trabalho e da sua violação ou cessação, pertencentes ao trabalhador", suprimida que foi a exclusão dos "créditos de carácter excepcional, nomeadamente as gratificações extraordinárias e a participação nos lucros das empresas", prevista no n.º 2 do art. 4.º da Lei n.º 96/2001. Não menos significativamente, o mesmo preceito deixa de conter qualquer diferenciação, nomeadamente para efeitos de graduação – e que aquela Lei ainda mantinha, no seu art. 4.º, n.º 3[4] – entre créditos resultantes do atraso no pagamento da retribuição e outros créditos dos trabalhadores com origem no contrato de trabalho.

Por outro lado, se na prossecução daquele objectivo, a Lei n.º 96/ /2001 se limitou a conferir alcance geral ao regime especial previsto na LSA[5], o Código do Trabalho foi mais longe, rompendo com o direito anterior em dois pontos que, mesmo quando restritos aos salários em atraso, eram fonte de dúvidas e controvérsias – a graduação do privilégio mobiliário geral e a concessão aos créditos laborais de um privilégio imobiliário especial. O novo regime dos privilégios creditórios laborais é, assim, marcado pelo abandono de soluções criadas, com carácter excepcional e âmbito de aplicação restrito, no contexto da chamada "legislação de emergência", e sua substituição por outras, concebidas como esquema normal de reforço da garantia patrimonial e destinadas à generalidade dos créditos laborais dos trabalhadores.

---

da retribuição. Sobre este ponto, v. LEAL AMADO, *A Protecção do Salário* cit., p. 151; MÁRIO PINTO/PEDRO FURTADO MARTINS/ANTÓNIO NUNES DE CARVALHO, *Comentário às Leis do Trabalho* cit., pp. 126-127.

A Lei n.º 96/2001, de 20 de Agosto, eliminou as duas apontadas restrições e, sobretudo, esbateu a distinção entre um regime geral e um regime especial de privilégios creditórios, aplicando aos créditos abrangidos pelo n.º 1 do seu art. 4.º – "créditos emergentes de contrato de trabalho ou da sua violação não abrangidos pela Lei n.º 17/86, de 14 de Junho", com excepção dos "créditos de carácter excepcional, nomeadamente as gratificações de carácter extraordinário e as participação nos lucros das empresas" referidos no seu n.º 2 – o essencial do disposto na LSA sobre privilégios creditórios.

[4] O art. 4.º, n.º 3, da Lei n.º 96/2001 prescrevia que, em caso de concurso entre os créditos a que se referia o seu n.º 1 e os créditos abrangidos pela LSA, estes últimos seriam pagos com preferência sobre aqueles. Por outro lado, enquanto os créditos previstos no art. 4.º, n.º 1 da Lei n.º 96/2001 cediam perante os privilégios por despesas de justiça, o mesmo não sucedia com os créditos abrangidos pela LSA (arts. 4.º, n.ºs 3 e 4 da Lei n.º 96/2001 e 12.º, n.º 2 da LSA). Sobre este ponto, v. LUÍS MIGUEL LUCAS PIRES, "Os privilégios creditórios dos créditos laborais" cit., pp. 182-183.

2.2. A nova graduação dos créditos laborais com privilégio mobiliário geral

No que se refere à graduação dos créditos laborais dos trabalhadores com privilégio mobiliário geral, o Código do Trabalho eliminou a regra, originária do art. 12.°, n.° 3, al. a), da LSA e que, por força do art. 4.°, n.° 4, al. a), da Lei n.° 96/2001 passara a aplicar-se aos créditos por ela abrangidos, de que aquele seria graduado "antes dos créditos referidos n.° 1 do artigo 747.° do Código Civil, mas pela ordem dos créditos enunciados no artigo 737.° do mesmo Código". Criticada por ser dificilmente inteligível e até contraditória[6], esta regra gerou dificuldades na sua aplicação, que o alargamento do seu âmbito veio, naturalmente, avolumar.

Em seu lugar prevê-se agora que aqueles créditos "são graduados antes dos referidos no artigo 747.°, n.° 1, do Código Civil". Significa isto que tais créditos prevalecem, não apenas sobre os demais créditos com privilégio mobiliário geral, como, ainda, sobre os créditos com privilégio mobiliário especial enunciados naquele preceito, cedendo unicamente perante os privilégios por despesas de justiça, previstos no art. 746.° do Código Civil.

Esta solução representa, quanto à prevalência sobre os demais privilégios mobiliários previstos no art. 737.° do Código Civil, a consagração da leitura que da norma antecedente fazia a maioria da nossa doutrina[7]. Di-

---

[5] Designadamente substituindo as regras relativas à graduação do privilégio mobiliário geral constantes dos arts. 746.°, 747.° e 737.°, n.° 1, do Código Civil pela constante do art. 12.°, n.° 3, al. a), da LSA, e dotando os créditos laborais previstos no seu art. 4.°, n.°s 1 e 2, de um privilégio imobiliário geral em tudo idêntico ao que beneficiava os salários em atraso – era o que resultava do disposto no seu art. 4.°, n.° 4, als. a) e b).

[6] Neste sentido, v. MENEZES CORDEIRO, *Manual de Direito do Trabalho* cit., p. 742, n. 64; LEAL AMADO, *A Protecção do Salário* cit., p. 152; ANTÓNIO NUNES DE CARVALHO, "Reflexos laborais do Código dos Processos Especiais de Recuperação da Empresa e de Falência" cit., pp. 70-71.

[7] Perante a manifesta dificuldade em conferir um sentido útil ao art. 12.°, n.° 3, al. a) da LSA, tal como este se encontrava formulado, a nossa doutrina orientou-se maioritariamente para, desconsiderando a sua parte final, retirar da sua parte inicial uma significativa melhoria na posição do privilégio mobiliário geral, que prevaleceria sobre todos os privilégios previstos no art. 747.° do Código Civil. Neste sentido, SOVERAL MARTINS, *Legislação Anotada sobre Salários em Atraso*, 1986, pág. 29; MENEZES CORDEIRO *Manual de Direito do Trabalho* cit., p. 742, n. 64, LEAL AMADO, *A Protecção do Salário* cit., p. 152; ANTÓNIO NUNES DE CARVALHO, "Reflexos laborais do Código dos Processos Especiais de Recuperação da Empresa e de Falência" cit., p. 71; MONTEIRO FERNANDES, *Direito do Trabalho* cit., p. 425.

326 *Estudos de Direito do Trabalho em Homenagem ao Prof. Manuel Alonso Olea*

versamente, a preferência reconhecida aos créditos por despesas de justiça previstos no art. 746.° do Código Civil envolve, no que respeita aos créditos até agora abrangidos pela LSA, um recuo na protecção de que gozavam no sistema anterior[8].

2.3 *Substituição do privilégio imobiliário geral por um privilégio imobiliário especial "sobre os bens imóveis do empregador nos quais o trabalhador preste a sua actividade"*

Conforme já se antecipou, o privilégio imobiliário geral, criado pelo art. 12.°, n.° 1, al. b), da LSA, e generalizado, nos termos *supra* referidos, pela Lei n.° 96/2001, é agora substituído por um privilégio imobiliário especial "sobre os bens imóveis do empregador nos quais o trabalhador preste a sua actividade" (art. 377.°, n.° 1, al. b)).

Para a abolição desta figura que, desde o seu aparecimento gerara alguma perplexidade, por contrariar os postulados do nosso sistema em matéria de privilégios creditórios[9] contribuiram as dificuldades sentidas na sua articulação com os direitos de terceiros.

Recorde-se, com efeito, que perante o silêncio do Código Civil, a doutrina e a jurisprudência se dividiram, a propósito do regime que lhe seria aplicável, entre os que defendiam a sua sujeição, enquanto privilégio geral, ao disposto no art. 749.°, que salvaguarda os direitos reais de terceiros[10] e os que, diversamente, lhe aplicavam, enquanto privilégio imo-

---

[8] Conforme houve já ocasião de referir – cfr. *supra* a n. 4 – no sistema da LSA o privilégio mobiliário geral de que gozavam os créditos por ela abrangidos prevalecia sobre os privilégios por despesas de justiça (art. 12.°, n.° 2, da LSA).

[9] Segundo o art. 735.°, n.° 3, do Código Civil "todos os privilégios imobiliários são especiais". Para maior desenvolvimentos sobre este ponto, v. MENEZES CORDEIRO, *Direito das Obrigações*, 2.° vol. cit., pp. 500-501; "Salários em Atraso e Privilégios Creditórios – Anotação do Acórdão do STJ de 3 de Março de 1998" cit., pág. 392; ALMEIDA COSTA, *Direito das Obrigações* cit., pp. 899-890, n. 2

Este privilégio imobiliário geral destinado a acautelar os créditos salariais dos trabalhadores não constituiu caso único no nosso direito: vejam-se os diversos outros casos enumerados em ALMEIDA COSTA, *Direito das Obrigações*, 9.ª ed., 2001, pp. 899-900, n. 2 e, mais adiante neste estudo, a n. 13, onde se faz referência a dois deles.

[10] MENEZES CORDEIRO, *Direito das Obrigações*, 2.° vol. cit., p. 501; "Salários em Atraso e Privilégios Creditórios" cit., pág. 392; LEAL AMADO, *A Protecção do Salário* cit., pp. 153-154; ANTÓNIO NUNES DE CARVALHO, "Repercussões Laborais cit., p. 73; MONTEIRO FERNANDES, *Direito do Trabalho* cit., pág. 425; ALMEIDA COSTA, *Direito das Obrigações* cit., p. 909.

Sobre a Garantia dos Créditos Laborais no Código do Trabalho   327

biliário, o art. 751.º, que prescreve a oponibilidade a direitos reais adquiridos por terceiros e a prevalência sobre garantias reais anteriormente
constituídas[11].

E se a primeira orientação – os seus próprios defensores o admitiam[12]
– se revelava claramente insuficiente na tutela que conferia aos trabalhadores, a segunda resultou inviabilizada pela recente jurisprudência do Tribunal Constitucional que, em mais de uma ocasião, declarou inconstitucionais – por violação do princípio da confiança ínsito no princípio do
Estado de Direito democrático, consagrado no art. 2.º da Constituição
– normas que concediam privilégios imobiliários gerais, quando interpre-
tadas no sentido de tais privilégios preferirem à hipoteca, nos termos do
art. 751.º do Código Civil.[13]

Na jurisprudência mais recente, refiram-se, entre outros, o Ac. STJ de 27 de Maio de
2003, com texto integral disponível na base de jurisprudência do STJ, acessível em
www.dgsi.pt; o Ac. STJ de 12 de Junho de 2003, com texto integral disponível na base de
jurisprudência do STJ, acessível em www.dgsi.pt; o Ac. RP de 20 de Setembro de 2001,
com texto integral disponível na base de jurisprudência da Relação do Porto, acessível em
www.dgsi.pt; o Ac. RP de 27 de Setembro de 2001, com texto integral disponível na base
de jurisprudência da Relação do Porto, acessível em www.dgsi.pt; e o o Ac. RP de 14 de
Março de 2002, com texto integral disponível na base de jurisprudência da Relação do
Porto, acessível em www.dgsi.pt.

[11] SOVERAL MARTINS, *Legislação Anotada sobre Salários em Atraso* cit., pág. 30;
PEDRO ROMANO MARTINEZ, "Repercussões da falência nas relações laborais" cit., pp. 422-
423; *Direito do Trabalho*, 2002, p. 569, embora o A. criticasse, *de iure condendo,* a opção
legislativa.

Esta tese obteve acolhimento na jurisprudência recente, entre outros, nos Acs. STJ,
de 18 de Novembro de 1999, in BMJ, n.º 491, pp. 233 ss. e com texto integral disponível
na base de jurisprudência do STJ, acessível em www.dgsi.pt; e no o Ac. RP de 22 de Outubro de 2001, com texto integral disponível na base de jurisprudência da Relação do Porto,
acessível em www.dgsi.pt.

[12] V., por todos, LEAL AMADO, *A Protecção do Salário* cit., pág. 154.

[13] Cfr. o Ac. TC n.º 362/2002 (in DR, I-A, de 16 de Outubro de 2002) que declarou
a inconstitucionalidade, com força obrigatória geral, da norma constante, na versão primi-
tiva, do art. 104.º do Código do Imposto sobre o Rendimento das Pessoas Singulares, aprovado pelo Decreto-Lei n.º 442-A/88, de 30 de Novembro e, na numeração resultante do DL
n.º 198/2001, de 2 de Julho, do seu art. 111.º, na interpretação segundo a qual o privilégio
imobiliário geral nele conferido à Fazenda Pública prefere à hipoteca, nos termos do artigo
751.º do Código Civil (esta interpretação fora já declarada inconstitucional, em sede de fiscalização concreta, em três ocasiões: os Acs n.ºs 109/2002, 128/2002 e 132/2002) e, ainda,
o Ac. TC n.º 363/2002 (in DR, I-A, de 16 de Outubro de 2002) que declarou a inconstitucionalidade, com força obrigatória geral, das normas constantes do artigo 11.º do Decreto-
Lei n.º 103/80, de 9 de Maio, e do artigo 2.º do Decreto-Lei n.º 512/76, de 3 de Julho, na
interpretação segundo a qual o privilégio imobiliário geral nelas conferido à segurança

O novo privilégio imobiliário especial teve um relevante antecedente no Anteprojecto de Lei do Contrato de Trabalho, elaborado por Pessoa Jorge, cujo art. 19.°, al. d), previa um privilégio imobiliário "sobre os prédios da entidade patronal em que se acha instalado o estabelecimento onde o trabalhador presta serviço"[14], que não chegou, contudo, a transitar para a LCT[15].

E apesar de implicar, relativamente ao privilégio geral que o antecedeu, uma redução do elenco de bens imóveis do empregador afectados, afigura-se que este privilégio imobiliário especial envolve um inquestionável reforço da tutela conferida aos créditos dos trabalhadores, pois, mantendo a graduação privilegiada que a este era conferida pelo direito anterior[16], prevalece, em conformidade com o sistema do Código Civil, sobre direitos reais de gozo e de garantia de terceiro, nos termos do art. 751.°, perfilando-se como uma verdadeira garantia real dos créditos que visa acautelar[17].

---

social prefere à hipoteca, nos termos do artigo 751.° do Código Civil (interpretação já anteriormente declarada inconstitucional, em sede de fiscalização concreta, em três ocasiões: os Acs n.° 160/2000 e n.° 193/2002 e a decisão sumária n.° 67/2002, de 7 de Março de 2002).

[14] Pessoa Jorge, "Contrato de Trabalho – Anteprojecto de diploma legal", in ESC, n.° 13, 1965, p. 259.

[15] Sobre este ponto, salientando a "intensidade da garantia" oferecida por esta solução, que prevaleceria sobre a própria hipoteca, v. Monteiro Fernandes, "A protecção do salário no direito português" in ESC, n.° 17, 1966, pp. 73-74; Mário Pinto/Pedro Furtado Martins/António Nunes de Carvalho, Comentário às Leis do Trabalho cit., pp. 125-126.

[16] O art. 377.°, n.° 2, al. b) gradua os créditos que gozem deste privilégio imobiliário especial, "antes dos créditos referidos no art. 748.° do Código Civil e ainda dos créditos de contribuições devidas à Segurança Social", reproduzindo o disposto nos arts. 12.°, n.° 3, al. b) da LSA e 4.°, n.° 4, al. b) da Lei n.° 96/2001.

[17] Ao contrário do privilégio imobiliário geral que o antecedeu, o qual, em razão da sua generalidade (e tal como o privilégio mobiliário geral) não constituía um verdadeiro direito real de garantia, por "não incidir sobre coisas corpóreas certas e determinadas", reconduzindo-se tais fuguras a "preferências gerais anómalas" (Menezes Cordeiro) ou "meros direitos de prioridade que prevalecem contra os credores comuns" (Almeida Costa). Para maior desenvolvimentos sobre este ponto, v. Menezes Cordeiro, Direito das Obrigações, 2.° vol. cit., p. 501; Almeida Costa, Direito das Obrigações cit., p. 909.

II. RESPONSABILIDADE SOLIDÁRIA DAS SOCIEDADES QUE COM A SOCIEDADE-EMPREGADORA ESTEJAM EM RELAÇÃO DE PARTICIPAÇÕES RECÍPROCAS, DE DOMÍNIO OU DE GRUPO PELOS CRÉDITOS LABORAIS DOS TRABALHADORES

1. Sentido da nova solução

O art. 378.º contém uma das mais marcantes inovações introduzidas pelo Código do Trabalho nesta matéria. Por força deste preceito, sempre que o empregador seja uma sociedade comercial e esteja com outra, ou outras, numa das relações de coligação societária nele especificadas, podem os seus trabalhadores demandar, indistintamente, a sociedade-empregadora ou qualquer uma daquelas sociedades, a fim de obterem a satisfação de créditos laborais, já vencidos, que sobre a primeira detenham.

O objectivo desta solução – que envolve o afastamento, excepcional e circunscrito a determinada categoria de créditos (os "emergentes do contrato de trabalho e da sua violação ou cessação", pertencentes aos trabalhadores) da regra da limitação da responsabilidade patrimonial das sociedades comerciais e a consequente atribuição às sociedades que com a sociedade-empregadora tenham relações especialmente intensas ou significativas, de uma responsabilidade por dívidas desta – é intensificar a garantia patrimonial de tais créditos, obviando a que a inclusão do empregador em determinado tipo de coligação intersocietária redunde em prejuízo dos seus trabalhadores.

Na vigência do direito anterior ao Código do Trabalho, a doutrina, se sublinhava o risco acrescido que para os respectivos credores, em especial para os trabalhadores, comportavam a subordinação da sociedade-empregadora à direcção unitária do grupo ou à influência dominante de outra sociedade[18], não deixava, contudo, de evidenciar a insuficiência do art. 501.º do CSC para acautelar tais situações[19].

---

[18] MARIA AUGUSTA FRANÇA, *A Estrutura das Sociedades Anónimas em Relação de Grupo*, 1990, pp. 27 segs. e 46 segs.; DIAS COIMBRA, "Grupo Societário em relação de domínio total e cedência ocasional de trabalhadores" in RDES, *1990*, n.ºs 1-2-3-4, pp. 119-120; BERNARDO XAVIER, *Curso de Direito do Trabalho* cit., pp. 312-313; TERESA ANSELMO VAZ, "A Responsabilidade do Accionista Controlador" in ROA, 1996, III-IV, pp. 343 segs.; CATARINA CARVALHO, *Da Mobilidade dos Trabalhadores no Âmbito dos Grupos de Empresas Nacionais*, 2001, pp. 34 e 77 segs.; PEDRO ROMANO MARTINEZ, *Direito do Trabalho* cit., pp. 130-131; ENGRÁCIA ANTUNES *Os Grupos de Sociedades* cit., pp. 151 segs. e 285 segs..

330 *Estudos de Direito do Trabalho em Homenagem ao Prof. Manuel Alonso Olea*

Claramente inspirada neste preceito, a solução constante do art. 378.° do Código vai, contudo, mais longe, quer alargando o núcleo de relações de coligação intersocietária abrangidas, quer conformando em termos mais latos a responsabilidade solidária das sociedades coligadas com a sociedade-empregadora por créditos emergentes do contrato de trabalho, sua violação ou cessação[20]. Do que se trata é de fazer, em geral, recair sobre as sociedades coligadas com a sociedade-empregadora – e não já sobre os respectivos trabalhadores – o risco da eventual falta de consistência do seu património. Finalmente, e porque a finalidade da nova disposição é essencialmente preventiva e garantística dos trabalhadores, a solidariedade nela prevista baseia-se na simples existência de uma relação de coligação intersocietária relevante, prescindindo da alegação e prova pelo trabalhador de qualquer situação patológica ocorrida no contexto de tal relação[21].

---

[19] MONTEIRO FERNANDES, *Direito do Trabalho* cit., pág. 249; CATARINA CARVALHO, *Da Mobilidade dos Trabalhadores no Âmbito dos Grupos de Empresas Nacionais* cit., pág. 80; ENGRÁCIA ANTUNES, *Os Grupos de Sociedades* cit., pp. 223-224, n. 444.

[20] Retomando aqui o que noutro local escrevemos, a propósito do inevitável confronto entre o art. 378.° do Código do Trabalho e o art. 501.° do CSC, a nova disposição "afasta-se significativamente do seu paradigma em, pelo menos, três pontos, dois no sentido do alargamento, o terceiro no sentido de uma maior exigência. Assim, se o artigo 501.° do CSC se cinge a dois dos esquemas de coligação societária nele regulados (grupos formados por contrato de subordinação e grupos constituídos por domínio total) a norma em apreço só não abrange a relação intersocietária de simples participação; por outro lado, se o mesmo artigo 501.° permite aos credores da sociedade subordinada ou dominada – e apenas a estes – demandar a sociedade directora ou dominante, a presente norma confere, como se viu, tal possibilidade aos trabalhadores de todas as sociedades coligadas, relativamente a qualquer sociedade que com a sociedade-empregadora esteja numa das relações intersocietárias nela previstas. Finalmente, enquanto o artigo 501.° exige para a efectivação da solidariedade nele prevista o mero decurso de 30 dias sobre a constituição em mora da sociedade devedora, a nova disposição aplica-se somente a créditos laborais vencidos há mais de três meses." (JOANA VASCONCELOS, anotação ao art. 378.° *in* PEDRO ROMANO MARTINEZ/LUÍS MIGUEL MONTEIRO/JOANA VASCONCELOS/PEDRO MADEIRA DE BRITO/GUILHERME DRAY/LUÍS GONÇALVES DA SILVA, *Código do Trabalho Anotado*, 2003, pp. 556 segs.). Voltaremos a estes pontos mais adiante, a propósito da análise dos aspectos essenciais da disciplina constante do art. 378.°

Quanto à questão de saber qual a norma aplicável a uma situação que integre a previsão de ambas, parece-nos que a norma especialmente ditada para o grupo, atenta a sua particular configuração e funcionamento, deve prevalecer sobre a norma mais geral, de reforço da garantia patrimonial dos credores laborais, resolvendo-se, pois, o concurso pela aplicabilidade do artigo 501.° do CSC.

[21] V., sobre este ponto *infra* os n.°s 3.1, III e IV.

2. Âmbito de aplicação

2.1. *Remissão para os arts. 481.° e segs. do CSC*

A previsão do art. 378.° – e como tal, o âmbito de aplicação da solução nele consagrada – é recortada mediante remissão para o Código das Sociedades Comerciais (CSC), mais exactamente para as relações intersocietárias de "participações recíprocas, de domínio ou de grupo", tal como estas são definidas nos seus artigos 481.° e segs.[22].

Sendo assim, a solidariedade nela prevista cinge-se aos tipos sociais referidos no art. 481.°, n.° 1, do CSC – sociedades anónimas, sociedades por quotas e sociedades em comandita por acções – aos quais se aplicam as regras do Título VI do CSC, relativas a sociedades coligadas[23].

Quanto às relações de coligação entre sociedades abrangidas, a nova disposição aplica-se às sociedades em relação de participações recíprocas (art. 485.° do CSC), de domínio (art. 486.° do CSC) e aos grupos constituídos por domínio total (art. 488.° segs. do CSC), por contrato de grupo paritário (art. 492.° do CSC) e por contrato de subordinação (arts. 493.° segs. do CSC), i.e. a todas as previstas e reguladas no CSC, com uma única excepção: a relação de simples participação (art. 483.° do CSC)[24].

Não era esta a solução proposta no Anteprojecto, cujo art. 308.° limitava esta responsabilidade solidária por créditos laborais às sociedades que estivessem "em relação de domínio ou de grupo" com a sociedade empregadora.

Tendo em conta a finalidade da presente norma, é de temer que o alargamento às sociedades em relação de participações recíprocas venha a revelar-se excessivo, tanto do ponto de vista dos credores de qualquer

---

[22] Sobre a disciplina das sociedades coligadas no CSC, v. Brito Correia, "Grupos de Sociedades" in *Novas Perspectivas do Direito Comercial*, 1988, pp. 388 segs.; Pereira Coelho, "Grupos de Sociedades – Anotação Preliminar aos arts. 488.° a 508.° do CSC" in *BFDUC*, 1988, pp. 336 segs.; Maria Augusta França, *A Estrutura das Sociedades Anónimas em Relação de Grupo* cit., pp. 21 segs.; Maria da Graça Trigo, "Grupos de Sociedades" in *O Direito*, 1991, pp. 54 segs..; Engrácia Antunes, *Os Grupos de Sociedades* cit., pp. 278 segs.

[23] Sobre este ponto, Maria da Graça Trigo, "Grupos de Sociedades cit., pp. 59-60; Engrácia Antunes, *Os Grupos de Sociedades* cit., pp. 292 segs.

[24] Para uma caracterização destas relações intersocietárias de coligação, v. Maria da Graça Trigo, "Grupos de Sociedades" cit., pp. 54 segs; Engrácia Antunes, *Os Grupos de Sociedades* cit., pp. 327 segs.

332 Estudos de Direito do Trabalho em Homenagem ao Prof. Manuel Alonso Olea

das sociedades, como dos próprios trabalhadores beneficiados, por ser muito duvidoso que nessa relação – que existe logo que "ambas as participações atinjam 10% do capital da participada" (art. 485.°, n.° 1, do CSC) – se verifiquem sempre a sujeição a uma direcção unitária ou a dependência intersocietária que caracterizam as demais situações de coligação e em face das quais se justificam os receios de lesão dos direitos patrimoniais dos trabalhadores.[25]

2.2. *Exclusão das situações de pluralidade de empregadores entre os quais exista uma relação societária de participações recíprocas, de domínio ou de grupo*

O art. 378.° permite aos trabalhadores, cujo empregador seja uma sociedade comercial, demandar, por créditos emergentes da respectiva relação laboral, outra ou outras sociedades comerciais, estranhas a tal vínculo, e unicamente em razão de uma relação de coligação que com aquela mantenham.

Significa isto que se quedam fora da sua previsão as situações de pluralidade de empregadores, constituídas ao abrigo da permissão do art. 92.°, n.° 1, em que um trabalhador se obriga a prestar trabalho, simultanea ou sucessivamente, "a vários empregadores entre os quais exista uma relação societária de participações recíprocas, de domínio ou de grupo"[26].

Quando assim suceda, as diversas sociedades coligadas são parte na relação laboral, mais exactamente, ocupam, todas elas, a posição de empregador sendo a sua responsabilidade pelos créditos emergentes de tal contrato de trabalho especificamente modelada pelo n.° 3 do art. 92.°, que estabelece uma responsabilidade solidária dos "empregadores beneficiários da prestação do trabalho" pelo "cumprimento das obrigações que decorram de tal contrato de trabalho cujo credor seja o trabalhador ou terceiros." Esta disposição, cujo âmbito de aplicação em parte coincide com

---

[25] Sobre o regime aplicável às participações recíprocas, v., por todos, ENGRÁCIA ANTUNES, *Os Grupos de Sociedades* cit., pp. 375 segs..

[26] Sobre esta solução, que constitui mais uma novidade introduzida pelo Código do Trabalho, v. LUÍS MENEZES LEITÃO, *Código do Trabalho Anotado*, 2003, pág. 90; LUÍS MIGUEL MONTEIRO, anotação ao artigo 92.° *in* PEDRO ROMANO MARTINEZ/LUÍS MIGUEL MONTEIRO/JOANA VASCONCELOS/PEDRO MADEIRA DE BRITO/GULHERME DRAY/LUÍS GONÇALVES DA SILVA, *Código do Trabalho Anotado* cit., pp. 180 segs..

o do art. 378.°[27], reveste, contudo, um alcance mais lato, pois alarga a terceiros (segurança social, administração fiscal, seguradoras) a responsabilidade solidária dos empregadores[28].

Refira-se, não obstante, que esta inaplicabilidade do disposto no art. 378.° às situações de pluralidade de empregadores entre os quais exista uma relação societária de participações recíprocas, de domínio ou de grupo se cinge, pelas razões expostas, às sociedades-empregadoras. Donde, a ser celebrado, no contexto de uma das relações de coligação intersocietária contempladas nos arts. 92.°, n.° 1, e 378.°, um contrato de trabalho com vários empregadores, mas circunscrito a, v.g, três das quatro sociedades totalmente dominadas por uma outra, o trabalhador contratado pelas primeiras sempre poderá valer-se do art. 378.°, para obter, junto das demais, a satisfação dos créditos laborais que sobre as sociedades-empregadoras detenha.

---

[27] Parece-nos que, pese embora a diferente terminologia utilizada – o n.° 3 do art. 92.° refere-se a "obrigações que decorram do contrato de trabalho" – integram a previsão de tal preceito todos os "créditos emergentes do contrato de trabalho e da sua violação ou cessação" contemplados no art. 378.° Porém, e porque o âmbito desta responsabilidade solidária ultrapassa a mera relação trabalhador/empregadores, alargando-se a "terceiros", entendemos que estão também abrangidos pela mesma previsão – o que justificaria a formulação utilizada – entre outros, as contribuições à segurança social, as retenções na fonte de IRS e os prémios de seguros de acidentes de trabalho.

[28] A responsabilidade solidária referida no texto deve ser articulada com o papel do empregador, obrigatoriamente identificado no contrato, que "representa os demais no cumprimento dos deveres e no exercício dos direitos emergentes do contrato de trabalho" (art. 92.°, n.° 1, al. c).

Afigura-se-nos, com efeito, que o âmbito por excelência de actuação deste "representante" comum dos diversos empregadores se situa nas relações "externas", com terceiros. Diversamente, quanto às relações "internas", i.e. entre o trabalhador e os seus vários empregadores, cremos que grau de intervenção e de "representação" deste "representante" variará de caso para caso consoante a concreta configuração de cada situação, sendo concebíveis dois extremos: o "representante" actuar sistematicamente em nome dos demais perante o trabalhador (pagamento da retribuição, justificação de faltas, marcação de férias, etc.), o que sucederá nas hipóteses de prestação simultânea de actividade a uma pluralidade de empregadores que mantenham estruturas organizativas comuns (pense-se, v.g. na recepcionista de um consultório médico partilhado por vários dentistas); e intervenção quase nula deste representante nas relações com o trabalhador que, contratado para prestar actividade nas diversas sociedades que integram um grupo, é sucessivamente afecto, por períodos mais ou menos longos (dois, três anos) a determinada sociedade, que durante todo esse período é o seu único interlocutor para todos os efeitos.

3. Aspectos essenciais do regime da responsabilidade solidária das sociedades coligadas com a sociedade-empregadora

3.1. *Pressupostos*

3.1.1. *A relação de coligação intersocietária relevante entre a sociedade-empregadora e a sociedade que se pretende demandar*

Conforme houve já ocasião de antecipar, a atribuição às sociedades coligadas com a sociedade-empregadora da responsabilidade desta por créditos laborais perante os seus trabalhadores assenta na mera existência, entre estas, de uma das situações de coligação enumeradas no art. 378.°, pelo que a aplicabilidade deste preceito depende unicamente da invocação, pelo trabalhador, da relação de coligação intersocietária relevante que, no caso, se verifique.

Mais exactamente, não se impõe ao trabalhador, quer a demonstração de que a actuação das sociedades envolvidas se dirigiu ou teve como resultado defraudar os seus direitos ou comprometer gravemente a respectiva satisfação, quer, contrariamente ao que sucede nas hipóteses contempladas no art. 379.° – a alegação e prova dos pressupostos da responsabilidade civil extracontratual (facto ilícito, culpa, dano, e causalidade)[29] para poder obter junto de tais sociedades a satisfação dos seus créditos laborais.

Por outro lado, também não exige que o trabalhador tenha prestado actividade na sociedade coligada com a sociedade-empregadora que pretende demandar, desde logo ao abrigo do mecanismo da cedência ocasional (previsto e regulado nos arts. 322.° e segs. do Código do Trabalho[30]). Mais exactamente, irreleva, para este efeito, que o trabalhador alguma vez tenha prestado a sua actividade fora da sociedade que o contratou, podendo, no limite, não ter trabalhado senão para esta.

---

[29] V., sobre este ponto, PUPO CORREIA, "Sobre a responsabilidade por dívidas sociais dos membros dos órgãos da sociedade" in *ROA*, 2001, pág. 681.

[30] Sobre o regime da cedência ocasional no Código do Trabalho, v. LUÍS MENEZES LEITÃO, *Código do Trabalho Anotado* cit., pp. 249 e segs.; GUILHERME DRAY, anotação aos artigos 322.° e segs. *in* PEDRO ROMANO MARTINEZ/LUÍS MIGUEL MONTEIRO/JOANA VASCONCELOS/PEDRO MADEIRA DE BRITO/GUILHERME DRAY/LUÍS GONÇALVES DA SILVA, *Código do Trabalho Anotado* cit., pp. 493 segs.

Sobre a Garantia dos Créditos Laborais no Código do Trabalho 335

3.1.2. *O vencimento do crédito há mais de três meses*

O recurso a este reforço da garantia patrimonial dos trabalhadores depende, ainda, da verificação de um requisito, relativo aos créditos laborais que por esta via se pretendem ver satisfeitos: o seu vencimento há mais de três meses[31].

A *ratio* de tal exigência parece prender-se com a necessidade de limitar o âmbito da responsabilidade solidária das sociedades coligadas com a sociedade-empregadora, que, se irrestritamente consagrada redundaria, não só em prejuízo dos respectivos credores – expostos, sem mais, ao concurso sobre o património social, dos trabalhadores de outra sociedade –, mas também num benefício injustificado para os próprios trabalhadores – sobretudo nos casos em que é ténue a relação intersocietária que funda esta solidariedade[32].

A solução acolhida, sem equivaler à conformação desta responsabilidade como subsidiária[33], permite que, pelo menos durante o prazo estabelecido, o trabalhador procure obter o pagamento do seu crédito junto da sociedade-empregadora, não se dirigindo, de imediato, às demais.

3.2. *Sociedades solidariamente responsáveis perante os trabalhadores*

Verificada a relação de coligação intersocietária relevante e o requisito relativo ao crédito laboral que se pretende fazer valer, qualquer trabalhador das sociedades envolvidas pode, indistintamente, dirigir-se à sociedade-empregadora ou a qualquer uma das outras, irrelevando, para tanto, as posições por estas reciprocamente ocupadas na relação de domínio ou de grupo.

---

[31] Este prazo representa um alargamento face à previsão do art. 308.º do Anteprojecto, limitada aos créditos "vencidos há mais de seis meses".

[32] Cfr. o que *supra* se disse, no n.º 2.1, acerca do alargamento da previsão do art. 378.º às sociedades em relação de participações recíprocas.

[33] Neste sentido, embora referindo-se ao art. 501.º, n.º 2, do CSC, que exige o decurso de "trinta dias após a constituição em mora da sociedade beneficiária", mas não a excussão do património da sociedade dirigida ou dominada, v. MARIA DA GRAÇA TRIGO, "Grupos de Sociedades" cit., pág. 93; RAÚL VENTURA, "Contrato de Subordinação" in *Novos Estudos sobre Sociedades Anónimas e Sociedades em Nome Colectivo*, 1994, pág. 123; ENGRÁCIA ANTUNES, *Os Grupos de Sociedades* cit., pág. 806.

336   *Estudos de Direito do Trabalho em Homenagem ao Prof. Manuel Alonso Olea*

O presente preceito tanto permite, pois, aos trabalhadores da sociedade dominada ou dirigida demandar a sociedade dominante ou directora, como aos trabalhadores destas demandarem uma das sociedades dominadas ou dirigidas; do mesmo modo que um trabalhador de uma sociedade dominada ou dirigida pode demandar outra sociedade dominada ou dirigida pela mesma sociedade dominante ou directora.

Com efeito, a plena realização do objectivo que inspira a solução agora consagrada, de obviar a que a integração da sociedade-empregadora num contexto empresarial mais vasto, com subordinação a um centro de decisão exterior a si, redunde em prejuízo patrimonial dos respectivos trabalhadores, postula, não tanto a atribuição desse risco às sociedades que efectivamente dirigem ou controlam a sua gestão[34], mas, sobretudo, a sua repartição por todas as sociedades que integram tal conjunto mais vasto.

3.3. *Direito de regresso contra a sociedade-empregadora*

Muito embora o art. 378.º não o refira, a sociedade que, por força da responsabilidade solidária nele estabelecida venha a satisfazer créditos laborais de trabalhadores de uma outra, com quem esteja numa das referidas relações de coligação, tem direito de regresso contra a sociedade-empregadora, e pela totalidade do montante que pagou.

Apontam nesse sentido a finalidade essencialmente garantística desta solidariedade – que, como em mais de uma ocasião se sublinhou, visa assegurar a efectiva satisfação dos créditos laborais dos trabalhadores –, o entendimento pacífico da nossa doutrina perante o lugar paralelo do art. 501.º[35] e, finalmente, as próprias regras gerais do Código Civil em matéria de solidariedade passiva[36].

---

[34] Este o modelo subjacente ao art. 501.º do CSC, que responsabiliza unicamente a sociedade directora ou dominante pelas dívidas da sociedade subordinada ou dominada, e por isso se mostrava insuficiente para assegurar a tutela do trabalhador nos termos referidos no texto. V., neste sentido, salientando o risco de esvaziamento de tal garantia pela dispersão do património por outras sociedades do grupo, CATARINA CARVALHO, *Da Mobilidade dos Trabalhadores no Âmbito dos Grupos de Empresas Nacionais* cit., pág. 80, ENGRÁCIA ANTUNES, *Os Grupos de Sociedades* cit., pp. 223-224, n. 444.

[35] V., por todos, ENGRÁCIA ANTUNES, *Os Grupos de Sociedades* cit., pp. 816 segs.

[36] Com efeito, muito embora o art. 516.º do Código Civil estabeleça a regra de que nas relações internas os condevedores solidários participam na dívida em partes iguais, admite igualmente que da relação entre eles existente possa resultar que "são diferentes as suas partes" ou, com especial relevância para a presente questão, "que só um deles deve

Sobre a Garantia dos Créditos Laborais no Código do Trabalho 337

III. RESPONSABILIDADE DOS SÓCIOS DA SOCIEDADE-EMPRE-GADORA PELOS CRÉDITOS LABORAIS DOS RESPECTIVOS TRABALHADORES

1. Sentido da nova solução

O art. 379.°, n.° 1, do Código do Trabalho permite aos trabalhadores, sempre que o empregador seja uma sociedade comercial e se verifiquem os pressupostos nele enunciados, exigir aos respectivos sócios a satisfação dos créditos laborais que sobre aquela detenham.

Por força deste preceito – que constitui outra das novidades do Código – os sócios da sociedade-empregadora passam a responder perante os respectivos trabalhadores nos mesmos termos em que já respondiam perante a sociedade e os demais sócios, no contexto do ordenamento societário: esta responsabilidade dos sócios por créditos laborais dos trabalhadores é assumidamente decalcada no regime previsto no art. 83.° do CSC, que vê assim o seu âmbito originário de aplicação alargado, de modo a abranger também os trabalhadores, relativamente aos respectivos créditos laborais.

Contudo, se o art. 379.°, n.° 1, do CSC inova, ao prescrever a aplicabilidade do regime de responsabilidade do sócio constante do art. 83.° do CSC também aos trabalhadores, não o faz, contudo no que se refere à regulamentação de tal responsabilidade, a qual remete, quer quanto à determinação dos sócios por ela abrangidos, quer quanto aos respectivos pressupostos, para as correspondentes disposições do CSC.

2. A responsabilidade do sócio controlador da sociedade-empregadora: remissão para os arts. 78.°, 79.° e 83.° do CSC

2.1. *Âmbito de aplicação: o sócio controlador*

A responsabilidade dos sócios por créditos laborais dos trabalhadores da sociedade-empregadora não abrange, naturalmente, todos e quaisquer só-

---

suportar o encargo da dívida" (v., no mesmo sentido, ENGRÁCIA ANTUNES, *Os Grupos de Sociedades* cit., pág. 817, n. 1599).

cios desta, mas apenas os denominados "sócios controladores", i.e. aqueles que exercem ou podem exercer uma influência dominante na sociedade[37].

Quanto ao que deva entender-se por sócio controlador para este efeito, o art. 379.°, n.° 1, remete, conforme já se antecipou, para o art. 83.° do CSC, cujos n.°s 1, 3 e 4 descrevem três situações em que se entende que o sócio exerce, ou pode exercer, uma influência dominante na sociedade[38], e que se prendem, genericamente, com a possibilidade de designar gerente, e de eleger ou destituir gerente, administrador ou membro do órgão de fiscalização da sociedade[39].

2.2. *Pressupostos: a responsabilidade do gerente, administrador ou director e a culpa do sócio controlador*

Porque em matéria de pressupostos da responsabilidade do sócio controlador por créditos laborais o Código do Trabalho quase não inova, limitando-se a remeter para o regime preexistente de direito societário, procuraremos não nos alongar sobre questões que extravasam manifestamente o domínio laboral[40].

Refira-se, em todo o caso, que a responsabilidade do sócio controlador depende sempre da responsabilidade do gerente, administrador ou

---

[37] TERESA ANSELMO VAZ, "A Responsabilidade do Accionista Controlador" cit., pág. 372; ENGRÁCIA ANTUNES, *Os Grupos de Sociedades* cit., pág. 585.

[38] Sobre esta noção, v. TERESA ANSELMO VAZ, "A Responsabilidade do Accionista Controlador" cit., pp. 334 segs.; ENGRÁCIA ANTUNES, *Os Grupos de Sociedades* cit., pág. 586, n. 1145.

[39] Mais exactamente, quando o sócio, "só por si ou juntamente com pessoas a quem esteja ligado por acordos parassociais", tenha, "por força de disposições do contrato de sociedade, o direito de designar gerente sem que todos os sócios deliberem sobre essa designação", tenha, "pelo número de votos de que dispõe, a possibilidade de fazer eleger gerente, administrador ou membro do órgão de fiscalização" e, finalmente, tenha possibilidade, "por força de disposições contratuais ou pelo número de votos de que dispõe, de destituir ou fazer destituir gerente, administrador ou membro do órgão de fiscalização (art. 83.°, n.°s 1, 3 e 4, do CSC).

Para um confronto entre estas situações e as de domínio, previstas no art. 486.° do CSC, salientando a sua parcial coincidência e as divergências em dois sentidos distintos, v. ENGRÁCIA ANTUNES, *Os Grupos de Sociedades* cit., pp. 587-588, n. 1145

[40] Sobre o regime do art. 83.°, v. TERESA ANSELMO VAZ, "A Responsabilidade do Accionista Controlador" cit., pp. 372 segs; ENGRÁCIA ANTUNES, Os Grupos de Sociedades cit., pp. 585 segs.

Sobre a Garantia dos Créditos Laborais no Código do Trabalho   339

membro do órgão de fiscalização por si designado ou eleito (ou não destituído): o sócio controlador responde, desde que este incorra em responsabilidade perante os respectivos trabalhadores, nos termos do art. 78.° e
79.°[41], e solidariamente com este.

Porém, esta responsabilidade pressupõe, ainda, a culpa do próprio
sócio – seja "culpa na escolha" (arts. 83.°, n.°s 1 e 3)[42], seja "quando pelo
uso da sua influência" tenha determinado a prática ou a omissão do acto
gerador de responsabilidade civil do gerente, administrador ou membro do
órgão de fiscalização[43].

Quando assim suceda, o sócio responde, nos termos conjugados do
art. 378.° e dos arts. 78.°, 79.° e 83.° do CSC, ou seja: perante os trabalhadores, solidariamente com a sociedade e com o gerente, administrador
ou director por si designado ou eleito, pelos créditos laborais devidos pela
sociedade-empregadora.

IV. RESPONSABILIDADE DOS GERENTES, ADMINISTRADORES E DIRECTORES DA SOCIEDADE EMPREGADORA PELOS CRÉDITOS LABORAIS DOS TRABALHADORES

1. O n.° 2 do art. 379.°: uma disposição nova mas não inovadora

De acordo com o art. 379.°, n.° 2, do Código do Trabalho, podem os
trabalhadores de uma sociedade comercial verificados os pressupostos
nele enunciados, exigir a satisfação dos créditos laborais que detenham
sobre a sociedade-empregadora aos respectivos gerentes, administradores
ou directores[44].

---

[41] Esta remissão do art. 379.° n.° 1 do Código do Trabalho para os arts. 78.° e 79.°
prende-se com a novidade por ele introduzida *supra* referida: ao conformar a pretensão dos
trabalhadores dirigida contra os sócios da sociedade segundo o art. 83.°, porque a responsabilidade dos sócios é solidária e pressupõe a dos gerentes, administradores e directores
perante os trabalhadores, e porque estes perante a sociedade são credores ou terceiros, tal
preceito teria necessariamente teria que convocar os arts. 78.° e 79.°

[42] Sobre esta culpa *in eligendo*, v. TERESA ANSELMO VAZ, "A Responsabilidade do
Accionista Controlador" cit., pp. 372 segs; ENGRÁCIA ANTUNES, *Os Grupos de Sociedades*
cit., pp. 586-587.

[43] Sobre este ponto, v. TERESA ANSELMO VAZ, "A Responsabilidade do Accionista Controlador" cit., pp. 375 segs; ENGRÁCIA ANTUNES, *Os Grupos de Sociedades* cit., pp. 588 segs..

[44] Muito embora a epígrafe do art. 379.° pareça sugerir o contrário, a previsão deste

340 *Estudos de Direito do Trabalho em Homenagem ao Prof. Manuel Alonso Olea*

Contrariamente ao que sucede com o art. 378.° e com o n.° 1 que o antecede, este n.° 2 do art. 379.° nada acrescenta ao dispositivo do CSC para cuja aplicação remete: o seu alcance essencial consiste unicamente em reafirmar – e, nessa medida, relembrar – a aplicabilidade destas soluções, constantes de normas de direito societário, no domínio laboral, tendo em conta que também os trabalhadores se perfilam como credores, e, bem assim, como terceiros[45] perante a sociedade-empregadora.

2. A responsabilidade dos gerentes, administradores e directores da sociedade-empregadora por créditos laborais desta: remissão para os arts. 78.° e 79.° do CSC

Em matéria de responsabilidade dos gerentes, administradores ou directores da sociedade empregadora por créditos laborais, o art. 379.°, n.° 2, do Código do Trabalho, abstendo-se de qualquer inovação, limita-se a remeter para o correspondente regime, constante do CSC – mais exactamente para os arts. 78.° e 79.°, relativos à responsabilidade dos gerentes, administradores ou directores, perante os credores sociais, "quando, pela inobservância culposa das disposições legais ou contratuais destinadas a protecção destes, o património social se torne insuficiente para a satisfação dos respectivos créditos"[46] e perante terceiros "nos termos gerais [...] pelos danos que directamente lhes causarem no exercício das suas funções"[47].

---

preceito abrange quaisquer administradores, gerentes ou directores da sociedade-empregadora, não se limitando à responsabilidade dos sócios decorrente do desempenho de tais funções – assim dispunha o art. 309.°, n.° 2, do Anteprojecto, de cujo alargamento subsequente resultou a actual versão do n.° 2 do art. 379.°

[45] Referindo-se especificamente ao art. 79.° do CSC, nota PUPO CORREIA ("Sobre a responsabilidade por dívidas sociais dos membros dos órgãos das sociedades" cit., pág. 675) que, nos casos não compreendidos no art. 78, a responsabilidade dos gerentes, administradores e directores pode ser enquadrada nos termos gerais deste preceito

[46] Sobre a responsabilidade – extracontratual – de gerentes, administradores ou directores da sociedade perante os credores sociais prevista no art. 78.° do CSC, v. MENEZES CORDEIRO, *Da Responsabilidade Civil dos Administradores das Sociedades Anónimas*, 1997, pp. 494 segs.; PUPO CORREIA, *Direito Comercial*, 7.ª ed., 2001, pp. 576 segs.; "Sobre a responsabilidade por dívidas sociais dos membros dos órgãos das sociedades" cit., pp. 675-676 e 678 segs.; MARIA ELISABETE RAMOS, "A Responsabilidade de Membros da Administração" *in Problemas do Direito das Sociedades*, 2002, pp. 81 segs.

[47] Sobre a responsabilidade – extracontratual – de gerentes, administradores ou directores da sociedade perante terceiros, prevista no art. 79.° do CSC, v. MENEZES COR-

Paralelamente, o mesmo preceito estabelece que os gerentes, administradores ou directores respondem, ainda, nos termos do art. 378.°, ou seja, solidariamente com a sociedade-empregadora pelos "montantes pecuniários de créditos emergentes do contrato de trabalho, sua violação ou cessação".

DEIRO, *Da Responsabilidade Civil dos Administradores das Sociedades Anónimas* cit., pág. 496; PUPO CORREIA, *Direito Comercial*, cit., pp. 583 segs.; "Sobre a responsabilidade por dívidas sociais dos membros dos órgãos das sociedades" cit., pp. 675-676; MARIA ELISABETE RAMOS, "A Responsabilidade de Membros da Administração" cit., pág. 88.

CONTRATO DE TRABALHO E CONDIÇÃO RESOLUTIVA
(BREVES CONSIDERAÇÕES A PROPÓSITO
DO CÓDIGO DO TRABALHO)

JOÃO LEAL AMADO

I – Introdução

«As partes podem subordinar a um acontecimento futuro e incerto a produção dos efeitos do negócio jurídico ou a sua resolução: no primeiro caso, diz-se suspensiva a condição; no segundo, resolutiva». Eis o que dispõe o art. 270.º do nosso Código Civil, assim nos esclarecendo, a um tempo, sobre o conceito de condição – cláusula acessória pela qual as partes fazem depender a vigência do contrato da verificação ou não verificação de um facto futuro e incerto – e sobre as suas principais modalidades – condição suspensiva e condição resolutiva.[1]

Enquanto cláusula acessória típica, a condição diferencia-se do termo porque, neste, o acontecimento previsto pelas partes é de verificação certa. Como ensina GALVÃO TELLES, «o termo não envolve aquele estado de pendência característico da condição; não existe incerteza sobre a produção dos efeitos ou sobre a sua permanência, porque antecipadamente se sabe que o evento previsto há-de verificar-se, como certo que é; apenas se difere ou limita no tempo a actuação do contrato, que principiará ou cessará com aquele evento. A ideia de pendência aparece substituída pela de dilação ou pela de limitação temporal».[2]

---

[1] Sobre esta matéria, v., em geral, MOTA PINTO, *Teoria Geral do Direito Civil,* 3.ª ed., Coimbra Editora, Coimbra, 1985, pp. 555 e ss., e OLIVEIRA ASCENSÃO, *Direito Civil – Teoria Geral,* vol. II, Coimbra Editora, Coimbra, 1999, pp. 286 e ss.

[2] *Manual dos Contratos em Geral,* 4.ª ed., Coimbra Editora, Coimbra, 2002, p. 274.

Não obstante a aparente simplicidade da distinção (termo/certo, condição/incerta), a verdade é que esta acaba por resultar algo obscurecida pela circunstância de a doutrina aludir, com frequência, às figuras do termo incerto e da condição certa. Há, pois, que clarificar a terminologia utilizada: se o termo consiste, por definição, num facto futuro e certo, a certeza quanto à ocorrência do evento poderá ser acompanhada da incerteza quanto ao momento em que ele virá a dar-se (termo incerto, *certus an incertus quando*) ou, pelo contrário, aquela certeza pode ir associada, de antemão, ao conhecimento do momento exacto em que o evento se verificará (termo certo, *certus an certus quando*); inversamente, se a condição se analisa, forçosamente, num facto futuro e incerto, esta incerteza poderá dizer respeito ao *se* e ao *quando* da verificação do acontecimento, isto é, à ocorrência do facto e à sua data (*incertus an incertus quando*), mas também poderá limitar-se ao *se* do evento, sabendo-se que, a verificar-se o mesmo, ele se verificará em determinada data (*incertus an certus quando*).[3]

Tudo isto é sabido e tudo isto tem a sua sede própria na Teoria Geral do Direito Civil. Se aqui o recordamos é, tão-só, com o intuito de delimitar o objecto do presente texto. Com efeito, é na condição e não no termo, é na condição resolutiva e não na condição suspensiva, que iremos centrar a nossa atenção. Mais concretamente, procuraremos averiguar se, à luz do Código do Trabalho recentemente aprovado (Lei n.° 99/2003, de 27 de Agosto), a convivência entre o contrato de trabalho e a condição resolutiva será ou não possível. Longe de pacífica, esta convivência tem-se revelado bastante problemática nas últimas décadas e a questão tem suscitado alguma controvérsia doutrinal e jurisprudencial, pelo que, numa fase de viragem normativa como aquela que atravessamos, não se afigura despiciendo indagar do destino daquela dupla: em comparação com o regime legal até agora vigente, o Código do Trabalho aproxima ou aparta a condição resolutiva do contrato de trabalho? O Código permite o casamento destas figuras ou, pelo contrário, acentua o respectivo divórcio?

---

3 Exemplo de termo certo: «No próximo dia 31 de Dezembro». Exemplo de termo incerto: «No dia em que A falecer». Exemplo de condição incerta: «No dia em que A contrair casamento». Exemplo de condição certa: «No dia em que A fizer 40 anos» (a data é certa, mas A pode falecer antes). Sobre a distinção, vincando que a mesma nem sempre se mostra fácil, sobretudo no tocante ao binómio termo incerto/condição, v. HARALD SCHLIEMANN (dir.), *Das Arbeitsrecht im BGB – Kommentar,* 2.ª ed., Walter de Gruyter, Berlim-Nova Iorque, 2002, pp. 621-622.

II – O problema

Prima facie, a questão parece até algo desprovida de sentido. Afinal, o contrato de trabalho não é um negócio jurídico bilateral e oneroso, de Direito Privado, no qual as partes conservam uma certa margem de liberdade contratual? Nessa medida, não gozarão os respectivos sujeitos da liberdade de modelar o conteúdo contratual («Gestaltungsfreiheit»), ao abrigo do disposto no art. 405.° do Código Civil?

A resposta a estas questões é afirmativa, mas, sabemo-lo bem, só até certo ponto. Aliás, o próprio art. 405.° do Código Civil não deixa de ressalvar que as partes têm a faculdade de fixar livremente o conteúdo dos contratos «dentro dos limites da lei». E é também sabido que, no plano do Direito do Trabalho, tanto a contratação colectiva como a legislação laboral constituem uma malha normativa bastante espessa e altamente condicionadora da liberdade contratual. Ao contrário do mundo civil, o mundo do trabalho subordinado não é, com efeito, o mundo da «composição espontânea ou paritária de interesses», para o dizermos com ORLANDO DE CARVALHO[4]. Resta saber se o nosso Direito do Trabalho, enquanto ramo do ordenamento jurídico assumidamente restritivo da liberdade contratual e limitativo da livre concorrência entre os trabalhadores no mercado laboral, permitirá ou não a aposição de uma condição resolutiva ao contrato de trabalho.

A regra geral, como observa MENEZES CORDEIRO, é a da livre aponibilidade de condições: quem é livre de estipular, pode condicionar. Só que, como o mesmo autor logo acrescenta, as condições talvez não possam ser inseridas em determinados contratos, designadamente nos «negócios que o Direito pretenda firmes e como fórmula de os precarizar»[5]. Ora, é precisamente aqui que está o cerne do problema, visto que a partir de 1976 a Constituição da República Portuguesa consagra a garantia fundamental da segurança no emprego, proscrevendo os despedimentos sem justa causa ou por motivos políticos ou ideológicos. Até então a maioria da doutrina não colocava grandes dúvidas quanto à aponibilidade da condição resolutiva ao contrato de trabalho[6]. Daí em diante, porém, com a

---

[4] *A Teoria Geral da Relação Jurídica (seu sentido e limites),* Centelha, Coimbra, 1981, pp. 10-12.

[5] *Tratado de Direito Civil Português,* I, Parte Geral, Tomo I, 2.ª ed., Almedina, Coimbra, 2000, pp. 514-515.

[6] Sobre o ponto, v., por todos, MÁRIO PINTO, FURTADO MARTINS & NUNES DE CARVALHO, *Comentário às Leis do Trabalho,* vol. I, Lex, Lisboa, 1994, p. 56, com indicações bibliográficas.

346 *Estudos de Direito do Trabalho em Homenagem ao Prof. Manuel Alonso Olea*

proibição do despedimento *ad nutum* e com a elevação da estabilidade no emprego à categoria de princípio estruturante da nossa ordem jurídico-constitucional, quase tudo mudou. Seria juridicamente admissível, neste novo quadro normativo, que as partes colocassem a extinção do contrato de trabalho – e, portanto, a perda do emprego do trabalhador – na dependência de um acontecimento futuro e incerto?

A questão era tanto mais pertinente quanto, ao invés do que sucedia relativamente à condição suspensiva – a qual era expressamente contemplada pelo art. 9.º da LCT (DL n.º 49.408, de 24 de Novembro de 1969), sendo admitida desde que a correspondente cláusula constasse de documento escrito assinado por ambas as partes –, as leis do trabalho eram totalmente omissas sobre a condição resolutiva[7]. Assim sendo, compreende-se que campeassem as dúvidas quanto à melhor interpretação a dar ao silêncio do legislador: quem cala consente ou quem cala proíbe? Dever-se-ia admitir a condição resolutiva, dado que a lei não a proibia *expressis verbis?* Ou, pelo contrário, dado que a lei não a reconhecia *expressis verbis,* deveria esta cláusula ser considerada inválida?

A verdade é que, muito embora não houvesse uma regulamentação específica para a condição resolutiva, nem por isso o nosso ordenamento juslaboral deixava de emitir sinais, dir-se-ia que inequívocos, a este respeito, sobretudo a partir da publicação do DL n.º 781/76, de 28 de Outubro, diploma relativo aos chamados «contratos a prazo».

III – De 1976 a 1989

Lia-se no art. 1.º, n.º 1, do DL n.º 781/76: «É permitida a celebração de contratos de trabalho a prazo, desde que este seja certo». Vale dizer, ao mesmo tempo que o legislador dava luz verde para a aposição de um termo resolutivo ao contrato de trabalho, acendia a luz vermelha para a figura do

---

Também nos Estados Unidos da América, onde ainda hoje predomina (ainda que com algumas excepções, designadamente no tocante aos despedimentos discriminatórios ou retaliatórios) o sistema do «employment-at-will», a possibilidade de sujeitar o contrato de trabalho a uma condição resolutiva não suscita especiais dificuldades. A este propósito, v. J. J. Moran, *Employment Law: New Challenges in the Business Environment,* 2.ª ed., Prentice Hall, 2002, autor que exemplifica com a válida estipulação de uma cláusula segundo a qual o trabalhador (*in casu,* um vendedor de automóveis) perderia o emprego caso não conseguisse vender um mínimo de 70 carros em cada ano (p. 135).

[7] A este respeito, v., contudo, *infra,* nota 19 e texto correspondente.

termo incerto. A circunstância de o trabalhador ficar colocado numa situação instável, não sabendo em que data exacta iria o seu contrato caducar, levou o legislador de então a proibir a contratação a termo incerto[8]. Ora, neste contexto normativo avolumavam-se as razões para entender que o silêncio legal no tocante à condição resolutiva devia ser lido pelo intérprete como significando uma rejeição desta figura. Com efeito:

i) A condição resolutiva traduzia-se num elemento fortemente precarizador do emprego, sendo certo que a estabilidade do emprego possuía dignidade constitucional;

ii) Só o termo certo, e não já o incerto, era admitido pela lei – ora, se o termo incerto (recorde-se: acontecimento futuro e certo, respeitando a dúvida apenas ao *quando* da sua ocorrência) era expressamente proibido, *a fortiori* deveria considerar-se proibida a condição resolutiva, acontecimento incerto quanto à sua própria verificação;

iii) A circunstância de a lei exigir forma escrita para a condição suspensiva (bem como, aliás, para o termo resolutivo), nada dizendo quanto à condição resolutiva, a qual é, manifestamente, mais precarizadora do emprego do trabalhador do que aquela, constituía um sintoma adicional de que a lei não permitia uma tal cláusula – se a permitisse, no mínimo teria, seguramente, exigido a respectiva redução a escrito;

iv) A verificação da condição resolutiva não constava do catálogo legal das causas de cessação do contrato de trabalho, catálogo que, todavia, incluía uma referência expressa à caducidade por expiração do prazo (art. 8.° do DL n.° 372-A/75, de 16 de Julho).

É verdade que a lei, então como agora, autorizava a cessação do contrato por mútuo acordo das partes (revogação, distrate). Daí, porém, nenhum argumento se poderia extrair para a questão *sub judice,* visto que uma coisa é a inserção no contrato de trabalho, aquando da contratação do trabalhador e quiçá como requisito indispensável à mesma, de uma condição resolutiva, outra coisa, bem diferente, será a cessação do contrato por mútuo acordo dos contraentes, sabendo o trabalhador que, na falta do seu acordo para a revogação, o contrato de trabalho manter-se-á em vigor na

---

[8] Sobre o ponto, criticando a opção proibitiva tomada pelo DL n.° 781/76 relativamente ao termo incerto, v. BARROS MOURA, *Compilação de Direito do Trabalho (sistematizada e anotada),* Almedina, Coimbra, 1980, p. 69.

348 *Estudos de Direito do Trabalho em Homenagem ao Prof. Manuel Alonso Olea*

plenitude dos seus efeitos[9]. A cessação por acordo tem de ser admitida (devendo, ainda assim, a disciplina jurídica desta forma de extinção do contrato de trabalho ser rodeada de algumas cautelas)[10], a condição resolutiva pode, e porventura deve, ser proibida.

Repare-se, a título de exemplo, que mesmo na Alemanha – país no qual o regime jurídico da extinção do contrato de trabalho é mais permissivo do que em Portugal, sendo admitida, em princípio, a aposição de uma condição resolutiva a este contrato – os autores sublinham que a admissibilidade da condição depende da observância de exigências severas, carecendo desde logo, como requisito legitimador, da existência de um «motivo objectivo» que a justifique. É, portanto, numa óptica acentuadamente restritiva que no ordenamento germânico se autoriza a aposição de uma condição resolutiva ao contrato de trabalho, o que explica a relativa raridade da mesma.[11]

IV – **De 1989 a 2003**

Defendida por JORGE LEITE, então praticamente isolado, desde 1976, a tese da inaponibilidade da condição resolutiva ao contrato de trabalho[12] veio a ser acolhida pela generalidade da doutrina e da jurisprudência[13] até que, em 1989, os dados normativos sofreram uma alteração significativa. Com efeito, a LCCT (DL n.º 64-A/89, de 27 de Fevereiro) passou a admitir, ainda que numa perspectiva bastante restritiva, os contratos de trabalho a termo incerto, o que, de algum modo, acabou por relançar a discussão doutrinal sobre o tema.

É claro que, em princípio, a circunstância de passar a ser lícita a contratação a termo incerto, para mais com todas as cautelas e limites que a lei lhe coloca, pouca ou nenhuma importância deveria ter em sede de

---

[9] Neste sentido, revendo a sua posição anterior, MONTEIRO FERNANDES, *Direito do Trabalho,* 11.ª ed., Almedina, Coimbra, 1999, pp. 311-312.

[10] Tanto assim é que a nossa lei, procurando garantir a genuinidade do acordo revogatório, bem como que ele corresponda a uma vontade livre, esclarecida e ponderada do trabalhador, consagra o chamado «direito de arrependimento» deste último, isto é, a faculdade de o trabalhador revogar unilateralmente o acordo extintivo. V. o art. 1.º da Lei n.º 38/96, de 31 de Agosto, e o art. 395.º do Código do Trabalho.

[11] Sobre o ponto, v. HANS BROX & BERND RÜTHERS, *Arbeitsrecht,* 15.ª ed., Kohlhammer, Stuttgart-Berlin-Köln, 2002, pp. 176-177, e, para mais desenvolvimentos, ULRICH PREIS (dir.), *Der Arbeitsvertrag,* Verlag Dr. Otto Schmidt, Köln, 2002, pp. 616-619.

Contrato de trabalho e condição resolutiva

condição resolutiva. A inaponibilidade desta última ao contrato de trabalho resultava de um variado feixe de razões, não apenas da perimida proibição do termo incerto, pelo que a resposta deveria continuar a ser negativa.[14]

A questão veio, todavia, a assumir foros de maior complexidade, visto que boa parte da doutrina considera que a LCCT rotula de «contrato a termo incerto» algumas hipóteses em que, em rigor, estaríamos perante uma autêntica condição resolutiva. Seria o caso, desde logo, da situação prevista no art. 41.°/1-*a)* da LCCT: «Substituição temporária de trabalhador que, por qualquer razão, se encontre impedido de prestar serviço ou em relação ao qual esteja pendente em juízo acção de apreciação da licitude do despedimento». Admitindo a lei que, com base nesta situação, se celebre contrato a termo certo ou incerto (art. 48.°), prevendo a mesma lei que este último contrato durará «por todo o tempo necessário à substituição do trabalhador ausente» (art. 49.°) e determinando ainda a conversão deste contrato num contrato sem termo caso o trabalhador continue ao serviço passados quinze dias «sobre o regresso do trabalhador substituído» (art. 51.°), a dúvida adivinha-se: o evento do qual depende a extinção do contrato do trabalhador substituto consiste no regresso do trabalhador substituído? Se assim for, estaremos, afinal, perante um contrato a que foi aposta uma condição resolutiva e não um termo incerto, visto que tal evento poderá nunca vir a ocorrer (o trabalhador substituído falece, o trabalhador que havia sido despedido vê o tribunal considerar lícito tal despedimento ou opta pela indemnização em detrimento da sua reintegração na empresa, etc.). Por isso, a maioria da doutrina considera que estas e ou-

---

[12] Tese que se estribava em diversos argumentos, alguns dos quais aduzidos no texto *supra* e sintetizados pelo autor em JORGE LEITE & COUTINHO DE ALMEIDA, *Colectânea de Leis do Trabalho,* Coimbra Editora, Coimbra, 1985, pp. 60-61.

[13] Assim, por exemplo, RIBEIRO LOPES, *Direito do Trabalho,* Lisboa, 1977/78, pp. 89-91, ACÁCIO LOURENÇO, *Estudos sobre Temas de Direito do Trabalho,* Lisboa, 1979, pp. 36 e ss., BARROS MOURA, *Compilação de Direito do Trabalho,* cit., p. 66, e o importante Acórdão do Supremo Tribunal de Justiça, de 22-10-1982 (*Boletim do Ministério da Justiça,* n.° 320, pp. 339-347), acórdão este que, curiosamente, se debruçou sobre uma situação similar à descrita *supra,* na nota 6, a propósito do sistema norte-americano (trabalhador que não atingiu um determinado volume de vendas).

[14] Neste sentido, v., por exemplo, J. J. ABRANTES, «Breve apontamento sobre o regime jurídico do contrato de trabalho a prazo», *Direito do Trabalho – Ensaios,* Edições Cosmos, Lisboa, 1995, p. 100, em nota.

350 *Estudos de Direito do Trabalho em Homenagem ao Prof. Manuel Alonso Olea*

tras situações pela lei qualificadas como de «termo incerto» ocultam, ou podem ocultar, genuínas condições resolutivas.[15]

A este respeito, importa desde já fazer duas observações:

i) Em primeiro lugar, convém não perder de vista que, mesmo que as supramencionadas leituras dos arts. 41.º e 48.º a 51.º da LCCT sejam fundadas, o núcleo essencial da tese da inaponibilidade da condição resolutiva ao contrato de trabalho não se vê afectado – nas palavras de LIBERAL FERNANDES, «a inovação introduzida não significa a revogação do princípio que proíbe às partes apor ao contrato de trabalho uma condição resolutiva; como decorre do próprio direito à segurança no emprego, a liberdade de tornar dependente a sobrevivência do contrato de trabalho de uma tal cláusula continua a ser excepcional, pelo que apenas pode ser exercida nos casos especialmente previstos pelo legislador».[16]

ii) Em segundo lugar, deve frisar-se que as referidas leituras dos arts. 41.º e 48.º a 51.º da LCCT são possíveis, mas não são indiscutíveis. Com efeito, é inegável que todas as normas legais em questão aludem à cláusula de termo e não a qualquer espécie de condição, sendo viável interpretar estas normas no sentido de que, em determinados casos, nelas poderá estar em jogo um «termo complexo», isto é, um termo composto por dois eventos – no exemplo com que temos estado a trabalhar, o termo incerto consistirá no regresso do trabalhador substituído ou na certeza do seu não regresso. A ser assim, nem mesmo nestes casos haverá, em rigor, uma condição resolutiva aposta ao contrato de trabalho, visto que o acontecimento (o regresso do trabalhador ou a certeza

---

[15] Neste sentido, v., sem pretensões de exaustividade: MENEZES CORDEIRO, *Manual de Direito do Trabalho,* Almedina, Coimbra, 1991, p. 600; BERNARDO XAVIER, *Curso de Direito do Trabalho,* Verbo, Lisboa/São Paulo, 1992, p. 417, em nota; LIBERAL FERNANDES, «Do contrato a termo e do despedimento por inadaptação», *Boletim da Faculdade de Direito da Universidade de Coimbra,* vol. 68, 1992, p. 161; MÁRIO PINTO, FURTADO MARTINS & NUNES DE CARVALHO, *Comentário às Leis do Trabalho,* cit., p. 57; JOSÉ REVEZ, *Noções Fundamentais de Direito do Trabalho,* Grafibraz, 2000, p. 213; ROMANO MARTINEZ, *Direito do Trabalho,* Almedina, Coimbra, 2002, pp. 619-620; A. J. MOREIRA, *Compêndio de Leis do Trabalho,* 11.ª ed., Almedina, Coimbra, 2002, p. 510. Na jurisprudência, v., na mesma linha, o Acórdão do Supremo Tribunal de Justiça, de 24-5-2000 (*Colectânea de Jurisprudência,* Acórdãos do STJ, 2000, II, pp. 272-273).

[16] «Do contrato a termo...», cit., pp. 161-162, n. 54.

Contrato de trabalho e condição resolutiva

351

de que ele já não irá regressar) é de verificação certa, só a data da respectiva ocorrência sendo desconhecida de antemão.[17]

Da qualificação desta cláusula como termo ou como condição resultam, como é óbvio, importantes consequências de ordem prática. Assim, para quem considere que se está perante uma condição resolutiva (regresso do trabalhador substituído), caso se torne certo que esta já não se irá verificar (porque, por exemplo, o trabalhador em causa vem a falecer) o trabalhador substituto vê o seu contrato transformar-se num contrato firme, isto é, num contrato por tempo indeterminado – conforme prescreve o art. 275.°, n.° 1, do Código Civil, «a certeza de que a condição se não pode verificar equivale à sua não verificação». Pelo contrário, para quem configure a cláusula como um termo resolutivo incerto, o contrato caducará quando se verificar o evento (o regresso do trabalhador substituído ou a certeza do seu não regresso), podendo converter-se num contrato sem termo, mas apenas se forem preenchidos os requisitos estabelecidos pelo art. 51.° da LCCT[18]. Com o que, um tanto paradoxalmente, ao menos *prima facie,* para o trabalhador substituto será preferível que a cláusula seja reconduzida à famigerada figura da condição do que ao tolerado termo resolutivo...

Aqui chegados, é tempo de averiguar se o Código do Trabalho veio alterar este estado de coisas, isto é, cumpre indagar se o Código veio, finalmente, referir-se *expressis verbis* à (in)aponibilidade da condição resolutiva ao contrato de trabalho ou, caso o não tenha feito, se, ainda assim, o Código emite alguns sinais normativos relevantes nesta matéria, seja no sentido de viabilizar seja no sentido de interditar a aposição de uma condição resolutiva ao contrato de trabalho.

---

[17] Sobre o ponto, v. JORGE LEITE, *Direito do Trabalho,* vol. II, Serviço de Textos da Universidade de Coimbra, 1999, pp. 85-87.

[18] Sobre a questão, v. ORTINS DE BETTENCOURT, *Contrato de Trabalho a Termo,* Erasmos Editora, Amadora, 1996, pp. 215-219, MENDES BAPTISTA, «A aponibilidade da condição resolutiva ao contrato de trabalho», *Revista do Ministério Público,* n.° 74, 1998, pp. 121-129, PAULA CAMANHO, «Algumas reflexões sobre o regime jurídico do contrato de trabalho a termo», in *Juris et de Jure – Nos vinte anos da Faculdade de Direito da Universidade Católica Portuguesa – Porto,* 1998, pp. 972-973, em nota, e J. J. ABRANTES, «Contrato de trabalho a termo», in *Estudos do Instituto de Direito do Trabalho,* vol. III, Almedina, Coimbra, 2002, pp. 164-165. Com interesse para o problema *sub judice,* embora sem se referir à figura da condição resolutiva, v. ainda JOÃO RATO, «Contrato de trabalho a termo para substituição de trabalhador ausente – reforma do trabalhador substituído – efeitos sobre aquele contrato de trabalho», *Prontuário de Direito do Trabalho,* CEJ, n.° 48, pp. 103-108.

V – O Código do Trabalho

Sucede que, a despeito de toda a controvérsia doutrinal e jurisprudencial que o tema da (in)aponibilidade da condição resolutiva ao contrato de trabalho tem suscitado, o certo é que o Código do Trabalho não dedica qualquer preceito a esta questão. Tal como até agora tem sucedido – ou, quiçá, mais ainda do que até agora tem sucedido –, a legislação laboral portuguesa vai continuar a ser omissa relativamente a este problema. Ainda assim, porém, conquanto não lhe dedique nenhuma disposição específica, o Código não deixa de fornecer algumas pistas no sentido de reforçar a tese da inaponibilidade desta cláusula a este contrato. Estamos a pensar, sobretudo, nos preceitos contidos nos arts. 127.° e 145.° do Código do Trabalho. Vejamos.

A) *O art. 127.° do Código face ao art. 9.° da LCT*

Estabelece o art. 9.° da LCT: «Ao contrato de trabalho pode ser aposta condição ou termo suspensivo, mas a correspondente cláusula deve constar de documento escrito assinado por ambas as partes». Ora, se bem que este preceito pareça regular, tão-só, as cláusulas de tipo suspensivo, alguns autores têm considerado que a letra da lei permitiria uma outra interpretação, visto que a utilização do adjectivo «suspensivo» no singular poderia indicar que este apenas se referiria ao termo e não à condição. Destarte, e atendendo ao elemento literal, ao modo como o preceito se encontra redigido, esta norma autorizaria a aposição de condição (suspensiva ou resolutiva) ou de termo (suspensivo) ao contrato de trabalho, pois a ser outro o seu sentido a norma deveria dizer «condição ou termo suspensivos», no plural.[19]

Não parece que, do ponto de vista gramatical, esta argumentação seja procedente[20]. Em todo o caso, é óbvio que a existência desta controvérsia gramatical sobre o alcance da letra do art. 9.° da LCT não pode ser menosprezada quando lemos o artigo que, no Código do Trabalho, lhe veio

---

[19] Nesta linha, mas sem sobrevalorizarem o elemento literal, v. MENEZES CORDEIRO, *Manual de Direito do Trabalho,* cit., p. 599, n. 9, MÁRIO PINTO, FURTADO MARTINS & NUNES DE CARVALHO, *Comentário às Leis do Trabalho,* cit., p. 55, e, mais afoitamente, MENDES BAPTISTA, «A aponibilidade da condição resolutiva...», cit., pp. 122 e 129.

[20] A este propósito, v. as judiciosas considerações tecidas por JORGE LEITE, *Direito do Trabalho,* cit., pp. 84-85.

suceder. Trata-se do art. 127.°, o qual, sob a sugestiva epígrafe «condição e termo suspensivos», estabelece: «Ao contrato de trabalho pode ser aposta, por escrito, condição ou termo suspensivos, nos termos gerais». É fora de dúvida que esta dupla utilização de «suspensivos», no plural, seja ou não correcta numa óptica estritamente gramatical, não pode deixar de veicular uma mensagem normativa cristalina: o que o art. 127.° regula, o que este preceito legal autoriza a inserir no contrato de trabalho, desde que seja observada a forma escrita, são as cláusulas de tipo suspensivo (condição suspensiva e termo suspensivo), não qualquer cláusula de tipo resolutivo. As dúvidas, aliás escassas, que a redacção do art. 9.° da LCT ainda poderia alimentar a este respeito são, pois, inteiramente desvanecidas pelo teor do art. 127.° do Código do Trabalho.

B) *O art. 145.° do Código face ao art. 51.° da LCCT*

O art. 51.° da LCCT, relativo à conversão do contrato a termo incerto num contrato sem termo, prevê que tal conversão se realize caso o trabalhador substituto continue ao serviço passados quinze dias «sobre o regresso do trabalhador substituído». Ora, como se disse *supra,* dado que, em rigor, o regresso do trabalhador substituído é um facto futuro de verificação objectivamente incerta, esta norma tem também alimentado a polémica sobre a admissibilidade da condição resolutiva. Pelo menos neste tipo de casos, segundo a doutrina maioritária, do que se trataria era da aposição de uma autêntica condição resolutiva ao contrato de trabalho, muito embora a lei a dissimulasse sob o manto do termo incerto.

Tivemos já ocasião de referir que esta leitura do material normativo não se mostra indiscutível, visto que não é de excluir que o legislador tenha dito menos do que pretendia no art. 51.° da LCCT. Conquanto se refira apenas ao «regresso do trabalhador substituído», indiciando que este e só este será o facto condicionante do contrato condicionado, a verdade é que, até pela repetida afirmação legislativa de que estamos perante contratos a termo incerto (há que ter alguma fé no legislador...), bem poderá concluir-se que o evento em causa é mais complexo do que o simples regresso do trabalhador substituído, abrangendo outrossim a certeza do não regresso deste. Nesta perspectiva, a condição desapareceria e surgiria aquilo que, afinal, a lei sempre disse que estava a regular: um genuíno termo incerto.

Neste contexto algo delicado e movediço, a redacção do art. 145.°, n.° 1, do Código do Trabalho mostra-se, sem qualquer dúvida, iluminante.

Com efeito, estatui-se neste artigo, descendente directo do art. 51.º da LCCT: «Considera-se contratado sem termo o trabalhador que permaneça no desempenho da sua actividade após a data da produção de efeitos da denúncia ou, na falta desta, decorridos quinze dias depois da conclusão da actividade, serviço, obra ou projecto para que haja sido contratado ou o regresso do trabalhador substituído *ou a cessação do contrato deste*» (itálico nosso). Ou seja, o legislador tem agora o cuidado de esclarecer que o facto extintivo do contrato do substituto consistirá, quer no regresso do trabalhador substituído, quer na cessação do contrato deste – um facto futuro e objectivamente certo, portanto, pelo que estamos, decididamente, perante um termo e não perante uma condição. E, nos restantes casos, embora o Código apenas se refira à «conclusão da actividade, serviço, obra ou projecto para que [o trabalhador] haja sido contratado», pensamos que deverá valer um entendimento análogo: o termo consistirá aqui, quer na conclusão da actividade, serviço, obra ou projecto, quer na certeza da não conclusão dos mesmos pela empresa contratante.[21]

VI – Conclusão

Em suma, se o art. 127.º do Código é inequívoco no sentido de apenas contemplar/autorizar as cláusulas de tipo suspensivo, o art. 145.º do mesmo emite também um claro sinal favorável à figura do «termo complexo». Dir-se-ia, pois, em jeito de conclusão, que o Código do Trabalho, sem fazer qualquer referência expressa à problemática da condição resolutiva, nem por isso deixa de robustecer a tese que nos parece mais acertada: a da inaponibilidade desta cláusula ao contrato de trabalho, na justa medida em que a condição resolutiva se analisa num fortíssimo factor de precarização do emprego, ao arrepio do disposto no art. 53.º da Lei Fundamental. Perante um Código que, como alguém disse, se situa muitas vezes (porventura demasiadas vezes) nos limites da Constituição, há que registar e aplaudir estes pequenos mas seguros sinais nele contidos quanto à inadmissibilidade da condição resolutiva. Se, na conhecida lição de MANUEL DE ANDRADE, a dúvida é a «raiz psicológica» e mesmo «a mãe da

---

[21] Assim, por exemplo, um trabalhador contratado a termo incerto para uma obra de construção civil verá o seu contrato caducar com a conclusão da obra ou quando se torne certo que a obra não irá ser concluída.

Contrato de trabalho e condição resolutiva

condição»[22], talvez se possa concluir que, para o trabalhador comum, as dúvidas e as incertezas quanto à manutenção ou perda do seu emprego são já de si suficientemente angustiantes para dispensar a dose extra que representaria a aposição de uma qualquer condição resolutiva ao respectivo contrato de trabalho.

Tudo isto, note-se, relativamente ao trabalhador comum, pois casos há em que a resposta poderá ser diferente. É, desde logo, o que se passa em sede de contrato de trabalho desportivo, onde a condição resolutiva pode assumir contornos de autêntico instrumento de libertação contratual para o praticante desportivo (pense-se, por exemplo, na hipótese de se convencionar que o contrato de trabalho desportivo se extinguirá verificando-se a descida de divisão do clube empregador)[23]. E um outro caso em que tem sido aventada a possibilidade de estarmos perante uma condição resolutiva aposta ao contrato de trabalho diz respeito ao chamado «acordo de rendimento», ao qual a lei faz referência a propósito do despedimento por inadaptação dos trabalhadores que exercem cargos de complexidade técnica ou de direcção (art. 2.°, n.° 2, do DL n.° 400/91, de 16 de Outubro, e art. 406.°, n.° 2, do Código do Trabalho).[24]

*

* *

Na medida em que viola normas imperativas – *maxime* as que estabelecem o regime jurídico da cessação do contrato de trabalho, normas estas que gozam mesmo de uma natureza absolutamente imperativa, não podendo ser afastadas ou modificadas por instrumento de regulamentação

---

[22] *Teoria Geral da Relação Jurídica,* vol. II, 4.ª reimp., Almedina, Coimbra, 1974, p. 357.

[23] Sobre a questão, v. LEAL AMADO, *Vinculação versus Liberdade (o processo de constituição e extinção da relação laboral do praticante desportivo),* Coimbra Editora, Coimbra, 2002, pp. 223-229, bem como o art. 41.°, n.° 1-*d),* do Contrato Colectivo de Trabalho celebrado entre a Liga Portuguesa de Futebol Profissional e o Sindicato de Jogadores Profissionais de Futebol (*Boletim do Trabalho e Emprego,* 1.ª série, n.° 33, de 8 de Setembro de 1999).

[24] No sentido de que a inserção do pacto de rendimento no contrato de trabalho pode funcionar como condição resolutiva do mesmo, v. LIBERAL FERNANDES, «Do contrato a termo...», cit., p. 143 e ss. Mas o ponto é tudo menos pacífico – contra, v. FURTADO MARTINS, *Cessação do Contrato de Trabalho,* 2.ª ed., Principia, Cascais, 2002, p. 140, n. 186.

colectiva ou pelo contrato individual (art. 383.°, n.° 1, do Código do Trabalho)[25] – uma condição resolutiva que seja aposta ao contrato de trabalho deverá, pois, ser substituída pelas normas violadas, conforme dispõe o art. 114.°, n.° 2, do Código, relativo à invalidade parcial do contrato de trabalho. Tratar-se-á então de um caso de «redução teleológica» do contrato, em que se prescinde do recurso ao critério da vontade hipotética ou conjectural das partes, isto é, ainda que se prove que um dos sujeitos (normalmente o empregador) não estaria disposto a celebrar o contrato sem a condição, pelo que o negócio jurídico jamais teria sido concluído sem a parte viciada, a redução deverá ter lugar, não determinando a invalidade total do contrato de trabalho.[26]

---

[25] Imperatividade absoluta do regime jurídico da cessação que, aliás, acaba por ser um elemento mais a concorrer para inviabilizar a estipulação de uma condição resolutiva neste contrato.

[26] Sobre a «redução teleológica» do contrato, v. MOTA PINTO, *Teoria Geral do Direito Civil*, cit., pp. 627-628. Em Espanha, conforme ensinam ALONSO OLEA & CASAS BAAMONDE (*Derecho del Trabajo*, 19.ª ed., Civitas, Madrid, 2001, pp. 497-499), a condição resolutiva é admitida, em via de princípio, como causa de extinção do contrato de trabalho. Mas o art. 49.°, n.° 1, al. *b)* do *Estatuto de los Trabajadores* não deixa de ressalvar os casos em que tais condições se mostrem abusivas, hipótese em que a cláusula se considerará nula, sendo substituída pelos «preceitos jurídicos adequados», por força do art. 9.°, n.° 1, do *Estatuto*.

A LEGITIMIDADE DO SINDICATO NO PROCESSO
ALGUMAS NOTAS

João Reis

Introdução

A legitimidade processual dos sindicatos, tanto a activa como a passiva, foi acolhida no direito português há já muitos anos. Isto poder-nos-á levar a pensar que "o direito de estar na justiça" por parte dos sindicatos é assunto resolvido e que as questões levantadas a este propósito foram já doutrinal e jurisprudencialmente esclarecidas. Não é assim. As dúvidas acerca do tipo de controvérsias para as quais o sindicato goza de legitimidade processual são ainda mais do que muitas.

Entre os factores que contribuem para esta indefinição, que se projecta, inclusive, ao nível dos nossos tribunais superiores, encontra-se o desinteresse da doutrina pelo tema. Tanto os juslaboristas como os processualistas portugueses não se têm dedicado a esta matéria particular. Passa-se o mesmo, aliás, com a importante área do direito processual laboral em geral.

Será, no entanto, um erro julgar que as insuficiências derivam apenas da escassa reflexão doutrinal existente no campo laboral e processual. Na questão da legitimidade processual das associações sindicais estão envolvidas dimensões jurídicas que relevam de outras áreas jurídicas. Desde logo, dimensões do direito constitucional, na medida em que importa saber quais os interesses que os sindicatos estão autorizados a defender e a promover segundo a lei fundamental. Depois, questões de ordem geral como a da personalidade das pessoas colectivas, estando igualmente presentes problemas como o da natureza da representação sindical e o da relação entre a autonomia colectiva e individual dos trabalhadores.

Ademais, alguns conceitos e classificações suscitados, porventura inescapavelmente, pela questão da legitimidade processual dos sindicatos, como os de conflitos individuais e colectivos, não possuem entre nós, como de resto no direito comparado, uma indiscutibilidade suficiente, de forma a que a sua aceitação seja pacífica. Com uma tradição já significativa, são frequentemente utilizados, mas a verdade é que também são frequentemente criticados. Ora, isto não ajuda, como é natural, a um bom entendimento das normas que explicita ou implicitamente fazem alusão a tais conceitos.

Nesta reflexão, não vão ser enfrentadas todas as dificuldade acabadas de referir. Nem sequer se pretende "trazer a luz" aos "escuros legais" que campeiam neste domínio. Apenas se pretende "atirar uma pedra no charco", para que as ondas cheguem àqueles que, portadores de maior fôlego e conhecimento, possam contribuir para o esclarecimento da questão e o avanço do direito do trabalho, na esteira do exemplo, notável, do Grande Mestre OLEA.

Por legitimidade entendemos, no seguimento de ALBERTO DOS REIS e ANTUNES VARELA, «a posição da parte perante uma determinada acção», a *legitimatio ad causam* na designação dos antigos[1].

Referir alguns exemplos de direito comparado e a evolução legislativa em Portugal no que respeita à legitimidade processual dos sindicatos, para destacar depois as questões que estão na ordem do dia em Portugal, sobretudo aquelas que têm sido debatidas nos tribunais superiores, é o "guião" que me proponho observar.

1. Alguns dados de direito comparado.

Uma incursão por outras experiências jurídicas, ainda que forçosamente breve, afigura-se-nos sempre útil. Mais do que as concretas respostas normativas dadas à questão da legitimidade processual dos sindicatos pelos vários ordenamentos jurídicos, importa, porventura mais, destacar a questão jurídica em si mesma e atentar no tipo de problemas que levanta. A diversidade da resposta normativa não apaga a identidade ou semelhança da questão jurídica nos vários ordenamentos. Isto, porém, sem nunca esquecer que a questão da legitimidade processual dos sindicatos

---

[1] Cfr. ANTUNES VARELA, J. MIGUEL BEZERRA e SAMPAIO E NORA, *Manual de Processo Civil*, Coimbra Editora, 1984, p. 121 e ss, principalmente 127.

A legitimidade do sindicato no processo

não pode ser vista isoladamente, fora do contexto do ordenamento a que pertence. As características do sistema de relações profissionais de que os sindicatos fazem parte reflectem-se sempre na problemática da legitimidade dos sindicatos para o processo, imprimindo-lhe inevitavelmente particularidades mais ou menos salientes. Também a capacidade e as formas de intervenção do sindicato na realização da justiça, vendo agora as coisas de ângulo oposto, são, por sua vez, um importante elemento de caracterização de qualquer sistema de relações profissionais. A idiossincrasia de cada sistema de relações profissionais não pode ser, pois, esquecida ou menorizada na investigação comparatística. Por detrás de conceitos e preceitos jurídicos idênticos, encontram-se, menos raramente do que o que parece, realidades normativas distintas ou diferentes[2]. A utilidade de uma visão comparativa reside, pois, essencialmente numa troca de informações e experiências, não devendo nunca esquecer-se que os sistemas jurídicos divergem, assim como a actualidade dos problemas que no seu seio se levantam.

Vamos aludir à experiência de três países pertencentes ao espaço da União Europeia: a Espanha, a França e a Itália.

a) *Espanha*

Em virtude da plena capacidade de agir reconhecida nos artigos 4.º e 7.º da Ley

Orgánica de Libertad Sindical, de 2 de Agosto de 1985, doravante designada por LOLS, os sindicatos gozam da faculdade de ser parte nos processos e procedimentos laborais.

A sua legitimidade afere-se pelas regras ordinárias, isto é, resulta do critério geral da titularidade do direito ou do interesse legítimo em causa. Exige-se a este propósito, na linguagem do Tribunal Constitucional Espanhol, um interesse «em sentido próprio, qualificado ou específico», a «titularidade de um interesse profissional ou económico»[3].

---

[2] Fenómeno, aliás, já salientado noutros ramos do direito, onde o elemento comparatístico é mais solicitado, como, por exemplo, na definição do conceito-quadro e na qualificação em direito internacional privado. A este propósito, cfr. FERRER CORREIA, *A Codificação do Direito Internacional Privado, Alguns Problemas*, Coimbra, 1979, p. 153 e ss.

[3] Cfr. Sentenças 101/1996, 7/2001, 24/2001, 84/2001, citadas por M. ALONSO OLEA e M. E. CASAS BAAMONDE, *Derecho del Trabajo,* 19.ª ed., revista, p. 655, nota 146.

360 Estudos de Direito do Trabalho em Homenagem ao Prof. Manuel Alonso Olea

Nesta senda, os sindicatos, bem como as associações patronais, gozam de uma legitimidade processual genérica para acederem aos tribunais de trabalho, os "órgãos jurisdicionais da ordem social", na busca de tutela para os seus direitos subjectivos e interesses legítimos e ainda para a defesa dos «interesses económicos e sociais que lhe são próprios»[4].

Como referem PALOMEQUE LÓPEZ e ÁLVAREZ DE LA ROSA, a «atribuição de legitimação processual ao sindicato, efectuada pelo art.° 17.°, n.° 2 da LPL, não é, na realidade, senão obrigatória consequência da aplicação do direito constitucional de toda a pessoa (também logicamente as pessoas jurídicas sindicais) a obter a "tutela judicial efectiva" no exercício dos seus direitos e interesses legítimos»[5].

Podem também iniciar ou participar nos processos contenciosos e jurisdicionais de natureza administrativa[6] e nos "recursos de amparo" para o Tribunal Constitucional, por via dos quais se faculta a defesa dos direitos fundamentais dos trabalhadores nos casos em que eles são ameaçados através da regulamentação das condições de trabalho.

A lei consagra vários casos de legitimidade sindical a propósito de vários processos especiais. É o que sucede em matéria eleitoral[7], de conflitos colectivos[8], da tutela da liberdade sindical e outros direitos fundamentais[9] e da impugnação da recusa administrativa do depósito ou da alteração dos estatutos[10].

---

[4] Nos termos dos artigos 17.°, n.° 1 e n.° 2 da Ley de Procedimiento Laboral, RD Lg. de 7 de Abril de 1995 (doravante designada por LPL), art.° 7.° da Constituição e 7.°, n.° 3 da LOPJ (Lei Orgânica do Poder Judicial, de 1 de Julho de 1985).

[5] *Derecho Del Trabajo*, 9.ª ed., p. 442.

[6] Cfr. Art.° 31.° da LRJAP (Lei do Regime Jurídico das Administrações Públicas e do Procedimento Administrativo Comum, de 26 de Novembro de 1992) e art.° 19.°, n.° 1, al. b) do LJCA (Lei da Jurisdição Contenciosa-Administrativa de 27 de Dezembro de 1956).

A jurisprudência constitucional tem separado a legitimidade processual da capacidade de intervenção prévia no procedimento administrativo. A legitimação processual tem sido apreciada à luz da titularidade de um interesse profissional ou económico, exigindo-se que a vontade de impugnação nos processos jurisdicionais sobre contencioso administrativo conste dos estatutos do sindicato. Segundo a jurisprudência, no contencioso administrativo, o sindicato não está legitimado para defender interesses puramente privados dos seus filiados, mas apenas "interesses corporativos". Cfr. Sobre este ponto ALONSO OLEA e M. E. CASAS BAAMONDE, *Derecho del Trabajo*, p. 655, nota 147.

[7] Cfr. Artigos 29.° e 131.° da LPL.

[8] Art.° 163.° da LPL.

[9] Art.° 175.° da LPL.

[10] Artigos 165 e 170 da LPL.

A legitimidade do sindicato no processo — 361

Não basta, porém, esta genérica legitimação processual para que os sindicatos possam desencadear ou intervir nos processos jurisdicionais. É necessário ainda que esta «genérica legitimação *ad processum* se complemente com a precisa e concreta *ad causam*, o que pressupõe "um vínculo ou conexão entre o sindicato accionante e a pretensão exercitada"» (ALONSO OLEA e M. E. CASAS BAAMONDE)[11]. Ou seja, a função genérica de representação e defesa dos interesses dos trabalhadores, reconhecida no art.º 7.º da Constituição espanhola, de «defesa de interesses económicos que lhe são próprios», nos termos do art.º 17.º, n.º 2 da LPL, «supõe verdadeiramente, em princípio, o reconhecimento ao sindicato de legitimação "para accionar em qualquer processo em que estejam em jogo interesses colectivos dos trabalhadores" (STC 210/1994)» (PALOMEQUE e DE LA ROSA). No entanto, não confere só por si e de imediato a faculdade de aceder ao processo em qualquer caso ou âmbito. É ainda necessário, como afirma a jurisprudência constitucional, a verificação de "um vínculo ou conexão entre a organização que acciona e a pretensão exercitada". Pretensão esta que deve aferir-se em função da "implantação" do sindicato no âmbito do conflito. Pois, como bem observam PALOMEQUE e SE LA ROSA, a função constitucional cometida aos sindicatos não vai ao ponto de os transformar em «guardiões abstractos da legalidade», independentemente das circunstâncias em que esta legalidade possa fazer-se valer.[12]

Para além da defesa dos direitos e interesses que lhe são próprios, isto é, que radicam na sua pessoa jurídica, os sindicatos podem também agir em relação aos conflitos individuais[13]. Neste caso, o sindicato actua em nome e no interesse do filiado. Necessita, por isso, de uma autorização do trabalhador. Esta, porém, não tem de ser expressa; basta que possa ser presumida. E para tal presunção é suficiente que não haja nenhuma declaração do trabalhador em contrário[14].

Ao promover uma acção para a tutela de um direito ou interesse legalmente protegido de um trabalhador, o sindicato deve fazer prova de que o trabalhador é seu filiado e de que lhe fez uma comunicação a dizer que tencionava iniciar o processo.

A doutrina espanhola não perfilha um entendimento uniforme acerca da natureza da intervenção dos sindicatos na tutela dos direitos indivi-

---

[11] Obr. Cit., p. 656.

[12] PALOMEQUE LOPEZ e SE LA ROSA, *Derecho del Trabajo*, p. 443.

[13] Nos termos do art.º 2.º, n.º 2 al. d)da LOLS. Esta faculdade não é reconhecida às associações empresariais.

[14] Cfr. Art.º 20.º, n.º 1 e n.º 2 da LPL.

duais. Divide-se na interpretação do art.º 20.º, n.º 1 da LPL. Uma parte sustenta estar em jogo o instituto da representação e outra advoga antes a presença do mecanismo da substituição processual.

Para OLEA e M. E. CASAS BAAMONDE, a legitimidade processual do sindicato assenta sempre nos mecanismos da representação voluntária, ainda que os requisitos possam variar em função da pertença ou não do trabalhador ao sindicato. Certamente por causa deste ponto de partida básico, na ausência de disposição legal expressa, sustentam a faculdade de o trabalhador revogar a autorização dada ao sindicato para iniciar o processo[15].

PALOMEQUE LÓPEZ e DE LA ROSA, por seu turno, consideram que o art. 20.º da LPL introduziu pela primeira vez no ordenamento espanhol a figura da substituição processual do sindicato, ainda que admitam tratar-se de uma substituição processual incompleta. Apresentam a favor da sua tese, fundamentalmente, dois argumentos. Em primeiro lugar, apesar de o sindicato actuar em nome e no interesse do filiado, na realidade está simultaneamente actuando em nome e interesse próprio, age não só na defesa de interesses individuais como na defesa de interesses sindicais ou colectivos presentes nos conflitos individuais. Na actuação de um representante processual isto não sucede, já que este administra na acção um interesse alheio. É justamente o que se passa quando o sindicato age ao abrigo do instituto geral da representação, previsto no art.º 18.º, n.º 1 da LPL. Em segundo lagar, embora a lei exija uma autorização do trabalhador como um requisito prévio ao impulso processual do sindicato – o que milita contra o que é típico do mecanismo substitutivo, ainda que não seja incompatível com a sua natureza –, logo admite um regime de autorização presumida perfeitamente compatível com a figura da substituição processual[16].

Quanto à revogação da autorização do trabalhador, estes juslaboristas são de opinião de que se trata de uma questão duvidosa. No silêncio da lei, não consideram descabido sustentar, a partir do mecanismo da substituição, «... a impossibilidade legal da revogação da autorização»[17].

Para além dos casos de substituição, o sindicato pode ainda actuar como representante de trabalhadores não filiados. Pode fazê-lo na veste de representante voluntário ordinário[18] ou na veste de representante voluntário comum[19].

---

[15] *Derecho del Trabajo*, obr. cit., p. 444.

[16] *Derecho del Trabajo,* obr. cit., p. 444-445

[17] Obr. cit., p. 446

[18] Nos termos do art.º 18.º, n.º 1 da LPL.

[19] Segundo o art.º 19.º e 146.º, n.º 2 da LPL, a representação comum verifica-se nos

b) *França*

Os sindicatos em França adquiriram o "droit d'ester en justice" em virtude de lhes ter sido reconhecida a personalidade jurídica, implicitamente, por uma lei de 1884[20].

A jurisprudência teve neste ponto um papel pioneiro. Foi ela que, pela primeira vez, em 1913, afirmou que um sindicato podia agir na justiça para defender o interesse colectivo da profissão. Depois de algumas hesitações, os juizes da *Cour de Cassation* não tiveram dúvidas em proclamar que o sindicato constituía uma pessoa jurídica distinta dos seus associados e de que a sua missão era defender os interesses da colectividade profissional.

Em consequência da afirmação destes princípios, expressamente reconhecidos pela lei de 12 de Março de 1920, o art.º L 411-11 do Code du Travail, passou a dispor que os sindicatos «podem perante todas as jurisdições exercer todos os direitos reservados à parte civil relativamente aos factos donde resulte um prejuízo directo ou indirecto para o interesse colectivo da profissão que eles representam».

Para além de tanto relevar o prejuízo directo como o indirecto, também não se distinguiu o interesse material do interesse moral. E embora releve apenas o prejuízo actual e não já aquele que é apenas virtual, isto não impede que o sindicato possa recorrer aos tribunais para discutir "uma questão de princípio" com importância para o conjunto da profissão.

Dado que, deste modo, o sindicato tem legitimidade para intervir nos interesses colectivos da profissão, a sua representação não se confina aos seus aderentes, podendo abranger não filiados, com a natural restrição de que ficam de fora os trabalhadores que não pertençam à categoria profissional por ele representada.

Será natural que os danos para o interesse colectivo da profissão resultem, na maioria das vezes, de violações das normas laborais, nomeadamente, das regras sobre as liberdades sindicais e profissionais, a greve, as instituições representativas dos pessoal, a higiene e segurança no trabalho e ainda sobre a duração do trabalho. Mas o âmbito da legitimidade pro-

---

processos em que os demandantes sejam mais do que dez ou em que haja uma acumulação de autos. Nestes casos, o representante comum deve ser obrigatoriamente advogado, procurador, graduado social, um dos demandantes ou um sindicato.

[20] Cfr. GÉRARD COUTURIER, *Traité de Droit du Travail, 2, Les relations collectives de travail,* 2001, p. 354.

364   *Estudos de Direito do Trabalho em Homenagem ao Prof. Manuel Alonso Olea*

cessual para obter a reparação do prejuízo sofrido não se restringe a este círculo de hipóteses. Reconhece-se também ao sindicato legitimidade para contestar normas não laborais geradoras de danos para o interesse colectivo da profissão. A este propósito, a jurisprudência já considerou que a ilegalidade de uma operação de privatização pode afectar o interesse colectivo da profissão[21].

A doutrina e a jurisprudência distinguem o interesse da profissão do interesse geral e dos interesses individuais dos trabalhadores. Trata-se, obviamente, de uma distinção fundamental, já que para a tutela dos interesses gerais o meio adequado é a acção pública e não a acção sindical[22].

Os sindicatos não gozam apenas de legitimidade processual para a tutela dos interesses da profissão. Eles podem igualmente, nos casos permitidos na lei, intentar acções em nome e no interesse dos trabalhadores individualmente considerados. À legitimidade para a acção colectiva acresce uma faculdade para a intervenção em determinadas acções individuais.

É conveniente distinguir a este propósito dois tipos de situações. Por um lado, aqueles casos em que o sindicato assiste ou representa o trabalhador individual, isto é, em que exerce um mandato judiciário. E por outro, num recorte deveras diferente, aqueles casos em que espontaneamente (sem mandato) o sindicato substitui o trabalhador no processo.

a) *Mandato judiciário*

Nos termos do art.º 516-4 do Code du Travail, nas acções a intentar no *Conseil de Prud'hommes*[23], as partes podem fazer-se assistir ou representar por «delegados permanentes ou não permanentes das organizações sindicais operárias ou patronais».

O mandato judiciário pode ser exercido, como esclarece J. MAURICE VERDIER, pelo sindicato, ou melhor, por um representante seu, mesmo a

---

[21] Cfr. Sentença da *Cour de Cassation* de 5 de Outubro de 1994, Droit Social, 1994, p. 983. Já a legitimidade para a acção civil no domínio dos delitos financeiros não tem sido admitida pelos tribunais. Neste sentido, GÉRARD COUTURIER, *Traité de Droit du Travail, 2*, obr. cit., p. 356.

[22] Confronte a jurisprudência referida na obra citada na nota anterior, p. 356 e 357.

[23] Em França, as acções individuais entre um trabalhador e um empregador são da competência do *Conseil de Prud'hommes*. Trata-se de uma jurisdição com carácter electivo e paritário.

A legitimidade do sindicato no processo   365

favor de quem não está nele filiado, o que acentua claramente a «função representativa dos sindicatos no plano da defesa dos interesses individuais»[24].

Verdadeiramente, quem exerce o mandato judiciário não é o sindicato mas um seu delegado sindical, escolhido directamente pelo trabalhador ou designado pelo sindicato[25].

Duvidosa é a questão de saber se, após a nova definição do objecto dos sindicatos dada pela lei de 28 de Outubro de 1982[26], que tanto abrange a defesa de interesses colectivos como individuais, não deveria levar a uma revisão das regras tradicionais sobre a legitimidade dos sindicatos. Nomeadamente, se a recusa dos tribunais em admitir a acção individual por parte dos sindicatos, no lugar de um seu filiado ou de um membro da profissão, é ainda legítima[27].

b) *A substituição sindical*

A lei enumera limitativamente os casos em que o sindicato pode agir na justiça em substituição e no lugar dos trabalhadores titulares de certas acções. A "qualidade para agir" na justiça, que desta forma se abre aos sindicatos, não deve confundir-se com a figura da representação. Particularmente porque, como observa A. SUPIOT, «no caso em que tem capacidade para agir, o sindicato não tem a justificar a condução da acção um mandato *"ad litem"* dos indivíduos interessados»[28].

Até 1981, o direito francês apenas permitia a substituição do sindicato ao trabalhador em dois tipos de acções: naquelas em que estavam em jogo disposições de uma convenção colectiva[29] ou naquelas que eram baseadas na violação das normas protectoras do trabalho no domicílio[30].

---

[24] *Droit du Travail, syndicats et droit syndical,* Vol. I, 1987, p. 587.

[25] Sobre a figura do "delegado permanente ou não permanente", cfr. Autor e obra citados na nota anterior, p. 588.

[26] Cfr. o art.º L 411-1 do Code du Travail.

[27] Sobre este ponto, cfr. JEAN-MAURICE VERDIER, *Droit du Travail, Syndicats et droit syndical,* vol. I, Dalloz, 1987, p. 586, nota 2, e RIVERO ET SAVATIER, *Droit du Travail,* P.U.F, 9ª. ed., p. 148.

[28] *La protection du droit d'agir en justice,* Droit Social, n.º 11, Novembro, 1985, p. 775.

[29] Art.º L 526, n.º 4 do Code du Travail. Cfr. actualmente o art.º L 135, n.º 4 do mesmo Código. Hoje, o exercício da acção sindical estende-se também às questões jurí-

366　*Estudos de Direito do Trabalho em Homenagem ao Prof. Manuel Alonso Olea*

Depois de 1981, esta faculdade estendeu-se a outras e significativas matérias. Em primeiro lugar, aos trabalhadores estrangeiros irregularmente empregados[31], em segundo, aos trabalhadores temporários[32], em terceiro, à matéria de discriminação sexual em matéria de emprego e de remuneração[33] e, por último, permitiu-se a substituição sindical naqueles casos em que os trabalhadores são contratados a prestar serviço para um agrupamento de empregadores[34].

Exceptuando a primeira hipótese referida, podemos dizer, com Supiot, que todos os casos de substituição legalmente admissíveis se justificam pela particular "situação de fraqueza" em que se encontram os trabalhadores nas situações aludidas. Situação de debilidade que reclama a substituição processual para a defesa cabal de certos direitos de determinados trabalhadores[35].

A *ratio* da substituição nas acções nascidas da violação de um instrumento de regulamentação colectivo de natureza negocial parece ser outra. Avulta antes o fundamento de fazer executar as disposições convencionais a favor dos trabalhadores por elas abrangidos e uma certa ideia de que, apesar de estar em causa interesses individuais dos trabalhadores, estamos no domínio de normas também elaboradas pelo sindicato, onde pode convir uma certa "gestão colectiva".

Até aqui foram aludidos os casos em que a substituição é legalmente permitida. Falta ainda averiguar a posição do direito francês no que se refere às condições relativas ao titular da acção e ao sindicato.

Como titular da acção o trabalhador deve aprovar a acção intentada e exercida em seu nome. Basta a aprovação tácita. Isto implica que a acção deve ser previamente comunicada ao trabalhador e que este não se oponha

---

dicas nascidas de uma sentença arbitral, da conciliação ou da mediação (art.° L. 522, n.° 3, al. 1ª do Code du Travail).

O tipo de acção referido em texto não deve ser confundido com o tipo de acção proposta, em seu nome, por um sindicato signatário de uma convenção colectiva, contra qualquer celebrante dela, com o fim de obter o seu cumprimento, nos termos do art.° L 135.°, n.° 5 do C. Travail.

[30] Cfr. art. L 721.°, n.° 19 do C. Travail.

[31] Através da lei de 17 de Outubro de 1981. Cfr. o art.° L 341.°, n.° 1 e n.° 2 do C. Travail.

[32] Cfr. art.° L 124.°, n.° 20 do C. Travail.

[33] Lei n.° 83-635 de 13 de Julho de 1983. Cfr. os artigos L 123.°, n.° 1 e L 140.°, n.° 4 do C. Travil.

[34] Cfr. art.° 127.°, n.° 6 do C. Travail.

[35] La protection du droit d'agir en justice, artigo citado, p. 775.

A *legitimidade do sindicato no processo* 367

a ela. Esta obrigação de advertência do trabalhador, a cargo do sindicato, configura um requisito fundamental da regularidade da acção.

O sindicato deve assim indicar na acção o nome e a qualidade dos trabalhadores pelos quais pleiteia, o que se explica, desde logo, pelo facto de serem eles os beneficiários da acção. Se o não fizessem estaríamos no domínio de uma pura acção colectiva, para a qual o Conseil de Prud'hommes não teria competência. Esta obrigação de revelar a identificação dos trabalhadores, já criticada na doutrina francesa[36], parece ser um corolário natural da necessidade de determinação dos direitos em disputa e do controlo da obrigação de comunicação prévia aos trabalhadores titulares da acção. Não deixa, é certo, de se levantar uma certa incompatibilidade entre a imposição desta obrigação e uma das razões principais da substituição: a de pretender evitar os potenciais riscos para o trabalhador advenientes de um litígio judicial contra o seu empregador. Na verdade, se uma das razões que levaram a admitir o mecanismo da substituição foi a de evitar situações de represália por parte dos empregadores em relação aos trabalhadores que "ousassem" enfrentá-los, há-de reconhecer-se que este desiderato sai enfraquecido. Em todo o caso, em face das regras processuais vigentes, não vislumbramos como é que se pode deixar de exigir a obrigação de os sindicatos identificarem os trabalhadores em nome e no interesse dos quais agem. A questão apresenta, pois, algum melindre.

Apenas o art.º L 123-6 do Code du Travail, relacionado com os trabalhadores que sofreram discriminações em função do sexo, impõe que a comunicação da intenção de instaurar a acção seja escrita. Nos casos de assédio sexual, em consequência da lei de 2 de Novembro de 1992, o sindicato deve mesmo munir-se de «um acordo escrito do interessado» para poder agir em tribunal[37]. Mas, na medida em que o sindicato deve provar em tribunal que cumpriu esta diligência, a forma escrita apresenta igualmente vantagens nos demais casos. Dificilmente se pode prescindir dela. A comunicação por escrito pode facilitar a prova do cumprimento da obrigação e, nessa medida, ser vantajosa para o próprio sindicato.

O silêncio do trabalhador perante a comunicação do sindicato de que pretende instaurar a acção é suficiente para se presumir a sua aceitação. O problema está em saber qual é o período de silêncio necessário para que se considere a autorização concedida. A esta questão apenas o referido art.º L 123.º, n.º 6 fixa um prazo de 15 dias. Nos demais casos, a tempes-

---

[36] Cfr. VERDIER, obr. cit., p. 591 e SUPIOT, artigo cit., p. 776.
[37] Cfr. a última alínea do art.º L 123, n.º 6 do C. Travail.

368 *Estudos de Direito do Trabalho em Homenagem ao Prof. Manuel Alonso Olea*

tividade da oposição é apreciada livremente pelo juiz. Avisada nos parece, todavia, a posição de SUPIOT quando observa: «Se pertence ao juiz, nos outros casos de substituição, apreciar a demora da recusa do trabalhador ou ao contrário a excessiva prontidão em agir do sindicato, esta duração de 15 dias deve-lhe fornecer uma útil referência no exercício do poder de apreciação»[38].

As primeiras normas somente previram a substituição sindical em relação aos filiados no sindicato. Isto sucedeu com o art.° L 135.°, n.° 4 (convenções colectivas) e com o art.° L 721.°, n.° 19 (trabalho no domicílio). Nos casos admitidos posteriormente, a lei deixou de fazer esta restrição.

De acordo com VERDIER e SUPIOT, nem para os dois casos de substituição mais antigos se justifica o requisito da filiação do titular da acção no sindicato. Segundo estes juslaboristas, que invocam a favor da sua tese a orientação jurisprudencial francesa, basta a comparência dos interessados na conciliação, ao lado do representante sindical, ou uma adesão deles durante o decurso do processo para que o exercício da acção se tenha por regularizado[39]. A tendência parece ser assim para se permitir a substituição sindical mesmo em relação a trabalhadores filiados noutros sindicatos ou em relação aos não filiados em nenhum.

A condição exigida em relação aos sindicatos tem a ver com a sua representatividade. Tudo está em saber se qualquer sindicato tem o direito de se substituir ao trabalhador ou se tal direito está apenas reservado para os sindicatos representativos. As normas mais recentes atribuem a faculdade de substituição apenas aos sindicatos representativos. É o que sucede com o exercício da acção individual dos trabalhadores estrangeiros[40], dos trabalhadores temporários e daqueles que são discriminados em função do sexo.

Havendo dissociação entre "empregador de direito" (empresa de trabalho temporário, agrupamento de empresas) e "empregador de facto (empresa utilizadora), a representatividade sindical afere-se em relação a qualquer uma das empresas. Em relação às acções para tutelar os direitos individuais dos trabalhadores no domicílio ou os direitos consagrados na convenção colectiva, não é feita nenhuma exigência de representatividade.

Por último, convém relembrar a Decisão do Conselho Constitucional de 25 de Julho de 1989, onde se reafirmou que as faculdades reconhecidas ao sindicato devem respeitar a liberdade pessoal do trabalhador, a qual

---

[38] Artigo citado, p. 777.

[39] Cfr., respectivamente, *Droit du Travail, syndicats et droit syndical,* obr. cit., p. 589 e *La protection du droit d'agir en justice,* artigo cit., p. 777.

[40] Cfr. o art.° L. 341.° – 6-2 do C. Travail.

A legitimidade do sindicato no processo 369

goza, tal como a liberdade sindical, de dignidade constitucional[41]. Daqui resulta, para o tema que nos interessa, que «o interessado deve ser posto em condições de dar o seu assentimento com pleno conhecimento de causa e deve poder conservar a liberdade de conduzir pessoalmente a defesa dos seus interesses e de pôr termo à acção»[42].

c) *Itália*

Até à época corporativa não se reconheceu em Itália legitimidade aos sindicatos
para acederem ao processo. Os interesses colectivos, mormente aqueles que se corporizavam na convenção colectiva, não podiam ser defendidos. Como nos dizem G. GHEZZI e U. ROMAGNOLI, a interdição de recorrer à justiça resultava fundamentalmente da invocação de dois argumentos. O primeiro consistia na falta de personalidade jurídica dos sindicatos e o segundo, de ordem mais jurídico-processual, derivava da regra de que só os titulares dos direitos e interesses ofendidos têm legitimidade para os fazer valer em juízo[43]. O primeiro argumento perdeu sentido a partir do momento em que foi reconhecida capacidade judiciária aos entes de facto, ou seja, às associações sem personalidade jurídica[44]. Os sindicatos em Itália, como nos esclarece F. SANTORO-PASSARELLI, «são de um ponto de vista formal associações profissionais sem personalidade jurídica»[45], operando sob o manto do direito geral de associação. É certo que o art.º 39.º da Constituição prevê a aquisição de personalidade jurídica por via do registo, mas isto não significa que os sindicatos sem personalidade jurídica sejam juridicamente inexistentes. A disposição constitucional, na interpretação já antiga de ROMAGNOLI, ao permitir a aquisição da personalidade jurídica aos sindicatos teve em vista «... um objectivo – o contrato colectivo com eficácia *erga omnes* – renunciável pelos sindicatos sem por isso se exporem a penalizações de nenhum tipo sobre o plano legal: em particular, sem ver só por isso negada aquela capacidade processual (activa e passiva) que o ordenamento vigente reconhece a todos os entes de facto com estru-

---

[41] Esta decisão pode ser consultada, no Droit Social, de 1989, p. 627 e ss..
[42] GÉRARD COUTURIER, *Traité de droit du travail*, 2, ... obr. cit., p. 358-359.
[43] *Il diritto sindacale*, 4.ª ed., p. 261.
[44] O art.º 46.º do Código Civil de 1942 e o art.º 75.º do Código de Processo Civil vierem reconhecer às associações não reconhecidas a faculdade de estar em juízo.
[45] *Il Sindacato nell'impresa*, Rivista di Diritto del Lavoro, Anno XXVIII, 1976, p. 7.

370 *Estudos de Direito do Trabalho em Homenagem ao Prof. Manuel Alonso Olea*

tura associativa»[46]. Portanto, a constituição italiana, nas palavras de F. SANTORO-PASSARELLI, «... não visa consentir a imposição de uma obrigação em sentido próprio de requerer um registo, mas apenas de um ónus, ao cumprimento do qual é subordinado o reconhecimento jurídico por parte do Estado, com todas as consequências que daí derivam»[47]. Assim sendo, mesmo sem adquirirem personalidade jurídica, os sindicatos passaram a deter capacidade processual para requerer a tutela jurisdicional do seu interesse próprio no cumprimento das obrigações assumidas pelos empregadores na contratação colectiva.

A interpretação e aplicação do contrato colectivo a uma controvérsia entre o empregador e o trabalhador deixou de ser vista como uma controvérsia exclusivamente individual. Tende cada vez mais a ganhar força a ideia de que este tipo de controvérsias «apenas são individuais na aparência», como já sustentava PIC no início do século passado[48], isto é, de que elas são, nas palavras de MAZZIOTTI DI CELSO, «colectivas nas relações entre a associação sindical dos trabalhadores e os empregadores individuais, partes do contrato, e individual nas relações entre empregadores e prestadores de trabalho»[49]. Esta ideia não é nova. Ela já tinha sido defendida no início da história do movimento sindical. A sindicalização da acção judicial para a tutela de direitos individuais do trabalhadores consagrados na convenção colectiva, era já uma aspiração, porventura demasiado avançada para os tempos de então, do proletariado industrial nascente[50]. Aspiração que mereceu o acolhimento de alguns juristas dessa época. Hubert-Valleroux, por exemplo, com uma grande dose de pragmatismo, observava que, neste tipo de casos, se «for necessário que cada sindicalizado recorra à justiça ... a associação então torna-se inútil»[51]. Havia a convicção por parte de alguns juristas de que a permissão de acesso aos tribunais contribuía para uma melhor efectivação do direito, pois «...os patrões estarão menos inclinados a violar a convenção colectiva, se eles souberem que não podem escapar a uma demanda na justiça, desencadeada pelo sindicato

---

[46] *Il ruolo del sindacato nel processo del lavoro,* Rivista Trimestrale di Diritto e Procedura Civile, Anno XXVIII, (1974), p. 165.

[47] *Nozioni di Diritto del Lavoro,* 1980, p. 30.

[48] *Traité élémentaire de législation industrielle. Les Lois ouvrières,* Paris, 1903, p. 285.

[49] *Profili dell'autotutela nei rapporti di lavoro,* Napoli, s.d., p. 153.

[50] Cfr., por exemplo, MAXIME LEROY, *La coutume ouvrière,* I, Paris, 1913, p. 249.

[51] *De la capacité civile des syndicats professionels,* In Réforme sociale, 1898, p. 314.

A legitimidade do sindicato no processo

operário»[52], tanto mais, como sublinhava Messina, que os trabalhadores individuais eram pouco propensos para demandarem individualmente o seu empregador e muito inclinados à «abstenção da luta individual»[53]. O entendimento de que «... os interesses do sindicato e dos trabalhadores individuais, se não coincidem são ao menos concorrentes» e de, por isso, «a legitimidade substancial para agir do primeiro converge com a dos segundos», é hoje acolhido, ao que julgamos maioritariamente, na doutrina transalpina. Convém, no entanto, acrescentar a este propósito um outro aspecto muito caro à juslaborística italiana. Dentro de um contexto de preservação e desenvolvimento da autonomia sindical, de tal modo que o ordenamento sindical chega a ser visto como um ordenamento autónomo do ordenamento jurídico-estatal, tem sido sublinhado com bastante ênfase que a interpretação e aplicação da convenção colectiva nas relações individuais faz ainda parte do capítulo mais vasto da administração da convenção colectiva ou, por outras palavras, da gestão dos conflitos laborais. Esta gestão deve caber, em primeira linha e como que por direito próprio, às próprias partes da convenção colectiva. Com efeito, tão importante como contribuir para a formação da convenção colectiva é, diz-se, garantir depois o cumprimento das suas disposições. A substituição da vontade colectiva à vontade individual, que se verifica no momento da celebração da convenção, será insuficiente se posteriormente um dos seus actores – neste caso os sindicatos – forem arredados da possibilidade de participarem na interpretação e aplicação das suas disposições. Tão importante como participar na elaboração da norma ou cláusula convencional será participar na controle da sua aplicação.

Contudo, o argumento de que com a violação da convenção colectiva por parte do empregador nas relações individuais quem sofre são os trabalhadores individualmente considerados e de que, portanto, o sindicato não pode em nome próprio exercer direitos que pertencem aos seus filiados, continua a estar presente no direito italiano. Com efeito, nos termos do art.º 81.º do Código de Processo Civil italiano, «ninguém pode fazer valer no processo em nome próprio um direito de outrem». Consagra-se, pois, o princípio de que a accionabilidade da tutela jurisdicional está dependente da vontade do interessado, do titular do direito ou interesse legítimo, o

---

[52] Nast, *Des conventions collectives relatives à l'organisation du travail*, Paris, 1908, p. 208.

[53] *I contratti collettive ed il disegno di legge sul contratto di lavoro*, in Atti del Consiglio superiore del lavoro ..., Roma, 1905, p. 93 e ss.

372 Estudos de Direito do Trabalho em Homenagem ao Prof. Manuel Alonso Olea

que, aliás, é uma decorrência do princípio dispositvo, típico em todos os regimes «processuais fundados sob o respeito da vontade do indivíduo no que respeita a tutela dos direitos próprios...»[54].

Com base nesta regra, o sindicato não tem, em princípio, iniciativa processual contra os empregadores que ao nível das relações individuais de trabalho violem as regras da convenção colectiva. O sindicato só terá legitimidade para agir se houver uma norma legal que expressamente o permita ou então, de acordo com uma posição doutrinal e jurisprudencial significativa, quando a violação das disposições da convenção colectiva, pelo seu contexto e carácter sistemático, assuma a feição de comportamento anti-sindical, caso em que se prevê uma acção especial, com base no art.º 28.º do Estatuto dos Trabalhadores, que pode ser iniciada pelo sindicato pertinente[55].

Nos processos intentados pelos trabalhadores com fundamento em incumprimento da convenção colectiva, os sindicatos podem intervir para sustentar a posição de uma das partes, na posição de meros aderentes (art.º 105 do cpc). Neste caso, eles apoiam a posição de uma das partes, não assumindo a posição de parte titular de um interesse próprio. Nas controvérsias individuais, a única intervenção no processo que é permitida aos sindicatos traduz-se na prestação de informações ou observações orais ou escritas, a solicitação do juiz ou a instância de parte[56]. Apesar de interessante, esta forma de intervenção processual não deixa de se prestar a críticas. Neste sentido, razão parecem ter Ghezzi e Romagnoli quando afirmam: «A novidade não é perturbante ... e nem mesmo gratificante: o sindicato entra no processo pela porta de serviço; se nela entra não é por sua livre escolha; não adquire a qualidade de parte, porque entra no processo apenas para fornecer dados cognitivos e/ou valorativos que é difícil classificar como material probatório em sentido técnico»[57].

Até aqui vimos que a violação de uma cláusula normativa da convenção colectiva apenas ao trabalhador prejudicado faculta a instauração da acção pertinente. A legitimidade processual do sindicato está, em princípio, excluída. As coisas, porém, mudam de figura em relação à violação

---

[54] Carnacini, *Tutela giurisdizionale e tecnica del processo, in Studi in onore di E. Redenti*, II, Milano, 1951, p. 766.

[55] Neste sentido, entre outros, G. Ghezzi e U. Romagnoli, *Il diritto sindacale*, obr. cit., p. 262 e Treu, *Condotta antisindacale e atti discriminatori*, Milano, 1974, p. 83.

[56] Esta forma de intervenção do sindicato no processo individual de trabalho foi regulada na Lei n.º 533, de 11 de Agosto de 1973.

[57] *Il diritto sindacale*, obr. cit., p. 262.

ou interpretação das chamadas cláusulas obrigacionais (clausula obbligatoria) das convenções colectivas. No caso de o empregador ou associação de empregadores não cumprir uma obrigação assumida na convenção colectiva perante o sindicato, ou então em caso de dúvida sobre a exacta extensão e significado de uma cláusula obrigacional, reconhece-se que o sindicato tem legitimidade para instaurar o respectivo processo judicial. São hipóteses em que, no fundo, a defesa do interesse colectivo, salta á vista, ou melhor, em que está em jogo um interesse ou direito próprio do sindicato.

A grande porta de entrada dos sindicatos no processo judicial em Itália foi o combate às condutas anti-sindicais praticadas pelos empregadores. O art.º 28.º do Estatuto dos Trabalhadores prevê um processo judicial especial para a repressão dos comportamentos contra o exercício da liberdade sindical e a greve, o qual, como nos diz A. Vallebona, «ocupa uma posição central no âmbito do direito sindical»[58]. Foi a partir deste procedimento, tido como indispensável para proporcionar uma tutela jurisdicional efectiva à liberdade sindical, que em grande parte se foi formando a jurisprudência em matéria sindical.

Nos termos da referida norma, conduta anti-sindical do empregador são os «comportamentos dirigidos a impedir ou limitar o exercício da liberdade e da actividade sindical e do direito de greve». Trata-se de uma noção intencionalmente ampla e com aptidão para abranger qualquer tipo de empregador. Prescinde-se do elemento subjectivo nas condutas anti-sindicais juridicamente relevantes, isto é, não é necessário que o empregador tenha a intenção de lesar o interesse sindical.

O comportamento anti-sindical não se confina às relações entre o empregador e o sindicato, podendo verificar-se também nas relações entre empregadores e trabalhadores individuais. Mais do que um interesse próprio do trabalhador, o art.º 28.º do *Statuto* acolhe um interesse próprio do sindicato. No entanto, um mesmo comportamento pode configurar simultaneamente uma violação do contrato e uma ofensa à liberdade sindical, sendo, nessa medida qualificável como uma conduta pluriofensiva. O comportamento anti-sindical é pluriofensivo, porém, como nos dizem GHEZZI e ROMAGNOLI, «... porque se realiza tipicamente – se não só – através de limitações à liberdade sindical dos indivíduos na sua qualidade de partes da relação de trabalho»[59] e porque «tais limitações – esclarece Treu

---

[58] *Istituzioni di Diritto del Lavoro, I, Il diritto sindacale,* 3.ª ed., 2002, p. 273.
[59] *Il diritto sindacale,* obr. cit., p. 272.

374 *Estudos de Direito do Trabalho em Homenagem ao Prof. Manuel Alonso Olea*

– constituem reciprocamente lesões actuais ou potenciais, de qualquer modo efectivas, à liberdade de agir do grupo organizado»[60]. Neste caso, tanto o sindicato como o trabalhador individual atingido têm legitimidade para agirem. O sindicato que actua processualmente com base nos art.° 28.° do Estatuto, fá-lo, pois, não na veste de substituto processual, mas com base numa legitimidade processual fundada num interesse seu[61].

Só os sindicatos nacionais, através dos seus organismos locais, gozam de legitimidade activa para o processo especial previsto no art.° 28.° do *Statuto*. No lado da relação processual, só os empregadores, mas não já as suas associações, são titulares de legitimidade passiva.

Para além dos tipos de intervenção processual referidos, o Estatuto dos Trabalhadores prevê iniciativas processuais de carácter colectivo em algumas normas[62]. É o que sucede com a tutela dos sindicalistas despedidos[63]. O art.° 18.° permite, a solicitação conjunta do trabalhador e da associação sindical à qual ele pertence ou confira mandato, a reintegração imediata no posto de trabalho, no caso de insuficiência ou irrelevância dos meios de prova fornecidos pelo empregador. O art.° 16.°, por seu turno, prevê a hipótese de os trabalhadores que são vítimas de um tratamento económico discriminatório numa empresa poderem, eles próprios ou através da associação sindical a quem conferiram mandato, reagir em juízo contra tal discriminação. Trata-se de situações onde, se bem vemos as coisas, o sindicato pode agir em juízo como mandatário dos trabalhadores.

Com vista a proteger a saúde e a segurança no local de trabalho, o representante dos trabalhadores nestas matérias goza de legitimidade processual activa sempre que entenda que as medidas de prevenção e protecção dos riscos adoptadas pelo empregador não são idóneas[64].

---

[60] *Condotta antisindacale,* obr., cit., p. 568.

[61] Neste sentido, por exemplo, A. VALLEBONA, obr. cit., p. 277, que cita a este propósito jurisprudência do Tribunal Constitucional e da Cassação. Segundo este juslaborista, «pode suceder que um acto do empregador legítimo sobre o plano da relação de trabalho constitua conduta anti-sindical e, vice-versa, que um incumprimento em relação aos trabalhadores individuais não constitua comportamento anti-sindical».

[62] Para uma análise destas normas, entre outros, cfr. G. GHEZZI e U. ROMAGNOLI, *Il diritto sindacale,* pp. 269-271.

[63] Quanto ao tipo de trabalhadores protegido, cfr. art.° 22.° do *Statuto*.

[64] Cfr. o art.° 19.°, al. o) do Decreto-lei n.° 626, 1994.

A legitimidade do sindicato no processo

2. Portugal

Interessa-nos agora aludir aos dados normativos vigentes no nosso ordenamento com pertinência para a problemática da intervenção dos sindicatos no processo. Antes, porém, é conveniente fazer uma breve referência histórica às intervenções legislativas mais marcantes neste domínio. É sempre bom, para a compreensão do direito actual, ter a consciência do caminho percorrido.

2.1. *O reconhecimento dos sindicatos*

O Decreto de 9 de Maio de 1891[65] foi o primeiro diploma legal a reconhecer as "associações de classe" em Portugal. No entanto, antes já existiam sindicatos de facto. A ideia liberal de acabar com os corpos intermédios entre o indivíduo e o Estado, que serviu entre nós para extinguir os grémios corporativos[66], foi também invocada para «... impedir a constituição de associações operárias de natureza sindical, isto é, de associações com o específico fim e fundamental escopo de fortalecer a resistência contratual dos trabalhadores»[67]. Mas isto não impediu, como observou AFONSO QUEIRÓ, a constituição, sob a capa das associações de socorros mútuos, de «verdadeiros sindicatos operários disfarçados» antes de 1891. Nos termos do art.° 4.°, n.° 1 do diploma referido, as associações de classe tinham «... individualidade jurídica, podendo exercer todos os direitos relativos a interesses legítimos do seu instituto, demandar e ser demandadas». Assim se reconheceu às associações sindicais personalidade jurídica e judiciária. Não a todas as associações sindicais, mas apenas às de primeiro grau. Às federações e uniões, associações sindicais de segundo grau, não era reconhecida personalidade jurídica. Esta apenas veio ser reconhecida no art.° 3.° do Decreto n.° 10: 415, de 27 de Dezembro de 1924[68]. Nestes termos: «As federações ou uniões, desde que estejam devidamente registadas, têm individualidade jurídica para todos os efeitos legais, designadamente para celebrar contratos colectivos de trabalho».

---

[65] Publicado no Diário de Governo de 9 de Maio de 1891, n.° 106, pp. 207-209.
[66] Através do Decreto de 7 de Maio de 1834.
[67] AFONSO QUEIRÓ, *O Estatuto do Trabalho Nacional antes de 1933,* Lisboa, 1961, p. 9.
[68] Publicado no Diário de Governo, de 27 de Dezembro de 1924, I série, n.° 287, p. 1893.

376　*Estudos de Direito do Trabalho em Homenagem ao Prof. Manuel Alonso Olea*

Entre "todos os efeitos legais" incluir-se-ia certamente a capacidade das federações e uniões para demandarem e ser demandadas, regime que, aliás, seria uma decorrência natural do princípio da equiparação da personalidade judiciária à personalidade jurídica.

Num contexto político-jurídico assaz diferente, o corporativismo português também reconheceu personalidade jurídica aos sindicatos nacionais, o que, aliás, estava em consonância com o princípio de que eles, juntamente com os grémios, constituiam "o elemento primário da organização corporativa" e com "as funções de interêsse público" que lhe estavam cometidas.

2.2. *A legitimidade nos Códigos de Processo de Trabalho*

a) *Os Códigos de 1940 e de 1963*

O nosso primeiro "Código de Processo nos Tribunais do Trabalho", de 1940, feito na sequência do Código de Processo Civil de 1939, não abriu as suas portas ao sindicato. Os seus preceitos sobre a capacidade judiciária e sobre a legitimidade omitem-no[69].

A situação mudou com a aprovação do Código de Processo do Trabalho de 1963[70]. O segundo Código passou a dispor no art.° 6.° sobre as situações em que um "organismo corporativo" podia gozar de legitimidade activa[71]. Foram duas as situações previstas. As ofensas aos dirigentes sindicais e a defesa da chamada parte normativa da convenção colectiva. Foi a tutela dos dirigentes dos sindicatos, enquanto membros de organismos corporativos, contra "represálias" do empregador exercidas no exercício e por causa das suas funções corporativas e, no mesmo contexto, a defesa da convenção colectiva, que preocuparam o legislador de então. Ainda que da

---

[69] Cfr. Os artigos 2.°, 3.° e 4.° do Decreto-Lei, n.° 30 910, de 3 de Novembro de 1940.

[70] Aprovado pelo Decreto-Lei n.° 45 497, de 30 de Dezembro de 1963. Este Código vem na sequência da reforma do processo civil de 1961.

[71] Transcrevendo: n.° 1. Um organismo corporativo é parte legítima como autor:
　　a) Quando tenham sido exercidas, por uma entidade patronal, represálias contra um trabalhador por actos praticados no exercício do cargo corporativo nesse organismo;
　　b) Quando, por virtude da publicação de convenção colectiva de trabalho, uma entidade patronal tenha diminuído os direitos dos trabalhadores pelo mesmo organismo representados.

protecção da convenção colectiva resultasse objectivamente uma tutela para os trabalhadores por ela abrangidos, o objectivo não era tanto a defesa dos trabalhadores individualmente considerados, mas a defesa da "autoridade" da convenção colectiva, considerada um acto corporativo por excelência. Tanto era assim que o sindicato, só por si, não tinha legitimidade para estar em juízo, caso o empregador diminuísse os direitos dos trabalhadores em qualquer situação, mas apenas quando os diminuísse «por virtude da publicação da convenção colectiva».

Nos casos referidos, o sindicato podia exercer o direito de acção, substituindo o trabalhador em causa. Esta faculdade de substituição não era, porém, absoluta. Estava condicionada, nos termos do art.° 6.°, n.° 2, por uma declaração escrita do trabalhador donde constasse a intenção de que não pretendia accionar pessoalmente. Ao fazer esta declaração, o trabalhador não mais poderia intervir no processo.

O sindicato não era titular de um direito de acção próprio para a tutela do conteúdo da convenção colectiva. Esta estava condicionada pela atitude abstencionista do trabalhador. Nem mesmo no processo especial para a "Fixação de Interpretações", introduzido pela primeira vez neste código[72], que incidisse sobre conflitos de interpretação de normas das convenções colectivas, os sindicatos pertinentes gozavam de legitimidade activa. Eram apenas citados para «... dizerem o que se lhes oferecer ...»[73].

b) *O Código de 1981*

Em 1979 publicou-se um novo Código de Processo de Trabalho[74]. A sua vigência foi, no entanto, sucessivamente adiada, de modo que, até 1 de Janeiro de 1982, data em que entrou em vigência o Código de 1981, vigorou o Código de Processo de Trabalho de 1963[75].

Este Código «baseou-se fundamentalmente no diploma de 1979, que, por seu turno, assentou no Código de 1963»[76]. Trouxe, porém, para o ordenamento processual novidades quanto ao tema da legitimidade dos sindicatos.

---

[72] Nos artigos 195.° e ss.
[73] Cfr. O art.° 196.°.
[74] Cfr. o Decreto-Lei n.° 537/79, de 31 de Dezembro.
[75] Cfr. o art. 3.° do Decreto-Lei n.° 272-A/81, de 30 de Setembro.
[76] Assim nos esclarece o ponto 2 do Preâmbulo do Decreto-Lei n.° 272-A/81, de 30 de Setembro.

378   *Estudos de Direito do Trabalho em Homenagem ao Prof. Manuel Alonso Olea*

Podem distinguir-se três tipos de situações. Em primeiro lugar, o n.° 1 do art.° 6.°, reconheceu legitimidade processual activa aos sindicatos «nas acções respeitantes aos interesses colectivos cuja tutela lhes esteja atribuída por lei». A tutela genérica dos interesses colectivos pelo sindicato[77] no processo recebeu pela primeira vez entre nós consagração expressa no Código de Processo de Trabalho. Houve aqui um salto qualitativo importante. O sindicato ascende à qualidade de parte em acções onde se discutia matéria que, por definição, é essencial para um exercício pleno da liberdade sindical. Ao protagonismo do sindicato nas lutas laborais colectivas no seio da sociedade, passou a corresponder um protagonismo nos litígios laborais colectivos desenrolados nos tribunais do trabalho[78]. Tratou-se de uma inovação natural. O primeiro código de processo do período democrático não podia deixar de reflectir o Decreto-Lei n.° 215-B/75, de 30 de Abril, nem a Constituição de 1976. Esta atribuiu grande dignidade à liberdade sindical dos trabalhadores, no exercício da qual, porventura como instrumento privilegiado, se inclui a criação de sindicatos para a "defesa dos direitos e interesses" dos trabalhadores (art.° 55.°, n.° 1 e n.° 2)[79]. Num Estado de Direito, tal defesa passa também, se não fundamentalmente, por uma acesso, sem desmesurados limites e constrangimentos, aos tribunais. É natural que assim seja.

Compreende-se, por isso, na senda da defesa dos interesses colectivos, que este Código tenha vindo, em ruptura com o passado, reconhecer aos sindicatos legitimidade, activa e passiva, para as acções respeitantes à anulação e interpretação das cláusulas das convenções colectivas (art.°

---

[77] Reconheceu-se igualmente às associações patronais o direito de acção para a tutela dos seus interesses colectivos. O art.° 6.°, n.° 1 refere-se, numa linguagem do passado de sabor corporativista, a "organismos sindicais e patronais".

[78] Os quais, nos termos do art.° 85.° da Lei n.° 82/77, de 6 de Dezembro, foram integrados na ordem judiciária, transitando para a dependência do Ministério da Justiça

[79] O art.° 2.° al. b) do DL n.° 215-B/75, de 30 de Abril, ao definir sindicato, usa uma formulação mais restritiva do que o texto constitucional. Fala em «interesses socio-profissionais.»,enquanto a Constituição, de data mais recente, se refere a interesses dos trabalhadores (artigos 55.°, n.° 1 e 56.°, n.° 1). A menos que se dê ao vocábulo "interesses socioprofissionais" um significado bastante amplo, de forma a nele englobar qualquer interesse do trabalhador enquanto tal, a definição da lei não pode deixar de ser considerada demasiado estreita. O papel reconhecido por outras normas nacionais e internacionais ao sindicato estão aí estão para o confirmar. O Código do Trabalho bem podia ter caminhado no sentido de consagrar uma noção mais próxima da Constituição. Não quis. Preferiu manter a formulação actual (art.° 476.°, al. a). Sobre o tipo de interesses que ao sindicato cabe defender e promover, JORGE LEITE, *Direito do Trabalho,* vol. I, cit. p. 158 e ss.

A legitimidade do sindicato no processo 379

5.º)[80]. Neste tipo de acção, os interesses de um grupo generalizado e indeterminado de trabalhadores estarão sempre em jogo. Os interesses serão sempre supra-individuais e, em princípio, colectivos. O grupo de trabalhadores a quem o interesse respeita até pode ser, em dada altura, determinado. Sucede, porém, que, dada a natureza normativa da cláusula em causa, os seus destinatários potenciais, como nos preceitos legais, são trabalhadores indeterminados.

Um segundo grupo de situações tem a ver com o art.º 6.º, n.º 2 deste Código. Este preceito correspondeu, com uma alteração significativa, ao art.º 6.º n.º 1 do Código de 1963. O sindicato podia intervir no processo quando a liberdade sindical de um seu representante fosse agredida pela entidade patronal (al. a), ou quando esta diminuísse direitos dos seus filiados, em «virtude da publicação de instrumento de regulamentação colectiva de trabalho» (al. b). Só que ele deixou de poder fazer esta intervenção enquanto autor, para a passar a exercer o direito de acção «... em representação e substituição do trabalhador». Neste aspecto, houve um retroceso na legitimidade dos sindicatos.

Por último, num terceiro tipo de situações, relacionado com litígios onde esteja em causa «interesses individuais dos trabalhadores ou das empresas, as respectivas associações podiam intervir, como assistentes dos seus associados ...» (n.º 3). Neste domínio, todavia, a intervenção dos sindicato ficou condicionada por um duplo requisito. Por um lado, exigiu-se ao filiado a emissão de uma declaração escrita a aceitar a intervenção e, por outro, que os direitos em disputa fossem disponíveis.

A sentença lavrada numa das acções previstas no art.º 6.º constituíam caso julgado em relação ao trabalhador que renunciasse à intervenção no processo (art.º 73.º, n.º 2)[81].

---

[80] Nos termos deste preceito, a legitimidade é expressamente atribuída às «entidades outorgantes de convenções colectivas». Portanto, para além das associações sindicais, também às associações patronais, a um grupo de empregadores ou, naturalmente, a um empregador, em correspondência com o regime de direito substantivo, nos termos do art.º 3.º do DL 519/C-1/79, de 29 de Dezembro.

[81] Este preceito é, no mínimo, altamente discutível. Contudo, este aspecto processual não vai ser aqui discutido.

380 *Estudos de Direito do Trabalho em Homenagem ao Prof. Manuel Alonso Olea*

c) *Código de 1999*

Em 1 de Janeiro de 2002[82], passou a vigorar um novo código de processo de trabalho que introduziu algumas alterações na matéria em consideração.

Na esteira do direito anterior, continuou a consagrar a possibilidade de o sindicato intervir a três títulos diferentes: como parte, como representante ou substituto e como assistente.

O sindicato pode ser parte nas acções que versem sobre «... interesses colectivos que representem» (art.° 5.°, n.° 1). O preceito correspondente do Código de 1982 usava uma formulação diferente. Referia-se «... aos interesses colectivos cuja tutela lhes esteja atribuída por lei». Corresponderá à mudança de redacção uma alteração significativa do alcance da norma? Estamos em crer que sim. Na verdade, a jurisprudência extraía do art.° 6.°, n.° 1, do Código do Processo de Trabalho de 1982, dois requisitos necessários à legitimidade do sindicato: existência de um interesse colectivo e, para além disso, de uma norma expressa que concretamente atribuísse a tutela do interesse colectivo em causa ao sindicato[83]. Julgamos, porém, que a este preceito, numa interpretação mais conforme à constituição, não exigia este entendimento. Está longe de ser pacífico que a parte final do art.° 5.°, n.° 1, significasse a exigência de uma norma *ad hoc* concretizadora e limitadora dos casos em que o interesse colectivo fosse relevante. De qualquer modo, a haver alteração, ela só pode ir no sentido de alargar a legitimidade activa dos sindicatos enquanto partes. Agora, tal legitimidade não ficará condicionada a um interesse colectivo cuja tutela esteja já atribuída "especialmente" numa lei, bastando que se trate de um qualquer interesse colectivo representado pelo sindicato. Esta formulação está mais próxima do conteúdo e sentido do princípio da liberdade sindical constitucionalmente consagrado e da natureza do direito ao exercício da actividade sindical enquanto direito fundamental (art.° 55).

Na dependência de autorização dos trabalhadores titulares do direito de acção, os sindicatos podem intervir também na veste de representantes ou substitutos.

Contra eventuais medidas tomadas pelo empregador, o legislador de 1999 manteve esta espécie de intervenção sindical nas acções para a tutela

---

[82] Cfr. o art.° 3.° do DL n.° 480/99, de 9 de Novembro, que aprovou este código.

[83] Neste sentido, por exemplo, Ac. do STJ, de 24-2-99, publicado *in* Acórdãos Doutrinais do Supremo Tribunal Administrativo, Ano XXXVIII, n.° 452-453, p. 1155 e ss.

dos trabalhadores que exerçam qualquer cargo no sindicato (art.° 5.°, n.° 2, al. a) e estendeu-a a qualquer representante eleito dos trabalhadores que seja associado do sindicato (art.° 5.°, n.° 2, al. b). A esta inovação acrescentou outra: possibilitou a representação ou a substituição nas «acções respeitantes à violação, com carácter de generalidade, dos direitos individuais de idêntica natureza de trabalhadores seus associados» (art.° 5.° n.° 2, al. c).

Diversamente do direito anterior, não é necessário um acto positivo, expresso, para a autorização da representação ou da substituição. A autorização presume-se se, comunicada por escrito a intenção do sindicato de exercer o direito de acção e o objecto desta, o trabalhador nada declarar, por escrito, em contrário, no prazo de 15 dias. (art.° 5.°, n.° 3). O silêncio do trabalhador após o período referido é neste caso juridicamente relevante, pois vale como declaração de aceitação[84]. Aceitação que conjugada com o exercício efectivo da representação ou substituição sindical acarreta para o trabalhador uma implicação processual importante: ele não pode mais ser parte; apenas pode vir a intervir no processo na qualidade de assistente (art. 5.°, n.° 4).

Por último, quanto à intervenção a título de assistente, prevista nos pleitos sobre interesses individuais dos trabalhadores, exige-se que estes emitam uma declaração escrita de aceitação da intervenção do sindicato (art.° 5.°, n.° 5). Deixou de se distinguir, como anteriormente, entre direitos disponíveis e não disponíveis do trabalhador. Os sindicatos podem assistir ou coadjuvar o trabalhador individual, se este assim concordar, em qualquer acção onde esteja em causa interesses individuais do trabalhador.

2.3. *Outras normas*

Noutros diplomas legislativos aparecem também referências à legitimidade processual activa dos sindicatos. É o que sucede com os diplomas legais sobre a protecção da igualdade no trabalho e no emprego. Em 1979, o legislador atribuiu legitimidade quer ao trabalhador vítima de discriminação quer ao seu sindicato. O sindicato está, porém, numa posição processual inferior à do trabalhador, já que, nos termos do art.° 16.° do Decreto-Lei n.° 392/79, de 20 de Setembro, a iniciativa sindical só será

---

[84] Quanto ao valor do silêncio como meio declarativo, cfr. o art.° 218.° do Código Civil.

382 *Estudos de Direito do Trabalho em Homenagem ao Prof. Manuel Alonso Olea*

legítima caso o trabalhador concorde. O preceito não é claro quanto à posição processual do sindicato no exercício do direito de acção. A sua posição concreta parece depender da vontade do trabalhador. Em 1997, o legislador voltou ao tema. Nos termos do art.° 4.° da Lei n.° 105/97, de 13 de Setembro, em caso de violação da igualdade de tratamento pelo empregador, podem as associações sindicais representativas dos trabalhadores abrangidos propor «… acções tendentes a provar qualquer prática discriminatória», e isto, «independentemente do exercício do direito de acção pelo trabalhador ou candidato». A posição processual do sindicato não surge aqui condicionada pelo comportamento do trabalhador. Quer este exerça ou não o seu direito de acção, o sindicato tem uma legitimidade própria. Não actua em substituição, nem em representação processual, da trabalhadora discriminada ou do trabalhador discriminado. O critério dos sujeitos da relação material controvertida ou o da titularidade do interesse em litígio, usado usualmente[85], parece não ter aqui aplicação. Os sujeitos da relação material são os trabalhadores discriminados e não propriamente o sindicato.

Com este regime, o legislador terá atendido em primeiro lugar, realisticamente, à grande debilidade dos trabalhadores discriminados em muitas situações, que se projecta na própria incapacidade de recorrer à via judicial ou nos riscos que eles podem correr por terem sido capazes de "tamanha ousadia". Mas não deixa também de estar aqui presente a força do princípio da igualdade no nosso ordenamento e a necessidade de melhorar os mecanismos processuais para a sua efectiva realização judicial.

É de questionar se, tacitamente, o art.° 4.° do diploma de 1997 revogou ou, pelo menos derrogou, o art.° 16.° do diploma de 1979. A partir da vigência do diploma mais recente, parece certo que a falta de consentimento do trabalhador deixa de ser oponível para impedir qualquer iniciativa processual do sindicato no domínio da discriminação em função do sexo. Ao possibilitar o mais, dir-se-á, não tem sentido manter o menos. Um preceito consome o outro. Neste sentido, o preceito anterior deveria considerar-se revogado. Temos, porém, as maiores dúvidas em defender uma solução revogatória pura e simples. A vigência do preceito anterior pode ter ainda alguma justificação, pois a intenção do legislador pode ter sido, exclusivamente, oferecer ao sindicato mais um canal de intervenção, e não a de querer impedir que o sindicato esteja numa posição processual

---

[85] Cfr. ANTUNES VARELA, J. MIGUEL BEZERRA, SAMPAIO E NORA, *Manual de Processo Civil*, Coimbra Editora, 1984, p. 121 e ss.

A *legitimidade do sindicato no processo* 383

subalterna. Quer dizer, o legislador pode ter querido garantir uma posição processual autónoma ao sindicato e, simultaneamente, não ter querido impedir que ele assuma uma posição processual dependente da posição do trabalhador. Ponto é que esta posição subordinada seja voluntariamente aceite pelo sindicato. Nunca pode ser imposta contra a sua vontade. Podem haver razões sérias que levem o sindicato a comprometer-se a coadjuvar o trabalhador numa acção por este intentada contra a discriminação no emprego ou no trabalho. Se, por exemplo, ele chegar à conclusão de que o trabalhador só denuncia judicialmente a discriminação desde que ocupe uma posição processual prevalecente, e que tal condição, em vez de enfraquecer, reforça a estratégia sindical no combate à discriminação, não se vêem motivos para impedir que o sindicato ocupe por vontade própria uma posição processual subalterna à do trabalhador. A ressalva da parte inicial do art.° 4.° da L 105/97, «Sem prejuízo da legitimidade assegurada noutros preceitos legais», parece dar cobertura a uma interpretação que sustente a não revogação do art.° 16, n.° 2 do DL 392/79. Com dúvidas e no quadro das observações referidas, propendo a considerar que o preceito mais recente não revogou nem derrogou tacitamente o preceito anterior, visando, em boa hora, acrescentar uma nova e consistente forma de legitimidade – de legitimidade própria – ao sindicato.

O Código do Trabalho não traz novidades nesta matéria. É certo que na norma relativa aos direitos das associações sindicais, aparece agora referido, diversamente do preceito correspondente do direito anterior, o direito de «Iniciar e intervir em processos judiciais e em procedimentos administrativos quanto a interesses dos seus associados, nos termos da lei» (art.° 477.°, al. d)[86]. Esta referência expressa limita-se a remeter para as leis pertinentes, não acrescentando substancialmente nada de novo. O mesmo sucede no domínio da legitimidade das associações sindicais nos processos de contra-ordenação laboral: o art.° 641.° do Código do Trabalho mantém o regime anterior[87].

Por último, refira-se a lei sindical na Administração Pública,[88] cujo art.° artigo 4.°, com o sugestivo proémio "Direitos fundamentais", dispõe

---

[86] Reconhecendo, *ipsis verbis*, o mesmo às associações de empregadores (art.° 510.°)

[87] Cfr. o art.° 26.° da Lei 116/99, de 4 de Agosto.

[88] Decreto-Lei n.° 84/99, de 19 de Março. Este decreto foi adoptado na sequência da Lei n.° 78/98, de 19 de Novembro, que autorizou o Governo a legislar sobre o exercício da liberdade sindical dos trabalhadores da Administração Pública e direitos das associações sindicais.

384 *Estudos de Direito do Trabalho em Homenagem ao Prof. Manuel Alonso Olea*

no seu n.° 3: «É reconhecida às associações sindicais legitimidade processual para a defesa dos direitos e interesses colectivos e para a defesa colectiva dos direitos e interesses individuais legalmente protegidos dos trabalhadores que representem, beneficiando da isenção do pagamento da taxa de justiça e das custas»[89]. A legitimidade processual conferida nesta norma aos sindicatos na Administração Pública não coincide com a legitimidade reconhecida aos sindicatos no sector público. A legitimidade aqui, ao nível da defesa dos direitos e interesses individuais, é mais ampla. Apenas aparece limitada, em termos genéricos, pelo seguinte requisito negativo: «… não pode implicar limitação da autonomia individual dos trabalhadores» (n.° 4). Regime semelhante é previsto no art.° 2.°, n.°s 7.° e 8.° da Lei Sindical na Polícia de Segurança Pública[90].

Por último, como verdadeiras traves mestras, não podem ser esquecidos os preceitos constitucionais que de forma directa ou indirecta interferem com a legitimidade processual dos sindicatos. À cabeça temos o art.° 56.°, n.° 1 e 55.°, n.° 1, relativos ao objecto e conteúdo da liberdade sindical. Mas tem também importância o art.° 12.°, n.° 2, determinando que às pessoas colectivas devem ser reconhecidos os direito (e deveres) «compatíveis com a sua natureza» e, ao nível da Administração Pública, ou melhor, do procedimento administrativo, o art.° 267.°, n.° 1.

Estes são, no direito português, os dados normativos relevantes particularmente dirigidos ao tema que nos propusemos abordar: o quadro legal definidor da intervenção dos sindicatos nos tribunais portugueses. Foram descritos – quando não transcritos – de uma forma fria e pouco especulativa. Não que faltem motivos ou interesse para uma especulação dogmática e doutrinal. Muitas das normas referidas exigem-no com alguma urgência. Preferimos, ainda que à custa da paciência do leitor, dar secamente notícia do direito em vigor, tendo em vista a maior objectividade possível. Estamos convictos de que, desta forma, definindo o quadro legal sem "pré-compreensões" e visões subjectivas, ficaremos com uma cómoda plataforma para apreciar, no ponto seguinte, algumas questões, seguramente críticas e polémicas, enfrentadas pela nossa jurisprudência.

---

[89] Este preceito é a reprodução integral do art.° 3.° al. d) da Lei de autorização legislativa.

[90] L 14/2002, de 19 de Fevereiro.

3. Algumas questões

3.1. *O interesse colectivo*

A natureza do interesse em disputa é fundamental para a definição do tipo de conflito jurídico e para a problemática da legitimidade processual do sindicato.

Ninguém terá dúvidas quanto à legitimidade dos sindicatos para defenderem os interesses colectivos que representam. As normas que se foram referindo, mormente as que estão actualmente em vigor, parecem indicar isso claramente. Seria ilógico e teleológicamente incongruente que os sindicatos fossem impedidos de fazer valer judicialmente os direitos que lhe são reconhecidos pelo direito material. Recorde-se a regra processual básica de que a « todo o direito corresponde uma acção ...»[91] e o direito fundamental à tutela judicial[92]. Enquanto pessoa jurídica, os sindicatos não podem, pois, deixar de gozar os direitos (e de estar sujeitos aos deveres) «compatíveis com a sua natureza»[93].

Portanto, em relação aos chamados direitos colectivos[94], isto é, àqueles que são reconhecidos aos trabalhadores enquanto grupo ou às suas organizações sindicais, estas estão, originariamente, legitimadas processualmente a agir, enquanto titulares do direito ou interesse em causa.

As dificuldades começam quando deparamos com a necessidade de definir e, sobretudo, aplicar a noção de interesse colectivo. Não vale a pena acentuar estas dificuldades. Elas são já sobejamente conhecidas[95].

A doutrina tem, no seu ardor classificador, recorrido ao critério da qualidade do sujeito. De acordo com este critério, podemos dizer, grosso modo, que o interesse será individual se respeitar a um trabalhador em particular e colectivo se for próprio ou incindível de um determinado grupo.

Embora seja importante, sem dúvida, atender ao número de trabalhadores a quem o interesse respeita, o critério quantitativo não tem merecido os favores da doutrina. É verdade que é difícil falar em interesse colectivo

---

[91] Art.º 2.º do Código de Processo Civil.

[92] Art.º 20.º da CRP.

[93] Art.º 12.º, n.º 2 da CRP.

[94] Para uma distinção entre direitos fundamentais colectivos, direitos fundamentais de exercício colectivo e direitos fundamentais individuais dos trabalhadores, cfr., entre nós, JORGE LEITE, *Direito do Trabalho,* Vol. I, Serviços de Textos, 1998, pp. 134-135.

[95] Sobre o «interesse colectivo», entre nós, cfr. MONTEIRO FERNANDES, *Direito do Trabalho,* 10.ª ed., Almedina, 1998, p. 580 e ss.

386 *Estudos de Direito do Trabalho em Homenagem ao Prof. Manuel Alonso Olea*

quando apenas um trabalhador está envolvido num conflito. Teoricamente a hipótese pode não estar excluída, mas, a existir, tem certamente um relevo prático desprezível. O critério do número de trabalhadores tem sido criticado, essencialmente, porque nem todos os conflitos em que participem vários trabalhadores envolvem necessariamente um interesse colectivo. Pode tratar-se de uma simples soma de interesses individuais. Ora, o interesse colectivo tem de assumir uma dimensão qualitativa nova, que não se reconduz a uma mera agregação ou justaposição de interesses individuais. É uma síntese formada pelo entrelaçamento de interesses individuais. É destes interesses que ele brota, não podendo deixar de fincar neles as suas raízes, mas adquire, perante eles, um certo grau de abstracção e autonomia.

Próximo desta noção de interesse colectivo, se bem interpretamos, andará o Supremo Tribunal de Justiça. Segundo este venerando Tribunal, o «conceito de interesse colectivo assenta na existência de uma pluralidade de indivíduos sujeitos aos mesmos interesses (iguais ou de igual sentido), pressupondo uma nova e diferente entidade como titular»[96]. Este aresto não se pronunciou sobre as características da "nova e diferente entidade". Em nossa opinião, tal entidade não tem de ser uma colectividade organizada, como um sindicato, podendo mesmo substantivar-se num grupo inorgânico. Mais do que um grupo estruturado, releva a existência em si do próprio grupo. E o interesse colectivo pode ter um âmbito variado, podendo estender-se por uma empresa, por um sector de actividade, por um país, ou por qualquer outro espaço que o próprio interesse colectivo delimite.

Se é verdade que o interesse colectivo tem de ser encabeçado no grupo ou na sua associação, também não é menos verdade que todo o interesse a defender ou promover pelo sindicato tenha de ser necessariamente colectivo. Ele pode igualmente defender interesses particulares de um só trabalhador ou de interesses individuais simultâneos de vários trabalhadores. Sendo assim, nem sempre uma acção do sindicato tem de corresponder à defesa e promoção do interesse colectivo.

Não se duvida da utilidade em distinguir as noções de interesse colectivo e de interesse individual. Trata-se, mesmo, de uma distinção com relevo processual evidente, pelo que deve ser apurada. Mas seria capri-

---

[96] Ac. De 24 de Fevereiro de 1999, *in* Acórdãos Doutrinais do STA, Ano XXXVIII, n.ºs 452-453, p. 1155. No mesmo sentido, Ac. do STJ de 11 de Junho de 1987, *in* Acórdãos Doutrinais, n.º 316, p. 550.

A *legitimidade do sindicato no processo* 387

chosamente despropositado contrapor os dois tipos de interesse no sentido de estabelecer entre eles uma radical oposição de princípio, uma cortante incompatibilidade natural. Eles não são "inimigos" entre si. Bem pelo contrário. Como é usualmente referido, o direito reconheceu relevância à tutela do interesse colectivo – ainda que inicialmente lhe tenha oposto uma resistência –, justamente para compensar a tutela dos interesses individuais dos trabalhadores individualmente considerados. O reconhecimento do estatuto colectivo do sindicato não tem sentido como um fim em si mesmo; ele só ganha verdadeiramente sentido na exacta medida em que consolida e promove os interesses individuais dos trabalhadores. É esta a razão de ser dos sindicatos. Tem, por isso, inteira razão o Supremo Tribunal de Justiça, ao afirmar que «... a existência de um "interesse colectivo" não elimina nem ofusca os interesses (individuais) de cada um dos interessados, conferindo-lhes, antes, uma maior força que, pela sua importância, justifica a respectiva tutela por entidade distinta»[97].

Mais, é preciso ter presente que a distinção tem muitas vezes um carácter artificial, nomeadamente, que frequentemente o interesse colectivo e individual se confundem. E isto porque tanto o interesse individual contribui para a formação do interesse colectivo, como este conforma e entretece o interesse individual. São mais do que dois vizinhos; são companheiros que moram na mesma casa, ainda que, por vezes ... possam dormir em quartos separados.

Como bem apreciou o Supremo Tribunal de Justiça, a propósito de uma acção de condenação para reconhecimento da aplicação de um acordo de empresa intentada por um sindicato, «... se bem que cada um dos trabalhadores representados pelo Autor ... tenha o seu interesse (individual) em ver aplicar-se-lhe o referido Acordo de Empresa, que lhe proporcionaria melhores proventos ..., não se podem oferecer dúvidas de que se está perante um "interesse colectivo", dado que a pluralidade de trabalhadores ... se encontram "irmanados no mesmo interesse", o de ver reconhecida a aplicação de um Acordo de Empresa, manifestamente mais favorável ...»[98].

---

[97] Ac. de 24 de Fevereiro de 1999, já citado.

[98] Acórdão de 1999 referido na nota anterior, pp. 1167 e 1168. Este aresto negou, no entanto, em face do art.° 6.°, n.° 1 do Código de Processo de 1981, legitimidade activa ao sindicato, alegando que «... embora esteja em causa a defesa de um interesse colectivo, não se encontra atribuída por lei a tutela do mesmo» (1155). Independentemente do mérito desta decisão, que, aliás, não nos parece de subscrever, é de concluir que se fosse hoje, em face do direito actual, o Supremo teria reconhecido legitimidade ao sindicato. Parece-nos que seria assim porquanto o requisito limitativo em que o Supremo se fundou – a falta de

388 *Estudos de Direito do Trabalho em Homenagem ao Prof. Manuel Alonso Olea*

Em face desta jurisprudência, parece líquido extrair duas conclusões importantes. Primeiro, que o sindicato também pode ser autor nas acções em que se discutam simultaneamente interesses colectivos e individuais, isto, bem entendido, para além das acções onde reivindique a tutela de um interesse exclusivamente colectivo. Deixou de ter apoio legal a tese que, partindo da natureza estritamente colectiva do sindicato, negava a este legitimidade própria para a defesa de interesses individuais dos trabalhadores[99].

Segundo, deixou de ter sustentáculo legal a opinião, defendida à luz do art.º 6.º, n.º 1 do Código de Processo de Trabalho de 1981, de que a legitimidade estava dependente – para além do requisito do interesse colectivo – da existência de uma norma expressa a atribuir a tutela dos interesses em causa ao sindicato.

3.2. *A tutela do interesse individual*

Até aqui, raciocinando ante o art.º 5.º,n.º 1 do Código de Processo de Trabalho, concluímos que o sindicato tem legitimidade para a tutela dos interesses colectivos. Tê-la-á também para a tutela dos interesses individuais?

Parece-nos líquido que, em face do Código de Processo do Trabalho, o sindicato não goza de uma legitimidade originária ou própria. Para a tutela dos interesses individuais podem intervir como assistentes (art.º 5.º, n. 5) ou em representação ou substituição, como sucede na tutela dos representantes sindicais ou representantes eleitos dos trabalhadores ou na violação, com carácter de generalidade, de direitos individuais de idêntica natureza (art.º 5.º, n.º 2). Em todas estas situações, bastante diferenciadas entre si, a intervenção do sindicato está na dependência da vontade do trabalhador. Este tem de autorizar ou aceitar.

Este regime suscita de imediato um importante questão: do art.º 56.º, n.º 1 da Constituição resulta ou não um competência directa e própria para a tutela de interesses individuais por parte do sindicato?

---

uma norma que expressamente atribuísse a tutela ao sindicato – deixou de constar do preceito correspondente do código actual (art.º 5.º, n.º 1 do CPT).

[99] Defendida, por exemplo, pelo Governo no processo n.º 31/94, que desembocou no Ac. 118/97 do Tribunal Constitucional, publicado no D.R., I Série, de 24 de Abril de 1997.

Esta questão já foi apreciada pelo Tribunal Constitucional no âmbito do procedimento administrativo. A jurisprudência que se formou a este propósito merece, pela sua relevância, ser especialmente destacada. Chamado a pronunciar-se sobre a constitucionalidade do art.° 53.° do Código de Procedimento Administrativo, o Tribunal declarou a norma inconstitucional, «na parte em que nega às associações sindicais legitimidade para iniciar o procedimento administrativo e para nele intervir, seja em defesa dos interesses colectivos, seja em defesa colectiva de interesses individuais dos trabalhadores que representam». E teria de ser assim, porque a Constituição ao reconhecer às associações sindicais, no art.° 56.°, n.° 1, a «competência para defenderem os direitos e interesses dos trabalhadores que representem, não restringe tal competência à defesa dos interesses colectivos desses trabalhadores: antes supõe que ela se exerce igualmente para a defesa dos seus interesses individuais»[100].

No mesmo sentido e com grande clareza, entendeu-se no Ac. n.° 118/97[101] que, entre outras faculdades, faz parte da liberdade sindical «... a faculdade de os trabalhadores defenderem, coligados, os respectivos direitos e interesses perante a sua entidade patronal, o que se traduz ... também na possibilidade de ... também colectivamente – porque só assim podem equilibrar as relações com os dadores de trabalho – assegurarem o cumprimento das normas laborais, designadamente das resultantes da própria negociação colectiva». Ou seja, prossegue o douto Acórdão, «... a actividade sindical não se confina à mera defesa dos interesses económicos dos trabalhadores, antes se prolonga na defesa dos respectivos direitos ..., e esta defesa exige a possibilidade de os sindicatos intervirem em defesa dos direitos e interesses dos trabalhadores que representam, principalmente quando se trate de direitos indisponíveis».

Esta compreensão da competência atribuída às associações sindicais pela Constituição, com reflexos necessários ao nível da legitimidade processual dos sindicatos, que deste modo se torna mais ampla, não tem por consequência a anulação ou a ofuscação da relevância dos interesses individuais dos trabalhadores. Cautelosamente, até porque pode haver riscos de conflitualidade entre os dois tipos de interesses, o Tribunal, principalmente no âmbito dos direitos disponíveis, não só admitiu como sugeriu ao legislador a possibilidade, à luz de uma justa ponderação entre o interesse

---

[100] Ac. n.° 75/85, *in* Acórdãos do Tribunal Constitucional, 5.° vol., p. 200.
[101] Publicado no D.R. n.° 96/97, Série I-A, de 24 de Abril de 1997

390 *Estudos de Direito do Trabalho em Homenagem ao Prof. Manuel Alonso Olea*

colectivo e o individual, de subordinar a intervenção do sindicato à vontade do trabalhador[102].

Posteriormente, esta jurisprudência obteve pleno acolhimento no art.º 4.º, n.º 4 da Lei Sindical na Administração Pública e no art.º 2.º, n.º 8 da Lei Sindical na Polícia de Segurança Pública.

Deste modo, resumindo, podemos dizer que para o Tribunal Constitucional do art.º 56.º, n.º 1 dimana uma competência própria dos sindicatos para a defesa dos interesses individuais dos trabalhadores, nela se incluindo a defesa em juízo. A esta ampla competência há-de corresponder uma legitimidade processual correlativa, a qual pode ou deve ser temperada pelo legislador ordinário, o qual pode fazer prevalecer, em circunstâncias justificadas, o interesse individual sobre o colectivo. Esta solução estaria particularmente indicada no domínio dos direitos disponíveis, onde se justificaria uma intervenção sindical subordinada ou coadjuvante, mas não já nos direitos indisponíveis.

A jurisprudência tradicional dos tribunais administrativos que, invocando o critério do "interesse directo, pessoal e legítimo", recusava legitimidade aos sindicatos para recorrer contenciosamente dos actos administrativos que apenas afectassem a situação individual dos trabalhadores, deixou de ter sustentação legal.

A tese expendida, já depois do Tribunal Constitucional, em termos convincentes, ter clarificado o âmbito e a natureza dos fins cometidos constitucionalmente aos sindicatos, de que a "defesa colectiva dos direitos

---

[102] Esta decisão foi tomada, note-se, quando ainda não estava em vigor a Lei Sindical na Administração Pública, cujo art.º 4.º, n.º 3 veio dar acolhimento pleno a esta orientação jurisprudencial. O mesmo fez o Código do Trabalho, pelo menos à primeira vista, nos artigos 477.º al. d) e 510.º, n.º 1, al. d).

Esta jurisprudência foi confirmada no Ac. n.º 103/01, de 14 de Março de 2001, publicado *in* Acórdãos do Tribunal Constitucional, 49.º vol., 2001, pp. 411 e ss.

Na medida em que sustenta que do art.º 56.º, n.º 1 da CRP não deriva para os sindicatos «... um poder processual que a lei reguladora do regime geral do processo contra-ordenacional não prevê nem admite...», e de que, consequentemente, o não reconhecimento da posição de assistente ao sindicato não padece de inconstitucionalidade, o Ac. n.º 344/93, de 12 de Maio de 1993, pode parecer algo dissonante com a jurisprudência referida em texto. Não cremos que assim seja. Tratou-se, como deflui da própria argumentação deste Acórdão, de uma decisão construída à base das particularidades próprias do processo contra-ordenacional e da "arquitectura lógico-processual" definida na lei, que não põe em causa, de forma alguma, a orientação explanada em texto.

Aliás, recorde-se que actualmente o sindicato pode constituir-se assistente no processo contra-ordenacional, nos termos do art.º 26.º da Lei 116/99, de 4 de Agosto. Idêntico regime é previsto no art.º 641.º do Código do Trabalho.

A *legitimidade do sindicato no processo* 391

e interesses individuais" pressupõe que esteja em causa «um universo de indivíduos ... e nunca ... um só»[103], causa por, isso, alguma perplexidade. Se bem interpretamos, o elemento central desta tese reside no facto de o art.° 4.°, n.° 3 da Lei Sindical na Administração Pública, referir "defesa colectiva dos direitos e interesses individuais" e não "defesa dos direitos e interesses individuais". Mencionasse ele a «defesa individual dos interesses particulares dos trabalhadores», diz-se, e tudo seria diferente. O argumento é, pois, mais de ordem formal do que substancial. Mas mesmo com base no argumento gramatical, que sendo frequentemente débil também não pode desprezar-se, este entendimento não convence. Não se percebe porque é que a partir da alusão a uma "defesa colectiva" se tem de afastar, por incompatível, a protecção de interesses individuais. O termo "defesa colectiva" pode prestar-se a confusões. Mas tudo leva a crer que ele não se reporta à natureza do direito ou interesse. A este respeito, a norma alude expressamente a «direitos e interesses individuais». Com tal expressão, a norma parece querer aludir, desnecessariamente, é certo, à natureza da entidade ou sujeito que faz a defesa. "Defesa colectiva" no sentido de que é feita por uma estrutura colectiva.

Não terá o legislador sido impreciso, escrevendo "defesa colectiva" onde queria escrever "defesa conjunta", "generalizada", de interesses ou direitos individuais? Não quereria ele dar aqui relevância aos chamados interesses plurais? Cremos que não. Esta hipótese é repudiada pelo n.° 4 do mesmo artigo. Na verdade, se o n.° 3 negasse legitimidade aos sindicatos para a defesa dos interesses individuais, não teria sentido construir uma outra norma no mesmo artigo (n.° 4), cujo único objectivo é justamente proteger a autonomia individual dos abusos da "defesa colectiva". A norma existe, exactamente, porque pode derivar uma ofensa da "defesa colectiva" para a "autonomia individual dos trabalhadores". Ora, para que isto possa suceder é necessário que a "defesa colectiva", a defesa do sindicato, concorra, interfira, tenha legitimidade para a defesa dos interesses individuais.

No que respeita à tutela dos interesses individuais dos trabalhadores, se não erramos, podem extrair-se dois corolários importantes. O de que a legitimidade reconhecida ao sindicato está aquém da competência que lhes é atribuída pelo art.° 56.°, n.° 1 da Constituição. E o de que o sindicato no processo administrativo goza de uma legitimidade mais ampla do que no processo de trabalho.

---

[103] Acórdão tirado pela 1ª Secção, 2ª Subsecção do Tribunal Central Administrativo no proc. n.° 10975/01.

Será constitucionalmente admissível que um ramo instrumental do direito do direito substantivo, como o direito processual do trabalho é, coarcte as faculdades ou poderes contidos num direito fundamental? A partir do momento em que se entenda que faz parte integrante do conteúdo da liberdade sindical a tutela dos direitos individuais dos trabalhadores, é deveras difícil sustentar, congruentemente, que dessa tutela está excluída a tutela judicial. Das duas uma: ou a defesa dos interesses individuais não é uma competência própria dos sindicatos e nenhum problema de conformidade constitucional se levanta, ou então, se o é, a lei processual não pode deixar de reconhecer uma legitimidade correspondente ao sindicato. Nesta medida, em relação ao ponto referido, temos reservas quanto à conformidade constitucional do art.° 5.° do Código de Processo do Trabalho.

A constituição não impõe, certamente, que a legitimidade do sindicato no procedimento administrativo e no processo de trabalho tenha de ser a mesma. Pode justificar-se um regime diferente em consonância com a diversidade dos respectivos processos. Aliás, bem vistas as coisas, este pressuposto processual deverá reflectir, em alguma medida, a diversidade dos direitos substantivos em causa.

Deste modo, não tem sido advogar, e muito menos aprioristicamente, que o sindicato tenha a mesma legitimidade em qualquer tipo de processo. O princípio da igualdade não chega a tanto! Mas a questão da igualdade não tem de se pôr com este sentido. Com efeito, não parece descabido perguntar se ainda é conforme ao princípio da igualdade admitir, por princípio e em abstracto, uma legitimidade mais ampla no procedimento administrativo do que no processo laboral. Afinal, qual é o fundamento razoável, constitucionalmente fundado, para tal diversidade de regime? Temos dificuldade em encontrar um fundamento razoável para este tratamento discriminatório. Sabemos que o princípio da proibição do arbítrio, embora limite, não elimina a liberdade de conformação legislativa. Todos sabemos que a situações materialmente desiguais deve corresponder um tratamento jurídico desigual, e isto justamente em nome da igualdade. Só que, na situação em apreço, a razão constitucional apontada para justificar a "defesa colectiva" de direitos individuais no procedimento administrativo – porque, recorde-se, só assim podem os trabalhadores equilibrar as relações de trabalho com os empregadores – vale com igual força no processo do trabalho.

3.3. *A tutela da liberdade sindical e das funções de representação*

Algumas breves observações sobre aquele tipo de acções em que se discutem ofensas aos dirigentes e representantes sindicais, bem como aos representantes eleitos dos trabalhadores, são cabidas.

Referimo-nos ao art.° 5.°, n.° 2 al. a) e b) do Código do Processo do Trabalho. A autonomização deste preceito só ganha verdadeiramente sentido na óptica de que ele pretende salientar as características próprias de certos litígios: medidas do empregador que afectem determinados trabalhadores, mais exactamente, aqueles que desempenhem funções de representação dos trabalhadores e pertençam ao sindicato. Com efeito, mais do que tutelar os interesses individuais dos trabalhadores, a lei quer tutelar o interesse da liberdade de acção sindical ou, em geral, os interesses daqueles que exercem funções representativas.

Mas sendo assim, tratando-se de uma protecção contra medidas do empregador determinadas pela "condição sindical" do trabalhador, é, no mínimo, surpreendente que o sindicato não possa, sem qualquer autorização do trabalhador, exercer o direito de acção. Uma medida ofensiva da livre actividade sindical de um dirigente ou representante sindicais não pode deixar de constituir uma ofensa ao próprio sindicato. É sempre um ataque à liberdade sindical, a um interesse que, por essência, é colectivo. Não é exagero afirmar que os preceitos em causa são ainda uma concretização da imposição constitucional, a favor dos representantes eleitos dos trabalhadores, de uma «... protecção legal adequada contra quaisquer formas de condicionamento, constrangimento ou limitação do exercício legítimo das funções» (art.° 55.°, n.° 6 da CRP). Ora, condicionar a reacção judicial do sindicato num quadro destes não pode deixar de levantar dúvidas de constitucionalidade. Temos reservas de que o art.° 56.°, n.° 1 da Constituição, dê ainda acolhimento a situações deste tipo, previstas no art.° 5.°, n.° 2. Sem grande esforço interpretativo, se julga até que algumas destas situações deveriam ser abrangidas pela hipótese normativa do art.° 5.°, n.° 1.

Deste tipo de situações devem distinguir-se, naturalmente, aquelas em que a medida do empregador foi desencadeada com total independência da "condição sindical" do trabalhador. Se este cometeu uma infracção grave e foi sancionado por isso, não pode ver-se na sanção aplicada uma ilegítima represália patronal à liberdade sindical. Estará essencialmente em causa um interesse individual. A lei, no entanto, não distingue as situações. E muitas vezes será difícil distingui-las. Terá sido por isto que

394 *Estudos de Direito do Trabalho em Homenagem ao Prof. Manuel Alonso Olea*

o legislador também não as diferenciou a propósito da legitimidade do sindicato? Se esta foi a razão, então melhor teria sido não excluir, logo à partida, a faculdade de o sindicato poder prescindir da autorização do trabalhador, exercendo em nome e no interesse próprio o direito de acção.

4.4. *A outorga dos poderes de representação e a prova da filiação.*

Como já referimos, para a tutela dos dirigentes e representantes sindicais e dos representantes eleitos dos trabalhadores, bem como naquelas em que se pleiteie direitos individuais de idêntica natureza, o sindicato apenas pode exercer o direito, segundo o art.º 5.º, n.º 2 do CPT, se o trabalhador for seu associado. Também só pode intervir como assistente em relação aos seus associados. Desta limitação legal não pode deixar de resultar a obrigação do sindicato alegar e provar a filiação do trabalhador que substitui, representa ou assiste. Trata-se de um verdadeiro pressuposto para o exercício do direito de acção.

Outro pressuposto consiste na necessidade de autorização do trabalhador ou de uma sua declaração onde aceite a assistência do sindicato, no que se refere aos direitos individuais. A lei exige na assistência que a declaração de aceitação seja escrita. Mas não faz igual exigência para a autorização. A diversidade da forma encontra fácil explicação no n.º 3 do art.º 5.º. É que a autorização, ao contrário da declaração de aceitação, pode presumir-se, isto é, pode ser tácita. Para que a autorização por presunção produza efeitos, o sindicato tem de cumprir uma formalidade prévia: comunicar ao filiado, por escrito, a sua intenção de exercer o direito e identificar o objecto da acção. Daqui parece resultar o ónus para o sindicato de apresentar em tribunal, naturalmente junto com a petição inicial, a prova de que cumpriu esta obrigação.

Nos casos em que se exige autorização, o exercício do direito de acção pelo sindicato acaba sempre por assentar num acto de representação voluntária do trabalhador, no sentido de que é em nome deste e na sua esfera jurídica que se vão produzir os efeitos da actuação do sindicato. A autorização, pelo que se disse, não tem de ser atribuída por mandato ou por procuração expressa[104].

---

[104] Para uma distinção entre mandato e procuração, entre outros, FERRER CORREIA, *A procuração na teoria da representação voluntária, in Estudos Jurídicos*, II, Coimbra, 1969, p. 1 e ss.

As regras de que a actuação do representante é subordinada aos interesses e à vontade do representado e de que este tem a faculdade de pôr termo à representação, sofrem uma importante restrição ou mesmo subversão. Com efeito, a partir do momento em que o sindicato autorizado desencadeia ou prossegue o processo judicial, o trabalhador só pode actuar no processo como assistente.

No domínio do processo administrativo, para a tutela individual dos direitos e interesses dos trabalhadores, o sindicato também só pode representar os seus filiados[105]. Pelo que, também aqui, deve o sindicato provar que age processualmente no lugar de um associado seu. Contudo, e diversamente do que sucede no processo laboral, não parece de exigir a prova da atribuição dos poderes de representação. O sindicato não age aqui em representação forense ou em substituição do trabalhador. Neste caso, segundo as normas aplicáveis, o sindicato exerce uma legitimidade própria. Estamos, por isso, de acordo com o douto Acórdão do Tribunal Constitucional n.º 103/01, de 14 de Março, segundo o qual os sindicatos gozam de «legitimidade activa para contenciosamente exercerem a tutela jurisdicional da defesa colectiva dos interesses que representam sem outorga de poderes de representação ...».

Indo mais longe, este Acórdão também declarou que, na defesa colectiva de interesses individuais, não é necessária a «prova de filiação dos trabalhadores lesados». Embora se reconheça que a questão é mais complexa do que o que parece, nomeadamente que a "clareza" das normas que restringem a acção sindical à defesa dos interesses dos trabalhadores filiados, afinal, não é assim "tão clara", não acompanhamos o Acórdão nesta parte.

4.5. *A tutela dos interesses plúrimos*

Uma última e breve nota acerca da defesa dos chamados interesses plurais ou plúrimos dos trabalhadores. É uma categoria que se encontra, digamos assim, a meio termo entre os interesses colectivos e os interesses individuais. São interesses que afectam ou podem afectar uma generalidade de trabalhadores, mas que não chegam a formar uma síntese nova,

---

[105] É o que parece decorrer do art.º 4.º, n.º 3 da Lei Sindical na Administração Pública e do art.º 2.º, n.º 7 da Lei Sindical na Polícia de Segurança Pública.

396 *Estudos de Direito do Trabalho em Homenagem ao Prof. Manuel Alonso Olea*

diferente da mera agregação de interesses individuais, pelo que não se pode falar ainda de um verdadeiro interesse colectivo.

Esta categoria de interesses encontra tratamento legal autónomo, se não erramos, no art.º 5.º, n.º 2, al. c) do CPT. E o fito do legislador terá sido, permitir ao sindicato a faculdade de agir, desde que autorizado pelos trabalhadores, em representação ou substituição do trabalhador, não o confinando à posição de mero assistente. Esta posição processual resultaria inevitavelmente da natureza individual dos direitos em questão.

Também o Tribunal Constitucional, a propósito de um despacho administrativo que abrangia "uma generalidade de trabalhadores de forma homogénea" deu guarida a esta categoria de interesses, «… que, não sendo colectivos, são de natureza múltipla e similar, o que permite o seu tratamento de uma forma colectiva …»[106]. No contencioso administrativo, o mesmo tribunal reconheceu legitimidade ao sindicato para intervir na defesa deste tipo de interesses, esclarecendo que tal reconhecimento «não só não afecta o conceito constitucional de liberdade sindical como se insere claramente no âmbito da jurisprudência já definida pelo Tribunal Constitucional»[107].

---

[106] Ac. n.º 103/01, de 14 de Março, já citado, p. 420.
[107] Idem, p. 421.

SUBSÍDIOS PARA UMA LEITURA CONSTITUCIONAL DA CONVENÇÃO COLECTIVA[1]

JORGE LEITE

1. Considerações gerais

Podemos, pelo menos provisoriamente, aceitar a ideia básica de que a convenção colectiva *é um conjunto de regras ou de normas de conduta sobre condições de trabalho criadas por acordo concluído entre, por um lado, um ou vários empregadores e/ou uma ou várias associações de empregadores e, por outro lado, uma ou várias associações sindicais ou outras estruturas de representação colectiva dos trabalhadores.*

Esta conclusão preliminar da convenção colectiva como *conjunto de normas* tem, aliás, o apoio, pelo menos literal, da própria Constituição, nos termos de cujo art. 56.°/4, a lei estabelecerá as regras respeitantes à eficácia das **normas** das convenções colectivas.

Dizer-se que uma convenção colectiva é um conjunto de regras ou de normas de conduta é, porém, dizer pouco quanto à sua natureza. Afinal, a mesma regra, o mesmo padrão de conduta, pode ser uma regra moral, religiosa, social (...), jurídica. Sirva-nos de exemplo a norma que proíbe os tratamentos discriminatórios. Se normas de diferente natureza prescrevem ou proíbem a mesma coisa, o que é que faz de uma ou de algumas delas normas jurídicas?

À primeira vista, poderíamos ser tentados a identificar a diferença com a entidade de que emana a regra: esta seria moral, religiosa, social ou

---

[1] Apesar de inacabado, este é um texto com que pretendo homenagear MANUEL ALONSO OLEA, de cuja obra recebe, aliás, uma clara influência. Voltarei ao tema para então, entre outras coisas, o enriquecer com as notas, designadamente bibliográficas, que agora, por circunstâncias várias, não pude incluir.

jurídica conforme a natureza da entidade que a criasse. Esta não é, por certo, uma diferença despicienda. É útil na medida em que um tal critério exclui algumas delas do campo jurídico, mas é insuficiente pois que a mesma regra emanada da mesma entidade pode ou não ser jurídica conforme o procedimento observado e/ou a forma em que se exprime.

Como melhor se verá, as mesmas regras sobre condições de trabalho fixadas por acordo dos interessados podem ter uma diferente natureza conforme o procedimento observado e a forma assumida. A solução de conflitos económicos negociada segundo o procedimento e a forma prevista nas leis correspondentes, presentemente entre nós nos arts 531.° e seguintes do Código do Trabalho, não tem a natureza da solução negociada do mesmo tipo de conflitos que põe termo a uma greve ou a um movimento reivindicativo de empresa, o mesmo se podendo dizer da solução a que se chegue na sequência de um projecto de despedimento colectivo ou de suspensão colectiva do contrato de trabalho.

A eventual conclusão de que a convenção colectiva é um conjunto de regras jurídicas, não nos habilita, porém, a concluir que todas as suas regras sejam regras de conduta, à semelhança, aliás, do que sucede, ou pode suceder, com outras fontes de direito, designadamente com a lei. Importa, com efeito, ter em conta que a convenção colectiva se não ocupa apenas das condições de trabalho, mas também, por exemplo, da sua vigência, da sua denúncia, da sua revisão (normas de configuração, como lhe chamam OLEA e M.ª EMÍLIA em *Derecho del Trabajo*) ou da constituição, funcionamento e competência de instâncias de representação (normas institucionais), sendo, por isso, susceptíveis de diferentes classificações.

Antes de apurarmos se a convenção colectiva é ou não uma fonte de Direito do Trabalho, se as suas normas têm ou não natureza jurídica, importa sublinhar que, entre nós, a convenção colectiva tem *fundamento constitucional*. Não admirará, por isso, que a Constituição seja aqui o nosso ponto de partida. Ora, a CRP refere-se à convenção colectiva nos números 3 e 4 do seu art. 56.°, dispondo no n.° 3, que «compete às associações sindicais exercer o direito de contratação colectiva, o qual é garantido nos termos da lei» e no n.° 4 que «a lei estabelece as regras respeitantes à legitimidade para celebrar convenções colectivas de trabalho, bem como à eficácia das respectivas normas».

A meu ver, são sete as normas (segmentos de norma) que se desprendem dos transcritos números 3 e 4 do art. 56.°: *(i)* uma norma de reconhecimento do direito de contratação colectiva; *(ii)* uma norma de atri-

Subsídios para uma leitura constitucional da convenção colectiva 399

buição de competências (ou de identificação da fonte no sentido de identificação do centro de produção normativa); *(iii)* uma norma de identificação da natureza da convenção colectiva; *(iv)* uma norma de identificação da forma do acto normativo; *(v)* uma norma de garantia do direito reconhecido; *(vi)* uma norma de injunção respeitante à legitimidade para celebrar convenções colectivas; *(vii)* finalmente, uma norma de injunção relativa à eficácia das normas da convenção colectiva.

2. A norma de reconhecimento do direito de contratação colectiva

É, por certo, pacífico que o n.º 3 do art. 56.º reconhece o direito de contratação colectiva e é também pacífico que atribui o seu exercício às associações sindicais. A Constituição deixa, porém, por resolver muitas questões: não diz quem é o titular do direito reconhecido, suscita dúvidas quanto à sua natureza e não fornece qualquer subsídio (ou poucos subsídios fornece) quanto ao preciso sentido do seu conteúdo.

Em geral, a doutrina tende a considerar que são os trabalhadores os titulares do direito à contratação colectiva. Trata-se, porém, de um direito cuja titularidade está atribuída em função da pertença a uma dada categoria, a uma dada comunidade, pelo que é sempre um direito de grupo. Sendo um direito de grupo, isso significa que o seu exercício (direito de exercício colectivo) é susceptível de se concretizar em diferentes níveis – em diferentes unidades de negociação, para referir uma designação muito usada em Espanha – podendo concentrar-se em uma ou várias *unidades de representação geral* (as confederações nacionais interprofissionais) ou dispersar-se por múltiplas instâncias ou unidades de representação particular – autonomia colectiva dispersa de que falam alguns autores – gozando os titulares (individuais ou singulares) do direito de contratação colectiva (os trabalhadores) de ampla liberdade de instituição das referidas instâncias normativas ALONSO OLEA e M.ª EMÍLIA CASAS, *ob. cit.*).

Não diz, porém, a CRP, nem, em boa verdade, teria de o dizer e até seria estranho que dissesse, o que deve entender-se por contratação colectiva. Não diz mas deixa alguns subsídios ou elementos quanto ao seu sentido para os efeitos ali contemplados. Como indica o disposto no n.º 4 do art. 56.º, a contratação colectiva de que se ocupa a CRP é aquela cujo resultado logrado se exprime numa convenção colectiva. A CRP não se ocupa, pois, de quaisquer outras dimensões da contratação colectiva, de-

400 *Estudos de Direito do Trabalho em Homenagem ao Prof. Manuel Alonso Olea*

signadamente da que se traduz na celebração de acordos que não obedecem às regras de legitimidade, de eficácia ou de procedimento de que tratam as leis ordinárias que cumprem as injunções ali estabelecidas.

A contratação colectiva constitucionalmente reconhecida como um direito dos trabalhadores é, pois, apenas a que, sendo exercida pelas associações sindicais, segue um procedimento próprio e se exprime na forma de convenção.

Objectar-se-á que a CRP também não diz o que é uma convenção colectiva. Importa, porém, ter presente que a CRP faz parte de uma dada ordem jurídica por ela informada, mas dela não separada. A CRP não está fora da ordem jurídica, embora nela ocupe um lugar especial – o de vértice de uma pirâmide. A ordem jurídica é, pois, pode dizer-se, composta por vários blocos normativos que reciprocamente se influenciam, se implicam e se pressupõem, «não podendo, consequentemente, prescindir-se de um deles para se fixar o sentido do outro».

Ora, se a influência vertical descendente é, em geral, aceite – de que a regra da interpretação das normas segundo a Constituição é um exemplo – também se não podem recusar os demais tipos de influência (a influência horizontal e a influência vertical ascendente) não se podendo, designadamente, rejeitar a ideia de indispensabilidade da parte infraconstitucional da ordem jurídica na tarefa de tornar inteligível a Constituição. «É inútil – escreve A. OLEA em *Las Fuentes* – a aproximação da vertente laboral da Constituição sem previamente saber, *por lo mismo que la Constitución lo da por sabido,* o que seja sindicato, convenção, greve, jornada de trabalho...»". Ora, por *contratação colectiva* sempre se entendeu a negociação para fixação, em acordo colectivo, das condições de trabalho e/ou de condições conexas.

3. A norma de identificação da fonte

O primeiro segmento do n.º 3 do art. 56.º atribui às associações sindicais a competência para o exercício do direito de contratação colectiva (normas de atribuição de competência, neste caso de competência normativa). É, assim, uma norma que identifica a fonte, no sentido de que identifica o centro de produção normativa.

Trata-se, porém, de uma identificação parcial, uma vez que o exercício do direito de contratação colectiva implica uma outra parte ou, porventura, exige ou pressupõe a cooperação de outra ou outras entidades ali não espe-

Subsídios para uma leitura constitucional da convenção colectiva 401

cificadas. O poder em que este direito se traduz é, com efeito, um «poder conjunto», um poder que apela à necessária participação dos empregadores, assim transformados em algo de diferente de meros devedores o de meros sujeitos passivos. O poder normativo contemplado no segmento de norma em análise não é, pois, um poder unilateral; é antes um poder conjunto – no que residirá, aliás, uma das suas principais particularidades – embora as diferentes entidades nele ocupem uma posição jurídica distinta.

Além de parcial, a identificação é insuficiente por deixar em aberto a questão de saber se o exercício do direito é atribuído a toda e qualquer associação sindical ou se é atribuído apenas àquelas que reunam certos requisitos como o do registo e/ou o da representatividade. São questões que a CRP defere para a lei.

4. A norma de qualificação da natureza da convenção colectiva

Já atrás se fez referência, é certo que em termos provisórios, à ideia de que a convenção colectiva é um conjunto de normas de conduta sobre condições de trabalho. Pensa-se que se pode dar como definitiva esta ideia da natureza *normativa* da convenção colectiva de trabalho. A lei, dispõe um dos segmentos de norma do n.º 4 do art. 56.º da CRP, estabelece as regras respeitantes à eficácia das *normas* da convenção colectiva.

É certo que, nos vários casos que lhe têm sido submetidos, o Tribunal Constitucional tem oscilado entre a posição que inclui as convenções colectivas de trabalho no conceito de norma para efeitos de fiscalização de constitucionalidade e a posição que dele as exclui. Esta é, seguramente, uma questão a merecer um mais desenvolvido tratamento. Pensa-se, ainda assim, que pode ser oportuno deixar aqui duas notas: uma para registar uma espécie de desvio estatizante na concepção das fontes de direito, tudo parecendo dever reduzir-se, em alguns casos, ao que vier aposto o selo público; a outra para registar uma certa tendência omissiva do próprio legislador português relativamente a esta figura constitucional, de que é exemplo o disposto no n.º 9 do art. 112.º da CRP, aditado pela lei de revisão de 1997, que, ao arrepio do próprio direito comunitário, excluiu a convenção colectiva das formas que pode assumir o instrumento de transposição das directivas comunitárias. Já agora, se se der o caso, pouco provável entre nós, de uma directiva ser transposta por via de convenção colectiva deverá esta ser ou não considerada como norma para efeitos de fiscalização da constitucionalidade?

402 *Estudos de Direito do Trabalho em Homenagem ao Prof. Manuel Alonso Olea*

5. A norma de identificação da forma

A norma criada ao abrigo dos números 3 e 4 do art. 56.º da CRP é uma convenção colectiva. Quer dizer, a convenção colectiva é a forma constitucionalizada do exercício logrado do direito de contratação colectiva, ou seja, é a forma que revestem as regras criadas ao abrigo daquele preceito constitucional, é a expressão que designa ou nomeia as regras e o correspondente acto normativo.

Estas normas identificam-se, pois, não tanto pelo seu conteúdo, mas, sobretudo, pela forma que revestem, uma questão inseparável da entidade de que emanam e do procedimento a observar.

6. A norma de garantia do direito

Importa dar alguma atenção ao último segmento de norma do n.º 3 do art. 56.º e, desde logo, à sua redacção. Como se referiu, este número reconhece o direito de contratação colectiva, atribui às associações sindicais a competência para o seu exercício e recomenda (ordena) à lei que o garanta. A meu ver é neste sentido, isto é, no sentido de que a lei não pode deixar de garantir o direito de contratação colectiva, que deve ser interpretado o último segmento de norma do n.º 3 do art. 56.º

Com efeito, esta não é uma norma de *remissão em branco*, no sentido de que não é uma norma que remeta para a lei ordinária a decisão de garantia e nem mesmo a decisão de uma qualquer garantia. Ao legislador ordinário está, seguramente, vedado não garantir o direito de contratação colectiva, sendo mesmo muito duvidoso que a injunção constitucional se baste com uma qualquer garantia legal.

Também me não parece razoável configurar tal norma como *uma norma de abertura* a uma eventual necessidade de congelamento temporário do direito de contratação colectiva. A citada norma não visa habilitar o legislador a adoptar uma espécie de «declaração de estado de sítio social» perante uma crise ou a emergência de uma crise.

O segmento de norma em causa é, por certo, uma *norma de prevenção,* mas não uma norma de prevenção de situações que recomendem o congelamento legal do direito de contratação colectiva. O que, a meu ver, explica o segmento de norma em causa é o receio de bloqueamento do direito que a CRP quer ver garantido, pelo que à lei cabe, por expressa in-

Subsídios para uma leitura constitucional da convenção colectiva 403

junção constitucional, remover os obstáculos ao exercício do direito e adoptar as demais medidas adequadas a garantir a sua efectividade.

A norma do n.° 3 não pode, pois, ser interpretada como uma norma de fragilização, mas de reforço do direito de contratação colectiva.

7. A norma sobre regras legais respeitantes à eficácia

Ao encomendar o estabelecimento das regras respeitantes à eficácia das normas da convenção colectiva, a CRP também não quer abandonar à lei ordinária uma qualquer resposta ao problema da eficácia da convenção colectiva. A lei não está, pois, constitucionalmente habilitada a recusar eficácia às normas de convenção colectiva. Não é esse o problema constitucional que a lei tem para resolver... O problema que a lei tem para resolver é o do regime de eficácia das normas de convenção colectiva, designadamente o da sua eficácia material, subjectiva, temporal e espacial.

À luz da CRP, não se coloca, pois, o problema de saber se a lei pode recusar eficácia imediata e automática às normas de convenção colectiva, se, por exemplo, pode optar pelo recurso à técnica de mediação, seja ela a da sua contratualização (acto de incorporação nos contratos individuais), a da sua homologação (ratificação por uma entidade pública) ou outra.

8. A norma sobre regras legais respeitantes à legitimidade

É a CRP que atribui às associações sindicais a competência para celebrar convenções colectivas de trabalho, mas é à lei que cabe, por injunção constitucional, estabelecer as regras respeitantes à *legitimidade*. Deverá, pois, a lei definir as condições ou requisitos tidos como indispensáveis para que as associações sindicais sejam consideradas idóneas para celebrarem convenções colectivas e para intervirem numa concreta negociação susceptível de produzir uma convenção colectiva.

9. A convenção colectiva como fonte de Direito do trabalho

Ainda que possa parecer paradoxal, todos sabemos como é difícil dizer o que é isso que designamos por Direito. No universo a que pertencemos, o da experiência jurídica legislativa (sobre as várias experiências

404 *Estudos de Direito do Trabalho em Homenagem ao Prof. Manuel Alonso Olea*

jurídicas veja CASTANHEIRA NEVES, *O Instituto dos Assentos*), talvez possamos partir de alguns aspectos à volta dos quais se reúne um largo consenso: *(i)* o de que o Direito é composto de normas ou regras; *(ii)* o de que as regras de que o Direito se compõe são regras (especificadas ou qualificadas como) jurídicas e *(iii)* o de que a qualificação de uma regra como jurídica é um problema do sistema de que a mesma se pretende parte.

O Direito é, então, antes de mais, composto de normas (de medidas ou de padrões) de conduta de que uma dada comunidade se dota para regular as trocas intersubjectivas dos seus membros e das instituições por si criadas, é composto de regras que organizam a convivência dos seus membros. Nisto não se distingue, porém, dos demais conjuntos normativos, todos eles constituídos por regras de conduta, ainda que não pré-ordenadas ao mesmo fim e, algumas delas, consideradas como outorgadas por entidades exteriores (deus, no caso das regras religiosas). As regras de que o Direito se compõe também se não distinguem das demais no que respeita à importância do estatuto da entidade que cria a norma.

Traduzindo-se a norma, seja qual for a 'ordem' a que pertença, numa dada mensagem (ou conteúdo, ou medida, ou padrão, ou modelo), que se exprime numa dada forma (continente), a sua força depende do *estatuto da entidade de que emana* e até da posição que ocupa no contexto em que a enuncia e do procedimento adoptado. É o estatuto da entidade que enuncia a norma, a posição (o lugar) que ocupa no contexto de enunciação e o procedimento para o efeito observado que conferem à mensagem uma propriedade *performativa*, ou seja, uma capacidade para produzir determinados efeitos junto dos seus actuais e futuros destinatários. Verdadeiramente, o que confere à mensagem tal capacidade não é, nem a mensagem em si, nem a forma em que se exprime, nem o procedimento que observa; o que lhe confere força, aquilo que explica «*o mistério da magia performativa*» (...) «*é a alquimia da representação*». (P. BOURDIEU, *Ce qui parler veut dire. L'économie des changes linguistiques*, 1980, Fayard, p. 101). «*Le parte-parole* – escreve o citado autor – *doté du plein pouvoir de parler et d'agir au nom d'un groupe, et d'abord sur le groupe par la magie du mot d'ordre, est le substitut du groupe qui existe seulement par procuration*».

Aquilo que distingue a norma jurídica das demais normas (religiosas, morais...) é a *natureza* da entidade que a enuncia (só algumas a podem criar) e a natureza do instrumentário a que recorre para se fazer respeitar (para ser observada a mensagem em que a norma se traduz), sendo certo que a entidade que cria a norma e define o Direito é o Estado (comunidade política) – portador do poder de dizer em nome do soberano (o povo) o que

Subsídios para uma leitura constitucional da convenção colectiva 405

é e o que não é jurídico (*non veritas, sed auctoritas facit legem,* como escreveu Hobbes) – ou qualquer outra entidade, pública ou privada, a que o sistema jurídico reconheça tal competência.

Ora, tendo em conta o quadro constitucional exposto no número anterior, fará ainda algum sentido a polémica à volta da natureza jurídica da convenção colectiva? Não é certo que a CRP recebe a convenção colectiva no seio do sistema jurídico que ela mesma coordena ou de que é vértice, lhe confere validade e lhe dá vigência jurídica?

Naturalmente, o reconhecimento constitucional da convenção colectiva não faz dela fonte estadual, nem transforma em entes públicos os respectivos centros de produção, mas significa, necessariamente, que essa outra norma, a convenção colectiva, passa a fazer parte do sistema jurídico ou é por este avalizada. Dito de outro modo, aquele reconhecimento significa que a CRP integra a convenção colectiva no património jurídico-normativo, assim lhe emprestando um tipo de *auctoritas* de que, de outro modo, careceria.

Verdadeiramente, as normas dos n.ºs 3 e 4 do art. 56.º da CRP significam que o Estado (já) não tem o monopólio da produção normativa, que confia a entidades não estaduais o poder de elaborarem ou de se dotarem de normas reguladoras de certas relações sociais, no caso as relações de trabalho, nisto se traduzindo, aliás, o *princípio da autonomia colectiva* ou *da autonomia normativa social.*

O que há de novo, ou de diferente, na convenção colectiva reside no acto que a cria, mais precisamente, no facto de os destinatários participarem, mais directa e proximamente, no acto da sua criação (autonomia), ao contrário do que sucede no regulamento e nas demais fontes de direito (heteronomia). Terá sido esta, aliás, a contradição, durante muito tempo considerada inultrapassável, que a tese dualista – *corpo* de contrato e *alma* de lei (*Carnelutti*) – terá pretendido resolver. Ora, a este propósito importa salientar três notas:

a) A participação ou o consentimento na criação da norma por parte dos seus destinatários é, sem qualquer dúvida, mais intensa, e até mais directa, na convenção colectiva do que no regulamento. Não há, contudo, uma completa identificação entre os sujeitos seus criadores e os sujeitos seus destinatários. Na verdade, a convenção colectiva aplica-se, não apenas aos contratos de trabalho celebrados antes da sua entrada em vigor,

406 Estudos de Direito do Trabalho em Homenagem ao Prof. Manuel Alonso Olea

como também aos que se celebrem posteriormente. Além disso, a filiação nas organizações subscritoras **não é** uma condição constitucional de aplicação da convenção colectiva;

b) A convenção colectiva é mais do que um contrato individual de trabalho celebrado por um grupo de trabalhadores, não se confundindo com ele, desde logo porque é mais amplo o seu objecto. Há matérias de convenção colectiva subtraídas, por definição, do objecto do contrato, como sucede, por exemplo, com o estatuto dos representantes dos trabalhadores;

c) Finalmente, as entidades subscritoras não dispõem da convenção por elas criada, devendo a sua revogação e revisão obedecer a regras legais de observância obrigatória. Além disso, os seus destinatários não podem furtar-se à sua aplicação, nem mesmo por acordo entre o trabalhador e a sua entidade empregadora. Ora, a disponibilidade da norma criada, quer pelos seus destinatários, quer pela entidade que a criou, é um teste que a convenção colectiva tem dificuldades em ultrapassar. Trata-se, acrescente-se, de um aspecto que o Código do Trabalho veio pôr em situação de relativa crise (veja-se, apesar de se tratar de uma norma transitória, o disposto no art. 15.° da Lei Preambular).

10. **Consequências da consideração da convenção como fonte de direito**

Da consideração da convenção colectiva como uma verdadeira norma jurídica – parte integrante do nosso sistema de fontes – resultam determinadas consequências que deverão ser tidas em conta mesmo quando delas não haja qualquer referência normativa expressa:

a) A convenção colectiva **não se incorpora** nas relações individuais de trabalho. Como diz a generalidade da doutrina, «*a função da convenção não é a de se incorporar no contrato individual, mas a de o reger, de o disciplinar, como faz a lei*», agindo sobre ele de fora;

b) Em princípio, vale para a convenção colectiva a regra *iura novit curia,* embora pareça prudente uma recomendação de identificação da convenção aplicável por parte dos interessados;

Subsídios para uma leitura constitucional da convenção colectiva　　　407

c) A aplicação e interpretação da convenção colectiva não são matérias da exclusiva competência dos tribunais de primeira instância, pelo que da sua não aplicação ou errada interpretação cabe **recurso** para os tribunais superiores;

d) A convenção colectiva goza da **presunção de validade** (de legalidade) pelo que os seus destinatários se não poderão furtar à sua observância enquanto não for judicialmente declarada nula por inconstitucionalidade ou ilegalidade pelo tribunal competente;

e) Mesmo sem qualquer referência constitucional expressa, deve entender-se que a **publicidade** é uma condição de eficácia da convenção colectiva. Exigem-no os princípios do acesso ao direito, da igualdade e da justiça. Sendo a convenção um conjunto de regras de conduta e fonte de direitos e de obrigações, deverá a mesma, sob pena de ofensa àqueles princípios, poder ser conhecida de todos os interessados, em particular dos seus directos destinatários. Naturalmente, é a lei que estabelece as regras de publicidade, cumprindo, assim, a injunção constitucional relativa à eficácia da convenção, escolhendo a forma que lhe parecer mais adequada. A *publicação* em boletim oficial é a forma mais corrente de publicidade. Não é, porém, a única, podendo o legislador optar por qualquer outra (depósito em instituição judicial e/ou administrativa com afixação nas empresas...) que considere (e seja) idónea;

f) Para observância da convenção colectiva a lei mobiliza **entidades dotadas de poderes de autoridade** (que fiscalizam o seu cumprimento, como as demais normas de regulamentação das relações de trabalho) e recorre a um **instrumentário sancionatório público** para os casos de infracção aos seus comandos.

A AUTONOMIA DO DIREITO DO TRABALHO, A CONSTITUIÇÃO LABORAL E O ARTIGO 4.º DO *CÓDIGO DO TRABALHO*

JOSÉ JOÃO ABRANTES

1. Há mais de 35 anos, numa recensão à "Introdução ao Direito do Trabalho", uma das principais obras de referência do Professor MANUEL ALONSO OLEA, dizia o Professor ANTÓNIO MONTEIRO FERNANDES que a referida obra aparece, toda ela, "centrada na ideia de autonomia e especificidade do direito do trabalho, ideia que, além do mais, serve de base ao critério metodológico seguido pelo Autor: este constrói, efectivamente, a sua *Introdução* com materiais que confluem para uma «definição» desse ramo de direito e para uma justificação da sua base, de uma realidade social singular e diferenciada, a acção de impulsos sociais que reforçam essa diferenciação, a própria especificidade dos elementos polarizantes da disciplina jurídico-laboral (sujeitos, relação e objecto), etc."[1].

Estas palavras do ilustre juslaboralista português sobre aquela obra do grande Mestre espanhol ajudaram-nos a escolher o tema do presente artigo, destinado a um volume de homenagem ao Professor ALONSO OLEA, um dos mais elevados cultores deste ramo do direito, recentemente falecido[2].

---

[1] ESC n.º 26 (Junho 1968).

[2] O autor teve a honra e o prazer de conhecer pessoalmente o referido Mestre, com quem contactou pela primeira vez nas I Jornadas Luso-Hispano-Brasileiras de Direito do Trabalho (sem dúvida o primeiro grande evento efectuado no nosso país sobre este ramo do direito, que trouxe até nós grandes juslaboralistas, de renome mundial, como MANUEL ALONSO OLEA, GÉRARD LYON-CAEN, GIULIANO MAZZONI, etc.), realizadas em Lisboa em Abril de 1982, organizadas pelo então grupo de docentes dessa disciplina da Faculdade de Direito de Lisboa, do qual fazia parte. Pude testemunhar desde aí, e depois por muitas mais vezes e nas mais diversas ocasiões, todas as suas profundas qualidades, não só académicas e científicas, mas também pessoais, a que rendo a minha sentida homenagem.

410 Estudos de Direito do Trabalho em Homenagem ao Prof. Manuel Alonso Olea

2. A ideia de autonomia do Direito do Trabalho "é hoje incontestada"[3], fundando-se, essencialmente, na autonomia colectiva e na protecção do contraente débil.

As referidas Jornadas tornaram-se, desde o seu início, um marco de relevo para a divulgação do juslaboralismo nos respectivos países, graças sobretudo ao esforço dos seus três coordenadores científicos, os Professores ANTÓNIO MONTEIRO FERNANDES, MANUEL ALONSO OLEA e MOZART VICTOR RUSSOMANO.

As XI Jornadas, que este ano tiveram lugar em Salvador da Baía, no passado mês de Maio, renderam uma justíssima homenagem a ALONSO OLEA, tal como, aliás, já acontecera, em Abril, no Encontro Iberoamericano de Direito do Trabalho, realizado em Lisboa, na Faculdade de Direito da Universidade Católica (organizado pela Academia Iberoamericana de Direito do Trabalho e da Segurança Social, de que ALONSO OLEA era também figura destacadíssima).

[3] Luís CARVALHO FERNANDES, *Teoria Geral do Direito Civil*, I, 3ª edição, *cit.*, p. 26.

Sobre a diferenciação do direito do trabalho relativamente ao quadro geral do direito privado, e nomeadamente ao direito comum das obrigações e dos contratos, cfr., por todos, de forma lapidar, MONTEIRO FERNANDES, *Direito do Trabalho*, 11ª edição (1999), p. 23 ss.

Para MENEZES CORDEIRO e para PEDRO ROMANO MARTINEZ, porém, não existem no Direito do Trabalho valores e princípios susceptíveis de erguer uma dogmática própria, os seus princípios não pressupõem uma alteração dos parâmetros gerais do direito civil, onde também têm tido soluções a relação de troca desigual ou a necessidade de protecção. Por conseguinte, a autonomia do direito laboral "*é meramente sistemática*" (ROMANO MARTINEZ, *Direito do Trabalho. Relatório*, 1998, p. 66; v., ainda, "As razões de ser do Direito do Trabalho, in *II Congresso Nacional de Direito do Trabalho. Memórias*, 1999, p. 127 ss.), deriva apenas "da necessidade prática e académica de agrupar, por forma ordenada, as normas relativas ao trabalho dependente" (MENEZES CORDEIRO, *Da situação jurídica laboral; perspectivas dogmáticas do Direito do Trabalho*, 1982, p. 64).

Em contraponto, cfr. a posição de Bernardo LOBO XAVIER, in *III Congresso Nacional de Direito do Trabalho. Memórias*, 2001, p. 95 ss. [p. 100 e nota (7)], que escreve, nomeadamente, que "a autonomia do direito do trabalho deve ser exaltada, relativamente ao direito comum dos contratos" e cita RADBRUCH, num texto com mais de setenta anos, em que é dito que "o direito do trabalho focaliza (as relações económicas) segundo o critério da protecção do economicamente mais débil contra o economicamente forte. (...) (O direito civil) reconhece só "pessoas", sujeitos jurídicos iguais, que contratam entre si mediante livres decisões de ambas as partes: nada sabe do trabalhador, situado numa posição de inferioridade perante o empresário. Nada sabe também da solidariedade do conjunto dos trabalhadores, que compensa esta inferioridade de poder do trabalhador individual relativamente ao patrão; nem sabe das grandes associações profissionais que, mediante as convenções colectivas de trabalho, são quem realmente conclui os contratos de trabalho. (...) A essência do direito do trabalho (é precisamente) a sua maior proximidade à vida. Não vê só pessoas, como o abstracto direito civil, mas empresários, operários, empregados; não só pessoas individuais, mas associações e empresas; não apenas contratos livres, mas também as duras lutas económicas de poder que constituem o pano de fundo destes supostos contratos livres".

A autonomia do Direito do Trabalho, a Constituição laboral e o art. 4.º do Código 411

Tendo, com efeito, surgido como resultado de determinada evolução histórica, este ramo do Direito possui regras e princípios especiais, afastando-se de certos dogmas contratualistas, de modo a proteger a parte contratual económica e socialmente mais débil, e tendo como técnica específica a promoção da desigualdade jurídica em favor desse contraente, princípio basilar que se verifica desde logo com a própria determinação colectiva das condições de trabalho.

A especificidade deste ramo do direito baseia-se no reconhecimento, quer de uma realidade social diferenciada, quer de técnicas próprias (*maxime*, a acção colectiva) para lhe dar resposta, e tem de ser vista "em função da maneira de ser da própria relação laboral", que, apresentando "manifestas afinidades com as relações obrigacionais sinalagmáticas e onerosas", não pode, porém, "explicar-se apenas através destas notas, nem ser vista como uma simples relação de troca, trabalho-salário". "Vários elementos contribuem para a autonomia dessa relação", que, desde logo, "sofre marcada interferência dos interesses colectivos que dominam as relações colectivas de trabalho", sendo que, "por outro lado, o trabalho, enquanto bem instrumental da personalidade, exige uma tutela específica, que impede o seu tratamento como simples meio de troca"[4].

Os conceitos estruturantes da disciplina, enquanto ramo autónomo da ordem jurídica, são a sua vertente colectiva e a protecção do trabalhador, merecendo hoje particular destaque a protecção dispensada pela própria Constituição e, dentro desta, a temática dos direitos fundamentais dos trabalhadores.

3. O Direito do Trabalho é o ramo do ordenamento que disciplina as relações de trabalho subordinado por conta de outrém. Foi em torno desse trabalho subordinado, caracterizado pela *subordinação jurídica* do trabalhador perante o empregador, que este ramo do Direito se autono-

---

Cfr., ainda, Maria do Rosário PALMA RAMALHO, que, na sua tese de doutoramento, dedicada precisamente ao tema da autonomia dogmática do direito do trabalho (*Da autonomia dogmática do direito do trabalho*, Coimbra, 2001), p. 965 ss., identifica três princípios gerais deste ramo do direito, a que chama o *princípio da compensação* (compreendendo-se nele, segundo a referida professora, os sub-princípios da protecção do trabalhador e da salvaguarda dos interesses de gestão do empregador), o *princípio do colectivo* e o *princípio da auto-tutela laboral* (concretizado em duas vertentes, o poder disciplinar e o direito de greve).

[4] CARVALHO FERNANDES, *Teoria Geral* ..., *cit.*, p. 28.

412 *Estudos de Direito do Trabalho em Homenagem ao Prof. Manuel Alonso Olea*

mizou do Direito Civil e é ainda hoje em torno dele que se determina o seu âmbito de aplicação[5].

---

[5] É a subordinação jurídica que confere *especificidade* ao contrato de trabalho e que, desde logo, o distingue do contrato de prestação de serviço, título jurídico do trabalho autónomo por conta de outrém.

Várias legislações têm tentado estender a protecção própria do ordenamento juslaboral a trabalhadores não juridicamente subordinados, mas economicamente dependentes, relativamente aos quais se impõe a mesma ideia de *debilidade contratual* nele presente. Trata-se aí de relações de trabalho *formalmente* autónomo que se encontram *materialmente* próximas das relações de trabalho subordinado, induzindo idênticas necessidades de protecção. São aquelas relações em que o trabalhador se encontra economicamente dependente daquele que recebe o produto da sua actividade – acabando a autonomia por assumir aí um carácter marcadamente *formal* (podendo ser mesmo encarada, não tanto como uma decisão do prestador de trabalho, mas antes como uma opção de gestão da organização dominante).

A função *compensatória* do direito do trabalho – face a situações que, na origem, são de desigualdade material – é aqui também solicitada, suscitando-se preocupações idênticas às que se ligam à subordinação jurídica. É por isso, pela similitude ditada pela comum *carência de tutela*, que as referidas legislações têm procedido a uma *assimilação* ou *equiparação*, para certos efeitos, dessas situações de trabalho formalmente autónomo com dependência económica à relação de trabalho subordinado.

Para caracterizar essas situações, utiliza a doutrina italiana a expressão, bem sugestiva, "trabalho *para-subordinado*". Sobre o ponto, cfr. Giuseppe SANTORO-PASSARELLI, *Il lavoro "parasubordinato"* (1979), *maxime* p. 59 ss. e 66 ss., e "Chiose sulla parasubordinazione", Diritto del Lavoro 1989-I, p. 201 ss., e Maria Vittoria BALLESTRERO, Lavoro e Diritto 1987, p. 41 ss., *maxime*, p. 59 ss.

Na Alemanha, fala-se em *"arbeitnehmerähnliche Personen"*, isto é, "pessoas semelhantes a trabalhadores", as quais são definidas pela *Tarifsvertragsgesetz* como "prestadores de serviços economicamente dependentes, que carecem de uma protecção semelhante à dos assalariados" (*"Personen, die wirtschaftlich abhängig und vergleichbar einem Arbeitnehmer sozial schutzbedürftig sind"*). De acordo com a síntese de Günter SCHAUB, *Arbeitsrecht. Handbuch*, 6ª edição (1987), p. 35, estes *quase-trabalhadores* (juridicamente independentes) não são trabalhadores subordinados, por falta de dependência pessoal, mas também não são empresários, por via da dependência económica. A legislação do trabalho não lhes é, em princípio, aplicável. Cfr., ainda, Alfred HUECK/ Hans Carl NIPPERDEY, *Lehrbuch des Arbeitsrechts*, I (7ª edição), p. 59 ss., Arthur NIKISCH, *Arbeitsrecht*, I (2ª edição), p. 113 ss., Wolfgang ZÖLLNER, *Arbeitsrecht*, 3ª edição, p. 52 s., Peter HANAU/ Klaus ADOMEIT, *Arbeitsrecht*, 10ª edição (1992), p. 156 s., e Wolfgang DÄUBLER, *Das Arbeitsrecht*, II, 10ª edição (1995), 16.2.2.

Para o direito português – onde o problema se coloca a propósito dos chamados *"contratos equiparados"* ao contrato de trabalho, previstos no artigo 2.° da LCT (e no Decreto-Lei n.° 440/91, de 14.11) –, v., por todos, António MONTEIRO FERNANDES, *Direito do Trabalho*, 11ª edição (1999), p. 148 ss., e, com uma visão comparatística, o artigo da nossa autoria *"Dem Arbeitsvertrag «gleichgestellte Verträge» im portugiesischen Recht"*, ZIAS 2000-III, p. 266 ss.

O modo e as circunstâncias em que o Direito do Trabalho surgiu, bem como a realidade social diferenciada na qual assenta, marcam naturalmente as suas regras e princípios próprios. Foi a situação jurídica dos trabalhadores subordinados que levou à criação de técnicas próprias para lhe dar resposta, isto é, de instrumentos específicos de protecção – *maxime* a liberdade sindical, a negociação colectiva e a greve, cujo conjunto é, na verdade, condição necessária de todas as outras liberdades dos trabalhadores.

A relação laboral é ainda hoje, tal como ontem, uma *relação de poder-sujeição*, em que a liberdade de uma das partes aparece susceptível de ser feita perigar pelo maior poder económico e social da outra. O trabalhador e o empregador são sujeitos de um contrato *sui generis*, um contrato que alicerça essa relação de poder-sujeição, daí derivando a necessidade de protecção da parte em relação à qual a sua liberdade e dignidade se podem encontrar em perigo face ao poder económico do outro contraente.

Existe, de facto, um manifesto desequilíbrio entre os poderes do empregador e do trabalhador – que não dispõem de igual liberdade quanto à celebração do negócio, nem detêm iguais possibilidades quanto à estipulação das cláusulas negociais ou quanto à exigência do seu cumprimento, sendo precisamente o reconhecimento dessa inferioridade substancial da situação dos trabalhadores que está na base do quadro juslaboral actual, que inclui a própria relevância dada pela Constituição aos seus direitos.

O Direito do Trabalho nasceu e desenvolveu-se porque a igualdade entre o empregador e o trabalhador não passava – nem passa – de uma *ficção*. A sua história é a história da progressiva protecção jurídica dos trabalhadores face aos empregadores. O facto de o trabalhador aparecer como a parte mais fraca e a possibilidade real de o empregador abusar dos poderes que o próprio quadro contratual lhe confere estiveram na sua génese enquanto segmento do ordenamento jurídico de fortíssima feição *proteccionista*[6].

4. A ordem jurídica liberal, assente na autonomia da vontade e na igualdade (formal) entre as partes do contrato, construíu o regime do tra-

---

[6] Para HANAU/ ADOMEIT, *Arbeitsrecht*, 11ª ed. (1994), p. 47, o Direito do Trabalho – ramo do Direito que «desconfia do contrato individual» – pode mesmo ser concebido como um sistema muito amplo de controlo da liberdade contratual, inspirado no princípio do *favor laboratoris*.

balho por conta de outrém que mais convinha à nova ordem social e económica saída das revoluções burguesas. Para os códigos civis do séc. XIX (*v.g.*, o *Code Napoléon*), o contrato de trabalho era uma troca realizada entre duas pessoas livres e juridicamente iguais, que, como tal, negociavam, voluntária e autonomamente, em perfeita igualdade, as condições de trabalho. O trabalho assalariado era encarado como o *aluguer* de uma mercadoria (a força de trabalho) como as outras e regia-se exclusivamente pelo Direito Comum, o Direito Civil, onde os dogmas da *autonomia da vontade* e da *liberdade contratual* tinham carácter absoluto.

A proibição de associações e coligações, bem como de quaisquer formas de lutas laborais, colocavam frente a frente, isolados, o empregador e o trabalhador, de acordo com o funcionamento livre das leis do mercado, o que conduzia directamente a um contrato em que o trabalhador, despojado de meios de produção e necessitado de meios de sobrevivência, mais não fazia do que aceitar condições pré-fixadas pelo outro contraente, economicamente mais forte. A desigualdade de facto entre o empregador e o trabalhador e a diferente natureza das razões que os levam a contratar fazem o contrato "*perder o aspecto contratual*"[7], transmudando-se a liberdade contratual do trabalhador na sujeição à "*ditadura contratual*" do empregador[8].

Foi, porém, o próprio desenvolvimento do capitalismo, com a necessidade que lhe correspondeu de concentrar grandes massas de trabalhadores, que conduziu sucessivamente à organização e à luta destes, contra a miséria em que esse regime jurídico de utilização da força de trabalho os havia lançado, ao intervencionismo estadual e à autonomização de um novo ramo do Direito, já que o Direito Comum dos Contratos – o Direito Civil – se mostrava completamente indiferente à "questão social".

O Direito do Trabalho vai surgir como reacção à incapacidade revelada pelo Direito Civil de fazer face à "*questão social*", é produto da crítica humanista à "insensibilidade social" deste. Sob a pressão das lutas operárias, a ordem jurídica vê-se obrigada a emitir leis de protecção dos trabalhadores e, por outro lado, a reconhecer os sindicatos e o seu direito de celebrarem com as entidades patronais contratos aplicáveis aos trabalhadores por eles representados, bem como, posteriormente, as suas formas de luta.

---

[7] Ruy ENNES ULRICH, *Legislação operária portuguesa*, Coimbra (1906), p. 444.
[8] Cfr. Vital MOREIRA, *A ordem jurídica do capitalismo*, Coimbra (1973), p. 77.

A autonomia do Direito do Trabalho, a Constituição laboral e o art. 4.º do Código 415

As primeiras "leis sociais" – lado a lado com as quais aparecem leis sobre as relações colectivas de trabalho – limitaram-se, de início, a pôr cobro a aspectos mais chocantes da exploração capitalista. Mas o seu principal alcance consistiu, como escreve MONTEIRO FERNANDES[9], "na quebra de pretensa posição de neutralidade estadual, em que até aí se mantinham os poderes públicos e na abertura de todo um caminho de produção legislativa que levou à sedimentação do Direito do Trabalho moderno".

O Direito do Trabalho nasceu e desenvolveu-se com uma feição garantística, que se foi afirmando fundamentalmente através da conjugação entre a *autonomia colectiva* e a lei de cariz proteccionista, a primeira a determinar as condições globais de trabalho e salário, não o fazendo senão para corrigir a situação em que o empregador impunha sozinho as suas condições e representando, no fundo, *"um regresso à bilateralidade, à paridade, logo ao contrato"*[10], e a segunda a subtrair ao domínio da autonomia da vontade e a definir de forma imperativa matérias cada vez mais extensas do conteúdo do contrato de trabalho, procurando, no essencial, assegurar a igualdade substancial dos contraentes e a protecção do trabalhador.

Só essa conjugação entre autonomia colectiva e lei pode compensar a superioridade fáctica do empregador e ser, desse modo, capaz de conseguir o ponto de equilíbrio entre os poderes dos contraentes ao qual deve corresponder a disciplina contratual.

Instrumento fulcral da feição *proteccionista* com que o Direito do Trabalho surgiu e se desenvolveu enquanto ramo autónomo da ordem jurídica é a *autonomia colectiva*, isto é, a *determinação colectiva das condições de trabalho*, contra-poder necessário para se atingir um nível no qual as questões individuais sejam o fruto de decisões *efectivas*. É fundamentalmente a partir dela que o Direito do Trabalho se vai autonomizar do Direito Civil[11], com cujos esquemas tal protecção se não compadecia – nem compadece –, permitindo-se que o sindicato *se substitua* ao indivíduo isolado na definição dos seus direitos e obrigações por ocasião do trabalho, *"assim alterando a favor do trabalhador a relação de força contratual*

---

[9] *Direito do Trabalho*, p. 19.

[10] Gérard LYON-CAEN, "Défense et illustration do contrat de travail", Archives de Philosophie du Droit XIII (1968), p. 59 ss. (62).

[11] Ideia constatável desde as primeiras tentativas de elaboração dogmática autónoma da disciplina, por exemplu (e para nos limitarmos ao ordenamento alemão), nas obras de PHILIPP LOTMAR, HEINZ POTTHOFF, ERICH MOLITOR e HUGO SINZHEIMER. Sobre o ponto, v. ainda, por todos, Gérard LYON-CAEN, "Défense et illustration ...", p. 69.

416 *Estudos de Direito do Trabalho em Homenagem ao Prof. Manuel Alonso Olea*

que, nas relações individuais com o empregador, é manifestamente desigual e desfavorável àquele"[12].

As características e funcionamento da acção colectiva e a sua articulação com a regulamentação estadual constituem a base da autonomia desta disciplina jurídica, na qual o colectivo reequilibra uma relação originariamente desnivelada em favor de uma das partes[13].

Foram a valorização da autonomia colectiva e a imposição de limitações aos poderes do empregador que conduziram ao quadro juslaboral actual – com segurança no emprego, limitação do tempo de trabalho, descanso semanal e férias, reconhecimento da actividade sindical e do direito à greve, direito à contratação colectiva, protecção social no desemprego, salário mínimo garantido, etc. – e à própria constitucionalização do Direito do Trabalho, isto é, à elevação à dignidade constitucional dos seus grandes temas e princípios fundamentais, em termos de se poder falar na perspectiva de uma *"Constituição laboral"*[14].

---

[12] BARROS MOURA, *Notas para uma introdução ao Direito do Trabalho*, p. 203. Cfr., também, LYON-CAEN, "Défense et illustration ...", p. 62 ss.

[13] Após referir "o sistema de liberdade sindical, de contratação colectiva robustecida pela greve e de intervenção dos trabalhadores na empresa, como expressão de equilíbrio, de integração e de justiça", diz Bernardo LOBO XAVIER, in *III Congresso Nacional de Direito do Trabalho. Memórias, cit.*, nota (7), que "neste último e decisivo tópico da relação colectiva, pese embora a um civilismo irrealista, reside o traço mais saliente da radical autonomia do Direito do Trabalho".

Também para Cássio MESQUITA BARROS, falando no I Congresso Internacional de Direito Constitucional do Trabalho, realizado em Natal (Brasil), em Abril de 1990, o intervencionismo protector do Estado "ocorre unido à crescente actuação das organizações dos trabalhadores, com a consequente importância do aparecimento de nova fonte de direito: a convenção colectiva. (...) Através da intervenção da lei, que atinge o ápice na Constituição, complementa e corrige os direitos individuais e colectivos do trabalho, enquanto se desenvolve paralelamente a acção autónoma das partes, regulando as relações de seu mútuo interesse prévio da reformação colectiva. (...) A Constituição brasileira de 1988, contemplando os direitos trabalhistas entre os direitos e garantias fundamentais de aplicação imediata, pretende complementar e corrigir o direito individual e, a um só tempo, considerar a convenção colectiva o instrumento por excelência da nova sociedade sócioeconómica" [cfr. Aluísio RODRIGUES (coord.), *Direito Constitucional do Trabalho*, S. Paulo, 1993, p. 12 s.].

[14] "Tomada como conjunto de normas e de «princípios gerais ou fundamentais» [cfr. António NUNES DE CARVALHO, "Reflexões sobre a Constituição e o Direito do Trabalho", Prontuário de Direito do Trabalho n.º 57 (1998), p. 35 ss. (58; v., também, 53 ss.)].

Sobre este conceito, o qual já aparece referido por Hugo SINZHEIMER, *Grundzüge des Arbeitsrechts*, p. 207 ss., cfr. Jorge MIRANDA, *A constituição portuguesa de 1976*, p. 520.

O tema das relações do Direito do Trabalho com o Direito Constitucional, *maxime* com os direitos fundamentais, pressupõe uma compreensão incompatível com a *concepção*

A autonomia do Direito do Trabalho, a Constituição laboral e o art. 4.º do Código 417

5. A relevância da Constituição para o direito do trabalho, de que é (também) a fonte suprema, resulta fundamentalmente[15] das normas sobre direitos fundamentais, *maxime* das normas sobre direitos, liberdades e garantias dos seus artigos 53.º a 57.º. É nelas que se contém os princípios fundamentais do Direito do Trabalho, tendo obviamente a lei ordinária[16] que ser sempre lida a essa luz.

A constitucionalização do Direito do Trabalho, com a outorga aos trabalhadores de uma especial tutela e a elevação à dignidade constitucio-

---

liberal, para a qual o Estado era o único poder capaz de ameaçar a liberdade individual, porque a sociedade civil não seria mais do que um conjunto de relações entre indivíduos *iguais*. É por isso que os direitos fundamentais apareceram historicamente como *direitos de defesa (Abwehrrechte) contra o Estado* [sobre o ponto, v. Klaus STERN, *Das Staatsrecht der Bundesrepublik Deutschland*, Vol. III, 1. Tomo (*Allgemeine Lehren der Grundrechte*) (1988), § 59-IV; sobre a origem e o desenvolvimento dos direitos fundamentais até à Revolução Francesa, Walter LEISNER, *Grundrechte und Privatrecht* (1960), p. 3 ss.].

Hoje, pelo contrário, a eficácia desses direitos no domínio do direito privado é postulada pelo próprio princípio da *dignidade da pessoa humana*, encarado no quadro do carácter democrático e social do Estado contemporâneo, e assenta quer na *desigualdade de facto* que caracteriza as relações jurídicas entre particulares, quer na *dimensão objectiva* actualmente reconhecida a tais direitos, segundo a qual eles constituem (também) *princípios objectivos da comunidade*, vinculantes tanto para o Estado como para os particulares. Para maiores desenvolvimentos, José João ABRANTES, *Contrat de travail et droits fondamentaux* (2000), p. 59 ss., e, ainda, por exemplo, Dieter GRIMM, "Grundrecht und soziale Wirklichkeit. Zum Problem eines interdisziplinären Grundrechtsverständnisses", in HASSEMER/ HOFFMANN-RIEM/ LIMBACH (Org.), *Grundrechte und soziale Wirklichkeit* (1982), p. 39 ss. (74), Peter BADURA, *Staatsrecht*, 2ª ed. (1996), p. 82, Peter HÄBERLE, *Die Wesensgehaltsgarantie des Art. 19 Abs. 2 Grundgesetz*, 3ª ed. (1983), p. 8 ss., e "Grundrechte im Leistungsstaat", in *Die Verfassung der Pluralismus* (1980), p. 163 ss. [= VVDStRL 1972, p. 43 ss.].

A *constitucionalização do Direito do Trabalho* correspondeu, precisamente, a uma das primeiras manifestações da intervenção constitucional no âmbito privado, tendo o trabalho passado a ser, com o Estado Social de Direito, também, como já se disse atrás, um "*problema constitucional*".

É com a Constituição alemã de Weimar, de 1919, que passam, pela primeira vez, a ter assento constitucional diversos princípios laborais. A partir daí, a maioria dos textos constitucionais procedem a um enquadramento próprio das relações de trabalho, caracterizado, designadamente, pela admissão de um certo número de direitos colectivos dos trabalhadores (liberdade sindical, negociação colectiva e greve), bem como de direitos a prestações do Estado, traduzindo um compromisso por parte deste de estabelecer mecanismos de protecção social, etc.

[15] Mas não só. Também a nível da organização económica e da competência legislativa é possível encontrar regras que relevam para o quadro juslaboral.

[16] E as outras fontes de direito.

418   *Estudos de Direito do Trabalho em Homenagem ao Prof. Manuel Alonso Olea*

nal dos seus princípios fundamentais, não acontece por acaso, antes surge como uma sequência natural da feição proteccionista que sempre o caracterizou. É também o reconhecimento do manifesto desequilíbrio de poderes entre o empregador e o trabalhador, ou seja, da situação de inferioridade em que este se encontra – e que o coloca em condições muito deficientes no que toca "à plena expansão da personalidade humana"[17], em condições em que até o pleno exercício dos seus direitos fundamentais se encontra sob ameaça[18] – que está na base dessa relevância dada pela Constituição aos seus direitos.

Numa primeira fase da constitucionalização deste Direito[19], a necessidade de actuação dos direitos fundamentais no âmbito do contrato de trabalho[20] conduziu à consagração dos *direitos fundamentais específicos* dos trabalhadores, *maxime* dos seus *direitos colectivos*[21]; hoje em dia, paralelamente à consagração desses direitos fundamentais especificamente laborais, a importância daqueles direitos no quadro da referida relação dá uma atenção crescente à chamada *cidadania na empresa*[22], isto é, ao valor que a condição de pessoa e cidadão do trabalhador traz à estrutura clássica do

---

[17] SCOGNAMIGLIO, *Il lavoro nella giurisprudenza costituzionale*, Milano (1978), p. 32.

[18] Cfr. RAMM, "Grundrechte und Arbeitsrecht", JZ 1991, p. 1 ss. (4).

[19] Sobre o ponto, v. José João ABRANTES, *Contrat de travail et droits fondamentaux* (2000), p. 48 ss.

[20] Necessidade que reside na própria estrutura deste contrato.

São a sua própria estrutura e as suas características que contêm implicitamente uma ameaça para a liberdade e para os direitos fundamentais do trabalhador, conferindo, assim, um carácter «natural» à eficácia desses direitos. O *poder de direcção* do empregador e o correlativo *dever de obediência* do trabalhador, exercendo-se em relação a uma prestação que implica directamente a própria pessoa deste, as suas energias físicas e intelectuais, representam um potencial perigo para o livre desenvolvimento da personalidade e para a dignidade de quem trabalha. Para maiores desenvolvimentos, v. José João ABRANTES, *Contrat de travail ...*, *cit.*, p. 42 ss.

[21] O conjunto destes (liberdade sindical, direito de negociação colectiva e greve) é, com efeito, condição necessária de todas as outras liberdades dos trabalhadores, é, nas palavras de Bernardo LOBO XAVIER, in *III Congresso Nacional de Direito do Trabalho. Memórias*, *cit.*, nota (7), uma "expressão de equilíbrio, de integração e de justiça". Sobre o ponto, v., ainda, da nossa autoria, *Contrat de travail ...*, *cit.*, p. 48 ss., bem como NUNES DE CARVALHO, "Reflexões sobre a Constituição e o Direito do Trabalho", *cit.*, p. 43 s.

[22] Curiosamente, a epígrafe sob a qual foram publicadas, em França, as chamadas *leis Auroux* (assim conhecidas em referência ao então Ministro do Trabalho, Jean Auroux), de 4.08.82 e de 27.12.82. Tais leis foram precedidas pela elaboração de um relatório [v. Jean AUROUX, *Les droits des travailleurs – rapport au Président de la République et au Premier ministre* (1981)], cuja leitura vivamente se aconselha. V., ainda, o nosso *Contrat de travail et droits fondamentaux*, p. 173 ss.

A autonomia do Direito do Trabalho, a Constituição laboral e o art. 4.º do Código 419

contrato de trabalho, com o reconhecimento da relevância dos direitos fundamentais *não especificamente laborais*, isto é, dos direitos do cidadão, que os exercita, enquanto trabalhador, na empresa[23], direitos que a Constituição reconhece ao trabalhador enquanto pessoa e cidadão e dos quais ele não se vê privado pela celebração do contrato[24].

Coerentemente com a filosofia que globalmente preside a todo o texto constitucional, que aponta para a colocação da pessoa humana no centro do ordenamento jurídico, a Constituição laboral portuguesa coloca indiscutivelmente como questão central do Direito do Trabalho o respeito pelos direitos dos trabalhadores.

A Lei Fundamental não menospreza a importância de valores como a rentabilidade e a racionalidade económica, mas repudia, de forma inequívoca, a lógica de que esses valores devam prevalecer sobre aqueles direitos. Acima dessas exigências económicas coloca indiscutivelmente o respeito pelos direitos, liberdades e garantias dos trabalhadores, os quais implicam uma concepção de empresa como espaço de relações humanas, entre pessoas portadoras dos seus direitos e interesses autónomos, tantas vezes contrapostos[25].

---

[23] ALONSO OLEA, *Las fuentes del Derecho, en especial del Derecho del Trabajo* (1982), p. 28.

Já não estamos apenas no terreno meramente contratual, mas no plano da pessoa, existente em cada trabalhador.

Na empresa, o trabalhador mantém, em princípio, todos os direitos de que são titulares todas as outras pessoas.

Para os operários do séc. XIX e da primeira metade do século XX, o problema não fazia praticamente sentido, uma vez que as longas jornadas de trabalho e as precárias condições de vida e de trabalho, não deixando qualquer espaço para uma vida extra-profissional, social ou cultural, a isso desde logo se opunham [neste sentido, Thilo RAMM, "Grundrechte und Arbeitsrecht", JZ 1991, p. 1 ss. (2), e DÄUBLER, *Arbeitsrecht II*, 10ª ed. (1995), p. 267].

Por outro lado, é evidente que os meios de produção modernos requerem trabalhadores criativos, o que, conjugadamente com o facto de os poderes patronais terem perdido grande parte da legitimidade de que anteriormente dispunham, levou a inegáveis progressos em matéria de aceitação dos direitos dos trabalhadores no interior da empresa.

A verdade é que o impulso de todos estes (e outros) factores desencadeou efeitos evidentes nas relações de trabalho, revalorizando-se gradualmente a própria estrutura do contrato sob a influência desses direitos, que o trabalhador, enquanto pessoa, mantém, quando celebra o contrato e entra na empresa.

[24] José João ABRANTES, *Contrat de travail ..., cit.*, p. 56.

[25] Sobre o significado e alcance dos direitos que a Constituição reconhece aos trabalhadores, v. o nosso "Direito do Trabalho e Constituição", in *Direito do Trabalho. Ensaios* (1995), p. 39.

420 *Estudos de Direito do Trabalho em Homenagem ao Prof. Manuel Alonso Olea*

O conceito constitucional da relação de trabalho é o de que o trabalhador não é mero sujeito passivo de uma organização alheia, é, sim, uma pessoa, cuja liberdade e cujos direitos não podem ser totalmente sacrificados aos interesses empresariais, havendo, antes, que encontrar soluções que garantam tanto a liberdade de empresa como aqueles direitos dos trabalhadores[26].

Estes direitos, enquanto garantias da dignidade e da liberdade dos trabalhadores, terão que ser devidamente acautelados, devendo, pois, ser tidos em conta como limites ao exercício dos poderes patronais[27].

A Constituição impõe ao Direito do Trabalho um reencontro com as suas origens, enquanto ramo do Direito em que o *"social"* se impõe como limite do *"económico"* e em que o lugar central é o da pessoa humana, em todas as suas facetas, como indivíduo, cidadão e trabalhador[28]. Impõe-lhe, no fundo, que reencontre aquela que, ainda hoje, tal como ontem, é *a sua questão fundamental*: a *emancipação dos trabalhadores*, rumo a uma *cidadania* plena, uma cidadania, não apenas civil e política, mas também económica, social e cultural – e, também, na empresa, *"porque, ao cabo e ao resto, não há eficácia produtiva sem promoção do mundo do trabalho, sem reconhecimento das suas aspirações e dos seus direitos. Porque não há liberdade de empresa sem liberdade na empresa"*[29].

6. Os princípios fundamentais do Direito do Trabalho, tal como se encontram constitucionalizados, recolhem em si o legado histórico – ou, noutras palavras, o património genético – definidor deste ramo do Direito,

---

[26] Sobre o ponto, por todos, José João Abrantes, "O Direito do Trabalho e a Constituição", in *Direito do Trabalho. Ensaios* (1995), p. 39 ss.

[27] Esses poderes só devem ser exercidos com respeito pelos respectivos limites legais e constitucionais – limites legais e constitucionais aos direitos de propriedade e de empresa, à autonomia da vontade e à liberdade contratual. Hoje, ao contrário do que era a concepção liberal, não só a liberdade constitucionalmente tutelada não se reduz a esses valores, como, antes, eles é que são funcionalizados pela Lei Fundamental ao projecto económico e social nela desenhado, projecto assente na dignidade da pessoa humana, verdadeira pedra angular da unidade do sistema jurídico, que tem a sua principal concretização no respeito pelos direitos fundamentais. Sobre o conceito constitucional de liberdade e de autonomia privada, v. Ana Prata, *A tutela constitucional da autonomia privada*, Coimbra (1982), p. 214 ss.

[28] É essa, nas palavras de J. J. Gomes Canotilho e Vital Moreira, *Constituição da República Portuguesa. Anotada*, 3ª ed. (1993), p. 112, a base antropológica da Constituição de 1976.

[29] Michel Rocard, então Primeiro Ministro francês (*Le Monde*, 12.10.88).

A autonomia do Direito do Trabalho, a Constituição laboral e o art. 4.º do Código 421

traduzindo-se, no fundo, na ideia de que o Direito Laboral tem no seu cerne a *pessoa* do trabalhador e os seus direitos, quer individuais quer colectivos.

Face à Constituição, o Direito do Trabalho não pode ignorar que o conjunto dos direitos fundamentais especificamente laborais – ou seja, o direito à segurança no emprego (art. 53.º da CRP) e os direitos colectivos (*v.g.*, os direitos à constituição de comissões de trabalhadores, à liberdade sindical, à contratação colectiva e à greve, garantidos nos artigos 54.º a 57.º) – é condição necessária de todas as outras suas liberdades e que, por outro lado, encontrando-se a *pessoa* do trabalhador intrinsecamente envolvida na troca contratual[30] e sendo o trabalho um valor essencial para a dignidade do homem e para o livre desenvolvimento da sua personalidade, os direitos fundamentais (tanto aqueles direitos fundamentais específicos dos trabalhadores como os direitos fundamentais não especificamente laborais) devem ser encarados como componentes estruturais básicas do contrato de trabalho[31].

A Constituição, no seu todo, estabelece, com efeito, uma *ordem de valores*, que tem o seu cerne na dignidade da pessoa humana, garantida pelos direitos fundamentais[32], e que, como tal, tem de valer como estatuição fundamental para *todos* os ramos de direito, designadamente para o Direito do Trabalho.

A dignidade do trabalhador faz aderir à sua posição contratual um conjunto de direitos, que *podem* – e *devem* – condicionar profundamente a mera lógica empresarial, não sendo admissível, por exemplo, que do

---

[30] A característica principal do contrato de trabalho é a de que, como escreve Kurt BALLERSTEDT, "Probleme einer Dogmatik des Arbeitsrechts", RdA 1976, p. 5 ss. (8), "*er in die Persönlichkeitssphäre des Arbeitnehmers einwirkt*". O mesmo autor (p. 7) define o trabalhador como "eine Person, die sich einem andern aufgrund eines privatrechtlichen Vertrages in einem Verhältnis *persönlicher Abhängigkeit* Arbeit zu leisten verpflichtet". Cfr., em sentido idêntico, Otfried WLOTZKE, "Leistungspflicht und Person des Arbeitnehmers in der Dogmatik des Arbeitsvertrages", RdA 1965, p. 180 ss., Alfred HUECK/ Hans Carl NIPPERDEY, *Lehrbuch des Arbeitsrechts*, 1. Vol., 7. ed., Berlin (1963), p. 34 ss., e Arthur NIKISCH, *Arbeitsrecht*, Vol. I, 3. ed., Tübingen (1961), p. 91 ss., e, já em 1922, Heinz POTTHOFF, "Ist das Arbeitsverhältnis ein Schuldverhältnis?", ArbR 1922, p. 267 ss. (275).

[31] Aparecendo esse contrato, como diz Salvador del REY GUANTER "Diritti fondamentali della persona e contratto di lavoro: appunti per una teoria generale", in *Quaderni di Diritto del Lavoro e delle Relazioni Industriali. Diritti della persona e contratto di lavoro*, 1994, p. 31, provavelmente como nenhum outro, constitucionalmente condicionado, por valores assentes na ideia de dignidade humana.

[32] Jean-Maurice VERDIER, "Travail et libertés", DS 1982, p. 418 ss. (419).

422 *Estudos de Direito do Trabalho em Homenagem ao Prof. Manuel Alonso Olea*

contrato de trabalho constem cláusulas pelas quais o trabalhador renuncie aos seus direitos fundamentais, *v.g.* cláusulas de renúncia à greve ou a qualquer actividade partidária ou sindical, de aceitação de testes de gravidez, etc., ou que, em nome dos poderes de autoridade e direcção, uma empresa possa, por exemplo, regulamentar a organização e as condições da prestação de trabalho em termos de controlar a vida extra-profissional do trabalhador, de definir o que ele pode ou não vestir ou, ainda, de impor limites à sua liberdade de expressão. O Direito do Trabalho deve, no âmbito da relação de trabalho, garantir os direitos do trabalhador à não sujeição a formas de controlo de actividade contrárias à sua dignidade, à intimidade da vida privada, à não discriminação, à liberdade ideológica e de expressão, etc.[33].

A dignidade humana é o primeiro e o mais imprescritível dos valores do ordenamento jurídico[34]. Como tal, os direitos fundamentais, em que ela se traduz[35], não podem deixar de constituir um limite intransponível para a autonomia da vontade, a liberdade negocial e os poderes do empregador.

---

[33] Para uma perspectiva geral da aplicação dos direitos fundamentais no âmbito do contrato de trabalho em alguns dos principais ordenamentos estrangeiros, v. José João ABRANTES, *Contrat de travail ..., cit.*, p. 131 ss.

[34] Orlando de CARVALHO, *A teoria geral da relação jurídica – seu sentido e limites* (1981), p. 91. Como lapidarmente dispunha o art. 1.º do Projecto (de Lei Fundamental) de Herrenchiemsee [*apud* Thilo RAMM, "Grundrechte und Arbeitsrecht", JZ 1991, p. 1 ss. (5)], "*der Staat ist um des Menschen willen da, nicht der Mensch um des Staates willen*".

O primado do humano na ordem económica e social é também o princípio fundamental de toda a doutrina social da Igreja, reafirmado por sucessivas encíclicas. Cfr., a título meramente exemplificativo, a *Gaudium et Spes*, de 7 de Dezembro de 1965, do Papa Paulo VI, onde se escreve que "a finalidade fundamental da produção não é o mero aumento dos produtos, nem o lucro ou o poderio, mas *o serviço do homem*", sendo, por isso, necessário "adaptar todo o processo de trabalho produtivo às necessidades da pessoa", ou, já do actual Papa, João Paulo II, a *Laborem Exercens*, de 14 de Setembro de 1981, onde se pode ler que "fazer com que se tornem realidade *os direitos do homem do trabalho* não pode constituir apenas um elemento derivado dos sistemas económicos, que, em maior ou menor escala, sejam guiados principalmente pelo critério do maior lucro. Pelo contrário, é precisamente a consideração dos direitos objectivos do homem do trabalho – de todo o tipo de trabalhador, braçal, intelectual, industrial, agrícola, etc. – que deve constituir *o critério adequado e fundamental para a formação de toda a economia*" e, ainda, que "o trabalho é para o homem e não o homem para o trabalho".

[35] Em geral, sobre a dignidade da pessoa humana como fundamento dos direitos fundamentais, v. Jorge MIRANDA, *Manuel de Direito Constitucional*, tomo IV (*Direitos Fundamentais*), 1988, n.º 42 (p. 166 e ss.) e Klaus STERN, *Das Staatsrecht der Bundesrepublik Deutschland*, Vol. III, 1. Tomo (*Allgemeine Lehren der Grundrechte*) (1988), § 58.

A autonomia do Direito do Trabalho, a Constituição laboral e o art. 4.º do Código 423

Estes direitos só poderão ser restringidos se, e na medida em que, o seu exercício colidir com interesses relevantes, ligados ao correcto desenvolvimento das prestações contratuais[36]. A regra não pode deixar de ser a tutela da liberdade pessoal[37], entendendo-se que, em princípio, o trabalhador é livre para tudo aquilo que não diga respeito à execução do seu contrato[38].

Sem menosprezar a importância que um mínimo de flexibilidade tem em qualquer sistema produtivo, a Constituição laboral portuguesa repudia de forma clara a lógica de que as exigências económicas devam obter resposta, se necessário, à custa desses direitos dos trabalhadores.

O respeito por esses direitos – quer pelos direitos fundamentais especificamente laborais, com destaque para os direitos colectivos[39], quer pelos direitos fundamentais da pessoa humana – é, por conseguinte, o grande tema, a questão central, do Direito do Trabalho, enquanto direito de protecção do trabalhador, constituindo os seus princípios fundamentais, que, tendo dignidade constitucional, condicionam a relação laboral, impondo limites aos poderes patronais[40], e não podendo ser contrariados pela legislação ordinária[41].

---

[36] Cabendo, aliás, ao empregador o ónus da prova da legitimidade de introduzir limitações a direitos do trabalhador. Cfr. RAMM, *cit.*, p. 5 e 11 ss., Fernando VALDÉS DAL-RÉ, "Poderes del empresario y derechos de la persona del trabajador", RL 1990 – I, p. 277 ss. (278 s.), e Cristobal MOLINA NAVARRETE, "Bases jurídicas y presupuestos políticos para la eficacia social inmediata de los derechos fundamentales", RTSS 1991 – n.º 3, p. 63 ss. (90).

[37] Neste sentido, entre outros, VERDIER, "Travail et libertés", *cit.*, p. 419, RAMM, *cit.*, p. 5, e A. MENEZES CORDEIRO, "O respeito pela esfera privada do trabalhador", in *I Congresso Nacional de Direito do Trabalho. Memórias* (1998), p. 19 ss. (37).

[38] O critério que sustentamos para reger as relações entre contrato de trabalho e direitos fundamentais assenta precisamente nesta ideia da existência de uma *presunção de liberdade* (*Freiheitsvermutung*), de acordo com a qual os direitos dos trabalhadores só poderão, em princípio, ser limitados, excepcionalmente, desde que haja necessidade de salvaguardar um outro valor que, no caso concreto, se deva considerar superior, isto é, desde que (e na medida em que) o seu exercício entre em colisão com interesses relevantes da empresa, ligados ao bom funcionamento desta e ao correcto desenvolvimento das prestações contratuais – e, ainda assim, sempre em obediência aos critérios da necessidade, da proporcionalidade e do respeito pelo conteúdo essencial mínimo do direito atingido. Para maiores desenvolvimentos, v. o nosso *Contrat de travail et droits fondamentaux*, p. 167 ss. e 179 s.

[39] Que consubstanciam a dimensão colectiva da relação laboral, sem a qual, aliás, o Direito do Trabalho não existiria como ramo autónomo, pois não preencheria a sua própria função social.

[40] José João ABRANTES, *Contrat de travail ...*, *cit.*, p. 173 ss.
A democratização do sistema de relações laborais a que vimos aludindo é reforçada com a admissão generalizada de uma *eficácia horizontal dos direitos fundamentais* ["*Dritt-*

424 *Estudos de Direito do Trabalho em Homenagem ao Prof. Manuel Alonso Olea*

É na linha desses princípios, tal como se encontram constitucionalizados, que é preciso descobrir o *sentido* e a *função social* do Direito do Trabalho hodierno.

7. São eles, pois, que constituem os vectores por que há-de ser aferida a conformidade das leis do trabalho à Lei Fundamental.

É por isso que, em nosso entender, o *Código do Trabalho*, recentemente aprovado (Lei n.º 99/2003, de 27.08), se afasta nalguns aspectos dos parâmetros definidos pela Constituição.

Já noutra sede[42], o autor do presente artigo teve oportunidade de se pronunciar quer sobre aquela que pensa ter sido a filosofia-base do diploma – que claramente contém uma alteração estrutural das leis laborais em favor do empregador – quer ainda sobre muitas das concretas soluções

---

wirkung (ou *Horizontalwirkung*) *der Grundrechte*"], tema que, até há pouco, era praticamente ignorado fora do espaço jurídico alemão, onde teve origem – ainda no domínio da Constituição de Weimar [v., por todos, Rudolf SMEND, "Mitbericht", in *Das Recht der freien Meinungsäusserung*, VVDStRL 1928, p. 44 ss. (73 s.)] – e onde veio mesmo a transformar-se num "tema-paradigma" do Direito Constitucional e do Direito laboral no decurso dos anos 50 e 60, sobretudo devido ao labor de autores como Hans Carl NIPPERDEY [v., por exemplo, "Grundrechte und Privatrecht", in *Festschrift für Erich Molitor zum 75. Geburtstag* (1962), p. 17 ss.], Günter DÜRIG [por exemplo, "Grundrechte und Zivilrechtsprechung", in Theodor MAUNZ (Org.), *Vom Bonner Grundgesetz zur gesamtdeutschen Verfassung. Festschrift zum 75. Geburtstag von Hans Nawiasky* (1956), p. 157 ss., bem como as anotações (respectivamente, de 1958 e de 1973) aos artigos 1 e 3.I da Lei Fundamental, in MAUNZ-DÜRIG, *Grundgesetz. Kommentar* (1989)] e Walter LEISNER [que lhe dedicou a sua dissertação de doutoramento, *Grundrechte und Privatrecht* (1960)].

Para uma apresentação das diversas posições doutrinárias, com particular incidência no debate realizado nos primeiros anos do após-guerra, v. LEISNER, *cit.*, p. 306 ss. (309 ss.), e Klaus STERN, *Das Staatsrecht der Bundesrepublik Deutschland*, Vol. III, 1. Tomo (*Allgemeine Lehren der Grundrechte*) (1988), p. 1522 ss.

É sabido que o contrato de trabalho, assente na subordinação jurídica e sócio-económica de uma das parte em relação à outra, representou, desde sempre, por toda a parte, nos ordenamentos democráticos, o âmbito natural para o nascimento e o desenvolvimento de uma tal eficácia dos preceitos e valores constitucionais, tornando-se necessário responder à questão de saber *se* – e *até que ponto* – os interesses que estão na base da situação de poder do empregador exigem e justificam, no caso concreto, a limitação da liberdade individual do trabalhador. Pode mesmo dizer-se que os países do nosso espaço jurídico-cultural despertaram para a questão através de casos suscitados por violações desses preceitos no âmbito laboral. Para maiores desenvolvimentos, José João ABRANTES, *Contrat de travail ..., cit.*, p. 59 ss. (*maxime*, 67 ss., 118 ss. e 124 ss.).

41 E pelas outras fontes de direito.

42 Cfr. o parecer da nossa autoria inserido no n.º 6 da revista Themis, p. 197-234.

A autonomia do Direito do Trabalho, a Constituição laboral e o art. 4.º do Código 425

normativas nele adoptadas, em termos que, segundo julgamos, mantêm actualidade[43]. Continuamos a entender que, por exemplo, no que toca à dimensão colectiva da relação laboral, ela é substancialmente enfraquecida pelo código – *v.g.* na medida em que o mesmo desvirtua a função das convenções colectivas enquanto instrumento de progresso social, impõe em determinados termos a sua caducidade, aumenta a intervenção administrativa nos conflitos colectivos (desde logo, mas não só, nos regimes da arbitragem obrigatória ou da prestação dos serviços mínimos), etc. –, pondo-se assim em causa, de certa forma, a própria essência e a função social deste ramo de direito, no qual é *o colectivo* que reequilibra uma relação que é originariamente desequilibrada em favor do empregador (sendo que isto é tutelado, *nestes precisos termos*, pela Constituição).

8. Limitaremos agora a nossa atenção ao art.º 4.º do diploma, que dá nova formulação ao princípio do tratamento mais favorável do trabalhador, de acordo com a qual, contrariamente ao regime legal actualmente (ainda) vigente, constante do art.º 13.º, n.º 1, da LCT, permite o afastamento de normas legais, desde que delas não resulte o contrário, por instrumentos de regulamentação colectiva de trabalho, sem explicitar que esse afastamento só é consentido quando se estabeleçam condições mais favoráveis para o trabalhador.

O novo preceito[44] suscita-nos muitas dúvidas quanto à sua constitucionalidade. Cremos que, ao fazer com que as normas legais de regula-

---

[43] Porque, embora incidindo sobre o *anteprojecto* de Código, não só aquela filosofia se manteve a mesma (não obstante terem desaparecido alguns dos aspectos mais gravosos do anteprojecto), como ainda porque muitas das soluções normativas nele abordadas (*v.g.*, sobre mobilidade, despedimento, regime temporal das convenções colectivas, definição e regime de prestação dos serviços mínimos) não foram, no essencial, modificadas pela pela *proposta de lei* n.º 29/IX, de 15 de Novembro, que, aprovada pela Assembleia da República, deu origem ao decreto n.º 51/IX, em relação ao qual o Presidente da República requereu a fiscalização preventiva da constitucionalidade de algumas normas.

O art.º 4.º, de que se vai falar de seguida no texto, foi uma dessas normas, objecto de apreciação pelo Tribunal Constitucional em sede de fiscalização preventiva da constitucionalidade.

O Tribunal Constitucional, ao proferir o acórdão n.º 306/2003, considerou, por maioria, que a questão da constitucionalidade suscitada pelo PR em relação à norma do art.º 4.º não abrangia as convenções colectivas, mas apenas os regulamentos administrativos – pelo que entendeu não dever apreciar a questão da eventual inconstitucionalidade (da parte) da norma que admite que as convenções colectivas de trabalho prevaleçam sobre normas legais com regimes mais favoráveis (p. 4158 e 4165).

[44] Curiosamente, com a epígrafe "princípio do tratamento mais favorável".

mentação do trabalho deixem de ser, por regra, dotadas de uma *imperatividade mínima* em relação à regulamentação colectiva, passando agora a ter um valor meramente supletivo, dificilmente poderá ser considerado como respeitador dos parâmetros constitucionais.

Como escreve a Conselheira Fernanda Palma, na sua declaração de voto do acórdão do Tribunal Constitucional n.° 306/2003 (p. 4184 ss.)[45], a admissibilidade de regimes menos favoráveis descaracteriza o direito de contratação colectiva – enquanto "direito fundamental dos trabalhadores (...) e expressão do Estado social" e não "pura decorrência da autonomia privada" (p. 4185) –, e parifica a posição de trabalhadores e empregadores "como se, tendencialmente, a lei não atribuísse quaisquer direitos aos primeiros" (p. 4186).

Também a Conselheira Maria Helena Brito, na declaração de voto do mesmo acórdão (p. 4183 s.), entendeu ser o referido preceito susceptível de ser considerado inconstitucional "por violação do princípio do tratamento mais favorável do trabalhador", que, "embora não tenha consagração num preceito constitucional determinado", "não pode deixar de se considerar um elemento estrurante da Constituição laboral portuguesa", sendo "inerente ao princípio do Estado social" (p. 4183).

Deste último princípio, consagrado na Constituição portuguesa, é possível, no dizer desta Juíza, "retirar o «princípio do tratamento mais favorável do trabalhador». Tal significa que as várias injunções constitucionais no domínio laboral devem interpretar-se no sentido de que estabelecem uma tutela mínima: ao Estado cabe definir e garantir um programa, que os destinatários podem concretizar, melhorando, mas não piorando, as condições que derivam da lei" (p. 4184)[46]. Ora, "ao admitir, sem qualquer

---

[45] V. nota (43).

[46] Diz ainda a referida Conselheira que, da análise de certos preceitos constitucionais ("designadamente, o artigo 2.°, o artigo 9.°, alíneas *b*) e *d*), os artigos 58.° e 59.° e o artigo 81.°, alíneas *a*) e *b*), da Constituição"), "resulta portanto que, quanto a diversos aspectos relacionados com a situação dos trabalhadores, compete ao Estado estabelecer um *standard* mínimo de protecção, a partir do qual os trabalhadores e os empregadores podem, no exercício da autonomia colectiva, concretizar os seus equilíbrios, mas sem desvirtuar o nível de protecção atribuído pela lei". (...) "A Constituição da República Portuguesa assenta assim na concepção que desde sempre inspirou o direito do trabalho", (que) "surgiu como disciplina jurídica autónoma contra o liberalismo económico, tendo como objecto fundamental a protecção dos trabalhadores. Daí a sua «unilateralidade», cujo sentido se traduz na «procura da realização, por via normativa, do reequilíbrio numa relação originariamente desnivelada» (MONTEIRO FERNANDES, *Direito do Trabalho*, 11ª ed., Coimbra, 1999, p. 21)". (...) "No contexto da Constituição laboral portuguesa, (...) para que o direito de

A autonomia do Direito do Trabalho, a Constituição laboral e o art. 4.º do Código 427

limitação, o afastamento das normas do Código por instrumentos de regulamentação colectiva de trabalho, o preceito em análise (…) permite a aplicação de instrumentos de regulamentação colectiva de trabalho (quer negociais, quer não negociais) que estaleçam um tratamento menos favorável para os trabalhadores e possibilita o afastamento do *standard* mínimo de protecção dos trabalhadores legalmente estabelecido" (p. 4184).

Por isso, qualquer uma destas Juízas afirmou, na declaração de voto do mencionado acórdão, que, caso o tribunal tivesse decidido apreciar a questão[47], teria votado pela inconstitucionalidade do art.º 4.º.

É essa a posição que julgamos correcta.

9. É certo que a Lei Fundamental garante o direito de contratação colectiva apenas *"nos termos da lei"*, mas esta "não pode deixar de delimitá-lo de modo a garantir-lhe um mínimo de eficácia constitucionalmente relevante"[48]. Qualquer lei regulamentadora desse direito tem, nos termos do art. 18.º da Constituição, que respeitar o seu conteúdo essencial, que é intangível.

Ora, o direito de contratação colectiva só faz verdadeiramente sentido, só preenche a sua função social e económica – que se traduz, no fundo, em assegurar que a disciplina contratual corresponda a um *ponto de equilíbrio* entre os poderes das partes –, se forem mantidos determinados princípios como, entre outros, o do *tratamento mais favorável* (ou, apenas para citar mais outro exemplo, o da *maior favorabilidade global na sucessão entre convenções*).

Esses princípios são, com efeito, princípios fundamentais de uma *ordem pública social*[49], que, no caso português, não pode deixar de levar em conta uma Lei Fundamental para a qual, não só a promoção do bem-

---

contratação colectiva preencha plenamente a sua função social e económica – que se traduz em garantir que a disciplina contratual corresponda a um ponto de equilíbrio entre as posições dos contraentes – há que respeitar determinados princípios, desde logo o «princípio do tratamento mais favorável do trabalhador»".

[47] Cfr. nota (43).

[48] GOMES CANOTILHO e Vital MOREIRA, *Constituição da República Portuguesa. Anotada*, 3ª ed. (1993), p. 307.

[49] Os princípios fundamentais que formam a ordem pública – aqueles que correspondem a "superiores interesses da comunidade" – podem adquirir expressão positiva quer nas Constituições quer nas leis imperativas, contra as quais não podem prevalecer os interesses individuais ou os interesses particulares de certas classes através da auto-regulamentação privada, individual ou colectiva. Sobre o ponto, J. BARROS MOURA, *A convenção colectiva entre as fontes de Direito do Trabalho*, Coimbra (1984), p. 169.

428 *Estudos de Direito do Trabalho em Homenagem ao Prof. Manuel Alonso Olea*

-estar e da qualidade de vida do povo e da igualdade real entre os portugueses, "bem como a efectivação dos direitos económicos, sociais, culturais e ambientais, mediante a transformação e modernização das estruturas económicas e sociais" fazem parte das "tarefas fundamentais do Estado" [al. *d*) do art. 9.º da CRP], como ainda os direitos trabalhadores se encontram ao abrigo do próprio poder de revisão constitucional [alíneas *d*) e *e*) do art. 288.º da CRP] (v., igualmente, o art. 2.º, *in fine*, da CRP).

É, com efeito, por referência à Constituição que deverá ser determinado o âmbito dessa ordem pública social. Ora, face ao que acabámos de referir, julgamos que, na nossa ordem jurídico-constitucional, a possibilidade de melhoria da situação dos trabalhadores relativamente ao que dispõe a lei depara com limitações menores do que na generalidade dos outros Estados, dado serem a igualdade real entre os portugueses e a efectivação dos direitos económicos, sociais e culturais um dos objectivos do Estado.

A ordem pública social significa, no essencial (e desde que se respeitem outros – eventuais – limites fixados pela ordem jurídica), a admissibilidade de uma melhoria das condições de trabalho e dos direitos dos trabalhadores em medida e em qualidade apenas dependentes da autonomia colectiva, no fundo, da correlação das forças sociais em presença[50].

Ela caracteriza-se pelo reconhecimento, por um lado, da existência de uma desigualdade económica e social entre as partes da relação de trabalho e, por outro, dos conflitos colectivos entre trabalhadores e empregadores e dos meios de acção colectiva dos trabalhadores tendentes a influenciar a determinação das condições de trabalho.

Face à que vimos ser a natureza jurídica do direito de contratação colectiva, direito fundamental dos trabalhadores, inerente ao princípio do Estado social de direito, só acompanhado de regras como a do artigo 13.º, n.º 1, da LCT é que ele desempenha cabalmente a sua função económica e social, enquanto instrumento apto a promover o progresso das condições de trabalho.

Pelo contrário, o enfraquecimento da dimensão colectiva da relação de trabalho, em que o art.º 4.º do novo código se traduz, colide, segundo cremos, com a função social deste ramo do direito, tal como ela é recortada pela Constituição – a qual eleva à dignidade constitucional o respeito pela *pessoa* do trabalhador e pelos seus direitos, quer individuais quer colectivos, estes consubstanciando essa dimensão colectiva, que reequilibra uma relação originariamente desequilibrada em favor do empregador.

---

[50] J. BARROS MOURA, *A convenção colectiva* ..., p. 173.

É essa a razão por que o art.º 4.º do *Código do Trabalho* – isto é, a nova formulação por ele dada ao princípio do tratamento mais favorável, que faz com que as normas legais de regulamentação do trabalho deixem de ser, por regra, normas *imperativas mínimas* em relação à regulamentação colectiva, passando a ter um valor meramente supletivo – nos suscita sérias dúvidas quanto à sua conformidade com a Lei Fundamental.

10. Poderemos, assim, no final deste nosso breve estudo, formular as seguintes conclusões:

a) Tendo surgido como resultado de determinada evolução histórica, o Direito do Trabalho possui regras e princípios especiais, afastando-se de certos dogmas contratualistas, de modo a proteger a parte contratual económica e socialmente mais débil, e tendo como técnica específica a promoção da desigualdade jurídica em favor desse contraente, princípio basilar que se verifica desde logo com a própria determinação colectiva das condições de trabalho.

Os conceitos estruturantes da disciplina, enquanto ramo autónomo da ordem jurídica, são, essencialmente, a sua vertente colectiva e a protecção do trabalhador.

b) A relação laboral é ainda hoje, tal como ontem, uma *relação de poder-sujeição*, em que a liberdade de uma das partes aparece susceptível de ser feita perigar pelo maior poder económico e social da outra. O trabalhador e o empregador são sujeitos de um contrato *sui generis*, um contrato que alicerça essa relação de poder-sujeição, daí derivando a necessidade de protecção da parte em relação à qual a sua liberdade e dignidade se podem encontrar em perigo face ao poder económico do outro contraente.

c) É precisamente o reconhecimento dessa inferioridade substancial da situação dos trabalhadores que está na base do quadro juslaboral actual. O Direito do Trabalho nasceu e desenvolveu-se com uma feição garantística, que se foi afirmando fundamentalmente através da conjugação entre a *autonomia colectiva* e a lei de cariz proteccionista, só essa conjugação podendo compensar a superioridade fáctica do empregador e ser, desse modo, capaz de conseguir o ponto de equilíbrio entre os poderes dos contraentes ao qual deve corresponder a disciplina contratual.

As características e funcionamento da acção colectiva e a sua articulação com a regulamentação estadual constituem a base da autonomia desta disciplina jurídica, na qual o colectivo reequilibra uma relação originariamente desnivelada em favor de uma das partes.

430 *Estudos de Direito do Trabalho em Homenagem ao Prof. Manuel Alonso Olea*

d) A constitucionalização do Direito do Trabalho, isto é, a elevação à dignidade constitucional dos seus grandes temas e princípios fundamentais (em termos de se poder falar na perspectiva de uma "*Constituição laboral*"), surge como uma sequência natural da feição proteccionista que sempre o caracterizou, é também o reconhecimento do manifesto desequilíbrio de poderes entre o empregador e o trabalhador.

e) Os princípios fundamentais do Direito do Trabalho, tal como se encontram constitucionalizados, recolhem em si o legado histórico definidor deste ramo do Direito, traduzindo-se, no fundo, na ideia de que o Direito Laboral tem no seu cerne a *pessoa* do trabalhador e os seus direitos, quer individuais quer colectivos.

O respeito por esses direitos – quer pelos *direitos fundamentais especificamente laborais* (com destaque para os direitos colectivos, que consubstanciam a dimensão colectiva da relação laboral, sem a qual, aliás, o Direito do Trabalho não existiria como ramo autónomo, pois não preencheria a sua própria função social), cujo conjunto é condição necessária de todas as outras liberdades dos trabalhadores, quer pelos *direitos fundamentais da pessoa humana* – é, por conseguinte, o grande tema, a questão central, do Direito do Trabalho, enquanto direito de protecção do trabalhador.

Esses direitos constituem os seus princípios fundamentais, que, tendo dignidade constitucional, condicionam a relação laboral, impondo limites aos poderes patronais e não podendo ser contrariados pela legislação ordinária.

É, por conseguinte, na linha desses princípios, tal como se encontram constitucionalizados, que é preciso descobrir o *sentido* e a *função social* do Direito do Trabalho hodierno.

f) São eles, nomeadamente, que constituem os vectores por que há-de ser aferida a conformidade das leis do trabalho à Lei Fundamental.

É por isso que, em nosso entender, o *Código do Trabalho*, recentemente aprovado (Lei n.º 99/2003, de 27.08), se afasta nalguns aspectos dos parâmetros definidos pela Constituição.

g) É assim que, concretamente no que se refere ao art.º 4.º do mencionado diploma, tal preceito, na parte em que admite que as convenções colectivas de trabalho prevaleçam sobre normas legais com regimes mais favoráveis, dificilmente poderá ser considerado como respeitador desses parâmetros constitucionais, uma vez que a admissibilidade desses regimes menos favoráveis descaracteriza o direito de contratação colectiva.

h) Tal direito fundamental dos trabalhadores só faz verdadeiramente sentido, só preenche a sua função social e económica – que se traduz, no

A autonomia do Direito do Trabalho, a Constituição laboral e o art. 4.º do Código

fundo, em assegurar que a disciplina contratual corresponda a um *ponto de equilíbrio* entre os poderes das partes –, se forem mantidos determinados princípios como, entre outros, o do *tratamento mais favorável*, significando que as normas legais de regulamentação do trabalho sejam, por regra, normas *imperativas mínimas* em relação à regulamentação colectiva.

i) Esses princípios são, com efeito, princípios fundamentais de uma *ordem pública social*, que significa, no essencial (e desde que se respeitem outros – eventuais – limites fixados pela ordem jurídica), a admissibilidade de uma melhoria das condições de trabalho e dos direitos dos trabalhadores em medida apenas dependente da autonomia colectiva e que se caracteriza pelo reconhecimento, por um lado, da existência de uma desigualdade económica e social entre as partes da relação de trabalho e, por outro, dos conflitos colectivos entre trabalhadores e empregadores e dos meios de acção colectiva dos trabalhadores tendentes a influenciar a determinação das condições de trabalho, no sentido de reequilibrar uma relação originariamente desequilibrada em favor do empregador.

j) Por conseguinte, o art.º 4.º do *Código do Trabalho* – na medida em que faz com que as normas legais de regulamentação do trabalho deixem de ser, por regra, normas *imperativas mínimas* em relação à regulamentação colectiva, passando a ter um valor meramente supletivo – suscita-nos muitas dúvidas quanto à sua constitucionalidade.

Lisboa, Agosto de 2003

DA VALIDADE DO CONTRATO DE TRABALHO COM UMA SOCIEDADE DE UM GRUPO PARA O EXERCÍCIO DE FUNÇÕES DE ADMINISTRAÇÃO SOCIAL NOUTRA SOCIEDADE DO MESMO GRUPO

JÚLIO GOMES*

*"il existe une zone incertaine entre le droit des sociétés et le droit du travail, un terrain vague dont la propriété n'est revendiquée par aucun des deux droits, ou par les deux concurremment, ce qui conduit à un résultat identique"***

A questão que nos vai ocupar, neste estudo, é a seguinte: será válido entre nós o contrato de trabalho celebrado entre uma sociedade *holding* e um trabalhador, tendo como objecto o exercício de funções de administração noutra, ou noutras, sociedades do grupo[1]?

---

* Aproveitamos o ensejo para agradecer ao Professor ANTÓNIO MONTEIRO FERNANDES o gentil convite que nos endereçou e para saudá-lo pela iniciativa desta homenagem a um dos mais ilustres juslaboristas, o Professor ALONSO OLEA, que a morte infelizmente retirou do nosso convívio. Agradecemos igualmente à nossa Colega, MARIA DE FÁTIMA RIBEIRO, as valiosas sugestões e correcções introduzidas à versão inicial deste texto.

** GÉRARD LYON-CAEN, *cit.apud.* PIERRE-YVES VERKINDT, *L'application du droit social aux dirigeants non salariés*, Les frontières du salariat, coordenado pela Revue juridique d'Ile-de-France, Dalloz, Paris, 1996, págs.229 e segs., pág.229.

[1] Esta é uma das numerosas questões colocadas ao Direito do Trabalho pelo fenómeno dos grupos de sociedades ou, como outros preferem dizer, numa terminologia que não é de todo pacífica, pela "empresa de grupo". Quem adopta esta terminologia – como é o caso, por exemplo, de EMILIA CALABRÒ, *Lavoro, Impresa di Gruppo ed Effettività della Tutela*, Milano, Giuffrè 1991 – pretende, no fim de contas, exprimir que o que de um ponto de vista económico permanece uma empresa unitária apresenta-se juridicamente como uma pluralidade de sujeitos formalmente distintos, muito embora substancialmente conexos, produzindo-se, assim, uma fractura entre a realidade económica e a realidade jurídica (ob.

434 *Estudos de Direito do Trabalho em Homenagem ao Prof. Manuel Alonso Olea*

Se há um ordenamento em que a resposta àquela questão é manifestamente afirmativa, em sede de Direito comparado, tal ordenamento é o francês. Com efeito, em França, a doutrina e a jurisprudência dominantes têm vindo a entender ser inteiramente lícita a existência de um contrato de trabalho com uma sociedade do grupo (normalmente a *holding* ou sociedade mãe) para o exercício de funções de administração ou de "alta" direcção noutra(s) sociedade(s) do mesmo grupo. Repare-se que a jurisprudência e a doutrina admitem, também, que um trabalhador subordinado de uma sociedade do grupo possa ser objecto de uma cedência ocasional, nos termos da qual irá exercer funções de administração noutra sociedade do grupo. Contudo, vai-se significativamente mais além, ao aceitar-se a possibilidade de celebração com uma sociedade de um contrato de trabalho, cujo único objecto consiste no exercício de funções de administração noutra sociedade.

E destaque-se, desde logo, que a questão não se confunde com aqueloutra da admissibilidade de cumulação de funções de administração social e de contrato de trabalho <u>na mesma sociedade</u>. Aí sim, trata-se de uma questão que mereceu uma resposta restritiva do nosso ordenamento positivo, em matéria de sociedades anónimas, pelo menos, mas que suscita toda a problemática de saber em que medida é que se pode ser dirigente e trabalhador subordinado da mesma sociedade. Ora, o que aqui está em causa é coisa bem distinta: não se trata de saber em que medida é que a subordinação jurídica é compatível com o exercício de funções de direcção na própria sociedade de que se pretende ser trabalhador subordinado, mas antes de averiguar até que ponto é que não existe um conflito de deveres

---

cit., págs. 21 e segs.). Trata-se na sugestiva expressão de DESPAX de um fenómeno de multiplicação jurídica (*cit apud* José Luis Monereo Pérez, *Aspectos laborales de los grupos de empresas*, Revista Española de Derecho del Trabajo 1985, págs. 83 e segs., pág. 88) face ao qual o Direito do Trabalho se tem revelado estranhamente modesto, atormentado pelo que Veneziani (*cit apud* Luca Nogler, *Gruppo di imprese e diritto del lavoro*, Lavoro e Diritto 1992, págs. 291 e segs., pág. 294) apodou de "síndroma da personalidade jurídica" e condenando-se "numa espécie de auto-censura a desenvolver uma função puramente defensiva e sancionatória, a do direito que pune em vez da do direito que regula" (Tinti *cit apud* Luca Nogler, pág. 303). Sobre a constitução de grupos como uma das múltiplas estratégias de "filialização", cfr. Francisco Pérez de Los Cobos Orihuel, *La "filialización" de la empresa*, Actualidad Laboral 1999, págs. 533 e segs., que sublinha como esta segmentação das responsabilidades é um activo económico de primeira ordem. Ainda a respeito dos grupos e suas repercussões no direito do trabalho, cfr., entre nós, Catarina Nunes de Oliveira Carvalho, *Da mobilidade dos trabalhadores no âmbito dos grupos*, Publicações Universidade Católica, Porto, 2001.

insanável entre ser-se trabalhador subordinado de uma determinada sociedade e assumir, por força desse mesmo contrato de trabalho, o encargo de administrar uma outra sociedade.

Ainda que se trate de questões distintas, convirá fazer aqui uma breve alusão à solução da lei francesa em matéria de cúmulo de contrato de trabalho e de mandato social, na mesma sociedade. É que a admissibilidade de tal cúmulo terá servido, pelo menos, para facilitar a aceitação de que o administrador social possa, simultaneamente, encontrar-se numa situação de subordinação jurídica. Para que o cúmulo do contrato de trabalho e do mandato social possa existir, torna-se necessário, de acordo com a tese dominante, que o exercício do mandato social e o exercício das funções subordinadas não se confundam. Terá, pois, de existir uma nítida separação de funções, sendo que as funções especiais realizadas no âmbito do contrato de trabalho subordinado serão normalmente funções técnicas. Acresce que tais funções terão de ser exercidas de modo subordinado e terão de ser anteriores ao mandato social. A regra do cúmulo visa proteger trabalhadores subordinados que já o eram no momento em que são nomeados para um cargo de administração social. Como refere RAYMONDE VATINET, trata-se de facilitar a eventual promoção de um trabalhador a mandatário social, permitindo-lhe conservar o seu contrato de trabalho, de modo a que esta promoção não seja uma miragem que visa camuflar um despedimento. Por outro lado, não se permite que um administrador, já depois de o ser, celebre um contrato de trabalho com a sociedade, pelo risco de fraude à revogabilidade *ad nutum* do mandato social. O contrato de trabalho tem de ser, pois, anterior ao exercício de funções de administração, para que possa manter-se em execução durante o período do mandato social. A lei *Madelin* eliminou o requisito, que antes constava da lei, de que o contrato de trabalho já deveria existir há, pelo menos, dois anos.

A solução de permitir o cúmulo comporta riscos, de que a doutrina francesa está particularmente consciente, mormente o perigo de contornar-se, desse modo, a disposição de ordem pública da revogabilidade *ad nutum* do mandato social. Não falta quem sublinhe que administrador e trabalhador subordinado são dois conceitos naturalmente marcados por uma antinomia[2]; e quem se refira ao administrador que é simultaneamente trabalhador subordinado, como uma nova espécie de Hidra[3]. Mas, e por outro

---

[2] DEEN GIBIRILA, *L'administrateur salarié d'une société anonyme*, Revue de jurisprudence commerciale, 1989, Ano 33, págs.337 e segs, pág.337.

[3] A imagem é empregue por FRANÇOIS TAQUET, *Cumul mandat social/contrat de travail dans les S.A.*, Semaine sociale Lamy, 1994, n.º 692, págs.3 e segs, pág.3.

436   *Estudos de Direito do Trabalho em Homenagem ao Prof. Manuel Alonso Olea*

lado, tem-se a consciência de que a técnica do cúmulo é, também, uma técnica original de promoção dos trabalhadores assalariados e que, inclusive, "o cúmulo tem por resultado pôr no terreno uma equipa dinâmica"[4], apresentando também "a vantagem de fundir as regras do Direito das Sociedades com a vida da empresa, integrando o trabalho quotidiano e a política económica e financeira".

A par da possibilidade do cúmulo, a doutrina francesa tem admitido a de suspensão do contrato de trabalho durante o período em que o trabalhador exerce funções de administração social, não faltando, contudo, decisões esporádicas – mas recentes – no sentido da caducidade do contrato de trabalho aquando da nomeação como administrador.

Como já dissemos, a questão da validade do contrato celebrado com uma sociedade do grupo para o exercício de funções de administração social noutra sociedade do grupo[5] não se confunde com a questão do cúmulo, na mesma sociedade, do contrato de trabalho e da administração social[6].

---

[4] CLAUDE DUCOULOUX-FAVARD, *Le cumul des fonctions de dirigeant et de salarié dans les sociétés de capitaux en Allemagne*, Revue des Sociétés, 1988, págs.381 e segs., pág. 392.

[5] Em Itália, cfr., a este respeito, GIANPAOLO FURLAN, *Dirigenti, Amministratori e c.d. Compensi Reversibili*, D&L, Rivista critica di diritto del lavoro, 2001, n.º 3, págs. 710 e segs. Trata-se de uma anotação à decisão do Tribunal de Monza de 28 de Março de 2001, nos termos da qual "a qualificação de dirigente da sociedade holding (Capogruppo) é compatível com a qualidade de administrador junto de outras sociedades do grupo sem que tal configure uma diferente relação de trabalho, quando a actividade de administrador junto das outras sociedades do grupo seja explicitação da relação de trabalho como dirigente ("rapporto di lavoro dirigenziale"), traduzindo-se assim, simplesmente, numa modalidade de execução das funções e responsabilidades conexas com a qualificação de dirigente. O dirigente da sociedade holding que reveste também a qualidade de administrador noutras sociedades do grupo não tem direito a compensações ulteriores por tais encargos quando a actividade derivada de tais encargos for compreendida na relação de trabalho subordinada, traduzindo-se apenas numa modalidade de execução da prestação de direcção e quando tal modalidade de execução com as correspondentes modalidades de retribuição for expressamente acordada no contrato de trabalho pelo qual o trabalhador foi assumido". Tratou-se de uma situação em que o trabalhador foi contratado como "director técnico" da sociedade dominante, prevendo-se a possibilidade de ser administrador de sociedades controladas pertencentes ao mesmo grupo. O administrador da sociedade controlada embora nomeado pela controlante deve agir em nome, por conta e no interesse da controlada (tendo presente a possibilidade do conflito de interesses como resulta dos artigos 2390.º e 2391.º do Código Civil italiano) mas podendo, mesmo assim, aparentemente, ser considerado trabalhador subordinado da *holding*. Isto pressupõe a coexistência de duas relações, uma relação de trabalho subordinado com uma sociedade e uma relação de administrador com a outra sociedade.

[6] A admissibilidade desse cúmulo tem tido respostas diferenciadas no plano do Di-

A jurisprudência francesa tem admitido que possa existir um contrato de trabalho com a sociedade mãe, para o exercício de funções de adminis-

reito Comparado. Em Itália, e segundo informa MAURIZIO TATARELLI, *Le controversie tra amministratore e società: rito applicabile, qualificazione del rapporto, profili previden-ziali*, Massimario di Giurisprudenza del Lavoro, 2001, 1-2, págs. 37 e segs., pág. 38, cuja exposição seguimos aqui de perto, a tese tradicional era a de que o administrador social não poderia ser também trabalhador subordinado e isto desde logo porque não existiriam os dois centros de interesses contrapostos entre os quais se efectua o intercâmbio das presta-ções. O regime jurídico da sociedade de capitais atribui ao administrador-representante as características estruturais de um órgão. Faltaria também a debilidade contratual e a sujei-ção a linhas directivas da actividade colocadas por outrem uma vez que na sociedade de capitais é precisamente o órgão administrativo quem determina e executa a política de ges-tão e as estratégias de mercado com plena autonomia relativamente à assembleia dos só-cios que não pode exprimir instruções vinculantes. Para uma doutrina mais moderna, con-tudo, nem o contrato de sociedade, nem a existência de laços de representação orgânica excluem a possibilidade de um vínculo obrigacional entre as partes, já que tal relação or-gânica "produz os seus efeitos exclusivamente para o exterior" e não impede a existência de uma relação, inclusive laboral, entre os dois sujeitos que readquirem a sua autonomia. As actividades desempenhadas pelo administrador e que não podem ser reconduzidas às funções próprias da administração social, qualificáveis como prestações laborais, dão lugar a uma relação paralela à primeira. A qualidade de administrador de uma sociedade não ex-clui esta relação de trabalho subordinado entre o administrador e a sociedade desde que es-tejam reunidas três condições (ob. cit., pág. 40): em primeiro lugar, a diversidade de pres-tações relativamente ao cargo social; em segundo lugar, a possibilidade de reconduzir a constituição e a gestão da relação a uma vontade da sociedade distinta da do administra-dor; e em terceiro lugar a demonstração da subordinação, a sujeição da pessoa ao poder di-rectivo, de controlo e disciplinar do Conselho de Administração ou de qualquer outro órgão superior. Parece estar afastada a qualificação como trabalho subordinado da actividade co-lateral desenvolvida por um administrador único. Em Espanha, o artigo 1.°, 3, al. c) do Es-tatuto exclui do seu âmbito de aplicação "a actividade que se limite, pura e simplesmente, ao mero desempenho do cargo de conselheiro ou membro dos órgãos de administração nas empresas que revestem a forma jurídica de sociedade, e sempre que a sua actividade na em-presa apenas comporte a realização de funções inerentes a esse cargo". Assim, e como re-ferem AURELIO DESDENTADO BONETE/ ELENA DESDENTADO DAROCA, *Administradores So-ciales, Altos Directivos y Socios Trabajadores: Calificación y concurrencia de relaciones profesionales, responsabilidad laboral y encuadramiento en la seguridad social*, Editorial Lex Nova, Valladolid, 2000, pág.31 e segs., a lei espanhola distingue entre a actividade profissional dos administradores sociais, que são expressamente excluídos pelo estatuto do ordenamento laboral (ainda que haja dúvidas sobre a natureza, constitutiva ou declarativa, e sobre o alcance da exclusão) e os cargos de alta direcção, em que a dependência é signi-ficativamente atenuada, relativamente ao comum dos trabalhadores, ao que acresce que esta relação laboral especial tem um conteúdo protector mais limitado. É interessante des-tacar o facto de os autores reconhecerem que, se não fosse a exclusão legal, os cargos de administração social, desde que retribuídos, reuniriam todas as características necessárias para a sua qualificação como contrato de trabalho (ob. cit., pág.54), embora afirmem, con-

438 *Estudos de Direito do Trabalho em Homenagem ao Prof. Manuel Alonso Olea*

tração nas sociedades participadas[7]. O que há de específico nesta jurisprudência é que alguma dela tem admitido que o contrato de trabalho se man-

tudo, que a dependência é aqui muito limitada, acabando por concluir que entre administradores e Assembleia Geral "existe dependência, mas muito ténue, que poderíamos qualificar de dependência política". Os autores discutem também (ob. cit., págs. 73 e segs.) a possível concorrência da administração social e do cargo de alto directivo laboral. A doutrina dominante parece entender que a relação de administração social, como resulta da lei, não é laboral, e que, no quadro desta relação de administração social, as partes não podem pactuar uma relação laboral de alta direcção coincidente ou justaposta. Desenha-se aqui, contudo, uma certa oposição entre a doutrina comercial e a doutrina laboral: para a doutrina comercial dominante, deve ser afastada a possibilidade de que um administrador possa acordar com a sociedade uma relação laboral, que tenha por objecto exclusivo ou principal as funções que correspondem ao seu cargo, porque tais funções, próprias da administração, não permitem um vínculo laboral sobreposto (neste sentido, GARCÍA DE ENTERRÍA, ALCOVER GARAU e F.TUSQUETS, *cit. apud.* AURELIO DESDENTADO BONETE/ ELENA DESDENTADO DAROCA, cit., pág.87). Pelo contrário, a doutrina laboral manifesta algumas dúvidas, já que considera que esta posição não respeita a *ratio legis* 1.3 c) do ET, que consiste em permitir a concorrência de relações, favorece a fraude na exclusão da relação laboral, desconhece a realidade sociológica e, por fim, dificulta a promoção interna, ao converter a nomeação como administrador social numa armadilha mortal, pela perda do carácter laboral. Quanto ao ordenamento jurídico germânico, observa CLAUDE DUCOULOUX-FAVARD, ob. cit., pág.388, que "é possível afirmar que o dirigente de uma sociedade de capitais é, na Alemanha, sempre uma pessoa física, que pode, em princípio, cumular, sem restrições, as suas funções de gestão com as do trabalho subordinado. Na prática, este cúmulo é sistemático para os membros do directório da AG e os gerentes da GmbH".

[7] Sempre foi possível, em França, o cúmulo entre um contrato de trabalho concluído com uma sociedade e um mandato social exercido numa outra. Já num Acórdão de 16 de Dezembro de 1981, o gerente de uma sociedade que pertencia a um grupo foi considerado trabalhador subordinado do próprio grupo, uma vez que recebia do Presidente do grupo, não simples directivas, "mais de véritables instructions telles qu'un employeur en adresse à ses subordonnés". Acontece também, por vezes, que a jurisprudência francesa considerava o mandato social meramente fictício. Como destaca RAYMONDE VATINET, *Cumul du mandat social et du contrat de travail (groupes, loi Madelin)*, Les frontières du salariat, coordenado pela Revue juridique d'Ile-de-France, Dalloz, Paris, 1996, págs. 209 ss., págs. 217-218, esta jurisprudência ainda não se afastava da ortodoxia jurídica. O carácter fictício do mandato permitia a requalificação, em termos que nada tinham de surpreendentes. Um passo significativo foi dado com dois Acórdãos de 2 de Outubro de 1991 (JCP, 1993.I.3652) e de 6 de Outubro de 1993 (Revue des Sociétés, 1994, pág.76). No primeiro caso, o interessado tinha sido contratado pela sociedade mãe, a 3 de Julho de 1980, para exercer funções de Director-Geral de uma filial. A 3 de Março de 1981, foi efectivamente nomeado Director-Geral, pelo Conselho de Administração da filial. A 15 de Junho de 1982, este mandato foi revogado pelo Conselho de Administração e, a 6 de Julho do mesmo ano, foi despedido pela sociedade mãe. A sociedade mãe negou a existência de qualquer contrato de trabalho, invocando que o trabalhador tinha sido contratado para o exercício da Direcção-Geral de uma filial, sem nunca ter exercido quaisquer outras funções

Da validade do contrato de trabalho com uma sociedade de um grupo... 439

tém em vigor durante o exercício de tais funções[8]. Quanto ao objecto de tal contrato de trabalho, importa referir que o trabalhador acaba, no fim de contas, por realizar as funções para que foi contratado. Uma decisão, ainda que antiga (*Cour de cassation*, 5 de Novembro de 1984) considerara já que um mandato social, numa "filial", podia ser executado com base num contrato de trabalho. Essa decisão sublinhara ser uso corrente, nos grupos de sociedades, que os quadros superiores de uma *holding* (eventualmente trabalhadores subordinados da mesma) aceitassem mandatos sociais nas "filiais"[9] do grupo. O contrato de trabalho não poderia, obviamente, ter como efeito afastar a regra da livre revogabilidade do mandato social. Também a *Cour d'appel de Paris* (CA Paris, 2 de Maio de 1990) reconheceu a qualidade de trabalhador subordinado a um quadro contratado por uma sociedade mãe para exercer funções de mandatário social nas filiais do grupo, dado que ele agia exclusivamente a pedido da sociedade mãe, segundo as suas directivas[10] e sem dispor de qualquer autonomia.

---

distintas, que o mandato social foi exercido na sua plenitude, com um mero limite dos estatutos sociais, tendo a sociedade mãe, apenas, os poderes inerentes a um accionista maioritário. A Cour de cassation, pelo contrário, entendeu existir subordinação jurídica, já que a retribuição era paga directamente pela sociedade mãe e o dirigente exercia, no fim de contas, as funções para que tinha sido contratado.

[8] Sobre o tema, cfr. FRANÇOIS GAUDU, RAYMONDE VATINET, *Les contrats du travail*, Traité des Contrats, dirigido por Jacques Ghestin, L.G.D.J., Paris, 2001, pág. 45. O que conta, para a jurisprudência, em regra, e fora do caso especial dos grupos, é que, no seio de uma mesma sociedade, o exercício do mandato social e o exercício das funções subordinadas não se confundam. Há, ainda, o problema de definir o que seja a subordinação jurídica, neste caso: as directivas que todo o mandatário social recebe, da parte dos sócios ou do Conselho de Administração, não são suficientes para que se possa falar de subordinação. A jurisprudência é frequentemente criticada por ter uma concepção demasiado *taylorista* da subordinação. Na realidade, a jurisprudência tem sobretudo em conta a forma de organização da sociedade, a sua dimensão e o grau de concentração do poder. Uma jurisprudência particular existe, quanto aos grupos de sociedades, em benefício dos dirigentes de "filiais". A *Cour de cassation* admite que o exercício do mandato social possa ser o objecto do contrato de trabalho, mesmo sem ser necessário que o trabalhador ocupe funções distintas. Precisamente tal foi afirmado no acórdão de 4 de Março de 1997, em que se constatou que o dirigente da "filial" tinha exercido as suas funções sob a dependência da sociedade mãe, que o tinha despedido por não ter executado essas suas funções.

[9] Utilizamos aqui a expressão "filial" no sentido de sociedade filha ou de sociedade participada.

[10] Como referem FRANÇOIS GAUDU, RAYMONDE VATINET, págs. 46-47: "Quanto às instruções recebidas pela sociedade mãe, nada permite distingui-las das que qualquer dirigente social pode receber do accionista maioritário. A *Cour de cassation* limita-se a ter em conta a intenção das partes (sublinhando sistematicamente que o interessado foi contratado

440 *Estudos de Direito do Trabalho em Homenagem ao Prof. Manuel Alonso Olea*

Em suma: se existir uma nítida separação de funções entre um contrato de trabalho celebrado com uma sociedade mãe e um mandato social, no seio da sociedade filha, não haverá dificuldades em afirmar a existência simultânea de um contrato de trabalho e de um mandato social. Esse cúmulo protege, aliás, o trabalhador. É mais delicada a questão de saber se o exercício de um mandato social na sociedade filha se pode efectuar com base num contrato de trabalho celebrado com a sociedade mãe, de tal modo que o objecto do contrato de trabalho se esgota no exercício dessas funções, mas a jurisprudência francesa tem respondido afirmativamente. Esta combinação contratual, segundo a qual um mandato social será executado com fundamento num contrato de trabalho, suscita, pelo menos, três interrogações: qual é o objecto deste contrato de trabalho, que se limita ao exercício de um mandato social? Será que existe subordinação jurídica de um trabalhador cuja função consiste no exercício de um mandato social? Esta actividade profissional subordinada será objecto de uma remuneração específica?

Na sua decisão de 2 de Outubro de 1991, a *Cour de cassation* parece ter-se pronunciado no sentido da compatibilidade entre o mandato social com uma sociedade e o contrato de trabalho com outra, no caso *S.N.C. Cogesti et compagnie c/ M.Klein*. Tratou-se de uma situação em que M.Klein celebrou um contrato de trabalho com a sociedade *Soparind*, para exercer as funções de Director-Geral da empresa *Lerebourg*, outra sociedade do mesmo grupo, o grupo *Bongrain*. A *Cour d'appel de Paris* respondeu afirmativamente à questão de saber se o exercício de um mandato social poderia consistir o objecto único do contrato de trabalho. M.KLEIN exercia a sua actividade em situação de subordinação face à sociedade *Soparind*, relativamente à qual tinha de informar sobre qualquer decisão importante a tomar, no quadro da gestão, devendo respeitar as instruções por ela emanadas. Não se trata, de resto, de uma decisão isolada[11]. Importa reconhe-

---

pela sociedade mãe para dirigir a "filial") e a coincidência entre a vontade e a realidade das funções, o que não é o método habitual para caracterizar o contrato de trabalho". Sem dúvida, presume-se que o dirigente é, então, o instrumento do controlo exercido pela sociedade mãe (a sua situação seria próxima da do representante permanente de uma pessoa colectiva que pode ser trabalhador subordinado desta).

[11] Podendo encontrar-se, no mesmo sentido, o acórdão da Chambre Sociale de la Cour de cassation, de 12 de Fevereiro de 1991, *Personnaz c/ société Boussois*. Mais recentemente, ainda este tribunal (Cassation sociale, 4 de Março de 1997, JCP E, 1997, I, 676) entendeu existir um contrato de trabalho com um dirigente de uma filial, uma vez que existia um laço de subordinação com os dirigentes da sociedade mãe.

Da validade do contrato de trabalho com uma sociedade de um grupo... 441

cer que a solução apresenta, segundo um sector da doutrina[12], algumas novidades de monta: por um lado, foi criticada porque desconheceria totalmente a personalidade jurídica da "filial"; por outro lado, introduziria uma diferenciação com o que normalmente se passa quanto à compatibilidade entre o contrato de trabalho e o mandato social no seio da mesma sociedade, já que o exercício de um mandato social, numa "filial", com base num contrato de trabalho celebrado com a sociedade mãe, seria um privilégio reservado aos grupos de sociedades. A *Cour de cassation* respondeu a estas questões, admitindo a coexistência de um contrato de trabalho com uma sociedade e do exercício de um mandato social, numa outra[13]. No caso dos grupos a jurisprudência presume, de certo modo, que o dirigente da filial é o instrumento do controlo exercido pela sociedade mãe. De certa maneira, é da dependência da "filial" que se deduz a subordinação do seu dirigente[14].

Mesmo que se admita, contudo, ser difícil sustentar – em virtude dos patentes conflitos de deveres[15] – a coexistência, na plenitude dos seus efei-

---

[12] MICHEL BOUTHENET, *L'engagement pour exercer un mandat social peut-il s'apparenter à un contrat de travail?*, Semaine Sociale Lamy, 1993, n.° 635, págs.3 e segs., pág. 3.

[13] NICOLAS DE SEVIN, *Exercice d'un mandat social dans une filiale en exécution d'un contrat de travail conclu avec la société mère*, Revue de Jurisprudence Sociale, 1992, n.° 6, págs.391 e segs., pág.391. *Vide*, ainda, FRANÇOIS GAUDU, RAYMONDE VATINET, *Les contrats du travail,* Traité des Contrats, dirigido por Jacques Ghestin, L.G.D.J., Paris, 2001, págs.44 e segs. e ainda RAYMONDE VATINET, *Des hypothèses de non-cumul d'un contrat de travail et d'un mandat social*, Revue des sociétés, 1999, págs.273 e segs.

[14] Assim expressamente RAYMONDE VATINET, *Cumul du mandat social et du contrat de travail (groupes, loi Madelin)*, Les frontières...cit., pág. 219.

[15] Não nos parece, contudo, que os eventuais conflitos de interesses sejam uma razão suficiente para excluir a admissibilidade de um contrato de trabalho com uma sociedade em que se assume o encargo de administrar uma outra sociedade. Como referem ALAIN VIANDIER, JEAN-JACQUES CAUSSAIN, *Chronique, Droit des sociétés,* La Semaine Juridique, JCP, ed.E, 1997, I, 676, págs.322 segs., pág. 326, "o mandatário social de uma filial pode ser colocado numa situação de subordinação, relativamente aos dirigentes da sociedade mãe. A hierarquia dos órgãos, que pressupõe a plena autonomia destes e portanto, também, a dos dirigentes sociais, convive dificilmente com a unidade de comando que caracteriza os grupos de sociedades. Além disso, a realidade da relação de subordinação oblitera a qualidade de mandatário social, que não passa, frequentemente, de uma qualidade formal. Tais discordâncias suscitam numerosas dificuldades, mormente aquando da destituição do dirigente da filial. Invocando a qualidade de mandatário social, a sociedade mãe tenta recusar qualquer indemnização, em nome do princípio da livre revogação dos mandatos sociais, e o dirigente afastado invoca o estado de subordinação em que se encontrava, para reclamar compensações financeiras". Com o pragmatismo que a caracteriza, a juris-

442 *Estudos de Direito do Trabalho em Homenagem ao Prof. Manuel Alonso Olea*

tos, de um contrato de trabalho com uma sociedade do grupo e de um mandato social[16] noutra sociedade desse grupo, é significativo que a maioria da doutrina francesa entenda, em tal situação, que o contrato de trabalho anterior ao exercício de funções de administração não se deve ter por caducado, mas antes, apenas, por suspenso[17].

Como adiante se verá, com maior detalhe, não nos parece que a admissibilidade de um contrato de trabalho com uma sociedade para o exercício de funções numa sociedade-filha suscite problemas insuperáveis ao Direito do Trabalho. Na verdade, a subordinação jurídica é compatível com a plena autonomia técnica; e eventuais conflitos de interesses podem ser resolvidos esclarecendo que o dever de obediência do trabalhador cessa onde começa a violação da lei, o que significa não poder o empre-

---

prudência social francesa não se detém no dogma da livre revogabilidade; ela procura determinar se o interessado, ainda que mandatário social, não seria, de facto, trabalhador subordinado da sociedade mãe, considerando que estas duas posições não são incompatíveis entre si. Assim, a Chambre sociale da Cour de cassation rejeitou recentemente um recurso, nos termos seguintes (Cass.soc.4 de Março de 1997, *in* JCP 1997, ed.E., par. 442): considera, antes de tudo, que a Cour d'appel determinou que o sr.SCHALLEBAUM foi contratado pela sociedade mãe, para dirigir uma das suas "filiais", exerceu as suas funções sob a dependência dos dirigentes da sociedade mãe, que o despediram por não ter executado as suas instruções e que, assim, se verificou a existência de um vínculo de subordinação; considera, em seguida, que a Cour d'appel não tinha que determinar se o interessado exercia uma actividade subordinada distinta do seu mandato social, na ausência de cúmulo entre o mandato exercido em proveito da sociedade e a actividade subordinada, em proveito da sociedade mãe. Indo mais longe, este caso revela uma importante dificuldade da direcção das "filiais" (no sentido de sociedades participadas): com efeito, o dirigente da sociedade filha obedece às instruções da sociedade mãe; do ponto de vista jurídico, todavia, deve respeitar o interesse social da sociedade que dirige; e daí conflitos inevitáveis entre a ordem que provém do topo da pirâmide e obedece à lógica do grupo, e os interesses próprios das "filiais". Importa ter em conta o fenómeno do grupo, e nomeadamente no caso de "filiais" detidas a 100%, aceitar considerar que a filial não tem qualquer autonomia e não é o centro de qualquer interesse próprio.

[16] Neste sentido pronunciou-se, por exemplo, DOMINIQUE MIELLET, *Une société peut-elle embaucher par un contrat de travail de futur directeur général d'une de ses filiales ?*, Juris-classeur périodique, La semaine juridique, Entreprises et Affaires, 1998, n.° 4, págs.110-111.

[17] RAYMONDE VATINET, *Des hypothèses...*, cit., pág. 276. Pode, contudo, ter-se dúvidas quanto ao escopo da lei ao proibir a cumulação e questionar-se se é a disponibilidade dos administradores que o legislador quis preservar, para que se dedicassem exclusivamente às suas funções dirigentes, ou se é a sua independência que deveria afastar qualquer laço contratual, mesmo que suspenso. Em todo o caso, se já havia contrato de trabalho quando o trabalhador é nomeado mandatário social, a jurisprudência francesa tem, normalmente, entendido que se trata de uma suspensão do contrato de trabalho.

Da validade do contrato de trabalho com uma sociedade de um grupo... 443

gador dar, aqui, instruções contrárias ao próprio estatuto do administrador social. Sublinhe-se, de resto, que tanto na cedência ocasional, como na suspensão do contrato de trabalho, parece manter-se o estado de subordinação jurídica, ainda que se possa dizer, pelo menos na situação de suspensão, que o dever de obediência é um dos deveres conexos com a prestação principal do trabalhador e que, por isso, entra em letargia.

Entre nós, a admissibilidade do referido contrato de trabalho com uma pessoa para o exercício de funções de administração social noutra sociedade esbarra, desde logo, e quanto às sociedades anónimas, no disposto no art.398.º do CSC. Efectivamente, a letra do preceito parece proibir tal hipótese, já que este, não apenas afasta a possibilidade de cúmulo entre as funções de administrador social e um contrato de trabalho, subordinado ou autónomo, para o exercício de quaisquer funções, na mesma sociedade, como também, no seu n.º 2, estende a proibição a sociedades em regime de grupo ou a sociedades coligadas. No entanto, a letra do preceito poderá não ser decisiva, se se chegar à conclusão de que o seu escopo não abrange uma situação como a que temos vindo a tratar. Não existe, todavia, consenso, na doutrina, sobre o referido escopo, tendo sido propostos vários objectivos possíveis que, aliás, não são necessariamente contraditórios entre si, podendo, até, revelar-se complementares. Assim, para ILÍDIO DUARTE RODRIGUES[18], "a proibição do cúmulo (...) visa evitar que as garantias de estabilidade concedidas pelo Direito do Trabalho restrinjam o funcionamento efectivo do princípio da livre destituição do administrador, evitando-se abusos e fraudes, nomeadamente através da celebração de um contrato de trabalho fictício, anterior à designação, para garantir ao futuro administrador as regalias laborais após a cessação das suas funções". Não falta, também, quem sublinhe estar aqui em jogo a necessidade de garantir a independência do administrador. Neste sentido, a norma insere-se num conjunto mais abrangente, que visa evitar potenciais conflitos de interesses e garantir que o administrador social vai agir em conformidade com o art.64.º do CSC, isto é, prosseguir o interesse social, tendo em conta os interesses dos sócios e dos trabalhadores: proibição de celebração de certos contratos entre a sociedade e o próprio administrador, obrigação de não concorrência do administrador[19], impossibilidade de este estar vincu-

---

[18] ILÍDIO DUARTE RODRIGUES, *A administração das sociedades por quotas e anónimas – Organização e Estatuto dos Administradores*, Livraria Petrony, Lisboa, 1990, pág. 307.

[19] Importa ter presente quanto a esta obrigação que segundo informa MINERVINI, *cit apud* MARIA ELIZABETE GOMES RAMOS, *Responsabilidade civil dos administradores e*

444 Estudos de Direito do Trabalho em Homenagem ao Prof. Manuel Alonso Olea

lado na administração por um acordo parassocial. O acórdão do STJ, de 22 de Outubro de 1997, encontrou o fundamento do art.398.° do CSC "no facto de que ao Conselho de Administração de uma sociedade anónima competir (*sic*) gerir as suas actividades, nas quais se incluem, entre outras, a abertura ou encerramento de estabelecimentos ou de partes importantes destes, modificações importantes na organização da empresa e projectos de fusão, de cisão ou de transformação da sociedade (...) estes poderes conferidos à administração da sociedade podem ter repercussões nos seus trabalhadores e respectivos estabelecimentos, podendo até criar-se o risco dos interesses da sociedade não serem completamente atingidos, no caso de eles serem conflituantes com os trabalhadores, vindo os administradores, caso se mantivesse o vínculo laboral, a preterir aqueles interesses societários".

Face a esta teleologia do art.398.° do CSC, compreende-se porventura melhor a interpretação, aparentemente restritiva, que dele é proposta por RAÚL VENTURA, um dos nossos mais ilustres comercialistas, cuja influência na gestação do CSC é sobejamente conhecida. O autor começa por sublinhar que o preceito não impede que um administrador de uma sociedade anónima seja designado administrador de outra sociedade que com ela se encontre em relação de domínio ou de grupo, já que se refere à proibição de quaisquer outras funções que não as da própria administração[20]. No caso que nos ocupa, aliás, o trabalhador seria contratado ex-

---

directores de sociedades anónimas perante os credores sociais, Suplemento n.° 67 ao Boletim da Faculdade de Direito da Universidade de Coimbra, Coimbra Editora, Coimbra, 2002, pág. 136, n. 295, "a revogação do dever de não concorrência tornou-se regra, nos grupos de sociedades "onde é frequente encontrar as mesmas pessoas em numerosos Conselhos de Administração, já que este é o meio privilegiado de realizar a unidade de orientação que caracteriza os grupos".

[20] RAÚL VENTURA, *Novos Estudos Sobre Sociedades Anónimas e Sociedades em Nome Colectivo*, Livraria Almedina, Coimbra, 1994, págs. 189 e segs, pág.190. O autor entende que o artigo não cria tal impedimento e que a sua própria letra "resolve o problema". De facto, determina-se no artigo que "durante o período para o qual foram designados, os administradores não podem exercer, na sociedade ou em sociedades que com esta estejam em relação de domínio ou de grupo quaisquer funções temporárias ou permanentes ao abrigo de contrato de trabalho, subordinado ou autónomo". Para o autor, "as funções cujo exercício simultâneo são vedadas ao administrador são as mesmas, quer se trate de exercício na sociedade que a pessoa administra, quer se trate de exercício em sociedade que com aquela esteja em relação de domínio ou de grupo. Portanto, não podem ser abrangidas as próprias funções de administrador que é pressuposto a pessoa exercer na sociedade principal". Quando o legislador proíbe o exercício de cargos de administração noutras sociedades fá-lo expressamente como sucede no art. 428.° n.° 1.

clusivamente para o exercício de funções de administração, pelo que não se colocaria a questão do desempenho de "quaisquer outras funções". Contudo, Raúl Ventura coloca expressamente a questão de saber se o preceito se aplicará, caso um trabalhador da sociedade dominante seja designado administrador da sociedade dominada. Ora, enquanto para Raúl Ventura não há dúvidas de que o preceito deva ser aplicado na hipótese de o trabalhador ser designado administrador da sua própria sociedade, ou de o trabalhador ou prestador de serviços de uma sociedade dominada ser designado administrador da sociedade dominante, seria já duvidoso o tratamento da designação de um trabalhador de uma sociedade dominante como administrador da sociedade dominada. Para o mencionado autor, a extensão da proibição contida no art.398.º n.º 1 do CSC às acumulações em sociedades em relação de domínio ou de grupo tem a ver com a possível influência do administrador da sociedade dominante na sociedade dominada: a influência do administrador da sociedade dominante na sociedade dominada poderia determinar a celebração de um contrato de trabalho com esta última, ou as condições desse contrato. A inversa, contudo, não será verdadeira, pelo que, na opinião deste autor, "um trabalhador da sociedade dominante poderá ser designado administrador da sociedade dominada"[21]. Acresce que o autor invoca, ainda, o regime da comissão de serviço, que considerava ter derrogado a parte do n.º 2 do art.398.º do CSC que previa a extinção do contrato de trabalho celebrado há menos de um ano antes da designação como administrador; faceta ou aspecto do preceito que foi já, de resto, declarado inconstitucional[22]. Raúl Ventura entende que se deve interpretar a expressão do art. 398.º n.º 1 – "exercer funções ao abrigo de contrato de trabalho subordinado" – como a efectiva prestação do trabalho contratado. Ora, diz, "o trabalhador que exerce, em

---

[21] Raúl Ventura, *ob.cit.*, pág.195. Raul Ventura, *Nota sobre a interpretação do art.398.º do Código das Sociedades Comerciais, (exercício de outras actividades por administrador de sociedade anónima)*, O Direito, 1992, págs.261 e segs., pág.265.

[22] O Acórdão n.º 1018/96, do Tribunal Constitucional, publicado no DR de 13 de Dezembro de 1996, II Série, decidiu "julgar inconstitucional, por violação do disposto na al. d) do art.55.º e na al. a) do n.º 2 do art.57.º, um e outro da CRP, na versão operada pela Lei Constitucional n.º 1/82, de 30 de Setembro, a norma constante do n.º 2 do art.398.º CSC, aprovado pelo Dec-Lei n.º 262/86, de 2 de Setembro, na parte em que considera extintos os contratos de trabalho, subordinado ou autónomo, celebrados há menos de um ano, contados desde a data de designação de uma pessoa como administrador e a sociedade ou sociedades que com aquela estejam em relação de domínio ou de grupo". Considerou-se ser inconstitucional o preceito, por inconstitucionalidade formal (falta de participação das organizações representativas dos trabalhadores na elaboração da legislação de trabalho).

446 *Estudos de Direito do Trabalho em Homenagem ao Prof. Manuel Alonso Olea*

regime de comissão de serviço, o cargo de administrador, não prestará simultaneamente o seu trabalho subordinado na categoria que tinha ao tempo do início da comissão". Sustenta, pois, que o regime da comissão de serviço pode ser aplicável, neste contexto, e que tal regime "tanto é possível para trabalhadores da empresa a que respeita o cargo de administração, como para trabalhadores de outras empresas"[23].

Face ao exposto, é duvidoso que o art.398.º do CSC represente mais do que um obstáculo aparente à validade do contrato que nos ocupa. Todavia, não estão superadas todas as dificuldades: deparamo-nos, ainda, com algumas interrogações, quer por força de princípios próprios do Direito do Trabalho, quer em razão de princípios inspiradores do Direito das Sociedades. Quanto aos princípios juslaborais, a dúvida incidirá, sobretudo, sobre a situação de subordinação do trabalhador relativamente à sociedade-mãe. A este respeito, importa ter presente, não só que a subordinação jurídica é inteiramente compatível com a autonomia técnica, o que já levou alguns autores a afirmar desassombradamente que toda e qualquer actividade é compatível com o trabalho subordinado, como também que a subordinação jurídica tem sofrido, ela própria, uma metamorfose, um processo de volatilização. Queremos com isto afirmar que, em tempos de qualidade total[24], a subordinação jurídica não consiste, necessariamente, na subordinação hierárquica[25], não sendo forçosamente necessária a pos-

---

[23] RAÚL VENTURA, *Novos Estudos...,cit.*, pág.195.

[24] Importa, efectivamente, ter presente a evolução sensível que a própria subordinação jurídica tem sofrido. Como destaca ALAIN SUPIOT, *Les nouveaux visages de la subordination*, Droit Social, 2000, págs. 131 e segs., pág.134, os trabalhadores subordinados têm hoje frequentemente uma muito maior iniciativa na execução do seu trabalho sem que isso, contudo, signifique uma ausência de controlo pelo empregador. Tal controlo, na verdade, "não desaparece, mas o seu objecto desloca-se: em vez de incidir sobre a maneira de efectuar uma determinada tarefa, incide sobretudo sobre o resultado". Esbatem-se, progressivamente, as fronteiras entre subordinação jurídica e autonomia – dando lugar ao que SUPIOT caracteriza por uma "autonomia na subordinação" e uma "vinculação na independência" – podendo afirmar-se igualmente, na esteira de ADALBERTO PERULLI, *Il diritto del lavoro tra crisi della subordinazione e rinascita del lavoro autonomo*, Lavoro e Diritto, 1997, págs. 173 e segs., pág. 176, que nas novas realidades organizatórias pós-fordistas se espera que os trabalhadores subordinados (ou alguns deles) sejam "actores e não apenas executores das directivas e dos objectivos da empresa: pequenas empresas na empresa segundo uma definição sociológica de indubitável eficácia que sublinha como o *mindset* da relação de trabalho subordinado é hoje próximo do do trabalho autónomo".

[25] Neste sentido, pronunciaram-se, por exemplo, CLAUDE CHAMPAUD e DIDIER DANET, *Anotação*, Revue Trimestrielle de Droit Commercial, 1994, págs. 56 e segs, pág. 64, para quem "(a) noção de subordinação que é a essência do contrato de trabalho define-

Da validade do contrato de trabalho com uma sociedade de um grupo... 447

sibilidade de dar ordens e instruções quanto ao modo concreto de execução da prestação[26]. Pelo contrário, a doutrina tem vindo a entender que a subordinação pode consistir, fundamentalmente, na inserção numa estrutura organizatória alheia.

Em certo sentido, verifica-se aqui aquela "debilitação" da subordinação que o nosso Homenageado, MANUEL ALONSO OLEA, denunciava no ano longínquo de 1967 e que já à época o levava a considerar a subordinação "anacrónica e quase ridícula em sentido económico e reflexamente em sentido jurídico"[27]

Recorde-se, de resto, que a própria natureza do tradicionalmente chamado "mandato social" é controversa, não faltando quem entenda tratar-se, no fim de contas, de um contrato de trabalho subordinado[28]. Mas o que

---

-se cada vez menos como uma obediência puramente hierárquica, em particular no que diz respeito aos quadros dirigentes, cuja autonomia ou mesmo independência na execução da sua missão resulta da sua competência técnica". Em conformidade, a subordinação resulta muito mais da integração das funções numa estrutura organizatória. Os orgãos sociais também não têm que exercer qualquer controlo sobre a actividade técnica do gerente ou administrador.

[26] Para um amplo sector da doutrina também não é forçosa a existência de um poder disciplinar para que a subordinação jurídica possa existir. Em sentido contrário cfr., todavia, LUIGI ANGIELLO, *Autonomia e subordinazione nella prestazione lavorativa*, CEDAM, Padova, 1974, pág. 46, para quem deve recorrer-se para a qualificação, como trabalho subordinado, ao controlo intenso, por um lado, e sobretudo ao poder disciplinar (mesmo que se considere que tal poder é um aspecto do poder de direcção).

[27] MANUEL ALONSO OLEA, *En torno al concepto de contrato de trabajo*, Anuario de Derecho Civil, 1967, tomo XX, págs. 117 e segs., pág. 130. O autor menciona, aliás, ob. cit., pág. 132, a opinião de G. BAYON, para quem a ideia de que "o contrato de trabalho conta como nota fundamental a subordinação não é uma solução eficaz. É cómodo, mas não é exacto".

[28] Sobre o tema cfr., entre nós, ANTÓNIO MENEZES CORDEIRO, *Da Responsabilidade Civil dos Administradores das Sociedades Comerciais*, Lex, Lisboa, 1997, págs. 371 e segs. e particularmente págs. 384 e segs. O autor, ainda que reconheça "uma certa analogia com a situação de trabalho, sendo de prestar um mínimo de protecção [aos administradores], no próprio interesse das sociedades" (ob. cit., pág. 383) e sublinhe a cautela com que o tema é tratado modernamente pela doutrina laboral (ob. cit., pág. 388) acaba por concluir que "não é viável, no Direito positivo português vigente, laboralizar a situação jurídica dos administradores" (ob. cit., pág. 393), esgrimindo fundamentalmente a inexistência de subordinação jurídica, por o administrador não estar sujeito a instruções alheias nas sociedades anónimas de tipo latino, e ser "impensável perpetuar as situações jurídicas de administração das sociedades" (ob. cit., pág. 393). Quanto ao último destes dois argumentos perdeu muito da sua força com a introdução da figura da comissão de serviço. Na realidade, se puder tratar-se de contrato de trabalho, tais funções poderão ser exercidas em regime de comissão de serviço, inclusive sem garantia de permanência na empresa noutras

448 *Estudos de Direito do Trabalho em Homenagem ao Prof. Manuel Alonso Olea*

nos interessa destacar é que, face ao conteúdo das funções de administração e em razão da maior autonomia e discricionaridade de que goza o trabalhador[29], o vínculo de subordinação pode ser notavelmente atenuado ou, até, porventura, diferente na sua natureza. Como refere, a este propósito, LÚCIA VALENTE[30], o critério geral de sujeição ao poder de direcção é insuficiente como índice do estado de subordinação do administrador, porque a sujeição pessoal às directivas do empregador adquire para as profissões de alto nível um conteúdo que não é mensurável em concreto no acto de desenvolvimento da actividade de trabalho. Nesta perspectiva, o poder de direcção não pode ser configurado em relação àquela prestação laboral em concreto, mas sim em relação à estrutura, ao todo organizado em que a prestação se insere. Esta tese insere-se na visão mais ampla segundo a qual as ordens e a vigilância relativas à prestação de trabalho – em que se traduzem o poder directivo e organizativo – variam em função da especificidade da própria prestação laboral. Não é necessário que as referidas ordens sejam contínuas e detalhadas; mais: desenvolvimentos recentes demonstram que o exercício do poder de direcção não é imprescindível à subordi-

---

funções, uma vez terminada a comissão, quando se proceda a um recrutamento "externo". Quanto ao primeiro argumento, ele permanece obviamente válido para quem partilhe a opinião tradicional, segundo a qual a sujeição ao poder de direcção do empregador é o traço essencial e inescapável da subordinação jurídica, mas não para quem ponha o acento tónico na inserção numa organização alheia. A respeito da natureza jurídica da relação de administração da sociedade anónima, cfr. igualmente LUÍS BRITO CORREIA, *Os Administradores das Sociedades Anónimas*, Almedina, Coimbra, 1993, págs. 303 e segs., que analisa extensamente as posições adoptadas em França, Itália e na Alemanha, e conclui não haver base legal para sustentar, no nosso ordenamento, que os administradores das sociedades anónimas sejam trabalhadores subordinados destas, argumentando sobretudo com a circunstância de a sociedade não deter nem o poder de direcção, nem o poder disciplinar sobre os administradores (ob. cit., págs. 562-563; curiosamente, para este autor o problema não reside tanto na subordinação jurídica porquanto, no seu entender, ob. cit., pág. 526, "não se [pode] sequer dizer com rigor que no contrato com prestação de serviço não existe qualquer subordinação jurídica").

[29] Como refere ROSSELLA SCIOTTI, *Nota a Cassazione 6 luglio 2001, n. 9167*, Il Diritto del Lavoro, 2001, Parte II, págs. 431 e segs., pág. 431, a jurisprudência dominante em Itália reconhece que o poder directivo não exclui margens mais ou menos amplas de autonomia, de iniciativa e de discricionaridade, bastando a possibilidade de dar ordens programáticas e não necessariamente detalhadas ou estritamente vinculantes ou, até, podendo ser suficiente o controlo *a posteriori* das actividades do trabalhador.

[30] LUCIA VALENTE, *Carica elettiva e rapporto di lavoro subordinato: il difficile percorso della qualificazione del rapporto e la rilevanza selettiva del criterio della subordinazione in senso gerarchicho*, Rivista Giuridica del Lavoro e della Previdenza Sociale, 1999, Parte II, págs. 513 e segs., pág.518.

Da validade do contrato de trabalho com uma sociedade de um grupo...   449

nação jurídica[31], até porque pode caber a outrem que não ao empregador, como sucede, por exemplo, no trabalho temporário. Daí a asserção de GIORGIO GRAMICCIA[32], de que o poder directivo é cada vez menos significativo da subordinação, bem como a advertência de PERULLI[33], de que "convém optar por uma noção substancialmente elástica e não rígida da subordinação que consinta uma contínua adaptação aos novos aspectos tecnológicos e organizativos da produção e às novas modalidades de prestação de trabalho". Afigura-se-nos, pois, que os verdadeiros problemas ao reconhecimento da validade do contrato de trabalho ora estudado não se situam tanto na esfera do Direito do Trabalho, mas sim na do Direito das Sociedades. Poderá até falar-se, neste contexto, de um certo conflito entre a lógica destes dois ramos do Direito[34]: a óptica própria do Direito do Trabalho levaria, sem dificuldades, ao reconhecimento de um contrato de trabalho, até porque se tem assistido a uma profissionalização crescente da actividade dos administradores sociais. Como destacou JEAN-JACQUES DAIGRE, já em 1981[35], a visão tradicional do administrador de uma socie-

---

[31] Para uma crítica ao conceito de subordinação jurídica e questionando se, no fim de contas, toda a subordinação relevante para o Direito não será, por isso mesmo, "jurídica", cfr. HUBERT GROUTEL, Le Critère du Contrat de Travail, in Tendances du Droit du Travail Français Contemporain, Études offertes à G. H. Camerlynck, Dalloz, Paris, 1978, págs. 49 e segs. O autor considerava (embora não prescindisse da noção) que aquilo que se designa por subordinação é, apenas, de uma maneira geral, no direito social, um conjunto de circunstâncias – aliás muito diversas – que permitem afirmar que o trabalhador é um dos elementos humanos que ocupa um lugar numa empresa de que não é o organizador: "il est celui qui appartient à une entreprise" (ob. cit., págs. 57-58).

[32] GIORGIO GRAMICCIA, Potere direttivo e subordinazione, Massimario di Giurisprudenza del Lavoro, 2001, n.° 11, págs. 1135 e segs., pág.1136. Para este autor, "as directivas de ordem geral efectuadas pelo empregador em função dos programas a que se destina a prestação constituem o requisito mínimo, mas suficiente, para considerar que a relação de trabalho tem natureza subordinada".

[33] Cit.apud. GIORGIO GRAMICCIA, ob.cit., pág.1138.

[34] O mesmo pode, de resto, dizer-se a propósito do cúmulo do contrato de trabalho e do exercício de funções de administração. Como destaca ALAIN SAYAG, Mandat social et contrat de travail: attraits, limites et fictions, Revue des Sociétés, 1981, págs. 1 e segs, pág.4, a questão do cúmulo encontra-se inevitavelmente colocada numa encruzilhada de problemáticas jurídicas. É antes de mais uma dificuldade que pertence ao Direito das Sociedades e que respeita ao estatuto pessoal e às condições de acesso à qualidade de dirigente social. Contudo, interessa também ao Direito do Trabalho, embora de uma outra perspectiva: para solucionar uma oposição de interesses entre o empregador e o trabalhador.

[35] JEAN-JACQUES DAIGRE, Réflexions sur le statut individuel des dirigeants de sociétés anonymes, Revue des Sociétés, 1981, págs. 497 e segs. O fenómeno não escapou, tãopouco, entre nós, a ILÍDIO DUARTE RODRIGUES, ob.cit., pág.292, que refere, a este respeito,

450 *Estudos de Direito do Trabalho em Homenagem ao Prof. Manuel Alonso Olea*

dade era a de que a administração não constituía uma profissão, mas um *status* passageiro. No entanto, a evolução económica converteu estes cargos em verdadeiros cargos profissionais. A exigência de conhecimentos técnicos especializados, a necessidade de organizar uma planificação do desenvolvimento da empresa, a dificuldade em analisar a evolução do meio e centralizar a multiplicidade de informações, conduziram à necessidade de contratar especialistas. A este propósito não falta quem entenda existir "uma ruptura entre o Direito e a realidade, entre as estruturas legais e as construções económicas e técnicas"[36]. O reconhecimento da validade do contrato de trabalho (eventualmente em regime de comissão de serviço) celebrado por uma sociedade com um trabalhador, para o exercício de funções de administração social noutra sociedade do grupo, ou em que a primeira detém uma influência qualificada, seria mais conforme à realidade e daria uma protecção acrescida a estes trabalhadores (ainda que se deva reconhecer a necessidade de construir um regime laboral próprio, e porventura menos protector, para os trabalhadores que exercem este tipo de funções).

Os principais escolhos surgem, no entanto, e como já foi referido, no domínio do Direito das Sociedades. Dir-se-á, em objecção ao reconhecimento da validade do mencionado contrato de trabalho que, mesmo que ele porventura não viole – o que já é controverso – a letra do art.398.° do CSC, sempre violará o seu espírito, já que porá em causa a independência e a autonomia do gestor[37]. O gestor deve agir, sempre, no interesse da so-

---

que "o administrador torna-se um técnico altamente especializado, em cujas mãos é depositada parte substancial dos poderes do empresário, e que se obriga a exercer, com a diligência de um gestor, criterioso e ordenado, no interesse da sociedade (...) os administradores continuam subordinados às directivas do grupo de comando: a ele devem a sua designação, ele fixa a sua retribuição, dele depende a renovação do seu mandato. Por isso, se hoje, diversamente do que sucedia no passado, os administradores não recebem ordens da Assembleia, recebem-nas, fora da Assembleia, do grupo de comando, sem controlo pelas minorias, não oficialmente, mas secretamente, confidencialmente. Deste modo, podem os administradores não ser mais do que os homens de confiança de quem detenha o poder maioritário, e que lhes transmite directivas que respeitam servilmente. Todavia, é óbvio que esta subordinação real em que os administradores se podem encontrar, não é relevante para qualificar o seu vínculo à sociedade como contrato de trabalho. Efectivamente, trata-se de uma situação de facto, que não emerge de um título pré-organizado pelo Direito".

[36] BERDAH, *cit.apud.* DAIGRE, *ob.cit.*, pág.501.

[37] Um problema de algum modo paralelo foi analisado por ANTÓNIO PINTO MONTEIRO, *Contrato de gestão de empresa (Parecer)*, Colectânea de Jurisprudência, Acórdãos do STJ, ano III, 1995, t. I, págs. 6 e segs., em que o autor se pronuncia pela invalidade de um contrato de gestão porque poderia traduzir-se, no seu resultado prático, "num contrato

Da validade do contrato de trabalho com uma sociedade de um grupo... 451

ciedade, não podendo servir interesses próprios, da maioria ou de grupos, ou só podendo servi-los quando compatíveis com o interesse da sociedade. Sem dúvida que o gestor deve atender aos interesses dos sócios, mas, como ensina OLIVEIRA ASCENSÃO[38], "a própria fórmula utilizada, *tendo em conta*, mostra que este interesse não está ao nível do interesse social: a sua prossecução deve subordinar-se a este, pois a prossecução do interesse social é condição da satisfação de todos os outros". A defesa da independência do gestor seria tanto mais importante quanto, no fundo, consistiria também na defesa das minorias; como mais uma vez refere OLIVEIRA ASCENSÃO, "a independência do gestor parece estar na lógica da defesa dos sócios não maioritários"[39].

A este propósito importa, contudo, sublinhar o seguinte: em primeiro lugar, há que ter presente que a situação se põe em termos substancialmente distintos em algumas das hipóteses, de resto muito restritas, que o nosso Código das Sociedades Comerciais qualifica como grupos, e mormente nos grupos não paritários. Quer se trate dos grupos constituídos por domínio total, quer se trate de grupos assentes num contrato de subordinação (em que uma sociedade subordina a sua gestão a outra sociedade) reconhece-se, aqui, uma situação de dependência jurídica de uma sociedade em relação a uma outra. Muito embora formalmente continue a existir um órgão de administração próprio da sociedade subordinada, a sociedade directora tem o poder de dar instruções vinculantes quanto à administração da sociedade dependente. Nas palavras lapidares de OLIVEIRA ASCENSÃO, "o princípio fundamental da independência dos gestores é subvertido: a própria lei determina que devem obedecer às instruções da sociedade directora. Esta passou a ser o verdadeiro órgão de gestão da sociedade, pois a administração desta é, a partir de agora, um órgão

---

de subordinação camuflado", mas sem os requisitos exigidos pela lei para a validade de um tal contrato.

[38] JOSÉ DE OLIVEIRA ASCENSÃO, *Direito Comercial*, Vol.IV, Sociedades Comerciais, Parte Geral, AAFDL, Lisboa, 2000, pág.443. Também MARIA ELIZABETE GOMES RAMOS, *Responsabilidade civil dos administradores e directores de sociedades anónimas perante os credores sociais*, Suplemento n.º 67 ao Boletim da Faculdade de Direito da Universidade de Coimbra, Coimbra Editora, Coimbra, 2002, pág. 111, refere que "do teor literal do artigo em análise [o artigo 64.º CSC], resulta que a lei coloca o interesse da sociedade e o interesse dos sócios em planos distintos, porquanto exige que os administradores actuem "no interesse da sociedade", bastando que "tenham em conta" os interesses dos sócios e dos trabalhadores". A autora acrescenta, ainda, existir a este respeito "uma certa tensão" nas orientações que a lei dá aos administradores.

[39] OLIVEIRA ASCENSÃO, *ob.cit.*, pág.606.

452   *Estudos de Direito do Trabalho em Homenagem ao Prof. Manuel Alonso Olea*

subordinado. Mais ainda: se o contrato não dispuser o contrário, podem ser dadas instruções desvantajosas à sociedade subordinada, desde que sirvam o interesse do grupo. São ilícitas instruções que ofendam preceitos legais, não respeitantes ao funcionamento de sociedades"[40]. Nesta situação, parece-nos que a subordinação jurídica, resultante do eventual contrato de trabalho do gerente ou administrador da sociedade dominada para com a sociedade dominante, nada mais faz do que espelhar ou traduzir pessoalmente a subordinação da própria sociedade que ele administra[41-42].

A situação já é distinta quando não existe um grupo propriamente dito, mas apenas sociedades em relação de domínio. Apesar da influência dominante de uma das sociedades sobre outra, o Código não parece prever a possibilidade de a sociedade dominante dar directamente instruções à administração da sociedade dependente. As administrações das duas sociedades continuam a manter a sua autonomia formal e, como sublinha OLIVEIRA ASCENSÃO[43], a lei não estabelece, aqui, disposições em defesa dos outros sócios comparáveis àquelas que prevê em matéria de grupos: com efeito, o reverso do poder de dar instruções, por parte da sociedade dominante, estaria na responsabilização dos órgãos da administração da sociedade dominante também perante a sociedade subordinada e os seus sócios livres. O administrador da sociedade sob influência dominante continua sujeito ao art.64.° do CSC e ao dever de diligência no interesse da sociedade, pelo que "o único *forum* para a sociedade dominante fazer sentir a sua vontade é a Assembleia Geral e a escolha dos órgãos de administração

---

[40] OLIVEIRA ASCENSÃO, *ob.cit.*, pág.589.

[41] Assim, expressamente, RAYMONDE VATINET, *Des hypothèses de non-cumul... cit.*, pág. 282. É verdade que, no caso dos grupos, o dirigente da "filial" surge como o instrumento de controlo da sociedade-mãe. De uma certa forma, é da dependência da própria "filial" que se deduz a subordinação do seu dirigente. Para este autor conviria, então, tirar todas as consequências lógicas, à luz do Direito das Sociedades, e considerar que a sociedade-mãe é o verdadeiro dirigente, que o seu assalariado se limita a representar. No decurso da execução do contrato de trabalho, a "pertença" do interessado à empresa que o emprega deveria ser concebida da mesma maneira que para qualquer trabalhador posto à disposição de outra empresa, mas que permanece sob a subordinação jurídica do seu empregador de origem. Continua a fazer parte do seu pessoal, a beneficiar da convenção colectiva que lhe é aplicável, etc. No fim do seu "mandato social" (pág.283), o interessado deveria ser afectado a novas funções, pelo seu empregador, aplicando-se-lhe as regras relativas à modificação do contrato de trabalho.

[42] Contra, LUÍS BRITO CORREIA, ob. cit., pág. 563, que entende que, mesmo nessa hipótese, subordinada é a sociedade de cujos orgãos os administradores são titulares, mas não o serão os próprios administradores.

[43] OLIVEIRA ASCENSÃO, *ob.cit.*, pág.606.

Da validade do contrato de trabalho com uma sociedade de um grupo...   453

e fiscalização (...) Mais ainda: a responsabilidade dos administradores mantém-se tal qual. Portanto, se seguirem instruções da sociedade dominante, que forem contrárias ao interesse da sociedade dependente, podem ser responsabilizados pelos sócios desta, pela sua gestão". Também JOSÉ ENGRÁCIA ANTUNES[44] destacou que, nos "grupos de facto", "a sociedade-mãe (maioritariamente participante) é titular, quando muito, de um mero poder de facto e assaz restrito, sobre a gestão das sociedades-filhas"[45], acrescentando o mesmo autor que o poder de direcção da sociedade-mãe, detentora de uma participação maioritária, encontrará sempre, entre nós, obstáculos ou limites que correspondem aos *standards* legais de actuação e inerentes responsabilidades que enquadram o exercício das respectivas funções pelos órgãos de administração das sociedades participadas ou dependentes: os administradores e directores destas, ainda quando eleitos pela sociedade participante ou dominante, estão obrigados a gerir os negócios sociais de acordo com os interesses da sua própria sociedade, estando-lhes vedado subordinar-se a quaisquer instruções directas emitidas por aquela sociedade"[46].

Será que esta autonomia do gestor ou administrador, e a necessidade de defender sempre o interesse da sociedade por si administrada, se revela necessariamente incompatível com a existência de um contrato de trabalho? Julgamos que será ainda possível a existência de um contrato de trabalho com outra sociedade, embora a subordinação jurídica se revele, aqui, quase evanescente. Em primeiro lugar, será certo que o trabalhador não deverá obediência às instruções da sociedade dominante (seu empre-

---

[44] JOSÉ AUGUSTO QUELHAS LIMA ENGRÁCIA ANTUNES, *Os direitos dos sócios da sociedade-mãe na formação e direcção dos grupos societários*, UCP Editora, Porto, 1994, pág. 146.

[45] O autor, *ob.cit.*, pág.146, desenvolve esta ideia, sublinhando tratar-se de um "poder de facto, no sentido de que a lei não lhe atribui qualquer direito de instruir, directa e vinculantemente, a administração destas sociedades: tudo o que lhe é permitido e possível é exercer um controlo sobre as matérias da competência da Assembleia Geral das sociedades participadas e, indirectamente, através do poder de eleição de corpos administrativos da sua confiança (...) poder restrito no sentido de que constituirá sempre um poder balizado pelas normas jurídico-societárias imperativas, reguladoras do funcionamento da sociedade individual e das máximas orientadoras da actuação dos respectivos órgãos sociais, *maxime* as relativas ao interesse social (art.64.° CSC): pelo que tal poder de direcção, a existir e a ser exercido pela sociedade-mãe, sempre o terá de ser, necessariamente, na estrita observância do interesse social próprio de cada sociedade-filha, ao qual jamais se poderá substituir o interesse da sociedade-mãe, ou do grupo, como um todo".

[46] *Ob.cit.*, pág.152, nota 192.

454 *Estudos de Direito do Trabalho em Homenagem ao Prof. Manuel Alonso Olea*

gador) sempre que estas se traduzam num prejuízo para o interesse da sociedade dominada, que ele administra. Como tantas vezes sucede, o dever de obediência cessa onde começa a violação da lei, ao que acresce que, como já referimos, a subordinação jurídica é inteiramente compatível com a independência técnica, e até com profissões de elevado conteúdo deontológico, como sucede com os médicos e com os advogados (embora quanto a estes últimos, como é sabido, seja controversa a possibilidade de celebração de um contrato de trabalho subordinado). A existência de um contrato de trabalho, mesmo que o poder de dar ordens e instruções concretas fique muito limitado ou seja praticamente inexistente, pode revelar-se com interesse prático, não só pelos deveres laterais de conduta que coenvolve (e que, aliás, continuam activos, mesmo na hipótese de suspensão do contrato) como também por ser, por vezes, a melhor forma de traduzir a especial relação fiduciária entre a sociedade dominante e o administrador da sociedade dominada. Acresce ainda um outro factor, realçado por OLIVEIRA ASCENSÃO: é que a própria existência do grupo e do interesse deste[47], bem como a inserção, nele, da sociedade dominada, podem ter reflexos quando se trata de definir o interesse desta última sociedade. Nas palavras deste autor, "o elemento novo está, aqui, na configuração do interesse do grupo (...) para se apreciar se se seguiu, ou não, o interesse social, há que entrar em conta com a repercussão do interesse colectivo naquela sociedade. Pode este interesse colectivo justificar sacrifícios de interesses da sociedade"[48]. Importará, de resto, não esquecer, também, o disposto no art.83.° n.° 4 do CSC, que estabelece a responsabilidade solidária do sócio que, pelo uso da influência para destituir, ou fazer destituir, um gerente ou administrador, o determine a praticar ou a omitir um acto[49].

Uma outra linha de argumentação – que pessoalmente não partilhamos, mas que levaria a resultados similares – assentaria na identificação

---

[47] Um sector da doutrina nega, contudo, que possa falar-se de um interesse do grupo, pelo menos como interesse comum às suas componentes: cfr., neste sentido, JORGE MANUEL COUTINHO DE ABREU, *Da Empresarialidade (as Empresas no Direito)*, Almedina, Coimbra, 1999, págs. 269 e segs.

[48] OLIVEIRA ASCENSÃO, *ob.cit.*, pág.607.

[49] Referindo-se às situações de sociedades coligadas com influência dominante de uma delas, RAYMONDE VATINET, *Des hypothèses de non-cumul...cit.*, pág.284, chega a afirmar que as regras que regem o mandato social não fazem sentido, porquanto a designação do mandatário social, pela Assembleia Geral da sociedade dominada, é puramente formal. Por isso mesmo, no seu entender, em certas situações a sociedade dominante deveria ser tratada como um dirigente de facto.

Da validade do contrato de trabalho com uma sociedade de um grupo... 455

que alguns autores consideram existir, em regra, entre o interesse social e o interesse da maioria[50]. Tal levou, por exemplo, FRANCESCO FELICETTI[51] a afirmar que "uma situação de dependência prática dos administradores relativamente a um ou mais sócios [verifica-se] (...) ainda com maior intensidade sempre que a sociedade, como ocorre com muito frequência, seja dominada por um sócio ou um grupo de sócios". Nestes casos, os administradores são de facto, os portadores da vontade dos sócios dominantes, mas não se pode dizer por isso que a autonomia social não seja respeitada, já que esta é por sua própria natureza uma forma de autonomia limitada. Ainda segundo este autor, "tudo isto porque a autonomia social é uma forma de autonomia que não é completa, já que uma vontade da sociedade distinta da vontade dos sócios e dos administradores, como é óbvio, não existe e, portanto, os direitos e as obrigações da sociedade acabam por ser os que são queridos pelos sócios e pelos administradores; com a consequência de que mesmo a existir uma esfera jurídica da sociedade distinta da esfera jurídica dos sócios singulares, estes determinando directa ou indirectamente o seu conteúdo tornam a autonomia em parte apenas formal". Como DOMINIQUE MIELLET[52] referiu, negar aqui a existência de

---

[50] Cfr., entre nós, por exemplo, as afirmações de ANTÓNIO CAEIRO/M. NOGUEIRA SERENS, *Direito aos lucros e direito ao dividendo anual*, Revista de Direito e Economia 1979, págs. 369 e segs., pág. 373: "os interesses da pluralidade dos sujeitos que constituem o seu substrato pessoal – os sócios – divergem amiúde, já entre si, já em face da corporação – ou, melhor, em face daquele interesse que vem a ser apresentado e definido como o interesse da corporação e mais não é, afinal, do que o *interesse da maioria dos seus membros*" (itálico no original). Os autores acrescentam, ainda, que "os *interesses prevalecentes*, sintetizados na vontade social (...) e que são também interesses individuais de cada um dos sócios, *transmudam-se em interesse social*" (ob. cit., pág. 374).

[51] FRANCESCO FELICETTI, *Del contratto del socio a favor della società*, Rivista del Diritto Commerciale e del Diritto Generale delle Obbligazioni, 1966, Ano LXIV, II págs. 5 e segs., págs.16-17. O autor pronuncia-se no sentido da validade de um contrato celebrado entre um sócio de uma sociedade anónima interessado na boa gestão da sociedade e uma pessoa da sua confiança, contrato pelo qual o sócio se obriga a pagar a essa pessoa pela sua actividade de administrador da sociedade caso venha a ser nomeado administrador. O problema que se levanta é, sobretudo, um problema de respeito pela autonomia social da sociedade administrada; a exigência de respeito pela autonomia social é difícil de satisfazer já que o contrato é estipulado fora das relações orgânicas entre os sujeitos.

[52] DOMINIQUE MIELLET, *Une société peut-elle embaucher par un contrat de travail de futur directeur général d'une de ses filiales?*, Juris-classeur périodique, La semaine juridique, Entreprises et Affaires, 1998, n.° 4, págs.110 e segs., pág.110. Segundo a autora (pág.111) a solução foi aceite, no quadro de um grupo, mas nada impediria que fosse igualmente aceite nos quadros de uma simples relação entre duas sociedades coligadas: uma sociedade mãe e uma sociedade filha. Contudo, se a relação for tal que o dirigente da "filial"

um contrato de trabalho, acaba por perpetuar o divórcio entre o Direito e a realidade, ignorando "a situação económica actual, com o desenvolvimento dos grupos, designadamente internacionais, que precisam de *managers* à cabeça das filiais, *managers* que mantém, de facto, num laço de subordinação real, tanto mais que a autonomia da personalidade colectiva é uma noção "muito intelectual". Por outro lado, esta é, também, uma daquelas questões que comprova a justeza das palavras de LUCA NOGLER quando este autor observou que "o fenómeno dos grupos assinala um regresso aos primórdios do direito do trabalho em que este, para além de ser um complexo ordenamento de normas positivas, prosseguia uma lógica ou metodologia próprias para enfrentar realidades novas diversas daquelas presentes no momento da elaboração das suas normas"[53]. Oxalá o Direito do Trabalho recupere o realismo de que deu mostras nas suas origens e não se mostre subserviente face aos conceitos desenvolvidos noutras áreas do Direito, designadamente no Direito Comercial.

---

possua uma independência real na gestão da empresa, há o risco de se ver contestada a existência de um contrato de trabalho. Se a prática, hoje em dia, prospera no âmbito dos grupos – *c'est dans l'hypothèse des groupes que cette greffe juridique peut le mieux prospérer,il n'est pas interdit d'étendre la solution jurisprudentielle à toutes les formes de filialization* – nada obsta a que se aplique fora deles.

[53] LUCA NOGLER, *ob. cit.*, págs. 292-293.

DO ÂMBITO TEMPORAL DA CONVENÇÃO COLECTIVA*

LUÍS GONÇALVES DA SILVA

SUMÁRIO: § 1.°) Introdução; 1.1. Considerações prévias; 1.2. Reforma em matéria de contratação colectiva; 1.3. Delimitação de objecto; § 2.°) Efeitos da convenção nos contratos de trabalho; § 3.°) Vigência e sobrevigência; 3.1. Vigência; 3.2. Sobrevigência; § 4.°) Revogação; § 5.°) Cessação dos efeitos.

§ 1.°) INTRODUÇÃO

1.1. *Considerações prévias*

I. Compulsando a Constituição Portuguesa (*v.g.*, artigos 56.°, n.° 3, 227.° e 241.°) facilmente se constata que o Estado não detém o monopó-

---

* Principais abreviaturas utilizadas: a) CC – Código Civil; b) CRP – Constituição da República Portuguesa (de 1976); c) LAP – Lei das Associações Patronais (Decreto-Lei n.° 215-C/75, de 30 de Abril); d) LCT – Lei do Contrato de Trabalho (Decreto-Lei n.° 49408, de 24 de Novembro de 1969); e) LS – Lei Sindical (Decreto-Lei n.° 215-B/75, de 30 de Abril); f) LRCT – Lei de Regulamentação Colectiva (Decreto-Lei n.° 519-C1/79, de 29 de Dezembro).

Todos os preceitos sem indicação de fonte referem-se ao Código do Trabalho, aprovado pela Lei n.° 99/2003, de 27 de Agosto, tendo aquele sido objecto da Declaração de Rectificação n.° 15/2003, de 21 de Outubro de 2003, *Diário da República*, I série-A, número 250, de 28 de Outubro de 2003.

Agradecemos ao Senhor Professor MONTEIRO FERNANDES o honroso convite para nos associarmos à homenagem de um dos principais Mestres da história do Direito do Trabalho.

458   *Estudos de Direito do Trabalho em Homenagem ao Prof. Manuel Alonso Olea*

lio da elaboração normativa. Na verdade, o nosso ordenamento revela uma concepção pluralista da produção jurídica, em especial no que respeita às condições de trabalho, o que demonstra que existem outras entidades com capacidade normativa[1].

Nestes termos, cabe invocar a autonomia colectiva que confere a determinadas entidades intermédias, nomeadamente aos sindicatos e aos empregadores, "uma verdadeira *potestas normandi*, ou seja, um poder de criação de autênticas regras de conduta, de atribuição de direitos e deveres relacionados com a (...) situação de assalariados (artigo 56.º/3)"[2].

II. A autonomia colectiva[3], mais exactamente o direito de contratação colectiva[4], corolário da liberdade sindical, encontra, como decorre do exposto, arrimo na Constituição Portuguesa (artigo 56.º, n.º 3), tal como

---

[1] Como salienta JORGE LEITE, *Direito do Trabalho*, volume I, Serviços de Acção Social da Universidade de Coimbra, 1998, p. 79.

[2] JORGE LEITE, *Direito do Trabalho*, cit., pp. 79-80.

[3] Sobre o conceito de *autonomia* e as suas diferentes concepções, *vd.*, por todos, BIGOTTE CHORÃO, "Autonomia", *Temas Fundamentais de Direito*, Almedina, Coimbra, 1991, pp. 251-264 (previamente publicado no *Dicionário Jurídico da Administração Pública*, volume I, s.e., Coimbra, 1965, pp. 606-613; MENEZES CORDEIRO, *Direito das Obrigações*, 1.º volume, Associação Académica da Faculdade de Direito de Lisboa, reimpressão, 1994, pp. 49-113, para quem, p. 90, os contratos colectivos têm como fonte, no que respeita à sua técnica normativa, o Direito das Obrigações; MONTEIRO FERNANDES, *Direito do Trabalho*, 11.ª edição, Almedina, Coimbra, 1999, pp. 622-631; BAPTISTA MACHADO, *Participação e Descentralização, Democratização e Neutralidade na Constituição de 76*, Almedina, Coimbra, 1982, p. 8; e, em especial, ALARCÓN CARACUEL, "La Autonomia: Concepto, Legitimacion para Negociar y Eficacia de los Acuerdos", AAVV, *La Reforma de la Negociacion Colectiva*, coordenadores Manuel R. Alarcon – Salvador Del Rey, Marcial Pons, Madrid, 1995, pp. 51-72; SANTORO-PASSARELLI, "Autonomia", *Enciclopedia del Diritto*, volume IV (Atto-Bana), Giuffrè, Varese, 1959, pp. 349-375.

[4] Sobre o conteúdo do direito de contratação colectiva, *vd.*, entre outros, GOMES CANOTILHO – VITAL MOREIRA, *Constituição da República Portuguesa Anotada*, 3.ª edição, Coimbra Editora, 1993, pp. 307-308 (VIII a XI); JOÃO CAUPERS, *Os Direitos Fundamentais dos Trabalhadores e a Constituição*, Almedina, Coimbra, 1985, pp. 105-106; "Direitos dos Trabalhadores em Geral e Direito de Contratação Colectiva em Especial", AAVV, *Nos Dez Anos da Constituição*, organização de Jorge Miranda, Imprensa Nacional Casa da Moeda, Lisboa, 1986, pp. 50-51; RIBEIRO LOPES, "Contratação Colectiva", AAVV, *I Congresso Nacional de Direito do Trabalho – Memórias*, coordenação de António Moreira, Almedina, Coimbra, 1998, pp. 49-50; MÁRIO PINTO, *Direito do Trabalho – Introdução, Relações Colectivas de Trabalho*, Universidade Católica Editora, pp. 287-300; GONÇALVES DA SILVA, *Contributo para o Estudo da Portaria de Extensão*, Dissertação de Mestrado, policopiado, Lisboa, 1999, pp. 319-332.

Do âmbito temporal da convenção colectiva

em diversos documentos internacionais[5]. Prescreve a Lei Fundamental, no preceito referido, que *"compete às associações sindicais exercer o direito de contratação colectiva, o qual é garantido nos termos da lei"*, cabendo-lhe ainda estabelecer "*... as regras respeitantes à legitimidade para a celebração das convenções colectivas de trabalho, bem como à eficácia das respectivas normas*" (artigo 56.º, n.º 4). Pode assim inferir-se que o poder normativo, decorrente da autonomia colectiva das associações sindicais e dos empregadores – o destes resulta não só da natureza da situação, uma vez que sem os empregadores as associações sindicais não podem exercer o direito de contratação colectiva como, por outro lado, do artigo 61.º, n.º 1, da Constituição, na sub-liberdade direito de contratação – se alicerça directamente na Constituição, sendo assegurado pela lei[6]. Ou seja: com

---

[5] Entre os diversos textos internacionais, com referências directas ou indirectas, saliente-se da Organização Internacional do Trabalho: a) Convenção n.º 87, datada de 1948, aprovada para ratificação pelo Decreto-Lei n.º 45/77, de 19 de Abril; b) Convenção n.º 98, de 1949, aprovada para ratificação pelo Decreto-Lei n.º 45 758, de 12 de Junho de 1964; c) Recomendação n.º 91, de 1951. Por sua vez, no âmbito do Conselho da Europa realce para a Carta Social Europeia, assinada em Turim, em 1961, aprovada pela Resolução da Assembleia da República n.º 21/91, de 6 de Agosto e ratificada pelo Decreto do Presidente da República n.º 38/91, de 6 de Agosto. Também merece destaque, no espaço comunitário, a Carta Comunitária dos Direitos Sociais Fundamentais dos Trabalhadores, aprovada no âmbito da Comunidade Europeia (hoje União Europeia), no Conselho Europeu de Estrasburgo, de 8 e 9 de Dezembro de 1989, por onze Estados membros (com exclusão do Reino Unido).

Refira-se que no âmbito do Tratado da União Europeia foram celebrados o *Protocolo e o Acordo Relativo à Política Social*, este apenas por onze Estados membros, uma vez que o Reino Unido se auto-excluiu. Neste Acordo, anexo ao Tratado, estabeleceu-se, nos termos do artigo 2.º, n.º 6, que é da exclusiva competência dos Estados membros a matéria do direito sindical (bem como as remunerações, a greve e o «lock-out»).

Saliente-se igualmente que o artigo 4.º do *Acordo* se refere às convenções colectivas europeias, i.e., contratos colectivos celebrados por associações sindicais e associações de empregadores de âmbito europeu.

Para mais desenvolvimentos sobre o *Acordo*, vd. BARROS MOURA, "Direito do Trabalho e Integração Económica", cit., pp. 99-103. Sobre a convenção colectiva europeia, *vd.* DIAS COIMBRA, "A Convenção Colectiva de Âmbito Europeu: Eficácia Jurídica", *Questões Laborais*, ano I, n.º 3, 1994, pp. 144-153, e "A Negociação Colectiva Europeia: o Trabalho a Tempo Parcial", *Questões Laborais*, ano VI, n.º 13, 1999, *maxime*, pp. 72-77.

O regime previsto no *Acordo* foi integrado nos artigos 136.º a 141.º do Tratado de Amesterdão.

[6] JORGE LEITE, *Direito do Trabalho*, cit., pp. 79-80. Conforme salienta este Autor, *op. cit.*, p. 233, o fundamento da convenção colectiva, no nosso ordenamento, é a Constituição, cujo artigo 56.º, n.º 3, concede às associações sindicais a competência para exercer o direito de contratação colectiva.

460 *Estudos de Direito do Trabalho em Homenagem ao Prof. Manuel Alonso Olea*

base no preceito constitucional, o direito de contratação colectiva não necessita do posterior reconhecimento de qualquer acto *infra-constitucional*, cabendo apenas à lei garanti-lo[7].

III. Celebradas por associações de direito privado, como são consideradas as associações sindicais e de empregadores[8][9], as convenções colectivas[10] depois de uma fase de negociação (artigos 544.° a 548.°), e para que possam produzir os efeitos legalmente previstos, têm de ser depositadas nos serviços do ministério responsável pela área laboral (artigo 549.°, n.° 1).

Não ocorrendo nenhum dos casos taxativamente previstos para a recusa do depósito[11], segue-se a publicação da convenção no *Boletim do*

---

[7] Neste sentido, JORGE LEITE, *Direito do Trabalho*, cit., p. 91.

[8] Neste sentido, em relação aos sindicatos e às associações de empregadores, por exemplo, MENEZES CORDEIRO, *Manual de Direito do Trabalho*, Almedina, Coimbra, reimpressão, 1994, pp. 119-121 e 121-122, respectivamente; ROMANO MARTINEZ, *Direito do Trabalho*, Instituto de Direito do Trabalho, Almedina, Coimbra, 2002, pp. 138-139, 141--142, respectivamente; MÁRIO PINTO, *Direito do Trabalho*, cit., p. 197.

[9] Apesar de qualquer modalidade de associação sindical – i.e., sindicato, federação, união ou confederação geral – possuir capacidade para outorgar convenções colectivas, na prática apenas os sindicatos e as federações sindicais têm utilizado tal faculdade, ao contrário, por exemplo, do que se passa no ordenamento espanhol, cfr., por exemplo, MERINO SEGOVIA, *La Estrutura Legal y Convencional de la Negociación Colectiva*, «Estudios de Derecho Laboral», Civitas, Madrid, 2000, em especial, pp. 101 e ss.

[10] Como se sabe a expressão convenção colectiva abrange, quer os contratos colectivos, quer os acordos colectivos, quer ainda os acordos de empresa, *vd.* artigo 2.°, n.° 3.

[11] No sentido da taxatividade também se pronuncia, por exemplo, MENEZES CORDEIRO, *Manual de Direito do Trabalho*, cit., p. 273.

O controlo feito pelos serviços do Ministério responsável pela área laboral é de mera conformidade formal, estando, assim, vedada qualquer apreciação respeitante ao conteúdo da convenção colectiva. Neste sentido, MENEZES CORDEIRO, *op. cit.*, p. 273; MONTEIRO FERNANDES, *Direito do Trabalho*, cit., p. 739; JORGE LEITE – COUTINHO DE ALMEIDA, *Colectânea de Leis do Trabalho*, Coimbra Editora, 1985, pp. 429-430 (II e III); ROMANO MARTINEZ, *Direito do Trabalho*, cit., p. 977. Por sua vez, BARROS MOURA, *A Convenção Colectiva entre as Fontes de Direito do Trabalho*, Almedina, Coimbra, 1984, p. 119, nota 41, e *Compilação de Direito do Trabalho – Sistematizada e Anotada*, cit., pp. 605-606 (I), defende, face à redacção originária do preceito na LRCT, que o controlo é não só formal, mas também substancial.

No caso de a Direcção Geral do Emprego e das Condições de Trabalho (DGERT) – a quem compete, nos termos da alínea d) do n.° 2 do artigo 3.°, do Decreto-Lei n.° 266/2002, de 26 de Novembro, promover o depósito e a publicação das convenções colectivas de trabalho – não recusar o depósito nos 15 dias seguintes ao da recepção da convenção, este considera-se realizado, ou seja, existe um deferimento tácito (artigos 108.°,

Do âmbito temporal da convenção colectiva 461

Trabalho e Emprego (artigo 581.º, n.º 1). Uma vez publicada, a convenção entra em vigor nos mesmos termos das leis (artigo 581.º, n.º 1)[12].

IV. Completado o ciclo final de procedimento da convenção – i.e., depósito, publicação e entrada em vigor[13] –, esta produz os efeitos legalmente previstos (artigos 552.º a 562.º); o facto de esses efeitos serem, em

---

n.ºs 1 e 2, do Código de Procedimento Administrativo, e 549.º, n.º 2). No caso de haver recusa de depósito (artigo 550.º), o particular tem a faculdade de impugnar o acto administrativo (de conteúdo negativo) perante o Tribunal Administrativo de Círculo (artigo 44.º da Lei n.º 13/2002, de 19 de Fevereiro). Sobre a impugnação dos actos administrativos, *vd.*, entre outros, quanto ao regime anterior ao Código de Processo dos Tribunais Administrativos (Lei n.º 15/2002, de 22 de Fevereiro, tendo sido objecto da Declaração de Rectificação n.º 17/2002, de 22 de Março, publicada no *Diário da República*, I série – A, número 81, de 6 de Abril de 2002, alterada pela Lei n.º 4-A/2003, de 19 de Fevereiro), VIEIRA DE ANDRADE, *A Justiça Administrativa (Lições)*, 2.ª edição, Almedina, 1999, pp. 118-124, 166-181; e do mesmo Autor, com referência ao Código dos Tribunais Administrativos, *A Justiça Administrativa (Lições)*, 4.ª edição, Almedina, 2003, pp. 195--215, 295-313. Também com interesse para a questão, VASCO PEREIRA DA SILVA, *Para um Contencioso Administrativo dos Particulares – Esboço de uma Teoria Subjectivista do Recurso Directo de Anulação*, Almedina, Coimbra, 1989, *maxime*, pp. 58-283; e quanto à suspensão de eficácia de actos administrativos de conteúdo negativo, *vd.*, por todos, CLÁUDIO MONTEIRO, *Suspensão da Eficácia de Actos Administrativos de Conteúdo Negativo*, Associação Académica da Faculdade de Direito de Lisboa, 1990, em particular, pp. 85-151.

12 Cfr. artigo 2.º da Lei n.º 74/98, de 11 de Novembro. O regime do artigo 10.º da LRCT, não era totalmente coincidente com o previsto, nos termos gerais, para as leis (*vd.* artigo 2.º da Lei n.º 74/98, de 11 de Novembro), uma vez que o n.º 2 daquele preceito refere que a data da publicação é a da distribuição do *Boletim do Trabalho e Emprego*. O Código do Trabalho uniformizou o regime, eliminando a referência existente no n.º 2 do artigo 10.º da LRCT.

13 Referimo-nos apenas às convenções celebradas nos termos do Código do Trabalho, mas nada impede a existência de contratos à margem daquele diploma, logicamente sem as consequências ali previstas. Com interesse para a questão, *vd.*, entre outros, NUNES DE CARVALHO, "Primeiras Notas sobre a Contratação Colectiva Atípica", *Revista de Direito e de Estudos Sociais*, ano XXXX (XIII da 2.ª série), 1999, n.º 4, pp. 353-404, onde o Autor trata (pp. 355-364) do problema da designação, e ano XXXXI (XIV da 2.ª série), 2000, n.ºs 1 e 2, pp. 9 e ss; JOÃO CAUPERS – PEDRO MAGALHÃES, *Relações Colectivas de Trabalho*, cit., p. 16; MONTEIRO FERNANDES, *Direito do Trabalho*, cit., pp. 605-606; JOÃO LOBO, "A Negociação Colectiva Informal na Ordem Jurídica Portuguesa", *Questões Laborais*, ano II, n.º 4, 1995, pp. 14-34; e no direito estrangeiro, MICHEL DESPAX, *vd.* "La Mesure de l´Application de la Loi sur les Conventions Collectives à la Négociation d'Entreprise: les Accordes en Marge de la Loi", *Droit Social*, 1982, n.º 11, pp. 672-674.

462 *Estudos de Direito do Trabalho em Homenagem ao Prof. Manuel Alonso Olea*

regra, gerais e abstractos[14], leva a que a doutrina[15] considere estarmos, situação que também já resultava do anteriormente exposto, ante uma

[14] Neste sentido, por exemplo, Barros Moura, *A Convenção Colectiva ...*, cit., designadamente, pp. 125, 129-130. Não ignoramos, contudo, a possibilidade de uma convenção ter uma cláusula (normativa) individual e concreta, mas será a excepção e não a regra, sob pena de descaracterização do interesse colectivo. Sobre a questão, *vd.* Nikitas Aliprantis, – *La Place de la Convention Collective dans la Hierarchie des Normes*, «Bibliothèque d'Ouvrages de Droit Social», Tome XXII, Libraire Generale de Droit et de Jurisprudence, Paris, 1980, pp. 78-79; Romano Martinez, *Direito do Trabalho*, cit., p. 993.

[15] Neste sentido, entre outros, Nunes de Carvalho, *Das Carreiras Profissionais no Direito do Trabalho*, policopiado, Dissertação de Mestrado, Universidade Católica Portuguesa, Lisboa, 1990, pp. 420-423; Menezes Cordeiro, *Manual de Direito do Trabalho*, cit., pp. 172-173, 322, que a considera uma fonte mediata; Monteiro Fernandes, *Direito do Trabalho*, cit., pp. 86, 106-108, 727, 734; Menezes Leitão, *Código do Trabalho Anotado*, Almedina, Coimbra, 2003, pp. 19 e ss; Romano Martinez – Luís Miguel Monteiro – Joana Vasconcelos – Madeira de Brito – Guilherme Dray – Gonçalves da Silva, *Código do Trabalho Anotado*, Almedina, Coimbra, 2003, pp. 63 e ss; Romano Martinez, *Direito do Trabalho*, cit., pp. 186-187, 967; Jorge Miranda, *Funções, Órgãos e Actos do Estado*, s.e., Lisboa, 1990, pp. 345-346; Barros Moura, *A Convenção Colectiva ...*, cit., pp. 117, 125; Gomes Canotilho – Vital Moreira, *Constituição da República Portuguesa Anotada*, cit., p. 308 (XI). Contra, Raúl Ventura, *Teoria da Relação Jurídica do Trabalho – Estudo de Direito Privado*, volume I, Imprensa Portuguesa, Porto, 1944, em especial, pp. 187-189. No sentido de a convenção colectiva ser fonte de Direito do Trabalho também se pronuncia a jurisprudência, *vd.* Acórdão da Relação do Porto, de 8 de Outubro de 1984, *Colectânea de Jurisprudência*, 1984, n.º 4, pp. 277 e ss; Acórdão do Supremo Tribunal de Justiça, de 21 de Outubro de 1998, *Boletim do Ministério da Justiça* n.º 480, pp. 205 e ss. Não cabe na economia deste texto a análise e a discussão sobre a natureza jurídica da convenção colectiva, debate que, como assinala Gino Giugni, "Direito do Trabalho", *Revista de Direito e de Estudos Sociais*, ano XXVIII (I da 2.ª série), 1986, n.º 3, p. 343 (tradução de João Cortez, revista por Mário Pinto, *Diritto del Lavoro* – Voce per una Enclipedia –, Instituto dell'Enciclopedia Italiana, Treccani), não obstante durar há mais de cinquenta anos, ainda não logrou obter um resultado seguro. E para isso parece contribuir, como salienta Gino Giugni, *op. cit.*, p. 344, o facto de a convenção colectiva ter características irredutíveis quer às fontes de direito privado (essencialmente no que respeita ao contrato), quer às fontes de direito público, facto que colide com a natural tendência dos juristas para reconduzir as figuras jurídicas a institutos já existentes. Entre nós, defendem a natureza dual, i.e., contratual e regulamentar, Carlos Alberto Amorim, *Direito do Trabalho – Da Convenção Colectiva de Trabalho*, policopiado, Coimbra, 1978, pp. 261-267. A restante doutrina preconiza: Menezes Cordeiro, *Manual de Direito do Trabalho*, cit., pp. 321-322, bem como *Convenções Colectivas de Trabalho e Alterações de Circunstâncias*, Lex, Lisboa, 1995, pp. 62-65, natureza negocial, referindo a representação laboral; Jorge Leite, *Direito do Trabalho*, volume I, cit., p. 232, para quem convenção é uma síntese de lei, regulamento e contrato; Romano Martinez, *Direito do Trabalho*, cit., pp. 994-997, natureza negocial; Barros Moura, *A Convenção Colectiva ...*, cit., p. 124, deixa em aberto a questão.

Do âmbito temporal da convenção colectiva

fonte específica de Direito do Trabalho, posição que tem, como decorre, entre outros, dos artigos 56.º, n.º 4, *in fine* da Constituição e 1.º, expresso acolhimento no direito positivo[16].

Em suma, e para utilizar uma expressão de ALONSO OLEA, "trata-se de uma fonte pactuada de direito"[17].

V. Na análise (do conteúdo e consequentemente) dos efeitos da convenção colectiva é comummente apontada, desde logo, por evidentes vantagens expositivas – ainda que não isenta de críticas e muito menos legalmente consagrada – uma dupla vertente: *obrigacional* e *normativa* (ou regulativa)[18]. A primeira consiste nos efeitos que ocorrem na esfera jurí-

---

No âmbito do regime corporativo, MARCELLO CAETANO, *Tratado Elementar de Direito Administrativo – Introdução – Teoria Geral da Relação Jurídico-Administrativa*, volume I, Coimbra Editora, 1943, pp. 296-297, escrevia que "(...) o contrato colectivo de trabalho é um regulamento a que nos regimes corporativos nem falta o sêlo da autoridade pública". Diversamente, RAÚL VENTURA, "Natureza Jurídica do Contrato Colectivo", *Revista da Justiça*, ano 28.º, 1943, n.º 639, pp. 225 e ss, n.º 641, pp. 257 e ss, n.º 642, pp. 273 e ss, preconizava a teoria contratualista.

Sobre a elaboração e o confronto das diversas teorias, *vd.*, entre nós, COELHO DO AMARAL, "O Contrato Colectivo de Trabalho no Direito Corporativo Português", *Boletim da Faculdade de Direito da Universidade de Coimbra*, suplemento XI, 1953, pp. 353-396; CARLOS ALBERTO AMORIM, *op. cit.*, pp. 239-274; CABRAL BASTO, "A Natureza da Convenção Colectiva de Trabalho: Supostos Epistemológicos da sua Indagação", *Estudos Sociais e Corporativos*, ano VIII, n.º 30, 1969, pp. 60-87; MENEZES CORDEIRO, *op. cit.*, pp. 313--322; ROMANO MARTINEZ, *op. cit.*, pp. 991-994; BARROS MOURA, *op. cit.*, pp. 93-124; LOBO XAVIER, *Curso de Direito do Trabalho*, Verbo, Lisboa, 2.ª edição, 1993, p. 251; e com interesse para a questão, ROMANO MARTINEZ, *Direito do Trabalho – Relatório sobre o Programa, o Conteúdo e os Métodos do Ensino Teórico e Prático da Cadeira de Direito do Trabalho*, Separata da Revista da Faculdade de Direito da Universidade de Lisboa, Coimbra Editora, 1999, pp. 34-35.

[16] Não nos parece que a afirmação – segundo a qual estamos perante uma fonte juslaboral, que, como tal, contém cláusulas (gerais e abstractas) – seja prejudicada pelo facto de o âmbito da convenção ser delimitado pelo princípio da filiação, pois este é um mero elemento de conexão que em nada prejudica a característica da generalidade, uma vez que o que está em causa é uma categoria (aberta) de destinatários. Para mais desenvolvimentos, *vd.* NUNES DE CARVALHO, *Das Carreiras Profissionais ...*, cit., p. 424, nota 11.

[17] ALONSO OLEA, *Introdução ao Direito do Trabalho*, tradução de Guilherme de Vasconcelos, Coimbra Editora, 1968, p. 296.

[18] O destaque desta dupla faceta é comum na doutrina, *vd.*, por exemplo, MENEZES CORDEIRO, *Convenções Colectivas de Trabalho e Alterações de Circunstâncias*, cit., pp. 45-49; MONTEIRO FERNANDES, *Direito do Trabalho*, cit., pp. 107 e 749-765; ROMANO MARTINEZ, *Direito do Trabalho, cit.,* pp. 187, 978-982; BARROS MOURA, *A Convenção Colectiva...*, cit., pp. 111-118, 135-137; LOBO XAVIER, *Curso de Direito do Trabalho*, cit.,

464 *Estudos de Direito do Trabalho em Homenagem ao Prof. Manuel Alonso Olea*

dica das entidades outorgantes; enquanto a *eficácia normativa* se reporta aos efeitos produzidos nos contratos individuais de trabalho[19].

pp. 246-247; e na doutrina estrangeira, por exemplo, WOLFGANG DÄUBLER, *Derecho del Trabajo*, Ministerio de Trabajo y Seguridad Social, Madrid, 1994 (tradução castelhana de Mª Paz Acero Serna e Pío Acero Lópes, *Das Arbeitsrecht*, 1 e 2, Rowohlt Taschenbuch Verlag GmbH, Hamburg, 1990), pp. 142-143; MATTIA PERSIANI, *Diritto Sindicale*, nona edizione, Cedam, Padova, 2003, pp. 129-132, com indicação de diversa bibliografia.

A divisão do conteúdo e consequentemente dos efeitos da convenção em obrigacional e normativo (ou regulativo) tem sido objecto, e bem, de críticas, uma vez que existem cláusulas que não são reconduziveis a nenhuma das tipologias. Como escreve GINO GIUGNI, "Direito do Trabalho", cit., p. 338, "(...) a distinção é importante e, ainda hoje, muito actual; pode, todavia, (...) resultar desadaptada em relação a uma cognição funcional do instituto e adapta-se mal às cláusulas ou partes processuais e institucionais (por exemplo, comissões mistas, procedimentos arbitrais e de conciliação, fundos de previdência) que são frequentes na experiência contratual". Tal parece ser também a posição de CARLOS ALBERTO AMORIM, *Direito do Trabalho – Da Convenção Colectiva de Trabalho*, cit., pp. 265-266, que, além das duas facetas fundamentais, obrigacional e normativa, se refere a cláusulas instrumentais e cláusulas eventuais ou acessórias; e é a de NUNES DE CARVALHO, *Das Carreiras Profissionais ...*, cit., p. 425, nota 11, que exemplifica com as cláusulas sobre carreiras profissionais; MENEZES CORDEIRO, *Manual de Direito do Trabalho*, cit., pp. 281-282, 321; LIBERAL FERNANDES,"Privatização e Desmembramento das Empresas Públicas: Alguns Problemas Juslaborais", *Revista de Direito e Economia*, anos XVI a XIX, 1990 a 1993, pp. 434-436, ROMANO MARTINEZ, *Direito do Trabalho*, cit., p. 978; LOBO XAVIER, *op. cit.*, p. 247.

De facto, as cláusulas que não produzam efeitos imediatos nos contratos individuais de trabalho, mas que, por outro lado, não se confinem à esfera das partes outorgantes, não são facilmente subsumíveis na alternativa obrigacional – normativa. É o caso, por exemplo, de disposições que se refiram à constituição de comissões paritárias (artigo 542.°).

Referimos, contudo, esta bipartição por mera vantagem expositiva.

Para mais desenvolvimentos sobre a distinção entre cláusulas obrigacionais e normativas, *vd.*, entre outros, MENEZES CORDEIRO, *Convenções Colectivas e Alterações de Circunstâncias*, cit., pp. 45-51, com diversos desdobramentos; ROMANO MARTINEZ, *Direito do Trabalho*, cit., pp. 978-982; BARROS MOURA, *A Convenção Colectiva ...*, cit., pp. 114--117 e 125-146. Na doutrina estrangeira *vd.*, entre outros, ALONSO OLEA – CASAS BAAMONDE, *Derecho del Trabajo*, decimoquinta edicion, Civitas, Madrid, 1997, pp. 835--863; WOLFGANG DÄUBLER, *Derecho del Trabajo*, cit., pp. 142-147.

Sobre a classificação das cláusulas obrigacionais, *vd.* VALDÉS DAL RÉ, "La Adhesion y la Extensión de los Convenios Colectivos", *Revista Española de Derecho del Trabajo*, n.° 36, 1988, p. 542.

[19] Dentro desta é ainda necessário distinguir as *cláusulas de eficácia diferida* das de *eficácia imediata*, pois enquanto as primeiras necessitam, para que os seus efeitos se repercutam nos contratos individuais de trabalho, de actos posteriores de execução, em regra, a cargo do empregador, as *cláusulas de eficácia imediata* produzem os seus efeitos pela mera entrada em vigor da convenção. É exemplo deste tipo de cláusulas, a determinação de que os trabalhadores que tenham maior mobilidade geográfica terão um horário mais reduzido, cabendo a empregador designar os trabalhadores abrangidos.

Do âmbito temporal da convenção colectiva   465

VI. Além da *eficácia temporal* (entrada em vigor e respectiva vigência), há que referir a *eficácia pessoal*. No nosso ordenamento as convenções colectivas têm somente *eficácia inter-partes*, pois como prescreve o n.º 1 do artigo 552.º, *"a convenção colectiva de trabalho obriga os empregadores que a subscrevem e os inscritos nas associações de empregadores signatárias, bem como os trabalhadores ao seu serviço que sejam membros das associações sindicais outorgantes"*[20]. O mesmo se verifica

---

ROMANO MARTINEZ, *Direito do Trabalho*, cit., p. 981, dá como exemplos a construção de uma cantina ou de uma creche, bem como o fornecimento de transportes, para os quais seriam necessários actos de concretização. Também neste sentido, MENEZES CORDEIRO, *Convenções Colectivas de Trabalho e Alterações de Circunstâncias*, cit., p. 49.

Enquanto não houver concretização da cláusula, os trabalhadores não possuem qualquer direito a usufruir do regime, mas deve salientar-se que a não execução das mesmas configura incumprimento da convenção, o que gerará responsabilidade civil, bem como a aplicação de sanções (respectivamente artigos 562.º e 687.º).

Nos termos do artigo 562.º, o empregador tanto tem o dever de ressarcir os danos causados ao sindicato, como aos trabalhadores. No entanto, é preciso notar que tal consequência apenas poderá ocorrer se os trabalhadores destinatários da cláusula não concretizada forem individualizáveis, ou seja, estando a delimitação do âmbito do regime a cargo de uma das partes (é o caso, acima referido, de haver maior mobilidade de alguns trabalhadores e consequentemente os mesmos terem uma redução de horário, cabendo a indicação dos trabalhadores ao empregador), não será possível, em princípio, descortinar os trabalhadores afectados, faltando, assim, a identificação dos que sofreram dano.

Deve, no entanto, referir-se que, atendendo ao conteúdo das convenções colectivas – onde os temas, mais regulados têm natureza pecuniária, mais exactamente, o subsídio de refeição, subsídios ligados à mobilidade geográfica, abono para falhas, diuturnidades profissões e subsídios por funções/competências específicas – *Principais Características da Negociação Colectiva ...,* cit., p. 34 –, em regra, as cláusulas são de eficácia imediata.

[20] Os efeitos da convenção colectiva nos ordenamentos jurídicos estrangeiros não são idênticos. Na Alemanha, por exemplo, a convenção colectiva tem apenas efeitos interpartes i.e., só os sujeitos outorgantes estão vinculados. Existe, contudo, uma excepção importante à regra de a convenção apenas abranger os filiados: se o empresário estiver vinculado à convenção, ainda que os trabalhadores não o estejam, aquele tem de cumprir o estipulado na convenção relativamente às normas de empresa e de organização social – § 3.º, § 1 e 2, da Lei das Convenções Colectivas (TVG – *Tarifvertragsgesetz*). Sobre os efeitos pessoais da convenção, vd. WOLFGANG DÄUBLER, *Derecho del Trabajo*, cit., pp. 149-150; HUECK-NIPPERDEY, *Compendio de Derecho del Trabajo*, Editorial Revista de Derecho Privado, Madrid, 1963 (tradução castelhana de Miguel Rodriguéz Piñero e Luis Enrique de la Villa, *Grundriss des Arbeitsrecht*, s.e., 1962), pp. 342-343; ALFRED SÖLLNER, *Grundrib des Arbeitsrechts*, Verlag Vahlen, Munchen, 1994, p. 150.

Já em Espanha, a convenção colectiva produz efeitos gerais – sem esquecer a destrinça feita pela doutrina e jurisprudência entre convenções colectivas estatutárias e extra-

466   Estudos de Direito do Trabalho em Homenagem ao Prof. Manuel Alonso Olea

se estivermos perante convenções outorgadas por uniões, federações ou confederações (artigo 552.º, n.º 2).

-estatutárias (sobre a questão, entre muitos outros, ALONSO OLEA – CASAS BAAMONDE, *Derecho del Trabajo*, cit., entre outras, pp. 778-779, 863-873) –, ou seja, abrange todos os trabalhadores e empregadores incluídos no âmbito funcional e territorial da convenção, independentemente de filiação (artigo 82.º, n.º 3, do Estatuto do Trabalhadores – *Estatuto de los Trabajadores*) – vd., por todos, ALONSO OLEA-CASAS BAAMONDE, *op. cit.*, pp. 786-788, 823-826; SALA FRANCO – ALBIOL MONTESINOS, *Derecho Sindical*, 5.ª edición, Tirant lo Blanch, Valencia, 1998, pp. 342-345. *Vd.* também RIVERO LAMAS, "Estructura y Funciones de la Negociación Colectiva tras la Reforma Laboral de 1997", *Revista Española de Derecho del Trabajo*, n.º 89, 1998, pp. 381-410.

Em França distingue-se (artigos L. 133-1 ss e R. 133-1 e ss do Código do Trabalho – *Code du Travail*) entre *convenções colectivas ordinárias* e *convenções susceptíveis de extensão*, estando estas sujeitas a um regime mais exigente do que aquelas. De qualquer modo, os efeitos são semelhantes, uma vez que o elemento de conexão relevante é o *empregador*. Ou seja: é necessário que o empregador esteja filiado na associação outorgante, pois caso tal se não verifique, ainda que o trabalhador esteja inscrito na associação signatária, a convenção não pode obrigar aquele a seguir o regime acordado (artigo L.135-1 e 2, Código do Trabalho). Nestes termos, a vinculação do empregador a uma convenção colectiva é elemento essencial e suficiente para que os efeitos desta se produzam na empresa e abranjam quer os trabalhadores filiados, quer os não filiados. Sobre a questão, *vd.*, entre outros, JEAN-CLAUDE JAVILLIER, *Manuel Droit du Travail*, 7 édition, LGDJ, Paris, 1999, em especial, pp. 794-801; LARDY-PÉLISSIER, JEAN PÉLISSIER, AGNÈS ROSET e LYSIANE THOLY, *Le Code du Travail Annoté*, Groupe Revue Fiduciare, Paris, 2001, pp. 354 e ss; CHRISTOPHE RADÉ, *Droit du Travail*, 2.ª édition, Montchrestian, Paris, 2002, pp. 11 e ss.

Finalmente, em Itália existem quatro tipos de convenções colectivas:

a) as *corporativas*: foram celebradas pelas organizações sociais fascistas, durante o regime corporativo, e têm eficácia geral. Os contratos colectivos de direito corporativo mantiveram os seus efeitos, não obstante o fim do regime, pelo Decreto-Lei «Luogotenenziale», n.º 369, de 23 de Novembro de 1944. *Vd.* sobre o assunto, GINO GIUGNI, *Diritto Sindicale*, IX edizione, Cacucci Editore, Bari, 1992, pp. 133-35; GIULIANO MAZZONI, *Manuale di Diritto del Lavoro*, volume I, Giuffrè, Milano, 1988, p. 190; RENATO SCOGNAMIGLIO, *Diritto del Lavoro*, terza edizione, Jovene Editore, Napoli, 1994, p. 7;

b) as de *direito comum*: regem-se pelas regras previstas para o direito comum dos contratos, tendo o seu âmbito de aplicação definido pelo próprio contrato, *Vd.* GIULIANO MAZZONI, *op. cit.*, pp. 188-190; MATTIA PERSIANI, *Diritto Sindicale*, cit., pp. 95 e ss; G. ZAGREBELSKY, *Manuale di Diritto Costituzionale*, volume primo, Utet, Torino, 1988, p. 252;

c) as de *eficácia erga omnes*: segundo a Constituição (artigo 39.º, 3.º par.) são celebradas pelas associações reconhecidas e têm eficácia obrigatória para todos os membros da categoria; no entanto, este preceito constitucional tem tido problemas de concretização face aos obstáculos políticos e técnicos colocados, *vd.* GINO GIUGNI, *op. cit.*, 135; MATTIA PERSIANI, *Diritto Sindicale*, cit., pp. 24 e ss; M. ZAGREBELSKY, *op. cit.*, pp. 247-248;

Do âmbito temporal da convenção colectiva 467

Resulta então do exposto a necessidade de existir concomitantemente filiação do empregador (caso não a celebre directamente) e do trabalhador nas associações outorgantes[21]. Nisto consiste o *princípio da filiação* ou, talvez mais correctamente, *princípio da dupla filiação*[22].

d) e, por último, as que foram objecto da Lei n.° 741, de 14 de Julho de 1959: têm um efeito idêntico ao que, noutros ordenamentos, se atinge através do regulamento de extensão e que este país não consagra. *Vd.* GINO GIUGNI, *op. cit.*, pp. 136-138; ANDREA LASSANDRI, *Il Diritto del Lavoro – La Contrattazione e il Contratto Collettivo*, Ediesse, Roma, 2003, pp. 36 e ss; AAVV, *Problemi di Interpretazione e di Applicazione della Legge 1959, n.° 741 sui Minimi di Trattamento Económico e Normativo ai Lavatori*, Università di Firenze, direttore Giuliano Mazzoni, Giuffrè, Milano, 1962; GONÇALVES DA SILVA, *Contributo para o Estudo da Portaria de Extensão*, cit., pp. 56-58.

Sobre o debate acerca dos efeitos da convenção colectiva e a representatividade sindical, *vd.*, por exemplo, GIUSEPPE PERA, "Verso il Contratto Collettivo Generalmente Obbligatorio?", *Rivista Italiana di Diritto del Lavoro*, anno XIX, 2000, n.° 1, pp. 97-107.

Para uma visão geral, ainda que sucinta, do estado da negociação colectiva na União Europeia, *vd.* TIMO KAUPPINEN, "La Negociación Colectiva en las Relaciones Industriales de la Europa de la Union Monetaria", AAVV, *La Negociación Colectiva en el Escenario del Año 2000 – XII Jornadas de Estudio sobre la Negociación Colectiva*, «Coleccion Informes y Estudios», serie Relaciones Laborales, número 27, Ministerio de Trabajo y Asuntos Sociales, Madrid, 1999, pp. 19-65; ALESSANDRO GARILLI, "La Negociación Colectiva en las Relaciones Industriales de la Europa de la Union Monetaria", AAVV, *La Negociación Colectiva en el Escenario del Año 2000 – XII Jornadas de Estudio sobre la Negociación Colectiva*, «Coleccion Informes y Estudios», serie Relaciones Laborales, número 27, Ministerio de Trabajo y Asuntos Sociales, Madrid, 1999, pp. 67-90.

[21] Evidentemente que se estivermos perante um acordo de empresa ou colectivo, os empregadores negoceiam directamente (artigo 2.°, n.° 3).

Sobre os efeitos (pessoais ou subjectivos) da convenção, *vd.* Acórdão do Supremo Tribunal de Justiça, de 1 de Junho de 1984, *Acórdãos Doutrinais do Supremo Tribunal Administrativo*, n.° 274, pp. 1199 e ss; Sentença do Tribunal do Trabalho de Lisboa, de 26 de Junho de 1986, *Colectânea de Jurisprudência*, 1986, n.° 4, pp. 329 e ss; Acórdão do Supremo Tribunal de Justiça, de 2 de Outubro de 1996, *Acórdãos Doutrinais do Supremo Tribunal Administrativo*, n.° 423, pp. 380 e ss.

[22] Sobre este princípio, ROMANO MARTINEZ – LUÍS MIGUEL MONTEIRO – JOANA VASCONCELOS – MADEIRA DE BRITO – GUILHERME DRAY – GONÇALVES DA SILVA, *Código do Trabalho Anotado*, cit., pp. 778 e ss; GONÇALVES DA SILVA, "Princípios Gerais da Contratação Colectiva do Código do Trabalho", *VI Congresso Nacional de Direito do Trabalho – Memórias*, coordenação de António José Moreira, Almedina, Coimbra, 2004, pp. 246 e ss..

O ónus da prova da filiação do trabalhador recai, nos termos do artigo 342.°, n.° 1, do CC, sobre aquele que invocar um direito, cabendo, pois ao trabalhador, se o invocar, a prova da sua filiação. Neste sentido, Acórdão do Supremo Tribunal de Justiça, de 20 de Janeiro de 1993, *Colectânea de jurisprudência*, 1993, n.° 1, pp. 238 e ss; Acórdão do Supremo Tribunal de Justiça, de 12 de Janeiro de 1994, *Acórdãos Doutrinais do Supremo Tribunal Administrativo*, n.° 389, pp. 613 e ss.

468   *Estudos de Direito do Trabalho em Homenagem ao Prof. Manuel Alonso Olea*

Há, no entanto, a salientar que o Código do Trabalho, no artigo 15.°
da Lei que o aprovou[23], permite que um trabalhador – não filiado em sindicato outorgante e cuja situação jurídico-laboral (sectorial ou profissional) se subsuma no âmbito de aplicação do instrumento – escolha, por escrito, sem carecer do acordo do empregador, a aplicação de uma convenção que regula a situação na empresa, desde que, por um lado, exista um instrumento posterior à entrada em vigor do Código do Trabalho (1 de Dezembro de 2003, artigo 3.°, n.° 1) e, por outro, seja aplicável à empresa um ou mais instrumentos anteriores a essa data[24].

Note-se que, de acordo com o artigo 7.°, n.° 1, da Lei n.° 67/98, de 26 de Outubro, é proibido o tratamento de dados pessoais respeitantes à filiação sindical. O titular dos dados pode, contudo, autorizar tal tratamento, conforme preceitua o artigo 7.°, n.°s 2 e 3, alínea b), da Lei n.° 67/98. *Vd.* também os artigos 492.° e ss, em especial o artigo 492.°, n.° 3, e o 494.°, n.°s 3, 4 e 5. Sobre a questão, *vd. infra* texto e ROMANO MARTINEZ, "Relações Empregador – Empregado", AAVV, *Direito da Sociedade da Informação*, volume I, Coimbra Editora, 1999, pp. 198-199; e a Deliberação n.° 15/95, de 1 de Setembro, da Comissão Nacional de Protecção de Dados.

[23] Para mais desenvolvimento sobre o preceito, *vd. infra* texto ROMANO MARTINEZ – LUÍS MIGUEL MONTEIRO – JOANA VASCONCELOS – MADEIRA DE BRITO – GUILHERME DRAY – GONÇALVES DA SILVA, *Código do Trabalho Anotado*, cit., pp. 48 e ss.

[24] Esta situação não se confunde com a aplicação de uma convenção a trabalhador não filiado em sindicato outorgante mediante acordo entre aquele (trabalhador) e o empregador. Neste caso, o empregador pode, repita-se, caso o trabalhador esteja de acordo, aplicar cláusulas da convenção. Tal pode acontecer, desde logo, em matéria retributiva, pois a disparidade de regimes contratuais pode causar, por um lado, dificuldades na organização da empresa e, por outro, conflitos internos quando os trabalhadores se encontrem em situação de igualdade funcional.

Diferentemente, a situação referida no texto permite que o trabalhador opte – portanto, unilateralmente – por uma convenção que passa a regular a sua situação jurídica.

Alguma jurisprudência tem, contudo, ido mais longe (*vd.*, por exemplo, Acórdão do Supremo Tribunal de Justiça, de 26 Maio de 1988, *Boletim do Trabalho e Emprego*, 2.ª série, n.°s 4-5-6, p. 396; Acórdão do Supremo Tribunal de Justiça, de 14 de Novembro de 1990, *Acs. Doutrinais do Supremo Tribunal Administrativo*, n.° 350, pp. 268 e ss; Acórdão do Supremo Tribunal de Justiça, de 17 de Fevereiro de 1993, *Acórdãos Doutrinais do Supremo Tribunal Administrativo*, n.° 378, pp. 709 e ss) e defendido que o "princípio do trabalho igual salário igual" impõe que os trabalhadores sindicalizados e não sindicalizados possuam o mesmo regime retributivo.

Não nos parece a melhor solução, pois tal entendimento aniquila o princípio da filiação sindical, ou seja, neutraliza a filiação sindical e, deste modo, todas as consequências inerentes à sindicalização (*v.g.*, pagamento da quota, acção sindical); além de que ao implicar a aplicação de igual retribuição ignora as contrapartidas fixadas aquando da negociação, essas só aplicáveis aos sindicalizados e, note-se, dificilmente identificáveis. É certo que se pode argumentar que apenas se trata de uma parte da convenção, além de que tal

Do âmbito temporal da convenção colectiva

Com o intuito de evitar a constante alteração da convenção aplicável – face aos efeitos nefastos que uma situação destas acarretaria – fixou-se que após a opção do trabalhador, a convenção se aplica até ao final do seu prazo ou, sendo esta objecto de alteração, até à respectiva entrada em vigor (artigo 15.º, n.º 2); não tendo a convenção prazo de vigência, o prazo de aplicação é de um ano (artigo 15.º, n.º 3).

O trabalhador poderá usufruir deste regime, i.e. utilizar o mecanismo da opção, dentro dos limites temporais dos n.ºs 2 e 3, e, por outro lado, desde que se mantenha o pressuposto da existência de convenções posteriores e anteriores à entrada em vigor do Código aplicáveis na empresa.

Nestes casos, existe uma excepção ao princípio da dupla filiação, tal como, aliás, acontece noutras situações (por exemplo, artigos 553.º, primeira parte e 555.º, n.º 1[25]).

VII. Acresce ao *âmbito temporal* e *pessoal*, o *âmbito geográfico*[26], que consiste na delimitação espacial da aplicação da convenção, cuja referência faz parte do conteúdo obrigatório da convenção (artigo 543.º, n.º 1, alínea c))[27].

---

injunção tem base constitucional; só que a filiação sindical tem igualmente consagração na Lei Fundamental (artigo 55.º, n.º 2, alínea b)). Sobre a questão, e divergindo da posição jurisprudencial, MENEZES CORDEIRO, *Manual de Direito do Trabalho*, cit., pp. 147, 736-737; MONTEIRO FERNANDES, *Direito do Trabalho*, cit., pp. 765-766, nota 2; MAIA DA SILVA, "Os Direitos Constitucionais dos Trabalhadores e a sua Articulação com o Direito Ordinário", AAVV, *III Congresso Nacional de Direito do Trabalho – Memórias*, coordenação de António Moreira, Almedina, Coimbra, 2001, pp. 120 e ss; LOBO XAVIER, *Curso de Direito do Trabalho*, pp. 371-373, 401-402; LOBO XAVIER – NUNES CARVALHO – "Princípio da Igualdade: a Trabalho Igual, Salário Igual", *Revista de Direito e de Estudos Sociais*, ano XXXIX (XII da 2.ª série), 1997, n.º 4, pp. 401-450. Diversamente, RIBEIRO LOPES, "A Contratação Colectiva", cit., pp. 61-64. Com particular interesse para o debate, sem esquecer as particularidades, *vd.* a doutrina italiana, EDOARDO GHERA, *Diritto del Lavoro*, Cacucci Editore, Bari, 1995, pp. 164--172; MATTIA PERSIANI, *Diritto Sindicale*, cit., pp. 105-109, com indicação de diversas fontes.

[25] Para mais desenvolvimentos sobre estes preceitos, na versão da LRCT, GONÇALVES DA SILVA, *Notas sobre a Eficácia Normativa da Convenção Colectiva*, «cadernos laborais», n.º 1, Instituto de Direito do Trabalho, Almedina, Coimbra, 2002, pp. 54-60; na actual versão, ROMANO MARTINEZ – LUÍS MIGUEL MONTEIRO – JOANA VASCONCELOS – MADEIRA DE BRITO – GUILHERME DRAY – GONÇALVES DA SILVA, *Código do Trabalho Anotado*, cit., respectivamente, pp. 779 e ss e 782 e ss,.

[26] Deve, contudo, realçar-se que esta divisão não tem mais do que objectivos sistemáticos e expositivos, pois naturalmente os efeitos – temporais, pessoais e geográficos – estão intrinsecamente ligados.

[27] A ausência desta cláusula tem como consequência a recusa do depósito (artigo 550.º, n.º 1, alínea a)) por parte dos serviços do ministério responsável pela área laboral.

470 *Estudos de Direito do Trabalho em Homenagem ao Prof. Manuel Alonso Olea*

1.2. **Reforma em matéria de contratação colectiva**

I. Das breves considerações expendidas resulta que a convenção colectiva é um dos principais marcos do Direito do Trabalho. Como escreve GINO GUIGNI, "o contrato colectivo é, juntamente, com o direito de greve, o instituto mais típico do Direito do Trabalho, no sentido de ser específico de tal ramo do Direito"[28].

Além da singular especificidade, igual particularidade decorre da sua relevância social. De facto, como se sabe, com a auto-regulação consegue-se, por um lado, uma maior e mais efectiva eficácia do conteúdo fixado, por outro, atinge-se maior adequação à realidade, pois são os destinatários – ou mais exactamente, os seus representantes – que melhor conhecem as suas necessidades e, por último, adquire-se maior pacificação das situações laborais, uma vez que o facto de ter sido outorgado pelos principais interessados, faz com que haja uma maior satisfação dos resultados alcançados.

II. Actualmente vivemos numa época que se poderá designar de *"imobilismo* da *contratação colectiva"*. Em Portugal entre 1997 e 2002, foram depositadas, em média, cerca de 400 convenções anuais[29]. Em nenhum país da União Europeia existe uma situação de bloqueio tão generalizado e prejudicial como no nosso país; para suportar a afirmação basta dizer que, por exemplo, em Espanha, no ano de 2001, foram registadas cerca de 4021 convenções[30], enquanto que em Portugal, no mesmo pe-

---

[28] GINO GUIGNI, *Autonomia e Autotutela Colectiva no Direito do Trabalho*, Associação Académica da Faculdade de Direito de Lisboa, p. 5.

[29] Este número inclui também alterações parciais, bem como adesões. Cfr. *Principais Características da Negociação Colectiva em Portugal (1994-2001)*, Secretaria de Estado do Trabalho e Formação, Colecção "Estudos", série C – "Trabalho", n.º 16, 2002, p. 30 e ss. Em 2002, de acordo com os dados da Direcção-Geral do Emprego e das Relações de Trabalho (DGERT), houve um ligeiro aumento, uma vez que a totalidade dos instrumentos negociais publicados foi de 419, face aos 379 do ano anterior, devendo-se esse acréscimo ao maior número de adesões verificadas (82 em 2002, quando em 2001 foram 19).

O conteúdo da contratação colectiva também deve ser motivo de preocupação, porquanto matérias como a segurança, higiene e saúde no trabalho ou a formação não surgem nos primeiros oito temas mais abordados entre 1997 e 2002, e apenas uma alteração respeita ao trabalho de pessoa com deficiência.

[30] Cfr. *Situación Actual de la Medición de la Cobertura de la Negociación Colectiva en España*, Comisión Consultiva Nacional de Convenios Colectivos, Colección Informe y Estudios, série Relaciones Laborales, n.º 45, Ministerio de Trabajo y Asuntos Sociales, Madrid, 2002, p. 17.

Do âmbito temporal da convenção colectiva 471

ríodo, foram depositados 379 acordos, contando com as alterações parciais, pois convenções novas foram apenas 41[31].

As causas são há muito conhecidas, podendo, entre outras, isolar-se, *primo*, a anterior legislação, *rectius*, a interpretação de que ela é objecto, da qual resulta a perpetuação de um instrumento cuja vocação é *temporária*[32]; *secundo*, o diminuto espaço de intervenção que, em regra, as convenções têm, i.e., excesso de imperatividade legal em detrimento de normas convénio-dispositivas[33], como acontecia com a legislação anterior.

No actual e futuro Direito do Trabalho, a contratação colectiva é um factor essencial para a realização da justiça social, pelo que é facilmente compreensível que o legislador tenha eleito como elemento central da reforma laboral a revitalização da contratação colectiva.

III. As soluções previstas no Código do Trabalho visam, quanto a esta matéria, acima de tudo revitalizar a contratação colectiva que deve ter um papel único na regulação das relações laborais. Como se escreve na exposição de motivos da Proposta de lei n.º 29/IX (aprova o Código do Trabalho), "é objectivo estruturante do Código inverter a situação de estagnação da contratação colectiva, dinamizando-a, não só pelas múltiplas alusões a matérias a regular nessa sede, como por via da limitação temporal de vigência desses instrumentos"[34].

---

[31] Cfr. *Principais Características da Negociação Colectiva ...*, cit., p. 13; estamos a incluir também as adesões (19).

[32] Para uma apreciação crítica do sistema actual, *vd.* GONÇALVES DA SILVA, *Notas sobre a Eficácia Normativa da Convenção Colectiva*, cit., em especial, pp. 68 e ss.

[33] Para uma apreciação crítica do sistema anterior ao Código do Trabalho, *vd.* MONTEIRO FERNANDES, "Reflexões sobre a Negociação Colectiva em Portugal", AAVV, *III Congresso Nacional de Direito do Trabalho – Memórias*, coordenação de António José Moreira, Almedina, Coimbra, 2001, pp. 226 e ss; JOSÉ ANTÓNIO MESQUITA, "Reflexões sobre a Negociação Colectiva", AAVV, *II Congresso Nacional de Direito do Trabalho – Memórias*, coordenação de António Moreira, Almedina, Coimbra, 1999, pp. 219 e ss; LOBO XAVIER, "Alguns Pontos Críticos das Convenções Colectivas de Trabalho", AAVV, *II Congresso Nacional de Direito do Trabalho – Memórias*, coordenação de António Moreira, Almedina, Coimbra, 1999, pp. 329 e ss. e, mais recentemente, tendo presente o Código, "Cláusulas de Paz, Vigência e Sobrevigência", AAVV, *Alguns Aspectos Cruciais do Código do Trabalho*, Principia, Cascais, 2003, pp. 128 e ss. Com interesse para a questão, ALAIN SUPIOT, *et. al. Transformações do Trabalho e Futuro do Direito do Trabalho na Europa*, «Perspectivas Laborais», n.º 1, Associação de Estudos Laborais, Coimbra Editora, 2003, pp. 147 e ss.

[34] *Diário da Assembleia da República*, Separata n.º 24/IX, de 15 de Novembro de 2002, Aprova o Código do Trabalho (Proposta de lei da iniciativa do Governo), p. 7.

472   *Estudos de Direito do Trabalho em Homenagem ao Prof. Manuel Alonso Olea*

Das alterações relativas à contratação colectiva identificadas na exposição de motivos salientam-se:

"A) Revitalização da contratação colectiva, nomeadamente através do estabelecimento da obrigação de as convenções colectivas regularem o respectivo âmbito temporal, e da previsão de um regime supletivo aplicável em matéria de sobrevigência e de denúncia, sempre que tal se não encontre regulado por convenção;

B) Consagração do princípio segundo o qual a mera sucessão de convenções colectivas não pode ser invocada para diminuir a protecção geral dos trabalhadores;

C) Dinamização da arbitragem obrigatória, cabendo aos representantes das associações sindicais e patronais, com assento na Comissão Permanente de Concertação Social, a elaboração da lista de árbitros, sendo a sua feitura deferida, em caso de recusa de elaboração, a uma comissão composta pelo Presidente do Conselho Económico e Social, que preside, e por dois representantes das associações sindicais e dois representantes das associações de empregadores, competindo ao Presidente do Conselho o desbloqueio da situação caso os procedimentos acima referidos não sejam eficazes;

D) Limitação da possibilidade de recurso aos regulamentos de condições mínimas (portarias de regulamentação do trabalho) ao caso de inexistência de sujeitos colectivos;

E) Reforço dos requisitos necessários para a elaboração de regulamentos de condições mínimas (portarias de regulamentação do trabalho), desde que circunstâncias sociais e económicas o justifiquem;

F) Reiteração do princípio da responsabilização civil dos sujeitos outorgantes de convenções colectivas, bem como dos respectivos filiados, pelo seu incumprimento"[35].

Do exposto decorre claramente a opção do legislador por uma contratação colectiva dinâmica, em detrimento da actual estática, pelo que este desígnio deve ser também tido em conta em matéria de interpretação--aplicação.

---

[35] *Diário da Assembleia da República*, Separata n.° 24/IX, de 15 de Novembro de 2002, cit., pp. 9-10.

Do âmbito temporal da convenção colectiva   473

2. Delimitação do objecto

I. Feita esta breve apresentação e referida (sumariamente) a importância da contratação colectiva na reforma laboral – da qual resulta que um dos seus elementos centrais é o âmbito temporal da convenção – cabe agora analisar outros aspectos, sempre atinentes à eficácia temporal da convenção colectiva

II. Para isso, depois de estudarmos a eficácia da convenção colectiva no contrato de trabalho (§ 2.°), analisaremos a vigência e sobrevigência desta fonte (§ 3.°), a sua revogação (§ 4.°), para concluirmos com uma questão também central que é a cessação dos efeitos da convenção (§ 5.°).

§ 2.°) EFEITOS DA CONVENÇÃO NO CONTRATO DE TRABALHO

I. A matéria dos efeitos da convenção colectiva no contrato de trabalho é de extrema importância para apreendermos o regime da eficácia temporal, em especial, o da cessação dos respectivos efeitos.

Duas posições merecem especial atenção: a *teoria da recepção automática* e a *da eficácia invalidante*, também chamada *de condicionamento externo*[36].

De acordo com a *teoria da recepção automática*, as cláusulas convencionais incorporar-se-iam nos diversos contratos individuais de trabalho abrangidos[37]; segundo a *teoria da eficácia invalidante*, as cláusulas

---

[36] Para mais desenvolvimentos sobre as duas teorias, *vd.*, entre outros, MENEZES CORDEIRO, *Manual de Direito do Trabalho*, cit. pp. 308-310; MONTEIRO FERNANDES, *Direito do Trabalho*, cit., pp. 759-765; BARROS MOURA, *A Convenção Colectiva ...*, cit., *maxime*, pp. 192-197, onde refere algumas variantes. Deve salientar-se, por um lado, que a denominação e a formulação das teorias não é totalmente unívoca na doutrina e, por outro, que existe uma tendência para fazer variar aquelas teorias consoante a natureza da convenção.

[37] Esta doutrina, segundo COELHO DO AMARAL, "O Contrato Colectivo de Trabalho no Direito Corporativo Português", cit., pp. 443-444, teve acolhimento na redacção do artigo 2.° da Lei n.° 1952, de 10 de Março de 1937 (*Diário do Govêrno*, de 10 de Março de 1937, I série, número 57, pp. 203-205), diploma que estabeleceu o primeiro regime específico do contrato de trabalho, segundo o qual "*as cláusulas e condições do contrato de trabalho podem constar de contratos individuais e de acordos ou contratos colectivos (...)*".

474 *Estudos de Direito do Trabalho em Homenagem ao Prof. Manuel Alonso Olea*

convencionais apenas impossibilitariam a eficácia das cláusulas contratuais que as contrariassem.

Como bem refere MENEZES CORDEIRO, as doutrinas, confrontadas nos termos expostos, não têm actualmente razão de ser, uma vez que tal como "as normas legais aplicáveis no âmbito dos contratos actuam directamente no seu conteúdo, sem necessidade de qualquer ficção de recepção pelas partes"[38], também no que respeita às convenções colectivas, tendo presente que são verdadeiras fontes, o mesmo se verifica[39-40]. De facto, tal

---

[38] MENEZES CORDEIRO, *Manual de Direito do Trabalho*, cit. p. 309. Também neste sentido, NUNES DE CARVALHO, *Das Carreiras Profissionais*, cit., pp. 425-430, e "Primeiras Notas sobre a Contratação Colectiva Atípica", cit., pp. 384-385; ROMANO MARTINEZ, *Direito do Trabalho*, cit., pp. 187, nota 1, 237-242, onde o Professor analisa a relação entre a lei e o contrato de trabalho.

[39] A teoria da recepção automática, com algumas especificidades, tem, entre nós, defensores, como é o caso de MONTEIRO FERNANDES, *Direito do Trabalho*, cit., pp. 761-765, que a preconiza, pp. 764-765, mas afirma que a mesma não é plena nem definitiva. FURTADO MARTINS, parece não rejeitar um princípio da recepção automática das convenções colectivas de trabalho, embora negue qualquer apropriação pelo contrato de trabalho dos conteúdos convencionais "Anotação ao Acórdão de Uniformização de Jurisprudência", *III Congresso Nacional de Direito do Trabalho – Memórias*, coordenação de António José Moreira, Almedina, Coimbra, 2001, pp. 313 e ss. A posição de CARLOS ALBERTO AMORIM, *Direito do Trabalho – Da Convenção Colectiva de Trabalho*, cit., p. 265, expressa no âmbito do Decreto-Lei n.º 164-A/76, de 28 de Fevereiro, é a de que a aceitar-se a inserção automática, esta tem de ser considerada momentânea e transitória.

Contra a admissibilidade da doutrina da recepção automática, *vd.*, entre outros, MENEZES CORDEIRO, *Manual de Direito do Trabalho*, cit., p. 309; ROMANO MARTINEZ, *Direito do Trabalho*, cit., pp. 187, nota 1, 237-242, onde o Professor analisa a relação entre a lei e o contrato de trabalho; LOBO XAVIER, *Curso de Direito do Trabalho*, cit., pp. 271-277; na jurisprudência, *vd.*, por exemplo, Acórdão do Supremo Tribunal Administrativo, de 11 de Outubro de 1995, *Questões Laborais*, ano III, n.º 7, 1996, p. 99.

Diferente era, em meados da década de sessenta, a posição de RAÚL VENTURA, – "Conflitos de Trabalho – Conceito e Classificações, Tendo em Vista um Novo Código de Processo de Trabalho", AAVV, *Curso de Direito do Trabalho*, suplemento da Revista da Faculdade de Direito da Universidade de Lisboa, Lisboa, 1964, p. 61, que ao tratar da competência dos tribunais do trabalho, defende que "a ligação entre o contrato de trabalho e as fontes da sua regulamentação faz-se sob um aspecto positivo e um negativo, o primeiro pela inserção no conteúdo da relação jurídica de preceitos imperativos ou dispositivos constantes dessas fontes, o segundo pela invalidação determinada por tais fontes, de preceitos individuais do contrato. Tanto num caso como noutro, a fonte última dos direitos e obrigações que podem dar lugar às questões é o contrato e não cada um das fontes que positiva ou negativamente contribui para a formação ou delimitação do seu conteúdo".

Na doutrina estrangeira, pode consultar-se com interesse para o debate sobre a eficácia da convenção nos contratos individuais de trabalho, ALONSO OLEA – CASAS BAAMONDE, *Derecho del Trabajo*, cit., pp. 824-825, e nota 74, segundo os quais é pacífica na doutrina

Do âmbito temporal da convenção colectiva

como acontece com as outras fontes, por exemplo, a lei, a convenção colectiva modela o conteúdo do contrato de trabalho[41-42].

Parece-nos ser inequívoco que o facto de haver uma eficácia directa e imediata do conteúdo da convenção nos contratos individuais, não obriga a ficcionar, e muito menos a que exista, uma incorporação das cláusulas convencionais nos contratos individuais ou uma mera paralisação das regras destes que lhes sejam contrárias. Esta última teoria – da eficácia invalidante – deve ser rejeitada, pois o ordenamento claramente a ignora, por exemplo, ao determinar que as cláusulas dos contratos individuais contrárias às convencionais são substituídas por estas, não se bastando com a mera paralisação dos efeitos (artigo 114.º, n.º 2)[43].

---

e jurisprudência espanholas a rejeição da incorporação das clásulas convencionais nos contratos individuais de trabalho; PIERRE OLLIER, "L'Accord d´Entreprise dans ses Rapports avec les Autres Sources de Droit dans l´Entreprise", *Droit Social*, 1982, n.º 11, pp. 681--683, que rejeita a tese da incorporação; MATTIA PERSIANI, *Diritto Sindicale*, cit. pp. 114--116, com indicação de diversa bibliografia, parece afastar-se da teoria da incorporação; VICTOR RUSSOMANO, "Tendências Actuais da Negociação Colectiva", AAVV, *Anais das I Jornadas Luso-Hispano-Brasileiras de Direito do Trabalho*, s.e., Lisboa, 1982, pp. 128--129, 132, que defende a teoria da incorporação.

Com um âmbito mais geral, mas igualmente relevante, ALAIN SUPIOT, *Crítica del Derecho del Trabajo*, «informe y estudios», número 11, Ministerio de Trabajo y Asuntos Sociales, Madrid, 1996, pp. 43-50 (tradução de José Luis Gil y Gil, *Critique du Droit du Travail*, Presses Universitaires de France, s.l., 1994).

[40] A nossa posição não invalida, evidentemente, a possibilidade de a convenção prever, no âmbito da autonomia colectiva, determinadas cláusulas que deverão fazer parte de contratos individuais de trabalho. Neste caso, o que existe é uma vinculação por parte do empregador no que respeita ao conteúdo do contrato de trabalho, verificando-se esta situação, não por imposição legal, mas devido ao acordo das partes. Por exemplo, uma convenção colectiva pode prever que os contratos individuais de trabalho devem ter uma cláusula sobre o subsídio de risco no montante de 15%.

[41] Sobre o significado da intervenção legal para a eficácia normativa da convenção colectiva, *vd.* CORREA CARRASCO, "La Eficacia Jurídica del Convenio Colectivo como Fuente (Formal) del Derecho del Trabajo", *Revista Española de Derecho del Trabajo*, n.º 88, 1998, pp. 225-252, em especial pp. 231-253.

[42] Neste sentido, entre outros, NUNES DE CARVALHO, *Das Carreiras Profissionais* ..., cit., p. 423, e "Primeiras Notas sobre a Contratação Colectiva", cit., p. 385; e, como vimos, MENEZES CORDEIRO, *Manual de Direito do Trabalho*, cit., p. 309. Na doutrina estrangeira, *vd.*, por exemplo, ALONSO OLEA – CASAS BAAMONDE, *Derecho del Trabajo*, cit., pp. 824-825; WOLFGANG DAÜBLER, *Derecho del Trabajo*, cit. p. 147.

[43] Deve especificar-se que o artigo 114.º, n.º 2, quando refere "*preceitos imperativos*" indica que a substituição *ope legis* opera qualquer que seja a fonte donde promanem os preceitos. Ou seja: a substituição automática *ex vi legis* verifica-se, quer relativamente

476 *Estudos de Direito do Trabalho em Homenagem ao Prof. Manuel Alonso Olea*

Também a *teoria da recepção automática* não deve ser acolhida pelos seguintes motivos:

a) A sua formulação leva à confusão entre a fonte – convenção colectiva – e o objecto da mesma, i.e., os contratos individuais de trabalho, situação que não é tecnicamente correcta;

b) A transmutação das cláusulas convencionais em individuais, levada às últimas consequências, aniquilaria a autonomia colectiva; e isto porque se houvesse uma efectiva alteração na natureza das cláusulas convencionais, estas ao incorporarem-se nos contratos individuais ficariam na disponibilidade das partes individuais, não obstante os limites legais (*v.g.* artigos 4.°, n.° 3, ou 122.°), pois a sua natureza passaria a ser de uma cláusula individual constante do contrato de trabalho;

c) Não tem qualquer apoio na Constituição, cujo artigo 56.°, n.° 4, se refere à *"eficácia das respectivas normas"*, ou seja, o legislador constituinte elegeu a convenção colectiva, a par da lei e sem prejuízo da sua subordinação a esta, como fonte de Direito do Trabalho;

d) Igualmente não tem qualquer acolhimento no Código do Trabalho, bastando analisar, por exemplo, entre muitos outros preceitos[44]:

  i) Os artigos 13.°, 14.° e 15.° da Lei que aprova o Código do Trabalho só têm razão de ser, em virtude de as cláusulas da convenção colectiva se manterem autónomas face ao contrato de trabalho;

  ii) O artigo 1.°, da qual resulta uma clara diferenciação entre as fontes e a sujeição do contrato a estas;

  iii) Os artigos 4.°, n.°s 1 e 3, e 531.°, de onde deriva a destrinça de regime consoante esteja em causa um contrato de trabalho ou uma convenção colectiva;

  iv) O artigo 555.°, n.° 1, só tem razão de existir, devido ao facto de as cláusulas convencionais não se incorporarem no contrato de trabalho, pois se tal se verificasse não faria sentido determinar que *"o instrumento de regulamentação colectiva de trabalho ... é aplicável ao adquirente ..."*, uma vez que a referência deveria ser então ao contrato de trabalho, resul-

---

às normas legais, quer relativamente às disposições dos instrumentos de regulamentação colectiva de trabalho.

[44] Para mais desenvolvimentos sobre os preceitos citados, *vd.* ROMANO MARTINEZ – LUÍS MIGUEL MONTEIRO – JOANA VASCONCELOS – MADEIRA DE BRITO – GUILHERME DRAY – GONÇALVES DA SILVA, *Código do Trabalho Anotado*, cit., pp. 69 e ss.

Do *âmbito temporal da convenção colectiva* 477

tando, então, esta solução do artigo 318.°. De facto, o confronto entre os artigos 318.°, n.° 1, e 555.° revela, de forma inequívoca, que os instrumentos de regulamentação colectiva produzem efeitos no contrato de trabalho, mas mantêm a sua plena autonomia;

v) Os artigos 556.°, 557.°, 558.° e 559.° ao regular, respectivamente, vigência, sobrevigência, denúncia e revogação, só são perceptíveis no pressuposto de que os efeitos da convenção colectiva não se incorporam no contrato de trabalho, pois caso contrário o objecto destas normas deveria ser este acordo;

vi) O artigo 560.°, n.°s 2, 3 e 4, ao regular a sucessão de convenções tem subjacente o confronto entre os instrumentos autónomos e não entre uma convenção e um contrato (n.°s 3 e 4, "*os direitos decorrentes de uma convenção ...*"); o que, dito de outro modo, equivale a dizer que se o legislador tivesse consagrado a incorporação das cláusulas convencionais no contrato de trabalho, então, o cotejo far-se-ia entre as cláusulas da nova convenção e as constantes do contrato individual de trabalho;

vii) O incumprimento das cláusulas convencionais é tratado, não como a transgressão do contrato de trabalho – reforçando a posição sufragada na lei anterior conforme resultava do artigo 44.° da LRCT –, pois a essa situação aplica-se o capítulo do incumprimento do contrato (artigos 363.° e ss), mas como a violação da regulação colectiva (artigos 562.° e 687.°);

viii) Por último, não nos parece correcto invocar o artigo 114.°, n.° 2, como norma que consagra esta teoria[45]; invocar este preceito em defesa de tal tese – e uma vez que este se aplica estejam em causa fontes legais ou convencionais – levaria ao entendimento segundo a qual tanto as normas legais como as convencionais se incorporariam no contrato de trabalho, o que colocaria em causa a própria fonte legislativa, perdendo esta a sua imperatividade após a recepção, pois passaríamos a estar perante um regime com natureza de

---

[45] No Acórdão de Uniformização de Jurisprudência n.° 1/2000, do Supremo Tribunal de Justiça, *Diário da República*, série I – A, número 27, de 2 de Fevereiro, p. 445, preconizou-se que o artigo 14.°, n.° 2, da LCT – que corresponde ao artigo 114.°, n.° 2 – consagrava o princípio da recepção automática. Para um comentário ao aresto, *vd.* FURTADO MARTINS, "Anotação ao Acórdão de Uniformização de Jurisprudência", cit., pp. 309 e ss.

478 *Estudos de Direito do Trabalho em Homenagem ao Prof. Manuel Alonso Olea*

cláusula individual; ora, este entendimento colidiria, desde logo, com valores constitucionais, uma vez que anularia a verdadeira eficácia das leis. O que está em causa no artigo 114.°, n.° 2, é apenas e somente, uma questão de aplicação de regimes e não de incorporação;

e) Devemos reconhecer que quando o legislador quis proceder à inserção das cláusulas no contrato de trabalho, o fez expressamente. Era, por exemplo, o que acontecia no artigo 6.°, n.° 2, da LRCT[46], ao referir que a proibição de as convenções regularem benefícios complementares dos assegurados pela segurança social não afecta a manutenção dos benefícios anteriormente fixados por convenção colectiva, os quais se terão por reconhecidos, nos termos do contrato individual de trabalho. Isso demonstra exactamente que por não ser esta a regra no nosso ordenamento, o legislador teve expressamente de o dizer.

Deste modo, devemos assentar que pode existir uma eficácia imediata do conteúdo da convenção nos contratos sem ser necessário recorrer a qualquer das teorias anteriormente formuladas. O que acontece, em suma, é que a convenção afecta, como fonte que é, o contrato em termos substancialmente idênticos àqueles em que o faz a fonte legal. Como escreve Gino Giugni[47], a convenção colectiva mantém o seu conteúdo heterónomo na conformação do contrato de trabalho, podendo mesmo dizer-se que as vicissitudes daquela se reflectem no conteúdo deste, mas jamais perde a sua natureza conformadora e condicionante do contrato individual de trabalho.

Por isso mesmo, ainda seguindo a posição de Gino Giugni[48], se pode dizer que o contrato se encontra exposto ao efeito integrativo da convenção, da qual resulta ser inevitável que qualquer alteração no âmbito da autonomia colectiva se possa reflectir no conteúdo dos contratos de trabalho. Há, então, repita-se, que não confundir a fonte com o objecto da mesma: a convenção com o contrato de trabalho.

VI. Além da *eficácia imediata* das cláusulas convencionais (normativas) parece correcto fazer uma referência à *imperatividade* das mesmas

---

[46] Como defende, Romano Martinez, *Direito do Trabalho*, cit., p. 238, nota 1.

[47] Gino Giugni, *Derecho Sindical*, Ministerio de Trabajo y Seguridad Social, Madrid, 1983 (traducción – Diritto Sindicale, 1980 – y Estudio Preliminar de José Vida Soria – Jaime Montalvo Correa), p. 192. *Vd.* Também sobre a matéria Furtado Martins, "Anotação ao Acórdão de Uniformização de Jurisprudência", cit., 2001, pp. 311 e ss.

[48] Gino Giugni, *Derecho Sindical*, cit., p. 192.

Do âmbito temporal da convenção colectiva

ou, na terminologia de Wolfgang Däubler, ao seu *efeito coactivo*[49]. As disposições dos contratos individuais têm obrigatoriamente de respeitar o estabelecido nas convenções e caso não o façam são substituídas *ope legis*. Nisto se traduz, como já referimos, a substituição automática (artigo 114.°, n.° 2).

VII. Vejamos ainda algumas normas do Código do Trabalho das quais resulta a eficácia referida:

a) A eficácia imediata resulta, desde logo, do prescrito no artigo 1.° onde se afirma que os contratos de trabalho estão sujeitos às convenções colectivas; deixando de lado, por exemplo, os casos em que as cláusulas pela sua própria natureza carecem de actos de concretização, o conteúdo (normativo) da convenção conforma o dos contratos individuais;

b) Por outro lado, de acordo com o n.° 2 do artigo 114.°, as cláusulas do contrato de trabalho que violem normas imperativas (previstas na lei ou na convenção) são substituídas *ope legis* por estas. Daqui se infere, desde logo, a *imperatividade* e a *substituição automática*[50], pois não só impede os efeitos do contrato em desconformidade com a convenção, o que demonstra a sua força jurídica, como prescreve a substituição (aplicativa) das cláusulas contratuais pelas convencionais (ou pelas legais, consoante os casos);

---

[49] Wolfgang Däubler, *Derecho del Trabajo*, cit., pp. 147-148. Ainda na doutrina alemã encontramos idênticas referências em Hueck – Nipperdey, *Compendio de Derecho del Trabajo*, cit., pp. 348-355. Entre nós, Menezes Cordeiro, *Manual de Direito do Trabalho*, cit., p. 310, refere-se à eficácia imediata, à natureza imperativa, à aplicação no tempo e ao regime da nulidade; enquanto Barros Moura, *A Convenção Colectiva ...,* cit., pp. 185-192, analisa a eficácia imediata, imperativa e automática; e Lobo Xavier, "Sucessão no Tempo de Instrumentos de Regulamentação Colectiva e Princípio Mais Favorável", *Revista de Direito e de Estudos Sociais*, ano XXIX (II da 2.ª série), 1987, n.° 4, pp. 466-467, refere-se, a propósito das normas que integram o Direito do Trabalho, à aplicação directa e automática.

As características apontadas são apenas elementos gerais, pois pode em concreto alguma delas faltar. Pense-se, por exemplo, numa cláusula da convenção carecer de actos de concretização para que os seus efeitos se produzam nos contratos individuais de trabalho, não obstante vincular o empregador à prática desses mesmos actos; ou no caso de estarmos perante uma norma legal proibitiva (cfr. Raúl Ventura, "A Nulidade Total e Nulidade Parcial do Contrato de Trabalho", *O Direito*, ano 94.°, 1962, n.° 4, pp. 267 e ss).

[50] A substituição automática verifica-se noutras ordens jurídicas, como é o caso, por exemplo, da espanhola, *vd.* Alonso Olea – Casas Baamonde, *Derecho del Trabajo*, cit., p. 861; e da francesa, Lyon-Caen – Jean Pélissier – Alain Supiot, *Droit du Travail*, cit., p. 683.

Deve também salientar-se que tal consequência encontra expresso acolhimento no parágrafo 3 – 1 e 2, da Recomendação n.° 91 da Organização Internacional do Trabalho.

480 *Estudos de Direito do Trabalho em Homenagem ao Prof. Manuel Alonso Olea*

c) Cabe igualmente referir que o artigo 114.°, n.° 2, apenas admite que os contratos de trabalho estabeleçam um regime mais favorável se estivermos perante normas imperativas de conteúdo mínimo, ou seja, regras que estabelecem de modo imperativo um regime base permitindo apenas o afastamento deste em sentido mais favorável ao trabalhador[51]. O que, dito de outro modo, equivale a dizer que se estiver em causa, por parte de uma fonte superior – *in casu*, da convenção –, um regime imperativo de conteúdo fixo (i.e., que não permite derrogação em qualquer dos sentidos) as cláusulas contratuais, mesmo que sejam mais favoráveis, serão substituídas pelas da convenção. E isto porque, nesta última situação, o fundamento hierárquico assim o impõe[52];

d) Desta mesma interpretação deve ser objecto o artigo 531.°, ao determinar que "*as disposições dos instrumentos de regulamentação colectiva de trabalho só podem ser afastadas por contrato de trabalho quando este estabeleça condições mais favoráveis para o trabalhador e se daquelas disposições não resultar o contrário*". Ou seja: o contrato de trabalho, mesmo que consagre disposições mais favoráveis, não pode contrariar cláusulas convencionais imperativas, aliás, como expressamente resulta da parte final do preceito ("*e se daquelas não resultar o contrário*")[53-54-55].

---

[51] Lobo Xavier, *Curso de Direito do Trabalho*, cit., p. 261, nota 1, defende, face ao n.° 2 do artigo 14.° da LCT, que o preceito pressupõe níveis mínimos de protecção para o trabalhador.

[52] Neste sentido, face ao regime anterior ao Código do Trabalho, Monteiro Fernandes, *Direito do Trab*alho, cit., pp. 761-762; Mário Pinto – Furtado Martins – Nunes de Carvalho, *Comentário às Leis do Trabalho*, cit., p. 69 (4). Também Raúl Ventura, *Teoria da Relação Jurídica de Trabalho*, cit., p. 206, se refere expressamente à possibilidade de haver inderrogabilidade da convenção colectiva, ainda que em sentido mais favorável, pelo contrato de trabalho. Contra, sem contudo apresentar argumentos, Barros Moura, *A Convenção Colectiva ...*, cit., p. 198, nota 34.

[53] Neste sentido, face ao artigo 14.°, n.° 1, da LRCT, Romano Martinez, *Direito do Trabalho*, cit., p. 260.

[54] Devemos salientar que o artigo 4.° trata apenas da relação entre a lei e os instrumentos de regulamentação colectiva de trabalho e entre aquela e os contratos de trabalho, cabendo ao artigo 531.° fixar o regime entre os instrumentos de regulamentação colectiva e o contrato de trabalho; por sua vez, o artigo 114.°, n.° 2, aplica-se, como referimos (*supra* nota), quer à relação entre a lei e os instrumentos de regulamentação colectiva, quer entre estes e o contrato de trabalho. Sobre o artigo 4.°, Menezes Leitão, *Código do Trabalho Anotado*, cit., 22 e ss; Romano Martinez – Luís Miguel Monteiro – Joana

Do âmbito temporal da convenção colectiva 481

VASCONCELOS – MADEIRA DE BRITO – GUILHERME DRAY – GONÇALVES DA SILVA, *Código do Trabalho Anotado*, cit., pp. 69 e ss.

[55] Do exposto resulta que a primeira operação a realizar para aferir da amplitude das estipulações individuais é a interpretação do conteúdo das fontes conformadoras, *in casu*, da convenção colectiva, para se poder concluir qual a liberdade das estipulações individuais (por isso mesmo é que ALARCÓN CARACUEL, "La Autonomia Colectiva: Concepto, Legitimacion para Negociar y Eficacia de los Acuerdos", cit., pp. 53-54, defende que a autonomia colectiva é essencialmente um fenómeno de heteronomia colectiva face à autonomia individual. Sobre a relação entre a autonomia individual e a autonomia colectiva, *vd.*, entre outros, BORRAJO DA CRUZ, "La Regulacion de las Condiciones de Trabajo en España: Poderes Normativos y Autonomia Individual", AAVV, *La Reforma del Mercado de Trabajo*, Dir. Borrajo Dacruz, Actualidad Editorial, Madrid, 1993, pp. 1063-1987, em especial, 1079-1083; ESCRIBANO GUTIÉRREZ, *Autonomia Individual y Colectiva en el Sistema de Fuentes del Derecho del Trabajo*, «colección estudios», número 84, Consejo Económico y Social, Madrid, 2000; do mesmo Autor, "Autonomia Individual y Colectiva ante el Cambio de Funciones de la Negociacion Colectiva en el Derecho Francés", *Revista Española de Derecho del Trabajo*, n.º 90, 1998, pp. 637-651).

Assim:

a) Se a convenção contiver uma cláusula imperativa de conteúdo fixo, o contrato não pode dispor de forma diferente, ainda que mais favorável;

b) Se a convenção contiver uma cláusula imperativa-permissiva, i.e., com uma parte imperativa (proibitiva), que proíbe situações menos favoráveis, e uma parte permissiva, que permite o estabelecimento de condições mais favoráveis, o contrato apenas pode incidir sobre esta parte;

c) Se a convenção contiver uma cláusula supletiva, o contrato pode estipular em qualquer sentido, mesmo que seja menos favorável. Julgamos que esta posição não colide com o previsto no artigo 531.º, porquanto este preceito tem como pressuposto a aplicação da cláusula convencional, o que não acontece se ela for supletiva e as partes acordarem sobre a matéria; por outro lado, entendimento diferente levaria a que a convenção não pudesse estabelecer cláusulas supletivas – o que seria uma restrição violadora do artigo 18.º, n.º 2 e 3, da CRP – pois, se se aplicasse o artigo 531.º, essas cláusulas seriam sempre imperativa-mínimas, ou seja, o contrato de trabalho só poderia fixar regimes mais favoráveis.

Em sentido próximo, embora se refiram à relação entre a lei e a convenção, JORGE LEITE, *Direito do Trabalho*, volume I, cit., pp. 249-250; BARROS MOURA, *A Convenção Colectiva* ..., cit., pp. 149-150, 154; MÁRIO PINTO – FURTADO MARTINS, *Direito do Trabalho*, volume I, capítulo III, Universidade Católica Portuguesa, policopiado, 1986/1987, pp. 47--48, que argumenta com o artigo 13.º, n.º 2, da LCT.

Mutatis mutandis, o raciocínio aqui exposto é aplicável à relação da convenção colectiva com a lei. Para uma análise mais pormenorizada do tipo de normas de Direito do Trabalho e suas consequências, *vd.* MONTEIRO FERNANDES, *Direito do Trabalho*, cit., pp. 114-116; JORGE LEITE, *Direito do Trabalho*, volume I, cit., pp. 248-251; ROMANO MARTINEZ, *Direito do Trabalho*, cit., pp. 263-268; BARROS MOURA, *A Convenção Colectiva* ..., cit., pp. 148-155.

482   *Estudos de Direito do Trabalho em Homenagem ao Prof. Manuel Alonso Olea*

§ 3.°) VIGÊNCIA E SOBREVIGÊNCIA[56]

3.1. *Vigência*

I. Importa referir a evolução desta matéria ocorrida entre o Anteprojecto e a versão legal, da qual resulta uma estabilidade material do regime inicialmente proposto.

O Anteprojecto fixava no artigo 568.° que *"a convenção colectiva vigora pelo prazo que dela expressamente constar, com um mínimo de doze meses"* (n.° 1)[57], admitindo-se que *"a convenção colectiva pode ter diferentes períodos de vigência para cada matéria ou grupo homogéneo de cláusulas"* (n.° 2); *"na falta de prazo, a convenção colectiva vigora até ser denunciada por uma das partes"* (n.° 3).

---

[56] Para mais desenvolvimentos sobre os preceitos aqui referidos, *vd.* ROMANO MARTINEZ – LUÍS MIGUEL MONTEIRO – JOANA VASCONCELOS – MADEIRA DE BRITO – GUILHERME DRAY – GONÇALVES DA SILVA, *Código do Trabalho Anotado*, cit., *passim*; GONÇALVES DA SILVA, "Princípios Gerais da Contratação Colectiva do Código do Trabalho", cit., pp. 251 e ss.

Podem ser consultados elementos de Direito Comparado nestas, e noutras, matérias, em AAVV, *Código do Trabalho – Pareceres*, III volume, Ministério da Segurança Social e do Trabalho, Lisboa, 2004 (prelo).

[57] A alínea d) do artigo 550.° determina a recusa de depósito da convenção se não tiverem decorrido dez meses após a data da entrada em vigor da convenção. Esta alínea tem uma nova redacção, uma vez que o prazo passou a ser de dez meses, em vez de doze e, por outro lado, considerou-se a data da entrada em vigor e não a data da entrada para depósito (cfr. artigo 24.°, n.° 3, alínea c), da LCRT). O legislador terá considerado que o relevante é o ciclo de vigência da convenção e não a data da sua entrega para depósito, ou seja, do que se trata é de assegurar o cumprimento do artigo 556.°, que fixa a obrigatoriedade de a convenção ter uma vigência mínima de um ano. Nestes termos, a data do depósito não é relevante, pois pode, por exemplo, haver uma eficácia diferida e aquele acto ter sido há mais de um ano, mas a sua vigência ser inferior.

Por outro lado, julgamos ser correcto o prazo de dez meses, para que medeie um período razoável entre a entrada para depósito e a entrada em vigor, possibilitando-se, deste modo, que, se a Administração laboral recusar o depósito, as partes possam suprir as respectivas deficiências e apresentar ainda o texto a tempo de suceder à convenção anterior, não sendo, assim, necessário aplicar-se o regime da sobrevigência (artigo 557.°).

Mesmo que a Administração laboral publique a convenção antes de decorrido um ano após a entrada em vigor da convenção substituída, independentemente de as partes terem ou não estabelecido o início da sua vigência – sendo certo que, se o não fizeram, aplica-se o regime previsto para as leis (artigo 581.°, n.° 1, e Lei n.° 74/98, de 11 de Novembro) –, a entrada em vigor da convenção substituta não poderá ocorrer antes de expirada a vigência (mínima de um ano) da convenção substituída, pois caso contrário desrespeitar-se-ia o artigo 556.°, n.° 1. Isso não impede a eficácia retroactiva de cláusulas de natureza pecuniária inseridas na convenção substituta (artigo 533.°, n.° 1, alínea c)), o que é substancialmente diferente do início da vigência desta antes de decorrido um ano.

Do âmbito temporal da convenção colectiva

A Proposta de Lei n.º 29/IX, de 5 de Maio de 2003, prescrevia no artigo 543.º que "*a convenção colectiva vigora por um período mínimo de um ano ou, se superior, pelo prazo que dela expressamente constar, sem prejuízo do previsto no artigo seguinte*" (n.º 1); no número seguinte manteve-se a mesma redacção do Anteprojecto; o n.º 3 foi eliminado, tendo-se considerado que a mesma solução seria adoptada independentemente da sua consagração.

II. Vejamos então com mais pormenor o regime plasmado no Código do Trabalho, sabendo-se, como vimos, que este diploma manteve, quanto a esta matéria, as ideias existentes quer no Anteprojecto, quer na Proposta de Lei, tendo apenas existido meras alterações formais[58].

O Código prevê que a fixação do prazo de vigência de uma convenção colectiva compete às partes (artigos 541.º, alínea d), 556.º, n.º 1[59-60]).

---

[58] A redacção final, não obstante as alterações terem sido meramente formais, foi objecto do Compromisso Tripartido celebrado pelo Governo, CIP (Confederação da Indústria Portuguesa) e UGT (União Geral dos Trabalhadores), que pode ser consultado em www.msst.pt.

Sobre a discussão na especialidade na Assembleia da República, vd. *Diário da Assembleia da República*, II série A, suplemento, número 85, de 9 de Abril, p. 3504 (165).

[59] O artigo 556.º corresponde, com muitas alterações, ao artigo 11.º, n.º 1, da LRCT. O n.º 2 é novo e foi inspirado no artigo 86.º, n.º 1, do Estatuto dos Trabalhadores, segundo o qual "*compete às partes negociadoras estabelecer a duração das convenções, podendo acordar-se períodos distintos de vigência para cada matéria ou grupo homogéneo de matérias dentro da mesma convenção*".

Trata-se de salientar uma possibilidade que, em nossa opinião, já existia face à LRCT. De qualquer modo, pretendeu-se dar um sinal às partes que têm a possibilidade de acordar períodos diversos para o conteúdo da convenção, naturalmente sem prejuízo do prazo mínimo de um ano.

Não nos parece que seja sindicável – desde logo, por terceiros, incluindo, naturalmente, a Administração laboral – a colocação das cláusulas agrupadas por matérias ou saber se constituem um grupo homogéneo de cláusulas; as partes são soberanas. A norma tem a vantagem de, por um lado, ser, como referimos, um indicador para as partes e, por outro, em caso de litígio sobre o agrupamento de matérias ou de cláusulas, conferir ao julgador um critério de decisão que, naturalmente, não prejudica outros (por exemplo, artigo 239.º do CC).

[60] Recorde-se que no âmbito do Decreto-Lei n.º 49 412, de 28 de Agosto de 1969, a redacção do artigo 33.º, n.º 5, após a alteração introduzida pelo Decreto-Lei n.º 492/70, de 22 de Outubro, determinava que "*quando não exista qualquer cláusula sobre o prazo de vigência dos instrumentos de regulamentação convencional, entende-se que estes e as decisões arbitrais vigorarão pelo prazo de dois anos, a contar da data da sua entrada em vigor (...)*" nos termos previstos para os diplomas legislativos.

484 *Estudos de Direito do Trabalho em Homenagem ao Prof. Manuel Alonso Olea*

Com esta prescrição deu-se guarida à autonomia colectiva; são as partes, e apenas as partes, que devem regular a vigência dos instrumentos outorgados; por outro lado, o legislador deixou claro que as convenções têm, natural e intrinsecamente, um horizonte temporal limitado[61], salvo se as partes dispuserem diferentemente.

III. O legislador, no entanto, impôs neste preceito o prazo mínimo de um ano tendo considerado que deveria haver um período imperativo em que a convenção não era, nem mesmo estando as partes de acordo – ao contrário do que acontecia, ainda que a título excepcional, face ao n.º 3 do artigo 16.º da LRCT –, susceptível de ser alterada[62]. Este prazo mínimo de um ano aplica-se, tenha ou não a convenção prazo, como resulta, por exemplo, dos artigos 556.º, n.º 1, e 559.º.

Compreende-se a opção do legislador: se a convenção pudesse ser alterada a todo o tempo, decorridos poucos dias sobre a celebração de uma convenção uma das partes poderia começar a fazer pressão para se iniciarem negociações com vista a alterar o texto acordado. É verdade que não

---

Surge depois o Decreto-Lei n.º 164-A/76, de 28 de Fevereiro que, no artigo 23.º, n.º 1, prescreve que *"o prazo de vigência das convenções colectivas e decisões arbitrais não poderá ser inferior a um ano"*. Decorridos poucos meses, o Decreto-Lei n.º 887/76, de 28 de Dezembro, alteraria esta redacção, tendo estabelecido que *"o prazo de vigência das convenções colectivas e decisões arbitrais não poderá ser inferior a dezoito meses"*.

Com o Decreto-Lei n.º 519-C1/79, de 29 de Dezembro, no artigo 11.º, regular-se-ia novamente a matéria ao estabelecer que as partes podem acordar um prazo de duração, não inferior a dois anos, salvo no que respeita às tabelas salariais que podiam ser alteradas anualmente (n.ºs 1, 2 e 3). Mais tarde, com a alteração através do Decreto-Lei n.º 87/89, de 23 de Março, a prescrição do prazo mínimo de dois anos e a regra referente às tabelas salariais foram revogados, embora dos artigos 16.º e 24.º resultasse, em regra, o prazo mínimo de doze meses.

Como se pode constatar, a existência de um prazo mínimo de vigência tem antecedentes na nossa legislação.

[61] Neste sentido, por exemplo, MENEZES CORDEIRO, *Convenções Colectivas de Trabalho e Alterações de Circunstâncias*, cit., p. 54; MÁRIO PINTO, *Direito do Trabalho*, cit., p. 328; LOBO XAVIER, "A Sobrevigência das Convenções Colectivas no Caso das Transmissões de Empresas. O Problema dos Direitos Adquiridos", cit., p. 128; e na jurisprudência, Acórdão do Supremo Tribunal de Justiça, de 11 de Outubro de 1995, *Questões Laborais*, ano III, n.º 7, 1996, p. 98. Contra, LIBERAL FERNANDES, "Transferência de Trabalhadores e Denúncia da Convenção Colectiva – O Problema da Aplicação do artigo 9.º do DL 519-C1/79, de 29 de Dezembro", *Questões Laborais*, ano III, n.º 7, 1996, p. 103.

[62] Este prazo mínimo (de um ano) deve ser, em regra, também aplicado em caso de transmissão da empresa ou estabelecimento (artigo 555.º), tendo presente, por um lado, os artigos 556.º e 555.º, n.º 1, e, por outro, a *ratio* da norma.

Do âmbito temporal da convenção colectiva 485

o poderia fazer de forma unilateral, mas julgamos ser igualmente verdade que uma das funções da convenção poderia ser colocada em crise: a pacificação social. De facto, como afirma GINO GIUGNI, "(...) a convenção assume uma importante "(...) função social de «tratado de paz» (...)"[63] e foi este valor que o legislador pretendeu preservar; noutros termos, e parafraseando ALONSO OLEA, "a ruptura imediata à celebração renovando as hostilidades seria uma *contradictio in terminis*"[64].

3.2. *Sobrevigência*

I. O Anteprojecto previa no artigo 569.º que "*decorrido o prazo de vigência, a convenção colectiva renova-se por um período de um ano*" (n.º 1); "*decorrido o período de renovação previsto no número anterior, as cláusulas da convenção colectiva continuam a produzir efeitos durante mais um ano, desde que as partes estejam em negociação, podendo, no entanto, a sua aplicação ser imediatamente afastada por qualquer instrumento de regulamentação colectiva de trabalho negocial ou contrato de trabalho*" (n.º 2).

A Proposta de lei n.º 29/IX, de 5 de Maio de 2003, prescrevia no artigo 544.º que "*decorrido o prazo de vigência previsto no n.º 1 do artigo anterior, a convenção colectiva renova-se sucessivamente por períodos de um ano ou superior, desde que previsto na convenção*" (n.º 1); "*havendo*

---

[63] GINO GUIGNI, "Direito do Trabalho", cit. p. 337.

[64] ALONSO OLEA, *Las Fuentes del Derecho, en especial del Trabajo segun la Constitucion*, 2.ª edição, Civitas, Madrid, 1990, p. 128.

É verdade que o facto de a denúncia ter de ser feita com, pelo menos, três meses de antecedência e, por outro lado, ser acompanhada de uma proposta negocial poderia colocar em causa essa pacificação social, pois permitiria que no dia a seguir à celebração uma das partes denunciasse. No entanto, e sem prejuízo do recurso ao abuso de direito (artigo 334.º do CC) ou a outras figuras que excluam o dever de negociar, mesmo estando a parte que recebeu a proposta negocial de acordo, a convenção celebrada não pode ter vigência inferior a um ano. O que, dito de outro modo, equivale a dizer que a ruptura, mesmo, repita-se, estando as partes de acordo, não é possível, pelo que haverá sempre uma estabilidade mínima que daí resulta, sem prejuízo de se reconhecer que a o grau de pacificação pode ser maior ou menor consoante exista ou não denúncia e respectiva proposta negocial que desencadeia, em princípio, a negociação prevista nos artigos 544.º e seguintes. Em suma, não há ruptura imediata, pois, por um lado, há o prazo mínimo de vigência, por outro, a denúncia só opera no final do prazo (artigo 558.º, n.º 2) e, finalmente, há o período de sobrevigência (artigo 557.º, n.º 2, alínea b)), o que confere estabilidade ao regime acordado.

486 *Estudos de Direito do Trabalho em Homenagem ao Prof. Manuel Alonso Olea*

denúncia, a convenção colectiva renova-se por um período de um ano e, estando as partes em negociação, por novo período de um ano, salvo se período superior estiver previsto na convenção" (n.° 2); *"decorridos os prazos previstos no número anterior, a convenção colectiva mantém-se em vigor, desde que se tenha iniciado a conciliação ou a mediação, até à conclusão do respectivo procedimento, não podendo a sua vigência durar mais de seis meses"* (n.° 3); *"no caso de se ter iniciado a arbitragem durante o período fixado no número anterior, a convenção colectiva mantém os seus efeitos até à entrada em vigor da decisão arbitral"* (n.° 4); *"decorrida a sobrevigência prevista nos números anteriores, a convenção cessa os seus efeitos"* (n.° 5).

II. Comparando a evolução das diferentes redacções – Anteprojecto e Proposta de lei – constata-se que a solução inicialmente apresentada foi modificada: por um lado, houve uma dilatação do prazo de sobrevigência e, por outro, foi vedada qualquer intervenção (modificativa) através do contrato de trabalho durante esse período.

Por sua vez, entre a versão da Proposta de lei e a do Código do Trabalho, a alteração existente visou estabelecer a supletividade total do regime da sobrevigência, uma vez que dos n.°s 1 e 2 do artigo 544.° da Proposta resultava um regime imperativo mínimo de períodos de um ano[65].

III. Detenhamo-nos agora mais no regime constante do Código do Trabalho.

Tal como aconteceu com o prazo de vigência também em matéria de sobrevigência, o legislador conferiu às partes a faculdade de regularem a situação (artigos 541.°, alínea d) e 557.°, n.° 1[66]). As partes devem acordar o prazo de vigência e o regime de sobrevigência.

---

[65] A redacção final resultou do Compromisso Tripartido celebrado pelo Governo, CIP (Confederação da Indústria Portuguesa) e UGT (União Geral dos Trabalhadores), que pode ser consultado em www.msst.pt.

Sobre a discussão na especialidade na Assembleia da República, *vd. Diário da Assembleia da República*, cit., pp. 3504 (165) e ss.

[66] Este artigo constitui uma novidade, não tendo qualquer precedente.

Tenha-se presente a solução da legislação anterior:

a) No âmbito do Decreto-Lei n.° 49 412, de 28 de Agosto de 1969, determinava o artigo 33.°, n.° 6, introduzido pelo Decreto-Lei n.° 492/70, de 22 de Outubro: *"os instrumentos de regulamentação colectiva consideram-se automáticamente renovados se nenhuma das partes interessadas tomar a iniciativa da sua revisão até noventa dias antes do termo dos respectivos prazos de vigência"*. Nestes termos, se as partes

Do âmbito temporal da convenção colectiva

No entanto, o legislador não podia deixar de regular a matéria para o caso de esta não ser objecto de acordo das partes[67].

não assumissem qualquer iniciativa – nomeadamente denunciando – a convenção renovava-se pelo período previsto ou, se não tivesse sido estipulado, dois anos a contar da data da entrada em vigor (n.° 5, do artigo citado).

b) Seguiu-se o Decreto-Lei n.° 164-A/76, de 28 de Fevereiro, que neste aspecto não foi objecto de alteração pelo Decreto-Lei n.° 887/76, de 29 de Dezembro, onde se prescreveu, no artigo 23.°, n.° 2, que *as convenções colectivas e as decisões arbitrais mantêm-se, porém, em vigor até serem substituídas por novos instrumentos de regulamentação colectiva de trabalho"*. O n.° 2 era precedido da regra geral que impunha o mínimo de dezoito meses (n.° 1).

c) Mais tarde, surgiu o Decreto-Lei n.° 519-C1/79, de 29 de Dezembro, e o artigo 11.° n.° 5, que correspondia ao anterior 23.°, n.° 2, acima citado, apenas com a diferença que a nova redacção suprimiu a expressão *"porém"* e em vez de referir *"instrumento de regulamentação colectiva de trabalho"* derrogou este último vocábulo. A supressão da expressão *"porém"* é apenas devida ao facto de o preceito não se encontrar imediatamente a seguir à regra geral, segundo a qual as convenções vigoram pelo prazo que delas constar (n.° 1) – como acontecia anteriormente – mas sim no encadeamento de outra regra.

d) Posteriormente, com o Decreto-Lei n.° 87/89, de 23 de Março, os prazos mínimos de vigência previstos no artigo 11.°, n.°s 2 e 3, foram revogados – bem como o n.° 4-, o n.° 5 passou a ser o actual n.° 2 e, portanto, colocado a seguir à regra geral – que estabelece que as convenções vigoram pelo prazo acordado.

Donde, o regime da sobrevigência limitada encontra, ainda que ténues, alguns elementos na legislação anterior.

[67] Como dissemos, em nenhum país da União Europeia existe uma situação de bloqueio tão generalizado e prejudicial em matéria de contratação colectiva como em Portugal.

Para o facto de a nossa situação não ter paralelo com qualquer outro país comunitário, muito contribuem os regimes aí vigentes. Com efeito, na Alemanha, após o decurso do prazo a convenção continua a produzir efeitos – na parte normativa – podendo, no entanto, as suas cláusulas ser substituídas por qualquer acordo, incluindo – ainda que não seja pacífico – o contrato de trabalho (cfr. § 4.°, n.° 5, da Lei da Convenção Colectiva, *Tarifvertragsgesetz*). Sobre a questão, Wolfgang Däubler, *Derecho del Trabajo*, cit., pp. 224 e ss.

Em Espanha, estatui o artigo 37.°, n.° 1, da Constituição, redacção, aliás, idêntica à consagrada na Constituição Portuguesa, que *"a lei garantirá o direito de negociação colectiva de trabalho entre os representantes dos trabalhadores e dos empresários, assim como a força vinculativa das convenções"*. Para mais desenvolvimentos sobre a norma constitucional, *vd.* Alonso Olea, *Las Fuentes del Derecho* ..., cit., pp. 111 e ss; Palomeque López, "La Negociacion Colectiva en el Sistema Constitucional Español de Relaciones de Trabajo", AAVV, *II Congresso Nacional de Direito do Trabalho – Memórias*, coordenação de António Moreira, Almedina, Coimbra, 1999, pp. 237 e ss. Com base nesta norma, o legislador fixou o dever de as partes negociadoras estipularem a duração das convenções, podendo estas determinar períodos de vigência distintos para as matérias aí constantes (cfr. artigo 86.°, n.° 1, do Estatuto dos Trabalhadores).

Por outro lado, as convenções, salvo acordo em contrário, são prorrogadas anualmente, desde que não haja denúncia expressa das partes. Uma vez denunciada e não havendo acordo,

488 *Estudos de Direito do Trabalho em Homenagem ao Prof. Manuel Alonso Olea*

as cláusulas obrigacionais da convenção deixam de vigorar (cfr. artigos 86.°, n.°s 2 e 3, 1.ª parte, do Estatuto dos Trabalhadores). Quanto ao conteúdo normativo da convenção, decorrido o prazo de vigência, continua a vigorar nos termos estabelecidos na convenção. Na falta de acordo sobre a questão, a convenção mantém-se em vigor no que respeita às cláusulas normativas. Alguma doutrina afirma que a faculdade de dispor da vigência do conteúdo normativo da convenção, obriga as partes a concretizar a regulação alternativa que resulta aplicável no seu lugar, pois caso contrário, a prorrogação forçosa do conteúdo normativo actuará subsidiariamente como cláusula de garantia (cfr. artigo 86.°, n.° 3, 2.ª parte, do Estatuto dos Trabalhadores). Sobre esta matéria, *vd.* TOMÁS SALA FRANCO, *Los Limites Legales al Contenido de la Negociación Colectiva*, «Coleccíon Informes y Estudios», n.° 39, Ministerio de Trabajo Y Asuntos Sociales, 2001, em especial, pp. 240 e ss; MONTOYA MELGAR – GALIANA MORENO – SEMPERE NAVARRO – RÍOS SALMERÓN, *Comentários al Estatuto de los Trabajadores*, 4.ª edición, Aranzadi, Navarra, 2001, pp. 553 e ss; ARUFE VARELA, *La Denuncia del Convenio Colectivo*, «Estudios de Derecho Laboral», Civitas, Madrid, 2000, em especial, pp. 129 e ss, com referência de direito comparado, nas pp. 28 e ss.

Em França, a convenção colectiva pode ser celebrada quer por uma duração determinada quer por uma duração indeterminada e, salvo existindo estipulação contrária, a convenção colectiva de trabalho de duração determinada, cujo prazo de vigência tenha terminado, continua a produzir os seus efeitos como se de uma convenção colectiva de duração indeterminada se tratasse.

A doutrina entende que não se considera, nesta sede, "estipulação contrária" a cláusula de uma convenção colectiva que preveja a sua renegociação findo o prazo de vigência da mesma. Estabelece-se também que uma convenção colectiva de duração determinada não pode ter prazo de vigência superior a cinco anos.

Quando uma convenção tiver sido denunciada, continua a produzir efeitos até à entrada em vigor da nova convenção (substituta) ou, na sua falta, durante um ano, salvo acordo prevendo uma duração mais longa.

Em 1982, houve uma alteração, tendo o legislador estabelecido que havendo denúncia, e desde que não exista nova convenção (substituta), os trabalhadores das empresas abrangidas conservam as *vantagens individuais que tiverem adquirido* através da aplicação da convenção (cfr. artigos 132.° – 6, 7 e 8, do Código do Trabalho). Relativamente a esta alteração, *vd.* MICHEL DESPAX, "La Dénonciation des Conventions Collectives de Travail après la Loi du 13 de Novembre 1982", *Droit Social*, 1984, n.° 11, pp. 531 e ss; EMMANUEL DOCKÈS, «L'Avantage Individual Acquis», *Droit Social*, 1993, n.° 11, pp. 826 e ss; JEAN-CLAUDE JAVILLIER, *Les Reformes du Droit du Travail depuis le 10 de Mai 1981*, LGDL, Paris, 1982, pp. 307 e ss. Sobre a matéria em geral, *vd.* JEAN-CLAUDE JAVILLIER, *Droit du Travail*, 7.ª édition, LGDJ, Paris, 1999, pp. 792 e ss; CHRISTOPHE RADÉ, *Droit du Travail*, cit., pp. 14 e ss; LARDY-PÉLISSIER-JEAN PÉLISSIER-AGNÈS ROSET-LYSIANE THOLY, *Le Code du Travail Annoté*, Groupe Revue Fiduciaire, Paris, 2001, em especial, pp. 327 e ss.

Finalmente, em Itália, a regra que consagra a sobrevigência não se aplica às convenções de direito comum (são as que se regem pelas regras previstas para o direito comum dos contratos, e que têm o seu âmbito de aplicação definido pelo próprio contrato, cfr. artigo 2078.° do Código Civil), de acordo com a jurisprudência constante. No entanto, é usual o acordo sobre a previsão da duração da convenção, bem como da sua sobrevi-

Do âmbito temporal da convenção colectiva

IV. Face ao conteúdo da norma, devem colocar-se, desde logo, duas questões:

Na primeira parte do n.º 1, o legislador prescreve que "*decorrido o prazo de vigência previsto no n.º 1 do artigo anterior*", ou seja, apenas se refere à convenção colectiva com prazo. Quer isto dizer que este preceito não se aplica à convenção colectiva sem prazo?

Julgamos que o preceito também se aplica à convenção colectiva sem prazo; o que acontece é que a convenção sem prazo não é susceptível de ser objecto de renovação depois de decorrido o prazo acordado, pois este não existe, razão pela qual o legislador não se lhe refere no n.º 1.

Diferentemente, o instituto da denúncia já lhe é aplicável, pelo que o regime das alíneas b) e c), bem como os n.ºs 3 e 4 do artigo 557.º, regulam também a situação da convenção sem prazo. Naturalmente que esta posição tem como pressuposto que o instituto da denúncia, não obstante a letra do artigo 558.º, também se aplica às convenções sem prazo, cuja antecedência para os efeitos da denúncia será igualmente de três meses (558.º, n.º 2)[68], i.e., a denúncia só opera, no mínimo, três meses após ter sido efectuada e nunca antes de decorrido um ano sobre o início de vigência da convenção colectiva (artigo 556.º, n.º 1).

V. A outra questão consiste em saber se podendo as partes regular a matéria da sobrevigência, podem elas pura e simplesmente acordar a ausência de qualquer sobrevigência, ou seja, fixarem que a convenção cessa no fim do prazo acordado, não havendo qualquer sobrevigência.

A resposta não pode deixar de ser positiva, uma vez que, por um lado, o regime da sobrevigência é supletivo – como claramente também resulta dos artigos 541.º, alínea d) e 557.º, n.ºs 1 e 2), além da evolução acima descrita –, pelo que só se aplica se as partes nada disserem sobre a matéria; por outro lado, não faria qualquer sentido restringir o conteúdo da autonomia

---

gência. Sobre a questão, *vd.* MARCO BIAGI (continuato Michele Tiraboschi), *Istituzioni di Diritto del Lavoro,* seconda edizione, Giuffrè Editore, Milão, 2003, pp. 61 e ss; MARIO GRANDI, GIUSEPPE PERA, *Commentario Breve alle Leggi sul Lavoro,* Cedam, Milani, 2001, pp. 331 e ss; ANDREIA LASSANDRI, *Il Diritto del Lavoro – La Contrattazione e il Contratto Colletivo,* cit., pp. 45 e ss; MATTIA PERSIANI, *Diritto Sindicale,* cit., pp. 140 e ss, com indicação de diversa bibliografia.

Com referências também ao Direito comparado, *vd.* MENEZES LEITÃO, *Código do Trabalho Anotado,* cit., p. 385.

Como resulta desta breve incursão por outros ordenamentos, com mais ou menos amplitudes, todos têm mecanismos que possibilitam a limitação temporal das convenções.

[68] Como, aliás, resultava do n.º 3 do artigo 568.º do Anteprojecto, *vd. infra.*

490 *Estudos de Direito do Trabalho em Homenagem ao Prof. Manuel Alonso Olea*

colectiva, mas permitir o mesmo resultado, por exemplo, através do instituto da revogação (artigo 559.°); finalmente, se dúvidas existissem, quando o legislador quis regular de forma imperativa, fê-lo expressamente como se verifica com o prazo mínimo de vigência de um ano (artigo 556.°, n.° 1)[69].

As partes são soberanas na regulação da matéria, mas o legislador não poderia deixar de prever o regime aplicável no caso de aquelas não procederem a essa regulação, sob pena de contribuir para o bloqueio do regime. Desta forma, no silêncio das partes aplica-se o regime supletivo previsto nos n.° 2 do artigo 557.°.

VI. O n.° 2 do artigo 557.° reitera a supletividade da matéria, fixando o seguinte regime:

  a) Decorrido o prazo previsto na convenção – sem que as partes a revoguem ou nenhuma delas a denuncie – a convenção é sucessivamente renovada anualmente (alínea a));

  b) No caso de uma das partes denunciar a convenção, a convenção renova-se pelo período de um ano, a contar do momento em que opera a denúncia, se as partes estiverem em negociação – embora não decorra directamente da letra, resulta da *ratio* da norma que o mesmo se verifica se as partes estiverem já em conciliação ou mediação, uma vez que, embora estes sejam mecanismos de reso-

---

[69] É verdade que o artigo 541.°, alínea d), prescreve que as convenções colectivas *"devem"* regular o âmbito temporal, nomeadamente a sobrevigência e o prazo de denúncia. Consideramos que a redacção adoptada contém um dever imperfeito, i.e., sem sanção, como facilmente se conclui pela contraposição com o artigo 543.°, cujo incumprimento tem como consequência a recusa de depósito (artigo 550.°, n.° 1, alínea a)); por outro lado, a sobrevigência e o prazo de denúncia são apenas meros exemplos do âmbito temporal das convenções, como resulta do vocábulo *"nomeadamente"* (artigo 541.°, alínea d), o que quer dizer que as partes podem regular outras matérias e não fixar a sobrevigência; finalmente, afastar a sobrevigência é ainda uma forma de a regular, neste caso, não conferindo qualquer eficácia à legalmente prevista. O que o legislador pretendeu foi clarificar que considera de especial relevância o regime temporal das convenções, devendo esse regime ser regulado pela autonomia colectiva. No entanto, não vedou a ausência de cláusulas sobre a matéria, tal como não impôs qualquer forma de regulação, pois se assim não fosse impediria que as partes fizessem cessar a convenção imediatamente após a vigência acordada (artigo 559.°). Ou seja: não faria sentido que o legislador não permitisse as partes acordarem a inexistência de qualquer sobrevigência no momento da celebração, mas deixasse aberta a possibilidade de decorrida a vigência mínima, i.e., posteriormente, as mesmas partes poderem através da revogação oporem-se a qualquer sobrevigência e deste modo alcançar o mesmo resultado.°, uma vez que em termos de efeitos jurídicos a situação seria a mesma; como é evidente este entendimento não tem apoio legal, face à incongruência que contém.

Do âmbito temporal da convenção colectiva   491

lução de conflitos, as partes continuam a ser soberanas, i.e., a vontade das partes mantém-se em termos idênticos ao da negociação, pois trata-se de uma forma de negociação apoiada – após este período de um ano, por mais um ano (alínea b));

  i) Em relação à denúncia, há a referir o n.° 1 do artigo 558.°[70], segundo o qual "*a convenção colectiva pode ser denunciada, por qualquer das outorgantes, mediante comunicação escrita dirigida à outra parte, desde que seja acompanhada de uma proposta negocial*"[71]. Daqui decorre a admissibilidade geral da denúncia, enquanto forma de cessação da convenção colectiva mediante um negócio unilateral. Trata-se de uma declaração feita com determinada antecedência à outra parte com o intuito de fazer cessar a convenção colectiva;

  ii) O n.° 2 do artigo 558.° regula a antecedência mínima (três meses) para a realização da denúncia relativamente:

  1) Ao fim da vigência acordada pelas partes (artigo 556.°) e, neste caso, afasta a aplicação da alínea a) do n.° 2 do artigo 557.°; ou

  2) Ao fim do período resultante da renovação anual depois de decorrido a vigência fixada pelas partes (artigo 557.°, n.° 2, alínea a));

  iii) A denúncia constante do Código (artigo 558.°) contém diversos requisitos de validade que importa salientar[72]:

---

[70] Fixava o artigo 571.° do Anteprojecto que:

"*1. A convenção colectiva pode ser denunciada mediante comunicação escrita à outra parte.*

2. A denúncia tem de ser feita com uma antecedência de, pelo menos, três meses.

3. Decorridos os prazos previstos no artigo 569.°, a convenção colectiva cessa a sua vigência".

O artigo 545.° da Proposta de lei n.° 29/IX, de 5 de Janeiro de 2003, determina o seguinte:

"*1. A convenção colectiva pode ser denunciada, por qualquer das outorgantes, mediante comunicação escrita dirigida à outra parte, desde que seja acompanhada de uma proposta negocial.*

2. A denúncia deve ser feita com uma antecedência de, pelo menos, três meses, relativamente ao termo de prazo de vigência previsto no artigo 543.° e no n.° 1 do artigo 544.°".

A Proposta de lei passou a exigir o acompanhamento da denúncia de uma proposta negocial e, por outro lado, remeteu a cessação dos efeitos para o artigo da sobrevigência.

[71] O artigo 558.° é novo, embora a figura da denúncia, com contornos substancialmente diferentes, tivesse referência expressa, por exemplo, no artigo 16.°, n.°s 2 e 3, da LRCT. A diferença consiste, desde logo, no facto de a denúncia ter na LRCT efeitos muito limitados, ao contrário do que se verifica no Código do Trabalho.

[72] Sobre as características da denúncia, não obstante as especificidades acima referidas,

1) Deve revestir forma escrita, existindo aqui um desvio à regra geral da liberdade de forma (n.º 1);
2) Tem de ser acompanhada de uma proposta negocial – que para ser eficaz deve revestir os requisitos plasmados no artigo 544.º –, de modo a garantir contactos negociais (n.º 1; *vd.* também artigos 544.º e ss);
3) Deve ser feita com uma antecedência mínima de três meses relativamente ao termo de prazo de vigência (n.º 2);
4) Respeitados os requisitos de validade acima referidos, a eficácia da denúncia não obsta a que ainda exista renovação, uma vez que a alínea b) do n.º 2 do artigo 557.º assim o determina;

iv) Refira-se ainda o regime especial previsto no artigo 13.º da Lei que aprova o Código do Trabalho, segundo o qual *"os instrumentos de regulamentação colectiva de trabalho negociais vigentes aquando da entrada em vigor do Código do Trabalho podem ser denunciados, com efeitos imediatos, desde que tenha decorrido, pelo menos, um ano após a sua última alteração ou entrada em vigor"*[73]. Como resulta do conteúdo do preceito, o que está em causa são os instrumentos de regulamentação colectiva de trabalho negociais – convenção colectiva, acordo de adesão e decisão de arbitragem voluntária (artigo 2.º) – vigentes no momento da entrada em vigor do Código e que tenham uma duração mínima de um ano, estando assim este prazo em harmonia com a regra geral de vigência (artigo 556.º, n.º 1). O objectivo da norma é conferir à denúncia – acto discricionário, unilateral e não retroactivo, que faz cessar relações duradouras – uma eficácia imediata, ou seja, não obrigar as partes, no caso de convenção colectiva com prazo, a esperarem pelo termo deste, podendo, deste modo, mediante comunicação dirigida à outra parte, denunciar o instrumento convencional vigente.

---

vd. MENEZES CORDEIRO, *Direito das Obrigações*, 2.ª volume, Associação Académica da Faculdade de Direito de Lisboa, reimpressão, 1982, pp. 166 e ss, "Contrato de Arrendamento – Denúncia – Âmbito do Regime Vinculístico", *Revista da Ordem dos Advogados*, ano 54, 1994, III, pp. 847 e ss; MENEZES LEITÃO, *Direito das Obrigações – Transmissão e Extinção das Obrigações – Não Cumprimento e Garantias do Crédito*, volume II, 2.ª edição, 2003, pp. 101 e ss; VAZ SERRA, "Tempo da Prestação. Denúncia", *Boletim do Ministério da Ivstiça*, n.º 50 (Setembro), 1955, pp. 184 e ss; GALVÃO TELLES, "Contrato Duradouro com Termo Final. Denúncia", *Colectânea de Jurisprudência*, ano XI, 1986, tomo III, pp. 18 e ss.

[73] Esta norma é nova e não encontra inspiração em regimes anteriores.

Saliente-se que, apesar de a norma se referir à denúncia "*com efeitos imediatos*", tal expressão não tem a intenção de prejudicar a aplicação das regras decorrentes da denúncia (cfr., em especial, artigos 557.º, n.º 2, alíneas a) e b) e 558.º, n.º 1), uma vez que no artigo 13.º da Lei n.º 99/2003 apenas está em causa a denúncia e não as regras da sobrevigência, situação que inequivocamente o legislador não afastou. Dito de outra forma: a denúncia nos termos do artigo 13.º da Lei que aprova o Código tem como consequência a aplicação da alínea b) do n.º 2 do artigo 557.º.

Também consequência do artigo 13.º é a aplicação do n.º 1 do artigo 558.º, i.e., necessidade de a comunicação ser escrita e, por outro lado, ser acompanhada de uma proposta negocial.

Deste modo, a expressão "*efeitos imediatos*" tem como resultado, por um lado, a aplicação da alínea b) do n.º 2 do artigo 557.º e, por outro, do n.º 1 do artigo 558.º.

Igualmente relevante é o facto de este preceito consagrar uma derrogação à autonomia colectiva na medida em que, mesmo que as partes tenham acordado cláusulas diferentes sobre a denúncia (por exemplo, prevendo que a convenção se mantém em vigor até ser substituída por outra, da qual resulta a ineficácia extintiva de qualquer denúncia), através do artigo 13.º qualquer das partes pode denunciar a convenção[74].

Interpretação diversa seria uma forma de obstar aos efeitos pretendidos pelo legislador: actualização do conteúdo convencional.

Note-se ainda que face à *ratio* da norma, julgamos que o preceito apenas pode ser utilizado uma vez. Ou seja: utilizada esta regra que constitui um regime excepcional, não pode qualquer das partes face ao (novo) instrumento que tenha surgido em virtude da denúncia do anterior voltar a recorrer ao artigo 13.º, desde logo, por falta de preenchimento da previsão da norma

---

[74] De facto algumas convenções actuais têm uma cláusula idêntica ao artigo 11.º, n.º 2, da LRCT. Trata-se, em regra, de uma mera repetição da lei, com o intuito meramente informativo, não se podendo, assim, falar de uma verdadeira exteriorização da vontade das partes. Mesmo que se trate da exteriorização da vontade das partes e, por outro lado, haja coincidência destas quanto ao sentido da cláusula – recorde-se que o conteúdo do artigo 11.º, n.º 2, da LRCT é objecto de ampla controvérsia doutrinária –, mesmo nestes casos, o artigo 13.º da Lei n.º 99/2003 permite a denúncia da convenção, com os efeitos acima referidos.

494 Estudos de Direito do Trabalho em Homenagem ao Prof. Manuel Alonso Olea

(*"instrumentos de regulamentação colectiva do trabalho, negociais vigentes aquando da entrada em vigor do Código do Trabalho"*), sob pena de a norma deixar de ser transitória.

c) Decorridos os períodos acima referidos, a convenção mantém-
-se vigente, desde que se tenha iniciado a conciliação (artigos
583.º e ss) ou a mediação (artigos 587.º e ss) até ao termo destes
procedimentos, mas em caso algum por prazo superior a seis
meses (alínea c)); este prazo de mais seis meses existirá mesmo
que a conciliação ou mediação se tenham iniciado durante o prazo
a que o Código se refere como de negociação (*vd.* alínea b) *supra*
texto), sendo necessário, para esta renovação de seis meses, que a
conciliação ou mediação ainda exista neste momento).

VII. No n.º 3 do artigo 557.º encontramos uma excepção à sobrevigência limitada[75] – prorrogando-a para além dos limites referidos – prevista
no n.º 2, pois alarga-se a vigência da convenção até à entrada em vigor da decisão arbitral que dirima o litígio existente entre as partes outorgantes, desde
que a arbitragem – voluntária ou obrigatória (artigos 564.º e ss) – se tenha iniciado durante o período previsto em qualquer das alíneas do n.º 2.

A arbitragem incide sobre questões laborais, nomeadamente, sobre
interpretação, integração, celebração ou revisão de uma convenção colectiva (artigos 564.º e 567.º).

Cabe perguntar: a sobrevigência prevista no n.º 3 do artigo 557.º
ocorre independentemente do objecto da arbitragem?

Julgamos que o preceito deve ser objecto de uma interpretação restritiva, uma vez que tem subjacente a manutenção em vigor da convenção
até à decisão arbitral, ou seja, aquelas situações em que o objecto da arbitragem é a revisão de uma convenção (artigos 564.º e 567.º). Neste caso,

---

[75] Note-se que a aplicação do artigo 555.º também pode ter como consequência a sobrevigência da convenção, bastando que, no momento da transmissão, faltem apenas seis
meses para cessar a sua vigência; neste caso, a convenção continua a aplicar-se ao adquirente
por mais seis meses para que se atinjam os doze meses ali referidos. Sobre a matéria da transmissão é importante ter presente a Directiva n.º 2001/23/CE, do Conselho, de 12 de Março de
2001, relativa à aproximação das legislações dos Estados membros respeitantes à manutenção
dos direitos dos trabalhadores em caso de transferência de empresas ou de estabelecimentos,
ou de partes de empresas ou de estabelecimentos, em especial artigo 3.º, n.º 3. Esta directiva
substituiu a Directiva n.º 77/187/CEE do Conselho, de 14 de Fevereiro de 1977, com a redacção que lhe foi dada pela Directiva n.º 98/50/CE, do Conselho de 29 de Junho de 1998. Para
mais desenvolvimentos sobre o artigo 555.º, *vd.* GONÇALVES DA SILVA, "Nótula sobre os Efeitos Colectivos da Transmissão da Empresa", *Subjudice*, 27, 2004, pp. 127 e ss.

Do âmbito temporal da convenção colectiva   495

há que aguardar pela decisão que terá os mesmos efeitos da convenção colectiva (artigo 566.°, n.° 1 e 571.°), pelo que com a extensão dos efeitos da convenção vigente se evita uma sucessão de regimes num curto espaço de tempo com as inerentes dificuldades operativas[76].

Nos casos em que o objecto da arbitragem é interpretação, integração ou celebração de uma convenção, a situação merece resposta diferente.

Tratando-se de um litígio cujo objecto é a interpretação ou integração – convém ter presente que os árbitros não têm quaisquer poderes para além dos resultantes do objecto do litígio que está em apreciação –, a sobrevigência prevista no preceito não se aplica. Na verdade, neste caso, não se justifica qualquer sobrevigência até à decisão arbitral, uma vez que esta não tem, face ao objecto do conflito em análise, a possibilidade de continuar a eficácia da convenção, pelo que face à *ratio* da norma não se justifica a aplicação da sobrevigência; por outro lado, deve notar-se que a decisão arbitral incide sobre uma convenção cuja vigência não está em apreciação, uma vez que aquela apenas analisa a interpretação ou integração da convenção; finalmente, deve ter-se presente que a parte final da alínea b) se refere à negociação, ou seja, pressupõe que as partes estejam num processo com vista à celebração de uma convenção, o que claramente não acontece quando a arbitragem incide sobre questões de interpretação ou integração[77].

Estando em causa uma situação de celebração de uma convenção (*ex novo*), uma vez que não existe convenção anterior, a hipótese da sobrevigência não se coloca, pois não se pode prolongar a vigência de um instrumento inexistente.

§ 4.°) REVOGAÇÃO

I. Prescreve o artigo 559.° que *"decorrido o prazo de vigência mínimo de um ano, a convenção colectiva pode cessar os seus efeitos mediante revogação por acordo das partes"*[78]. A revogação é uma forma de

---

[76] Saliente-se que nada impede a retroactividade da decisão arbitral, tratando-se de arbitragem voluntária (artigo 533.°, n.° 1, alínea c), *in fine*).

[77] Note-se, no entanto, que a nossa posição de princípio não prejudica, antes aconselha, a análise do caso concreto. Pense-se, por exemplo, numa situação em que a arbitragem tem como objecto a interpretação de uma cláusula sobre a eficácia temporal. Numa situação destas, a resposta poderá ser diferente, aplicando-se, assim, a regra de sobrevigência.

[78] O preceito é novo, embora, com base na autonomia colectiva, as partes pudessem

496 Estudos de Direito do Trabalho em Homenagem ao Prof. Manuel Alonso Olea

extinção da convenção colectiva que resulta de um novo acordo entre as partes outorgantes, desta feita em sentido oposto ao acto que a constitui[79]. Ou seja: trata-se de um novo negócio jurídico bilateral que extingue a convenção existente, assente, tal como a celebração da convenção colectiva, na autonomia colectiva.

A única limitação directamente imposta pelo legislador neste preceito é o de a revogação apenas operar após um período mínimo de vigência, ou seja, um ano após o seu início.

II. A revogação está sujeita a especiais requisitos de eficácia: o depósito (artigo 549.°, n.° 1) e a publicação no *Boletim do Trabalho e Emprego* (artigo 581.°, n.° 1); estes requisitos são facilmente compreensíveis, uma vez que se trata de fazer cessar os efeitos da convenção, cuja relevância e necessidade de conhecimento são idênticas ao da respectiva entrada em vigor.

III. Face ao regime da revogação, dever-se-á analisar a possibilidade de a revogação poder ser retroactiva. Julgamos que a resposta resulta clara face à aplicação da alínea c) do n.° 1 do artigo 533.°. Segundo esta norma, a regra geral é da proibição da retroactividade, salvo tratando-se de cláusulas pecuniárias[80] de instrumento de regulamentação colectiva de trabalho negocial. A revogação é uma convenção com um objectivo específico – fazer cessar a convenção anterior – pelo que sendo uma (nova) convenção, não vemos qualquer motivo para a afastar da aplicação do preceito acima citado, podendo, assim, haver retroactividade relativamente a cláusulas de natureza pecuniária.

No entanto, esta posição de princípio pode ser objecto de excepções, por exemplo, se estiver em causa a tutela de terceiros.

---

recorrer ao mecanismo da revogação; de qualquer forma, a sua consagração constitui um motivo de clareza e segurança jurídica.

A matéria da revogação não sofreu qualquer alteração substancial do Anteprojecto até à versão final, tendo sido apenas aditada na Proposta de Lei n.° 29/IX uma referência à revogação por acordo *"das partes"* (artigo 546.°) e, por outro lado, em vez de uma remissão para o artigo que prescrevia o prazo mínimo de um ano, a expressa referência a este prazo; no Anteprojecto, o artigo em causa é o 570.°.

[79] Sobre a figura da revogação, *vd.*, por exemplo, MENEZES CORDEIRO, *Direito das Obrigações*, cit., pp. 162 e ss; MENEZES LEITÃO, *Direito das Obrigações ...*, cit., pp. 97 e ss.

[80] A LRCT referia-se a tabelas salariais e, por outro lado, estabelecia limites temporais ao âmbito da eficácia retroactiva, o que foi eliminado (artigos 6.°, n.° 1, alínea f) e 13.°), tendo havido um alargamento do âmbito de intervenção da autonomia colectiva.

IV. Outra questão igualmente relevante é a admissibilidade da revogação parcial. Em nossa opinião nada impede uma revogação parcial, pois, por um lado, se é possível a revogação total, por maioria de razão será possível a revogação parcial; por outro, se não fosse possível a revogação parcial, o mesmo resultado seria conseguido de outra forma, ou seja, as partes utilizariam a revogação total e depois celebravam uma nova convenção com o conteúdo idêntico ao que resultaria da revogação parcial; finalmente, nenhum motivo atendível existe para se restringir a autonomia colectiva.

V. No acordo revogatório, as partes podem fixar o exacto alcance dos seus efeitos. Não o fazendo, o efeito geral da revogação é prescrito pelo artigo 559.°, segundo a qual cessam todos os seus efeitos.

Esta referência à cessação dos efeitos é idêntica à prevista no n.° 4 do artigo 557.° – podendo mesmo dizer-se que se as partes não fixaram regime diferente do previsto no Código do Trabalho para a sobrevigência é por que estavam de acordo quanto aos efeitos decorrentes da aplicação deste –, pelo que cabe agora analisar as consequências da cessação dos efeitos de uma convenção.

§ 5.°) CESSAÇÃO DOS EFEITOS

I. Decorrida a sobrevigência legalmente prevista – o que naturalmente inclui, no caso de ter sido objecto de acordo das partes, o regime por elas acordado (n.° 1) –, determina o n.° 4 do artigo 557.° que a convenção cessa os seus efeitos[81], i.e., caduca.

A cessação dos efeitos prevista neste n.° 4 pressupõe, como vimos, que tenha havido denúncia de uma das partes, pois caso contrário haverá renovação sucessiva, nos termos da alínea a) do n.° 2 do artigo 557.°; idêntica cessação ocorrerá, embora não por caducidade, mas por revogação e na ausência de cláusulas expressas do acordo revogatório, como dissemos, no caso de as partes terem revogado por acordo a convenção anterior, sem fixarem qualquer regime específico (artigo 559.°).

---

[81] Sobre a compatibilidade deste modelo de sobrevigência com a Constituição, *vd.* MENEZES CORDEIRO, NUNES ABRANTES, BACELAR GOUVEIA, PAULO OTERO, MENEZES LEITÃO e GONÇALVES DA SILVA, *Código do Trabalho, Pareceres sobre o Código do Trabalho*, cit., com diversos elementos de direito comparado; *vd.* também o aresto do Tribunal Constitucional n.° 306/2003, de 25 de Junho de 2003, *Diário da República*, I série A, 18 de Julho de 2003, p. 4142.

II. Cabe então colocar uma questão que assume a maior relevância para a matéria da contratação colectiva: após a cessação dos efeitos deixam os trabalhadores e os empregadores de serem titulares dos direitos e estarem adstritos às obrigações plasmados na convenção?

Vimos acima que as cláusulas da convenção colectiva não se inserem no contrato de trabalho, pelo que a resposta, de princípio, é a seguinte: se a fonte convencional, o direito objectivo, *"cessa os seus efeitos"*, então, as partes voltam a reger-se pelo contrato individual de trabalho, pela lei e demais fontes (*v.g.*, regulamento de extensão) que em concreto sejam aplicáveis.

Vejamos a questão mais de perto[82]:

a) Primeiro: é preciso destrinçar – como faz MENEZES CORDEIRO, a propósito do artigo 15.°, n.° 2, da LRCT[83] –, entre *direitos subjectivos* e *expectativas*[84];

b) Segundo: em relação aos *direitos subjectivos*, quer os reconhecidos por decisões judiciais, quer os já formados e exercidos (ex. retribuição do trabalho suplementar já prestado, cujo pagamento foi realizado), quer os formados mas não exercidos (ex. trabalho suplementar já prestado, mas ainda não pago), não parece haver dúvidas de que a extinção da convenção não afecta tais posições jurídicas[85];

---

[82] Trata-se de uma posição que não prejudica, antes aconselha, uma análise de pormenor perante a situação concreta. Haverá situações em que a autonomia colectiva claramente acompanha a individual, podendo dizer-se que desaparecendo aquela a autonomia individual lhe sucede. Por exemplo, não é razoável defender que tendo sido celebrada uma convenção em 1980 e que durante vinte anos regulou a retribuição, caducando esta o trabalhador veja a sua retribuição voltar ao valor de 1980. Em casos como este é necessário apurar a vontade das partes (colectivas e individuais) para encontrar o regime, sem, no entanto, recorrer a criações que não têm qualquer correspondência com a realidade jurídica, como é a manutenção de regimes caducados. Mesmo perante situações destas o ordenamento tem, naturalmente, capacidade de resposta, podendo, exemplificar-se o artigo 265.°, n.° 1, ou 239.° do CC.

[83] MENEZES CORDEIRO, "Dos Conflitos Temporais de Instrumentos de Regulamentação Colectiva de Trabalho", AAVV, *Estudos em Memória do Professor Doutor João de Castro Mendes*, Lex, Lisboa, sem data, p. 470.

[84] Sobre os conceitos de *direito subjectivo* e *expectativas*, vd., entre outros, MENEZES CORDEIRO, *Tratado de Direito Civil Português – Parte Geral*, volume I, tomo I, Lex, Lisboa, 1999, pp. 105-127, 136-137; GALVÃO TELLES, "Expectativa Jurídica (Algumas Notas)", *O Direito*, ano XC, 1958, pp. 2-6; VON THUR, *Derecho Civil – Los Derechos Subjectivos y el Patrimonio*, volumen I (1), «clásicos del pensamiento jurídico», Marcial Pons, Madrid, 1998 (traducción Tito Ravá, del Der Allgemeine Teil des deustchen bürgerlichen Rechts, s.e., s.d.), pp. 57-67, 185-198; RAQUEL REI, "Da Expectativa Jurídica", *Revista da Ordem dos Advogados*, ano 54, 1994, I, pp. 150-180, em especial, pp. 150-154, 172-178.

[85] Como disse um Deputado da maioria (PSD), aquando da discussão na especia-

Do âmbito temporal da convenção colectiva

c) Terceiro: no que respeita às expectativas é preciso atender:
  i) às expectativas automáticas, que se transformam em direitos subjectivos pelo mero decurso do tempo, como, por exemplo, ocorre com a promoção automática; e
  ii) às expectativas simples, que dependem de actos realizados por outros (ex. promoção em virtude de bom serviço). Uma vez que o ordenamento não lhes confere qualquer meio de defesa, pensamos que são afectadas pela extinção da convenção. Ou seja: os trabalhadores não são titulares de um determinado direito (como não estão adstritos aos correlativos deveres), mas apenas tinham a susceptibilidade, verificados determinados pressupostos, de vir a sê-lo; e um dos pressupostos é a vigência da fonte para que pudesse, então, surgir o direito subjectivo, o que não se verifica;

d) Quarto: não se deve invocar o artigo 122.º do Código do Trabalho, como modo de assegurar a irreversibilidade de algumas condições de trabalho[86], pois isso levaria a uma inversão metodológica; o preceito pressupõe a existência de direitos para consequentemente os garantir. Noutros termos: enquanto o direito permite a utilização de um bem, a garantia assegura a utilização desse mesmo bem[87]. Ora, só se pode falar em garantia depois de se demonstrar que estamos perante um direito, o que não ocorre quando estamos ante uma simples expectativa jurídica;

---

lidade, "em caso de cessação de uma convenção colectiva, não haverá nenhuma perda de direitos", pois estes não são afectados, *Diário da Assembleia da República*, II série A, suplemento, número 85, de 9 de Abril, p. 3504 (166).

[86] Discordamos assim de LOBO XAVIER, "A Sobrevigência das Convenções Colectivas …", cit., pp. 123 e ss. Segundo o Professor, cit., p. 134 (7), mantém-se o estatuto resultante da lei e do contrato de trabalho, sendo este último formado não só pelos direitos decorrentes do contrato, mas também "pelos direitos que constituem <u>posições jurídicas individuais que preservem a situação funcional básica do trabalhador</u> (antiguidade, local de trabalho, retribuição global, etc., nos termos garantidos pelo artigo 21.º da LCT) mesmo que tenham fonte aparente em convenção colectiva" (sublinhado no original), não obstante não se verificar qualquer incorporação das cláusulas no contrato, mas sim a manutenção de garantias consideradas legalmente irreversíveis (artigo 21.º da LCT). *Vd.* também VICTOR RUSSOMANO, "Tendências Actuais da Negociação Colectiva", cit., pp. 128-129, 132, que partindo da teoria da incorporação (*vd. supra* texto) defende, consequentemente, que os efeitos, uma vez que se integram nos contratos individuais, se mantêm na esfera jurídica dos trabalhadores.

[87] *Vd.* sobre a distinção, JORGE MIRANDA, *Manual de Direito Constitucional – Direitos Fundamentais*, cit., pp. 88-89. Note-se que o legislador (laboral) consagrou, e bem, a distinção entre direitos e garantias, como se constata, por exemplo, ao compulsar os artigos 121.º e 122.º.

500 *Estudos de Direito do Trabalho em Homenagem ao Prof. Manuel Alonso Olea*

e) Quinto: acresce que desaparecendo o instrumento conformador do contrato, *in casu*, a convenção, não vemos como podem ser mantidos efeitos que deixaram de ter fonte; falta-lhes o título que os legitime;

f) Sexto: posição diversa seria uma forma de manter, em termos práticos, vigente a convenção, o que claramente colide com diversos pontos, a saber[88]:

i) Em primeiro lugar, esta posição faria "tábua rasa" do n.º 1 do artigo 556.º, pois as convenções colectivas deixariam de vigorar pelo prazo que delas constasse para passarem a vigorar pelo prazo que qualquer uma das partes quisesse, pois só deixariam de produzir (totalmente) efeitos quando fossem substituídas. Ou seja: em vez de a convenção ter um horizonte temporalmente limitado, conforme prescreve o n.º 1 do 556.º, bastaria a qualquer das partes celebrar uma convenção colectiva para que esta produzisse os seus efeitos até surgir qualquer outro instrumento que a substituísse, o que permitiria que qualquer dos outorgantes prorrogasse indefinidamente as negociações com o objectivo de manter a convenção celebrada[89].

ii) Ora, parece inequívoco que, assim, não só se esvaziaria o conteúdo útil da regra prevista no n.º 1, como se aniquilariam dois direitos, liberdades e garantias – o direito de contratação colectiva e o direito de iniciativa económica privada (respectivamente, artigos 56.º, n.º 3 e 61.º, n.º 1, da Constituição) – situação absolutamente vedada pelo artigo 18.º, n.ºs 2 e 3, da CRP;

---

[88] Sobre a questão, embora no quadro legal anterior, *vd.* LOBO XAVIER, "A Sobrevigência das Convenções Colectivas ...", cit., pp. 127 e ss.

[89] Neste sentido, MENEZES CORDEIRO, *Convenções Colectivas de Trabalho e Alterações de Circunstâncias*, cit., p. 55.

Não se diga que este é um argumento *"ad terrorem"* e irreal, uma vez que as partes têm regras sobre a negociação. Deve ter-se em consideração que:

a) Não existe um dever de contratar, mas sim o dever de negociar (artigos 544.º e ss);

b) Por outro lado, qualquer dos institutos existentes com vista à resolução de conflitos atinentes à revisão de convenções – conciliação, mediação e arbitragem (facultativa) – carece do acordo das partes para produzir efeitos resolutivos;

c) Nem mesmo a arbitragem obrigatória pode ser utilizada como argumento para afastar a perpetuação da convenção, pois esta só pode ser determinada excepcionalmente, como resulta dos pressupostos legalmente previstos (artigo 568.º);

Do âmbito temporal da convenção colectiva   501

iii) Em terceiro lugar, não se encontra qualquer motivo para esgrimir argumentos em defesa de uma das partes outorgantes, se é que alguma seria beneficiada, uma vez que no direito colectivo elas se encontram em situação de paridade[90];

iv) Por outro lado, esta seria a melhor e mais eficaz forma de manter o actual imobilismo da contratação colectiva, o que claramente o legislador não quis, ou seja, em vez de se fomentar a contratação colectiva, pura e simplesmente, obstaculizava-se o seu desenvolvimento;

v) Mais: a duração ilimitada de uma convenção retirar-lhe-ia uma das suas principais vantagens: a adaptação, adequação e maleabilidade, o que lhe permite ter uma real e efectiva adesão à realidade e consequentemente ser um meio eficaz de composição de interesses;

vi) Finalmente, se as partes não previram qualquer regime de sobrevigência, foi, por estarem de acordo quanto ao que resulta do Código. Esta situação merece tanto respeito como o acto revogatório posterior à celebração da convenção, da qual resulta também a cessação dos efeitos; não faria sentido que o legislador permitisse através da revogação a cessação dos efeitos, mas negasse essa mesma cessação quando as partes acordassem uma convenção e nada dissessem sobre o regime de sobrevigência, por saberem que a lei determina a cessação dos efeitos;

g) Acresce que para mantermos alguns direitos teríamos necessariamente que manter também obrigações, pois aqueles não existiriam sem estas, devendo trazer-se à colação os seguintes argumentos;

i) Uma convenção não é um "conjunto atomístico de cláusulas, fortuitamente unidas", antes pelo contrário, constitui "uma unidade, uma expressão global de uma voluntária regulamentação de interesses"[91];

ii) Como determinar – com segurança – quais os direitos e as obrigações que seriam mantidos e, por outro lado, que garantias teríamos que na sua escolha se mantinha o espírito da convenção, i.e., que o equilíbrio que permitiu o acordo não

---

[90] Embora se deva reconhecer que na situação individual isso não acontece. No sentido de existir um equilíbrio de forças no direito colectivo, MÁRIO PINTO – FURTADO MARTINS, *As Fontes do Direito do Trabalho*, policopiados, Universidade Católica Portuguesa, 1986/1987, p. 49. Com interesse para a questão, *vd.* NIKITAS ALIPRANTIS, *La Place da la Convention Collective dans la Hierarchie des Normes*, cit., pp. 49-50.

era adulterado a favor de um dos destinatários, dando, assim, origem a um outro acordo[92]. Dito de outro modo: a manutenção de certas cláusulas levaria ao subjectivismo e, por outro, é preciso não esquecer que as cláusulas da convenção se encontram intrinsecamente relacionadas no seu todo, podendo dizer-se que a existência de uma encontra fundamento noutra; ora, a unidade e conexão seriam escamoteadas, dividindo-se aquilo que é incindível, pois certamente que as partes não teriam chegado àquele acordo se soubessem que apenas uma parte do conteúdo, sem saberem exactamente qual, seria mantida;

iii) É verdade que os dois argumentos anteriores são também procedentes para qualquer contrato e, por outro lado, através, por exemplo, da nulidade ou anulação parcial de negócios jurídicos (artigos 114.º, n.º 1, *in fine*, ou 292.º do CC[93]) a ordem jurídica tem soluções para assegurar o equilíbrio da vontade das partes[94];

iv) Poder-se-ia dizer: se o nosso ordenamento tem regras para assegurar o respeito pela vontade das partes, então há que recorrer a essas directrizes para manter eficazes algumas cláusulas da convenção colectiva sem adulterar a convenção, garantindo-se, assim, a vontade das partes;

v) No entanto, estas regras regulam (puros) negócios jurídicos[95] que são substancialmente diferentes da convenção colectiva, pelo que trazer soluções que têm subjacentes realidades diversas, constituiria, desde logo, uma transmutação de institutos;

---

[91] Raúl Ventura, "A Nulidade Total e Nulidade Parcial do Contrato de Trabalho …", cit., p. 246.

[92] Diferente parece ser a posição de Menezes Cordeiro, *Convenções Colectivas de Trabalho e Alterações de Circunstâncias*, cit., pp. 55-56 e 119.

[93] Sobre o artigo 292.º do CC, *vd.*, Menezes Cordeiro, *Tratado de Direito Civil Português – Parte Geral*, cit., pp. 585 e ss.

[94] A propósito da comparação de fontes laborais, Raúl Ventura, "O Cúmulo e a Conglobação na Disciplina das Relações de Trabalho", *O Direito*, ano 94, 1962, n.º 3, pp. 201 e ss, em especial pp. 207 e ss, aborda a questão da unidade substancial da regulamentação, identificando diferentes critérios, cujo estudo é muito útil para a presente análise; idêntico interesse tem o estudo deste Professor, "Nulidade Total e Nulidade Parcial do Contrato de Trabalho", cit., pp. 245 e ss.

[95] Como referimos (supra nota), na esteira de Gino Giugni, "Direito do Trabalho", cit., p. 344, a convenção colectiva tem características irredutíveis quer às fontes de direito privado (essencialmente no que respeita ao contrato), quer às fontes de direito público.

Do âmbito temporal da convenção colectiva   503

vi) Por outro lado, aplicar as mesmas soluções, sem base legal – como escreve RAÚL VENTURA, a propósito doutra questão, "o recurso à vontade hipotética só é legítimo quando o legislador o imponha ou permita. Na verdade, os efeitos do negócio determinam-se pela lei ou pela vontade das partes"[96] –, seria aniquilar as especificidades da convenção colectiva que, enquanto fonte de Direito, deve, nessa matéria, ser tratada nos mesmos termos da lei;

vii) Mais: não se trata de uma mera ausência de uma base legal específica, mas de desrespeitar a vontade do legislador, uma vez que a lei confere às partes a possibilidade de fazerem, quer através da diversidade de períodos de vigência (artigo 556.º, n.º 2), quer mediante a revogação parcial (artigo 559.º) a manutenção de algumas cláusulas;

h) Igualmente irrelevante – mesmo para quem o admita, o que não é o nosso caso – é o afastamento do princípio do não retrocesso social, uma vez que, como tivemos ocasião de demonstrar, não é aplicável à convenção colectiva[97];

i) Finalmente, também não nos parece procedente defender que a cessação dos efeitos da convenção apenas diz respeito à parte normativa e, por outro lado, somente se repercute nos contratos celebrados após aquela cessação[98]:

---

[96] RAÚL VENTURA, "Nulidade Total e Nulidade Parcial do Contrato de Trabalho", cit., p. 255.

[97] GONÇALVES DA SILVA, *Código do Trabalho – Pareceres,* cit., ponto 2.6..

[98] Parece ser este o entendimento do Tribunal Constitucional no Aresto n.º 306/2003, de 25 de Junho, cit., p. 4163. No entanto, como ensina JORGE MIRANDA, *Manual de Direito Constitucional – Constituição e Inconstitucionalidade*, 3.ª edição, Coimbra Editora, 1991, p. 484, "nenhuma relevância possuem as sentenças de rejeição da inconstitucionalidade", uma vez que "ao tribunal cabe declarar – e apenas lhe pode ser pedido que declare – a inconstitucionalidade, não a constitucionalidade ou a não inconstitucionalidade" (p. 483).

Por outro lado, deve salientar-se que a interpretação tem de respeitar a posição do legislador, sob pena de assumir um carácter criador e, deste modo, invadir a esfera da competência legislativa, violando, assim, o princípio da separação de poderes (artigo 111.º, n.º 1, da CRP). Como reconhece o Tribunal Constitucional, no Acórdão n.º 364/94, *Diário da República*, II série, número 160, de 13 de Julho de 1994, p. 6992, "a interpretação jurídica, mesmo tratando-se de uma *interpretação conforme à Constituição,* há-de extrair dos textos legais um sentido que eles comportem, ou seja, um sentido que «tenha na letra da lei um mínimo de correspondência verbal, ainda que imperfeitamente expresso» (cf. artigo 9.º, n.º 2, do Código Civil) – um sentido, em suma, que não contrarie a letra da lei. E esse sentido há-de captar-se no conjunto do diploma legal, a que pertence a norma inter-

504 *Estudos de Direito do Trabalho em Homenagem ao Prof. Manuel Alonso Olea*

i) Primeiro: esta posição não tem qualquer apoio quer na letra, quer no espírito das normas consagradas no Código, tratando-se de um desrespeito do diploma[99];

ii) Segundo: assenta numa dicotomia – eficácia normativa *v.* eficácia obrigacional – que o Código rejeita e que é criticável pela dificuldade operativa[100];

---

pretanda, e ainda (como se sublinhou naquele Acórdão n.° 266/92, citando Karl Engisch, *Introdução ao Pensamento Jurídico,* 5ª ed., Lisboa, 1979, p. 120), com referência ao ordenamento jurídico global, neste se incluindo, naturalmente, a Constituição, a que há que reconhecer uma grande «capacidade irradiante», atento, desde logo, o lugar que ela ocupa na hierarquia das fontes", itálico no original.

[99] Como afirmou um Deputado da maioria (PSD), aquando da discussão na especialidade: "a norma prevê [artigo 544.°, actual 557.°] que só se todos os mecanismos falharem é que, por fim, terá lugar a cessação underline definitiva da convenção", acrescentando que se trata "de uma grande novidade do Código, que constituirá um factor de dinamização da contratação colectiva", Assembleia da República, *vd. Diário da Assembleia da República,* cit., p. 3504 (165), sublinhado nosso.

[100] Veja-se as críticas sobre essa destrinça na nota 18.

Como escreve Liberal Fernandes, "Privatização e Desmembramento ...", cit., pp. 434-435, sobre a epígrafe do princípio da unidade da convenção colectiva, "o facto de a doutrina juslaborista dividir em duas partes o conteúdo da CC não implica que deva aceitar-se uma bipartição rígida desta fonte de direito. Na verdade, a referida divisão não é senão o reflexo de uma determinada concepção que encara a CC como uma norma que congrega conteúdos regulamentares (ou normativos) e contratuais (ou obrigacionais).

Porém, esta visão dualista tem um valor meramente descritivo, visto que a CC não pode ser encarada como uma norma desprovida de unidade normativa. A diferenciação estabelecida destina-se apenas a realçar o facto de esta fonte de direito constituir uma síntese de conteúdos distintos, não pondo em causa a sua característica de conjunto normativo único e singular, relativamente ao qual cada uma das referidas partes não subsiste isoladamente. Por isso, a distinção acolhida no art. 5.° do DL. N.° 519-C1/79 não significa que nos deparemos com dois tipos de disposições qualitativamente diferentes, conclusão que deixaria pairar a ideia de que, verdadeiramente, estaríamos perante duas convenções com regimes distintos, embora formalmente justapostas ou integradas. Com a diferenciação patenteada naquele artigo, o legislador quis apenas destacar a natureza original desta fonte de direito.

Com efeito, existe uma ligação de tal modo estreita entre as referidas partes da CC que permite afirmar que o verdadeiro alcance do conteúdo obrigacional é garantir a vigência da parte normativa. Tendo a CC como fim primordial regular determinadas relações de trabalho, naturalmente que este escopo é comum às cláusulas de natureza contratual, na medida em que elas visam assegurar a execução e a eficácia das restantes.

Mesmo admitindo que a tendência para desmembrar a CC não tenha perdido actualidade, não oferece dúvidas que o alcance tradicional dessa bipolarização se tem vindo a esbater". A isto acrescenta ainda o Autor, p. 435, "desde logo, a dificuldade sentida em diferenciar entre si os dois tipos de cláusulas; depois, o facto de se vir atenuando a distância entre lei e contrato; por fim, o reconhecimento de que, quando a lei atribui eficácia normativa à CC, *iii*) Terceiro: assenta num equívoco de suposta protecção, pois não tem em consideração que o princípio do tratamento mais favorável em matéria de contratação colectiva não consta do Código do Trabalho (artigo 4.º, n.º 1)[101], o que quer dizer que se poderia estar a eternizar um regime constante de uma convenção celebrada num momento de forte crise que, por exemplo, com o intuito de evitar um despedimento colectivo aceitou diminuir as condições de trabalho durante dois anos[102];

iv) Quarto: essa posição levaria mesmo a incongruências jurídicas dificilmente ultrapassáveis, face à frágil e deficiente dicotomia em que assenta, bastando observar o que aconteceria nas convenções que contivessem, por exemplo, cláusulas de paz social (relativas). Admitindo que as cláusulas de paz social têm natureza obrigacional, facilmente se percebe que a existência de uma cláusula destas assume especial relevância na feitura das restantes. Uma vez que esta cessava, as restantes, e que só foram celebradas tendo presente um previsível período de paz, seriam mantidas, ou seja, alterava-se o equilíbrio do acordo existente; aliás, basta notar que muitas cláusulas ditas obrigacionais, são essenciais para a (boa) execução da convenção, pelo que a sua amputação prejudicaria a plena observância da convenção, tornando-a desequilibrada e diversa do instrumento acordado;

---

fá-lo considerando-a no seu conjunto, i. é, sem qualquer distinção entre conteúdo regulamentar e obrigacional". Julgamos, face ao exposto, não ser necessária qualquer outra explicação.

[101] Sobre o artigo 4.º, *vd.* MENEZES LEITÃO, *Código do Trabalho Anotado*, cit., pp. 22 e ss; ROMANO MARTINEZ – LUÍS MIGUEL MONTEIRO – JOANA VASCONCELOS – MADEIRA DE BRITO – GUILHERME DRAY – GONÇALVES DA SILVA, *Código do Trabalho Anotado*, cit., pp. 69 e ss.

[102] É verdade que se poderia aparentemente dizer que a manutenção ocorria através da incorporação nos contratos de trabalho, mas essa incorporação só ocorreria nos termos do artigo 4.º, n.º 3, i.e., se fosse mais favorável e, por outro lado, não existisse oposição do Código do Trabalho. No entanto, tal posição não explicaria a base para ser preconizada a incorporação; por outro lado, é preciso ter presente que o Código contém várias normas que permite a intervenção do contrato de trabalho, mesmo em sentido menos favorável – por exemplo, as supletivas –, o que permitiria também ultrapassar aquele argumento e manter cláusulas que sendo menos favoráveis têm ainda uma vocação temporária; acresce que fazer uma selecção de normas que se manteriam, seria, como dissemos, seguramente uma forma de criar um novo regime sem qualquer correspondência com a convenção acordada.

506 *Estudos de Direito do Trabalho em Homenagem ao Prof. Manuel Alonso Olea*

v) Quinto: não explica, ignorando a questão central, como é que se mantêm os efeitos face aos contratos de trabalho celebrados na sua vigência, quando a fonte caducou, i.e., cessou *"os seus efeitos"*;

vi) Sexto: esta interpretação seria a forma de, contornando a solução legal, manter indefinidamente uma convenção em vigor, ainda que de forma indirecta, ou seja, ela cessava, mas os seus efeitos mantinham-se, o que quer dizer que a cessação resultaria numa fórmula vazia;

vii) Sétimo: e relativamente aos instrumentos de regulamentação colectiva não negociais aconteceria o mesmo? É que para se ser coerente na posição, a resposta tem de ser positiva, pois não faz sentido que perante um direito fundamental como é a autonomia colectiva se fixe uma restrição, impondo às partes a impossibilidade de estabelecerem um regime temporário, mas se permita que tratando-se de instrumentos não negociais exista uma tutela diferente.

Pense-se, por exemplo, que um regulamento de extensão emitido para uniformizar determinadas situações jurídico-laborais teria de ser mantido eternamente, pois como mesmo que cessasse a convenção os efeitos desta continuavam vigentes, o regulamento de extensão também se teria de manter[103].

Como é fácil perceber tal posição colidiria com a natureza dos instrumentos negociais e não negociais.

Por todo o exposto, no caso de cessação dos efeitos da convenção, sem qualquer sucessão, os destinatários do instrumento autónomo terão a sua situação jurídico-laboral regulada pelas fontes aplicáveis, o que, naturalmente, não inclui o regime decorrente da convenção[104].

---

[103] Naturalmente não considerando a hipótese – que é indefensável – de se defender que o conteúdo do regulamento se incorpora no contrato de trabalho.

[104] Isto não impede, logicamente, que o conteúdo de algumas cláusulas da convenção se possam manter nos casos em que o empregador e trabalhador tenham regulado o contrato de trabalho por remissão material para a convenção. Nesta situação é preciso destrinçar a remissão material da formal; no primeiro caso, o empregador e trabalhador estabelecem cláusulas individuais cujo conteúdo consta da convenção e, nesta situação, naturalmente, que a cessação da convenção não afecta o conteúdo do contrato; na segunda hipótese – remissão formal – empregador e trabalhador remetem o conteúdo de cláusulas do contrato para as existentes na convenção, sujeitando o regime individual às alterações existentes na convenção, pelo que cessando esta, o contrato de trabalho, na falta de cláusula expressa, poderá ser integrado nos termos do artigo 239.° do CC.

REGIME JURÍDICO DO TRABALHO EM COMISSÃO DE SERVIÇO*

LUÍS MIGUEL MONTEIRO

SUMÁRIO: *§1. Introdução. §2. Âmbito subjectivo da comissão de serviço – a administração societária. §3. Regimes laboral e comercial de desempenho das funções de administração societária. §4. Outros cargos a ocupar em regime de comissão de serviço. §5. Regulamentação colectiva. §6. Efeitos do desrespeito pelo âmbito subjectivo da comissão de serviço §7. Formalização da comissão de serviço §8. Relação entre regime da comissão de serviço e contrato de trabalho §9. Cessação da comissão de serviço*

§1. O DL 404/91, de 16 de Outubro[1], regula, no âmbito do Direito Privado[2], a prestação de trabalho subordinado em regime de comissão de

---

* O presente estudo tem por objecto o regime jurídico da comissão de serviço no âmbito do Direito Privado do Trabalho, tal como resultava do DL 404/91, de 16 de Outubro. A entrada em vigor do Código do Trabalho justifica as pequenas referências ao que este diploma traz de novo à disciplina da figura em apreço.

[1] São deste diploma todas as disposições legais citadas sem indicação de origem.

[2] Como é sabido, a disciplina jurídica da comissão de serviço foi iniciada e desenvolvida no Direito Administrativo, no âmbito do qual constitui a forma exclusiva de nomeação para determinados cargos (pessoal dirigente e equiparado – cfr. DL 427/89, de 7 de Dezembro, art.º 7.º/1 e Lei 49/99, de 22 de Junho, art.º 18.º) e modo de funcionário com nomeação definitiva prestar temporariamente funções de carreira distinta da sua (DL 427/89, art.ºs 7.º/1 e 24.º).

508 *Estudos de Direito do Trabalho em Homenagem ao Prof. Manuel Alonso Olea*

serviço[3]. Trata-se de disciplina jurídica que permite ao empregador ocupar, através de nomeações transitórias, de duração limitada, postos de trabalho que correspondem a necessidades permanentes da empresa.

Para isso, este regime jurídico oferece duas alternativas ao empregador: a contratação de novos trabalhadores para o efeito – comissão de serviço em sentido amplo ou *externa*, por recorrer a trabalhadores externos, isto é, sem prévio vínculo jurídico-laboral à empresa[4] – ou o aproveitamento dos que já emprega, mantendo porém a possibilidade de, a qualquer momento, os fazer regressar ao exercício das suas funções habituais (comissão de serviço *interna* ou em sentido técnico).

A importância – dir-se-ia mesmo a necessidade – da figura decorre do confronto entre princípios gerais do Direito do Trabalho, concretamente, a segurança no emprego (Constituição da República Portuguesa, art.º 53.º) e a irreversibilidade da carreira profissional [Regime Jurídico do Contrato Individual de Trabalho, aprovado pelo DL 49.408, de 24 de novembro de 1969 (LCT), art.º 21.º/1, d)], por um lado, e as especiais exigências de confiança que determinados cargos ou núcleos de funções supõem, por outro. A prevalência daqueles princípios imporia a permanência dos trabalhadores nos mencionados cargos mesmo após o desaparecimento do laço fiduciário que justificara a nomeação, solução inaceitável à luz da valoração da confiança como elemento decisivo de determinadas relações laborais.

É certo que jurisprudência e doutrina nacionais vinham assinalando, há muito, a viabilidade legal de regimes, regra geral assentes na regulamentação colectiva, em que o exercício de funções era marcado pela dependência pessoal face ao titular da estrutura produtiva na qual se inseria o exercício funcional, com consequências a diversos níveis[5]. Tratava-se, no entanto, de soluções circunscritas às funções dirigentes e limitadas pela impossibilidade legal de responder à ruptura da relação de confiança através da criação de formas novas de cessação do vínculo laboral.

---

[3] Não se trata, porém, de intervenção legislativa pioneira, porquanto eram já conhecidas outras *comissões de serviço* em relações privadas de trabalho subordinado, como as que permitiam a trabalhadores de empresas públicas o exercício de funções específicas noutras empresas públicas (DL 260/76, de 8 de Abril, art.º 32.º). *Vide*, a este propósito, as referências feitas em JORGE LEITE, "Comissão de serviço", *Questões Laborais*, Ano VII, n.º 16, 2000, p. 155.

[4] JORGE LEITE, *est. cit.*, pp. 154 e 156.

[5] Cfr. ANTÓNIO MENEZES CORDEIRO, *Manual de Direito do Trabalho*, Coimbra, 1991, p. 672 e ss.

A disciplina legal da comissão de serviço veio submeter leque mais alargado de relações jurídicas às regras da transitoriedade da função e da reversibilidade do título profissional[6]. O exercício de determinadas funções só se mantém enquanto perdurar a relação de confiança que as caracteriza. Após a quebra desta – porque se altera a composição do capital social da sociedade, porque muda o elenco da sua administração, porque simplesmente se revê o juízo sobre as capacidades de determinado trabalhador – é possível pôr termo ao desempenho funcional e, eventualmente, à própria relação de trabalho.

Na perspectiva do trabalhador, o recurso ao regime da comissão de serviço facilita o acesso a determinadas funções. De algum modo, democratiza certos postos de trabalho, tornando-os acessíveis em função do mérito ou da capacidade profissional do respectivo titular. Neste sentido, a comissão de serviço é mais um instrumento para dissociar titularidade e gestão da empresa: gere a unidade produtiva quem é mais qualificado, não quem é seu proprietário.

Por outro lado e como se verá, a cessação da comissão de serviço fornece ao trabalhador uma garantia alternativa importante: assegura-lhe ou um posto de trabalho ou uma compensação ressarcitória da sua antiguidade, em caso de cessação da relação contratual. E garante-lhe esta compensação mesmo que seja sua a iniciativa de ruptura, permitindo-lhe decidir livremente se aceita a regressão do seu estatuto profissional que o termo da comissão inapelavelmente importa.

As vantagens para o empregador são evidentes e centram-se no carácter temporário da prestação em regime de comissão de serviço. No caso dos trabalhadores já vinculados à empresa em momento prévio à celebração do acordo de comissão de serviço, a temporaneidade permite escapar à aplicação do princípio da irreversibilidade da carreira profissional e à proibição de baixa de categoria que aquele impõe [LCT, art.° 21.°/1, d)]. No caso de trabalhadores contratados, *ab initio*, em regime de comissão, a mesma característica fornece uma causa específica para a cessação do vínculo laboral, dificilmente recondutível às causas gerais [cfr. Regime jurídico da cessação do contrato individual de trabalho e da celebração e caducidade do contrato de trabalho a termo LCCT), art.° 3.°/2].

---

[6] ANTÓNIO MONTEIRO FERNANDES, *Direito do Trabalho*, Coimbra, 1999, p. 213; Acórdão do Supremo Tribunal de Justiça de 24 de Maio de 2000, *Colectânea de Jurisprudência/STJ*, 2000, t. 2, p. 274.

510 *Estudos de Direito do Trabalho em Homenagem ao Prof. Manuel Alonso Olea*

Deste modo, o DL 404/91 dá corpo a uma disciplina específica, que contribui para o pluralismo do Direito do Trabalho e contraria a tendência ainda hoje dominante de uniformização legislativa no domínio das relações de trabalho subordinado[7]. É propósito deste estudo examinar em que termos e sob que condições este regime é admitido no ordenamento jurídico-laboral.

§2. Por se tratar de regime através do qual se afastam princípios estruturantes do Direito do Trabalho, a lei preocupa-se de modo especial em delimitar o âmbito subjectivo da comissão de serviço, descrevendo taxativamente os casos que esta constitui alternativa para a contratação.

Podem ser ocupados em comissão de serviço os cargos de administração, de direcção directamente dependente da administração, de secretariado pessoal relativamente a ambos aqueles cargos e os respeitantes a outras funções previstas em Convenção Colectiva de Trabalho cuja natureza se fundamente numa especial relação de confiança (art.º 1.º/1).

Cumpre analisar, um a um, todos estes casos.

A referência aos cargos de *administração* não se afigura isenta de dúvidas. Desde logo, há que saber se a expressão é utilizada em sentido técnico, isto é, para designar o órgão executivo da sociedade comercial, em qualquer das suas modalidades, ou numa acepção menos rigorosa, com a qual se aludiria a qualquer cargo com funções executivas ou de gestão de pessoa colectiva, situado em plano imediatamente inferior ao do órgão societário executivo.

A relação jurídica de comissão de serviço tem natureza laboral. O trabalho assim prestado é subordinado, ou seja, é realizado sob a autoridade e direcção de outrem (LCT, art.º 1.º). Esta qualificação é assumida inequivocamente pelo legislador, desde logo quando reconhece a disciplina do contrato individual de trabalho como subsidiária da comissão de serviço, ao mesmo tempo que a caracteriza como "regime geral" (art.º 6.º). De resto, nem de outro modo se entenderia a possibilidade de aplicação, afirmada em diversas ocasiões, da regulamentação colectiva de trabalho (cfr., art.ºs 1.º/1 e 4.º/4), cujo conteúdo regulativo, como se sabe, tem por destinatários os trabalhadores e as entidades patronais "vinculados por

---

[7] PEDRO FURTADO MARTINS, "O Acordo Económico e Social e a evolução do Direito do Trabalho português", *Os Acordos de Concertação Social em Portugal*, I-Estudos, Lisboa, s.d., p. 135.

Regime jurídico do trabalho em comissão de serviço 511

contratos individuais de trabalho" [DL 519-C1/79, de 29 de Dezembro (LRCT), art.° 5.°/b)].

Afirmar que a administração societária, *maxime*, o cargo de administrador de sociedade anónima pode ser exercido em comissão de serviço, implica, por isso, reconhecer natureza laboral, pelo menos nestes casos, à relação jurídica de administração. O problema a equacionar é, deste modo, o da natureza jurídica da relação de administração societária.

A questão, a que só é possível fazer aqui brevíssima referência, tem sido tradicionalmente abordada nos planos – distintos embora nem sempre distinguidos – da determinação da fonte da relação jurídica e da qualificação da natureza desta[8].

Quanto à primeira daquelas perspectivas, alguma doutrina situa a génese da relação de administração no acto jurídico unilateral da nomeação, cuja eficácia fica sujeita a outro acto unilateral – a aceitação[9]. Para outros, aí existe um contrato, formado pelo encontro da vontade societária de designação, por eleição ou outro modo idóneo, com a declaração de aceitação expressa pelo administrador[10]. Outros ainda identificam, a par deste contrato de *emprego*, uma relação orgânica, que surge com a designação do administrador e tem a natureza unilateral[11].

Embora o problema mantenha importância à luz das outras explicações, é no domínio das configurações contratuais para a relação estabelecida entre sociedade e administrador que se acentuam os esforços para submeter a respectiva disciplina ao regime de algum dos contratos típicos. Tende, no entanto, a prevalecer a qualificação como contrato *a se*, desig-

---

[8] Sobre a questão, ver ILÍDIO DUARTE RODRIGUES, *A Administração das Sociedades por Quotas e Anónimas*, Lisboa, 1990, p. 263 e ss.; LUÍS BRITO CORREIA, *Os Administradores de Sociedades Anónimas*, Coimbra, 1993, Partes II e IV; ANTÓNIO MENEZES CORDEIRO, *Da Responsabilidade Civil dos Administradores das Sociedades Comerciais*, Lisboa, 1997, p. 384 e ss. Este autor conclui, no entanto, que "a situação jurídica de administração não pode ser definida com recurso à via da sua constituição", podendo "ser contratual ou não contratual sem, por isso, perder a sua unidade" (p. 395).

[9] V.g., entre nós, JORGE PINTO FURTADO, *Curso de Direito das Sociedades*, Coimbra, 2000, p. 329, pelo menos quanto aos titulares dos órgãos que, sendo sócios da sociedade, sejam designados em assembleia geral.

[10] Por exemplo, BRITO CORREIA, *op. cit.*, p. 454 e ss.; ANTÓNIO PEREIRA DE ALMEIDA, *Sociedades Comerciais*, Coimbra, 1999, pp. 108 e 109; MIGUEL PUPO CORREIA, *Direito Comercial*, Lisboa, 2001, pp. 545 e 546.

[11] Cfr. ANTÓNIO FERRER CORREIA, *Lições de Direito Comercial*, vol. II, Coimbra, 1968, p. 324 e ss., maxime, pp. 330 a 332 e, desenvolvidamente, DUARTE RODRIGUES, *op. cit.*, p. 270 e ss..

512 Estudos de Direito do Trabalho em Homenagem ao Prof. Manuel Alonso Olea

nado *de administração*[12], a que subsidiariamente ou por analogia são aplicáveis as regras do mandato[13].

Àquela qualificação chega-se, também, por expressa recusa da natureza laboral da relação jurídica. No que respeita às sociedades anónimas, parte significativa da doutrina e da jurisprudência conclui mesmo pela impossibilidade legal da natureza laboral da relação de administração. É sobretudo aqui que a questão ganha relevo específico para o presente estudo, pois a proibição da natureza laboral da relação de administração societária impediria que esta se pudesse constituir e desenvolver ao abrigo de um instituto tipicamente laboral como é a comissão de serviço.

A favor da tese da impossibilidade legal tem sido invocado o preceito do artigo 398.°/1 do Código das Sociedades Comerciais, do qual se conclui "que o vínculo estabelecido com o administrador societário não é um contrato de trabalho"[14].

Não se afigura que o argumento possa proceder. Recorde-se que a norma mencionada se limita a estabelecer que "durante o período para o qual foram designados, os administradores não podem exercer, na sociedade ou em sociedades que com esta estejam em relação de domínio ou de grupo, quaisquer funções temporárias ou permanentes ao abrigo de contrato de trabalho, subordinado ou autónomo, nem podem celebrar quaisquer desses contratos que visem uma prestação de serviços quando cessarem as funções de administrador". O número 2 do mesmo artigo 398.° acrescenta que "quando for designada administrador uma pessoa que, na sociedade ou em sociedades referidas no número anterior, exerça qualquer das funções mencionadas no mesmo número, os contratos relativos a tais

---

[12] Cfr. os autores citados na nota 10. Como se disse, MENEZES CORDEIRO recusa reconduzir a administração societária a um contrato. Não deixa, porém, de a retratar como "realidade autónoma, de cariz societário, com factos constitutivos múltiplos, privada, patrimonial, complexa, compreensiva e nuclearmente absoluta" (*Da Responsabilidade Civil cit.*, p. 396).

[13] FERRER CORREIA, *op. cit.*, p. 331; MONTEIRO FERNANDES, *op. cit.*, p. 167; PUPO CORREIA, *op. cit.*, p. 545.

[14] PEDRO ROMANO MARTINEZ, *Direito do Trabalho*, Coimbra, 2002, p. 315. No mesmo sentido, MÁRIO PINTO, PEDRO FURTADO MARTINS e ANTÓNIO NUNES DE CARVALHO, *Comentário às Leis do Trabalho*, I, Lisboa, 1994, nota 6 ao artigo 1.° da LCT, p. 29, segundo os quais "(...) longamente se discutiu na doutrina e na jurisprudência a exacta natureza do vínculo existente entre uma sociedade e os seus gerentes ou administradores. No tocante aos administradores de sociedades anónimas, a resposta acha-se hoje contida no art. 398.° do Código das Sociedades Comerciais, onde expressamente se veda a possibilidade de coexistência efectiva de um vínculo laboral com o exercício de tal função".

Regime jurídico do trabalho em comissão de serviço

funções extinguem-se, se tiverem sido celebrados há menos de um ano antes da designação, ou suspendem-se, caso tenham durado mais do que esse ano".

Como decorre da sua letra, a previsão normativa não tem por objecto a relação entre sociedade e administrador, *enquanto* administrador, mas a (im)possibilidade da coexistência daquele vínculo com outra relação jurídica de trabalho (subordinado ou autónomo). Recusa-se a pluralidade de vínculos jurídicos entre sociedade e administrador, impedindo que este esteja adstrito a qualquer outra prestação, distinta da que constitui o objecto da sua administração. Cria-se impedimento ou incompatibilidade inerente ao exercício de funções de administração, evitando que a posição de supremacia e de participação na formação da vontade societária inerente àquelas funções redunde no benefício próprio, no proveito pessoal.

Não se retira da norma em apreço, por isso, qualquer argumento quanto à natureza ou qualificação jurídica da relação de administração, nem quanto à sua incompatibilidade genética com o trabalho subordinado. Nem mesmo, acrescenta-se, quanto ao regime a que a administração societária fica submetida[15].

De resto, se o preceito impedisse o exercício das funções de administração em regime de trabalho subordinado, do mesmo modo recusaria para essas funções a configuração que tradicionalmente lhe és apontada, pelo menos para o efeito da aplicação, subsidiária, do regime legal do mandato. É que o artigo 398.°/2 do Código das Sociedades Comerciais proíbe ao administrador não apenas o trabalho subordinado, mas igualmente o "trabalho autónomo", expressão geralmente lida como referenciando a prestação de serviços[16], de que o mandato é modalidade (Código Civil, art.° 1155.°). A crer nesta interpretação, o legislador também teria impedido que a administração societária fosse qualificável como mandato e, obviamente, lhe fosse aplicável o respectivo regime. Ora, a circunstância do administrador não poder prestar (outro) serviço à sociedade não é obstáculo a que preste um serviço *enquanto* administra a sociedade.

---

[15] Em sentido contrário, BRITO CORREIA (*op. cit.*, pp. 592 e 593), para quem o mesmo preceito "pressupõe também, embora menos seguramente, que o regime da relação de administração não se identifica nem com o regime do contrato individual de trabalho, nem com o regime do contrato de prestação de serviço (trabalho autónomo): tem um regime distinto".

[16] Vd. RAÚL VENTURA, *Novos Estudos Sobre Sociedades Anónimas e Sociedades em Nome Colectivo*, Coimbra, 1994, p. 193; PUPO CORREIA, *op. cit.*, p. 550, nota 532.

514 *Estudos de Direito do Trabalho em Homenagem ao Prof. Manuel Alonso Olea*

Por outro lado, a entender-se que a mencionada proibição expressaria a incompatibilidade entre a natureza da prestação do administrador e a do trabalhador subordinado, ela teria de abranger os cargos directivos noutros tipos societários, *maxime*, os gerentes das sociedades por quotas, porquanto não existem diferenças estruturais entre aqueles cargos. Ao invés e na ausência de regra expressa, tem-se concluído pela aplicação exclusiva do artigo 398.º às sociedades anónimas[17].

Quando se analisa a admissibilidade do exercício das funções de administração societária em execução de comissão de serviço laboral, o aspecto regimental que está em causa não é o da acumulação de vínculos jurídicos – relação de trabalho e relação de administração – mas o da apreensão da natureza de um único vínculo – o da administração. Para a resolução desta questão, as normas do artigo 398.º do Código das Sociedades Comerciais em nada contribuem.

Outro argumento com frequência esgrimido para afastar a eventual natureza laboral da administração societária respeita à confusão entre o titular do poder directivo e o vinculado à direcção, isto é, à reunião, na mesma pessoa, da entidade com competência para dirigir o trabalho e punir disciplinarmente quem incumpra as suas obrigações, por um lado, e, por outro, a pessoa obrigada àquela direcção e sujeita a esta punição.

Também não se encontra, aqui, fundamento suficiente para recusar a natureza laboral da administração societária. O argumento esquece a distinção básica entre órgão, enquanto centro de imputação de interesses da pessoa colectiva, e respectivo titular, escamoteando a circunstância de, muitas vezes e a propósito de uma diversidade de matérias, o administrador formar a vontade da pessoa colectiva ou expressar uma vontade já formada, que o tem a si próprio como destinatário.

A circunstância da relação entre assembleia geral e administração não revestir as características da direcção/subordinação não depõe em sentido contrário ao afirmado. No caso em apreço, a subordinação verifica-se, tipicamente, entre o (administrador) subordinado e o dirigente, que na maioria das vezes será o órgão de administração cuja vontade é formada por intervenção decisiva de outra pessoa singular, a qual, em razão da sua

---

[17] Os tribunais portugueses têm decidido reiteradamente que o artigo 398.º do Código das Sociedades Comerciais não é susceptível de aplicação (analógica) à hipótese de acumulação de funções de gerente de sociedade por quotas e de trabalhador: *vide*, por exemplo, o Acórdão do Supremo Tribunal de Justiça de 29 de Setembro de 1999 (*Acórdãos Doutrinais do Supremo Tribunal Administrativo*, 461.º/784).

Regime jurídico do trabalho em comissão de serviço 515

participação directa no capital social ou da representação de sócio com participação relevante no capital social, molda efectivamente a vontade da pessoa colectiva.

Esta análise não conduz, obviamente, à conclusão de que a administração societária tem necessária natureza laboral. Pode tê-lo ou não, consoante se verifique, ou não, que a prestação é oferecida em termos laboralmente relevantes, isto é, que é executada de modo juridicamente subordinado ou autónomo[18].

É que não se afigura possível afirmar a natureza necessariamente subordinada de certas prestações. Não existem actividades humanas por definição prestadas no âmbito do contrato de trabalho, mas situações jurídicas em que o modo de prestar revela a existência de subordinação. No fundo, todas as prestações de *facere* podem ser cumpridas autónoma ou subordinadamente – a opção não se faz entre a natureza das prestações, mas entre a posição do sujeito que as presta[19].

Esta conclusão alcança notável projecção no domínio em apreço. O vínculo jurídico de administração societária não tem obrigatória natureza laboral, nem tão pouco natureza oposta a esta. Tê-la-á em função do que for possível apreender sobre o modo como são exercidas as funções. Ou seja, tê-lo-á se e na medida em que a subordinação jurídica for apreensível, pela mesma forma e segundo o mesmo critério que o tem sido a propósito de outras distinções.

---

[18] Como se sabe, a subordinação jurídica, entendida como o dever de obediência do trabalhador às ordens e instruções emergentes do credor da prestação de trabalho (LCT, art.º 1.º), constitui o elemento identificador central da relação de trabalho subordinado e o critério de distinção desta face a figuras próximas.

[19] Ver, por todos, MARIA DO ROSÁRIO PALMA RAMALHO, *Da Autonomia Dogmática do Direito do Trabalho*, Coimbra, 2001, p. 70 e ss., particularmente pp. 96 a 105. A autora distingue, dentro da actividade ou prestação laborativa, correspondente à ideia de conduta produtiva livre para outrem e que constitui "o denominador comum às várias formas de prestação de trabalho valoradas pela ordem jurídica" (trabalho gratuito ou oneroso, de forma autónoma ou dependente, no contexto de um negócio jurídico privado ou de direito público) [p. 78], a actividade laboral, caracterizada "pela adição, ao binómio objectivo de troca entre a actividade laborativa e a remuneração, de um binómio subjectivo, atinente ao modo como as partes se relacionam com vista ao desenvolvimento da prestação laborativa – o binómio subordinação do trabalhador-domínio do empregador" (pp. 104-105]. Assim, a subordinação não é característica do trabalho – "este é subordinado não porque a actividade laborativa o seja mas porque o trabalhador o é ao sujeitar-se aos poderes de direcção e disciplina do empregador (*idem*, p. 104), o que permite concluir pela "possibilidade de desempenho da mesma actividade produtiva num enquadramento jurídico laboral ou num enquadramento jurídico de outro tipo" (p. 105).

516 *Estudos de Direito do Trabalho em Homenagem ao Prof. Manuel Alonso Olea*

De resto, exactamente por não se tratar de questão relativa à natureza da prestação, é que funções materialmente idênticas nas sociedades por quotas têm sido pacificamente enquadradas no trabalho subordinado. Se incompatibilidade houvesse entre administração societária e trabalho subordinado, esta também afastaria igualmente as funções de gerência.

Entende-se, por isso, que sempre que a relação de administração societária assuma as características do trabalho subordinado – por ser prestada sob a autoridade e direcção de outrem – pode constituir-se a partir da celebração de um contrato de comissão de serviço.

§3. É certo que a aplicação da disciplina legal do trabalho subordinado à relação de administração societária pode causar dificuldades de articulação entre regimes jurídicos, além de ser susceptível de conduzir a resultados adversos às exigências da gestão societária. Pode mesmo considerar-se que as normas que no Código das Sociedades Comerciais regulam as tarefas de direcção das sociedades comerciais fornecem tutela mais adequada aos interesses em presença do que as que disciplinam o trabalho subordinado. Afigura-se, de resto, ser esta a verdadeira razão por que alguma doutrina e jurisprudência recusam de modo sistemático a qualificação como laboral de determinados vínculos de administração – não por não reconhecerem neles as características do trabalho subordinado, mas por se entender desnecessária a protecção a que este conduziria.

Curiosamente, o regime da comissão de serviço suporta perfeitamente não apenas as preocupações de transitoriedade da administração societária, como a aplicação do mencionado regime comercial. Desde logo, por possibilitar, a todo o momento e por declaração unilateral de qualquer das partes, a cessação das funções exercidas. Depois, por não conter regras imperativas reguladoras do conteúdo da relação jurídica durante o período de cumprimento da comissão que contendam, no essencial, com o que decorre do regime estabelecido no Código das Sociedades Comerciais.

O que se fixa de modo imperativo na comissão de serviço são os respectivos factos constitutivos e extintivos. A este nível, alguns aspectos de articulação entre regime laboral e disciplina comercial carecem de adequada explicação.

Assim sucede com a solução comercial de cessação do contrato de trabalho do empregado com antiguidade inferior a um ano designado administrador (Código das Sociedades Comerciais, art.° 398.°/2), em oposi-

---

[20] RAÚL VENTURA, *op. cit.*, p. 196.

ção à subsistência do mesmo contrato durante o período da comissão de serviço, o qual, no mínimo, apenas cessará no termo da comissão se nisso acordarem os contraentes, como decorre do artigo 3.°/3 do DL 404/91. Sublinhe-se que essa contradição já não se verifica quando o trabalhador tenha antiguidade superior a um ano, pois, neste caso, os efeitos da suspensão do contrato de trabalho determinada pelo artigo 398.°/2 do Código das Sociedades Comerciais são coincidentes com o que no regime laboral se encontra previsto para o período de vigência da comissão de serviço.

A contradição assinalada deveria ser resolvida pela constatação de que "para os casos em que for aplicável, o D.L. 404/91 derrogou essa norma [do artigo 398.°/2] do CSC"[20]. Todavia, esta mesma norma, na parte em que determina a cessação dos contratos dos trabalhadores com antiguidade inferior a um ano, já foi declarada inconstitucional, embora sem força obrigatória geral[21], o que torna possível dizer que no ordenamento jurídico português nenhuma solução normativa impõe a cessação do contrato de trabalho por efeito da ocupação do cargo de administrador societário. Não haveria, assim, incompatibilidade entre os regimes legais assinalados.

Quanto à cessação das funções de administração, outra alegada incongruência de soluções pode ser invocada. É que enquanto a comissão de serviço pode cessar a todo o tempo, mediante comunicação dirigida à outra parte com antecedência que varia em função da antiguidade da comissão de serviço (art.° 4.°/1 e 2), a administração societária termina, no que interessa ao objecto do presente estudo, no termo do prazo para que o administrador foi nomeado (Código das Sociedades Comerciais, art.° 391.°/3)[22] ou por destituição deliberada pela assembleia geral (*idem*, art.° 403.°/1).

Neste último caso, a destituição gera a obrigação de indemnizar, excepto se fundada em justa causa (Código das Sociedades Comerciais, art.° 257.°/7, aplicável por analogia às sociedades anónimas). Para a determinação dos prejuízos ressarcíveis, computar-se-á o tempo em falta para perfazer o prazo por que o administrador destituído fora designado, nunca superior a quatro anos (*idem*, art.°s 257.°/7 e 391.°/3). Como compatibilizar este regime com a possibilidade de cessação, a todo o tempo e sem consequências indemnizatórias, da comissão de serviço que parece resultar do artigo 4.°/1 do respectivo regime jurídico?

---

[21] Pelo Acórdão do Tribunal Constitucional n.° 1018/96, de 9 de Outubro (*Diário da República*, II.ª Série, de 13 de Dezembro de 1996).

[22] Sem prejuízo de se manter em funções até nova designação – cfr. Código das Sociedades Comerciais, art.° 391.°/4.

518   *Estudos de Direito do Trabalho em Homenagem ao Prof. Manuel Alonso Olea*

Reconhecendo-se embora a dificuldade da questão, é possível propor alguns caminhos interpretativos.

Em primeiro lugar, como se assinalará (*infra*, §9), é defensável o entendimento segundo o qual mesmo a cessação da comissão de serviço depende da verificação de factos que, de modo objectivo, justifiquem a ruptura do vínculo fiduciário que caracteriza o instituto em análise. Assim, na administração societária exercida em regime de comissão de serviço, a justa causa de destituição seria densificada em torno da ideia de quebra da relação de confiança, objectivamente demonstrável.

Por outro lado, mesmo aceitando que o artigo 4.º/1 contempla a possibilidade de denúncia, a todo o tempo, da comissão de serviço, entende-se que as consequências do exercício dessa faculdade não podem ser iguais consoante se esteja perante a extinção de relação por tempo indeterminado ou a cessação antecipada de comissão de serviço à qual tenha sido fixado termo certo. Neste último caso, a extinção gerará, também, o dever de ressarcir os danos causados com o incumprimento contratual, de modo em tudo idêntico ao previsto no artigo 257.º/7 do Código das Sociedades Comerciais e sem prejuízo de o valor indemnizatório ser subtraído do montante que o trabalhador venha a auferir, no período remanescente, em virtude do regresso às funções que desempenhava antes do início da comissão de serviço ou do seu ingresso em categoria constante do acordo de comissão de serviço [art.º 4.º/3, a)], como impõe o artigo 794.º do Código Civil.

A este entendimento sempre se pode opor a constatação de que o exercício da administração em sociedade anónima é obrigatoriamente sujeito a termo (Código das Sociedades Comerciais, art.º 391.º/3), sendo natural que o provimento naquele cargo em regime de comissão também o seja. A circunstância redundaria, na prática, à inutilização da faculdade de denúncia da comissão de serviço propiciada pelo artigo 4.º, enquanto forma de pôr termo ao vínculo de modo lícito e sem obrigação de indemnizar.

Não é exacto, contudo, que a natureza temporária do exercício das funções de administração societária arraste consigo, de modo automático, a temporaneidade da comissão de serviço. Esta pode constituir-se por tempo indeterminado, tendo como pressuposto a obrigação de assegurar a sucessiva reeleição do trabalhador para novos e sucessivos períodos como membro do Conselho de Administração.

Mesmo que isso não aconteça, tenha-se presente o ponto de partida desta específica reflexão: a aparente oposição – residual, face às considerações feitas nos parágrafos anteriores – entre a solução societária que

Regime jurídico do trabalho em comissão de serviço 519

obriga a indemnizar em caso de destituição, sem justa causa, das funções de administrador de sociedade anónima e a possibilidade, decorrente do regime da comissão de serviço, de cessação, lícita e a todo o tempo, do exercício das mesmas funções. Ainda assim, a congruência das duas soluções resulta do carácter supletivo do regime societário. O artigo 257.º/7 do Código das Sociedades Comerciais, aplicado às sociedades anónimas, reconhece ao administrador destituído sem justa causa o "direito a ser indemnizado dos prejuízos sofridos, entendendo-se, porém, que ele não se manteria no cargo ainda por mais de quatro anos ou do tempo que faltar para perfazer o prazo por que fora designado", "*não havendo indemnização contratual estipulada*". Entende-se que quando aplicável, o regime da comissão de serviço e, concretamente, a compensação prevista no respectivo artigo 4.º/3, alínea c), constituem a estipulação contratual que afasta a aplicação do mencionado preceito do Código das Sociedades Comerciais.

§4. Um segundo núcleo de funções susceptível de ser exercido em regime de comissão de serviço é isolado através da ideia de **direcção** dependente da administração. Estão em causa os cargos de chefia em plano imediatamente inferior ao da administração empresarial – o director-geral, o director de serviços e outros cargos de natureza semelhante.

Deste elenco excluem-se os cargos de chefia exercida directamente sobre trabalhadores e todos os cargos hierárquicos que não envolvam a coordenação de outras chefias (art.º 1.º/2). Esta regra já não consta do Código do Trabalho (cfr. art.º 244.º); não obstante, deve entender-se que neste diploma continuam a ficar excluídos da contratação em comissão de serviço os cargos de chefia exercida directamente sobre trabalhadores. Aquela regra só foi suprimida do Código do Trabalho por desnecessária face à eliminação, neste, da possibilidade do recurso à comissão de serviço para contratar "dirigentes ou directores máximos de estabelecimentos com não mais de vinte trabalhadores, desde que o cargo de direcção envolva capacidade de gestão e chefia com ligação directa à administração da empresa" (DL 404/91, art.º 1.º/2, *in fine*).

A distinção entre cargos de direcção e de chefia directa, para efeitos de aplicação deste regime, baseia-se na ideia de *chefia de chefias*, pois apenas os cargos de coordenação indirecta de trabalhadores podem ser exercidos em comissão de serviço. A concretização deste critério far-se-á através do recurso ao elenco das categorias reguladas no instrumento de regulamentação colectiva aplicável na empresa e ao próprio organigrama ou quadro de pessoal desta. A análise do conteúdo funcional das catego-

520   *Estudos de Direito do Trabalho em Homenagem ao Prof. Manuel Alonso Olea*

rias em que se encontram classificados os trabalhadores e do relacionamento entre aquelas, constituirá, em última análise, o critério de decisão da admissibilidade do recurso ao regime da comissão de serviço.

Como se disse, ao contrário do que acontecerá na vigência do Código do Trabalho, o DL 404/91 permite contratar em regime de comissão de serviço os dirigentes ou directores máximos de estabelecimentos com não mais de vinte trabalhadores, desde que o cargo de direcção envolva capacidade de gestão e chefia com ligação directa à administração da empresa (art.º 1.º/2, *in fine*).

O legislador atendeu à realidade dos estabelecimentos[23] de pequena ou média dimensão[24], muitas vezes organizados como estruturas dotadas de autonomia significativa e dirigidos por um trabalhador, no qual são delegados poderes tipicamente empresariais, não apenas os inerentes à direcção de outros trabalhadores, mas os necessários ao exercício do comércio. É o caso típico, mas não exclusivo, do gerente comercial (Código Comercial, art.ºs 248.º e 249.º).

Também as funções de secretariado pessoal relativamente aos cargos de administração e de direcção dependentes da Administração se encontram incluídas no elenco das que podem ser exercidas em comissão de serviço. Os trabalho preparatórios do texto legal fornecem, neste particular domínio, relevante elemento interpretativo, pois foi já na Assembleia da República que, na redacção da Lei de Autorização Legislativa, o adjectivo "pessoal" foi acrescentado à locução "funções de secretariado"[25]. Existe, por isso, propósito claramente restritivo, à luz do qual é admitido o recurso à comissão de serviço para o assegurar funções de secretariado do titular

---

[23] Não necessariamente estabelecimento comercial em sentido técnico, mas toda a organização técnico-laboral dirigida à obtenção de um qualquer fim económico. Julga-se possível recorrer a este regime para prover, por exemplo, à contratação de representante ou delegado de associação ou fundação, incumbido de chefiar uma filial ou um escritório de representação.

[24] JORGE LEITE (*est. cit.*, pp. 158 e 159, nota 10) critica esta opção, afigurando-se-lhe "que, a fixar-se alguma fronteira com base no critério da dimensão pessoal do estabelecimento, excluídos do regime da comissão de serviço deveriam ser os «gerentes» dos estabelecimentos mais pequenos e não os dos maiores".

[25] ANTÓNIO MENEZES CORDEIRO, "Da constitucionalidade das comissões de serviço laborais", *Revista de Direito e de Estudos Sociais*, 1991, n.ºs 1-2 (Janeiro-Junho), p. 133. A génese do regime jurídico em apreço encontra-se no Acordo Económico e Social celebrado, em 19 de Outubro de 1990, entre Governo, UGT, CIP e CCP, no âmbito do Conselho Permanente de Concertação Social – cfr. FURTADO MARTINS, "O Acordo Económico e Social" *cit.*, p. 93 e ss.

Regime jurídico do trabalho em comissão de serviço 521

de órgão, serviço ou estabelecimento, mas não, indiferenciadamente, de todos os restantes membros ou titulares daqueles.

§5. A convenção colectiva pode ainda estender a aplicação da comissão de serviço a outras funções, "cuja natureza se fundamente numa especial relação de confiança" (art.º 1.º/1).

Esta possibilidade é sensivelmente restringida no Código do Trabalho, segundo o qual os instrumentos de regulamentação colectiva apenas podem prever a contratação em comissão de serviço para funções "cuja natureza também suponha, quanto aos mesmos titulares [dos cargos de administração e de direcção dependentes da administração], especial relação de confiança" (art.º 244.º[26]). Ao contrário de um regime que oferecia à regulamentação colectiva a possibilidade de livre extensão da comissão de serviço, com o único limite da "especial relação de confiança" inerente à natureza das funções, o Código do Trabalho limita-a aos cargos cuja natureza suponha, relativamente aos administradores e directores, relação de confiança de grau idêntico à do respectivo secretariado pessoal.

Com a referência à "especial relação de confiança" pressuposta pela natureza das funções a que a contratação colectiva aplicará a comissão de serviço apela-se aos intervenientes na negociação para que não desvirtuem o instituto, estendendo-o a cargos em que o elemento de confiança não seja particularmente notório. No entanto, não se afigura possível, uma vez estabelecido na convenção colectiva o elenco dos cargos que podem ser desempenhados em comissão de serviço, sindicar a opção aí feita, seja por via da anulação da cláusula convencional que estabelece aquele elenco (DL 519-C1/79, de 29 de Dezembro, art.º 43.º), seja através da censura do concreto vínculo de comissão de serviço constituído em aplicação do regime colectivo.

Curiosa se mostra, no entanto, a possibilidade de sindicar a constitucionalidade das cláusulas de instrumentos de regulamentação colectiva que extravasem a *ratio* da comissão de serviço, permitindo a aplicação desta a cargos em que o elemento de confiança não se destaque como característica particular da relação de trabalho.

---

[26] O artigo 244.º do Código do Trabalho dispõe que "podem ser exercidos em comissão de serviço os cargos de administração ou equivalentes, de direcção dependentes da administração e as funções de secretariado pessoal relativas aos titulares desses cargos, bem como outras, previstas em instrumento de regulamentação colectiva de trabalho, cuja natureza também suponha, quanto aos mesmos titulares, especial relação de confiança".

522 *Estudos de Direito do Trabalho em Homenagem ao Prof. Manuel Alonso Olea*

De acordo com a leitura do Tribunal Constitucional, no Acórdão n.º 64/91, de 4 de Abril de 1991[27], o que subjaz à comissão de serviço e assegura a sua constitucionalidade, designadamente quando a cessação daquela é acompanhada pela extinção do contrato de trabalho, é o "evidente carácter *fiduciário*"[28] dos cargos dirigentes ou a eles equiparados, "de tal forma que, pela sua própria natureza, são exercidos pelos titulares de forma precária"[29]. Em todos os casos para que a lei admite o recurso à comissão de serviço verifica-se "aquela modificação no conteúdo ou na essencialidade do dever de lealdade que MONTEIRO FERNANDES (*ob. cit.*, p. 190) considera típica dos «cargos de direcção ou de confiança»"[30]. É o que basta para o "Tribunal reconhecer que, *nestes casos* (itálico nosso), há fundamento material para um regime de cessação do contrato, restrito ao contrato ou acordo de comissão de serviço, que o fará terminar com a cessação da relação de confiança considerada essencial. Neste caso, a quebra da relação fiduciária torna absolutamente impossível o serviço comissionado, como se de impossibilidade objectiva se tratasse, não tendo sentido falar-se de derrogação de normas inderrogáveis a este propósito"[31].

Neste pressuposto, a conformidade constitucional do instituto será posta em causa se este for aplicado a cargos em que a obrigação de lealdade constitui um dever acessório e não uma parcela essencial da posição jurídica do trabalhador[32]3. Tanto bastaria para suportar uma declaração de inconstitucionalidade da cláusula da convenção colectiva ao abrigo da qual a relação de comissão de serviço foi constituída, se o Tribunal Constitucional se reconhecesse jurisdição para tanto[33].

Já noutro plano, parece certa a limitação à regulamentação colectiva de trabalho possibilidade de tratamento da matéria, com exclusão dos contratos individuais de trabalho, atenta a regra interpretativa constante do ar-

---

[27] Publicado na I.ª série do *Diário da República* de 11de Abril de 1991.

[28] Acórdão *cit.*, p. 1978 (12).

[29] *Idem, ib.*

[30] *Idem, ib.*

[31] *Idem, ib.*

[32] MONTEIRO FERNANDES, *op. cit.*, p. 228.

[33] Como se sabe, a questão da fiscalização da constitucionalidade das convenções colectivas de trabalho tem merecido respostas diversas, mesmo do próprio Tribunal Constitucional, embora pareça prevalecer a orientação contrária à possibilidade daquela fiscalização. Sobre o assunto, *vide*, criticamente, JOSÉ CARLOS VIEIRA DE ANDRADE, "A fiscalização da constitucionalidade das «normas privadas» pelo Tribunal Constitucional", *Revista de Legislação e Jurisprudência*, ano 133.º, n.º 3921, p. 357 e ss., *maxime* p. 363.

Regime jurídico do trabalho em comissão de serviço 523

tigo 13.°/2 da LCT[34]. Mais duvidosa se afigura, todavia, a restrição às convenções colectivas ou, mesmo, aos instrumentos de regulamentação colectiva negociais[35]. A letra do preceito não impressiona, porquanto além de inexistirem razões de fundo para essa limitação, já noutras ocasiões o legislador adoptou a mesma fórmula, sem propósitos restritivos (cfr. DL 519-C1/79, de 29 de Dezembro, art.° 12.°; regime jurídico da cessação do contrato individual de trabalho e da celebração e caducidade do contrato de trabalho a termo, aprovado pelo DL 64-A/89, de 27 de Fevereiro, art.° 59.°).

Propõe-se, por isso, interpretação extensiva do conceito de convenção colectiva de trabalho, de modo a abranger todos os instrumentos de regulamentação colectiva, de carácter negocial ou não negocial. O que corresponde, de resto, à opção expressa do legislador do Código do Trabalho (art.° 244.°).

Conhecem-se alguns exemplos de previsão, em instrumento de regulamentação colectiva, de situações de comissão de serviço. Nalguns casos sem expressa referência a este regime, mas adoptando o que nele é essen-

---

[34] Aparentemente contra, MONTEIRO FERNANDES, *Direito do Trabalho cit.*, p. 214.

[35] Os instrumentos de regulamentação podem ter natureza negocial, sendo celebrados entre entidades representativas dos trabalhadores (os sindicatos) e empregadores, estes actuando individualmente ou através de associações representativas (as associações patronais) [LRCT, art.° 2.°]. Os instrumentos de regulamentação colectiva de trabalho de natureza negocial são a convenção colectiva e o acordo de adesão. Aquela conhece ainda três modalidades: contrato colectivo de trabalho, quando celebrado por associação patronal; acordo colectivo de trabalho, quando celebrado por várias entidades patronais, para diversas empresas; acordo de empresa quando firmado por uma entidade patronal para uma só empresa (LRCT, art.° 2.°/3). Comungando da natureza voluntária da opção por esta forma específica de resolução de conflitos colectivos, também a decisão arbitral, na modalidade de arbitragem facultativa, surge como instrumento de regulamentação colectiva de trabalho negocial, com a especificidade resultante de consistir no recurso a árbitros, designados pelas partes para solucionaram questões relativas à celebração ou revisão de uma convenção colectiva (LRCT, art.°s 2.°/1 e 34.°). Os instrumentos de regulamentação colectiva de trabalho podem também assumir a natureza de acto administrativo, emergente de órgão da administração central do Estado. Estar-se-á, então, perante portaria de regulamentação de trabalho (regulamento de condições mínimas, na terminologia do Código do Trabalho – cfr. art.° 2.°/4), regulando *ex novo* a relação laboral, ou portaria de extensão (regulamento de extensão, segundo o mesmo preceito do Código do Trabalho), alargando o âmbito de aplicação de convenção colectiva pré-existente (LRCT, art.° 2.°/2). A estes acresce, como instrumento de regulamentação colectiva de trabalho não negocial, a decisão de arbitragem obrigatória (LRCT, art.° 35.°).

cial: o exercício transitório, temporário, de funções caracterizadas pelo elevado grau de confiança que pressupõem[36].

§6. O recurso à comissão de serviço para provimento de cargos que não a admitem suscitará a aplicação das regras gerais do Direito do Trabalho, *maxime* as relativas à protecção da categoria profissional, impedindo que ao trabalhador promovido possa ser posteriormente retirada a categoria e o estatuto profissional que se lhe encontra associado. É que sendo nulo o acordo de comissão de serviço – por violação de disposição legal imperativa (Código Civil, art.º 294.º) – ao provimento do trabalhador em determinada categoria aplica-se o regime geral e, designadamente, a norma que proíbe a diminuição daquela (LCT, art.º 23.º), bem como a redução da retribuição [LCT, art.º 21.º/1, c)].

Já os trabalhadores contratados, de início, em comissão de serviço beneficiarão de ligação por tempo indeterminado com a empresa, pois aos seus contratos não se encontrará aposto termo válido (LCCT, art.º 41.º).

§7. A comissão de serviço tem origem obrigatória num acordo entre empregador e trabalhador, necessariamente escrito e contendo a identificação dos contraentes, o cargo ou funções a desempenhar com menção expressa do regime de comissão de serviço (art.º 3.º/1).

Tratando-se de trabalhador já ligado à empresa, o acordo deve mencionar a sua categoria ou funções exercidas [art.º 3.º/1, c)]. A menção destina-se a tornar clara a situação do trabalhador após a cessação da comissão de serviço, pois a hipótese normal envolverá o regresso ao posto de trabalho ocupado antes da comissão.

Na hipótese alternativa, ou seja, quando se trate de trabalhador contratado, de início, em comissão de serviço, deve inscrever-se no acordo a categoria em que o trabalhador será colocado na sequência da cessação da comissão, se se mantiver ao serviço empresa após esta [art.º 3.º/1, c)]. A falta desta menção parece determinar a cessação do contrato de trabalho por efeito automático do termo da comissão de serviço.

Esta afirmação, porém, está longe de ser pacífica, porquanto outra norma parece impor um conteúdo obrigatório ao acordo de comissão de

---

[36] Veja-se, por exemplo, o que dispõe a cláusula 9.ª do Contrato Colectivo de Trabalho celebrado entre a AIND – Associação da Imprensa Não Diária e o Sindicato dos Jornalistas, publicado originalmente no *Boletim do Trabalho e Emprego*, I.ª Série, n.º 24, de 29 de Junho de 1993.

Regime jurídico do trabalho em comissão de serviço 525

serviço, ao afirmar o direito do trabalhador "à colocação na categoria constante do acordo, salvo se neste, as partes tiverem convencionado a extinção do contrato com a cessação da comissão de serviço" [art.° 4.°/3, a), *in fine*]. Mas mesmo que se defenda que a cessação do vínculo laboral do trabalhador contratado em comissão de serviço, uma vez esta terminada, não é a solução natural e, por isso, supletiva, sempre haveria que estabelecer os efeitos da omissão, no texto do acordo, da solução a dar ao contrato de trabalho após o termo da comissão de serviço. Neste caso, a ausência de determinação do objecto contratual, superveniente à celebração do respectivo contrato, determinaria a extinção das obrigações de prestar trabalho (Código Civil, art.° 790.°/1) e de remunerar (*idem*, art.° 795.°/1) e, consequentemente, a caducidade da relação laboral.

Esta questão foi expressamente resolvida pelo Código do Trabalho no sentido preconizado no texto, ou seja, sempre que do acordo de comissão de serviço celebrado com novo trabalhador não conste referência à actividade a exercer por este findo o período de comissão, deve entender-se que o contrato de trabalho se extingue com a cessação daquela [cfr. art.°s 245.°/1, c) e 247.°/1, a)].

A falta de redução a escrito do acordo ou a ausência neste de menção expressa ao regime de comissão de serviço tem efeito idêntico ao recurso à comissão para provimento de cargos que a não admitem – as funções serão exercidas a título permanente (art.° 3.°/2).

§8. O exercício de funções em comissão de serviço por trabalhador da empresa pode ser descrito como facto modificativo do contrato de trabalho, por natureza transitório[37].

Entende-se, porém, que se verifica verdadeira suspensão do contrato de trabalho, determinada pela celebração de novo vínculo, de natureza temporária. Esta configuração enquadra melhor o regime jurídico em apreço, na medida em que, tipicamente, o objecto e o conteúdo da prestação em comissão de serviço são claramente distintos dos que enquadraram o trabalho anteriormente realizado. É o reconhecimento desta diferença, de que um novo vínculo se constitui e sobrepõe ao pré-existente, que leva o legislador a estabelecer diversas regras de conexão entre as relações – de trabalho e de trabalho *em comissão de serviço* –desnecessárias se de mero facto modificativo se tratasse. É o caso da tutela da categoria originária do trabalhador durante o período de comissão de serviço [art.° 4.°/3, a)] ou do

---

[37] Sobre a questão, JORGE LEITE, *est. cit.*, p. 154.

526   *Estudos de Direito do Trabalho em Homenagem ao Prof. Manuel Alonso Olea*

cômputo da remuneração auferida no mesmo período para cálculo da compensação devida pelo fim do contrato de trabalho [art.º 3.º/3, a)].

No caso de recurso a esta figura para provimento de cargos de administração, a vicissitude suspensiva é mesmo a solução expressamente estabelecida pelo legislador, como se viu.

No que respeita à contratação, *ab initio*, em regime de comissão de serviço, entende-se que esta abrange a celebração contemporânea de contrato de trabalho, cuja cessação pode ocorrer por declaração de vontade, de qualquer das partes, extintiva do regime da comissão, ou que, ao invés, pode ser transformado num contrato submetido ao regime geral do Direito do Trabalho[38].

Durante a vigência da comissão de serviço, aplica-se o regime do contrato individual de trabalho, sem quaisquer especialidades (LCS, art.º 6.º). A antiguidade do trabalhador já antes ligado à empresa continua a contar-se durante o período de exercício da comissão e aquele que tendo sido contratado de início sob este regime, permaneça na empresa após ele, terá a antiguidade reconhecida desde o começo daquela ligação (LCS, art.º 5.º).

§9. A todo o tempo, empregador ou trabalhador podem fazer cessar a comissão de serviço, devendo para tanto avisar a contraparte, com a antecedência de trinta ou sessenta dias, consoante a comissão de serviço tenha durado até dois ou mais de dois anos, respectivamente (art.º 4.º/1 e 2).

É discutível que a cessação do acordo de comissão de serviço seja um espaço absolutamente livre de decisão, ou seja, uma denúncia, com as características da unilateralidade, não retroactividade e discricionaridade, como parece decorrer da norma legal que a regula[39]. Se o que justifica este regime é a especial relação de confiança que identifica o exercício de determinadas funções e se estas satisfazem necessidades permanentes da empresa, pode entender-se que apenas a quebra da confiança justifica o termo da comissão.

A ser assim, embora o regime não obrigue o empregador a fundamentar a sua decisão, o trabalhador poderia impugnar a arbitrariedade desta, isto é, a inexistência de factos que, de modo objectivo, justificassem

---

[38] Cfr. JORGE LEITE, *est. cit.*, p. 157.

[39] Neste sentido, FURTADO MARTINS, "O Acordo Económico e Social" *cit.*, p. 137: "este regime [da comissão de serviço] reintroduziu em Portugal a figura do despedimento *ad nutum* garantindo a liberdade de desvinculação do empregador".

Regime jurídico do trabalho em comissão de serviço 527

a quebra da confiança e, logo, o termo da comissão[40]. A consequência não seria a invalidade da cessação, por ausência previsão legal, mas a obrigação de ressarcir os danos causados, nos termos gerais da responsabilidade civil.

Na análise dos efeitos do termo da prestação de funções em regime de comissão de serviço, cumpre distinguir a situação do trabalhador já antes vinculado à empresa daquela em que se encontra o que só com ela celebrou contrato de comissão de serviço.

No primeiro caso, o trabalhador regressará às funções que desempenhava antes do início da comissão de serviço [art.º 4.º/3, a)]. Mantém igualmente direito a todas vantagens que teria adquirido se se tivesse mantido nessa categoria (por exemplo, promoções automáticas, aumentos salariais), até porque o tempo de serviço prestado em regime de comissão de serviço conta, para todos os efeitos, como se tivesse sido prestado na categoria de que o trabalhador é titular (art.º 5.º).

No acordo de comissão de serviço estabelecido com trabalhador da empresa é possível estabelecer que com o termo da comissão, cessará também o contrato de trabalho, definindo-se a compensação a que o trabalhador terá, então, direito [art.º 4.º/3, c)]. Neste caso, porém, o trabalhador mantém a faculdade de revogar unilateralmente a extinção do seu contrato de trabalho, desde que o faça até ao segundo dia útil seguinte à data da cessação do contrato e devolva, na totalidade, o valor das compensações pecuniárias pagas pela sua desvinculação (Lei 38/96, de 31 de Agosto, art.º 1.º/1 e 3).

No caso de trabalhador originariamente contratado em comissão de serviço, é o acordo escrito que titulou a contratação que determinará o seu destino. Regra geral, estabelece-se a cessação do contrato de trabalho como efeito automático da cessação da comissão. Neste caso, o trabalhador terá direito a uma compensação de valor correspondente a um mês de remuneração de base auferida durante a comissão por cada ano de antiguidade na empresa [art.º 4.º/3, c)]. No entanto, no acordo firmado, podem as partes convencionar que, finda a comissão, será atribuído ao trabalhador um lugar na empresa e atribuída categoria correspondente [art.º 4.º/3, a)].

---

[40] O preâmbulo do diploma parece apontar neste sentido, ao justificar "a adopção de um regime excepcional de recrutamento para o desempenho dos referidos cargos" com a prevenção das consequências prejudiciais com que o desaparecimento dos atributos de "elevada e constante lealdade, dedicação e competência (…) concorre, normalmente, para o desenvolvimento de situações degradadas de relacionamento no trabalho".

528   *Estudos de Direito do Trabalho em Homenagem ao Prof. Manuel Alonso Olea*

Em qualquer das situações – trabalhador pertencente ao quadro da empresa ou ligado a esta apenas por comissão de serviço – em resposta à cessação desta sem idêntico efeito extintivo do contrato de trabalho, o trabalhador dispõe de trinta dias para rescindir o seu contrato, com direito à compensação acima referida [art.° 4.°/3, b)].

O Código do Trabalho prevê que, excepto havendo acordo em contrário, o trabalhador que denuncie o contrato de trabalho na pendência da comissão de serviço não tem direito à indemnização *supra* mencionada (art.° 247.°/2). Com esta regra visa impedir-se o aproveitamento injustificado, pelo trabalhador, do regime da comissão de serviço, como aconteceria sempre que denunciasse o seu contrato de trabalho, nos termos gerais (LCCT, art.° 38.°) e, através disso, obtivesse a compensação prevista para a cessação da comissão de serviço também assim alcançada. A regra não se aplica, porém, no caso em que é do trabalhador a declaração extintiva da comissão de serviço, em contrato que não prevê a subsistência da relação de trabalho para além daquela comissão. Aí, haverá que aplicar os efeitos normais da cessação da comissão de serviço.

«*DE LA SERVIDUMBRE AL CONTRATO DE TRABAJO*»

– DEAMBULAÇÕES EM TORNO DA OBRA DE MANUEL ALONSO OLEA E DA SINGULARIDADE DOGMÁTICA DO CONTRATO DE TRABALHO

Maria do Rosário Palma Ramalho

1. Nota introdutária

I. Na sua obra «*De la Servidumbre al Contrato de Trabajo*», cuja primeira edição remonta a 1979, Manuel Alonso Olea trata o problema da origem servil do fenómeno do trabalho dependente, guiando-nos com mestria pelas concepções filosóficas e jurídicas que, ao longo da História, procuraram explicar um fenómeno, que, sob diferentes vestes, sempre foi reconhecido como um dos esteios do progresso da Humanidade.

Obra notável, tanto pela profundidade reflexiva como pela leveza com que o tema é apresentado, *De la Servidumbre al Contrato de Trabajo* constituiu para nós um grande estímulo à reflexão jurídica no domínio laboral. É que, tendo lido a obra ainda numa fase da vida académica em que apenas despertávamos para os problemas laborais, de imediato ela nos alertou para a singularidade do fenómeno do trabalho subordinado, enquanto fenómeno nuclear do Direito do Trabalho, e para os desafios dogmáticos que este ramo do Direito coloca e que continuam até hoje a ocupar as nossas reflexões jurídicas.

Porque entendemos que a melhor homenagem aos Mestres é a que é feita sobre a sua obra, é com este sentido de homenagem que nos permitimos partir de «*La Servidumbre al Contrato de Trabajo*» para tecermos algumas breves reflexões sobre o contrato de trabalho e a sua singularidade dogmática, que Alonso Olea tão bem intuiu.

530 *Estudos de Direito do Trabalho em Homenagem ao Prof. Manuel Alonso Olea*

II. Em *De la Servidumbre al Contrato de Trabajo*, ALONSO OLEA recorda-nos a origem histórica do moderno trabalho subordinado no trabalho escravo da Antiguidade e nas várias formas de trabalho servil, que subsistiram durante a Idade Média e a Idade Moderna, por força de fenómenos com as guerras e as conquistas, a servidão da gleba ou o colonialismo, e apresenta-nos as diversas concepções filosóficas e jurídicas que ao longo do tempo procuraram tornar este fenómeno aceitável em termos sociais e proceder à sua redução jurídica[1]. Completada esta digressão, o Autor conclui que a história do próprio Direito do Trabalho, como ramo jurídico, se analisa, afinal, na tentativa de limitar o grau de dependência do prestador do trabalho para com o credor do mesmo, quer em termos temporais (designadamente através da proibição dos vínculos de serviço perpétuos, no Código Napoleónico, e, a partir dele, nos principais Códigos oitocentistas), quer em termos substanciais, através da imposição de sucessivas limitações à subordinação e aos poderes laborais por critérios objectivos, ligados à prestação laborativa[2].

No nosso entender, tanto a digressão sobre a origem histórica e a justificação filosófica do fenómeno do trabalho subordinado, como as conclusões finais do Autor sobre o *Leitmotiv* do desenvolvimento do Direito do Trabalho são de grande importância para explicar as especificidades do contrato de trabalho, por dois motivos: por um lado, elas ajudam a compreender a importância axiológica do requisito da liberdade negocial, na sua aplicação a este contrato; por outro lado, elas desvendam a singularidade dogmática do próprio contrato de trabalho, no panorama dos contratos obrigacionais, em resultado da especificidade do bem trabalho e das componentes de pessoalidade e de inserção organizacional que lhe assistem[3]. É sobre estes dois pontos que vão incidir as reflexões subsequentes.

---

[1] *De la Servidumbre al Contrato de Trabajo,* 2ª ed., Madrid, 1987, 15 ss.

[2] *De la Servidumbre…cit.,* 156 s.

[3] Tivemos oportunidade de desenvolver esta construção dogmática do contrato de trabalho na nossa obra *Da Autonomia Dogmática do Direito do Trabalho*, Coimbra, 2001, *maxime* 711 ss.

2. A origem histórica do trabalho dependente no trabalho servil e a importância axiológica do pressuposto da liberdade do trabalhador no contrato de trabalho

I. A origem histórica do moderno trabalho subordinado no trabalho escravo e nas situações de servidão obriga-nos, em primeiro lugar, a reflectir sobre a importância axiológica do requisito da liberdade do trabalhador na sua associação ao contrato de trabalho.

É comum e juridicamente correcta a associação do requisito da liberdade das partes a qualquer contrato, uma vez que a ideia de uma vontade negocial livremente formada e exteriorizada é a própria essência do princípio basilar da autonomia privada: o direito privado é, por definição, a parcela do universo jurídico em que, nos limites da lei, os sujeitos actuam as respectivas situações jurídicas, de forma livre, e o contrato é a manifestação por excelência da liberdade individual dos entes jurídicos privados nessa actuação. Porém, no caso do contrato de trabalho, para além da liberdade contratual na acepção comum de formação e expressão livres da vontade negocial das partes, tem também um particular significado axiológico a ideia de liberdade num estádio anterior e reportada ao próprio prestador do trabalho – i.e, a exigência de que o trabalhador seja um homem livre.

A ênfase a dar a esta segunda dimensão da ideia de liberdade impõe-se exactamente pelo facto de o trabalho dependente ter tido origem no trabalho escravo da Antiguidade.

É que, nesta forma de trabalho, o trabalhador carecia de personalidade jurídica, e, por conseguinte, o seu trabalho não era desenvolvido num quadro jurídico negocial mas no quadro do direito de propriedade, já que era enquanto bem integrativo do património do *dominus* (i.e., como *res*) que o escravo trabalhava para o seu senhor[4]. E dessa qualificação do escravo como *res* decorria também que, quando os seus serviços eram disponibilizado pelo *dominus* a outra pessoa, no negócio que titulava esta disponibilização (quase sempre um contrato de comodato ou de locação), o servo era objeto e não sujeito desse negócio – a *locatio hominis* é uma modalidade da locação de coisas ou *locatio conductio rei*[5].

---

[4] W. W. BUCKLAND, *The Roman Law of Slavery – the Condition of the Slave in Private Law from Augustus to Justinian,* Cambridge, 1908 (*reprint* 1970), 3 ss.

[5] OTTO v. GIERKE, *Las raíces del contrato de servicios* (trad.esp.), Madrid, 1982, 13 e s., ou J. PINTO LOUREIRO, *Tratado da Locação,* I, Coimbra, 1946, 42.

532 Estudos de Direito do Trabalho em Homenagem ao Prof. Manuel Alonso Olea

Desta forma, nesta fase da História, o trabalho para outrem era prestado ou fora de um quadro negocial, ou num quadro negocial no qual o prestador do trabalho constituía o objecto do próprio contrato. Ora, só quando o prestador do trabalho é um homem livre é que pode ser considerado um trabalhador, para efeitos jurídicos, e é este facto que faz do requisito da liberdade (do próprio homem) um pressuposto tão importante no vínculo laboral.

II. A origem histórica do moderno trabalho subordinado no trabalho escravo não só nos permite concluir pela importância axiológica do pressuposto da liberdade do trabalhador, quando associado ao moderno contrato de trabalho, como nos leva a recusar o entendimento daquele sector da moderna doutrina juslaboral que considera o actual contrato de trabalho como a projecção moderna do vínculo romano da *locatio conductio operarum*, que, no direito romano, teria enquadrado o trabalho livre e subordinado para outrem[6].

É certo que o trabalho não servil para outrem não era um fenómeno desconhecido em Roma, tendo sido, aliás, de utilização crescente, por força da proliferação da classe dos libertos, muitos do quais continuavam a trabalhar para o antigo senhor e, de outra parte, em consequência das crises de mão-de-obra escrava que afligiram o Império, obrigando a recorrer ao trabalho subordinado livre, como alternativa. Ora, uma vez que os libertos tinham personalidade jurídica, o trabalho por eles prestado a outrem em situação de subordinação deixava-se enquadrar por uma categoria negocial – no caso, a figura da *locatio conductio operarum*, que permitia conceber o prestador do trabalho como o locador da energia laborativa, reconduzir o credor do trabalho à posição de locatário e conceber o preço (ou *merces*) como uma espécie de remuneração.

É apreciando a figura da *locatio conductio operarum* e encontrando nela o embrião dos elementos do moderno contrato de trabalho, que um sector da doutrina subscreve a ideia de uma certa continuidade entre os vínculos de trabalho pré-industriais (desde o trabalho na Antiguidade, até

---

[6] Neste sentido, entre outros, L. BARASSI, *Il contrato di lavoro nel diritto positivo italiano*, I, 2ª ed., Milano, 1915, 41 s., T. MAYER-MALY, *Römische Grundlagen des modernen Arbeitsrechts*, RdA, 1967, 8/9, 281-286 (284), R. TRINKNER/M. WOLFER, *Modernes Arbeitsrecht und seine Beziehungen zum Zivilrecht und seiner Geschichte*, BB, 1986, 1, 4-9, e, entre nós, A. MENEZES CORDEIRO, *Da natureza do direito do locatário*, Sep. ROA, Lisboa, 1980, 28, e *Manual de Direito do Trabalho*, Coimbra, 1991, 36 s., ou P. ROMANO MARTINEZ, *Direito do Trabalho*, Coimbra, 2002, 71 s.

«De la Servidumbre al Contrato de Trabajo» 533

ao trabalho no seio das corporações, na Idade Média) e o trabalho fabril difundido a partir da Revolução Industrial[7]. Esta continuidade justificaria adicionalmente o enquadramento moderno dos vínculos de trabalho pelas figuras da locação ou da prestação de serviços, até porque estas figuras constituem desdobramentos da categoria unitária clássica da *locatio conductio* – é a tradição, respectivamente, do *Code Napoléon,* que autonomiza a figura do *louage des gens de travail* no âmbito da locação (art. 1780.° e 1781.°) e do nosso Código de Seabra ou do BGB, que o enquadram na categoria da prestação de serviços (art. 1391.°e art. 1370.° do Código Seabra e § 611.° e ss. do BGB).

A nosso ver, embora atractiva, esta visão carece de rigor histórico, não porque o trabalho livre dependente na sociedade romana não fosse, efectivamente, enquadrado pela figura da *locatio conductio operarum,* mas porque a concepção de vileza associada ao trabalho dependente na Antiguidade (designadamente, por contraste às *operae liberalis*), que já era referida por ARISTÓTELES para justificar a condição jurídica do escravo, se comunicava à figura do *libertus* e ao trabalho por ele desenvolvido, em substituição do escravo[8].

Como ensina CARNELUTTI[9] na sociedade romana o liberto está numa posição intermédia entre as categorias jurídicas da pessoa e da coisa, e enquanto trabalhador, mantêm-se escravo. Neste contexto, parece assim mais consentâneo com os valores da época a ideia, sustentada por outros autores, de que nesta forma de *locatio,* o trabalhador prescindia, na verdade, de uma parcela da sua liberdade, e ao locar a sua força de trabalho, locava, afinal, a sua pessoa, mediante um preço.

---

[7] Neste sentido, entre nós, MENEZES CORDEIRO, *Da natureza...cit.,* 28, e *Manual... cit.,* 38, e ROMANO MARTINEZ, *Direito do Trabalho cit.,* 72. TRINKNER/WOLFER, *Modernes Arbeitsrecht...cit.,* 6, e MAYER-MALY, *Römische grundlagen...cit.,* 282 e 284, identificam também a *locatio conductio operarum* com o a figura do *Dienstvertrag,* prevista no BGB.

[8] ARISTÓTELES, *Les politiques* (trad. francesa), Paris, 1990, 132. Ainda sobre a concepção de vileza associada ao trabalho livre dependente e remunerado em Roma e sobre o destino de escravidão parcial dos libertos que o desempenhavam, A. BOISSARD, *Contrat de travail et salariat,* Paris, 1910, 56, O. v. GIERKE, *Las raíces del contrato de servicios* (trad.esp.), Madrid, 1982, 14, L. SPAGNUOLO VIGORITA, *Subordinazione e diritto del lavoro – problemi storico-critici,* Napoli, 1967, 79, ou PALERMO, Antonio – *Sul concetto di lavoro e sullo stato giuridico del lavoratore,* DLav., 1956, I, 202-230 (207).

[9] F. CARNELUTTI, *Studi sulle energie come oggetto di rapporti giuridici,* Riv. dir. comm., 1913, I, 354-394 (386).

534   Estudos de Direito do Trabalho em Homenagem ao Prof. Manuel Alonso Olea

E, na verdade, se olharmos por este prisma vínculos como a servidão da gleba ou trabalho no seio das corporações de mesteres ou de artífices, verificamos como este cunho relativo da liberdade dos entes privados que trabalhavam para outrem persiste na Idade Média e na Idade Moderna, o que permite qualificar estes vínculos como vínculos de cariz patriarcal, ou seja, envolvendo elementos de domínio do credor do trabalho sobre a própria pessoa do prestador[10]. Por outras palavras, o reconhecimento do prestador do trabalho como sujeito de direitos continuou durante séculos a ser considerado compatível com situações de graduação ou de alienação parcial da liberdade, temporariamente ou mesmo com carácter de permanência, como sucedia na servidão da gleba.

Afigurando-se pois formalmente correcto o enquadramento jurídico do trabalho dependente não escravo pela figura da *locatio conductio operarum*, em Roma, entendemos que o carácter relativo do pressuposto da liberdade do prestador, quando associado à prestação de um trabalho em situação de dependência, não permite considerar a figura romana como o antecedente lógico do moderno contrato de trabalho[11].

III. Chegados a este ponto, forçoso é também concluir pela origem relativamente moderna do fenómeno do trabalho livre dependente, ainda por força do pressuposto da liberdade do trabalhador, mas conjugado com o princípio da igualdade dos entes jurídicos privados, também proclamado pela Revolução Francesa.

Efectivamente, com os contornos que hoje lhe assistem, o fenómeno do trabalho subordinado é um fenómeno moderno, porque a Revolução Francesa afirma não apenas o princípio da liberdade de todos os cidadãos, como também o princípio da igualdade dos sujeitos privados, e é a conju-

---

[10] Reconhecendo o carácter patriarcal das relações de «trabalho» nos mesteres, da relação de serviço doméstico ou na agricultura, durante a Idade Média e a Idade Moderna, H. SINZHEIMER, *La democratizzazione del rapporto di lavoro (1928), in* G. ARRIGO/G. VARDARO (dir.), *Laboratorio Weimar – conflitti e diritto del lavoro nella Germania prenazista,* Roma 1982, 53-78 (54), L. CASTELVETRI, *Le origini dottrinale del diritto del lavoro,* Riv.trim.DPC, 1987, I, 246-286 (249 s.), T. RAMM, *Die Arbeitsverfassung des Kaiserreichs,* Fest. Walter Mallmann, Baden-Baden, 1978, 191-211 (199), P. OURLIAC, *Le droit social du Moyen Age, in Histoire du droit social – Mélanges en hommage à Jean Imbert,* Paris, 1989, 447-456 (450), ou W. OGRIS, *Geschichte des Arbeitsrechts vom Mittelalter bis in das 19.Jahrhundert,* RdA, 1967, 8/9, 286-297.

[11] Para uma justificação mais completa sobre este nosso entendimento, *vd* M. R. PALMA RAMALHO, *Da Autonomia Dogmática...cit., maxime* 174 ss.

«*De la Servidumbre al Contrato de Trabajo*» 535

gação destas duas ideias que torna inadmissíveis quaisquer vínculos de suserania entre privados e condena as privações de liberdade, ainda que parcelares. O significado axiológico do princípio da liberdade dos entes jurídicos privados, que hoje conhecemos (ou seja, um significado integral, que se compadece com limitações ou restrições, ao contrário do que se admitia anteriormente), só se consolida pois a partir desta época, porque apenas neste momento se concilia com o princípio da igualdade[12].

IV. Estabelecidas estas conclusões quanto à origem histórica do fenómeno do trabalho subordinado, eis-nos então perante o grande desafio do Direito do Trabalho, como ramo jurídico, que ALONSO OLEA tão bem identificou no final da sua obra: como conciliar os princípios da liberdade e da igualdade das partes no contrato de trabalho, com a dependência do trabalhador subordinado perante o credor do trabalho, não apenas em termos económicos mas também em termos jurídicos, por força da atribuição ao empregador dos poderes laborais de direcção e disciplina?[13]

A este desafio, e olhando retrospectivamente o desenvolvimento do Direito Laboral como ramo jurídico, ALONSO OLEA responde que a área jurídica procurou ultrapassar esta dificuldade impondo sucessivas restrições ao grau de dependência do trabalhador, em termos temporais, através da limitação da duração dos vínculos laborais, e em termos substanciais, através da funcionalização da subordinação do trabalhador à prestação e às respectivas necessidades de cumprimento – para tanto contribuem a obrigatoriedade de determinação da actividade laboral, enquanto objecto do contrato, e as limitações impostas à duração do tempo de trabalho e ao conteúdo do poder directivo do empregador.

É sobre os reflexos que estas sucessivas tentativas de limitação dos poderes laborais e de objectivação da posição de subordinação do trabalhador tiveram na conceptualização do contrato de trabalho que vamos desenvolver as nossas reflexões seguintes.

---

[12] Sobre este ponto em especial, M. R. PALMA RAMALHO, *Da Autonomia Dogmática...cit., maxime* 176.

[13] Em geral sobre os poderes laborais, *vd* M. R. PALMA RAMALHO, *Do Fundamento do Poder Disciplinar Laboral*, Coimbra, 1993, *passim.*

536 Estudos de Direito do Trabalho em Homenagem ao Prof. Manuel Alonso Olea

3. A pretensa objectivização da subordinação do trabalhador e os elementos de pessoalidade e de organização no contrato de trabalho – contributos para a conceptualização do contrato de trabalho

I. Foi a necessidade de compatibilizar a afirmação da liberdade do prestador de trabalho, enquanto pessoa, com a sua dependência económica e jurídica perante o empregador, que conduziu a doutrina a desenvolver uma concepção do contrato de trabalho o mais objectiva possível.

Para este efeito, a recuperação da figura romana da *locatio conductio operarum,* levada a cabo pelos pandectistas germânicos e pelos tratadistas franceses do séc. XIX e que os Códigos oitocentistas vieram a acolher, foi de grande utilidade, na medida em que permitiu a recondução dos vínculos de trabalho subordinado à categoria dos contratos obrigacionais de troca, nos quais os axiomas da liberdade e da igualdade dos entes privados não suscitavam dúvidas.

De facto, independentemente de saber se o recurso a esta figura do direito romano para enquadrar o moderno trabalho subordinado livre é uma recuperação dos traços originais ou uma verdadeira reconstrução dogmática da figura da *locatio conductio,* que terá viabilizado a sua adequação ao significado integral do pressuposto da liberdade das partes na era moderna, a verdade é que esta figura permitiu reconstruir os vínculos modernos de trabalho fabril como contratos de direito privado.

II. Elemento essencial a esta reconstrução dos vínculos laborais foi ainda a objectivação da prestação de trabalho, condição indispensável para a assimilar a outros bens do comércio jurídicos.

Para este efeito, a Ciência Jurídica aproveitou o conceito económico de «trabalho abstracto» e ficcionou a separação da actividade de trabalho em relação à pessoa do trabalhador – é esta operação que permite conceber o trabalho humano como uma mercadoria, um bem integrativo do património do trabalhador (na verdade, quase sempre o seu único «bem») e, enquanto tal, um bem transaccionável, do qual ele pode dispor[14]. E nesta linha, são conhecidas as diversas teorias que procuraram conceber juridicamente esta transacção, ou nos moldes da locação ou da prestação de serviços, que os Códigos acolheram, ou noutros moldes contratuais (como a

---

[14] Sobre a importância do conceito económico de trabalho abstracto para esta construção do vínculo laboral, por exemplo, A. SUPIOT, *Critique du droit du travail,* Paris, 1994, 44 ss.

«*De la Servidumbre al Contrato de Trabajo*» 537

concepção da compra e venda de energia laborativa, preconizada por CARNELUTTI[15] ou a qualificação do vínculo laboral como um contrato misto entre o contrato de compra e venda e de sociedade, proposta por CHATELAIN[16]).

O que gostaríamos aqui de salientar é o facto de ser mais uma vez por força da importância axiológica do requisito da liberdade do prestador do trabalho no contrato de trabalho que esta objectivização da prestação laboral se impõe: é que a visão do trabalho humano como algo separado da pessoa que o presta, permite deslocar a subordinação característica do vínculo laboral para a prestação e reportar a esta os poderes laborais, que deixam assim de ser concebidos como poderes sobre a pessoa do trabalhador – situação que, a admitir-se, poria em risco a construção formalmente igualitária do contrato e recuperaria o cunho de suserania ou de domínio típico dos vínculos pré-industriais envolvendo a prestação de um trabalho.

Por outro lado, o facto de a actividade laboral ser separada da pessoa do trabalhador nos moldes descritos permite também igualizar formalmente as posições do prestador e do credor do trabalho no contrato, uma vez que a retribuição é vista como o equivalente patrimonial da prestação de trabalho. O axioma da igualdade dos entes privados é assim formalmente reposto.

Deste modo, pode concluir-se que a objectivização da prestação laborativa foi o caminho encontrado para legitimar o contrato de trabalho como contrato de direito privado. Por outro lado, a esta objectivização da prestação de trabalho inere a caracterização do contrato de trabalho como um vínculo patrimonial, dado o valor económico das duas prestações principais – o trabalho e o salário. O contrato de trabalho é assim configurado essencialmente como um contrato obrigacional de troca entre dois bens com valor patrimonial.

III. Chegados aqui, vale a pena reflectir um pouco sobre os efeitos desta construção do contrato de trabalho que, apesar de algumas vicissitudes, continuou a ser sustentada durante décadas e é ainda hoje sufragada por alguns autores. É que, sendo aparentemente satisfatória em termos for-

---

[15] F. CARNELUTTI, *Studi sulle energie...cit.,* 371 e *passim.*

[16] E. CHATELAIN, *Esquisse d'une nouvelle théorie sur le contrat de travail conforme aux principes du Code civil,* Rev.trim.dr.civ., 1904, 313-342 (319 ss.), e ainda *Une application de la nouvelle théorie du contrat de travail,* Rev.trim.dr.civ., 1905, 271.

538 *Estudos de Direito do Trabalho em Homenagem ao Prof. Manuel Alonso Olea*

mais, esta construção revelou-se, na prática, incapaz de se opor às consequências decorrentes do desequilíbrio económico da posição das partes no contrato de trabalho, mau grado a respectiva igualdade formal.

Efectivamente, não podemos esquecer que a questão social surgiu exactamente no contexto deste enquadramento formalmente paritário do vínculo laboral, e exactamente por força dos efeitos perversos dos princípios da liberdade e da igualdade dos sujeitos privados, quando actuados por entes com um poder económico tão diferente como os operários do séc. XIX e os empresários da mesma época – como referiu SCELLE[17] o princípio da liberdade contratual transforma-se na ditadura contratual da parte mais forte quando exercitado por sujeitos com um poder económico totalmente diverso. Ora, esta constatação é particularmente adequada à realidade da contratação laboral desde a segunda metade de oitocentos, como se comprova pela evidente ausência de liberdade negocial do trabalhador perante o empregador[18].

IV. Como é sabido, foi a constatação dos efeitos perversos a que a liberdade contratual tinha conduzido, no que toca às condições de vida e de trabalho dos operários do final do século XIX – entronizados sob a designação de «questão social» e denunciados por diversos quadrantes sociais e ideológicos e pela doutrina social da Igreja – que justifica aquele que segundo ALONSO OLEA constituiu o grande desafio do Direito do Trabalho: a limitação da subordinação do trabalhador no contrato de trabalho, subordinação esta que, evidentemente, resistiu à sua igualização formal ao empregador.

No entanto, a nosso ver, a história do contrato de trabalho, ao longo de um século de existência do Direito do Trabalho como ramo jurídico, não é apenas a história da diminuição ou da limitação da subordinação do trabalhador, mas é também a história da recuperação da dimensão pessoal

---

[17] G. SCELLE, *Le droit ouvrier – Tableau de la législation française actuelle*, 2ª ed., Paris, 1929 *cit.*, 10.

[18] Enfatizando este ponto, entre outros, H. SINZHEIMER, *La democratizzazione del rapporto di lavoro (1928)*, in G. ARRIGO/G. VARDARO, *Laboratorio Weimar – conflitti e diritto del lavoro nella Germania prenazista*, Roma 1982, 53-78 (54 e 57), E. FRAENKEL, *Il significato politico del diritto del lavoro* (1932), in G. ARRIGO/G. VARDARO (dir.), *Laboratorio Weimar – conflitti e diritto del lavoro nella Germania prenazista*, Roma, 1982, 119-131 (120 s.), e entre nós, J. MARNOCO E SOUSA, *Ciência Económica. Prelecções feitas ao Curso do Segundo Ano Jurídico do Ano de 1909-1910 (1910)*, Lisboa, 1997, 188, e L CUNHA GONÇALVES, *A Evolução do Movimento Operário em Portugal*, Lisboa, 1905, 40 s.

«De la Servidumbre al Contrato de Trabajo» 539

deste contrato, pelo reconhecimento do envolvimento pessoal integral do trabalhador na prestação de trabalho, em moldes sem paralelo noutros contratos obrigacionais e que, por consequência, evidenciam a singularidade dogmática do próprio contrato de trabalho. É que, como observa SUPIOT, se nos primórdios dos seu desenvolvimento, o Direito do Trabalho procurou objectivar a prestação de trabalho para compatibilizar o contrato de trabalho com os princípios orientadores do direito privado (o princípio da igualdade e o princípio da liberdade), a verdade é que a especificidade deste contrato no que toca à prestação de trabalho e à posição relativa das partes voltou paulatinamente a impor-se e não pode hoje ser negada[19].

É sobre este ponto que gostaríamos de deixar uma última reflexão, que evidencia a singularidade e a complexidade do contrato de trabalho até hoje.

V. É sabido que, ao longo da história do Direito do Trabalho, diversas construções procuraram recuperar a dimensão pessoal da relação de trabalho. As mais importantes – desenvolvidas, a partir do final dos anos vinte no seio da dogmática germânica, de onde irradiaram para outros países, incluindo Portugal, e que têm adeptos até hoje – foram as que partiram da concepção do vínculo de trabalho como uma relação comunitário-pessoal (*ein personengemeinschaftliches Rechtsverhältnis*), para a qual desenvolveram justificações de índole contratualista mas entendendo o contrato de trabalho como um contrato não obrigacional[20], ou de índole institucionalista, alicerçando a relação de trabalho directamente no acto de incorporação do trabalhador na organização do empregador e secundarizando ou mesmo obnubilando o papel do contrato de trabalho na constituição deste vínculo[21].

---

[19] A. SUPIOT, *Critique cit.*, 8, 11 e *passim*. Sobre este ponto, com desenvolvimentos, M. R. PALMA RAMALHO, *Da Autonomia Dogmática...cit.*, 764 ss., *maxime* 767 s.

[20] Nesta linha justificativa, entre muitos outros, H. POTHOFF, *Ist das Arbeitsverhältnis ein Schuldverhältnis?*, ArbR, 1922, 5, 267-284, e ainda *Das Deutsche Arbeitsrecht*, Berlin, 1935, 11 e 30, F. MÜLLERREISERT, *Das Arbeisverhältnis als Vertrag und als Gemeinschaft des Personenrechts*, DAR, 1938, 11, 280-283, DENECKE, *Vermögensrechtliches oder personenrechtliches Arbeitsverhältnis*, DAR, 1934, 7/8, 219-224, JOERGES, *Die Arbeitsverhältnis und Betriebsgemeinschaft.Wesen und Rechtsgrund*, DAR, 1938, 6, 91-95, ou A. HUECK, *Die Begründung des Arbeitsverhältnisses*, DAR, 1938, 7/8, 180-182.

[21] A. NIKISCH, *Arbeitsvertrag und Arbeitsverhältnis*, Berlin, 1941, 51 ss. e *passim*, e ainda, *Die Eingliederung in ihrer Bedeutung für das Arbeitsrecht*, RdA, 1960, 1, 1-5, W. SIEBERT, *Die Begründung des Arbeitsverhältniss*, DAR, 1937, 11, 305-310 e 338-342, e ainda *Die Entwicklung der Lehre vom Arbeitsverhältnis im Jahre 1936*, DAR, 1937, 1,

540 *Estudos de Direito do Trabalho em Homenagem ao Prof. Manuel Alonso Olea*

Abstraindo das diversas variantes de fundamentação desta concepção comunitário-pessoal da relação de trabalho, importa reter como característica essencial desta visão o facto de ela desvalorizar, no conteúdo do vínculo, o nexo de troca patrimonial trabalho-salário, ao mesmo tempo que valoriza o nexo relativo aos deveres pessoais e comunitários das partes. Nesta óptica, esta concepção acentua, do lado do trabalhador, o dever de lealdade (de índole pessoal, pela sua própria natureza, mas também com um cunho comunitário, por força da integração do trabalhador no seio da organização do empregador, de cujos objectivos ele comunga) e, do lado do empregador, o dever de assistência ao trabalhador em situações diversas de não prestação do trabalho[22].

No entanto, após algumas décadas, estas construções foram consideradas ultrapassadas (ainda a partir do trabalho da doutrina germânica, mas com projecções noutros contextos doutrinais), com fundamento na insubsistência do elemento comunitário e na falta de especialidade do elemento de pessoalidade: assim, à ideia da comunhão de interesses entre trabalhador e empregador foi objectada a oposição dos interesses principais das partes[23]; e ao elemento de pessoalidade foi recusado um papel individualizador do vínculo laboral, alegando-se, por um lado, a essencialidade dos aspectos patrimoniais do vínculo (o trabalho e a remuneração) e recordando-se, por outro lado, que noutros contratos obrigacionais envolvendo prestações de facto o prestador está pessoalmente envolvido no respectivo cumprimento em termos similares ao trabalhador[24].

14-19, A. GRECO, *Il contratto di lavoro, in* Filippo VASSALI (dir.), *Trattato di diritto civile italiano,* VII (tomo III), Torino, 1939, 56 ss., 260 ss., e 320 ss., G. ARDAU, *Corso di diritto del lavoro,* Milano, 1947, 75, P. DURAND/A. VITU, *Traité de Droit du travail,* II, Paris, 1950, 209 ss., J. BRÈTHE DE LA GRESSAYE, *Les transformations juridiques de l'entreprise patronale,* DS, 1939, 1, 2-6, e, entre nós, RAUL VENTURA, *Teoria da Relação Jurídica de Trabalho – Estudo de Direito Privado,* I, Porto, 1944, 70 ss., e 89 ss.

[22] Para mais desenvolvimentos, M. R. PALMA RAMALHO, *Da Autonomia Dogmática...cit.,* 279 ss.

[23] Neste sentido, V. MAVRIDIS, *Eingliederungstheorie, Vertragstheorie und Gemeinschaft,* RdA, 1956, 12, 444-448, P. SCHWERDTNER, *Fürsorgetheorie und Entgelttheorie im Recht der Arbeitsbedingungen,* Heidelberg, 1970, 46 e ss., e ainda *Gemeinschaft, Treue, Fürsorge – oder: die Himmelfahrt des Wortes,* ZRP, 1970, 3, 62-67, e, entre nós, A. MENEZES CORDEIRO, *Da situação jurídica laboral...cit.* 113 ss.

[24] Neste sentido, entre muitos outros, H. PINTHER, *Ist das Arbeitsverhältnis ein personenrechtliches Gemeinschaftsverhältnis?,* ArbuR, 1961, 8, 225-230, ou E. WOLF, *«Treu und Glauben», «Treu» und «Fürsorge» im Arbeitsverhältnis,* DB, 1971, 39, 1863-1868, e MENEZES CORDEIRO, *Da situação jurídica laboral: perspectivas dogmáticas...cit.,* 116 ss.

«*De la Servidumbre al Contrato de Trabajo*»   541

Com base nestas críticas, voltou a ganhar força na doutrina uma concepção eminentemente patrimonial e obrigacional do contrato de trabalho, que ficou conhecida como «teoria da remuneração». Esta concepção recoloca no eixo central do vínculo laboral o binómio de troca trabalho-remuneração, reconduz a subordinação do trabalhador a uma característica da prestação (é a ideia de heterodeterminação) e procura enquadrar os clássicos deveres de assuistência do empregador fazendo apelo a um conceito amplo de remuneração, desenvolvido, na doutrina germânica, por SCHWERDTNER[25], sob a designação de «teoria da remuneração» (*Entgelttheorie*) e subscrito entre nós por autores como MENEZES CORDEIRO.

Descrita esta evolução dogmática, cabe apreciar.

VI. No nosso entender, não sendo aceitável a concepção comunitário-pessoal do vínculo de trabalho, o entendimento patrimonial do vínculo assente na teoria da remuneração também não satisfaz, porque não tem em conta os aspectos que continuam a singularizar o contrato de trabalho no panorama dos negócios civis, e, designadamente, o peso especial da sua componente de pessoalidade, que, como observou SUPIOT, resistiu às diversas tentativas de objectivação da prestação de trabalho e de funcionalização da subordinação do trabalhador ao longo da história do Direito Laboral, que ALONSO OLEA refere como o maior desafio da área jurídica.

Do nosso ponto de vista, são efectivamente de subscrever as críticas à concepção comunitário-pessoal da relação de trabalho, no que toca à secundarização do binómio de troca patrimonial do contrato e no que se refere ao entendimento clássico do elemento de comunidade[26]. Contudo, estas críticas não são de molde a justificar a visão puramente obrigacional e patrimonial do contrato de trabalho propugnada pelo outro sector da doutrina, mas obrigam sim a uma reconstrução do contrato em novos moldes, que correspondam à complexidade do débito negocial nele envolvido e da posição relativa das partes.

No que se refere à secundarização dos elementos de troca patrimonial do contrato de trabalho, ela não nos parece, de facto, compatível com os interesses essenciais das partes – naturalmente, o interesse essencial do

---

[25] *Fürsorgetheorie und Entgelttheorie…cit.,* 211 ss. e *passim.*
[26] Para mais desenvolvimentos sobre este ponto, *vd* o nosso *Da Autonomia Dogmática…cit..,* 485 ss.

542 *Estudos de Direito do Trabalho em Homenagem ao Prof. Manuel Alonso Olea*

trabalhador no contrato é a remuneração, e o interesse primacial do empregador é a utilização da energia laborativa do trabalhador para satisfação das suas necessidades.

Por outro lado, também não podemos subscrever o empolamento do elemento de comunidade neste contrato, na medida em que, mesmo que se possam reconhecer interesses secundários comuns aos empregador e ao trabalhador (assim, o interesse no aumento de produtividade, quando o trabalhador tem uma parcela da sua remuneração afecta aos resultados, ou o interesse no aumento dos lucros da empresa, se o trabalhador deles participa, por exemplo), é difícil conceber uma comunhão de interesses das partes nos aspectos essenciais do vínculo, que acima identificámos e que são, naturalmente, os determinantes para a respectiva qualificação – e nestes não só a oposição dos interesses e das posições jurídicas das partes é evidente, como o clima de conflitualidade social subjacente ao vínculo torna irrealista a construção comunitária desse vínculo, nos moldes em que a doutrina clássica a propôs.

No entanto, se perspectivarmos a relação de trabalho no seu contexto normal (i.e., um contexto que pressupõe não apenas o desenvolvimento de uma prestação laborativa para outrem, mas a inserção dessa prestação e, em geral, do contrato de trabalho e do próprio trabalhador numa organização predisposta pelo credor) podemos dar um novo sentido ao elemento comunitário, que será útil para compreender diversos traços do regime laboral, que não se deixam explicar com base numa lógica negocial a dois – pensamos nas constantes influências da organização do empregador sobre o conteúdo do contrato, em termos de se imporem mesmo ao acordo negocial (assim a imposição unilateral da alteração de funções, de tempo ou de local de trabalho, por motivos de gestão), nos deveres dos trabalhadores para com os colegas ou no princípio da igualdade de tratamento, por exemplo. Por este motivo, propomos uma nova leitura do elemento comunitário na perspectiva da valorização de uma componente de inserção organizacional no contrato de trabalho, que, ao mesmo tempo que realça a complexidade da posição debitória das partes, explica algumas projecções do contrato para fora da estrita relação *inter partes* e também a particularidade de, em nome de interesses de gestão, em muitas situações a vontade unilateral do empregador prevalecer sobre o acordo negocial[27].

---

[27] Para mais desenvolvimentos sobre a reconstrução do elemento de comunidade do contratao de trabalho, na perspectiva organizacional que propomos, *vd* o nosso *Da Autonomia Dogmática...cit.*, 716 ss.

«De la Servidumbre al Contrato de Trabajo»   543

Por último, no que toca ao elemento de pessoalidade, embora nos pareça que a sua importância não é de molde a justificar a secundarização dos aspectos patrimoniais do contrato de trabalho, como acima referimos, não podemos também subscrever a ideia da sua inespecificidade no panorama dos contratos obriagcionais envolvendo a prestação de uma actividade humana.

Bem pelo contrário, consideramos que este elemento deve ser reapreciado em novos moldes, mas que é essencial para compreender a singularidade do contrato de trabalho no panorama negocial privado, na medida em que evidencia a inseparabilidade entre a prestação de trabalho e a pessoa do trabalhador, que decorre da situação de dependência em que este se encontra perante o empregador – como bem observam os autores germânicos a subordinação corresponde a um estado de dependência pessoal (*persönliche Abhängigkeit*), ou seja, a uma qualidade do prestador e não da prestação e é por esta razão que não pode ser reconduzida à ideia de heterodeterminação.

A nosso ver, a componente de pessoalidade do contrato de trabalho evidencia-se na conjugação de diversos factores, que, cada um por si, poderia não justificar a importância deste elemento, mas que em conjunto, demonstram a singularidade do vínculo laboral no panorama dos negócios patrimoniais privados: o carácter intuitus personae do contrato, que se manifesta no relevo das qualidades pessoais do trabalhador e se traduz na infungibilidade da prestação laboral; a inseparabilidade genética entre a prestação de trabalho e a pessoa do trabalhador, que se manifesta no interesse que a própria disponibilidade ou a energia laborativa do trabalhador tem para o empregador, mesmo quando nenhuma prestação esteja a ser concretamente desenvolvida; e a essência dominial e pessoal dos poderes de direcção e disciplina do empregador, que não se limitam apenas à prestação mas abrangem deveres acessórios pessoais (no caso do poder directivo) ou, pela sua natureza, incidem necessariamente sobre a pessoa do trabalhador (designadamente no que se refere ao poder disciplinar, dada a essência punitiva das sanções disciplinares[28]).

Neste quadro, salientamos a importância do elemento de pessoalidade no contrato de trabalho, pondo em evidência a sua utilidade para explicar alguns aspectos do regime do contrato de trabalho, que não se deixam também reduzir aos princípios contratuais gerais – pensamos nas

---

[28] Sobre este ponto em especial, *vd* M. R. PALMA RAMALHO, *Do Fundamento do Poder Disciplinar Laboral cit.*

544 Estudos de Direito do Trabalho em Homenagem ao Prof. Manuel Alonso Olea

diversas normas laborais que fazem prevalecer sobre o acordo negocial a tutela de interesses do trabalhador que transcendem esse contrato e nada têm a ver com ele, porque são do foro pessoal, familiar, social ou de realização extra-profissional do trabalhador. Evidentemente, só o reconhecimento de uma componente de pessoalidade no contrato de trabalho, diferente da que existe noutros contratos envolvendo a prestação de actividades humanas mas nos quais o prestador não beneficia de idêntica tutela, justifica a prevalência destes interesse sobre o acordo negocial na constância do contrato[29].

VI. Chegados a este ponto, concluiremos as nossas reflexões voltando à afirmação de ALONSO OLEA sobre a importância de recordarmos a origem do moderno trabalho dependente no trabalho escravo e sobre o desafio que se colocou ao Direito do Trabalho de limitar a dependência do trabalhador no contrato de trabalho No nosso entender, a resposta a este desafio, que ainda hoje se coloca à área jurídica, não será encontrada através da diluição das especificidades do contrato de trabalho, mas antes a partir da tomada de consciência dessas especificidades e, assegurada esta, através de ponderação dos diversos interesses em jogo – alguns destes interesses emergem do acordo negocial, mas outros são específicos do trabalhador e outros ainda decorrem de ncessidades de gestão do empregador, sendo que, no caso concreto, quaisquer uns destes interesses podem vir a merecer a tutela do Direito.

ABREVIATURAS

ArbR	Arbeitsrecht – Zeitschrift für das gesamte Dienstrecht der Arbeiter, Angestellten und Beamten
BB	Der Betriebs-Berater. Zs. f. Recht u. Wirtschaft BGB Bürgerliches Gesetzbuch
DAR	Deutsches Arbeitsrecht
DB	Der Betrieb. Wochenschrift für Betriebswirtschaft, Steuerrecht, Wirtschaftrecht, Arbeitsrecht
DLav.	Il Diritto del Lavoro. Rivista di dottrina e di giurisprudenza
DS	Droit Social

---

[29] Para mais desenvolvimentos sobre a reconstrução do elemento de pessoalidade do contrato de trabalho, nesta perspectiva, *vd* o nosso *Da Autonomia Dogmática...cit.*, 751 ss.

RdA	Recht der Arbeit. Zs. f. die Wissenschaft u. Praxis des gesamten Arbeitsrechts
Riv.dir.comm.	Rivista del Diritto Commerciale e del Industriale e Maritimo/ /Rivista del Diritto Commerciale e del Diritto Generale delle Obbligazione
Rev.trim.dr.civ.	Revue trimmestrielle de droit civil
Riv.trim.DPC	Rivista trimmestriale di diritto e procedura civile
ROA	Revista da Ordem dos Advogados
ZRP	Zeitschrift für Rechtspolitik

BALANÇO DE UM ENCONTRO[*]

MÁRIO PINTO

Fazer o respectivo balanço no exacto momento em que termina este Encontro Ibero-Americano de Direito do Trabalho é uma coisa impossível, em termos estritos. Mas creio que, levando em conta a sua estruturação temática e o modo produtivo como decorreu, poderei tentar resumir, em duas reflexões muito abertas, mas breves, como o Encontro foi verdadeiramente ao encontro das maiores vicissitudes do direito do trabalho do nosso tempo.

Na primeira reflexão, referir-me-ei ao que está socialmente subjacente e metodologicamente implicado nos trabalhos destas nossas jornadas de estudo e debate. Numa segunda reflexão, sublinharei como o Encontro, na sua estruturação e desenvolvimento, efectivamente recortou e tomou como objectivo a problemática crucial da reforma do direito do trabalho nos nossos dias.

I. Um breve relance sobre a actualidade e a reforma do direito do trabalho

Os dois dinamismos que subjazem às reformas do DT

1. O tema deste encontro – *O Direito do Trabalho nos grandes espaços. Entre a codificação e a flexibilidade* – é indiscutivelmente certeiro

---

[*] Comunicação proferida na sessão de encerramento do Encontro Ibero-Americano de Direito do Trabalho, organizado pela Universidade Católica, Lisboa, 23-24 Abril 2003, dedicado ao tema *O Direito nos grandes espaços. Entre a codificação e a flexibilidade.*

548　*Estudos de Direito do Trabalho em Homenagem ao Prof. Manuel Alonso Olea*

e oportuno, porque articula os dois decisivos dinamismos que subjazem às reformas do direito do trabalho na actualidade. Que são: por um lado, o das reformas nacionais em função das mudanças no mercado e nas condições de trabalho (*entre a codificação e a flexibilidade*); e, por outro lado, o das reformas em função da criação dos grandes espaços supranacionais e da globalização (*o direito do trabalho nos grandes espaços*).

Reformas nacionais vemo-las um pouco por toda a parte. Podemos dizer que não há praticamente nenhum país que não esteja preocupado com as reformas na área do direito do trabalho. Da crise do direito do trabalho, e alguns preferem falar do seu ocaso, discute-se claramente desde pelo menos os primeiros anos oitenta[1]. Só para citar o conhecido exemplo italiano, o processo da reforma é já tão longo que o Professor Tiziano Treu, que esteve em Lisboa há bem pouco tempo, acaba de publicar um livro com um resumo dos dez últimos anos de reformas na área juslaboral[2]. E nem se trata de um exemplo isolado de tentativa de um conspecto reformista. Como homenagem ao malogrado Massimo D'Antona, assassinado pelas Brigadas Vermelhas precisamente por ser um brilhante estudioso de reformas, foi organizado um livro de contributos seus, seleccionados por subáreas temáticas, com correspondentes ensaios críticos de diversos juslaboralistas seus admiradores e amigos, a que foi dado o título de «O trabalho das reformas»[3].

O segundo dos dinamismos a que me refiro (as configurações juslaborais em grandes espaços supranacionais por sua vez inseridas no fenómeno da globalização mundial) é também algo de novo, mas já com significativas consequências na experiência juslaboral da União Europeia.

É claro que na origem das reformas juslaborais, quer das nacionais quer das configurações supranacionais, e tudo no quadro da globalização, estão grandes transformações, por vezes dramáticas, nos domínios económico, social, cultural, tecnológico, organizativo, comunicacional, etc., que revolucionaram os quadros da vida económica e empresarial, como também da vida social e cultural. Não há dúvida, as actuais codificações ou harmonizações juslaborais, no plano nacional e no plano supranacional,

---

[1] G. Lyon-Caen, *La crise du droit du travail*, in: AA.VV. *In memoriam Sir Otto Kahn-Freund*, Munique, Beck, 1980. Gino Giugni, *Il diritto del lavoro negli anni '80*, em Gino Giugni, *Lavoro legge contratti*, Bolonha, Il Mulino, 1989.

[2] Tiziano Treu, *Politiche del lavoro. Insegnamenti di un decennio*, Bolonha, Il Mulino, 2001.

[3] Massimo D'Antona, *Il lavoro delle riforme*, Roma, Editori Riuniti, 2000.

estão decisivamente determinadas pela grande revolução tecnológica, organizativa, comunicacional e de integração global, que são absolutamente novas na vida da humanidade.

O comparativismo e a interdisciplinaridade

2. A este propósito, penso que, no cultivo da ciência do direito do trabalho, há duas linhas de desenvolvimento científico que não se podem descartar, nenhuma delas. Por um lado, torna-se imperioso um desenvolvimento juscomparativista: os cultores do direito do trabalho estão hoje ainda mais obrigados, literalmente obrigados, a um trabalho de comparativismo jurídico. Mas, por outro lado, são também acrescidamente obrigados a uma análise interdisciplinar entre aquilo que é o mundo especificamente jurídico e o mundo mais amplo das realidades económicas, empresariais, tecnológicas, organizativas, culturais, sociais e outras. A escala e a amplitude das mudanças obriga o juslaboralista, hoje, a um mais árduo esforço do ponto de vista metodológico, tanto na questão comparativista como na questão interdisciplinar.

Quanto à comparativística jurídica, os jurisconsultos do direito do trabalho sempre a cultivaram; mas o grande problema aqui é metodológico. É que um rigoroso esforço comparativístico implica imperiosamente a identificação e a concretização do clássico *tertium comparationis*, isto é, da referência do termo de comparação, que tem que ser expresso, objectivo e igual para todos os institutos ou normativos jurídicos comparados. O que raramente se verifica: as comparações em direito do trabalho são habituais entre todos nós, mas não enunciam, do ponto de vista metodológico, o *tertium comparationis*, e por isso o diálogo é as mais das vezes um diálogo de desentendimento entre diferentes pré-compreensões não explicitadas. Cada um pensa e exprime-se segundo certa pré-compreensão de vários e não explicitados pressupostos acerca do *tertium comparationis*, anulando-se assim a validade da comparação. Tem sido esta a nossa condição e dificilmente sairemos dela. Em todo o caso, convém que tenhamos consciência disso, bem como da necessidade de a superar[4].

Por outro lado, a exigência do diálogo interdisciplinar com a economia, com as ciências da organização empresarial, etc., é também altamente

---

[4] A este propósito, cfr. Mário Pinto, *Prefácio*, em Mário Pinto e Francisco Fialho, *O despedimento. Um estudo de direito comparado*, Lisboa, 1983.

550 *Estudos de Direito do Trabalho em Homenagem ao Prof. Manuel Alonso Olea*

pressionante e complexa. Não se diga que os juslaboralistas não dão importância à interdisciplinaridade. Pelo contrário, creio que é preciso prestar-lhes justiça, e reconhecer que, de entre as várias famílias de juristas, são dos que maior atenção dão às problemáticas da economia e às questões sociais. Em todo o caso, não se pode também negar que essa seja uma exigência que está frequentemente no limite das nossas forças.

O modelo social europeu e a crise

3. Com estas dificuldades teóricas, a que acresceram não poucas dificuldades sociais, ideológicas, políticas e doutras ordens, temos vindo a construir o chamado modelo social europeu, que a todos nos orgulha. E quando digo a todos, penso não apenas na Europa mas também na América Latina, porque a América Latina comunga do mesmo fundamental espírito do modelo social europeu.

Esse modelo desenvolveu-se sobretudo durante os chamados «gloriosos trinta anos» a partir do fim da última Grande Guerra. Guiado por ideais de justiça social, veio sempre a apoiar-se no pressuposto implícito de uma auto-sustentação do desenvolvimento económico: todo o esforço de progresso do direito do trabalho se fez como uma conquista da justiça perante um progresso económico que permitia sempre ir socialmente mais longe. Foi precisamente no termo desse período, na dobra dos anos 60-70, sabemo-lo bem, que de facto se atingiram os maiores avanços no direito do trabalho e grandes inovações jurídicas, por vezes em documentos legislativos de nova índole (os chamados Estatutos dos Trabalhadores). De certa maneira, aí se cristalizou em termos paradigmáticos o modelo social europeu.

Mas aquele pressuposto veio a ser posto em causa com a célebre crise do petróleo, em que súbita e inesperadamente ficou abalada a segurança no desenvolvimento económico continuado que antes existia. E, desde então, as dificuldades que se exemplificaram nessa crise repetiram-se. Repetiram-se e aumentaram.

Com efeito, os problemas sociais e económicos com incidência laboral assumiram novas e dramáticas dimensões com as grandes modificações que se vieram a somar, causadas, como já se disse, pela revolução tecnológica, organizativa e das comunicações, e multiplicadas com a liberalização das trocas nos grandes espaços e na globalização. Ficou desse modo destruída a pressuposição de crescimento económico contínuo e, com ela,

Balanço de um encontro

o paradigma da estabilidade laboral com que, mais ou menos consciente-mente, o modelo social europeu se tinha configurado.

O consenso acerca de uma doutrina fundamentante da integração do económico e do social

4. No plano doutrinal, ficou em causa a dissociação dialéctica entre o económico e o social que tinha sido dominante, e sobretudo evidenciada pela teoria da luta de classes no plano ideológico das famílias socialistas. Com efeito, recordemo-nos de que a construção do paradigma social europeu se baseou muito influenciado pela ideia de que teria de ser o sistema económico capitalista a modificar-se estruturalmente para se ajustar à evolução do sistema social. Era esse o pensamento do largo movimento anti-capitalista, com grande representatividade no conjunto dos partidos e sindicatos socialistas, que punha em causa a economia de mercado e propugnava a sua substituição – por via revolucionária, uns, por via reformista, outros.

As grandes alterações económicas, sociais e até políticas que sobrevieram inexoravelmente fizeram com que esta concepção ideológica se modificasse entretanto. De modo mais claro após o colapso das experiências socialistas dos países comunistas do leste europeu, praticamente todo o movimento socialista abandonou a ideia de um sistema económico alternativo ao da economia de mercado, com base na propriedade colectiva dos meios de produção. No regresso de uma importante reunião da Internacional Socialista, após as célebres vitórias eleitorais de Tony Blair, com a sua «terceira via» (que propõe um socialismo liberal, ou um liberalismo social – discute-se), e dos sociais-democratas alemães de Schröder, que se apresentaram às eleições com uma plataforma intitulada «o centro» («Die Mitte»), os socialistas portugueses resumiram a sua posição numa fórmula clara para o sistema económico, embora reservada quanto à (restante) sociedade, dizendo à comunicação social: «economia de mercado, sim; sociedade de mercado, não».

Esta declaração tem implicações de grande alcance no paradigma fundamental das «industrial relations» e do direito do trabalho. Agora, já não é substituindo a economia de mercado que se pretende fazer a integração e a potenciação global do sistema económico e social, mas sim por uma harmonização entre dois subsistemas, um económico capitalista e um outro social, harmonização que permita a auto-sustentação do desenvolvimento do sistema global. Quer dizer, afinal o sistema económico de mercado depende do social e, por sua vez, o sistema social depende do económico.

Novas matrizes do DT. A concertação social e a protecção do trabalhador no emprego ao longo da vida, no mercado de trabalho

5. Note-se que esta tese não significou apenas uma consolidação dos fundamentos da legitimação da economia de mercado e do papel das empresas. Implica necessariamente, e isto é que é importante para nós, juslaboralistas, lógicas consequências para as pré-compreensões na construção do direito do trabalho, quer nas relações individuais quer nas relações colectivas de trabalho («industrial relations»). Toda a teorização da conflitualidade económico-laboral, interindividual e colectiva, tem de se refundar na necessidade de não apenas manter e melhorar as condições de trabalho, mas também, e solidariamente, de manter e melhorar o tecido produtivo da economia de mercado.

Creio que podemos ilustrar esta nova matriz doutrinal por duas grandes novidades.

Uma, no plano das relações colectivas de trabalho, e é o surgimento da concertação social; outra, no domínio das relações individuais, e é a incorporação na sistemática do direito do trabalho da legislação de promoção do emprego e da protecção dos trabalhadores não apenas na relação de trabalho subordinado mas também no mercado de trabalho e ao longo da vida.

Há um modo simples de fazer sobressair esta nova perspectiva, que é teórica e prática: é reconhecer que, subitamente, a tarefa dos cultores do direito do trabalho deixou de ficar limitada a tratar unilateralmente das posições dos trabalhadores nas relações de trabalho subordinado, e passou a abranger também a questão mais ampla do emprego, isto é, das posições dos trabalhadores no mercado de trabalho, que é solidário com o mercado económico.

Nos anos 80, quando se iniciaram as novas experiências de concertação social, logo surgiram teorizações muito estimulantes do ponto de vista teórico, tendo-se chegado a falar de uma sociedade neocorporativa[5]. Com

---

[5] Cfr., por exemplo, MARCO MARAFFI (coord.), *La società neo-corporativa*, Bolonha, 1981.

Balanço de um encontro 553

esta ou outras conceituações, foi desde então muito larga a reflexão sobre a mudança de paradigma na contratação colectiva. E deste movimento não estivemos alheados nós, os portugueses, que não só fizemos reflexão doutrinal como, além disso, fomos dos mais ousados na institucionalização da concertação social[6].

Foi dentro de um quadro analítico das realidades em mudança que na área tradicional do direito do trabalho entrou também como novidade estrutural a legislação de promoção do emprego, que antes não constava da sistemática científica dos nossos estudos. Legislação essa que, por sua vez, trouxe consigo uma outra novidade: a da promoção do emprego dos trabalhadores numa perspectiva de integração e solidariedade do emprego subordinado e do emprego autónomo, portanto fracturando as fronteiras clássicas do direito do trabalho limitadas aos trabalhadores subordinados. A superveniência de formas de trabalho para-subordinado, como que a meio caminho entre as formas clássicas de trabalho subordinado e as de trabalho autónomo, sobretudo criadas pela revolução das tecnologias e da informação que se repercutiu nas organizações, só veio aumentar as razões de um tratamento jurídico e legislativo que, sem deixar de proteger o trabalhador típico das organizações empresariais tradicionais, teve de integrar um novo objecto e um novo espírito. O próprio direito da segurança social, que embora associado era tratado lateralmente pelos juslaboralistas, passou a merecer um tratamento muito mais integrado no direito do trabalho, pela função estrutural dos chamados «amortizadores sociais» precisamente na perspectiva da protecção do emprego ao longo de uma vida de sucessivas e diversas relações de trabalho.

O exemplo das políticas da União Europeia

6. Creio que estes dois maiores vectores de densificação do novo paradigma do direito do trabalho também se evidenciam nas políticas sociais da União Europeia.

---

[6] CAVACO SILVA (coord.), *Economic and social partnership and incomes policy*, Universidade Católica Portuguesa, 1984 (os trabalhos desta conferência foram também publicados na revista *Economia*, vol. VII, n.º 2). Cfr. ainda MÁRIO PINTO, *Os últimos anos da década de 80 e a entrada na década de 90, em Portugal. Ensaio sobre a concertação social e a mudança do paradigma sindical e social*, em AA. VV., *Portugal em mudança*, Imprensa Nacional, 1991.

554　*Estudos de Direito do Trabalho em Homenagem ao Prof. Manuel Alonso Olea*

Por um lado, tem sido sempre evidente a contínua acentuação e promoção do chamado «diálogo social», que em certas alturas teve honras de importantes e mediáticas reuniões cimeiras na União.

Por outro lado, a chamada estratégia europeia para o emprego, que se baseia em quatro pilares, que são a empregabilidade, a empresarialidade, a adaptabilidade, e a igualdade de oportunidades. Não são necessárias grandes argumentações para ficar claro que a estratégia europeia é a da protecção do trabalhador no mercado de trabalho, e não na rigidez da estabilidade do seu actual emprego.

A empregabilidade refere-se precisamente às capacidades dos trabalhadores para ocuparem os novos e mutáveis empregos efectivamente oferecidos no mercado de trabalho. A empresarialidade aponta para a capacidade de iniciativa empresarial e de trabalho autónomo, para a expansão e manutenção de tecido empresarial. A adaptabilidade visa a capacidade de adaptação dos trabalhadores a novas condições de trabalho, de acordo com a evolução tecnológica e as necessidades das organizações. Finalmente, a igualdde de oportunidades pretende que não haja exclusões ou discriminações negativas no emprego.

De facto, o tradicional direito do trabalho, integrando o sistema sindical e de convenções colectivas de trabalho, pretendeu sempre proteger o trabalhador contra o empregador, mas protegendo-o simultaneamente da competição entre os próprios trabalhadores, na empresa e no mercado de trabalho. Esta segunda protecção está hoje em causa pela desmassificação das relações de trabalho, devida à desmassificação dos postos de trabalho da nova era.

As reformas no DT: novas propostas e temores

7. É neste quadro, que é novo nas condições materiais da vida tecnológica, comunicacional e organizativa, e é também novo no pensamento legitimador fundamental geral, que hoje em dia se movem e se têm de mover as reformas e reestruturações legislativas laborais: quer no âmbito de cada país, quer no âmbito dos grandes espaços como a União Europeia, quer na integração de uns nos outros e, por fim, num espaço mundial globalizado.

Alguns receiam que em toda esta mudança fique prejudicado o estatuto de protecção ao trabalhador subordinado nas relações de trabalho típicas que, ao longo de muitos anos, foi construído para as empresas que se

Balanço de um encontro 555

desenvolveram segundo o chamado modelo de organização fordista e já não é mais utilizável com as novas tecnologias. Em verdade, em toda esta mudança o direito do trabalho não pode cessar de defender os direitos fundamentais dos trabalhadores, porque a sua dignidade, essa não tem mudança. Porém, a maior dificuldade é a de salvar o estatuto dos seus direitos fundamentais na larga e crescente mancha de situações de trabalho atípico, de desemprego, de mobilidade profissional, e inclusive de trabalho autónomo mas economicamente dependente.

De uma centração na relação do trabalho subordinado típica do tecido empresarial tradicional no pós-grande-guerra, o direito do trabalho tem agora que atender ao estatuto do homem trabalhador nas suas diversas posições jurídicas socialmente conexionadas. De direito do trabalho com objecto na relação de trabalho subordinada evolui para direito do trabalho no mercado de trabalho. Como escreveu o malogrado jurista italiano MASSIMO D'ANTONA, num interessante estudo sobre a crise de identidade do direito do trabalho no fim do século XX, «a crise de identidade do direito do trabalho está ligada a uma transformação do seu objecto, isto é, do trabalho – ou, pelo menos, do trabalho de que tradicionalmente se ocupa, o trabalho subordinado»[7]. Nesse mesmo estudo, D'ANTONA nota que «em França, os manuais abandonam o título de *droit du travail* e preferem *droit de l'emploi* para sublinhar que o baricentro se deslocou da relação de trabalho na instituição-empresa para o mercado de trabalho, com os seus novos problemas de acesso, formação, repartição do tempo de trabalho, empregabilidade, nexos entre condição laboral e cidadania social»[8].

Creio que, em Itália, vai neste sentido uma proposta reformista muito interessante e discutida de TIZIANO TREU, em que se defende ser necessário um estatuto laboral fundamental que abranja todos os trabalhadores e formas de trabalho.

Expressamente, a proposta de TIZIANO TREU atende às seguintes finalidades:

1) à redefinição das diversas formas de trabalho, actualmente existentes, ao longo de uma escala contínua, partindo de uma disciplina e de tutelas de base comum a todas as formas de trabalho, e caminhando depois gradualmente para ulteriores normativas e tutelas diferenciadas;

---

[7] MASSIMO D'ANTONA, *Diritto del Lavoro di fine secolo: una crisi di identità?*, in MASSIMO D'ANTONA, *Contrattazione, rappresentatività, conflito*, Roma, 2000, p. 274.
[8] *Ibidem.*

2) à valorização do capital humano nacional em cada uma destas formas, reconhecendo um papel central à formação ao longo de toda a vida activa;

3) ao reordenamento das protecções actualmente expressas em amortizadores sociais, em função das novas características do mercado de trabalho – isto é, a uma reforma da segurança social;

4) à requalificação dos momentos de acção e de autonomia colectiva no âmbito de uma nova matriz legislativa.

Para um direito do trabalho estatutário

8. Isto significa que – e perdoar-me-ão que volte aqui a um tema que me é caro – tenhamos que reconsiderar novamente a ideia de um direito do trabalho centrado na pessoa do trabalhador, estatutário *hoc sensu*, em vez de nos mantermos num direito do trabalho simplesmente objectivista, centrado nas relações jurídicas de trabalho subordinado: sua constituição contratual, sua vida e sua extinção. Com efeito, só naquela perspectiva estatutária poderemos caminhar mais claramente e mais coerentemente para um direito do trabalho que, internamente pluralista, considere o trabalhador como cidadão e a cidadania como uma cidadania também laboral, dando plenitude tanto quanto possível àquilo que é a vocação e a dignidade de todos os homens, não apenas como prestadores de trabalho mas como trabalhadores em sentido integral[9].

Se para os cidadãos das futuras sociedades se prevê que, em média, cada um terá várias e diferentes posições laborais e profissionais ao longo da vida activa, não podemos então deixar de nos prepararmos para este grande desafio da nova civilização do trabalho. É assim que a flexibilidade não deve ser vista exclusivamente nas vicissitudes de uma dada relação estável de trabalho, mas sim como caraterística da própria profissionalidade do cidadão trabalhador.

Num quadro económico e social de mudanças irrecusáveis, em que as relações de trabalho tradicionais tendem para mudar de paradigma e se desmassificarem, teimar em recusar a todo o custo a larga fenomenologia laboral do actual mercado de trabalho tem o efeito perverso de, por inade-

---

[9] MÁRIO PINTO, *Direito do Trabalho*, Lisboa, 1996, *maxime* p. 88 e seg.. Cfr., ainda, os nossos ensaios, *A função do Direito do Trabalho*, in RDES, Janeiro-Março, 1986, e *La flexibilité du temps de travail*, in *Revue internationale de droit comparé*, Jan.-Mars, 1998.

Balanço de um encontro   557

quação às realidades, potenciar a mancha de trabalho juridicamente desprotegido e condenar o direito do trabalho a faltar à chamada da história.

II. O Encontro Ibero-Americano de Direito do Trabalho ao encontro do actual movimento de reformas

Depois desta primeira reflexão, passarei à segunda, notando como, em minha opinião, este Encontro Ibero-Americano de direito do trabalho foi muito precisamente organizado para discutir as questões fulcrais da crise do direito do trabalho dos nossos dias.

Procurarei ilustrar porque penso assim.

O problema do dumping social nos grandes espaços

1. Reparemos que o Encontro abriu com uma reflexão sobre o direito do trabalho nos grandes espaços. Ora, os mais importantes problemas que o direito do trabalho defronta, nos grandes espaços, são precisamente os dois problemas que referi inicialmente. Por um lado, o de uma comparabilidade metodologicamente válida dos institutos juslaborais entre os países integrantes desses espaços. Por outro lado, o de uma harmonização das políticas de reforma juslaboral que leve em conta a diferença das condições económicas, tecnológicas e de capital humano e social de cada país, de modo a que se não provoquem efeitos perversos.

A este propósito, recordemo-nos de que, não há muitos anos, numa altura em que os sindicatos de países ricos e socialmente avançados recearam a deslocalização das empresas dos seus países para outros dentro da União Europeia (como por exemplo Portugal), por causa dos custos sociais mais baixos, logo se levantou com grande insistência uma campanha contra o alegado *dumping* social. Passado o receio, passou a campanha. Agora é a nossa vez de recear a deslocalização das nossas empresas para o leste da União Europeia, após o alargamento. Mas nós não temos a capacidade dos alemães e dos holandeses para influenciar a Confederação Europeia de Sindicatos e provocar uma nova campanha contra o *dumping* social. Contudo, desta vez as consequências vão ser seguramente muito mais agudas. Na altura, os principais protagonistas da campanha anti-*dumping*, se tinham custos sociais mais altos, tinham também recursos humanos mais qualificados e maior produtividade, além de estarem no centro

558 *Estudos de Direito do Trabalho em Homenagem ao Prof. Manuel Alonso Olea*

geográfico do mercado europeu. Portugal não possui nenhuma destas vantagens relativamente aos novos países candidatos à integração na União.

Deste modo vem ao de cima que o problema do direito do trabalho nos grandes espaços supranacionais evidencia a necessidade de se não desconhecer que a comparação juslaboralista se não pode limitar aos dispositivos normativos, porque sabemos que as mesmas leis produzem consequências diferentes em contextos socio-económicos diferentes. E se nos ativéssemos exclusivamente às normas, nas suas expressões textuais, e não atendessemos aos efeitos reais concretos em diferentes contextos sociais, estaríamos a cometer o erro inadmissível de pensar o direito em termos meramente formais. Temos, aliás, experiência provada de legislação idêntica ou análoga, no direito português e em outros países, que provoca efeitos práticos muito diferentes e tem uma aplicação jurisprudencial também diferente.

As experiências supranacionais

2. Depois de uma análise da problemática geral do direito do trabalho nos grandes espaços, os debates incidiram nos concretos exemplos de três organizações regionais: Mercosul, Nafta e União Europeia. Ainda aqui se continua um esforço de investigação comparada. E torna-se evidente que, porque todos estão inseridos na globalização, é da maior importância avaliar como em cada um desses três projectos de grandes espaços se tem caminhado no que importa ao direito do trabalho.

A este propósito, a União Europeia irá à frente. Por um lado, porque temos uma instância judicial que aplica desde já normativos obrigatórios em toda a União e vela pelo respeito dos direitos fundamentais – e é importante a incidência dos direitos fundamentais no direito do trabalho.

Mas há um outro domínio em que também na União Europeia se está abrindo caminhos novos, e refiro-me agora às políticas de emprego. Como já referi acima, os quatro pilares da estratégia comunitária para o emprego articulam os factores empresariais e laborais numa visão integrada de cidadania laboral num quadro das múltiplas formas de emprego.

Comparar sistematizações legislativas

3. Há 21 anos, aqui em Lisboa, realizámos as primeiras Jornadas Luso-hispano-brasileiras de Direito do Trabalho. E precisamente um dos

temas dessas jornadas foi o da codificação do direito do trabalho. Tema que, nessa altura, por acidente me caiu em cima, apesar das minhas maiores resistências. Não tinha nunca pensado nele, não gostava dele, achava-o um tema académico talvez já desactualizado. Hoje sou obrigado a confessar que estava errado, visto que ele está na ordem do dia em Portugal, renovado na sua capacidade polémica de regeneração legislativa nacional e desafiado perante as novas perspectivas de competição e harmonização nos espaços nacionais e na globalização.

A temática da flexibildade

4. Todo o restante Encontro foi dedicado a debater as várias e difíceis questões da flexibilidade. Temática que corresponde porventura à mais polemizada das mudanças em curso nas realidades laborais dos nossos dias: do garantismo rígido à protecção eficaz na flexibilidade. Com uma análise mais detalhada sobre as soluções do novo Código do Trabalho português. As actas destes debates serão seguramente do maior interesse para a ciência do direito e para as políticas legislativas.

Conclusão

5. É tempo de terminar. Creio que estas jornadas podem considerar-se um excelente ponto de situação da capacidade que temos de equacionar os problemas actuais do direito do trabalho e da capacidade de os tratar. Não admira, da parte de jurislaboralistas ibero-americanos consagrados. Mas ouvi há pouco, aos nossos colegas estrangeiros, elogios dirigidos à nova geração de juslaboralistas portugueses, aqui muito bem representada.

É reconfortante saber que teremos capacidade para continuar defrontando os difíceis problemas do progresso do direito do trabalho perante um tão largo e complexo movimento de reformas juslaborais.

Repito que não há que fazer agora e aqui um balanço deste colóquio científico. Mas é possível e justo reconhecer que se tratou de mais um momento alto nesta tão valiosa fraternidade ibero-americana de juslaboralistas.

Faltou-nos aqui a presença viva do nosso querido colega e amigo MANUEL ALONSO OLEA; mas ele esteve muito presente na nossa lembrança e na nossa saudade. Permitam-me que exprima estes sentimentos pessoais e que testemunhe aos nossos bons e velhos colegas e amigos de muitos anos, do Brasil, da Espanha e de outros países da Ibero-América, em especial aos meus estimados confrades da Academia Ibero-Americana de Direito do Trabalho e da Segurança Social, a minha grande amizade e admiração. Existe, minhas senhoras e meus senhores, uma família juslaboral ibero-americana, que espero seja sempre mais alargada e revigorada. Ela sai revigorada deste Encontro.

Termino felicitando e agradecendo ao Professor BERNARDO XAVIER este excelente encontro científico.

O CÓDIGO DO TRABALHO

– DIRECTRIZES DE REFORMA; SISTEMATIZAÇÃO; ALGUMAS QUESTÕES –

PEDRO ROMANO MARTINEZ*

> PLANO: 1. Necessidade de revisão das leis laborais. 2. Opção por um Código do Trabalho. 3. Directrizes de orientação. 4. Enquadramento dogmático da sistematização adoptada. 5. Algumas questões relacionadas com o Código do Trabalho. *a)* Justificação; *b)* Direitos de personalidade dos trabalhadores; *c)* Protecção da maternidade; *d)* Aumento do período experimental; *e)* Aumento da contratação a termo; *f)* Elevação do limite das quarenta horas por semana para sessenta horas semanais; *g)* Livre alteração do local de trabalho; *h)* Liberalização dos despedimentos; *i)* Vazio regulamentar por caducidade das convenções colectivas; *j)* Limitação do direito de greve. 6. Discussão acerca da suposta inconstitucionalidade de alguns preceitos. *a)* Violação das garantias de defesa do trabalhador porque o empregador pode reabrir o procedimento disciplinar; *b)* Liberalização do despedimento na medida em que o empregador não tem de reintegrar o trabalhador; *c)* A cláusula de paz social como limitação do direito de greve.

1. *Necessidade de revisão das leis laborais*

I. A necessidade de rever as leis de trabalho vigentes em Portugal corresponde a um entendimento pacífico, não obstante, recentemente, de-

---

* O autor colaborou na elaboração do Código do Trabalho.

562 *Estudos de Direito do Trabalho em Homenagem ao Prof. Manuel Alonso Olea*

pois de ter sido apresentado o Anteprojecto de Código do Trabalho (Julho de 2002), terem surgido algumas vozes que preconizam a subsistência dos textos em vigor; o «velho do Restelo» surge sempre a contestar qualquer empreendimento.

De facto, como se lê na exposição de motivos da Proposta de Lei de Código do Trabalho «A legislação laboral até agora vigente é constituída por um conjunto de diplomas dispersos e com origens temporalmente diversas, tendo subjacentes concepções políticas e sociais marcadamente diferentes que correspondem a distintos momentos históricos. De facto, mantêm-se em vigor diplomas elaborados sob Constituições e regimes políticos diversos, e sujeitos a várias alterações ao longo dos tempos – *v.g.*, Lei do Contrato de Trabalho (1969), Lei da Duração do Trabalho (1971), Lei Sindical (1975), Lei das Férias, Feriados e Faltas (1976), Lei da Greve (1977), Lei da Suspensão ou Redução da Prestação de Trabalho (1983), Lei dos Salários em Atraso (1986), Lei da Cessação do Contrato de Trabalho e da Celebração e Caducidade do Contrato a Termo (1989), Lei do Despedimento por Inadaptação (1991), Lei dos Acidentes de Trabalho (1997) e Lei do Trabalho a Tempo Parcial (1999). A isto acresce que a regulamentação de vários institutos se encontra dispersa por distintos diplomas – assim, a discriminação em função do sexo (1979 e 1997) e o tempo de trabalho (1971, 1996 e 1998) –, ou em diplomas sucessivamente alterados – por exemplo, a protecção da maternidade e da paternidade (1984, 1995, 1997, 1998, 1999 e 2000)».

Da mencionada proliferação de fontes, associada à constante intervenção legislativa neste âmbito, resultam múltiplas contradições, com as consequentes dificuldades interpretativas e, sobretudo, uma acentuada inadequação do regime jurídico à vida quotidiana dos trabalhadores e dos empregadores. Em suma, a proliferação de fontes e a constante intervenção legislativa determinam uma significativa dificuldade na aplicação do Direito do Trabalho.

Impunha-se uma revisão geral da legislação de Direito do Trabalho. Saúda-se, pois, a iniciativa do Governo.

II. O Anteprojecto de Código do Trabalho – divulgado em Julho de 2002 –, atendendo a múltiplas e pertinentes sugestões bem como aos acordos conseguidos em sede de Concertação Social, onde houve um intenso debate até Novembro de 2002, foi sujeito a diversas modificações tendo, a 15 de Novembro de 2002, sido apresentado à Assembleia da República uma Proposta de Código do Trabalho (Proposta de Lei n.º 29/IX), acompanhada

O Código do Trabalho   563

da correspondente Exposição de Motivos na qual, apontando as principais alterações relativamente à legislação vigente, se resumem as linhas directrizes da reforma. A Proposta de Código do Trabalho foi alvo de ligeiras modificações no debate parlamentar e veio a ser aprovada a 10 de Abril de 2003, tendo, posteriormente (15 de Julho de 2003), sido introduzidos três ajustamentos resultantes de declarações de inconstitucionalidade.

Depois de promulgada a lei de aprovação a 4 de Agosto, o Código foi publicado na 1.ª Série do *Diário da República*, em anexo à Lei n.º 99/2003, a 27 de Agosto de 2003. Como resulta do n.º 1 do artigo 3.º da mencionada Lei, «O Código do Trabalho entra em vigor no dia 1 de Dezembro de 2003».

2. *Opção por um Código do Trabalho*

Como se lê na exposição de motivos «A opção por um Código do Trabalho assentou na circunstância de, por um lado, o Direito do Trabalho, tendo em conta os estudos e a jurisprudência dos últimos quarenta anos, já ter alcançado uma estabilidade científica suficiente para se proceder a uma primeira codificação e, por outro, a mera consolidação de leis, ainda que sistematizadas, apontar para uma incipiente codificação. O Código do Trabalho, à imagem de outros diplomas aprovados nas últimas dezenas de anos com o título *Código* æ como o Código do Imposto sobre o Valor Acrescentado ou o Código dos Valores Mobiliários æ, não corresponde ao clássico conceito de codificação que presidiu à elaboração dos códigos oitocentistas ou, no século XX, à feitura do Código Civil e do Código Penal. Trata-se de uma sistematização integrada, justificada por valorações específicas do Direito do Trabalho – e, portanto, diferente da que se encontra no Código Civil ou no Código Penal –, com soluções que permitem uma propensão para a estabilidade.

«A codificação não obsta, evidentemente, a que as regras agora enunciadas sejam alteradas, melhoradas e adaptadas a novas circunstâncias, pois qualquer ramo do Direito está permanentemente em mutação e a sua evolução não pode ser posta em causa pela existência de um conjunto sistemático – tendencialmente sintético e científico – de normas, denominado *Código*. Um Código não pressupõe, por isso, nem a estagnação das relações sociais, nem dos preceitos que as regem. Razão pela qual, no artigo 20.º da Lei n.º 99/2003, se dispõe que «O Código do Trabalho deve ser revisto no prazo de quatro anos a contar da data da sua entrada em vigor».

«A codificação do Direito do Trabalho não teria sido possível sem se atender aos estudos de insignes juristas, tanto em trabalhos preparatórios de legislação laboral como noutros trabalhos científicos, e à jurisprudência social dos últimos quarenta anos».

3. *Directrizes de orientação*

I. Tendo ainda em conta a exposição de motivos, resulta que «Na elaboração do Código do Trabalho, sem descurar as soluções consagradas noutros espaços jurídicos, houve a preocupação de inovar sem cortar com a tradição jurídica nacional, razão pela qual muitas das suas normas são idênticas a regras de diplomas agora revogados e os institutos, ainda que eventualmente modificados, encontram correspondência nos existentes.

«Nas alterações a introduzir impunha-se, por um lado, o respeito pelos limites constitucionais, como a segurança no emprego, o papel das comissões de trabalhadores e das associações sindicais e o direito à greve, e, por outro, a adaptação do Direito do Trabalho nacional a diversas directivas comunitárias em matéria social. Tendo em conta este último aspecto, aproveitou-se o ensejo para se proceder à concretização de múltiplas directivas comunitárias, algumas das quais já se encontravam total ou parcialmente transpostas para a ordem jurídica portuguesa».

II. A orientação que presidiu à elaboração do Código do Trabalho pode ser sintetizada nas seguintes directrizes:

a) Admissão de formas de trabalho, mais adequadas às necessidades dos trabalhadores e das empresas, promovendo a adaptabilidade e flexibilidade da relação laboral, nomeadamente quanto à organização do tempo, espaço e funções laborais, de modo a aumentar a competitividade da economia, das empresas e o consequente crescimento de emprego;

b) Estabelecimento de um regime laboral coerente de conhecimento acessível aos operadores jurídicos, sistematizando a legislação dispersa, elaborada em épocas distintas, atendendo, por isso, à integração de lacunas e resolução de algumas dúvidas suscitadas na aplicação das normas agora revogadas, nomeadamente, procedendo à eliminação de antinomias entre normas e ao esclarecimento de situações ambíguas, de que é exemplo o regime do tempo de trabalho;

c) Incentivo à participação dos organismos representativos de trabalhadores e empregadores na vida laboral, em particular no que respeita à contratação colectiva.

III. Quanto a alterações, como se lê na exposição de motivos «(...) foi introduzida alguma flexibilidade em determinadas áreas. De facto, em várias matérias – nomeadamente, duração do trabalho, local de realização da prestação, funções exercidas – o Código preconiza uma adaptação da prestação do trabalhador às necessidades da empresa. Mas não o faz esquecendo ou ignorando a posição jurídica do trabalhador; pelo contrário, fá-lo conferindo-lhe direitos, designadamente fazendo depender o recurso a determinadas medidas de um procedimento adequado.

«Não há, assim, uma ausência de regras: está em causa tão-só permitir a adaptação do regime de trabalho à vida real do mundo laboral e, deste modo, conseguir uma maior efectividade do Direito do Trabalho, pois, quanto mais próximo este estiver da realidade, antecipando necessidades e regulando-as de forma justa e equilibrada, mais garantias são asseguradas ao trabalhador por este ramo do Direito.

«Acrescenta-se, ainda, que se procedeu a uma maior responsabilização das partes no que respeita ao cumprimento, tanto do contrato de trabalho como dos instrumentos de regulamentação colectiva de trabalho. Essa responsabilização passa pelo agravamento das sanções disciplinares, pelo aumento das coimas e pela remissão para regras de responsabilidade civil.

«Resta referir que é objectivo estruturante do Código inverter a situação de estagnação da contratação colectiva, dinamizando-a, não só pelas múltiplas alusões a matérias a regular nessa sede, como por via da limitação temporal de vigência desses instrumentos.

«Note-se ainda que presentemente o Direito do Trabalho tem-se internacionalizado, por via não só das convenções e recomendações da Organização Internacional do Trabalho, como das obrigações comunitárias, sem esquecer os efeitos incontornáveis da internacionalização da economia. No entanto, não se procedeu à mera "importação" de regimes jurídicos dos nossos parceiros comunitários; tratou-se, sim, de procurar soluções que permitam à nossa economia ser competitiva, sem, todavia, perder de vista a realidade sócio-económica nacional».

IV. Em particular, na contraposição com as leis revogadas, importa ainda salientar algumas alterações constantes do Código do Trabalho, resumindo-se as referências constantes da respectiva exposição de motivos:

a) Redução da necessidade de autorizações prévias por parte da Inspecção-Geral do Trabalho na tomada de decisões empresariais, sem prejuízo, naturalmente, do reforço da sua função fiscalizadora;

566 *Estudos de Direito do Trabalho em Homenagem ao Prof. Manuel Alonso Olea*

b) Consagração de regras sobre direitos de personalidade no âmbito laboral;

c) Reconhecimento expresso e generalizado do direito ao ressarcimento de danos não patrimoniais;

d) Introdução de normas relativas ao regime do teletrabalho;

e) Fixação de regras aplicáveis ao trabalho a prestar no âmbito de grupos de sociedades;

f) Criação de regras que diferenciam o regime jurídico em função da dimensão da empresa – microempresa, pequena, média ou grande empresa –, em diferentes matérias;

g) Reitera-se a previsão de deveres em matéria de segurança, higiene e saúde no trabalho para os sujeitos laborais;

h) Introdução de um dever geral de formação, tendo presente que se trata de um interesse comum das partes;

i) Estabelecimento de um critério geral para a admissibilidade da contratação a termo;

j) Admissibilidade, por contrato de trabalho ou por instrumento de regulamentação colectiva de trabalho, de regimes de adaptabilidade limitada do tempo de trabalho;

l) Aumento, até um máximo de três dias úteis, do período mínimo de férias (vinte e dois dias úteis) em caso de inexistência de faltas ou de o trabalhador ter dado um número diminuto de faltas justificadas;

m) Estabelecimento de um regime especial de excepção de não cumprimento do contrato a invocar pelo trabalhador no caso de falta de pagamento da retribuição;

n) Previsão, relativamente aos créditos laborais do trabalhador emergentes do contrato de trabalho, da sua violação ou cessação, de um regime de responsabilidade solidária das sociedades em relação de domínio ou de grupo, bem como dos sócios que exercem uma influência dominante na sociedade ou que sejam gerentes, administradores ou directores;

o) Reformulação do conceito de actividade a prestar pelo trabalhador;

p) Definição de princípios gerais em matéria de segurança, saúde e higiene no trabalho e consagração de um princípio geral sobre prevenção de acidentes de trabalho com a subsequente indicação de deveres a cargo do empregador e do trabalhador;

q) Possibilidade de suspensão preventiva do trabalhador sem perda de retribuição, trinta dias antes da notificação da nota de culpa, desde que o empregador, por escrito, justifique que, tendo em conta indícios de factos imputáveis ao trabalhador, a sua presença na empresa é prejudicial;

O Código do Trabalho 567

r) Previsão da possibilidade de, sendo invocada a ilicitude do despedimento por motivos formais, o empregador poder dar início a um novo procedimento disciplinar, por uma só vez, interrompendo-se os prazos para intentar tal procedimento;

s) Estabelecimento de molduras para a fixação, pelo tribunal, da indemnização devida em caso de despedimento ilícito;

t) Possibilidade de, em casos excepcionais tipificados na lei (microempresas e trabalhadores que ocupem cargos de administração ou de direcção), o empregador, que não tenha criado culposamente as necessárias condições para exercer esse direito, poder manifestar fundadamente a sua oposição à reintegração do trabalhador, cabendo a decisão exclusivamente ao tribunal, salvo nos casos de despedimento fundado em motivos políticos, ideológicos, étnicos ou religiosos, bem como de trabalhadora grávida, puérpera ou lactante;

u) Atribuição de personalidade jurídica às comissões de trabalhadores;

v) Simplificação das regras em matéria de sujeitos colectivos, nomeadamente, de constituição das associações sindicais;

x) Revitalização da contratação colectiva, nomeadamente através do estabelecimento da obrigação de as convenções colectivas regularem o respectivo âmbito temporal, e da previsão de um regime supletivo aplicável em matéria de sobrevigência e de denúncia, sempre que tal se não encontre regulado por convenção.

4. *Enquadramento dogmático da sistematização adoptada*

I. O Código do Trabalho encontra-se dividido em dois Livros: parte geral do Direito do Trabalho; responsabilidade penal e contra-ordenacional.

O Livro I refere-se à Parte Geral e é constituído por três Títulos: Fontes, Contrato de Trabalho e Direito Colectivo. Do Livro II constam as normas relativas à responsabilidade penal e contra-ordenacional decorrentes da violação das leis do trabalho. Este II Livro divide-se em dois Capítulos, Responsabilidade penal (artigos 607.° e ss. do CT) e Responsabilidade contra-ordenacional (artigos 614.° e ss. do CT), cada um dos quais subdividido em parte geral e regime especial.

II. Importa atender, em particular, à sistematização do Livro I, do qual consta a parte geral do Direito do Trabalho, aguardando-se a divul-

568 *Estudos de Direito do Trabalho em Homenagem ao Prof. Manuel Alonso Olea*

gação da parte especial – que, possivelmente, numa próxima revisão legislativa irá integrar o Código do Trabalho – respeitante a alguns dos contratos de trabalho, tipificados pelo seu uso mais frequente.

No Título I faz-se referência às fontes e a certos aspectos de aplicação do Direito do Trabalho, mormente a questões relacionadas com a sua aplicação no espaço, com particular relevo para as regras de destacamento internacional de trabalhadores (artigos 7.° a 9.° do CT).

O Título II, relativo ao contrato de trabalho, toma por base os sujeitos (trabalhador e empregador). Como se lê na exposição de motivos «O Código do Trabalho situa-se, pois, numa perspectiva personalista: as pessoas, em particular os trabalhadores, constituem o fundamento de todas as ponderações. Com efeito, o Código revela, independentemente da expressa consagração dos direitos da personalidade, uma preocupação em manter um equilíbrio entre as necessidades dos trabalhadores e dos empregadores, tendo presente que sem aqueles não é possível a existência destes, e sem estes aqueles não existiriam». A antiquada concepção do Direito do Trabalho como produto do conflito social está ultrapassada (não obstante serem ainda frequentes as reminiscências saudosistas de um passado que se quer presente) e deve, assim, ter-se em conta a interacção das necessidades de trabalhadores e empregadores, ponderando os interesses em confronto. De facto, o Direito do Trabalho não é o «direito dos trabalhadores», mas um conjunto de regras que ponderam os interesses de trabalhadores e de empregadores. Por isso, como se escreve na exposição de motivos: «é importante reiterar que o Código revela-se particularmente atento aos valores das pessoas (trabalhadores e empregadores) no contexto actual das relações de trabalho, que já não correspondem às preocupações específicas da Questão Social surgidas na segunda metade do Século XIX. O novo Direito do Trabalho assenta numa relação laboral com outro dinamismo que pressupõe regras adaptadas à nova realidade».

III. No Livro I, atendendo ao conteúdo dos Títulos II e III, verifica-se que o tratamento do regime do contrato de trabalho precede o do regime do designado direito colectivo.

A opção (precedência sistemática do regime do contrato de trabalho), para além de uma justificação de ordem didáctica, tem dois fundamentos. O Direito do Trabalho desenvolve-se e autonomiza-se do Direito das Obrigações tendo por base o contrato de trabalho. A intervenção colectiva no Direito do Trabalho só se pode compreender, em toda a sua amplitude, depois de consagrado o regime específico do contrato de trabalho; até por-

O Código do Trabalho 569

que pode haver contrato de trabalho sem direito colectivo, mas o inverso não é verdadeiro na medida em que o direito colectivo pressupõe a existência de contratos de trabalho.

IV. A sistematização do Título referente ao contrato de trabalho assenta num postulado de lógica jurídica, que se pode sintetizar nos seguintes vectores.

Primeiro, torna-se necessário identificar a figura (contrato de trabalho), indicando os elementos para a sua qualificação.

O regime do contrato de trabalho inicia-se com a referência aos sujeitos (trabalhador e empregador), sem os quais não se poderia celebrar o negócio jurídico (artigos 14.° e ss. do CT). Nesta secção, além de questões gerais relacionadas com os sujeitos (em particular o trabalhador), como a capacidade, direitos de personalidade e igualdade, regulam-se aspectos com maior relevância no domínio laboral, como a protecção da maternidade e dos menores (artigos 33.° e ss. e artigos 53.° e ss. do CT). Na mesma secção, e também como regimes particulares, alude-se a trabalhadores com capacidade de trabalho reduzida (artigos 71.° e ss. do CT), a trabalhadores estudantes (artigos 79.° e ss. do CT) e a trabalhadores estrangeiros (artigos 86.° e ss. do CT). A terminar, numa última subsecção, indicam-se regras particulares aplicáveis aos empregadores, nomeadamente em razão da dimensão da empresa ou de relações de grupo (artigos 91.° e ss. do CT).

Identificados os sujeitos, estabelecem-se regras quanto à formação do contrato (artigos 93.° e ss. do CT) e à sua invalidade (artigos 114.° e ss. do CT), assim como relativas ao objecto e ao conteúdo do contrato de trabalho (artigos 111.° e ss. e 119.° e ss. do CT). Trata-se da perspectiva estática da situação jurídica laboral.

Seguem-se os aspectos relacionados com a execução do contrato (a perspectiva dinâmica), em primeiro lugar a prestação de trabalho. Relativamente à prestação de trabalho, há dois aspectos a atender: a localização da tarefa e o tempo de trabalho, regulados nas Secção II (Local de trabalho) e Secção III (Duração e organização do tempo de trabalho) do Capítulo II, respeitante à «Prestação do trabalho» (artigos 149.° e ss. do CT).

A contrapartida da actividade implica o pagamento de uma retribuição, a que se dedica o Capítulo III (Retribuição e outras atribuições patrimoniais), artigos 249.° e ss. do CT. Quanto à retribuição, além de considerações gerais em particular relacionadas com a respectiva delimitação, faz-se referência ao modo de cumprimento e a certas garantias de pagamento.

570 *Estudos de Direito do Trabalho em Homenagem ao Prof. Manuel Alonso Olea*

Ainda na execução do contrato de trabalho deve, com especial acuidade, atender-se à segurança no trabalho e aos acidentes de trabalho, a que se dedicam, respectivamente, os dois capítulos seguintes; Capítulo IV, «Segurança, higiene e saúde no trabalho» (artigos 272.º e ss. do CT) e Capítulos V e VI, respectivamente, «Acidentes de trabalho» (artigos 281.º e ss. do CT) e «Doenças profissionais» (artigos 309.º e ss. do CT).

Depois de qualificado o contrato, identificadas as partes, o objecto e o conteúdo e feita referência às prestações principais, procede-se à regulamentação das vicissitudes típicas da relação laboral, no Capítulo VI «Vicissitudes contratuais» (artigos 313.º e ss. do CT). Entre as vicissitudes, cabe destacar as mudanças de local de trabalho ou de actividade (artigos 313.º e ss. do CT), a transmissão de estabelecimento (artigos 318.º e ss. do CT), a cedência ocasional (artigos 322.º e ss. do CT) e situações de redução da actividade ou de suspensão do contrato (artigos 330.º e ss. do CT). Esta sequência lógica justifica que certos aspectos possam encontrar regulamentação em lugares distintos; assim, a actividade, tanto pode estar relacionada com o objecto contratado (perspectiva estática) – artigo 111.º do CT –, como com a prestação de trabalho ou as vicissitudes contratuais (perspectiva dinâmica) – artigos 149.º e ss. e artigos 313.º e ss. do CT).

Após o tratamento legal da normal execução do contrato, atende-se ao respectivo incumprimento, onde, depois da consagração de um princípio geral (artigo 363.º do CT), não só se regula a poder disciplinar (artigos 365.º e ss. do CT), consequência de incorrecto cumprimento de deveres por parte do trabalhador, como as garantias dos créditos laborais (artigos 377.º e ss. do CT), pretendendo minimizar o efeito do incumprimento pontual dessas prestações por parte do empregador.

O Título II termina com o fim do contrato, ou seja, estabelecendo o regime geral da cessação do vínculo laboral (artigos 382.º e ss. do CT). Neste Capítulo IX «Cessação do contrato», ao aglutinarem-se as diferentes formas de cessação do contrato, foram feitas algumas adaptações. Em primeiro lugar, actualizou-se a terminologia à evolução dogmática já verificada no Direito Civil, fazendo-se referência a quatro modalidades de cessação do contrato de trabalho: caducidade, revogação, resolução e denúncia (artigo 384.º do CT). Por outro lado, distingue-se a cessação da iniciativa do empregador (despedimento, artigos 396.º e ss. do CT) daquela em que a iniciativa cabe ao trabalhador (artigos 441.º e ss. do CT). Na extinção do vínculo por iniciativa do empregador, distinguem-se os modos de cessação do procedimento necessário para se concretizar a extinção do contrato, fazendo-se, por fim, referência à ilicitude do despedimento (artigo 429.º do CT).

O Código do Trabalho 571

V. O Título III (Direito colectivo) inicia-se com o tratamento dos sujeitos colectivos (comissões de trabalhadores, conselhos europeus de empresa, associações sindicais e associações de empregadores), num Capítulo intitulado «Estruturas de representação colectiva dos trabalhadores» (artigos 451.° e ss. do CT), a que se segue ou outro relativo às associações de empregadores (artigos 506.° e ss. do CT). Os sujeitos colectivos têm um papel essencial na adaptação e concretização do Direito do Trabalho. O subtítulo em causa termina com o Capítulo III, sobre a participação dos sujeitos colectivos na elaboração da legislação do trabalho (artigos 524.° e ss. do CT).

O Subtítulo II respeita ao regime dos instrumentos de regulamentação colectiva de trabalho (artigos 531.° e ss. do CT), onde, depois de regras gerais (artigos 531.° e ss. do CT) e de normas sobre concorrência (artigos 535.° e ss. do CT), tendo por base a contraposição entre instrumentos negociais e não negociais, se distingue a convenção colectiva (artigos 539.° e ss. do CT), o acordo de adesão (artigo 563.° do CT), a arbitragem (artigos 564.° e ss. do CT), o regulamento de extensão (artigos 573.° e ss. do CT) e o regulamento de condições mínimas (artigos 577.° e ss. do CT).

Por último, surge o Subtítulo III de onde constam as regras relativas aos conflitos colectivos de trabalho, tendo em conta a sua resolução (artigos 582.° e ss. do CT), e dando um particular relevo à greve (artigos 591.° e ss. do CT).

5. *Algumas questões relacionadas com o Código do Trabalho*

   a) Justificação

A reforma introduzida pelo Código do Trabalho não está isenta de críticas, mas importa desmistificar algumas observações, esclarecendo o sentido das alterações introduzidas; principalmente porque, não raras vezes, as críticas assentam em pressupostos errados, que importa aclarar.

Não se justifica, porém, contestar a crítica fácil e inconsequente de que Código do Trabalho prejudica os trabalhadores, até porque esta opinião não atende ao facto de o verdadeiro prejuízo para os trabalhadores decorrer de as empresas, por falta de competitividade, não poderem pagar salários condignos ou, mesmo, não terem trabalho. O que verdadeiramente prejudica os trabalhadores é a falta de trabalho e o consequente desemprego.

572 *Estudos de Direito do Trabalho em Homenagem ao Prof. Manuel Alonso Olea*

Nos esclarecimentos das alíneas seguintes opta-se por atender a alguns aspectos que parecem ser mais controversos, não obstante as críticas serem mais amplas e abrangerem outros institutos.

b) Direitos de personalidade dos trabalhadores

De modo diverso do que já foi veiculado, quanto à regulamentação dos direitos de personalidade, o Código do Trabalho (artigos 15.° e ss.), em vez de introduzir limites, reiterou soluções que decorrem de regras gerais previstas na Constituição e no Código Civil e esclareceu dúvidas quanto a vários aspectos, nomeadamente limitando a possibilidade de o empregador exigir exames médicos (artigo 19.° do CT), de fiscalizar a prestação da actividade com câmaras de vídeo (artigo 20.° do CT), ou de controlar as comunicações efectuadas pelo trabalhador, em particular o correio electrónico (artigo 21.° do CT).

Não se permite, assim, a intromissão do empregador na vida privada do trabalhador, sendo somente lícitas actuações que visem garantir a segurança, higiene e saúde do trabalhador e colegas de trabalho, bem como, em casos excepcionais, tendo em conta a segurança da empresa.

Cabe, ainda, esclarecer que a inclusão de algumas regras especiais sobre direitos de personalidade no Código do Trabalho não implica a inaplicabilidade de regimes gerais, continuando a vigorar no âmbito laboral, nomeadamente, a regra geral de tutela da personalidade constante do artigo 70.° do CC.

c) Protecção da maternidade

Contrariamente ao que tem sido várias vezes divulgado, do disposto no Código do Trabalho não resulta qualquer restrição dos direitos já conferidos às mulheres tendo em vista a protecção da maternidade. Por motivos óbvios, seria impensável e injustificado limitar a protecção da maternidade. Posto isto, não obstante ligeiras adaptações, das quais resulta o alargamento de alguns direitos, o Código do Trabalho (artigos 33.° e ss.) propõe um regime de protecção da maternidade igual ao que constava da legislação revogada.

Quanto aos indicados alargamentos, cabe citar: aumento da duração da licença de paternidade em caso de falecimento da mãe (artigo 36.° do

O Código do Trabalho 573

CT); aumento do período durante o qual a mãe ou o pai têm direito a recorrer ao trabalho a tempo parcial (artigo 45.° do CT); alargamento de situações em que a trabalhadora está isenta da obrigatoriedade de prestar trabalho suplementar (artigo 46.° do CT).

d) Aumento do período experimental

Nem sequer será necessário esclarecer que a existência de período experimental não é uma inovação do Código do Trabalho (artigos 104.° e ss.), pois decorre do direito anterior.

Por outro lado, o tão propagado aumento do período experimental não tem a relevância anunciada. Na legislação revogada, o período experimental do trabalhador que não tinha especiais qualificações ou que não tivesse sido contratado para cargos de confiança ou de responsabilidade era de noventa dias nas pequenas empresas (até vinte trabalhadores) e de sessenta dias nas restantes empresas. A diferença não se justificava como a doutrina tinha salientado, pelo que no Código do Trabalho se estabelece um período experimental idêntico para todos os trabalhadores indiferenciados, de noventa dias, independentemente da dimensão da empresa.

Num outro plano, tem-se afirmado que o período experimental aumenta porque se descontam os períodos de faltas ou de suspensão do contrato (artigo 106.° do CT); contudo, neste ponto, como em muitos outros, o Código limita-se a consagrar a solução que pacificamente era aceite pelos tribunais.

e) Aumento da contratação a termo

A alteração resultante do facto de a possibilidade de contratação a termo passar a assentar numa cláusula geral (artigo 129.° do CT) em vez de uma enumeração taxativa de situações não altera substancialmente a realidade, pois a indicação anterior (parcialmente reproduzida no n.° 2 do artigo 129.° do CT) era suficientemente ampla.

De modo diverso do que é frequentemente indicado, do regime precedente não decorria que o contrato a termo tinha uma duração máxima de três anos. A referida limitação de três anos só existia numa hipótese: contrato a termo certo sujeito a renovações. No contrato a termo certo sem renovações e no contrato a termo incerto não há qualquer duração máxima.

574 *Estudos de Direito do Trabalho em Homenagem ao Prof. Manuel Alonso Olea*

Deste modo, o aumento do período de contratação a termo só existe nos contratos a termo certo sujeitos a renovação que, com o Código do Trabalho, passam a ter uma duração máxima de três anos, a que podem acrescer mais três anos (artigo 139.° do CT). Em contrapartida, os contratos a termo certo sem renovações que não tinham limite máximo de duração, ficam sujeitos ao mesmo limite de três anos, a que podem acrescer mais três anos.

f) Elevação do limite das quarenta horas por semana para sessenta horas semanais

A crítica de que os actuais limites máximos de trabalho de oito horas diárias e quarenta horas semanais passam, com o Código do Trabalho, para doze horas por dia e sessenta horas por semana assenta numa explicação errada do regime jurídico, por duas razões. Primeiro, porque, tal como na lei anterior, no Código do Trabalho mantêm-se em vigor os limites máximos de trabalho diário (8 horas) e semanal (40 horas). Segundo, porque, no regime precedente, pelo menos com base em convenção colectiva, o trabalhador podia estar obrigado a prestar dez horas de trabalho por dia e cinquenta horas por semana.

Do Código do Trabalho não resulta, pois, qualquer aumento do limite máximo diário e semanal de trabalho, permite-se tão-só que, mantendo a média de trabalho de oito horas por dia e quarenta horas por semana, em determinados dias ou semanas, o trabalhador possa prestar até doze horas por dia e sessenta horas por semana, devendo, depois, em compensação, trabalhar quatro horas por dia e vinte horas por semana.

Refira-se ainda que esta possibilidade de ser exigida a prestação de trabalho por um período alargado de doze horas diárias ou sessenta horas semanais tem de resultar de convenção colectiva (artigo 164.° do CT). Sem convenção colectiva, a modulação do tempo de trabalho terá de basear-se num acordo entre empregador e trabalhador e tem por limites dez horas diárias e cinquenta horas semanais num período de referência de quatro meses em que o máximo, em média, de oito horas por dia e quarenta horas por semana tem de ser respeitado (artigo 165.° do CT).

g) Livre alteração do local de trabalho

Diferentemente do que se tem afirmado, o Código do Trabalho não permite que o empregador possa livremente alterar o local de trabalho de

O *Código do Trabalho* 575

um trabalhador. Sempre que a possibilidade de indicar um novo local de trabalho não tenha base contratual, tal como no regime anterior, o empregador só pode mudar o local de trabalho se a alteração não implicar prejuízo sério para o trabalhador (artigo 315.° do CT).

h) Liberalização dos despedimentos

Do Código do Trabalho, até por um imperativo de ordem constitucional (artigo 53.° da CRP), não resulta a liberalização dos despedimentos. O regime de cessação do contrato de trabalho mantém-se inalterado, sendo de destacar três alterações. Primeiro, o procedimento disciplinar, quando o consequente despedimento tenha sido impugnado com base em invalidade procedimental, pode ser reaberto até ao termo do prazo para contestar a acção (artigo 436.°, n.° 2, do CT). Segundo, permite-se que o tribunal, a requerimento do empregador, possa, em alguns casos, rejeitar o pedido de reintegração do trabalhador ilicitamente despedido (artigo 438.°, n.° 2, do CT). Terceiro, aumenta-se o valor das indemnizações atribuídas ao trabalhador ilicitamente despedido, tanto pelo facto de expressamente se prever a compensação dos danos não patrimoniais (artigo 436.°, n.° 1, do CT), como em razão de se admitir que o montante indemnizatório seja fixado pelo tribunal entre quinze e quarenta e cinco dias por cada ano de antiguidade (artigo 439.°, n.° 1, do CT).

i) Vazio regulamentar por caducidade das convenções colectivas

De modo diverso do que, vulgarmente, se entende que corresponde ao regime precedente, o Código do Trabalho (artigos 556.° e ss.) fixa prazos improrrogáveis para a vigência das convenções colectivas, impedindo a frequente sobrevigência destes instrumentos, alguns dos quais vigorando há dezenas de anos só com actualizações das tabelas salariais. Para dinamizar a negociação colectiva impunha-se uma limitação temporal de vigência das convenções colectivas, pois só assim as partes (sindicatos e associações de empregadores ou empregadores) se sentem obrigadas a renegociá-las, dando resposta aos novos problemas. Admitindo a eventualidade de uma das partes boicotar a negociação (ou renegociação) de uma convenção colectiva, a outra parte pode, em última análise, requerer uma arbitragem obrigatória (artigos 567.° e ss. do CT).

576 *Estudos de Direito do Trabalho em Homenagem ao Prof. Manuel Alonso Olea*

Por isso, o mencionado vazio regulamentar só se poderá verificar na hipótese pouco verosímil de, no prazo de sobrevigência da convenção colectiva (normalmente um ano após a data em que deveria cessar a vigência, artigo 557.° do CT), as partes não se terem entendido quanto à respectiva renegociação e nenhuma delas ter requerido a arbitragem obrigatória.

j) Limitação do direito de greve

Tem-se afirmado que a limitação do direito de greve advém do estabelecimento dos serviços mínimos (artigo 598.° do CT) e da admissibilidade de se ajustar uma cláusula de paz social (artigo 606.° do CT).

A existência de serviços mínimos é incontestável e não pressupõe uma inovação, pois consta da lei anterior. Neste ponto, o Código do Trabalho limitou-se a prever algumas regras que facilitam a fixação e o modo de prestação desses serviços mínimos. Não se limita a greve; disciplina-se uma limitação que já existia, inclusive com previsão constitucional (artigo 57.°, n.° 3, da CRP).

Por seu turno, a cláusula de paz social, que tem de ser acordada entre sindicatos e associações de empregadores ou empregadores, não limita o exercício do direito de greve por parte dos trabalhadores. Durante a vigência da convenção colectiva, o sindicato outorgante, por ter aceite uma cláusula de paz social, está impedido de decretar uma greve se o(s) empregador(es) cumpre(m) o disposto no instrumento de regulamentação colectiva, sob pena de responsabilidade civil por incumprimento do acordo. Todavia, os trabalhadores, ainda que filiados no sindicato outorgante, durante o período de vigência da cláusula de paz social, podem aderir a uma greve decretada por outro sindicato ou decretada pela assembleia de trabalhadores.

6. *Discussão acerca da suposta inconstitucionalidade de alguns preceitos*

a) Violação das garantias de defesa do trabalhador na medida em que o empregador pode reabrir o procedimento disciplinar

I. Na sequência da proposta constante do ponto 3.4. XII. *h)* da Exposição de Motivos, resulta que, sendo o despedimento impugnado judi-

O Código do Trabalho 577

cialmente por motivos formais, até à contestação, o empregador pode reabrir o procedimento disciplinar, expurgando as invalidades formais que dele constavam (artigo 436.º, n.º 2, do CT).

É necessário distinguir, de entre as diversas situações de ilicitude, as que determinam invalidade. A invalidade do procedimento encontra-se tão-só prevista no n.º 2 do artigo 430.º do CT; assim, se não tiver havido procedimento disciplinar não pode haver reabertura, estando em causa a previsão da alínea *a)* do artigo 429.º do CT, mas se a nota de culpa tiver sido mal elaborada (alínea *a)* do n.º 2 do artigo 430.º do CT), pode o procedimento ser reaberto.

Por outro lado, se o trabalhador ilicitamente despedido não pretende a reintegração na empresa, pois aceita a cessação do contrato, exigindo o pagamento de uma indemnização, o empregador não pode exercer o poder disciplinar, reabrindo o procedimento.

II. Em fiscalização preventiva foi requerida a apreciação da constitucionalidade desta norma. O Ac. TC n.º 306/2003, de 25 de Junho de 2003, *DR* I, de 18 de Julho de 2003 e *Prontuário de Direito do Trabalho*, n.º 65 (2003), sem qualquer voto de vencido, apesar de algumas reservas, não se pronunciou pela inconstitucionalidade da norma constante do n.º 2 do artigo 436.º do CT.

De facto, a medida não pressupõe, nem a violação do direito de defesa do trabalhador, nem o desrespeito do princípio *non bis in idem*, nem um alargamento desmesurado dos prazos de exercício de direito, devendo aludir-se às três situações:

i) Em primeiro lugar, é necessário esclarecer que o procedimento disciplinar, tanto na legislação revogada como no Código do Trabalho, é excessivamente complexo por motivos relacionados com a segurança do trabalhador, em particular no que se refere à segurança no emprego. A complexidade do procedimento disciplinar não tem paralelo na maior parte dos ordenamentos jurídicos e, nem sempre, os empregadores, em particular no caso de pequenas empresas, se encontram suficientemente assessorados por juristas conhecedores da realidade jurídica e experiência necessária para efectuarem correctamente um procedimento disciplinar. A mencionada complexidade procedimental associada à impossibilidade de permanente assessoria jurídica adequada determina a frequente declaração de invalidade do despedimento, mesmo que possa existir justa causa. Havendo justa causa, não devem as falhas formais impedir que o emprega-

578 *Estudos de Direito do Trabalho em Homenagem ao Prof. Manuel Alonso Olea*

dor, depois de as expurgar refazendo o processo, venha a despedir o trabalhador. Motivos suficientes para justificar a solução.

Para haver reabertura é necessário que o despedimento tenha sido precedido de um procedimento, ainda que inválido por motivos de ordem formal, pois, caso contrário, faltando o procedimento disciplinar haverá ilicitude nos termos da alínea *a)* do artigo 429.° do CT.

Sendo reaberto o procedimento para expurgação de invalidades formais, não pode haver uma nova acusação pela prática dos mesmos factos; tratar-se-á da mesma acusação e o trabalhador tem direito a refazer a sua defesa nos termos gerais, pelo que não é violado o seu direito de defesa (*vd.* ROMANO MARTINEZ, «Considerações Gerais sobre o Código do Trabalho», *RDES*, 2003, n.° 1-2, p. 24). Na realidade, reabrir o procedimento não permite que o trabalhador seja acusado da prática de factos já prescritos nos termos do artigo 372.° do CT, relativamente aos quais a prescrição não se interrompeu (artigo 411.°, n.° 4, do CT).

Acresce que a reabertura do processo não pressupõe uma segunda acusação nem um segundo julgamento, mas uma reapreciação dos mesmos factos imputados ao trabalhador depois de expurgadas as invalidades formais. Não se trata de um segundo julgamento, mas de uma sanação de vícios formais, em que a procura da verdade material se sobrepõe às invalidades de forma.

ii) Por outro lado, o princípio *non bis in idem*, tal como é normalmente entendido e como vem previsto no n.° 5 do art. 29.° da CRP, impede um segundo julgamento (por um tribunal) pela prática do mesmo crime; ou seja, uma nova acusação pela prática do mesmo facto criminoso. Não é isso que ocorre no caso de reabertura do procedimento para sanação de invalidades formais (*vd.* ROMANO MARTINEZ, «Considerações Gerais sobre o Código do Trabalho», cit., p. 24).

Pode ainda atender-se a um argumento de lugar paralelo. A expurgação de invalidades formais e a consequente reapreciação processual é frequente no âmbito do processo penal, não se podendo daí concluir que seja violado o princípio *non bis in idem*. De facto, tanto pode haver sanação de nulidades ou de irregularidades (artigos 121.° a 123.° do CPP), como ser reaberta a audiência (artigo 371.° do CPP) ou proceder-se a novo julgamento (artigos 380.°-A, 426.° e 426.°-A do CPP). Refira-se que a expurgação de invalidades formais em processo penal é admitida não obstante poder estar em causa o valor "Direito à liberdade" (artigo 27.° da CRP).

O Código do Trabalho 579

iii) O empregador pode proceder à reabertura do procedimento até ao termo do prazo para contestar a acção de impugnação judicial do despedimento. Mas é necessário conjugar este regime com o disposto nos artigos 372.° e 411.°, n.° 4, do CT.

Mediante a comunicação da nota de culpa, interrompe-se o prazo de prescrição para exercício da acção disciplinar (artigos 372.° e 411.°, n.° 4, do CT), inutilizando-se todo o tempo decorrido anteriormente. Na eventualidade de ter sido impugnado o despedimento, o prazo que se interrompera com a comunicação da nota de culpa, começa a correr a partir da data da citação até ao termo do prazo para contestar.

Daqui resulta que a reabertura do procedimento pode verificar-se, excepcionalmente, alguns anos depois da prática da infracção. De facto, ao prazo de sessenta dias ou de um ano (artigo 372.° do CT) soma-se o período em que se instruiu o procedimento disciplinar e, depois da decisão de despedimento, ainda acresce o prazo regra de um ano para impugnar o despedimento (artigo 435.°, n.° 2, do CT), somando-se, por fim o prazo de quinze dias para a tentativa de conciliação e, frustrada esta, de dez dias para apresentar a contestação (artigos 54.°, n.° 2, e 56.°, alínea *a)*, do CPT). Não obstante este somatório de prazos, no citado Ac. TC n.° 306/2003, de 25 de Junho de 2003, conclui-se, e bem, «(...) que tal não afecta de forma intolerável os direitos de defesa dos trabalhadores arguidos nem os valores da segurança e da certeza jurídicas». Pois, no fundo, interessa atender a que o prazo de um ano para impugnar o despedimento (artigo 435.°, n.° 2, do CT) se encontra na disponibilidade do trabalhador, razão pela qual, para o empregador, depois de tomada a decisão de despedimento, só se permite que reaja num curto período de quinze mais dez dias.

b) *Liberalização do despedimento porque o empregador não tem de reintegrar o trabalhador*

I. Atendendo ao disposto no n.° 2, tem-se afirmado que, com o Código do Trabalho, os empregadores podem despedir os trabalhadores sem fundamento, pois, decretada a ilicitude do despedimento pelo tribunal, o empregador poderia opor-se à reintegração, consumando o despedimento sem justa causa. Contudo, é necessário esclarecer que a não reintegração, além de limitada quanto aos pressupostos, não depende da vontade do empregador, pois assenta numa decisão do tribunal; há uma certa similitude

580 *Estudos de Direito do Trabalho em Homenagem ao Prof. Manuel Alonso Olea*

com o despedimento por facto imputável a trabalhadora grávida, puérpera ou lactante, em que a resolução do contrato por parte do empregador está condicionada por uma prévia decisão judicial.

Como resulta dos n.ºs 2 a 4 do artigo 438.º do CT, o juiz só pode decidir a não reintegração de um trabalhador ilicitamente despedido se, cumulativamente, se verificarem os seguintes pressupostos:

i) tratar-se de trabalhador de microempresa (até dez trabalhadores) ou desempenhar cargos de administração ou de direcção (n.º 2);

ii) o despedimento não tiver por fundamento um acto discriminatório, nomeadamente relacionado com a discriminação em função do sexo ou da origem étnica (n.º 4, 1.ª parte);

iii) tendo em conta as manifestações da figura do abuso de direito, o empregador não tiver culposamente criado o fundamento justificativo de tal direito (n.º 4, 2.ª parte);

iv) a reintegração, segundo o juízo do julgador, for inconveniente para a prossecução da actividade empresarial (n.º 2, 2.ª parte).

Acresce que a figura da não reintegração não se aplica a trabalhadora grávida, puérpera ou lactante (artigo 51.º, n.º 8, do CT); apesar de esta excepção não constar do artigo em análise é necessário, ao apreciar o regime, não tecer conclusões precipitadas æ como se pode depreender de afirmações do relator do Ac. TC n.º 306/2003, de 25 de Junho de 2003, *DR* I, de 18 de Julho de 2003 e *Prontuário de Direito do Trabalho*, n.º 65 (2003) æ e interpretar a eventualidade de não reintegração no plano global do Código do Trabalho.

Tendo o juiz considerado que, naquele caso, o trabalhador não deve ser reintegrado, arbitrará uma indemnização, entre trinta e sessenta dias por cada ano de antiguidade; assim, em caso de oposição à reintegração do trabalhador ilicitamente despedido que o tribunal considere procedente, a indemnização substitutiva da reintegração é elevada nos termos previstos no n.º 4 do artigo 439.º do CT.

Importa esclarecer que a obrigatoriedade plena de reintegração dos trabalhadores ilicitamente despedidos só existe em Portugal, pois, mesmo nos países latinos, como Espanha e França, o empregador pode opor-se à reintegração, e, em Itália, não há direito de reintegração nas pequenas empresas e relativamente a dirigentes.

II. O Ac. TC n.º 306/2003, de 25 de Junho de 2003, *DR* I, de 18 de Julho de 2003 e *Prontuário de Direito do Trabalho*, n.º 65 (2003), não se pronunciou pela inconstitucionalidade da norma constante do n.º 2, com seis votos de vencido.

A invocada inconstitucionalidade da medida não era de aceitar por quatro ordens de razões:

i) A não reintegração está dependente de um conjunto apertado de requisitos e a sua decisão cabe ao juiz que aprecia a questão, não sendo um direito potestativo do empregador.

ii) A situação em causa não poderá integrar uma hipótese de abuso de direito, na modalidade de *tu quoque,* porque, como resulta da parte final do n.° 4, ao juiz estará vedado decidir pela não reintegração do trabalhador sempre que possa deduzir que o fundamento justificativo da oposição à reintegração foi culposamente criado pelo empregador.

Não se pode, por isso, dizer, tal como se afirmou no Ac. TC n.° 107/88, de 31 de Maio de 1988, que para a não reintegração basta o empregador criar, mesmo que artificialmente, as condições objectivas conducentes à cessação do contrato de trabalho. Se o empregador criar essas condições objectivas, ainda que verdadeiras, poder-se-ia invocar o *tu quoque;* a culpa do empregador na criação da causa de justificação para não reintegrar o trabalhador faz decair a pretensão daquele. Está, deste modo, afastado o argumento que permitiu a declaração de inconstitucionalidade em 1988.

Importa, todavia, esclarecer que a culpa do empregador na criação do fundamento justificativo da oposição à reintegração (parte final do n.° 4) não se confunde com a culpa do empregador no despedimento ilícito, que é irrelevante nesta sede. Por outro lado, ainda que tenha sido perturbada a prossecução da actividade empresarial por causa do despedimento ilícito, imputável ao empregador, se este não criou o motivo justificativo da oposição à reintegração, esta pode ser negada.

iii) Admitindo-se, como tem sido normalmente aceite, que a justa causa objectiva pressupõe uma forma (constitucional) de fazer cessar o contrato de trabalho, valem as mesmas razões para a não reintegração.

Assim, tal como o contrato de trabalho pode cessar licitamente por extinção do posto de trabalho, por inadaptação do trabalhador, por despedimento colectivo ou por extinção da comissão de serviço, estando em causa um valor relacionado com a prossecução da actividade da empresa, também será lícito (não violando a Constituição) que o contrato cesse quando se

582 *Estudos de Direito do Trabalho em Homenagem ao Prof. Manuel Alonso Olea*

demonstre que o regresso do trabalhador é gravemente prejudicial e perturbador para a prossecução da actividade empresarial. Quanto à posição do Tribunal Constitucional no sentido da admissibilidade das causas objectivas de cessação do contrato de trabalho, veja-se a resenha de jurisprudência constante do Ac. TC n.º 306/2003, de 25 de Junho de 2003, ponto n.º 16.

O princípio da segurança no emprego (artigo 53.º da CRP) não é absoluto, pois comporta várias excepções, nomeadamente tendo em vista a salvaguarda da empresa (despedimento colectivo, extinção do posto de trabalho, etc.); ora, a não reintegração integra-se entre essas excepções, sendo mais um motivo objectivo de cessação do contrato de trabalho relacionado com a prossecução da actividade empresarial.

Nesta sequência é importante referir que os argumentos invocados pelo Tribunal Constitucional aquando da declaração de conformidade com a Constituição, emitida em apreciação da cessação do contrato de trabalho em regime de comissão de serviço (Ac. TC n.º 64/91, de 4 de Abril de 1991), valem nesta sede, em particular no que respeita a trabalhadores que ocupem cargos de administração ou de direcção.

iv) A estes três argumentos acrescente-se uma quarta razão através do recurso a lugares paralelos.

A não reintegração tem sido pacificamente admitida, em duas situações idênticas à prevista no Código do Trabalho, que não têm suscitado dúvidas de constitucionalidade.

No serviço doméstico, como prescreve o artigo 31.º do Decreto-Lei n.º 235/92, de 24 de Outubro, a reintegração do trabalhador ilicitamente despedido pressupõe acordo do empregador; ou seja, como resulta do citado preceito, o empregador pode opor-se à reintegração do trabalhador despedido sem justa causa, não necessitando de invocar um motivo atendível.

Do mesmo modo, no regime da função pública, admite-se que o Estado ou outra pessoa colectiva pública, tendo o tribunal administrativo decretado a nulidade do acto de despedimento, invoque causa legítima de recusa da reintegração. O argumento de o exemplo ser improcedente só colhe numa leitura demasiada estreita dos preceitos legais. De facto, do artigo 83.º do Estatuto Disciplinar dos Funcionários e Agentes da Administração Central, Regional e Local (Decreto-Lei n.º 24/84, de 16 de Janeiro) resulta que o trabalhador ilicitamente despedido (aposentado compulsivamente ou demitido) deverá ser reintegrado no seu posto de trabalho ou, na terminologia do pre-

O Código do Trabalho 583

ceito «(...) o funcionário terá direito a ser provido em lugar de categoria igual ou equivalente (...)» [veja-se também, apesar de ainda não estar em vigor, o n.º 4 do artigo 173.º do Código de Processo nos Tribunais Administrativos]; porém, a entidade que despediu ilicitamente o funcionário ou agente pode opor-se à reintegração, se invocar causa legítima de inexecução da sentença que invalida o despedimento [artigos 5.º e 6.º do Decreto-Lei n.º 256-A/77, de 17 de Junho – a situação não se alterará com o novo Código de Processo nos Tribunais Administrativos (Lei n.º 15/2002, de 22 de Fevereiro, cuja entrada em vigor se prevê para 1 de Janeiro de 2004, artigo 2.º da Lei n.º 4-A/2003, de 19 de Fevereiro), artigos 163.º e 175.º, relativos às causas legítimas de inexecução da sentença]. Para a oposição à reintegração basta que a entidade judicialmente condenada, por ter despedido ilicitamente o funcionário ou agente, invoque uma causa legítima de inexecução da decisão judicial que julgou inválido o despedimento; a causa legítima pode relacionar-se com o interesse público ou com a impossibilidade de manutenção da situação jurídica laboral (que é diferente da situação em que o lugar foi provido por terceiro, cfr. o já citado n.º 4 do artigo 173.º do Código de Processo nos Tribunais Administrativos). Trata-se de uma causa de exclusão da ilicitude que permite à Administração não cumprir uma sentença judicial da qual resulte a reintegração do funcionário ou agente ilicitamente despedido (aposentado compulsivamente ou demitido). Se a Administração invocar causa legítima de inexecução da sentença, cabe ao funcionário despedido requerer ao tribunal que se pronuncie sobre a existência dessa causa de inexecução invocada ou que lhe seja fixada indemnização pelos prejuízos resultantes do incumprimento da decisão judicial (artigos 7.º e ss. do Decreto-Lei n.º 256-A/77, de 17 de Junho – veja-se no mesmo sentido, os artigos 175.º e ss. do novo Código de Processo nos Tribunais Administrativos, cuja entrada em vigor se prevê para 1 de Janeiro de 2004).

Concluindo, refira-se que a hipótese de não reintegração prevista no n.º 2 tem contornos bem mais limitados do que aqueles em que se admitem estas duas situações de não reintegração, cuja constitucionalidade (repita-se) não tem sido questionada.

III. Tendo-se concluído que a solução não contraria o artigo 53.º da CRP, resta verificar se a não reintegração de determinados trabalhadores – que trabalhem em microempresas ou desempenhem cargos de administração ou de direcção – viola o princípio da igualdade.

As empresas com menos de dez trabalhadores correspondem a 80 % do tecido empresarial português, empregando aproximadamente 30 % dos

584 *Estudos de Direito do Trabalho em Homenagem ao Prof. Manuel Alonso Olea*

trabalhadores; quanto aos trabalhadores que ocupam cargos de administração ou de direcção é difícil determinar o valor percentual, mas será necessariamente uma percentagem diminuta nos, aproximadamente, três milhões de trabalhadores subordinados.

A questão da igualdade de tratamento foi colocada em Itália e a Corte Costituzionale considerou que a distinção entre pequenas e grandes empresas é realista e razoável, ideia que se encontra também nos Acs. TC n.º 64/91 e n.º 581/95, reiterada no Ac. TC n.º 306/2003, de 25 de Junho de 2003, ponto n.º 18, parte final. De facto, a igualdade de tratamento determina que não haja diferenciações discriminatórias; são, pois, lícitos estatutos distintos com justificação objectiva.

No caso concreto, a distinção entre trabalhadores de pequenas, médias ou grandes empresas e trabalhadores de microempresas ou que ocupem cargos de administração ou de direcção justifica-se tendo em conta a confiança e proximidade relevantes na subsistência da relação de trabalho. Como se esclarece no citado Ac. TC n.º 306/2003, «Cuida-se que nas microempresas é, por maioria de razão, mais "dramática" a intensidade que conduz à razoabilidade do esquema, proposto no Código, quanto à tutela reintegratória e à tutela indemnizatória».

c) A cláusula de paz social como limitação do direito de greve

I. No artigo 606.º do CT, na sequência da alusão feita no ponto 3.4. XV. *d)*, da Exposição de Motivos, consagra-se a faculdade de, na contratação colectiva, se ajustarem dois mecanismos: procedimentos de resolução de conflitos; e a designada «cláusula de paz social relativa».

Os procedimentos de resolução de conflitos colectivos a instituir pelas partes (empregadores e associações sindicais) podem corresponder a adaptações dos regimes, previsto nos artigos 583.º e ss. do CT, relativos à conciliação, mediação e arbitragem ou advirem de soluções engendradas pelas partes ao abrigo da liberdade contratual.

Nos termos da cláusula de paz social relativa, as associações sindicais comprometem-se a, durante a vigência do instrumento de regulamentação colectiva onde foi aposta, não declarar nenhuma greve com a finalidade de introduzir alterações no conteúdo do instrumento de onde a cláusula consta.

II. Na versão primeiramente aprovada do Código do Trabalho na Assembleia da República, do texto do artigo constava somente: «Para além

O Código do Trabalho 585

das matérias referidas no n.° 1 do artigo 599.°, pode a contratação colectiva estabelecer normas especiais relativas a procedimentos de resolução dos conflitos susceptíveis de determinar o recurso à greve, assim como limitações, durante a vigência do instrumento de regulamentação colectiva de trabalho, à declaração de greve por parte dos sindicatos outorgantes por motivos relacionados com o conteúdo dessa convenção».

O Ac. TC n.° 306/2003, de 25 de Junho de 2003, *DR* I, de 18 de Julho de 2003 e *Prontuário de Direito do Trabalho,* n.° 65 (2003), declarou a inconstitucionalidade da segunda parte do citado preceito com base em dois motivos. Na expressão «motivos relacionados com o conteúdo dessa convenção», não obstante o disposto no artigo 561.°, n.° 2, do CT, incluir-se-ia igualmente «(…) a greve decretada com invocação da superveniência de alteração anormal de circunstâncias que tornaria injusto ou excessivamente oneroso o clausulado acordado ou parte dele (negando os empregadores ou as associações a ocorrência dessa alteração anormal) […]». Por outro lado, sem fazer alusão ao regime geral de excepção de não cumprimento (artigos 428.° e ss. do CC), o Tribunal Constitucional entendeu que a já transcrita expressão «motivos relacionados com o conteúdo dessa convenção» abrangeria «(…) ainda a greve decretada para protestar contra alegado incumprimento da convenção por parte do lado empresarial, invocação essa que poderá estribar-se em diferentes interpretações do mesmo clausulado». A estes dois argumentos, o Tribunal aduz o facto de «(…) as consequências, para os trabalhadores (…) de eventual quebra desse compromisso (…) [resultarem no facto] de estes poderem ser responsabilizados pelos prejuízos causados, [incorrendo] os trabalhadores grevistas no regime de faltas injustificadas (…)». Estes argumentos encontram-se amplamente rebatidos nas declarações de voto dos Conselheiros Benjamim Silva Rodrigues, Maria dos Prazeres Pizarro Beleza e Paulo Mota Pinto. Refira-se que o Ac. TC n.° 306/2003, de 25 de Julho, assinado por treze juízes, tem seis declarações de voto contra a inconstitucionalidade da norma.

III. Tendo em conta a declaração de inconstitucionalidade, a parte final do corpo do artigo 606.° do CT – que passou a ser n.° 1 – foi alterada e incluíram-se dois números.

Ficaram esclarecidas quatro dúvidas.

A cláusula de paz social só implica limitações à declaração de greve que tenha por finalidade modificar o conteúdo da convenção colectiva em que foi inserida.

A limitação resultante da cláusula não obsta a que o sindicato outorgante declare a greve em caso de alteração anormal das circunstâncias, conforme já decorria do disposto no artigo 561.°, n.° 2, do CT, e do artigo 437.° do CC.

Do mesmo modo, a limitação não abrange uma declaração de greve justificada pelo facto de a contraparte (associação de empregadores ou empregador) ter incumprido deveres resultantes da convenção colectiva onde foi incluída a cláusula, nos termos gerais da *exceptio non adimpleti contractus* (artigos 428.° e ss. do CC).

Por último, a cláusula de paz social, fazendo parte do conteúdo obrigacional da convenção colectiva, só vincula as partes outorgantes, mormente as associações sindicais, não sendo os trabalhadores responsáveis pelo seu incumprimento. Em suma, a cláusula de paz social, que tem de ser acordada entre sindicatos e associações de empregadores ou empregadores, não limita o exercício do direito de greve por parte dos trabalhadores. De facto, durante a vigência da convenção colectiva e da respectiva cláusula, o sindicato outorgante, por ter aceitado uma cláusula de paz social, está impedido de decretar uma greve desde que os empregadores cumpram o disposto no instrumento de regulamentação colectiva. Se em violação da ajustada cláusula o sindicato decreta uma greve sujeita-se às consequências da responsabilidade civil por incumprimento do acordo. Todavia, os trabalhadores, como a cláusula só vale *inter partes* (sindicatos e empregadores), ainda que estejam filiados no sindicato outorgante, durante o período de vigência da cláusula de paz social, podem aderir a uma greve decretada por outro sindicato ou decretada pela assembleia de trabalhadores.

ABREVIATURAS:

Ac. TC — Acórdão do Tribunal Constitucional
CC — Código Civil
CPP — Código de Processo Penal
CPT — Código de Processo do Trabalho
CRP — Constituição
CT — Código do Trabalho
DR — *Diário da República*

BIBLIOGRAFIA:

AAVV – *Código do Trabalho. Alguns Aspectos Cruciais*, Principia, Cascais, 2003;

Leitão, Luís Menezes – *Código do Trabalho Anotado*, Almedina, Coimbra, 2003;

Martinez, Pedro Romano – "Considerações Gerais sobre o Código do Trabalho", *RDES*, n.º 1-2, 2003, pp. 5 a 28;

Martinez, Pedro Romano/Luís Miguel Monteiro/Joana Vasconcelos/Pedro Madeira de Brito/Guilherme Dray/Luís Gonçalves da Silva – *Código do Trabalho Anotado*, Almedina, Coimbra, 2003.

PERÍODO EXPERIMENTAL

BREVES NOTAS PARA O ESTUDO COMPARATIVO
DOS REGIMES JURÍDICOS PORTUGUÊS E ESPANHOL

TATIANA GUERRA DE ALMEIDA

> SUMÁRIO: *I. Noção, fundamento e assento legal da matéria. II. Regime jurídico do período experimental. A relação jurídico-laboral durante o período experimental. III. A extinção da relação de trabalho durante o período experimental. IV. Natureza jurídica. V. Conclusões.*

I. NOÇÃO, FUNDAMENTO E ASSENTO LEGAL DA MATÉRIA.

O *período experimental, de experiência ou de prova* assume-se na actualidade como um instituto fundamentalmente ligado ao contrato individual de trabalho, muito embora não se trate de figura desconhecida de outros ramos do direito.

Na sua base, e como sua razão de ser, encontra-se invariavelmente a necessidade de comprovação concreta, no momento inicial de execução de um vínculo contratual, de certas características ou aptidões. Note-se, contudo, que tal não significa, por um lado, que o período experimental se configure como um momento de verificação necessária no *iter* contratual ou que, inclusivamente, por outro lado, a finalidade que se lhe encontra pressuposta não possa ser alcançada por outras vias. Seja de que modo for, parece evidente que o seu propósito originário traduz sempre a necessidade de uma avaliação concreta destinada à formulação de um juízo sobre certa característica ou aptidão pressuposta na vontade de contratar.

No âmbito de um contrato individual de trabalho, e atendendo às particulares características deste vínculo, a experiência traduz uma possibilidade de avaliação ou verificação concreta de um conjunto de circunstâncias e elementos do negócio e do modo concreto da sua execução. O período de experiência visa, em primeira linha, a formulação de um juízo – resultado final de uma verificação concreta das circunstâncias que as partes tomam como pressuposto da decisão de se vincularem e que se constitui como uma resposta à necessidade de *dar a conhecer vividamente às partes, através do funcionamento das relações contratuais, as aptidões do trabalhador e as condições de trabalho*[1].

Designadamente, e na perspectiva do empregador, procurar-se-á fundamentalmente uma avaliação da aptidão do trabalhador para a realização da função contratada bem como a sua adaptação ao meio laboral em que irá ser integrado, entre uma multiplicidade de outros vectores, analisáveis apenas no quadro da execução do contrato[2].

Do ponto de vista do trabalhador, a experiência possibilita a verificação das condições de trabalho[3] oferecidas pelo empregador para o desempenho das suas funções, bem como do cumprimento das obrigações legais e contratuais a que este se encontra adstrito[4].

Em suma, o período experimental possibilita aos contraentes uma avaliação preliminar da relação laboral *em movimento*.

A justificação da existência de um período de prova na relação individual de trabalho derivará sobretudo da própria natureza e características

---

[*] BERNARDO DA GAMA LOBO XAVIER, *Curso de Direito do Trabalho*, reimpr. da 2.ª ed. (com aditamento de actualização), Verbo, Lisboa, 1999, p. 419. Também ANTÓNIO MONTEIRO FERNANDES, *Direito do Trabalho*, 11.ª ed. (reimpr.)., Almedina, Coimbra, 2002, p. 315, refere que «(...) só o desenvolvimento factual da relação de trabalho pode esclarecer, com alguma nitidez, a compatibilidade do contrato com os respectivos interesses, conveniências ou necessidades das partes».

[2] Uma multiplicidade de aspectos salientada por MANUEL ALONSO OLEA/MARIA EMILIA CASAS BAAMONDE, *Derecho del Trabajo*, 20.ª ed., Civitas, Madrid, 2002, p. 228, n. (63), indicando várias construções e esquemas classificatórios tentados a este propósito.

[3] Entendida a expressão em termos latos.

[4] MIGUEL PUPO CORREIA, *Da experiência no contrato de trabalho*, BFDUC, Supl. XVIII, Coimbra, 1971, p. 154, refere ainda certas funções secundárias da experiência, como sejam o «aperfeiçoamento técnico do trabalhador», a «sua adaptação a novos ambientes de trabalho, novas máquinas, novas tarefas,etc.». O Autor não deixa, contudo, de qualificar tais finalidades como «anómalas», saientando que a finalidade principal e comum da experiência consiste em «(...) proporcionar às partes a possibilidade de mutuamente se conhecerem, a fim de correctamente decidirem sobre a conveniência ou não de se vincularem definitivamente».

desta figura contratual. Reconhece-se, em particular, no *intuitus personae* típico do vínculo laboral um fundamento justificativo da necessidade da experiência[5].

Foi já tentada a justificação do fundamento do período experimental no carácter duradouro da relação laboral. Não parece, todavia, que tal formulação seja de acolher. De facto, a necessidade de avaliação das aptidões do trabalhador para o desempenho das funções contratadas e a verificação das condições de trabalho que concretamente lhe são disponibilizadas para a execução de tais funções – a razão de ser e a necessidade da experiência – encontram-se presentes em toda a relação laboral, independentemente da duração do vínculo. E permanecem, como se referiu, pela particular relação de confiança pressuposta no contrato de trabalho.

Não se nega, contudo, a redobrada importância que a experiência assumirá no quadro de uma contratação por tempo indeterminado[6]. Mas não é aí, julgamos, que poderá ser encontrado o verdadeiro fundamento da experiência. Esse, como se disse, assentará na específica configuração do vínculo laboral, nomeadamente no modo subordinado de prestação da actividade e na particular relação de confiança entre as partes que caracteriza o contrato individual de trabalho.

Deixando de lado as múltiplas e complexas questões que colocam quer o problema da configuração autónoma do período experimental – entenda-se, a possibilidade de um *contrato de experiência* autónomo – quer as hipóteses em que aquela é referida ao exercício de funções diversas, designadamente por virtude da celebração de um novo contrato de trabalho ou no quadro de uma promoção, assentemos, como base de trabalho, que o período experimental corresponde a um *momento preliminar ou inicial*

---

[5] PUPO CORREIA, *ob. cit.*, p. 212, menciona a «(...) particular acentuação que a experiência traz ao '*intuitus personae*' que já de si informa todo o contrato de trabalho». PEDRO ROMANO MARTINEZ, *Direito do Trabalho*, Almedina, Coimbra, 2002, p. 410, refere que «o próprio *intuitus personae* leva ao estabelecimento de um período de experiência.». No mesmo sentido, em Espanha, *vd.*, entre outros, MARÍA AMPARO BALLESTER PASTOR, *El Periodo de Prueba,* Tirant lo Blanch, 1995, p. 9.

[6] MONTEIRO FERNANDES, *ob. cit.*, p. 316, admitindo apenas a eventual utilidade do período de experiência na contratação a termo, critica a opção do legislador português no sentido da generalização da prova nestes casos. Também ALONSO OLEA/CASAS BAAMONDE, *ob. cit.*, p. 229, salientam que, muito embora a particular pertinência da figura se encontre no quadro da contratação por tempo indeterminado, admitem-na genericamente na contratação a termo. Justamente, julga-se, porque o fundamento da prova não se encontra directamente relacionado com a duração do vínculo.

592 Estudos de Direito do Trabalho em Homenagem ao Prof. Manuel Alonso Olea

da relação laboral durante o qual se possibilita às partes a avaliação dos termos concretos do desenvolvimento de tal vínculo.

Resulta assim indiciada uma das características que tradicionalmente vem sendo apontada à experiência[7]. Referimo-nos ao seu carácter bilateral.

A experiência visa, de facto, dar cobertura a interesses, tanto próprios como comuns, de ambos os contraentes[8]. Sempre se dirá, com razão, que esta bilateralidade é mais formal que real, uma vez que, na prática, o período experimental configura um instrumento ao serviço sobretudo do interesse do empregador, nomeadamente enquanto o liberta das limitações decorrentes do regime geral da cessação do contrato de trabalho[9].

---

[7] Segue-se de perto a enumeração proposta por MIGUEL PUPO CORREIA, *ob. cit.*, p. 166.

[8] Bilateralidade que pode ainda adquirir outro sentido, enquanto reportada ao concreto regime jurídico da experiência. Pensamos, sobretudo, na faculdade de denúncia do contrato, sem necessidade de fundamentação e sem obrigação de indemnização, pela parte que considere negativo o juízo concreto possibilitado pela experiência. Tal faculdade é hoje genericamente atribuída a ambos os contraentes, designadamente, e como veremos, no que concerne às legislações portuguesa e espanhola. Nem sempre assim foi, ao menos na legislação portuguesa. Na Lei n.º 1952, de 10 de Março de 1937, embora ainda de forma incipiente, estabelecia-se uma disciplina que configurava uma primeira aproximação à figura do período experimental. Estabelecia aquele diploma, no § único do seu artigo 12.º, uma presunção de inaptidão do trabalhador para o serviço quando o despedimento se verificasse num momento inicial da prestação de trabalho. Esta presunção de inaptidão atendia aos interesses do empregador em não permanecer vinculado quando o trabalhador não apresentasse as aptidões necessárias ou pretendidas para o exercício da função contratada. Dir-se-á que a atendibilidade dos interesses do trabalhador resultaria da liberdade de desvinculação que a este sempre se garantiria mas, em bom rigor, redundaria sempre na aplicação de um regime jurídico diverso – e quiçá menos favorável – do que o que resultava da existência de tal presunção a favor da entidade patronal.

[9] JÚLIO VIEIRA GOMES, «Do uso e abuso do Período Experimental» *in Revista de Direito e Estudos Sociais*, 2000, n.ºs 1/2, p.37 e segs. e n.ºs 3/4, p. 245 e segs. Vai mais longe, no quadro do direito espanhol, MARIA AMPARO BALLESTER PASTOR, *ob. cit.*, p. 12, referindo que «La institución del periodo de prueba se configura en el ordenamiento español como una figura que atribuye al empresario la prerrogativa de libre extinción de la relación de trabajo. Se trata de una prerrogativa unilateral, de exclusivo beneficio empresarial, pese a la redacción neutra que sigue existiendo en el art. 14 ET. En la actual situación del empleo mantener el carácter bilateral del libre desistimiento, (…) es irrealista.» *Vd.* ainda MARÍA DEL CARMEN PIQUERAS PIQUERAS, *La Extinción del contrato durante el Período de prueba como despido*, Ibidem Edics., 1995, p. 9, n. (1), que, embora reconhecendo um interesse do trabalhador na existência de um período experimental, considera que «(…) ello no es suficiente para afirmar el carácter bilateral de la figura (…)».

Não negando a justeza da consideração do maior relevo e interesse prático do empregador na possibilidade de desvinculação imotivada que se lhe permite durante o período experimental, sempre se dirá que tal circunstância não desvirtua a constatação da existência e tutela jurídica de um interesse autónomo do trabalhador na realização da experiência. Neste sentido, a generalidade dos ordenamentos juslaborais vem efectivamente reconhecendo tal bilateralidade de interesses, conferindo a ambas as partes uma possibilidade efectiva de *experimentar* em concreto o acerto e a correspondência entre as expectativas existentes no momento da celebração do contrato e a realidade da sua execução.

Para além da já assinalada bilateralidade de interesses, podem ainda apontar-se, como caracteres da experiência, a faculdade excepcional de cessação do contrato em que se analisa a consequência da frustração da experiência e a subordinação do período experimental a um prazo ou limite máximo de duração.

De facto, a avaliação dos termos concretos do desenvolvimento de certo vínculo laboral e o juízo sobre a conveniência e interesse na sua prossecução resultariam na prática inviabilizados se não fosse atribuída às partes a faculdade de fazer cessar tal vínculo de modo célere e simplificado. O que equivale a reconhecer que a particularidade mais saliente do período experimental se situa ao nível dos seus efeitos jurídicos[10].

Por outro lado, o período de avaliação e formação do juízo relativo à viabilidade do vínculo, bem como os efeitos jurídicos que se lhe encontram associados, só se afiguram compreensíveis num momento inicial da execução do programa contratual. Da própria função da experiência resulta, portanto, a limitação temporal que sempre se encontra subjacente à sua admissibilidade e tutela jurídica.

Adiante, a propósito da análise do regime jurídico do período experimental, teremos oportunidade de analisar de modo mais detido as afirmações precedentes.

Resta, a terminar estas considerações iniciais, indicar o assento legal da matéria nos ordenamentos jurídicos cujo estudo comparativo, ainda que em termos sucintos, se pretende realizar nas páginas seguintes.

No ordenamento jurídico português, o regime jurídico do período experimental encontra-se hoje previsto nos artigos 55.° e 43.° do Decreto-Lei

---

[10] Neste sentido, MARIA AMPARO BALLESTER PASTOR, *ob. cit.*, p. 15 *passim*.

594 Estudos de Direito do Trabalho em Homenagem ao Prof. Manuel Alonso Olea

n.º 64-A/89, de 27 de Fevereiro (LCCT), referentes, respectivamente, ao período de experiência nos contratos submetidos ao regime comum e ao período experimental nos contratos a termo.

É sabido, todavia, que se perfila, num horizonte próximo, um novo regime jurídico no direito laboral português. Referimo-nos naturalmente ao Código do Trabalho (CT), cuja versão recentemente aprovada pela Assembleia da República[11] dedica à matéria do período experimental uma subsecção própria, a propósito da formação do contrato de trabalho, compreendendo os artigos 104.º a 110.º desse diploma. A este regime se fará também uma breve referência, realçando, contudo, o facto de tal diploma não se encontrar ainda em vigor[12].

No que respeita ao ordenamento jurídico espanhol, observe-se que o regime do período de experiência encontra o seu suporte normativo no artigo 14.º do Estatuto dos Trabalhadores (ET)[13]. Aí se contém o essencial da disciplina legal aplicável a esta figura, sem prejuízo das disposições que, a propósito de certos regimes especiais, se lhe referem expressamente[14].

II. REGIME JURÍDICO DO PERÍODO EXPERIMENTAL. A RELAÇÃO JURÍDICO-LABORAL DURANTE O PERÍODO EXPERIMENTAL.

Numa primeira aproximação aos diplomas em análise, desde logo se torna evidente a ausência de uma noção de período experimental e uma marcada preocupação na explicitação não tanto do «o que é?» mas mais do «como funciona?» o período experimental.

O diploma português actualmente em vigor limita-se a esclarecer, no n.º 2 do seu artigo 55.º, que *o período experimental corresponde ao período inicial de execução do contrato*. À semelhança deste, o texto espa-

---

[11] Lei n.º 99/2003, de 27 de Agosto.

[12] O n.º 1 do artigo 3.º do respectivo diploma preambular prevê a sua entrada em vigor em 1 de Dezembro de 2003.

[13] Cujo texto actualmente vigente foi aprovado pelo Real Decreto Legislativo n.º 1//1985, de 24 de Março, conhecendo embora várias alterações posteriores. Permitimo-nos destacar, no que ao período experimental respeita, a que data de 1994 (Lei n.º 11/1994, de 19 de Maio).

[14] *V.g.*, o artigo 11.º n.º 1, al. d) do ET, a propósito dos chamados «contratos formativos».

Período experimental 595

nhol não fornece qualquer noção de período experimental, limitando-se a explicitar os traços fundamentais do seu regime jurídico. Ambos os ordenamentos, pressupondo tal noção, deixam à elaboração doutrinária e jurisprudencial, como é devido, a delimitação do respectivo conceito.

No que respeita aos traços gerais gerais dos regimes cuja análise agora se desenvolve, saliente-se desde já, pela sua relevância prática, a diversa perspectiva de consideração da questão.

De facto, enquanto o regime português configura o período de experiência como fase inicial normal ou comum de uma relação laboral, o ordenamento jurídico espanhol, por seu turno, configura-o como um regime de aplicação eventual[15], onde impera a autonomia contratual.

A lei portuguesa assume o período experimental como regime regra, independentemente da sua duração, admitindo o seu afastamento nas hipóteses em que as partes expressamente o convencionem, ou seja, *salvo acordo em contrário*, conforme estabelecem os artigos 55.º n.º 1 e 43.º n.º 1 da LCCT.

O novo Código do Trabalho vem, neste sentido esclarecer, no n.º 2 do seu artigo 110.º, que *o período experimental pode ser excluído por acordo escrito das partes*.

Diversamente, no quadro do sistema jurídico espanhol, é deixada à liberdade dos contraentes a opção quanto à sua aplicação[16], conforme resulta da primeira parte do n.º 1 do artigo 14 do ET – *Podrá concertarse (...)*, é a expressão aí utilizada[17].

---

[15] Discutida em Espanha é a possibilidade de existência de um período experimental resultante da aplicação de uma cláusula de convenção colectiva de trabalho que preveja genericamente a existência de tal período. Contra a admissibilidade de tal hipótese, referindo que a expressa previsão contratual se afigura necessária mesmo nos casos em que o período experimental se encontre previsto, em termos gerais, em cláusula de convenção colectiva de trabalho aplicável à relação individual de trabalho em causa, MONTOYA MELGAR, (em anot. ao art 14.º) *in* ALFREDO MONTOYA MELGAR/JESÚS GALIANA MORENO/ANTONIO SEMPERE NAVARRO/BARTOLOMÉ RÍOS SALMERÓN, *Comentarios al Estatuto de los Trabajadores*, 5.ª ed., Aranzadi, Navarra, 2003, p. 108.

[16] MONTOYA MELGAR, *ob. cit.*, p. 108, qualifica-o como *voluntário*.

[17] Para MONTOYA MELGAR, *Derecho del Trabajo*, 23.ª ed., Editorial Tecnos, Madrid, 2002, pp. 517-520, o carácter supletivo do regime do período de experiência constitui mesmo um argumento adicional na defesa da tese da dualidade de vínculos. Afirma este Autor: «(...) ha de decirse finalmente que la ordenación del mismo por el ET aporta un argumento adicional a favor de la tesis de la dualidad de pactos (contrato de prueba y

596 *Estudos de Direito do Trabalho em Homenagem ao Prof. Manuel Alonso Olea*

Não obstante tal diferença de perspectiva, ambos os sistemas apresentam um traço comum quanto à cláusula contratual que, respectivamente, exclua ou consigne a aplicação do regime do período experimental. Referimo-nos à exigência de observância de forma escrita, como condição de validade de tal cláusula[18]. Significa isto que a inobservância da forma prescrita acarretará a nulidade da estipulação em causa.

No que concerne ao direito português, concluir-se-á, então, no sentido de que tal invalidade acarreta a aplicação do regime previsto nos artigos 43.º ou 55.º, consoante se trate de contrato com ou sem termo. Por sua vez, no ordenamento jurídico espanhol – onde a inobservância da exigência legal de forma, importa igualmente a nulidade de tal estipulação – resultará, consequentemente, que o contrato de trabalho se considera celebrado sem sujeição a um período de experiência.

Importa ainda atentar numa outra nota distintiva no modo de configuração do regime jurídico do período experimental em Portugal e Espanha. Referimo-nos agora concretamente à delimitação da duração do período de experiência e ao distinto papel atribuído à contratação colectiva no que respeita a esta questão. Vejamos.

O regime jurídico da LCCT, atento o seu carácter imperativo, determina à autonomia colectiva uma margem de manobra circunscrita pela consideração de que os prazos legais de duração da experiência previstos nos artigos 43.º, n.º 2 e 55.º, n.º 2, sempre funcionarão como *tectos máximos*, não podendo validamente estabelecer-se uma duração superior à que deles resulte[19].

---

contrato de trabajo con 'plenos efectos'), en cuanto que elimina la posibilidad de que el contrato se celebre a prueba *ope legis*, y encomienda a la autonomía de la voluntad de las partes la decisión acerca de tal negociación (…)».

[18] Tanto a lei portuguesa como a espanhola referem expressamente a necessidade de acordo escrito. A doutrina dos dois países considera unanimemente, a propósito dos respectivos regimes jurídicos, encontrar-se perante uma formalidade *ad substantiam*, condicionante, portanto, da validade do acordo. Sobre o ponto, *vd.*, para o direito português, PEDRO FURTADO MARTINS, *Cessação do contrato de trabalho*, 2.ª ed, Principia, Cascais, 2002, p. 204 e jurisprudência aí citada. Para o direito espanhol, cfr., por todos, ALONSO OLEA/CASAS BAAMONDE, *ob. cit.*, p. 226.

[19] Tem sido esse o entendimento dado ao n.º 1 do artigo 59.º da LCCT. Vem agora o CT resolver expressamente a questão, ao prescrever, no n.º 1 do seu artigo 110.º que «a duração do período experimental pode ser reduzida por instrumento de regulamentação colectiva de trabalho ou por acordo escrito das partes».

Diversamente, o sistema espanhol atribui à contratação colectiva a competência para a fixação da duração do período experimental, estabelecendo prazos legais supletivos, aplicáveis, portanto, apenas na ausência da sua previsão pela convenção colectiva aplicável. Fala-se na doutrina espanhola, a este propósito, em *desregulamentação*[20].

Evidenciados os principais traços de similitude e dissemelhança entre os regimes português e espanhol de regulamentação legal da experiência, é chegado o momento de delimitar o seu objecto. Neste âmbito, saliente-se desde logo a fundamental coincidência de conteúdo no que toca às posições jurídicas de trabalhador e entidade empregadora durante a fase experimental e o posterior desenvolvimento do vínculo laboral[21].

Julgamos, aliás, que não poderá ser outro o sentido a atribuir à indicação contida no n.º 2 do artigo 55.º da lei portuguesa, ao esclarecer, conforme se viu anteriormente, que *o período experimental corresponde ao período inicial de execução do contrato*. Encontramo-nos, pois, de pleno no âmbito da relação de trabalho, valendo aqui todo o complexo de direitos e obrigações que integram as posições típicas das partes no quadro do desenvolvimento de uma relação laboral.

Não é tão claro, a este propósito, o texto da lei espanhola, sem prejuízo da validade da afirmação produzida.

Estabelece, de facto, o n.º 2 do artigo 14.º do ET:

> *Durante el período de prueba, el trabajador tendrá los derechos y obligaciones correspondientes al puesto de trabajo que desempeñe como si fuera de plantilla, excepto los derivados de la resolución de la relación laboral, que podrá producirse a instancia de cualquiera de las partes durante su transcurso.*

A leitura do preceito em análise poderá indiciar uma construção do período experimental como momento *precário*, ou mesmo autónomo, relativamente à relação laboral a que respeita. Estaríamos, assim, perante uma espécie de contratação *preliminar* e *independente* – cujos efeitos, no que concerne à posição jurídica dos contraentes, seriam legalmente equiparados (ou, pelo menos, assemelhados) à posição jurídica que para aqueles resultaria da execução de um contrato de trabalho. Findo o período ex-

---

[20] Quanto às limitações à autonomia colectiva em matéria de período experimental, *vd.* MARIA AMPARO BALLESTER PASTOR, *ob. cit.*, p. 11 e pp. 23 e segs.

[21] Neste sentido, desenvolvidamente, PUPO CORREIA, *ob. cit.*, pp. 209 e segs.

598   *Estudos de Direito do Trabalho em Homenagem ao Prof. Manuel Alonso Olea*

perimental, seguir-se-ia, em caso de sucesso da experiência, a *convolação* de tal relação preliminar numa contratação a título definitivo[22]. Tal interpretação resultaria do próprio teor literal da disposição citada («como si fuera de plantilla»), reforçada ainda pela circunstância de nos encontrarmos – conforme houve já oportunidade de salientar – perante um regime cuja aplicação resultaria da expressa convenção das partes nesse sentido. Para os defensores desta tese, o preceituado no primeiro parágrafo do n.º 3 do mesmo artigo não contraria a afirmação da dualidade de vínculos. A aludida disposição apresenta o seguinte teor:

> *Transcurrido el período de prueba sin que se haya producido el desistimiento, el contrato producirá plenos efectos, computándose el tiempo de los servicios prestados en la antigüedad del trabajador en la empresa.*

De todo o modo, seja porque se entenda haver aqui uma equiparação legal de conteúdo entre dois vínculos distintos, seja porque se entenda tratar-se de um único contrato[23], vem-se defendendo que não existe substancial divergência entre as posições jurídicas de trabalhador e empregador durante a experiência e no âmbito do normal desenvolvimento da relação laboral.

Posta assim a questão, a análise do conteúdo do período experimental redundaria na conclusão de que a especificidade de tal figura se encontraria apenas ao nível dos efeitos jurídicos que a sua aplicação determina, designadamente quanto à já apontada faculdade excepcional de extinção

---

[22] Parece ser este o entendimento de ALFREDO MONTOYA MELGAR, *Derecho del Trabajo*, *cit.*, p. 518, ao afirmar, a propósito da natureza jurídica da experiência: «La dicción del art. 14.3 ET (…) puede inducir a pensar que el legislador ha querido configurar la prueba como una fase o etapa del contrato de trabajo, y no como una figura contractual diversa; nótese sin embargo que el propio precepto niega 'plenos efectos' al período de prueba, confirmando así su peculiaridad – entre otras peculiaridades – frente al contrato de trabajo.». E, mais adiante: «El contrato de trabajo a prueba se celebra, pues, para que las partes puedan apreciar empíricamente si se dan las circunstancias propicias para concertar un contrato de trabajo *stricto sensu*; (…). Si tales experiencias satisfacen a ambas partes, éstas proceden a anudar el contrato de trabajo propiamente dicho prestando tácitamente su consentimiento para ello (…)». *Vd.*, do mesmo Autor, o comentário à disposição em análise em *Comentarios... cit.*, p. 109. Contra tal entendimento pronunciam-se, ALONSO OLEA/CASAS BAAMONDE, *ob. cit.*, p. 230.

[23] Neste sentido, entre outros, ALONSO OLEA/CASAS BAAMONDE, *ob. cit.*, p. 230, considerando tratar-se de um único contrato sujeito a uma condição resolutiva.

do vínculo. Julgamos, porém, que tal conclusão não será de acolher. De facto, afirmar a substancial coincidência de posições jurídicas dos contraentes durante e após o decurso do período experimental, não caracteriza, sem mais, o âmbito e conteúdo da experiência. Haverá assim que indagar sobre se, para além do exposto, o período de experiência comporta um objecto particular e autónomo. Ou, dito de outro modo, procurar responder à questão de saber se existe uma finalidade ou objectivo específico do período experimental ou se a sua função se cumpre pela mera realização do objecto do contrato de trabalho a que se encontra indissociavelmente ligado. Esse objecto autónomo será, então, a própria experiência ou prova, o apontado juízo que resulta da avaliação concreta da aptidão do trabalhador e das condições apresentadas na e para a realização da actividade contratada. Avaliação que só poderá efectivamente realizar-se se estiver assegurada a verificação de condições tão próximas quanto possível da relação laboral que se pretende ver *experimentada*[24].

Este é, assim, em sentido rigoroso e próprio, o conteúdo do período experimental. Daí resulta a própria determinação legal, comum à generalidade dos ordenamentos que vêm regulando esta figura, de que o conteúdo da relação experimental reflicta a situação jurídica que se encontra sob prova.

E daí, também, a cominação legal, presente na lei espanhola – e agora também no Código do Trabalho português – de um dever de realização da experiência.

Prescreve, de facto, o segundo parágrafo do n.° 1 do artigo 14.° do ET:

> *El empresario y el trabajador están, respectivamente, obligados a realizar las experiencias que constituyan el objeto de la prueba.*
>
> *Será nulo el pacto que establezca un período de prueba cuando el trabajador haya ya desempeñado las mismas funciones con anterioridad en la empresa, bajo cualquier modalidad de contratación.*

Por seu turno, estabelece agora o artigo 104.° do Código do Trabalho, no seu n.° 2:

> *As partes devem, no decurso do período experimental, agir de modo a permitir que se possa apreciar o interesse na manutenção do contrato de trabalho.*

---

[24] Contra, MONTOYA MELGAR, *Comentarios ...*, *cit.*, p. 109.

600   *Estudos de Direito do Trabalho em Homenagem ao Prof. Manuel Alonso Olea*

Não obstante a ausência de uma consagração explícita a este respeito no diploma actualmente vigente em Portugal, a doutrina que ao tema se vem dedicando considera que o dever de realização da experiência resulta, ao menos implicitamente, da própria referência legal ao período experimental como período inicial de execução da relação de trabalho[25].

Passando agora à análise das questões relativas à duração do período de experiência, o confronto entre um e outro regimes jurídicos torna evidente a diferença existente entre os critérios adoptados para a sua fixação.

Começando pelo regime do artigo 55.° da LCCT, dir-se-á que o mesmo assenta num duplo critério, quantitativo e qualitativo, de fixação da duração do período experimental.

Por um lado, a duração da experiência dependerá da tarefa a desempenhar, numa relação de proporcionalidade directa entre a sua complexidade e a necessidade de avaliação concreta em que o período experimental se analisa.

Por outro lado, e atendendo a um critério quantitativo, a duração do período de experiência varia ainda em função do número de trabalhadores ao serviço do empregador.

Deste modo, a duração do período experimental nos contratos por tempo indeterminado é regulada nos termos seguintes:

Em geral, estabelece-se um prazo de sessenta dias, elevado para noventa dias, caso a empresa tenha ao seu serviço um número igual ou inferior a vinte trabalhadores[26];

Tratando-se de *cargos de complexidade técnica, elevado grau de responsabilidade ou funções de confiança*, a duração do período de experiência será de cento e oitenta dias[27];

---

[25] A generalidade da doutrina portuguesa vem apontando, face à legislação vigente, a existência de um dever de realização da experiência, considerando abusiva a cessação do contrato promovida sem que se tenha iniciado a execução do contrato. Sobre o ponto, face à legislação anterior, *vd.*, desenvolvidamente, PUPO CORREIA, *ob. cit.,* pp. 210 e segs. Manifestando-se contra a existência de tal dever, RAÚL VENTURA, «O período de experiência no contrato de trabalho», *O Direito,* ano 93 (1961), n.° 4, pp. 247 e segs. Recentemente, JÚLIO GOMES, *ob. cit.,* pp. 247 e segs. e 255 e segs., considera que tal dever de realização da experiência é imposto pela boa fé.

[26] A diferenciação da duração do período de experiência em função da dimensão da empresa não tem sido isenta de críticas. Sobre o ponto, *vd.*, desenvolvidamente, JÚLIO GOMES, *ob. cit.,* pp. 64 e segs.

[27] A *complexidade das funções* a desempenhar tem sido interpretada em termos amplos pela jurisprudência. Vejam-se, nomeadamente, os arestos citados por PEDRO FURTADO MARTINS, *ob. cit.,* p. 205, n. (17).

Já no que respeita a *pessoal de direcção e quadros superiores*, a duração do período experimental ascenderá a duzentos e quarenta dias[28].

Diversamente se passam as coisas no âmbito da contratação a termo. Aqui, o critério de fixação do período de experiência atende, apenas e só, à duração do contrato. Nos termos do artigo 43.° LCCT:

Nos contratos a termo cuja duração se apresente superior a seis meses, o período de experiência será de trinta dias;

Nos contratos de duração inferior a seis meses, a experiência terá a duração de quinze dias.

Várias críticas têm sido dirigidas ao preceituado nesta disposição e, desde logo, ao teor literal do preceito[29]. Discute-se a questão de saber se, sendo tais prazos de duração fixados em função da duração do contrato, não deveriam ser porventura *cruzados* com os critérios gerais do artigo 55.°, designadamente no que concerne ao critério que atende à complexidade das funções desempenhadas[30]. A opinião dominante na jurisprudência portuguesa, que se nos afigura acertada, julga inadmissível tal hipótese, designadamente na vertente de aplicação do apontado critério qualitativo de determinação da duração da experiência[31].

---

[28] Sobre o ponto, *vd.* Ac. Relação de Lisboa, 12/6/1196, *CJ*, XXI (1996), T. III, próprio. 167 e segs.

[29] PEDRO FURTADO MARTINS, *ob. cit.*, p. 205, n. (20), alerta para as dúvidas que poderão surgir quanto à duração do período de experiência nos contratos a termo com duração de seis meses. Defende este Autor, face ao teor literal do preceito, que «(…) sendo a duração do contrato igual a seis meses, pode-se dizer que a situação está coberta pelo n.° 2 do artigo 43.°, aplicável aos contratos com prazo 'não superior a seis meses'». Mais cuidadosa se apresenta, quanto a este ponto, a redacção do correspondente preceito do Código do Trabalho, ao fixar em trinta dias a duração da experiência nos contratos «de duração igual ou superior a seis meses» – al. a) do artigo 108.°.

[30] Neste sentido, crê-se, defendendo que a expressão *salvo acordo em contrário*, utilizada no artigo 43.° da LCCT «(…) se estende à fixação da duração do período de prova, enquanto que a expressão 'salvo acordo escrito em contrário, a que se alude no artigo 55.°, não se estende à duração do período experimental, legalmente estabelecida no seu limite máximo», ALBINO MENDES BAPTISTA, em anotação ao Ac. Rel. Lisboa, 20/3/1996, *Jurisprudência do Trabalho Anotada – Relação individual de Trabalho*, 3.ª ed., Quid Juris, Lisboa, 1999, p. 356 e pp. 355 e segs.

[31] Cfr., por exemplo, Ac. Rel. Lisboa, 20/3/1996, *CJ*, XXI (1996), T. II, pp. 170 e segs.; Ac. Rel. Lisboa, 24/1/1996, *CJ*, XXI (1996), T. I, pp. 163 e segs.; Ac. Rel. Lisboa, 3/6/1992, *CJ*, XVII (1992), T. III, pp. 272 e segs.; Ac. Rel. Porto, 15/11/1999, *CJ*, XXIV (1999), T. V, pp. 242 e segs. e Ac. Rel. Coimbra, 13/10/1994, *CJ*, XIX (1994), T. IV, pp. 70 e segs.

602 *Estudos de Direito do Trabalho em Homenagem ao Prof. Manuel Alonso Olea*

Julgamos, de facto, que a relação existente entre os dois preceitos se configura como uma verdadeira relação de especialidade, constituindo o artigo 43.° da LCCT um regime especial, aplicável à contratação a termo, resultando, assim, excluída a possibilidade de aplicação dos critérios gerais de fixação da duração do período experimental previstos no artigo 55.° da LCCT. Dir-se-ia que, face a uma similitude das funções a desempenhar, dificilmente se compreende uma diferenciação dos prazos de duração da experiência assente apenas na circunstância da contratação ser ou não realizada a termo. Suspeita-se, todavia, que a razão que presidiu à adopção de tal critério terá tido também em vista o propósito de evitar uma duração do período de experiência julgada excessiva face ao âmbito temporalmente limitado do vínculo e que, no limite, poderia levar a situações de coincidência entre a *prova* e a própria duração do contrato[32].

Refiram-se, ainda a este propósito, as alterações propostas pelo novo Código do Trabalho.

Para os contratos por tempo indeterminado, atente-se, desde logo, na eliminação do apontado critério quantitativo de fixação da duração da experiência. Assim, e nos termos da alínea a) do artigo 107.° daquele diploma, à generalidade dos trabalhadores passa a ser aplicável um período experimental de noventa dias, alargando-se assim a duração mínima legal da experiência, independentemente agora da dimensão da empresa.

Mantêm-se, por outro lado, os restantes prazos de duração diferenciada em razão da natureza das funções a desempenhar, introduzindo-se, todavia, uma alteração no que concerne à delimitação das funções que determinam a aplicação de um prazo de experiência de 180 dias. Refere agora a alínea b) da disposição que vimos citando que o apontado prazo será aplicável, para além das hipóteses já previstas na LCCT, aos casos em que os trabalhadores exerçam funções que «(...) pressuponham uma especial qualificação».

Supõe-se que a alteração pretende tão-somente esclarecer as dificuldades surgidas na apreciação do conceito de *complexidade técnica*, designadamente a questão, colocada perante os tribunais, de saber se tal com-

---

[32] Referem-se a esta questão, face ao regime jurídico espanhol, ALONSO OLEA/ /CASAS BAAMONBE, *ob. cit.*, p. 229, em termos que parecem supor a admissibilidade da convenção de um período experimental que corresponda à duração do contrato a termo. Relacionada com esta questão encontra-se o problema da admissibilidade de um *contrato de experiência*, autónomo e prévio a uma contratação definitiva. Face ao ordenamento jurídico português tal hipótese não se afigura admissível, atento o carácter taxativo da enumeração das situações em que é admitida a contratação a termo (artigo 41.° LCCT).

Período experimental 603

plexidade se encontra referida aos meios utilizados para a sua prossecução ou se abrange apenas os especiais conhecimentos técnicos necessários ao desenvolvimento da actividade em causa. Da solução agora proposta parece agora resultar a opção por uma compreensão ampla do conceito de complexidade técnica[33].

Quanto à duração da experiência nos contratos a termo, regulada no artigo 108.° do Código do Trabalho, mantendo-se embora uma solução paralela à da legislação vigente, apresenta-se uma redacção mais cuidada[34], esclarecendo, ainda que não perfeitamente, a questão – não resolvida pelo artigo 43.° da LCCT – de saber qual a duração do período experimental nos contratos a termo incerto[35].

No mais, mantêm-se as soluções do diploma em vigor.

Vejamos agora quais as soluções propostas, em matéria de duração do período experimental, pelo artigo 14.° do ET espanhol. Foi já sumariamente apontado o particular papel atribuído à contratação colectiva no que respeita a esta questão. Determina, de facto, o primeiro parágrafo do n.° 1 daquela disposição:

> *Podrá concertarse por escrito un período de prueba, con sujeción a los límites de duración que, en su caso, se establezcan en los Convenios Colectivos. En defecto de pacto en Convenio, la duración del período de prueba no podrá exceder de seis meses para los técnicos titulados, ni de dos meses para los demás trabajadores. En las empresas de menos de veinticinco trabajadores el período de prueba no podrá exceder de tres meses para los trabajadores que non sean técnicos titulados.*

Como se vê, e ao contrário do que se verifica na legislação portuguesa, os prazos legais de duração da experiência apresentam carácter supletivo, actuando apenas na falta de previsão pela convenção colectiva aplicável.

Por outro lado, atente-se na circunstância de que, à semelhança do que se verifica na lei portuguesa, a definição legal da duração do período

---

[33] Solução defendida por Júlio Gomes Júlio Gomes, *ob. cit.*, p. 66, a propósito do correspondente preceito da LCCT.

[34] Cfr. O que se referiu *supra*, a propósito do artigo 43.° da LCCT.

[35] Nos termos da alínea b) do artigo 108.°, a duração do período experimental será de «quinze dias nos contratos a termo certo com duração inferior a seis meses e nos contratos a termo incerto cuja duração se preveja não vir a ser superior àquele limite».

604 *Estudos de Direito do Trabalho em Homenagem ao Prof. Manuel Alonso Olea*

experimental é diferenciada, em razão da aplicação de um critério qualitativo, embora diverso do ali utilizado. Também aqui a duração do período experimental se afigura variável em função da actividade a desempenhar.

Por outro lado ainda, note-se que também aqui se introduz um critério quantitativo – em razão da dimensão da empresa – de definição da duração da experiência[36]. É de salientar que tal limite de duração máxima apresenta, ao contrário dos restantes, carácter imperativo, reduzindo, portanto, neste aspecto concreto, a ampla margem de regulamentação deferida à contratação colectiva.

Finalmente, atente-se na circunstância de se tratarem de prazos de duração claramente inferiores aos estabelecidos na legislação portuguesa.

Refira-se ainda, a fechar a análise das questões relativas à duração do período experimental, o problema da sua contagem.

Não esclarece a LCCT de que modo se deverá proceder à contagem do período de experiência, muito embora a doutrina venha entendendo que, referindo-se a lei a *período inicial de execução do contrato*, apenas relevam os dias de efectiva execução, não se considerando para este efeito as faltas nem o período em que o contrato porventura se encontre suspenso.

Quanto ao modo de contagem, e na ausência de preceito legal que determine uma solução específica, discute-se, na jurisprudência, a aplicação do artigo 279.° do Código Civil, não se apresentando, todavia, consensuais as soluções defendidas a este propósito[37].

Quanto a estas questões, vem agora estabelecer-se no artigo 106.° do Código do Trabalho:

1. O período experimental começa a contar-se a partir do início da execução da prestação do trabalhador, compreendendo as acções de formação ministradas pelo empregador ou frequentadas por determinação deste, desde que não excedam metade do período experimental.

---

[36] Critério que, à semelhança da paralela solução da legislação portuguesa, não tem também passado incólume a críticas da doutrina espanhola.

[37] Defendendo a aplicação da regra contida na al. b) do artigo 279.° do Código Civil, *vd.* Ac. Rel. Lisboa, 1/4/1998, *CJ*, XXIII (1998), T. II, pp. 178-179. Defendendo a mesma solução, ROMANO MARTINEZ, *ob. cit.*, p. 409. Julgando no sentido da inaplicabilidade do artigo 279.°, *vd.* Ac. STJ, 7/10/1999, *CJ (STJ)*, A. VII (1999), T. III, pp. 261 e segs.

2. Para efeitos da contagem do período experimental não são tidos em conta os dias de falta, ainda que justificadas, de licença e de dispensa, bem como de suspensão do contrato.

Radicalmente diversa é a solução apresentada no texto espanhol, nos termos do qual (2.º parágrafo do n.º 3 do artigo 14.º ET):

Las situaciones de incapacidad temporal, maternidad y adopción o acogimiento, que afecten al trabajador durante el periodo de prueba interrumpen el cómputo del mismo siempre que se produzca acuerdo entre ambas partes.

Como se depreende da leitura da disposição, a contagem do prazo de duração da experiência corre de modo contínuo, independentemente da verificação das situações aí descritas, salvo se tiver sido expressamente convencionado que tais circunstâncias determinam a *interrupção* da contagem do prazo de experiência.

III. EXTINÇÃO DA RELAÇÃO DE TRABALHO DURANTE O PERÍODO EXPERIMENTAL.

A análise do tema do período experimental resultaria claramente incompleta sem uma referência ao regime *excepcional* de cessação do contrato de trabalho, por muitos apontado como sua característica mais saliente[38].

Vimos já que o período experimental se configura como um momento preliminar ou inicial de uma relação de trabalho durante o qual se possibilita – tanto ao trabalhador como à entidade empregadora – uma avaliação dos termos concretos do desenvolvimento de tal vínculo. Atenta a sua função, mal se compreenderia que a lei não facultasse às partes um meio célere e eficaz de, frustrada a experiência, fazer cessar tal relação de trabalho.

Tal consideração assumirá tanto maior relevo quando conjugada com a constatação do relevo atribuído pelo ordenamento juslaboral, no quadro

---

[38] Neste sentido, ALONSO OLEA/CASAS BAAMONBE, *ob. cit.*, p. 227. Sobre a cessação do contrato de trabalho durante o período de experiência no quadro do direito espanhol *vd.*, desenvolvidamente, MARÍA DEL CARMEN PIQUERAS PIQUERAS, *ob. cit.*, em especial, pp. 25 e segs.

606 Estudos de Direito do Trabalho em Homenagem ao Prof. Manuel Alonso Olea

dos específicos interesses que tutela, ao princípio da segurança no emprego, designadamente enquanto limita a liberdade do empregador de, a todo o tempo ou de qualquer modo, pôr termo à relação jurídica em causa. Neste quadro, e reconhecendo-se embora a particular tutela conferida a tal princípio nos ordenamentos cujos regimes jurídicos vimos analisando, não deixam os textos respectivos legais de abrir uma *excepção* a tal tutela, deferindo aos contraentes a faculdade de excepcionalmente, durante o período experimental, fazerem cessar a relação de trabalho, sem necessidade de alegação de justa causa e sem que de tal facto decorra uma pretensão indemnizatória do outro contraente pela cessação de tal relação. Assim o determinam o n.° 1 do artigo 55.° e o n.° 1 do artigo 43.° da LCCT e assim preceitua também o n.° 2 do artigo 14 do ET espanhol.

Note-se, desde logo, que o diploma português se refere a rescisão do contrato, configurando tal hipótese como um caso excepcional em que não se afigura necessária a verificação de qualquer aviso prévio para o exercício do direito assim previsto. Referindo-se a lei a rescisão – muito embora, e numa manifesta falta de rigor terminológico, na epígrafe da disposição se aluda a revogação unilateral – a qualificação deste modo específico de cessação da relação de trabalho tem sido discutida na doutrina portuguesa[39].
A lei espanhola não é também clara a este propósito, utilizando duas expressões diversas, ora referindo-se, no n.° 2 da disposição em análise, a *resolución de la relación laboral*, ora utilizando, no seu n.° 3, a curiosa expressão de *desistimiento*. A doutrina espanhola vem, contudo, entendendo tais expressões como sinónimas[40].

De todo o modo, e deixando de lado as apontadas divergências terminológicas, a faculdade excepcional de cessação, em que se consubstancia a opção conferida às partes em caso de frustração da experiência, configura-se como modo autónomo relativamente às demais causas de cessação do contrato de trabalho. Nesse sentido, atentemos nos seguintes traços comuns à disciplina traçada pelos dois diplomas legais:

---

[39] PEDRO FURTADO MARTINS, *ob. cit.*, pp. 201 e segs., em especial p. 201, nota (2), configura-a como denúncia. Contra, JÚLIO GOMES, *ob. cit.*, p. 259.

[40] Nesse sentido, *vd.*, por todos, ALONSO OLEA/CASAS BAAMONBE, *ob. cit.*, p. 228, referindo que a primeira expressão se afigura, contudo, mais correcta. MARÍA DEL CARMEN PIQUERAS PIQUERAS, *ob. cit.*, p. 26, citando ANTONIO MARTÍN VALVERDE, define *desistimiento* como «(...) 'ejercicio extrajudicial de una facultad unilateral de extinción de un contrato duradero'».

Período experimental 607

Por um lado, refira-se a desnecessidade de fundamentação da decisão de pôr termo ao contrato durante o período de experiência.

Tanto na lei portuguesa como na correspondente disposição espanhola se refere a desnecessidade de indicação de justa causa que fundamente a decisão de pôr termo ao contrato, ou seja, uma indicação ou explicitação dos motivos que conduziram à tomada da decisão de fazer cessar o vínculo contratual. A cessação verifica-se, assim, por mera declaração à contraparte.

No dizer de MONTEIRO FERNANDES, referindo-se ao preceituado no artigo 55.º da LCCT, *a lei presume, em absoluto, que a cessação do contrato é determinada por inaptidão do trabalhador ou por inconveniência das condições de trabalho oferecidas pela empresa*[41].

A mesma afirmação é válida relativamente à lei espanhola[42].

Note-se, contudo, que não se pretende afirmar que qualquer motivação se afigura válida para justificar tal cessação. O que se verifica é uma dispensa legal de fundamentação de tal decisão. Daí que a doutrina venha salientando as particulares dificuldades probatórias no caso de alegação de um exercício abusivo de tal direito, designadamente quando na base da decisão de pôr termo ao contrato durante o período experimental se encontrem situações de discriminação[43-44].

---

[41] MONTEIRO FERNANDES, *ob. cit.*, p. 317.

[42] ALONSO OLEA/CASAS BAAMONDE, *ob. cit.*, p. 227, referem que: «El período de prueba, por tanto, purga el error en cuanto a la aptitud, como en general purga, según se dijo, el error en cuanto a las calidades personales del trabajador; más dudoso es que purgue la maquinación fraudulenta». No mesmo sentido, para o direito português, desenvolvidamente, MONTEIRO FERNANDES, *ob. cit.*, pp. 319 e segs.

[43] Sobre o ponto, desenvolvidamente, JÚLIO GOMES, *ob. cit.*, pp. 247 e segs., considerando que «(...) o direito ao silêncio que ele [período experimental] consagra dificulta sobremaneira o controlo dos motivos que realmente presidiram à cessação, ao que acresce que, como já atrás se disse, o objecto da experiência não se cinge à competência profissional do trabalhador, mas abrange igualmente aspectos da personalidade deste, permitindo assim juízos marcadamente subjectivos e dificilmente sindicáveis». O mesmo Autor, *ob. cit.*, pp. 262 e segs., refere-se ainda em particular a questão de saber se será necessário o parecer prévio da CITE no caso de cessação do contrato de trabalho, relativamente a uma trabalhadora grávida, durante o período de experiência. Contra a necessidade de tal parecer, PEDRO FURTADO MARTINS, *ob. cit.*, p. 203. Para o regime espanhol, *vd.* MARÍA DEL CARMEN PIQUERAS PIQUERAS, *cit.*, pp. 15 e segs.

[44] PEDRO FURTADO MARTINS, *ob. cit.*, p.202, considera que a denúncia abusiva durante o período experimental não configura um despedimento, para efeitos de aplicação do artigo 13.º da LCCT. Diversamente, em Espanha, MARÍA DEL CARMEN PIQUERAS PIQUERAS, *cit.*, pp. 16 e segs.

Por outro lado, a cessação do contrato de trabalho durante o período experimental não se encontra dependente de qualquer prazo de aviso prévio ou de duração mínima da experiência. Isto em regra, porque à luz dos textos legais em análise afigura-se possível a subordinação da experiência, por convenção das partes ou determinação legal nesse sentido, a um prazo mínimo de duração ou de aviso prévio[45].

Por outro lado ainda, importa salientar que a cessação do contrato que ocorra durante o período de experiência não dá lugar a qualquer direito de indemnização contra a parte que actuou tal faculdade de cessação. O fundamento de tal solução encontrar-se-á, a nosso ver, na própria função do período de experiência, enquanto fase de apreciação preliminar, por ambas as partes, do interesse na *consolidação* do vínculo contratual. Tratar-se-á, no fundo, de atribuir o risco pela frustração da experiência à parte relativamente à qual se *presume* a responsabilidade por tal insucesso, designadamente pela inaptidão para o serviço ou pela insuficiência das condições oferecidas.

Note-se, contudo, que o que fica dito não invalida a possibilidade – sem dúvida de difícil verificação, atentas as dificuldades probatórias que a ausência de fundamentação da decisão de pôr termo ao contrato acarreta – de existência de um direito de ressarcimento por danos causados, designadamente pelo exercício abusivo de tal direito de cessação. A existir tal responsabilidade, a sua base legal encontrar-se-á em sede geral e não no quadro da regulamentação do período experimental, que expressamente exclui, a tal título, uma pretensão indemnizatória da parte contra quem actuou tal faculdade de cessação.

Finalmente, refira-se que a declaração que põe termo ao contrato não carece de forma específica. É essa a solução unanimemente defendida na doutrina e jurisprudência dos dois países.

Feito este breve excurso pelos traços característicos do regime da cessação do contrato de trabalho durante o período experimental, salientem-se, ainda que sumariamente, as alterações propostas à legislação portuguesa pelo Código do Trabalho, que a esta matéria dedica o seu artigo 105.º:

---

[45] No novo Código do Trabalho português (artigo 105.º n.º 2), estabelece-se um dever legal de aviso prévio, a cargo do empregador, quando a experiência se haja prolongado por mais de sessenta dias.

1. Durante o período experimental, qualquer das partes pode denunciar o contrato sem aviso prévio nem necessidade de invocação de justa causa, não havendo direito a indemnização, salvo acordo escrito em contrário.

2. Tendo o período experimental durado mais de sessenta dias, para denunciar o contrato nos termos previstos no número anterior, o empregador tem de dar um aviso prévio de sete dias.»

Desde logo, refira-se que, ao contrário do que se verifica na LCCT, o Código do Trabalho qualifica a cessação do contrato durante o período experimental como uma hipótese de denúncia.

Por outro lado, clarificando a solução já defendida pela doutrina e jurisprudência a propósito do correspondente texto da lei vigente, esclarece que o regime da denúncia do contrato durante o período experimental é susceptível de ser modificado por acordo escrito em contrário.

Finalmente, e aqui se encontra a principal alteração ao regime da cessação do contrato durante o período de experiência, a sujeição da denúncia por parte do empregador a um aviso prévio de sete dias, sempre que tal período experimental dure mais de sessenta dias. Consagra-se assim um desvio ao regime geral da denúncia em obediência a um claro propósito de protecção do trabalhador.

IV. NATUREZA JURÍDICA.

Limitamo-nos, atenta a índole da exposição, a uma remissão para os termos fundamentais em que vem sendo colocada a discutidíssima questão da natureza jurídica do período experimental.

As posições em confronto apresentam-se as mais variadas e muitos têm sido os quadros classificatórios propostos para a sua arrumação. Entre os mais divulgados encontram-se o que dividem as diversas teses sobre a natureza jurídica do período experimental em três grandes grupos, a saber:

As que configuram o período experimental como modelo contratual autónomo ou pré-contratual relativamente ao contrato de trabalho propriamente dito[46];

---

[46] Entre os defensores de tais teses, nas suas variantes, encontra-se, como vimos, no direito espanhol, ALFREDO MONTOYA MELGAR. No que concerne ao direito português actual, julgamos tratar-se de uma solução unanimemente rejeitada.

610 *Estudos de Direito do Trabalho em Homenagem ao Prof. Manuel Alonso Olea*

Num segundo grupo situam-se as teses que concebem o período experimental como fase do contrato de trabalho, subordinando-o, durante a sua duração, a uma condição. Subdividem-se depois, entre as que consideram tal condição suspensiva e as que vêem nesta uma condição resolutiva[47];

Por último, as teses que defendem uma conformação do período experimental enquanto figura dotada de autonomia dogmática, privativa do direito do trabalho, e não enquadrável, portanto, em nenhuma das tradicionais categorias civilísticas utilizadas na tentativa da sua explicação.

Limitamo-nos, como se referiu, a uma mera indicação descritiva das principais teses que a este propósito se vêm perfilando, salientando que a solução dada a esta questão não poderá ser uniforme, variando antes em função dos próprios dados normativos presentes em cada ordenamento. O confronto entre os sistemas português e espanhol é bem demonstrativo do que se afirma.

V. CONCLUSÕES

A terminar, acrescentem-se duas ou três considerações conclusivas ao estudo realizado.

Desde logo, a constatação de que *é mais aquilo que une do que aquilo que separa* a disciplina normativa do período experimental em Portugal e Espanha. A diferença essencial situa-se ao nível da própria técnica legislativa de tratamento do instituto, designadamente na maior margem de manobra deixada à contratação colectiva e ao contrato individual de trabalho no âmbito da legislação espanhola, sem dúvida fruto das próprias condições políticas, sociais e económicas existentes nos dois países.

Por outro lado, saliente-se a indelével ligação entre as opções político-legislativas em termos de disciplina do período experimental e o princípio juslaboral da segurança no emprego, o que equivale a dizer que a regulamentação da matéria do período experimental se encontra inevitavelmente ligada às opções político-legislativas em matéria de flexibilidade e segurança no emprego.

---

[47] Entre os defensores desta última variante encontram-se Autores como ALONSO OLEA e CASAS BAAMONDE e, entre nós, PUPO CORREIA, *ob. cit.*, pp. 284 e segs.

Período experimental

Por último, a consideração de que os modelos tradicionais de regulamentação desta figura bem como as *marcas patológicas* que a sua prática vem demonstrando, fazem realçar a necessidade de uma profunda reflexão, autónoma e actualizada, sobre o período experimental nos quadros do moderno direito do trabalho.

A CONDUTA E A ORIENTAÇÃO SEXUAIS DO TRABALHADOR[*]

TERESA COELHO MOREIRA

1. *Introdução*

A conduta e a orientação sexuais do trabalhador incluem-se na sua esfera privada e devem, em princípio, estar protegidas de toda e qualquer indagação por parte do empregador, quer na fase de acesso e formação do contrato de trabalho, quer na sua execução, impedindo comportamentos discriminatórios ou juízos de censura.

O tema coloca algumas questões prévias. Em primeiro lugar a de saber o que deve entender-se por orientação sexual e se abarca os casos de transexualidade (podendo o trabalhador ser discriminado em razão desta) ou se, pelo contrário, estes casos deverão ser abrangidos pelo princípio da

---

[*] Este artigo corresponde a uma análise um pouco diferenciada de uma parte da nossa dissertação de mestrado, *Da esfera privada do trabalhador e o controlo do empregador*, objecto de provas públicas na Faculdade de Direito da Universidade de Coimbra em 26 de Junho de 2003.

As abreviaturas utilizadas são: Ac. – Acórdão; B.F.D.U.C. – Boletim da Faculdade de Direito da Universidade de Coimbra; B.M.J. – Boletim do Ministério da Justiça; C.C. – Código Civil; C.E. – Constituição Espanhola; C.E.D.H. – Convenção Europeia dos Direitos do Homem; Cf. – Confrontar, conferir; C.P. – Código Penal; C.R.P. – Constituição da República Portuguesa; C.T. – *Code du Travail*; D.O. – *Droit Ouvrier*; D.S. – *Droit Social*; L.C.C.T. –Regime Jurídico da Cessação do Contrato Individual de Trabalho e da Celebração e Caducidade do Contrato de Trabalho a Termo, aprovado pelo D.L. n.º 64-A/89, de 27 de Fevereiro; R.E. – Relação de Évora; R.E.D.T. – *Revista Española de Derecho del Trabajo*; R.Lx – Relação de Lisboa; S.T.J. – Supremo Tribunal de Justiça; T.E.D.H. – Tribunal Europeu dos Direitos do Homem; T.J.C.E. – Tribunal de Justiça das Comunidades Europeias; T.L. – *Temas Laborales*; Vd. – *Vide*, veja.

discriminação em função do sexo a exemplo do que tem sido preconizado em algumas decisões do T.J.C.E.[1].

Outra das questões gravita em torno das organizações de tendência[2]. Será que nestas é possível indagar os trabalhadores sobre a sua orientação sexual ou, apenas, questioná-los sobre a conduta sexual no caso em que desempenhem *funções de tendência*?

A situação do trabalhador transexual suscita, também, algumas dúvidas. O empregador que contrata um trabalhador com um determinado sexo poderá sancioná-lo disciplinarmente se durante a vigência do contrato de trabalho o mesmo mudar de sexo? E se pretender unir-se a outra pessoa e beneficiar das vantagens legais enquanto cônjuge, nomeadamente assistência médica ou *pensão de viuvez*[3]?

Estas são algumas das questões que se colocam e para as quais tentaremos enunciar algumas hipóteses de soluções, socorrendo-nos do importante papel que o Direito Comunitário tem vindo a desenvolver.

Começaremos por referir alguns problemas que poderão surgir na fase prévia à celebração do contrato de trabalho e avaliar da possível reacção do candidato, passando depois a analisar algumas questões relacionadas com a possível tentativa do empregador em conhecer, controlar e sancionar factos da vida privada do trabalhador durante a execução do contrato de trabalho.

---

[1] Em relação aos trabalhadores transexuais, tentaremos apenas levantar alguns problemas já que as maiores dificuldades encontram-se, como nota ALONSO OLEA, "El despido de un transexual (a propósito de la sentencia comunitária de 30 de Abril de 1996", *in R.E.D.T.*, n.º 87, 1998, p. 17, na sua vida futura, quer pessoal, quer familiar, que é bastante distinta em função do sexo para o qual é feita a mudança. Existem algumas questões prévias a equacionar face a estes trabalhadores nomeadamente o da modificação do seu assento de nascimento donde passará a constar sexo diferente daquele com que nasceram. Sobre esta matéria já existe alguma jurisprudência que referiremos. No entanto, citando ALONSO OLEA, *op.* cit., p. 17, toda esta matéria "exigiria um estudo no qual este deliberadamente não entra, não porque a argumentação exigisse um esforço maior do que merece o seu objecto, mas precisamente ao contrário, dadas as limitações de tempo", a que acresce para nós a limitação de espaço e de maturação da matéria.

[2] Adoptaremos o termo organizações de tendência por mais abrangente abarcando empresas e outras formas organizativas.

[3] Colocamos este caso pois resulta de um pedido de decisão prejudicial apresentado pelo *Court of Appeal* do Reino Unido, processo C-117/01, e cujas conclusões do Advogado-Geral, foram apresentadas em 10 de Junho de 2003 e que podem ser vistas em *http://curia.eu.int/jurisp/cgi-bin*. Sobre estas debruçar-nos-emos mais à frente.

2. A conduta e a orientação sexuais na fase de acesso e formação do contrato de trabalho

A conduta e a orientação sexuais das pessoas estão abrangidas no conceito de reserva da vida privada e fazem parte da esfera mais íntima e reservada do ser humano[4-5]. Trata-se de um direito de personalidade indisponível e irrevogável. Assim o impõe o art. 81.º, n.º 1, do C.C. que veda a limitação voluntária dos direitos de personalidade quando esta se mostre contrária aos princípios da ordem pública[6]. Tudo o que se refira à

---

[4] Em abstracto, o conteúdo da noção de vida privada engloba a informação a ela respeitante, à identidade da pessoa: impressões digitais ou o seu código genético, elementos concernentes à saúde; factos ou acontecimentos tais como encontros com amigos, deslocações, destinos de férias e outros comportamentos privados; os elementos inerentes à vida familiar, conjugal, amorosa e afectiva das pessoas; a vida do lar e os factos que nela têm lugar, assim como noutros locais privados (ex: carro) ou mesmo públicos (ex: cabine telefónica); as comunicações por correspondência, quer com suporte em papel quer com suporte digital, e a informação patrimonial e financeira. Assim, o conceito de vida privada não pode ser reduzido a uma única fórmula onde estejam contemplados todos os aspectos merecedores da tutela do direito. Deve ser entendido como um *conceito aberto* onde estão em causa aspectos que se prendem com as "experiências, lutas e paixões pessoais de cada um e que não devem, enquanto tal, ser objecto da curiosidade do público". Cf. a este respeito GUILHERME DRAY, "Justa causa e esfera privada", *in Estudos do Instituto de Direito do Trabalho*, vol. II, *Justa causa de despedimento*, Instituto de Direito do Trabalho da Faculdade de Direito da Universidade de Lisboa, (coord. PEDRO ROMANO MARTINEZ), Almedina, Coimbra, 2001, p. 48, e PAULO MOTA PINTO, "A protecção da vida privada e a Constituição", *in B.F.D.U.C.*, n.º 76, 2000, pp. 167-169.

[5] Neste sentido aponta MENEZES CORDEIRO, "O respeito pela esfera privada do trabalhador", *in I Congresso Nacional de Direito do Trabalho – Memórias*, (coord. ANTÓNIO MOREIRA), Almedina, Coimbra, 1998, p. 37, que, a propósito da eventual suspensão do despedimento de uma trabalhadora acusada de manter no local de trabalho relações sexuais com um trabalhador, sendo que o acto foi presenciado através das frinchas na porta do gabinete onde ocorreu e alvo de comentários públicos, em que o Tribunal da R.E., em 7 de Abril de 1992, entendeu não se justificar a suspensão, defende que o despedimento é injustificado uma vez que as práticas sexuais estão <u>sempre sob tutela da vida privada,</u> tendo os trabalhadores em causa sido vítimas de violação do seu direito ao respeito da vida privada. Opinião diferente tem M.ª DO ROSÁRIO PALMA RAMALHO, "Contrato de Trabalho e Direitos Fundamentais da Pessoa", *in Estudos em Homenagem à Professora Doutora Isabel de Magalhães Collaço*, vol. II, Almedina, Coimbra, 2002, p. 411, considerando que "as situações jurídicas devem ser exercidas dentro dos limites de adequação funcional ou de admissibilidade para que foram conferidas" e, por isso, é justificado o despedimento devido a uma "inadequação do comportamento em questão ao local onde se desenrolou".

[6] Há que ter em atenção que há vários pressupostos para ocorrer uma limitação voluntária dos direitos de personalidade. Um dos primeiros é o da conformidade com os

616 *Estudos de Direito do Trabalho em Homenagem ao Prof. Manuel Alonso Olea*

vida sexual releva somente da escolha dos trabalhadores e o empregador não se pode imiscuir. Mais ainda, se este pudesse indagar sobre a conduta sexual e a orientação sexual dos possíveis trabalhadores ocorreria uma estigmatização de determinados grupos sociais como os homossexuais, consagrando os preconceitos que contra eles ainda existem.

Uma primeira premissa necessária na altura de analisar este tema é a de aferirmos o conceito de orientação sexual. Para CONSUELO CHACARTE-GUI JÁVEGA[7], referindo uma noção de PÉREZ CÁNOVAS, esta consiste na "atracção sexual e sentimental que sente um indivíduo por outros de sexo contrário (orientação heterossexual) ou do mesmo sexo (orientação homossexual) ", acrescentando que ao nível da perspectiva jurídica abarca ainda "o direito que corresponde a cada indivíduo à sua identidade sexual e afectiva como reflexo do livre desenvolvimento da sua personalidade". Existiria discriminação quando uma conduta sexual adoptada por uma pessoa comportasse um tratamento diferente e pejorativo como consequência da opção sexual que o indivíduo tivesse escolhido livremente (heterossexual, homossexual, bissexual ou transexual), embora seja em relação aos três últimos que mais problemas se levantam ao nível da discriminação[8].

---

princípios da ordem pública e, por isso, esta limitação deve ter um âmbito precisamente demarcado, referido somente a determinados factos que estejam delimitados material, temporal ou espacialmente. Deve resultar de uma vontade esclarecida, consciente, ponderando os diferentes efeitos desta limitação. Ver neste sentido HEINRICH HÖRSTER, *A Parte Geral do Código Civil Português – Teoria Geral do Direito Civil*, Almedina, Coimbra, 1992, pp. 269-271 e PAULO MOTA PINTO, "A limitação voluntária do direito à reserva sobre a intimidade da vida privada", *in Estudos em Homenagem a Cunha Rodrigues*, vol. 2, Coimbra Editora, Coimbra, 2001, p. 546.

[7] *Discriminación y orientación sexual del trabajador*, Editorial Lex Nova, Valladolid, 2001, p. 24.

[8] Diferente tem sido o entendimento do T.E.D.H. e do T.J.C.E. que em várias decisões têm considerado a discriminação dos transexuais como uma discriminação em razão do sexo. Basta referirmos quanto ao primeiro Tribunal os casos *Goodwin v. Reino Unido* e *I v. Reino Unido*, de 11 de Julho de 2002, apenas para citar os mais recentes e, em relação ao T.J.C.E., a decisão *P. S. Cornwall County Council*, de 30 de Abril de 1996, e conclusões do Advogado-Geral no processo *K.B.V. The National Health Service Agency e The Secretary of State for Health*, de 10 de Junho de 2003. Consideram que a transexualidade é perfeitamente distinta dos estados associados à orientação sexual pois nestes as pessoas aceitam sem subterfúgios o seu sexo, enquanto que em relação aos transexuais há um desejo extraordinário de pertencer ao outro sexo manifestando-se na vontade de se submeterem à terapia hormonal para modificar as características sexuais secundárias e a uma intervenção cirúrgica de ablação e reconstrução que provoca a transformação anatómica dos órgãos sexuais.

A conduta e a orientação sexuais do trabalhador 617

2.1. Assim, um dos problemas fundamentais que se coloca no âmbito da discriminação por razão da conduta e orientação sexuais é, precisamente, na fase de acesso ao emprego em virtude de vários preconceitos enraizados na sociedade e dos quais se presume a inaptidão para determinados postos de trabalho dos trabalhadores com uma determinada conduta sexual ou com uma certa orientação sexual: homossexuais, bissexuais e transexuais. A problemática ainda se torna mais densa se tivermos em atenção que é na fase de acesso que o trabalhador ou candidato se encontra mais fragilizado na medida em que é nesta altura que a desigualdade real entre ele e o empregador mais se evidencia, concretizada numa inferioridade pré-contratual derivada da sua "singular debilidade económica e da escassa expectativa de emprego, o que o induz a abdicar parcialmente da sua personalidade [...] em garantia de adesão do seu comportamento futuro à vontade ordenadora e dispositiva do empregador"[9]. Tendo em atenção estes aspectos e ainda o domínio económico e social de uma parte – o empregador -, não se pode invocar, sem mais, o princípio da liberdade contratual, para se poder escolher arbitrariamente a contraparte, isto é, o trabalhador. Nestes casos, surgindo este como a parte mais fraca e o empregador como a mais forte que pode, mesmo, *abusar* dos seus poderes, justifica-se uma intervenção legal no sentido de proteger a primeira evitando discriminações e indagações ilícitas[10]. Não podemos esquecer que parece ser nesta fase que se podem produzir as violações mais flagrantes da lei e dos direitos fundamentais dos trabalhadores sendo, por isso mesmo, necessária uma maior vigilância e protecção de possíveis intromissões na vida privada do candidato[11]. Este, com receio de ser excluído

---

[9] GOÑI SEIN, *El respeto a la esfera privada del trabajador – un estúdio sobre los límites del poder de control empresarial*, Civitas, Madrid, 1986, p. 39.

[10] *Vide* JOSÉ JOÃO ABRANTES, *Contrat deTravail et Droits Fondamentaux dans le Droit Portugais*, Tese de Doutoramento (policopiado), Universidade de Bremen, 1999, pp. 64-65.

[11] M.ª DO ROSÁRIO PALMA RAMALHO, *Da Autonomia Dogmática do Direito do Trabalho*, Almedina, Coimbra, 2000, p. 775, considera que, com "referência à salvaguarda da intimidade da vida privada do trabalhador, são reconhecidos e têm sido invocados pela doutrina e pela jurisprudência direitos fundamentais dos trabalhadores contra excessos do empregador no *iter* negocial", defendendo ainda em "Contrato de Trabalho...", cit., p. 393, que os direitos fundamentais da pessoa do trabalhador têm "um relevante significado" em matéria de Direito do trabalho, designadamente "pela especificidade da prestação de trabalho, cuja inseparabilidade da pessoa do trabalhador torna mais prováveis as ameaças aos seus direitos fundamentais". Também em "O Novo Código do Trabalho – reflexões sobre a Proposta de Lei relativa ao novo Código do Trabalho", *in Estudos de Direito do Tra-*

618 Estudos de Direito do Trabalho em Homenagem ao Prof. Manuel Alonso Olea

do processo de selecção, disponibilizar-se-á para mencionar dados e factos da sua vida privada que não facultaria numa situação normal, ocorrendo assim uma *limitação voluntária*[12] de um direito de personalidade nos termos do art. 81.°, n.° 2 do C.C., que excede muitas vezes o razoável e o necessário para o conhecimento da sua aptidão para o posto de trabalho em causa.

O nosso ordenamento jurídico não aborda actualmente a questão, ao contrário do que sucede noutros, como é o caso do francês que, no art. L. 122-45 do *C.T.*, proíbe a discriminação baseada na orientação sexual, do holandês que, no art. 5.° da *General Treatment Law*, proíbe aos empregadores "realizar directa ou indirectamente distinções baseadas na orientação heterossexual ou homossexual ou estado civil", e do irlandês que, segundo o *"Prohibition of Incitement to Hatred Act*, de 1989, consagra que constitui delito incitar à discriminação por razões de orientação sexual[13-14].

---

balho, vol. I, Almedina, Coimbra, 2003, p. 35, refere a necessidade de proteger o trabalhador na fase de celebração do contrato de trabalho já que o trabalhador não está, na maior parte das vezes, em condições de debater com o empregador as cláusulas deste contrato.

[12] Colocamos em itálico pois não nos parece que, muitas vezes, esta limitação seja totalmente voluntária nem livre, resultando mais do medo do candidato em perder a possibilidade de celebrar o contrato de trabalho. A este propósito convém referir que o consentimento ou limitação realizada pelo candidato a trabalhador ou pelo próprio trabalhador deve ser devidamente esclarecido, informado, específico e livre. Ora, o grande problema que se levanta nesta fase é o da liberdade do consentimento já que o candidato pode não dispor da liberdade no sentido de limitar os seus direitos fundamentais por receio de represálias – *maxime* a exclusão do processo de selecção. Tal como PAULO MOTA PINTO, "A limitação voluntária...", cit., p. 539, é necessário atender à verificação da "integridade do consentimento, uma vez que, sobretudo em situações de necessidade, dependência ou simplesmente inferioridade de poder económico do titular do direito, as pessoas podem ser levadas a limitar a reserva sobre a sua vida privada por temerem as consequências de uma eventual recusa", dando como exemplos as relações entre trabalhador e empregador. Para M.ª DO ROSÁRIO PALMA RAMALHO, "Contrato de Trabalho...", cit., p. 414, o problema deste tipo de limitações poderá ser resolvido pela aplicação conjunta do regime previsto no art. 18.° da C.R.P. relativo à tutela dos direitos, liberdades e garantias, e do art. 81.° do C.C.. Ver também sobre esta problemática, ainda que no âmbito dos dados pessoais dos trabalhadores, CATARINA SARMENTO E CASTRO, "A protecção dos dados pessoais dos trabalhadores", *in Questões Laborais*, n.° 19, 2002, pp. 58-59.

[13] CONSUELO CHACARTEGUI JÁVEGA, *op.* cit.p. 27, nota 23.

[14] Há a referir, contudo, que embora neste ordenamento jurídico se preveja esta hipótese, não tem sido reconhecida a possibilidade do casamento dos transexuais com base no seu novo sexo. Claro que esta questão se encontra relacionada com uma outra – saber se este tipo de proibição deve ser entendido como uma discriminação em função do sexo ou em função da orientação sexual e aferir da própria capacidade para casar.

Porém, o Código do Trabalho prevê, no diploma aprovado em 15 de Julho de 2003, na Subsecção III, relativa à Igualdade e Não Discriminação, nos artigos 22.º e 23.º, referentes, respectivamente, ao Direito à igualdade no acesso ao emprego e no trabalho, e proibição de discriminação que: "nenhum trabalhador ou candidato a emprego pode ser privilegiado, beneficiado, prejudicado, privado de qualquer direito ou isento de qualquer dever em razão, nomeadamente, de [...] orientação sexual", assim como "o empregador não pode praticar qualquer discriminação, directa ou indirecta, baseada, nomeadamente, na [...] orientação sexual", considerando, no entanto, no n.º 2 do artigo 23.º que "não constitui discriminação o comportamento baseado num dos factores indicados no número anterior, sempre que, em virtude da natureza das actividades profissionais em causa ou do contexto da sua execução, esse factor constitua um requisito justificável e determinante para o exercício da actividade profissional, devendo o objectivo ser legítimo e o requisito proporcional". Consideramos que estas disposições são bastante positivas mas, em relação à orientação sexual, há que ter várias cautelas na aplicação do n.º 2 deste último artigo. Não nos podemos esquecer que esta redacção resulta da transposição da Directiva n.º 2000/78/CE do Conselho, de 27 de Novembro, que estabelece um quadro geral de igualdade de tratamento no emprego e na actividade profissional[15] e que no art. 4.º, n.º 1, estabelece que "os Estados-Membros podem prever que uma diferença de tratamento baseada numa característica relacionada com qualquer dos motivos de discriminação referidos no artigo 1 não constituirá discriminação sempre que, em virtude da natureza da actividade profissional em causa ou do contexto da sua execução, essa característica constitua um requisito essencial e determinante para o exercício dessa actividade, na condição de o objectivo ser legítimo e o requisito proporcional". Tendo em atenção estes preceitos não visualizamos situações onde a orientação sexual deva ser entendida como *um requisito essencial e determinante*[16].

---

[15] Publicada no J.O. n.º L 303, de 2000/12/02, p. 0016-0022 e que tem por objecto "estabelecer um quadro geral para lutar contra a discriminação em razão da [...] orientação sexual, no que se refere ao emprego e à actividade profissional, com vista a pôr em prática nos Estados-Membros o princípio da igualdade de tratamento", aplicando-se, nos temos do art. 3.º, n.º 1, "a todas as pessoas, tanto no sector público como no privado, incluindo os organismos públicos, no que diz respeito", alínea c), "às condições de emprego e de trabalho, incluindo o despedimento e a remuneração".

[16] Preferimos o termo *essencial* da Directiva ao termo *justificável* do Código do Trabalho. Estranhamos, ainda, a falta de menção à orientação sexual na Proposta de Lei

620 *Estudos de Direito do Trabalho em Homenagem ao Prof. Manuel Alonso Olea*

2.2. Por vezes, esta discriminação manifesta-se de forma visível através de questionários que, directa ou indirectamente, indagam sobre a conduta e a orientação sexuais do trabalhador[17]. Tais questionários violam o art. 26.°, n.° 1, da C.R.P. e são ilegais, pois supõem uma ingerência na esfera privada das pessoas ao pretenderem respostas a perguntas como: "sinto-me atraído por pessoas do mesmo sexo" e "nunca me entreguei a práticas sexuais fora do comum"[18]. A forma como o trabalhador decide relacionar-se na sua vida privada não pode constituir uma informação importante para o empregador e, por isso, não é uma aptidão profissional necessária para a execução da prestação laboral. Por esta razão, qualquer actuação do empregador que tente indagar sobre estes factos é ilícita e ao trabalhador é legítimo recusar-se a responder e, quando for mesmo necessário dar uma resposta, poderá não dar elementos, pois a não prestação de

---

n.° 29/IX, de 12 de Novembro, relativa ao Projecto de Código do Trabalho já que na Exposição de Motivos, no art. 2.°, alínea p), é considerada transposta esta Directiva Comunitária. Contudo, esta lacuna foi corrigida, e bem, na versão do Código do Trabalho aprovada em 15 de Julho de 2003.

[17] Relacionado um pouco com esta problemática, mas em sede de tratamento de transexuais, pode referir-se que no ordenamento jurídico inglês, segundo a secção 16(1) do *Theft Act*, de 1968, é uma ofensa punida criminalmente o facto de uma pessoa não referir ao seu empregador todos os seus nomes anteriores. Neste ordenamento jurídico é possível a uma pessoa alterar o seu nome de baptismo. Esta oportunidade é usada muitas vezes pelos transexuais mas pode ser punida. Assim, se questionados pelo empregador para revelarem todos os nomes anteriores e não o fizerem pode ser considerada que foi cometida uma ofensa e originar um despedimento e, inclusive, uma sanção por danos. Cf. decisão do T.E.D.H. – *I. v. Reino Unido*, de 11 de Julho de 2002, ponto 25. Esta problemática seria resolvida se se aceitasse a possibilidade de alteração do sexo no assento de nascimento, permitindo que os transexuais adoptassem plenamente todos os direitos e deveres do sexo a que pertencem após a operação. Foi a esta conclusão que este tribunal chegou declarando que a impossibilidade de os transexuais britânicos se casarem em conformidade com o seu novo sexo é contrária à Convenção Europeia dos Direitos do Homem referindo ainda que este ordenamento deveria encetar todos os esforços para regular esta matéria.

[18] Sirvam de exemplo os casos referidos por CONSUELO CHACARTEGUI JÁVEGA, *op. cit.*, pp. 99-100. A guarda de Valência em 1995 obrigava os agentes de polícia a responder a um questionário onde se indagava sobre a orientação sexual dos polícias com perguntas às quais se deveria responder com verdadeiro ou falso, como: "sinto-me atraído por pessoas do mesmo sexo", "há algo errado com os meus órgãos genitais" ou "nunca me entreguei a práticas sexuais fora do comum". Também 365 professores em centros educativos do governo de Navarra tiveram que responder a um questionário sobre as suas inclinações sexuais e conduta sexual que integravam as provas a que eram submetidos os docentes que concorriam para a ocupação dos lugares da Comunidade Autónoma de Navarra.

A conduta e a orientação sexuais do trabalhador   621

dados que não são relevantes para a celebração do contrato é lícita na medida em que se apresente como uma das possíveis defesas dos seus direitos fundamentais. A falta de resposta envolverá, por vezes, riscos acrescidos já que poderá não ser contratado e, por isso mesmo, o candidato poderá falsear os dados, isto é, mentir sobre a sua orientação sexual ou sobre a sua conduta sexual. Na verdade, não poderá o empregador mais tarde vir invocar a invalidade do contrato de trabalho com base em erro sobre as qualidades da pessoa ou sobre a sua identidade, nos termos do art. 251.º do C.C., se questionou abusivamente o trabalhador sobre factos da vida privada e este mentiu. Se o trabalhador tem determinados deveres de informação em relação ao empregador[19], não tem, contudo, que lhe fornecer informações sobre factos que não sejam directamente pertinentes para aferir da sua aptidão ou idoneidade para o posto de trabalho em causa. Como refere MENEZES CORDEIRO[20] "no tocante à pessoa do declaratário, o erro pode reportar-se à sua identidade ou às suas qualidades. Em qualquer dos casos, ele só será relevante quando atinja um elemento concretamente essencial[21], sendo – ou devendo ser – essa essencialidade conhecida pelo declaratário, pela aplicação do artigo 247.º"".

Considera-se, ainda que deveriam ter-se em atenção os deveres de informação pré-contratuais que incumbem a ambas as partes num contrato de trabalho já que, se por um lado, a boa fé impõe uma conduta recta nos métodos de investigação e no desenvolvimento da negociação, por outro lado, postula que, na fase que antecede a realização do contrato, as partes actuem através de um comportamento honesto, correcto e leal. No art.

---

[19] Estes deveres de informação estão previstos no art. 97.º do Código do Trabalho em termos idênticos aos do empregador. Contudo, entendemos, tal como M.ª DO ROSÁRIO PALMA RAMALHO, "O Novo Código do Trabalho...", cit., p. 30, que ao dever do empregador prestar informações foi contraposto um dever de informação do trabalhador "formulado em termos exactamente equivalentes mas cuja lógica não se descortina" e que resulta da "preocupação de assegurar a posição igualitária das partes no contrato de trabalho", p. 29. Não concordamos com esta equivalência e, até consideramos, que, da forma como está redigida, poderá levar à possível defesa de situações que violam claramente o direito à vida privada do trabalhador. Cf. os exemplos referidos por esta autora, última op. cit., p. 34.

[20] Tratado de Direito Civil Português, I Parte Geral, tomo I, 2.ª edição, Almedina, Coimbra, 2000, p. 614.

[21] Sublinhado nosso. No mesmo sentido pode referir-se MOTA PINTO, Teoria Geral do Direito Civil, 3.ª edição, Coimbra Editora, Coimbra, 1989, pp. 508-510, mencionando a essencialidade como uma das condições gerais para a relevância deste erro como motivo de anulabilidade do negócio.

622 *Estudos de Direito do Trabalho em Homenagem ao Prof. Manuel Alonso Olea*

227.º do C.C. está consagrado o princípio da *culpa in contrahendo* que tem consagração também no Código do Trabalho – art. 93.º.

Este princípio constitui "um campo normativo muito vasto que permite aos tribunais a prossecução de fins jurídicos com uma latitude grande de movimentos"[22], compreendendo os deveres de protecção, os deveres de informação e os deveres de lealdade. Releva mais para este trabalho o segundo grupo que prescreve que as partes devem prestar todos os esclarecimentos necessários para a conclusão honesta do contrato. Contudo, os deveres de informação, em sede de Direito do trabalho, têm de ser entendidos *cum grano salis*. Na verdade, o trabalhador não está obrigado a expor espontaneamente circunstâncias que o possam vir a prejudicar. Assim, considera-se que as obrigações de informação que incumbem ao candidato a trabalhador incluem a de responder clara, correcta e veridicamente às questões relacionadas com a sua aptidão ou idoneidade para o trabalho, esclarecendo o empregador sobre todos aqueles erros ou falsas concepções que possam surgir nesta fase. Também deve comunicar, por sua própria iniciativa, todos os aspectos que não possam ser conhecidos pela contraparte utilizando uma diligência normal, isto é, os que possam escapar, pelo seu carácter oculto, extraordinário ou excepcional, do círculo normal de indagação do empregador. Para além disto, não parece que exista mais algum dever de informação por parte do trabalhador. Só relativamente a estas situações é que pode mencionar-se uma possível *culpa in contrahendo*[23]. Nas restantes situações o candidato pode não responder mas, como a consequência mais natural da conduta omissiva é a exclusão do processo de selecção, pode mentir ou falsear os dados. Não nos parece existir nestes casos qualquer quebra da boa fé por parte do candidato pois quem agiu ilicitamente foi o empregador. Não pode esquecer-se que este só pode questionar sobre o necessário, imprescindível e directamente conexo com a prestação laboral.

Porém, um problema que poderá surgir nesta fase de formação do contrato de trabalho é o do trabalhador transexual que se apresenta como pertencendo a um determinado sexo e cujos documentos de identificação

---

[22] MENEZES CORDEIRO, *Da Boa Fé no Direito Civil*, reimp., Almedina, Coimbra, 1997, pp. 582-583.

[23] Ver neste sentido CALVO GALLEGO, *Contrato de Trabajo y Libertad Ideológica – Derechos fundamentales y Organizaciones de tendência*, CES, Madrid, 1995, p. 207.

A conduta e a orientação sexuais do trabalhador   623

atestam o contrário[24]. Parece-nos que, tendo em atenção o dever de boa fé que incumbe a ambas as partes, e embora o empregador não possa indagar sobre este facto, o candidato poderá ter de informar o empregador sobre a sua situação. Porém, o empregador não o poderá discriminar. Contudo o problema parece que está na possibilidade de uma informação deste género originar para o futuro empregador um juízo de censura que conduzirá à exclusão do candidato do processo de selecção. Esta situação parece-nos que poderia ser resolvida se se possibilitasse ao transexual a mudança de sexo no seu assento de nascimento e, consequentemente, em todos os documentos que o identificassem. Esta parece ser, aliás, a tendência na maior parte dos ordenamentos jurídicos da União Europeia onde tem sido aceite a possibilidade dos transexuais celebrarem casamento com base no seu novo sexo o que implica o seu reconhecimento total. Socorrendo-nos dos exemplos referidos pelo Advogado-Geral DÁMASO COLOMBER, no processo C-117/01, nos ordenamentos jurídicos alemão, grego, italiano, holandês e sueco, o legislador regulou expressamente esta situação; no austríaco e dinamarquês, estipulou-se através de uma prática administrativa; e no belga, espanhol, finlandês, luxemburguês e português, através de interpretações jurisprudenciais.

No nosso ordenamento jurídico podem mencionar-se vários arestos que defenderem que operações de mudança de sexo dão lugar a rectificações de registo. Assim, podemos referir o acórdão da R.Lx. de 17 de Janeiro de 1984[25] onde se decidiu que "I - O transexual, ou seja, o indivíduo cujo perfil psicológico profundo é contrário ao seu cariotipo, tem tendência insensível de fazer coincidir a sua aparência sexual com o seu verdadeiro sentir, «corrigindo, assim, a natureza»: II - Deste modo, um pseudo-

---

[24] HEINRICH HÖRSTER, *op. cit.*, p. 573, nota n.º 72, cita um caso julgado pelo BAG onde se admitiu como erro sobre as qualidades da pessoa o caso de um transexual, à procura de emprego, que se apresentou como mulher apesar de biologicamente ainda ser um homem, quando o emprego em causa estava destinado a ser preenchido por uma mulher.

[25] *C.J.*, I, 1984, pp. 109-112. O parecer favorável do Procurador-Geral Distrital J. DIAS BRAVO pode ser visto em "Transexualidade – Tratamento jurídico", *in Revista do Ministério Público*, Ano 5, vol. 17, pp. 149-164, considerando que "de harmonia com os diversos elementos para que deve apelar o acto legiferante do intérprete, entende-se que a admissibilidade legal da mudança voluntária de sexo deve assentar nos seguintes requisitos: ser o interessado maior e não casado; não estar em condições de procriar, sendo inicialmente do sexo masculino; ter sofrido uma intervenção cirúrgica modificativa dos caracteres exteriores do sexo, aproximando-se, fisicamente, do outro; ser irreversível, ou quase o estado adquirido «ex-novo»; duração mínima de um ano de vivência como pertencendo ao sexo oposto".

624 *Estudos de Direito do Trabalho em Homenagem ao Prof. Manuel Alonso Olea*

hermafrodita masculino, que mediante operações tomou a aparência física de mulher, tem direito, visto a lei portuguesa o não proibir, ainda que o não preveja, de ver rectificado o seu registo civil, de forma a que dele passe a constar ser indivíduo do sexo feminino e não masculino". Nesta decisão referiu-se que, embora o critério morfo-psico-social peque por defeito de menor certeza em relação ao biológico tem, contudo, a vantagem de contemplar o homem, não só em si mesmo, como nas suas relações com a sociedade em que está inserido. No mesmo sentido aponta o acórdão da R.Lx. de 5 de Abril de 1984[26]: "I – A transexualidade não está regulamentada na nossa ordem jurídica, havendo que tratá-la segundo a norma que o intérprete criaria se houvesse de legislar dentro do espírito do sistema. II – O respeito pela personalidade moral do indivíduo impõe o reconhecimento da mudança de sexo, ainda que voluntariamente obtida pelo próprio e a sua consagração no registo civil". Neste caso estava em causa a mudança do sexo feminino para o masculino tendo o transexual revelado desde a infância a sua identificação com o sexo masculino. Nesta decisão referiu-se que "um indivíduo que sofreu, por evolução dos seus caracteres sexuais, transformações tão importantes, não pode enfrentar, sem perturbações graves, o estatuto social correspondente ao sexo declarado quando do seu nascimento. Não podendo razoavelmente suportar esse estatuto, tem direito a obter a modificação do seu estado civil quanto à indicação do seu sexo", acrescentando ainda que "o prejuízo que possa resultar para terceiro dessa mudança é hipotético e remoto, sendo o seu prejuízo, se não houver mudança, real e actual". Mais recentemente foi proferido outro acórdão deste Tribunal, de 9 de Novembro de 1993[27], onde se voltou a defender o direito à alteração do assento de nascimento: "I - O transexual pertence, fisicamente, a um sexo e, psicologicamente, ao oposto. II – Pode ser feita uma operação ao transexual para lhe adaptar o corpo às suas pulsões psíquicas. III – Se assim acontecer, o registo do seu nascimento deve ser alterado em conformidade". Nesta decisão, o Tribunal, fazendo apelo à ideia da dignidade da pessoa humana e defendendo que esta passa pelo "direito a uma vida livre de desnecessários sofrimentos e dolorosas vicissitudes, pelo direito ao livre desenvolvimento da personalidade em toda a sua dimensão individual e social incluindo o da escolha consciente e fundamentada da identidade que se pretende assumir, pela possibilidade de dispor e moldar o seu próprio destino, pelo respeito das opções da vida

---

[26] *C.J.*, II, 1984, pp. 124-127.
[27] *C.J.*, V, 1993, pp. 118-120.

A conduta e a orientação sexuais do trabalhador   625

afectiva inerente à vida privada e familiar, pela consideração da pessoa na
sua unidade psico-somática e, ainda, pela solução do "impasse" ao direito
de casar derivado da desconformidade entre o «sexo oficial» e o «sexo
real»" defendeu que "o princípio da imutabilidade sexual não é absoluto
na ausência de lei expressa que permita superá-lo"[28].

Parece que esta é a tendência da jurisprudência, considerando-se que,
nos casos de verdadeiros transexuais, deve reconhecer-se o direito de mudança de registo para evitar todas as situações embaraçosas que possam vir
a ter e as discriminações que sofrerão ao longo da vida, principalmente
nesta fase de acesso e formação do contrato de trabalho onde o candidato
já se encontra numa posição de inferioridade pré-contratual em relação ao
empregador.

2.3. Pode existir também uma discriminação indirecta e é em relação
a esta que maiores problemas de prova se colocam. É que, sob a capa aparente de critérios neutros, o empregador recusa a contratação baseado na
orientação e conduta sexuais do candidato. Também este tipo de comportamentos deve ser punido.

2.4. A proibição geral de indagar sobre a conduta e a orientação sexuais dos trabalhadores tem algumas excepções nas organizações de tendência, sendo que as discriminações indirectas poderão aí ocorrer com
mais frequência já que a linha de separação entre a liberdade de contratação do empregador e a vulneração de determinados direitos constitucionais é bastante disseminada.

No nosso ordenamento jurídico não existe qualquer diploma que se
refira a este tipo de organizações nem o que deve ser entendido por tendência. A sua razão de ser é a de promoverem uma concreta opção ideológica, tendo como característica principal ou diferenciadora serem cria-

---

[28] Em sentido diferente pode referir-se a decisão do S.T.J., de 16 de Novembro de
1988, *in B.M.J.*, n.º 381, 1988, pp. 579-591, que considerou que o recorrente não era um
transexual na medida em que a "transexualidade é a convicção íntima e inata da pessoa de
pertencer ao outro sexo [...] existe desde os alvores da consciência um sentimento profundo, inexplicável e inexplicado, de pertencer ao outro sexo, que não ao seu sexo morfo-
lógico", entendendo-se que não se estaria perante um transexual mas sim perante uma pessoa que, "voluntariamente desejou mudar de sexo, para tanto se submetendo a tratamentos
médicos e cirúrgicos". Contudo, esta decisão não foi aprovada por unanimidade tendo existido vários votos de vencido referindo que o sexo psicológico do recorrente não correspondia ao seu sexo físico.

626   *Estudos de Direito do Trabalho em Homenagem ao Prof. Manuel Alonso Olea*

doras ou defensoras de uma determinada ideologia, sendo esta a sua *ratio essendi*. Incluem-se normalmente nestas organizações, *inter alia*, os partidos políticos, os sindicatos e os estabelecimentos confessionais. Considera-se, ainda, tal como GLORIA ROJAS RIVERO[29], que há que ter em atenção que nem todas as organizações com fins caritativos, educativos, científicos ou artísticos podem ser consideradas institucionalmente expressivas de uma determinada ideologia, não bastando uma abstracta finalidade moral mas sim a difusão de uma determinada e reconhecida ideologia ou concepção do mundo. Seria preferível que existisse um conceito de *tendência* que fixasse o conteúdo e individualizasse os efeitos e o respectivo campo de aplicação, sob pena de ocorrerem incomportáveis restrições aos direitos fundamentais dos trabalhadores.

Em primeiro lugar, para aferir da eventual possibilidade de indagar sobre estes aspectos, convém separar as tarefas denominadas de *tendência* e as tarefas ditas *neutras*, ou seja, entre aqueles postos de trabalho sobre os quais recai a obrigação de transmitir e difundir a ideologia do centro, daqueles outros sobre os quais não existe uma relação directa com a ideologia da entidade. Neste últimos não parece de aceitar a legitimidade de indagações acerca da conduta sexual e orientação sexual do candidato ao trabalho. Em relação às outras, ou seja, em relação aos postos de trabalho ideológicos, tem-se defendido que a conduta sexual ou a orientação sexual podem ser objecto de indagação e entende-se, por exemplo, que a heterossexualidade ou a homossexualidade é mais um elemento a ter em atenção na altura de comprovar a capacidade profissional do trabalhador, embora também se defenda que, neste último caso, não basta ser homossexual, tendo de se ter um comportamento grave e notório que desacredite a ideologia da empresa. Para CONSUELO CHACARTEGUI JÁVEGA[30], independentemente de se estar perante tarefas de tendência ou tarefas neutras, a orientação sexual das pessoas não pode ser considerada como uma condição pessoal que afecte a ideologia da empresa. Mesmo no caso das tarefas ideológicas, o facto do trabalhador ser homossexual, bissexual ou transexual não impede que este tenha a qualificação profissional necessária para o correcto desempenho das funções. O único fundamento para impedir que uma pessoa possa ter acesso a um posto de trabalho de natureza ideológica é o de ter um comportamento que desacredite a ideologia da organização ou a credibilidade da mensagem que difunde e, por isso, defende que a

---

[29] *La libertad de expresión del trabajador*, Editorial Trotta, Madrid, 1991, p. 190.
[30] *Op.* cit., p. 102.

orientação sexual não pode ser considerada como um factor a ter em conta na altura da contratação. A autora considera que admitir que a homossexualidade possa afectar a credibilidade da organização de tendência seria como afirmar que ser homossexual, bissexual ou transexual resulta moralmente reprovável, diferentemente daqueles trabalhadores que mantêm relações heterossexuais, os quais não necessitam de demonstrar que a sua opção sexual pode colocar em risco a ideologia do centro. Por este facto, a orientação sexual não pode supor uma condição pessoal que legitime a decisão do empregador de indagar sobre eles.

Concorda-se com a posição desta autora já que só podem ser excluídos os trabalhadores cujo comportamento e conduta sexuais desacreditem a ideologia da organização. O candidato a trabalhador só terá de ter capacidade para transmitir e conservar a ideologia professada pela organização independentemente da sua orientação sexual e, por isso, apenas as crenças e ideologia deverão relevar e não a orientação sexual que é uma condição pessoal que em nada parece afectar a prestação laboral. Por esta razão, parece-nos preferível a ideia de que não poderá ser a orientação sexual mas sim a conduta sexual que impedirá, em certos casos, o acesso a um posto de trabalho ideológico, *v.g.*, quando esta é manifestamente contrária à ideologia defendida pela organização de tendência. Assim, por exemplo, não nos choca que um padre seja questionado sobre a sua conduta sexual. O facto de um padre católico ser heterossexual, homossexual ou bissexual não é relevante. O que relevará será o facto de estar vinculado, por força da ideologia que professou, a um dever de celibato e ter feito um voto de castidade. O que releva será a sua conduta sexual que comporta uma violação deste voto que fez e não a forma como o fez (esta, sim, conexa com a sua orientação sexual).

2.5. O Direito comunitário teve grande importância na consagração da proibição de discriminar os trabalhadores por motivos da sua conduta sexual devendo referir-se o art. 21.°, n.° 1, da *Carta dos Direitos Fundamentais da União Europeia* que prevê como um factor de interdição da discriminação a orientação sexual. Esta inclusão é bastante importante porque até esta altura este motivo de discriminação não tinha sido incluído numa norma sobre protecção dos direitos fundamentais. De relevo, também, é a Directiva 2000/78/CE e que inclui no art. 1.° a proibição de discriminação com base na orientação sexual na fase de acesso ao emprego. E o problema que se coloca é o de que não existe uma definição de orientação sexual o que origina polémica ao nível da identificação do grupo po-

628 *Estudos de Direito do Trabalho em Homenagem ao Prof. Manuel Alonso Olea*

tencialmente discriminado. A Directiva tentou também que existisse um papel mais activo dos interlocutores sociais, ao nível da concertação social, na luta contra a discriminação e no controlo sobre as práticas discriminatórias no acesso ao trabalho e no local de trabalho.

A Directiva prevê uma excepção ao princípio da não discriminação no art. 4.º que ocorre quando o posto de trabalho se insere nas denominadas organizações de tendência. Novamente CONSUELO CHACARTEGUI JÁVEGA[31], numa opinião que perfilhamos, defende que este artigo deve ser interpretado restritivamente, interligando-se sempre o n.º 1 com o n.º 2. Assim, "se a causa determinante para impedir o acesso a um posto ideológico só pode ser o comportamento do trabalhador, quando este pode desacreditar a ideologia do centro, a conservação da imagem e a credibilidade externa da organização, esta circunstância dependerá unicamente da capacidade do trabalhador para transmitir e conservar a dita ideologia, independentemente da sua orientação sexual". Considera ainda que o art. 4.º n.º 2 estabelece um limite genérico em função do qual a exigência de um requisito profissional essencial não pode cair nalguma das causas de discriminação previstas nas Constituições dos diferentes Estados-membros, assim como no art. 13.º do Tratado de Amesterdão e, entre eles, a discriminação por motivos de orientação sexual. Este artigo constitui um mecanismo de controlo para evitar que determinadas exigências de requisitos profissionais considerados como essenciais possam encobrir verdadeiras condutas discriminatórias por motivos de orientação sexual. Defende ainda que a ideologia destas organizações apenas pode servir de justificação para a limitação dos direitos e liberdades individuais no pressuposto de que as crenças do trabalhador podem realmente afectar a ideologia daquelas ficando de fora deste conceito as condições pessoais do trabalhador que em nada afectem a prestação laboral como é o caso da orientação sexual.

3. *A conduta e a orientação sexuais na fase de execução do contrato de trabalho*

3.1. A este nível a legislação e a jurisprudência da União Europeia têm desenvolvido um papel muito importante. Se o artigo 13.º do Tratado de Amesterdão poderia ser considerado um verdadeiro ponto de inflexão

---

[31] *Op.* cit., pp. 71-72.

A conduta e a orientação sexuais do trabalhador 629

nas políticas comunitárias sobre discriminação por razão de orientação sexual na medida em que previu, pela primeira vez, a orientação sexual como motivo de discriminação, não pode esquecer-se toda a importante função que as instituições europeias já tinham vindo a desenvolver para a denúncia deste tipo de práticas.

3.1.1. Em 13 de Março de 1984 o Parlamento Europeu aprovou uma Resolução sobre as discriminações sexuais no local de trabalho, advertindo que na sua luta não poderiam omitir-se nem aceitar-se passivamente as discriminações concretizadas sobre as mais diversas formas contra os homossexuais. Esta Instituição manifestou-se abertamente contra este tipo de discriminação em homenagem ao princípio da dignidade e da liberdade do indivíduo e da justiça social, ligando esta ideia ao princípio da livre circulação de trabalhadores. Com a finalidade de remover os obstáculos que impedissem a igualdade entre os trabalhadores com base na sua orientação sexual, o Parlamento Europeu solicitou à Comissão que, em primeiro lugar, retomasse a iniciativa sobre os despedimentos individuais a fim de pôr termo à realização de decisões abusivas com base nestas razões; em segundo lugar, que apresentasse propostas destinadas a evitar que nos Estados-membros os homossexuais fossem vítimas de discriminações não só na contratação como no estabelecimento das condições de trabalho; e, em terceiro lugar, que fosse a representante dos Estados-membros na O.M.S. para conseguir que a homossexualidade fosse retirada da classificação internacional das doenças.

Na sequência desta Resolução surgiu, em 8 de Fevereiro de 1994, a Resolução do Parlamento Europeu sobre a igualdade de direitos entre os homossexuais e as lésbicas da Comunidade Europeia. Neste acto normativo o Parlamento Europeu manifestou-se favoravelmente em relação à igualdade de tratamento entre cidadãos e cidadãs independentemente da sua orientação sexual, instando todos os Estados-membros para que suprimissem o tratamento desigual das pessoas por razão da sua orientação homossexual nas disposições jurídicas e administrativas e que, em cooperação com as organizações nacionais de lésbicas e de homossexuais, adoptassem medidas e realizassem campanhas contra qualquer tipo de discriminação social dos mesmos[32].

---

[32] Veja-se a este propósito a evolução referida por CONSUELO CHACARTEGUI JÁVEGA, *op.* cit., pp. 39-45.

630 *Estudos de Direito do Trabalho em Homenagem ao Prof. Manuel Alonso Olea*

3.1.2. A jurisprudência também teve e tem um papel muito importante, com influência notória na redacção do art. 13.° do Tratado e da própria Carta dos Direitos Fundamentais da União Europeia. O T.J.C.E. teve oportunidade de debruçar-se sobre a orientação sexual no âmbito do Direito Comunitário em vários arestos. Vamos referir três decisões e as conclusões do Advogado-Geral no processo C-117/01 que, pelo seu conteúdo e também pela sua proximidade temporal, revestem particular interesse para a compreensão da consagração da proibição da discriminação por razão da orientação sexual, não esquecendo que passam a vincular os juízes e tribunais portugueses.

A primeira reporta-se ao processo n.° C-13/94, de 30 de Abril de 1996, *P. e S. e Cornwall County Council*[33-34]. Tratava-se de uma sentença que analisava o despedimento de um transexual que começou por prestar os seus serviços como administrativo de um colégio e que, posteriormente, decidiu realizar uma intervenção cirúrgica de mudança de sexo tendo sido despedido antes da operação definitiva embora já tendo realizado várias operações que lhe trouxeram algumas mudanças parciais, pelo que o empregador já sabia da sua intenção em mudar totalmente, até porque P. já tinha comunicado a S., director e responsável administrativo do estabelecimento em causa, a sua intenção de se submeter à intervenção cirúrgica.

---

[33] *In Igualdade de oportunidades: trabalho, emprego e formação profissional – Jurisprudência do Tribunal de Justiça das Comunidades Europeias*, Ministério do Trabalho e da Solidariedade, Lisboa, 1998, pp. 1213-1237. Veja-se a propósito desta decisão o comentário de ALONSO OLEA, *op.* cit., que chama a atenção, p. 5, nota n.° 1, para a diferença existente de vocábulos entre *gender* e *sex* na língua inglesa que poderíamos traduzir por género e sexo. Ver ainda VAN RAEPENBUSCH, "La jurisprudence de la Cour de justice des Communautés européennes en matière sociale – du 1.° janvier au 15 novembre 1996", *in D.S.*, n.° 4, 1997, pp. 400-401.

[34] Na sequência desta decisão o Reino Unido adoptou o *Sex Discrimination (Gender Reassignment) Regulations 1999*, que alterou o *Sex Discrimination Act* de 1975, incluindo no seu âmbito de aplicação a discriminação directa de qualquer trabalhador pelo facto de se ter submetido a uma operação de mudança de sexo. Porém, não foi alterada a legislação relativa à igualdade de tratamento em matéria de remunerações (*Equal Pay Act* de 1970), nem de pensões (*Pensions Act* de 1995). Estas novas disposições definem a mudança de sexo como "um processo sob vigilância médica para efeitos de mudança do sexo de uma pessoa, mediante a alteração das suas características fisiológicas e de outros aspectos associados ao sexo)" e na Exposição de Motivos desta norma refere-se que "a transexualidade afecta cerca de 5000 indivíduos no Reino Unido. O tratamento médico que permite aos transexuais corrigir a sua anatomia para que corresponda à sua identidade sexual tem uma taxa de sucesso muito elevada. Este processo é conhecido nos meios médicos como mudança de sexo".

A conduta e a orientação sexuais do trabalhador 631

Quando P. comunicou que voltaria ao trabalho vestido de mulher a administração do estabelecimento de ensino dispensou-o de todo e qualquer serviço. Em 13 de Março de 1993 P. intentou uma acção alegando ter sido vítima de discriminação em função do sexo mas o estabelecimento de ensino alegou por seu lado que P. tinha sido despedido por "excesso de pessoal".

O tribunal *a quo* considerou que embora existisse "excesso de pessoal", o verdadeiro motivo de despedimento tinha sido a oposição do Conselho de Administração do estabelecimento à intenção de P. se submeter a uma intervenção cirúrgica para mudança de sexo. Este tribunal recorreu a título prejudicial para o Tribunal de Justiça que sustentou que a Directiva 76/207/CEE, de 9 de Fevereiro, não pode reduzir-se unicamente às discriminações que derivam da pertença a um ou a outro sexo, pois tendo em atenção os princípios e os objectivos que visa alcançar tem de entender-se aplicável igualmente às discriminações que ocorrem por mudança de sexo pois tais discriminações fundam-se essencialmente sobre o sexo do interessado. Portanto, quando uma pessoa é despedida por ter a intenção de se submeter a uma intervenção cirúrgica de mudança de sexo recebe um tratamento desfavorável perante as pessoas do sexo ao qual se considerava que pertencia anteriormente. Defendeu ainda que "tolerar tal discriminação suporia atentar contra o respeito que é devido à dignidade e à liberdade que essa pessoa tem direito e que o Tribunal de Justiça deve proteger".

Como menciona ALONSO OLEA[35] o que o Tribunal pretendeu defender foi o princípio essencial da "pessoa ser tratada como pessoa, direito supremo desta, esteja ou não expressamente declarado". Assim serão discriminatórias as decisões que se baseiem na mudança de sexo, referindo que, em relação ao caso em concreto, não existiu por parte do empregador qualquer alegação de um reflexo negativo da mudança de sexo na população estudantil[36].

---

[35] *Op.* cit., p. 13.

[36] Este autor faz referência nas pp. 18-19, à decisão *Rees* do T.E.D.H. na qual não se considerou uma violação do art. 12.º da C.E.D.H. a proibição de casamento entre um transexual e outra pessoa do sexo a que anteriormente pertencia, mencionando que não há qualquer incompatibilidade entre esta decisão e a do T.J.CE., já que "uma coisa é não poder casar o transexual com pessoa do mesmo sexo biológico, ainda que tendo em atenção a mudança de sexo, e outra coisa distinta é de poder despedir-se o transexual que tem um sexo *mudado* diferente do biológico". Porém, tendo em atenção as decisões mais recentes e já anteriormente referidas – casos *Goodwin v. Reino Unido* e *I. v. Reino Unido*, de 11 de Julho de 2002, o T.E.D.H. mudou a sua jurisprudência anterior, declarando que a impossibilidade dos transexuais britânicos se casarem em conformidade com o seu novo sexo é contrária

632 Estudos de Direito do Trabalho em Homenagem ao Prof. Manuel Alonso Olea

Contudo CONSUELO CHACARTEGUI JÁVEGA[37] nota que em relação a esta decisão, há que distinguir duas situações: a discriminação por razão do sexo; e a discriminação por razão de orientação sexual. Tendo em atenção o caso concreto, o que influenciou a decisão discriminatória do empregador não foi o sexo do trabalhador que estaria na base de uma discriminação em função do sexo mas sim o facto de se ter procedido a uma mudança de sexo durante a relação laboral. O despedimento do trabalhador teve por base os preconceitos morais do empregador e as suas convicções contra a intervenção cirúrgica do trabalhador, não contra a sua condição de mulher (que seria no futuro), ou homem (que tinha sido no passado) pelo que não se estaria perante uma discriminação por razão de sexo propriamente dita.

Numa outra decisão do Tribunal de Justiça de 17 de Fevereiro de 1998, processo n.° C-249/96, *Lisa Grant v. South West Trains, Ltd.*, existiu como que um retorno a uma concepção mais clássica da ideia de discriminação por razão de sexo. No caso em apreço estava em causa averiguar se a recusa por parte da empresa *South West Trains* de conceder benefícios nos transportes à companheira da trabalhadora constituía uma discriminação em função do sexo. Na cláusula 18 da convenção colectiva de trabalho previa-se que a trabalhadora teria direito a transportes gratuitos e a reduções no preço dos transportes aplicáveis aos casais unidos tanto por um vínculo matrimonial como àqueles casais heterossexuais que vivessem em união de facto. Perante esta cláusula a trabalhadora pretendia que se concedessem reduções nos transportes à sua companheira com quem tinha uma ligação estável há mais de dois anos. O empregador recusou-se a conceder esta redução baseando-se no fundamento de que para casais não casados o direito pressupõe que sejam de sexo oposto. A Sr.ª Grant interpôs um processo no Tribunal de Southampton invocando que

---

à C.E.D.H.. Por unanimidade este Tribunal entendeu, depois de uma análise da jurisprudência anterior e da evolução jurídica e social, que "o Estado demandado já não pode invocar a sua margem de apreciação na matéria, para além dos meios necessários para garantir o respeito do direito protegido pela Convenção. Nenhum factor importante de interesse público se opõe ao interesse da demandante em obter o reconhecimento jurídico da sua conversão sexual, pelo que o conceito de justo equilíbrio inerente à Convenção faz com que a balança deva decididamente inclinar-se a favor da demandante. Por conseguinte, houve inobservância do direito da interessada à sua vida privada, em violação do artigo 8.° da Convenção" – n.° 93 da decisão *Goodwin* e também violação do art. 12.° da Convenção na medida em que não existe nenhuma razão que justifique a negação para os transexuais da possibilidade de casarem.

[37] *Op.* cit., pp. 46-47.

A conduta e a orientação sexuais do trabalhador 633

esta recusa constituía uma discriminação por razão de sexo, contrária à *Equal Pay Act* de 1970, ao art. 119.° do T.C.E. e à Directiva 76/207/CEE, referindo ainda que o seu antecessor no posto de trabalho – um homem - tinha declarado manter uma relação estável com uma mulher há mais de dois anos tendo conseguido obter a redução nos transportes.

Perante este caso o tribunal *a quo* colocou várias questões prejudiciais perante o Tribunal de Justiça. Apesar das expectativas criadas, devido ao caso referido anteriormente, este Tribunal referiu que "no estado actual do direito no seio da Comunidade, as relações estáveis entre duas pessoas do mesmo sexo não são assimiláveis às relações entre pessoas casadas ou às relações estáveis fora do casamento entre pessoas de sexo diferente. Consequentemente, um empregador não é obrigado a assimilar a situação de uma pessoa que tem uma relação estável com um parceiro do mesmo sexo à de uma pessoa que é casada ou que tem uma relação estável fora do casamento com uma pessoa do sexo oposto". Para este Tribunal a discriminação por razão de sexo não abarca a discriminação por razão de orientação sexual, entendendo ainda que o art. 119.° do Tratado deve entender-se segundo o seu teor literal e o seu objectivo, assim como o lugar que ocupa no sistema do Tratado e no contexto jurídico em que se integra, pelo que o T.J.C.E. concluiu que tal preceito não poderia tutelar este tipo de discriminação por razão de orientação sexual.

Diferentemente do que ocorreu na decisão anterior, o Tribunal somente analisa se a conduta empresarial vulnera o artigo 119.° do Tratado, a Directiva 76/207/CEE e a Directiva 75/117/CEE, sem ter em atenção outro tipo de valores como seria se a conduta afectasse a dignidade do trabalhador ou o livre desenvolvimento da sua personalidade. Consuelo Chacartegui Jávega propugna que para solucionar este problema deveria ter-se reconhecido um tratamento autónomo à discriminação por razão da orientação sexual. Este teria permitido considerar como atentatórias do princípio da igualdade todas aquelas condutas que supusessem tratamentos discriminatórios pelo mero facto da opção sexual e afectiva que a pessoa escolheu livremente tendo em atenção a dignidade da pessoa e o livre desenvolvimento da sua personalidade[38].

---

[38] *Op.* cit., p. 51. Vejam-se ainda sobre estes casos Alicia Rivas Vaño, "La prohibición de discriminación por orientación sexual en la Directiva 2000/78", *in T.L.*, n.° 59, 2001, pp. 195-197, Katell Berthou e Annick Masselot, "La CJCE et les couples homosexuels – CJCE 17 février 1998, Lisa Jacqueline Grant", *in D.S.*, n.° 12, 1998, p. 1034 e ss., e Guilherme Dray, *op.* cit., pp. 77-78. Este autor concorda com esta última decisão – caso Grant – na medida em que "a natureza das coisas assim o determina".

634 Estudos de Direito do Trabalho em Homenagem ao Prof. Manuel Alonso Olea

Esta orientação parece que foi a seguida pelo art. 13.º do Tratado ao prever que "O Conselho, deliberando por unanimidade, sob proposta da Comissão e após consulta ao Parlamento Europeu, pode tomar as medidas necessárias para combater a discriminação em razão da [...] orientação sexual" e, também, na Carta dos Direitos Fundamentais da União Europeia, já que, no art. 21.º, relativo à não discriminação, se prevê a proibição da discriminação em razão da orientação sexual.

Parece de seguir o entendimento de CONSUELO CHACARTEGUI JÁVEGA[39] ao referir que o facto do Tribunal de Justiça ter feito referência a este preceito antes dele entrar em vigor faz pensar que se este estivesse em plena vigência a decisão do Tribunal poderia ter sido outra, isto é, teria decidido que a recusa em atribuir uma redução do preço dos transportes a uma pessoa do mesmo sexo da trabalhadora, e com a qual esta mantém uma relação estável, quando tal redução é atribuída a uma pessoa de sexo diferente com quem o/a trabalhador(a) mantém uma relação estável constitui uma discriminação em função da orientação sexual contrária ao espírito do art. 13.º do Tratado. Assim, "tanto a entrada em vigor do Tratado como posteriormente a promulgação da Directiva do Conselho 2000/78/CE, de 27 de Novembro de 2000 e a Decisão do Conselho da mesma data, pela qual se estabelece um programa de acção comunitário (2001-2006), constituiu o ponto de inflexão não só para os Estados-membros como também para a jurisprudência europeia, na abertura de um importante caminho na luta contra a discriminação por motivos de orientação sexual"[40].

---

[39] Op. cit., p. 54.

[40] CONSUELO CHACARTEGUI JÁVEGA, op. cit., p. 54. A Directiva n.º 2000/78 do Conselho, de 27 de Novembro de 2000, tem por objecto, conforme já se referiu, "estabelecer um quadro geral para lutar contra a discriminação em razão da [...] orientação sexual, no que se refere ao emprego e à actividade profissional, com vista a pôr em prática nos Estados-membros o princípio da igualdade de tratamento" – art. 1.º –, referindo no art. 2.º que se considera discriminação quer a directa (tendo em atenção a noção no caso *Grant* parecia estar em causa este tipo de discriminação já que a atitude do empregador comportava uma discriminação para os trabalhadores homossexuais em relação aos restantes trabalhadores que prestavam serviço na mesma empresa, os quais, estivessem ou não unidos por um vínculo matrimonial, gozavam da redução do preço) quer a indirecta Porém, não pode esquecer-se o disposto no art. 4.º desta Directiva que prevê que os Estados-membros poderão prever uma diferença de tratamento baseada numa característica relacionada com qualquer dos motivos de discriminação enunciados no art. 1.º. Complementarmente ao previsto na Directiva, a Comissão apresentou a Decisão do Conselho de 27 de Novembro de 2000, pela qual se estabelece um programa de acção comunitário para lutar contra a discriminação (2001-2006). Cf. CONSUELO CHACARTEGUI JÁVEGA, op. cit., p. 60.

A conduta e a orientação sexuais do trabalhador

Ainda numa outra decisão do Tribunal de Justiça de 31 de Maio de 2001, processos apensos C-122/99 e C-125/99, *D e Reino da Suécia contra Conselho da União Europeia*, voltou a colocar-se a questão do reconhecimento das uniões de facto entre pessoas do mesmo sexo. No caso em apreço D, funcionário do Conselho da União Europeia, mantinha desde Junho de 1995, uma união de facto registada segundo a lei sueca com uma pessoa do mesmo sexo. Com base nesta solicitou ao Conselho que equiparasse o seu estado de parceiro registado ao de casado para poder beneficiar do abono de lar.

Analisando quer a decisão, quer as conclusões do Advogado-Geral[41], há a referir que em primeiro lugar o Conselho não contestou o estado civil de D em direito sueco, que é o de parceiro registado, nem a documentação correspondente apresentada pelas autoridades suecas. A questão que se coloca é a de saber se este estado civil de parceiro registado deve ser equiparado ao de pessoa casada no âmbito de aplicação do Estatuto dos Funcionários das Comunidades Europeias. O Tribunal decidiu que o conceito de casamento segundo a definição comummente aceite pelos Estados-Membros designa uma união entre duas pessoas de sexo diferente e que, muito embora desde 1989 um número cada vez maior de Estados-membros tenham vindo a instituir, ao lado do casamento, regimes legais que estabelecem o reconhecimento jurídico através de diversas formas de relações entre parceiros do mesmo sexo ou de sexo diferente, existe, contudo, ainda uma grande diversidade e heterogeneidade nestes regimes e que têm sido sempre entendidos como diferentes do casamento[42]. Tendo em atenção esta situação o Tribunal não considerou que pudesse interpretar o Estatuto de forma a equiparar o casamento a situações legais que dele são distintas, tendo sido só às pessoas casadas que o Estatuto pretendeu conceder o benefício do abono do lar.

Também no que concerne à violação da igualdade de tratamento que existe entre os funcionários em virtude da sua orientação sexual, o Tribunal entendeu que não era o sexo do parceiro que constituía a condição da concessão do abono do lar mas sim a natureza jurídica da relação que o une ao funcionário. Mais, entendeu que o princípio da igualdade de tratamento só pode aplicar-se a pessoas que estejam em situações comparáveis

---

[41] Ambas podem consultar-se em *http://curia.eu.int/jurisp*.

[42] Inclusive, no ordenamento jurídico sueco, casamento e união de facto têm um regime jurídico distinto e em relação a uniões entre pessoas do mesmo sexo existem uma série de especificidades.

636 *Estudos de Direito do Trabalho em Homenagem ao Prof. Manuel Alonso Olea*

e, dada a grande diversidade de regimes em relação ao reconhecimento das uniões de facto entre pessoas do mesmo sexo ou de sexo diferente, e por existir uma falta de equiparação, nalgumas situações, ao casamento, esta é de afastar.

Nesta decisão do Tribunal não estava em causa uma discriminação com base na orientação sexual já que, independentemente dela, a união de facto não poderia ser equiparada ao casamento, aliás conforme este Tribunal referiu, dada a enorme diversidade e heterogeneidade de regimes existentes nos vários Estados-Membros. Esta parece-nos ser uma das diferenças com a decisão anterior já que naquela era conferida a redução do preço aos trabalhadores não unidos por um vínculo matrimonial mas com pessoas de sexo diferente e não o era a pessoas que mantinham uma união de facto com outras pessoas do mesmo sexo.

Por último, relativamente ao processo C-117/01 e às conclusões apresentadas pelo Advogado-Geral em 10 de Junho de 2003, estava em causa um pedido de decisão prejudicial apresentado pelo *Court of Appeal* do Reino Unido. Os factos eram os seguintes: K. B. era uma trabalhadora britânica que pretendia que o seu companheiro R, que se tinha submetido a uma operação de mudança de sexo de mulher para homem, pudesse, um dia, ter direito à pensão de viuvez que lhe corresponderia como cônjuge sobrevivo. A legislação actual do Reino Unido impede o casamento de um transexual com base no seu novo sexo e, por isso, a trabalhadora considera-se vítima de uma discriminação sexual de carácter salarial.

Nas conclusões do Advogado-Geral refere-se logo que "é jurisprudência reiterada que as prestações obtidas em virtude de um regime de pensões, que é função do emprego que ocupava o interessado, fazem parte da remuneração". Por outro lado, socorrendo-se do defendido na decisão *P.S.* de 1996, defende que "o âmbito de aplicação da Directiva não pode reduzir-se apenas às discriminações resultantes da pertença a um ou outro sexo, incluindo aquelas que têm a sua origem na mudança de sexo do interessado". Após uma análise de vária jurisprudência comunitária chega à conclusão que a impossibilidade dos transexuais britânicos casarem com base no seu novo sexo fisiológico é contrária a um princípio geral de Direito comunitário e por vários motivos. Em primeiro lugar "é jurisprudência assente do Tribunal de Justiça que, em matéria de direitos fundamentais, o conteúdo dos princípios gerais do direito comunitário tem de ser averiguado a partir das tradições constitucionais comuns aos Estados-Membros, à luz das indicações obtidas dos instrumentos internacionais relativos à protecção dos direitos humanos ratificados pelos Estados-Mem-

A conduta e a orientação sexuais do trabalhador 637

bros [...] e a Convenção Europeia dos Direitos do Homem reveste especial relevância". Não pode deixar de se ter em atenção que na maioria dos Estados-membros é aceite a possibilidade do casamento dos transexuais com pessoas do seu sexo biológico já que é possível a mudança do registo civil e, assim, "esta circunstância deve bastar [...] para que este direito faça parte do património jurídico comum". Há ainda que atender às decisões do T.E.D.H. de 11 de Julho de 2002. Com base nelas este direito faz parte do conteúdo do art. 12.° da Convenção. O problema que surge neste caso é o de que se trata de uma discriminação que não afecta imediatamente o gozo de um direito protegido pelo Tratado mas um dos seus pressupostos: a capacidade para contrair casamento. Mas, conforme o Advogado-Geral conclui, trata-se de uma questão que diz respeito à dignidade e liberdade que os transexuais têm direito e por isso, considera que a resposta à questão submetida pelo *Court of Appeal* do Reino Unido deveria ser: "A proibição da discriminação em razão do sexo, consagrada no art. 141.° CE opõe-se a uma legislação nacional que, ao negar o direito dos transexuais a contraírem casamento em conformidade com o seu sexo adquirido, os priva de aceder a uma pensão de viuvez".

Estas conclusões do Advogado-Geral a serem adoptadas pelo Tribunal significam um avanço na protecção dos direitos dos transexuais que nos parece ser de aplaudir e de seguir.

3.2. No ordenamento jurídico espanhol, se em tempos se considerou a orientação sexual do trabalhador e a sua conduta sexual como legitimadora da cessação da relação laboral[43], hoje em dia já não é assim e o despedimento de um trabalhador com base na homossexualidade ou bissexualidade não deixará de ser uma acto nulo por contrário ao princípio da igualdade e da não discriminação com base nos arts. 14.° e 17.° da C.E..

Há que ter ainda em atenção o art. 214.° do C.P. que tipifica como delito a discriminação no emprego, público ou privado, entre outros motivos, pela orientação sexual, situação familiar, pelo parentesco com outros tra-

---

[43] Veja-se a sentença de 27 de Outubro de 1965, logo seguida por uma outra decisão, de 24 de Janeiro de 1977 que considerou legítimo o despedimento de um trabalhador devido a ser homossexual, referindo que "os actos de homossexualidade, ainda que fora do local de trabalho [...] implicam uma mácula na ordem moral, uma ofensa e um desvio dos bons costumes desmerecedores do conceito público, transcendente do prestígio da empresa, causa de desgosto e incómodo nos companheiros de trabalho forçados a conviver com o desprestigiado". *Vd.* GOÑI SEIN, *op. cit.*, p. 257.

balhadores da empresa, sendo que, como defende VICENTE PACHÉS[44], a tipificação deste tipo de condutas discriminatórias na relação laboral significa um "passo em frente na eficácia dos direitos fundamentais nas relações de trabalho".

Ao nível jurisprudencial poder referir-se a sentença do Supremo Tribunal de Justiça que, em 15 de Julho de 1988, entendeu que o transexual, no exercício do seu direito ao livre desenvolvimento da personalidade, tem direito à mudança de sexo para efeitos de registo mas sem que tal modificação suponha uma total equiparação com o sexo logo reconhecido. Assim, ao nível da relação laboral, o argumento neste ordenamento jurídico não é somente o princípio da não discriminação por razão de sexo mas também e sobretudo, o exercício pelo trabalhador dos direitos fundamentais.

Numa outra decisão, de 25 de Março de 1998, estava em causa uma alegada discriminação por motivos de orientação sexual. Tratava-se de um caso onde um trabalhador se sentia discriminado por ter solicitado uma licença que lhe foi recusada por conviver com uma pessoa do mesmo sexo. O autor da acção, com a categoria de tripulante de cabine de uma empresa de aviação, tinha-se unido de facto com outra pessoa do mesmo sexo e tinha-a inscrito no Registo de Uniões de Facto da Comunidade Autónoma de Madrid. O trabalhador requeria o direito de desfrutar de 15 dias seguidos de licença por causa de matrimónio, baseando a sua pretensão no art. 37.º da XIII Convenção Colectiva da companhia aérea. O Tribunal entendeu que o trabalhador não tinha razão pois não existiam os pressupostos legais nem convencionais para a aplicação de tal cláusula já que esta exigia para o gozo da licença a realização de um matrimónio e o registo da união de facto não o era nem a ele podia ser equiparado.

Este Tribunal seguiu a orientação do Tribunal Constitucional espanhol que, em várias sentenças, referiu que a exigência de matrimónio para a obtenção de determinadas regalias não contraria o disposto no art. 14.º da C.E., decidindo na sentença 222/1994, de 11 de Julho, em relação às uniões de facto entre homossexuais, que as considerações tecidas em relação às uniões de facto entre heterossexuais devem ser extensíveis às uniões entre pessoas do mesmo sexo: "tal como na convivência física entre um casal heterossexual, a união entre pessoas do mesmo sexo não consti-

---

[44] *El derecho del trabajador al respeto de su intimidad*, CES, Madrid, 1998, p. 350.

A conduta e a orientação sexuais do trabalhador 639

tui uma instituição juridicamente regulada, nem existe um direito constitucional ao seu estabelecimento"[45].

3.3. No ordenamento jurídico francês o art. L.122-45 do *C.T.* prevê expressamente que nenhum trabalhador pode ser objecto de qualquer medida discriminatória, nomeadamente o despedimento, devido à sua orientação sexual, e o n.º 2, introduzido pela L. n.º 2001-1066, de 16 de Novembro de 2001, prevê que é nulo e de nenhum efeito o despedimento do trabalhador com base nalgum dos casos de discriminação do art. L.122-45. Neste caso a reintegração é de direito e tudo se passa como se não tivesse acontecido o despedimento. Se o trabalhador não pretender continuar a executar o contrato de trabalho, o *Conseil de prud'hommes* atribui-lhe uma indemnização que não pode ser inferior ao valor dos salários dos últimos 6 meses. O trabalhador beneficia igualmente de uma indemnização por despedimento nos termos do art. L.122-9 ou de acordo com a convenção ou acordo colectivo aplicável. Neste ordenamento tudo o que diga respeito à vida, orientação e conduta sexuais do trabalhador aparece como intangível. A comprová-lo existem, ainda, os arts. L.122-46, L.122-47 e L.122-48 do *C.T.* relativos à protecção contra o assédio sexual.

A jurisprudência tem decidido que a orientação sexual do trabalhador e a sua conduta sexual não podem ser alvo de controlo por parte do empregador nem originar um tratamento discriminatório. Só poderão relevar quando causem uma perturbação no seio da empresa, isto é, quando o seu comportamento tenha uma repercussão negativa na relação de trabalho causando reflexos nesta. Fora destas situações não é possível sancionar o trabalhador porque estas opções fazem parte da sua vida privada e o contrário seria um tratamento discriminatório vedado, como referimos, nos termos do art. L.122-45 do *C.T.*. Como refere JEAN SAVATIER[46] "o empregador deve respeitar as liberdades do trabalhador na sua vida privada" mas, por outro lado, "se o exercício destas liberdades causar à empresa uma perturbação caracterizada, o empregador encontra no comportamento do trabalhador estranho à execução do contrato de trabalho, um motivo real e sério de despedimento", que não é mais do que a aplicação do art. 4.º da Declaração dos Direitos do Homem: "a liberdade consiste em poder fazer tudo o que não fira outrem".

---

[45] Decisões referidas em CONSUELO CHACARTEGUI JÁVEGA, *op.* cit., pp. 109-111, que, contudo, não concorda com os argumentos referidos pelo Tribunal de Madrid.

[46] "Le licenciement, à raison de ses mœurs, d'un salarié d'une association à caractère religieux", *in D.S.*, n.º 6, 1991, p. 485.

640 *Estudos de Direito do Trabalho em Homenagem ao Prof. Manuel Alonso Olea*

No caso *Painsecq v. Association Fraternité Saint-Pie X*, de 17 de Abril de 1991 tratava-se de aferir da legitimidade de um despedimento dum sacristão por ser homossexual. O empregador tomou conhecimento desta situação (e também do facto de ser seropositivo) no seguimento de uma indiscrição e despediu-o. O trabalhador interpôs recurso da decisão. Se perante o *Conseil de prud'hommes* teve ganho de causa, na *Cour d'Appel* de Paris, em 30 de Março de 1990, perdeu, considerando-se que "para a boa execução do contrato requere-se necessariamente que a atitude exterior do trabalhador corresponda às disposições internas onde ele não é mais que o reflexo", referindo ainda que "a homossexualidade é condenada desde sempre pela Igreja Católica com uma veemência que nunca foi desmentida, por ser radicalmente contra a lei divina inscrita na natureza humana" e que este comportamento do trabalhador "afecta as obrigações nascidas do contrato independentemente do escândalo que um tal comportamento é susceptível de causar"[47].

Porém, a *Cour de Cassation* pronunciou-se em sentido contrário aos motivos alegados pela *Cour d'Appel*. A homossexualidade do trabalhador não era conhecida pelas pessoas da paróquia e o trabalhador não pretendia a anulação do despedimento até porque uma reintegração era dificilmente concebível. Pretendia tão só uma indemnização pelos danos sofridos. A homossexualidade não significa a recusa de reconhecer as regras morais de quem a pratica. O comportamento do trabalhador, não tendo um carácter público, não traduz a recusa em seguir as orientações da Igreja Católica em matéria de moral sexual e muito menos em matéria de fé[48]. Os comportamentos do trabalhador na sua vida privada que correspondem ao exercício de liberdades, não podem constituir uma causa de despedimento a não ser em função dos prejuízos que tragam ao funcionamento da empresa. Se tal acontecer o trabalhador não pode pretender prevalecer-se desta liberdade para não ser sancionado.

Se este é o entendimento da jurisprudência num caso onde está em causa uma organização de tendência muito mais será de defender onde não esteja em causa este tipo de organizações, vedando-se sancionar o trabalhador com base na sua orientação e conduta sexuais, a não ser quando cause prejuízos ao empregador que este terá de provar.

---

[47] Contra esta decisão estava o advogado geral ALZUYETA, "Les élements de la vie privée sont-ils susceptibles de servir de cause à son licenciement", *in D.O.*, Agosto, 1990, pp. 296-297.

[48] JEAN SAVATIER, *op.* cit., p. 487, defende esta ideia.

A conduta e a orientação sexuais do trabalhador 641

3.4. No ordenamento jurídico português qualquer sanção aplicada ao trabalhador com base na sua orientação ou na sua conduta sexual serão ilícitas por violarem o princípio da igualdade, da não discriminação e da protecção da reserva da vida privada. São aspectos desta que escapam ao crivo de qualquer juízo de censura emitido pelo empregador. A orientação ou a conduta sexuais do trabalhador são condições pessoais que não afectam, em princípio, a sua capacidade profissional[49], não fazendo parte dos pressupostos necessários para a celebração dum contrato de trabalho e, consequentemente, não pode dar azo a um despedimento com justa causa já que esta só pode fundar-se num "comportamento culposo do trabalhador que, pela sua gravidade e consequências torne imediata e praticamente impossível a subsistência da relação de trabalho". Um despedimento que se fundamente nalguma destas razões é discriminatório e será ilícito com todas as consequências que a lei determina. Só se a orientação ou a conduta se projectarem negativamente na relação de trabalho é que o poderão ser e de qualquer forma será esta projecção e não a orientação ou a conduta sexuais que serão alvo de sanções.

3.4.1. O despedimento de um transexual poderá levantar alguns problemas, colocando-se a questão de saber se o comportamento do trabalha-

---

[49] Imagine-se o caso de uma trabalhadora que foi contratada para modelo de uma marca de *lingerie* e resolve mudar de sexo. A transexualidade irá afectar a sua capacidade profissional na medida em que não vai poder mais exercer a actividade para a qual foi contratada. Também nos parece que a conduta sexual poderá afectar de certa maneira a capacidade profissional pois nem todas são autenticamente válidas, nomeadamente aquelas que são ilegais por atentatórias da liberdade sexual das pessoas. Figure-se o caso de um professor que foi acusado de crimes de abuso de menores. Aceitamos aqui o despedimento deste trabalhador até porque este seu comportamento terá evidentes repercussões negativas na relação de trabalho, relevando estas para configurar justa causa de despedimento e a manter-se o vínculo laboral será a imagem e o prestígio da escola onde trabalha que será posto em causa. M.ª DO ROSÁRIO PALMA RAMALHO, "Contrato de Trabalho...", cit., p. 413, refere como um dos casos onde o acto extra-laboral realizado pelo trabalhador pode afectar a confiança que o empregador tem de depositar no trabalhador para assegurar a manutenção do vínculo laboral o professor condenado por pedofilia. Defende que neste caso (assim como noutros referidos), "os interesses da organização – que, em certa medida, concretizam o direito fundamental de iniciativa económica do empregador – deverão prevalecer". Também ALICE MONTEIRO DE BARROS, *Proteção à intimidade do empregador*, Editora São Paulo, São Paulo, 1997, pp. 126-129 refere-se a esta possibilidade de sanção dos trabalhadores, mencionando um caso em que a condenação criminal pela prática de crime contra a liberdade sexual por parte de um trabalhador de um estabelecimento de ensino em que a vítima era uma criança de sete anos originou um despedimento com justa causa.

642   *Estudos de Direito do Trabalho em Homenagem ao Prof. Manuel Alonso Olea*

dor que é contratado com um determinado sexo e que no decurso da relação contratual o muda, não avisando o empregador, poderá ser considerado uma quebra da boa fé contratual, fundamentando por isso o despedimento[50]. Afigura-se-nos que será discriminatório o despedimento que se baseie somente na mudança de sexo, sem qualquer outro motivo[51], já que o trabalhador não tem obrigação de manifestar as suas circunstâncias pessoais ou sociais prévias à contratação e também porque, em princípio, a transexualidade não afecta a sua capacidade profissional. Qualquer comportamento discriminatório basear-se-á, em regra, em juízos morais e preconceitos que não têm qualquer relação com a sua capacidade profissional. Mesmo que se pretenda fazer cessar o contrato com base na inaptidão para o trabalho não deverá ser, em regra, promovido porque, a admitir-se o contrário, significaria aceitar que há postos de trabalho para homens e postos de trabalho para mulheres. Contudo, poderão ocorrer situações excepcionais onde o sexo é determinante para o posto de trabalho contratado. Assim, figure-se o caso já referido em que uma mulher é contratada para ser modelo de uma marca de *lingerie* feminina, ou o trabalhador que é contratado para representar um papel masculino num filme. São casos onde uma mudança de sexo torna inviável o contrato de trabalho por manifesta inaptidão do trabalhador[52]. Nestes casos parece-nos que, preenchidos todos os pressupostos, o contrato de trabalho poderá cessar por caducidade já que estaremos perante uma impossibilidade superveniente, absoluta e definitiva. Porém, salvo raras excepções, como as referidas, não consideramos que possa extinguir-se o contrato de trabalho com base neste facto.

3.4.2. Poderá equacionar-se uma outra situação onde o trabalhador objecto de mudança de sexo poderá ser alvo de comentários trocistas e até discriminatórios por parte dos colegas e do empregador, e até, eventualmente, embora numa situação limite, objecto de agressões físicas para além de psicológicas, podendo rescindir o contrato de trabalho com justa

---

[50] Recorde-se o caso referido anteriormente em que numa decisão judicial alemã em que estava em causa um transexual, à procura de emprego, que se apresentou como sendo mulher, apesar de, biologicamente, continuar a ser homem, em que se recorreu ao regime de erro sobre as qualidades da pessoa.

[51] *Vide* doutrina referida por CONSUELO CHACARTEGUI JÁVEGA, *op.* cit., pp. 116-117, neste mesmo sentido. Esta autora considera que a protecção dispensada no ordenamento jurídico espanhol pelo art. 14.º da C.E. deveria ser extensiva, também, às pessoas que não se tenham submetido ou não desejem submeter-se a uma mudança de sexo.

[52] *Vd.* sobre tudo isto CONSUELO CHACARTEGUI JÁVEGA, *op.* cit., pp. 118-119.

A conduta e a orientação sexuais do trabalhador

causa, nomeadamente com base na alínea f), do n.º 1, do art. 35.º da L.C.C.T., tendo direito a uma indemnização nos termos do art. 13.º, n.º 3, *ex vi* art. 36.º, na medida em que a sua mudança de sexo em nada afectou a sua capacidade profissional nem o ambiente de trabalho.

3.4.3. O mesmo deve ser defendido para as organizações de tendência e, por isso, só a manifestação pública de ideias contrárias à ideologia da organização que tragam um verdadeiro prejuízo ou reflexo negativo é que deve ser relevante. Este reflexo pode ocorrer de várias formas, quer através da afectação da imagem da organização, quer na deserção dos fiéis de uma determinada comunidade religiosa, na depreciação da doutrina defendida, mas é imprescindível que ocorra um prejuízo ou reflexo negativo que origine a perda de confiança do empregador em termos tais que deixe de acreditar-se que o trabalhador consiga desempenhar cabalmente as suas tarefas, intimamente ligadas à difusão da ideologia do empregador. OLIVIER DE TISSOT[53] sustenta, mesmo, que é necessário que "este prejuízo não seja somente eventual. O *escândalo* evocado por ocasião deste tipo de acontecimentos é, muito frequentemente, a máscara de irritação do empregador perante o não conformismo das opiniões expressas pelo trabalhador. A menos que ele traga para a empresa demissões em cadeia, uma fuga dos aderentes os dos seus «clientes», um abandono dos seus *sponsors* ou mecenas, o dito «escândalo» não deve poder ser considerado como um prejuízo certo sofrido pela empresa".

3.4.4. Problema delicado que apresenta um despedimento com base na discriminação por motivos de orientação sexual ou da sua conduta sexual é o da sua eventual prova, podendo ser bastante difícil demonstrar que o verdadeiro móbil da atitude do empregador foi algum destes motivos. A não ser nas situações em que aquele tenha referido na nota de culpa ou exteriorizado doutra forma que esse era o motivo, de difícil ocorrência na prática, torna-se muito complicado para o trabalhador provar que foi despedido com base nestas circunstâncias. Sustentamos, assim, que todas as sanções aplicadas com base exclusiva na sua orientação ou conduta sexuais serão ilícitas, salvo raras excepções, pois é matéria que integra a esfera mais íntima do trabalhador, de carácter irrenunciável e indisponível.

---

[53] "Pour une meilleure définition du regime juridique de la liberté d'expression individuelle du salarie", *in D.S.*, n.º 12, 1992, p. 959.

644 *Estudos de Direito do Trabalho em Homenagem ao Prof. Manuel Alonso Olea*

4. *Conclusões*

1. A orientação sexual assim como a conduta sexual fazem parte da esfera mais íntima e reservada da pessoa e o trabalhador não pode ser discriminado por isso quer na fase de acesso, quer na fase de execução do contrato de trabalho

2. Na fase de formação do contrato de trabalho o empregador não pode questionar os candidatos sobre a sua conduta nem sobre a sua orientação sexual. Fazendo parte da esfera privada dos trabalhadores, são indisponíveis e irrevogáveis, podendo aqueles, se questionados, omitir a resposta ou, se tal for necessário, falseá-la. A admitir-se o contrário ocorreriam estigmatizações de determinados grupos sociais. No entanto, a proibição geral de indagar sobre a conduta sexual, e não sobre a orientação sexual, comporta algumas excepções nas organizações de tendência, sendo necessário diferenciar entre tarefas *neutras* e tarefas *de tendência*. Nas primeiras, o princípio geral de proibição mantém-se enquanto que, nas segundas, admitem-se algumas compressões.

3. No que concerne à protecção da orientação e da conduta sexuais na fase de execução do contrato de trabalho deve ter-se em atenção o importante caminho que a União Europeia tem vindo a realizar através de Directivas, de Recomendações e da jurisprudência.

Qualquer sanção aplicada ao trabalhador com base na sua orientação ou conduta sexuais será ilícita por violação do princípio da igualdade, da não discriminação e da protecção da esfera privada. Estes comportamentos não afectam a sua capacidade laboral nem podem ser considerados como requisitos necessários para a correcta execução da actividade profissional. Nalgumas circunstâncias, excepcionais, o comportamento sexual poderá ser relevante, nomeadamente no caso das organizações de tendência ou em determinadas actividades onde uma certa conduta sexual poderá trazer prejuízos para o bom ambiente de trabalho, produzindo reflexos negativos na organização.

4. Algumas questões específicas surgem com os transexuais, nomeadamente o reconhecimento total do novo sexo para efeitos de acesso a determinados direitos e regalias. Parece aqui de seguir, mais uma vez, o entendimento defendido ao nível da União Europeia e permitir-se, assim, o seu casamento e pessoas do mesmo sexo biológico. Devem, desta forma, equiparar-se os transexuais ao seu novo sexo e permitir-se-lhes, de uma maneira geral, a alteração do seu assento de nascimento de forma a corresponder ao seu sexo psicológico que, após a operação, passa a ser tam-

A conduta e a orientação sexuais do trabalhador 645

bém o seu sexo físico, ainda que não o sexo biológico. Talvez fosse preferível existir legislação específica sobre esta matéria, evitando as discriminações verificadas, principalmente a nível laboral, mas não só, e auxiliando na própria tarefa de determinar o que deve entender-se por transexual e por orientação sexual.

ÍNDICE DE COLABORADORES

ALBINO MENDES BAPTISTA – Mestre em Direito. Assistente da Faculdade de Direito da Universidade Lusíada

ANTÓNIO GARCIA PEREIRA – Doutor em Direito. Professor Auxiliar do Instituto Superior de Economia e Gestão

ANTÓNIO MONTEIRO FERNANDES – Professor do Instituto Superior de Ciências do Trabalho e da Empresa (Lisboa) e da Faculdade de Direito da Universidade Lusíada (Porto)

ANTÓNIO MOREIRA – Doutor em Direito. Professor Catedrático das Universidades Lusíada.

ANTÓNIO NUNES DE CARVALHO – Mestre em Direito. Assistente da Faculdade de Direito da Universidade Católica Portuguesa.

BERNARDO XAVIER – Professor da Universidade Católica Portuguesa – Lisboa

CATARINA DE OLIVEIRA CARVALHO – Assistente da Universidade Católica Portuguesa – Porto

IRENE GOMES – Mestre em Direito. Assistente da Escola de Direito da Universidade do Minho

ISABEL RIBEIRO PARREIRA – Mestre em Direito. Assistente da Faculdade de Direito da Universidade de Lisboa.

JOANA VASCONCELOS – Mestre em Direito. Assistente da Faculdade de Direito da Universidade Católica

JOÃO LEAL AMADO – Professor Auxiliar da Faculdade de Direito da Universidade de Coimbra

JOÃO REIS – Assistente da Faculdade de Direito da Universidade de Coimbra

JORGE LEITE – Professor da Faculdade de Direito da Universidade de Coimbra

JOSÉ JOÃO ABRANTES – Professor da Faculdade de Direito da Universidade Nova

648 *Estudos de Direito do Trabalho em Homenagem ao Prof. Manuel Alonso Olea*

de Lisboa

JÚLIO GOMES – Regente de Direito do Trabalho no Centro Regional do Porto da Universidade Católica Portuguesa

LUIS GONÇALVES DA SILVA – Mestre em Direito. Assistente da Faculdade de Direito de Lisboa.

LUIS MIGUEL MONTEIRO – Mestre em Direito. Assistente do Instituto Superior de Ciências Sociais e Políticas.

MARIA DO ROSÁRIO PALMA RAMALHO – Doutora em Direito. Professora da Faculdade de Direito de Lisboa.

MÁRIO PINTO – Director da Faculdade de Ciências Humanas da Universidade Católica Portuguesa.

PEDRO ROMANO MARTINEZ – Professor da Faculdade de Diereito de Lisboa e da Faculdade de Direito da Universidade Católica.

TATIANA GUERRA DE ALMEIDA – Assistente estagiária da Faculdade de Direito da Universidade Católica Portuguesa.

TERESA COELHO MOREIRA – Mestre em Direito. Assistente da Escola de Direito da Universidade do Minho

ÍNDICE GERAL

Manuel Alonso Olea – *Curriculum Vitae* (abreviado) 5

Abertura – ANTÓNIO MONTEIRO FERNANDES 11

Cedência temporária de praticantes desportivos – ALBINO MENDES BAPTISTA . 13

As lições do grande Mestre Alonso Olea – A actualidade do conceito de alienidade no século XXI – ANTÓNIO GARCIA PEREIRA 55

A convenção colectiva segundo o Código do Trabalho – ANTÓNIO MONTEIRO FERNANDES 77

Flexibilidade temporal – ANTÓNIO MOREIRA 105

Reflexões sobre a categoria profissional (a propósito do Código do Trabalho) – ANTÓNIO NUNES DE CARVALHO 123

A Constituição portuguesa como fonte do Direito do Trabalho e os direitos fundamentais dos trabalhadores – BERNARDO XAVIER 163

Cessação do contrato de trabalho promovida pelo empregador com justa causa objectiva no contexto dos grupos empresariais – CATARINA DE OLIVEIRA CARVALHO 205

Principais aspectos do regime jurídico do trabalho exercido em comissão de serviço – IRENE GOMES 241

O absentismo antes e depois do Código do Trabalho: o reforço de armas na luta do empregador contra as ausências ao trabalho – ISABEL RIBEIRO PARREIRA 267

Sobre a garantia dos créditos laborais no Código do Trabalho – JOANA VASCONCELOS 321

Contrato de trabalho e condição resolutiva (breves considerações a propósito do Código do Trabalho) – JOÃO LEAL AMADO 343

A legitimidade do sindicato no processo. Algumas notas. – JOÃO REIS 357

650   Estudos de Direito do Trabalho em Homenagem ao Prof. Manuel Alonso Olea

Subsídios para uma leitura constitucional da convenção colectiva – JORGE LEITE.. 397

A autonomia do Direito do Trabalho, a Constituição laboral e o artigo 4.º do Código do Trabalho – JOSÉ JOÃO ABRANTES................................. 409

Da validade do contrato de trabalho com uma sociedade de um grupo para o exercício de funções de administração social noutra sociedade do mesmo grupo – JÚLIO GOMES 433

Do âmbito temporal da convenção colectiva – LUIS GONÇALVES DA SILVA... 457

Regime jurídico do trabalho em comissão de serviço – LUIS MIGUEL MON-TEIRO.. 507

"De la servidumbre al contrato de trabajo" – deambulações em torno da obra de Manuel Alonso Olea e da singularidade dogmática do contrato de trabalho – MARIA DO ROSÁRIO PALMA RAMALHO............................ 529

Balanço de un Encontro – MÁRIO PINTO 547

O Código do Trabalho – Directrizes da reforma; sistematização; algumas questões – PEDRO ROMANO MARTINEZ... 561

Período experimental. Breves notas para o estudo comparativo dos regimes jurídicos português e espanhol – TATIANA GUERRA DE ALMEIDA 589

A conduta e a orientação sexuais do trabalhador – TERESA COELHO MOREIRA. 613

Índice de Colaboradores 647

Índice Geral.. 649